Georg Gremske
Prozesse abbilden

Image | Band 140

Georg Gremske, geb. 1976, ist Kunsthistoriker, Kulturwissenschaftler und Mediendesigner. Seine Dissertation entstand im Rahmen des DFG-Graduiertenkollegs »Sichtbarkeit und Sichtbarmachung« an der Universität Potsdam. Zuvor studierte er Kunst- und Bildgeschichte sowie Kulturwissenschaft an der Humboldt-Universität zu Berlin, wo er zugleich im DFG-Heisenberg-Programm »Induktion von Sichtbarkeit« bei Prof. Dr. Dr. Erna Fiorentini tätig war.

Georg Gremske

Prozesse abbilden

Genese, Funktion und Diagrammatik der Punktlinie

[transcript]

Die vorliegende Arbeit wurde am 6. Dezember 2017 von der Philosophischen Fakultät der Universität Potsdam als Dissertation angenommen.

Die Entstehung dieser Arbeit wurde gefördert durch das DFG-Graduiertenkolleg 1539 »Sichtbarkeit und Sichtbarmachung« sowie die Universität Potsdam.

Bibliografische Information der Deutschen Nationalbibliothek
Die Deutsche Nationalbibliothek verzeichnet diese Publikation in der Deutschen Nationalbibliografie; detaillierte bibliografische Daten sind im Internet über http://dnb.d-nb.de abrufbar.

transcript Verlag | Hermannstraße 26 | D-33602 Bielefeld | live@transcript-verlag.de

Umschlagentwurf: Georg Gremske
Umschlagabbildung: Shila Khatami, *pink dots on line*, Berlin 2011
Druck: Majuskel Medienproduktion GmbH, Wetzlar
Print-ISBN 978-3-8376-4500-2
PDF-ISBN 978-3-8394-4500-6
https://doi.org/10.14361/9783839445006

Gedruckt auf alterungsbeständigem Papier mit chlorfrei gebleichtem Zellstoff.
Besuchen Sie uns im Internet: *https://www.transcript-verlag.de*
Bitte fordern Sie unser Gesamtverzeichnis und andere Broschüren an unter: *info@transcript-verlag.de*

Inhalt

Vorwort und Danksagung

Die vorliegende Arbeit widmet sich der Punktlinie: einer bislang wissenschaftlich unerschlossenen und dennoch heute in beinahe allen Lebensbereichen anzutreffenden Linienform. Dabei positioniert sich die Untersuchung im Grenzbereich von unterschiedlichen Disziplinen. Zum einen werden bei der Erschließung Schwerpunkte auf die Kunst- und Bildgeschichte sowie die Wissenschaftsgeschichte gelegt. Zum anderen tangieren die grundständigen Fragen zu diesem Gegenstand auch Forschungszweige der Bildwissenschaft, der Semiotik, der Philosophie sowie der Medien- und Systemtheorie.

Einem anwendungsorientierten Ansatz folgend, ist diese Arbeit als theoretische und historische Analyse konzipiert, die Aufschluss über die Entstehung, den Eigenschaften und der diagrammatischen Bedeutung der Punktlinie geben soll. Gleichzeitig wird dem Leser mit dem Wissen über diese spezifische Linienform ein Instrument zur Analyse und Interpretation diagrammatischer Bilder an die Hand gegeben. Dabei verfolgt die Untersuchung primär das Ziel, ein allgemein bekanntes Bildelement hinsichtlich seiner *pragmatischen Potenz*[1] zu hinterfragen.

Mein erster Dank gilt meiner Doktormutter, Prof. Dr. Dr. Erna Fiorentini von der Freien Universität und Humboldt-Universität zu Berlin, und meinem Doktorvater, Prof. Dr. Andreas Köstler von der Universität Potsdam, für die langjährige, engagierte Unterstützung und kritische Auseinandersetzung mit meinen Ideen und Entwürfen.

1 Dieser Begriff wird mit Blick auf diagrammatische Bildformen erstmals durch Steffen Bogen und Felix Thürlemann eingeführt (Bogen, Steffen / Thürlemann, Felix: Jenseits der Opposition von Text und Bild. Überlegungen zu einer Theorie des Diagramms und des Diagrammatischen. In: Patschovsky, Alexander (Hg.): Die Bildwelt der Diagramme Joachims von Fiore. Zur Medialität religiös-politischer Programme im Mittelalter. Ostfildern 2003, S. 1 – 22, hier: S. 22).

Prof. Dr. Sybille Krämer bin ich für die Einladung und Betreuung in ihrem Doktorandenkolloquium an der Freien Universität Berlin zu Dank verpflichtet. Allen Teilnehmerinnen und Teilnehmern des Kolloquiums gilt ebenso mein Dank für die hilfreichen und anregenden Diskussionen.

Der Deutschen Forschungsgemeinschaft und dem DFG-Graduiertenkolleg 1539 *Sichtbarkeit und Sichtbarmachung* danke ich für die finanzielle Förderung für drei ertragreiche Jahre am Forschungskolleg an der Universität Potsdam sowie für die produktiven Forschungsaufenthalte in Cambridge/USA, Washington D.C., Los Angeles und Leiden. Im Einzelnen gilt mein Dank dabei Prof. Dr. Hartmut Asche, Prof. Dr. Ute von Bloh, Dr. Svea Braeunert und Lenore Hipper. Für meine Zeit an der Universität Harvard danke ich Prof. Dr. Tom Conley, Emily Una Weirich sowie Melina und Robert Abruzese.

Für unersetzliche Literaturhinweise und den Einblick in bisher unveröffentlichte Typoskripte danke ich Prof. Dr. Sybille Krämer, Prof. Dr. Wolfgang Schäffner und Prof. Dr. Dr. Erna Fiorentini. Ebenso gilt mein Dank für wichtige Anregungen und kritische Hinweise Prof. Dr. Claudia Blümle, Prof. Dr. Horst Bredekamp, Dr. Matthias Bruhn, Dr. Fabiana Cazzola, Prof. Dr. Sebastian Fitzner, Benjamin Hildebrandt, Prof. Dr. Kirsten Kramer, Li-Chun Lee, Dr. Stefan Laube, Dr. Birgit Schneider und Dr. Sandra Schramke.

Für das weiterführende Fachwissen zur Drucktechnik danke ich der Agentur *Domino* in Lübeck und Matthias Ulich, der kunsthistorischen Forschungsabteilung der National Gallery, Washington D.C., Sidney B. Felsen von Gemini G.E.L, Los Angeles, Prof. Dr. Ruth Tesmar vom *Menzel-Dach* am Institut für Kunst- und Bildgeschichte der Humboldt-Universität zu Berlin, meiner kompetenten Reisebegleiterin und geschätzten Kunsthistorikerin Francesca Kaes, die für mich die Türen zum Archiv und zu den Sondersammlungen der National Gallery in D.C. öffnete, sowie dem Restaurator Peter Konarzewski vom *LACMA* in Los Angeles. Dank gilt auch Shila Khatami für das Covermotiv.

Für die langjährige Unterstützung und Begleitung auf meinem akademischen Weg bis zu dieser Arbeit bedanke ich mich besonders bei Prof. Dr. Hartmut Böhme, Prof. Dr. Dr. Erna Fiorentini, Stefanie Bräuer, Matthias Schulz, Kai Schöpe, Danny Jank, Marco Riedel, Katrina Schulz, Sascha Mink, Dr. Katharina Kost, Andrea Ulich, Waltraud und Peter Hildebrandt, Dr. Dagmar Schillik, Robert Gremske, meinem Sohn Erik, meinen Eltern und Annika Hildebrandt.

Berlin, im Dezember 2018
Georg Gremske

1 Einleitung: Punkte, Linien und Punktlinien

Mit der Linie hat man in der westlichen Hemisphäre seit der Antike die Welt zu vermessen, zu ordnen, zu entdecken, zu verstehen und darzustellen versucht. Sie repräsentiert ein Konzept der sichtbaren Welt und ist ein Produkt des menschlichen Denkens.[1]

Matthias Haldemann

Punktlinien sind Linien mit seltsamem Zwischenstatus. Sie sind abstrakte Gestalt und zugleich Teil des Trägermaterials. Sie sind ein unscheinbares Zeichen, bestehend aus den Formen Punkt und Linie. Sie sind *lineae visum effugientes,* oder mit Manfred Sommer gesagt „Gerade-noch Gestalten"[2], die am Rande der Wahrnehmung operieren.

Leonardo da Vinci schreibt über die Verbindung von Punkt und Linie:

„Der Punkt ist dasjenige, von dem gesagt werden kann, dass es nichts Kleineres gibt, und es ist die gemeinsame Grenze von Nichts und Linie. Er ist weder Nichts noch Linie. Er nimmt keinen Platz ein zwischen Nichts und Linie. Daher sind das Ende des Nichts und der Beginn der Linie miteinander in Kontakt, aber nicht verbunden, und in diesem Kontakt ist der Punkt Teiler zwischen dem Kontinuum von Nichts und Linie."[3]

---

1 Haldemann, Matthias: Im Reich der Linie. In: Linea. Vom Umriss zur Aktion. Die Kunst der Linie zwischen Antike und Gegenwart. Hrsg. v. Kunsthaus Zug, Texte von Julia Gelshorn, Matthias Haldemann, Stephan E. Hauser, Michael Lüthy, Marco Obrist, Raphael Rosenberg u. Michel Roth. Ostfildern 2010, S. 8 – 10, hier: S. 8.

2 Sommer, Manfred: Von der Bildfläche. Eine Archäologie der Lineatur. Berlin 2016, S. 225.

3 „Il punto e quello del qua! nulla si po dir minore ed e termine comune, del nulla colla linia, ne e nulla ne clinia, ne occupa loco infra 'l nulla e la linia. Adunque il fine del nulla e 'l principio della linia sono infra loro in contatto, ma non congiunti, e in tale contatto e il

Das Oszillieren des Punktes zwischen Nichts und Linie konstituiert laut Bredekamp eine „mitreißende Bewegung des Bildes“[4]. Man könnte auch von einem dynamisierenden Prozess sprechen, der im Bild durch die Eigenschaften von Punkten und Linien angezeigt werden kann. Dieses Phänomen nachzuweisen und zu erklären, wie sich Prozesse im Bild mit den kleinsten Bildelementen darstellen lassen, steht neben der Erschließung der Genese, Funktion und Operationalität der Punktlinie im Zentrum dieser Arbeit.

Seit der im 16. Jahrhundert gemachten Erfindung des *velum,* einem aus Fäden gespannten Gitter, wird die sichtbare Welt gerastert und durch Punkte definiert (vgl. Kap. 2). Alles Sichtbare, jeder Gegenstand, lässt sich in diesem Raster in Punkte auflösen und in einem weiteren Schritt der Reproduktion zu Texten oder Bildern zusammenfügen. Diese Technik der Malkunst, kombiniert mit den entdeckten Regeln der Perspektive, führt zu einer bis dahin nie dagewesenen Präzision in der Herstellung von Bildern. Nicht nur die Malerei, sondern auch die Architektur und Wissenschaften werden von diesen neuen Möglichkeiten entscheidend beeinflusst. Vor allem der technische Vorgang, das Wahrgenommene punktweise in eine geometrische Anordnung zu übertragen, wirkt sich auf die Formgebung aus. Punkte, als kleinste Einheit in einem Bild verstanden, konturieren, strukturieren und operieren. Sie sind als Teil dieses Reproduktionsverfahrens Anfang und Ende, Ursache und Wirkung jeder Übertragung des Sichtbaren in einen geometrischen Bildraum. Zugleich sind sie als Form der Ausgangspunkt einer Fragmentarisierung von beispiellosem Ausmaß, die nicht nur die Frühe Neuzeit prägt, sondern inzwischen beinahe alle Lebensbereiche erreicht hat.

Am deutlichsten sichtbar wird die punktuelle Aufteilung des Sichtbaren in der heutigen Bildwiedergabe. Ob auf dem Monitor am Arbeitsplatz, dem Terminal einer Bank oder dem Smartphone: Jeder moderne Bildschirm erzeugt Bilder oder Texte aus aneinandergereihten Punkten mit unterschiedlichen Farb- und Helligkeitswerten. Auch die modernen Offsetdruckverfahren operieren nach diesem Prinzip, wobei Texte und Bilder als Druckvorlagen in Rasterpunkte aufgelöst und wie-

---

puncto divisore della continuazione del nulla colla linia.“ (Da Vinci, Leonardo: Notebook (The Codex Arundel). The British Library. London 2016. Online: http://www.bl.uk/manuscripts/FullDisplay.aspx?ref=Arundel_MS_263 Stand: 18.01.16, S. 159 v.). Vgl. Fehrenbach, Frank: Veli sopra veli. Leonardo und die Schleier. In: Endres, Johannes / Wittmann, Barbara / Wolf, Gerhard (Hgg.): Die Ikonologie des Zwischenraums. Der Schleier als Medium und Metapher. München 2005, S. 121 – 147, hier: S. 142.

4 Bredekamp, Horst: Theorie des Bildakts. Frankfurter Adorno-Vorlesungen 2007. Berlin 2010, S. 251. Bredekamp führt aus, dass Leonardos Beobachtungen zum Punkt eine Tradition angestoßen haben, „gerade in den kleinsten Bildelementen die transitorischen Möglichkeiten zu erkennen.“ (Ebd.).

der zusammengesetzt auf ein Trägermaterial übertragen werden können. Das 21. Jahrhundert ist also nicht allein durch den binären Code der Nullen und Einsen digitaler Rechenprozesse geprägt, sondern ist im sichtbaren Bereich vor allem durch den Punkt als Grund- und Maßeinheit geometrischer und digitaler Raumordnung gekennzeichnet.[5] Auch wenn sich an dieser Stelle der Überlegung eine Parallele anbietet, ist die revolutionäre punktbasierende Reproduktionstechnik der Frühen Neuzeit nicht ohne Weiteres mit den umfänglichen Prozessen der Digitalisierung des 20. und 21. Jahrhunderts vergleichbar. Vielmehr ist die frühneuzeitliche Geometralisierung des Bildraums als Voraussetzung für die Digitalisierung zu verstehen, da erst sie für eine umfassende Einteilung der Welt in binäre Strukturen gesorgt hat.

Besonders deutlich wird dies in vektorenbasierter Software, die eindrucksvoll belegt, dass heute beinahe jede erdenkliche Konstruktion zur Unterscheidung von Flächen auf Linien und auf den Punkt als kleinste messbare Einheit angewiesen ist. Besonders der Punkt – seit der Antike als unteilbares Ganzes und im digitalen Zeitalter als universale Kleinstgröße zu verstehen –, die „minimalste aller Figuren, dieses unkörperlichste aller Dinge“[6], weist in seiner medialen Bedeutung stets gleichzeitig zurück und in die Zukunft. Als konstante Einheit geometrischer Ordnung bildet er eine Brücke zur Frühen Neuzeit, zu deren Beginn „die Idee, die Welt aus dem Punkt heraus zu generieren“[7], historisch an Einfluss gewinnt. Dieser Gedanke ist wie der Startschuss zu einem Wettlauf der aufkommenden Naturwissenschaften[8],

5 Schäffner äußert sich dazu wie folgt: „Im Punkt konvergiert also ein ganzes medientechnisches Dispositiv: die Materialität des Papiers, dann die Irregularität des Schreib- oder Druckinstruments, und schließlich die Materialität der Tinte oder des Schreibstoffes. Alle diese Bestandteile werden Gegenstand von Teilungsverfahren oder Optimierungen der Materialien, die den Punkt als Markierung [...] einer endlosen Minimalisierung unterziehen.“ (Schäffner, Wolfgang: Punkt. Minimalster Schauplatz des Wissens im 17. Jahrhundert (1585 – 1665). In: Schramm, Helmar / Schwarte, Ludger / Lazardzig, Jan (Hgg.): Kunstkammer, Laboratorium, Bühne. Schauplätze des Wissens im 17. Jahrhundert. Berlin, New York 2003, S. 56 – 74, hier: S. 72).

6 Schäffner, Wolfgang: Der Punkt und die Zahlen. In: Ders. / Weigel, Sigrid / Macho, Thomas (Hgg.): „Der liebe Gott steckt im Detail.“ Mikrostrukturen des Wissens. München 2003, S. 203 – 217, hier: S. 216.

7 Vgl. Gramelsberger, Gabriele: Schrift auf den Punkt gebracht – Extrapolation, Rekursion, Simulation. In: Krämer, Sybille / Cancik-Kirschbaum, Eva / Totzke, Rainer (Hgg.): Schriftbildlichkeit. Wahrnehmbarkeit, Materialität und Operativität von Notationen. Berlin 2012, S. 389 – 400, hier: S. 389.

8 Jede Naturwissenschaft dieser Zeit kann als „reine oder angewandte Bewegungslehre“ verstanden werden (ebd., S. 392).

bei dem am Ende jedes Bild, jeder Text, jede Linie, zusammengefasst: alles Sichtbare in Punkte aufgelöst oder auflösbar sein wird.

Blickt man also heute zurück auf die mitunter fantastischen Konstruktionen in Leonardo da Vincis Skizzen oder auf die fabelhaften Denkgebilde von René Descartes und Athanasius Kircher (vgl. 2, 4.3 u. 7.4), zeichnet sich eine Erklärung für die wundersam vertrauten und modern wirkenden Formen dieser Bilder ab. Die scheinbare Bekanntheit lässt sich aus einem gleichbleibenden Code begründen, der aus den Formen aus Punkten und Linien besteht, und damals wie heute das Grundgerüst diagrammatischer Abbildungen ausmacht.

Diagrammatische Konstrukte frühneuzeitlicher Diagramme sind grundsätzlich immer an *mentale Operationen*[9] gebunden, um einen Begriff von Sybille Krämer zu verwenden, sie setzen also die Vorstellungskraft des Betrachters voraus, der bereit ist, sich auf den virtuellen, den gedachten Raum des Geometralen einzulassen. Jedes Objekt wird dabei durch Punkte und oder Linien konstituiert und bleibt als Inskription auf einer Bildfläche Teil einer denkbaren, abstrakten und ideellen Bildwelt. Wahrnehmung und geometraler Bildraum können allerdings durch eine koordinierte Einteilung des Sichtbaren miteinander verbunden werden. Das *velum* und ein mit Linien unterteiltes Zeichenblatt erzeugen gewissermaßen den Brückenschlag, durch den die sichtbaren Dinge mit Punkten und Linien dargestellt und alles Sichtbare den Gesetzmäßigkeiten der Geometrie unterworfen werden kann. Der Raum des geometral Denkbaren wird dabei durch das Raster und die geometrischen Grundformen Punkt und Linie determiniert. Eine Transformation aus der sichtbaren in die denkbare Welt beginnt deshalb immer mit der Linie, die zur Gliederung dieser räumlichen Ordnung beiträgt, und dem Punkt, der in der Summe Sichtbares als Inskription im geometralen Raum definiert.

Robert Felfe postuliert, es seien vorrangig die „Linien zwischen Geometrie und Naturform“[10], welche die „Realwelt der Dinge“ mit der „Idealwelt der Geometrie“[11], also materiale und ideale Ebenen verbinden.[12] Schäffner hingegen sieht den

---

9 Vgl. Krämer, Sybille: Punkt, Strich, Fläche. Von der Schriftbildlichkeit zur Diagrammatik. In: Dies. / Cancik-Kirschbaum, Eva / Totzke, Rainer (Hgg.): Schriftbildlichkeit. Wahrnehmbarkeit, Materialität und Operativität von Notationen. Berlin 2012, S. 79 – 100, hier: S. 90.

10 Felfe, Robert: Sehen am Faden der Linie. Spiele des Bildermachens bei Abraham Bosse. In: Schramm, Helmar / Schwarte, Ludger / Lazardzig, Jan (Hgg.): Spektakuläre Experimente. Praktiken der Evidenzproduktion im 17. Jahrhundert. Berlin, New York 2006, S. 88 – 113, hier: S. 95.

11 Krämer, Sybille: Figuration, Anschauung, Erkenntnis. Grundlinien einer Diagrammatologie. Berlin 2016, S. 68.

Punkt als zentrales Verbindungselement der Diagrammatik, weil sich darin „Anfang und Ende all[er] [...] Dinge bildet" und der Punkt gleichzeitig „die Abwesenheit aller Größen und Ausdehnungen anzeigt"[13]. Demnach „verbindet und trennt" der Punkt, indem „er berührt und teilt"[14].

Unabhängig davon, dass in der Forschung unterschiedliche Ansichten über die Dominanz und Rolle des Punktes oder der Linie im Diagramm diskutiert werden (vgl. 7.2.1), gilt als Konsens, dass beide Formen die Grundbestandteile des geometralen Raumes sind. Das Medium, in dem Punkte und Linien zusammenkommen und geometrale Sichtweisen entwickelt werden können, ist das Diagramm. Es ist die Gelenkstelle zwischen Bild und Text, verknüpft beides und erzeugt stets Relationen zwischen sichtbarer und denkbarer Welt.[15]

Diagramme erzeugen allerdings nicht nur Relationen. Sie fordern den Betrachter auch zum Handeln auf. Sie sind, wie Krämer ausführt, „Denkzeuge"[16] und

> „immer auch Medien [...], [die] zwischen heterogenen Welten/Feldern/Systemen platziert und [...] kraft dieser Mittlerstellung einen Zusammenhang und einen Austausch zwischen heterogenen Seiten [stiften], indem sie den Unterschied überbrücken, oder ihn annullieren."[17]

Mit diesen Eigenschaften setzt sich das Diagramm von traditionellen Vermittlungsstrategien ab. Denn während im Mittelalter überwiegend und weiterhin allegorisch, religiös oder ikonografisch geprägte Buchillustrationen verwendet werden, gewinnen diagrammatische Abbildungen im 17. Jahrhundert daneben zunehmend an Einfluss und ergänzen oder ersetzen sie sogar. Eine Kernthese dieser Arbeit ist, dass sich im Zuge dieser Umstellung die Punktlinie als neue geometrische Form in diagrammatischen Abbildungen etabliert.

Für die Untersuchung dieses Phänomens ist zu bedenken, dass die Punktlinie anders als die seit Euklid bekannten geometrischen Elemente wie Punkt, Linie und

---

12 Folgt man Felfe, dann sind „die Art der mimetischen Beziehung zwischen Linie und physischer Welt [...] Zeichnern des 16. Jahrhunderts durchaus vertraut gewesen" (Felfe: Sehen am Faden der Linie, S. 95).

13 Schäffner: Der Punkt und die Zahlen, S. 206f.

14 Schäffner, Wolfgang: Punkt 1.0. Zur Genese des analogen Codes in der Frühen Neuzeit. [Typoskript]. Stand: September 2013, Einleitung, unpag.

15 Vgl. dazu bspw. Krämer, Sybille: Operative Bildlichkeit. Von der ‚Grammatologie' zu einer ‚Diagrammatologie'? Reflexionen über erkennendes ‚Sehen'. In: Martina Heßler, Dieter Mersch (Hgg.): Logik des Bildlichen. Zur Kritik der ikonischen Vernunft. Bielefeld 2009, S. 94 – 122, hier: S. 102.

16 Krämer: Figuration, Anschauung, Erkenntnis, S. 83.

17 Krämer: Punkt, Strich, Fläche, S. 90.

Fläche eine vergleichsweise junge geometrische Form darstellt. Welche Faktoren und Einflüsse dafür verantwortlich sind, dass sie gerade im wissenschaftlichen Diskurs des 17. Jahrhunderts entwickelt und instantan etabliert werden konnte, ist bislang weitgehend unerforscht.[18] Dabei verspricht – so die These – gerade das Hervortreten dieser neuen und vielfältig eingesetzten Form innerhalb eines wissenschaftlichen, religiösen und medialen Paradigmenwechsels besonders aufschlussreich für das damalige und heutige Verständnis naturwissenschaftlicher Darstellungen zu sein. Bevor die genauen Eigenschaften der Punktlinie – im englischen Sprachraum der *dotted line*, die Tim Ingold als „the line that is not a line"[19] bezeichnet – betrachtet und analysiert werden können, ist zunächst nach ihren medialen Bedingungen und Eigenschaften zu fragen.

Das zentrale Medium, in dem sich die Punktlinie herausbildet, ist das Diagramm. Wie keine andere Wissensform trägt das Diagramm seit der Frühen Neuzeit dazu bei, geometrische Formen zu etablieren. Steffen Bogen und Felix Thürlemann sprechen dem Diagramm deshalb eine „besondere Stärke" zu. Demnach sind „Diagramme darauf hin angelegt, Nachfolgehandlungen nach sich zu ziehen."[20] Dies kann auch als pragmatische Potenz[21] des Diagramms bezeichnet werden und erzeugt eine strukturell bedingte Wissensgenerierung. Das heißt, Wissen wird nicht allein über die im Diagramm dargestellten Vorgänge vermittelt, sondern durch die strukturellen Eigenschaften, die beim Rezipienten „Folgehandlungen"[22] auslösen und zu einem Wissenszuwachs führen können.

---

18 Einige Überlegungen zur Punktlinie konnte ich bereits in meiner Masterarbeit zu Descartes' *Dioptrique* entwickeln (Gremske, Georg: Die Punktlinie in René Descartes *Dioptrique* (1637). Zur diskursiven und medialen Genese einer operativen Form des 17. Jahrhunderts. Masterarbeit. Berlin 2014). Diese sollen nun deutlich erweitert und ergänzt werden.

19 Ingold, Tim: Lines. A Brief History. New York 2007, S. 3.

20 Bogen, Steffen / Thürlemann, Felix: Jenseits der Opposition von Text und Bild. Überlegungen zu einer Theorie des Diagramms und des Diagrammatischen. In: Patschovsky, Alexander (Hg.): Die Bildwelt der Diagramme Joachims von Fiore. Zur Medialität religiös-politischer Programme im Mittelalter. Ostfildern 2003, S. 1 – 22, hier: S. 22. „Diese Nachfolgehandlungen umfassen den ganzen Bereich des sozialen Tuns, nicht nur die Diskurse, die ihrer verbalen Explikation dienen. Das Diagramm erscheint wie ein Umschlagplatz des Sinns, wie ein semiotischer Haltepunkt zwischen Produzent und Rezipient. Der Produzent des Diagramms erstrebt eine Synthese von Komponenten, die – bezogen auf einen spezifischen Gegenstandsbereich – die für relevant erklärten Weltverhältnisse überhaupt ausmachen" (ebd.).

21 Bogen / Thürlemann: Jenseits der Opposition von Text und Bild, S. 22.

22 Ebd.

Mit welchen Mitteln dieser Prozess beim Betrachter genau in Gang gesetzt werden kann, wird von Thürlemann und Bogen nicht ausgeführt. Die Autoren geben jedoch einen wichtigen Hinweis, indem sie vorschlagen, die konkrete historische Produktion und Rezeption von Diagrammen zu rekonstruieren, um so die „Signifikanz von topologisch-geometrischen Relationen und von kontrastiven Gestaltungsprinzipien sowie [den] Grundformen und Grundfiguren des Diagramms und ihrer Tradition“[23] zu ergründen. Dieser Aufforderung folgend, soll diese Arbeit dazu beitragen, einen neuen Ansatz für die Erklärung der pragmatischen Potenz des Diagramms zu liefern. Dazu soll die Punktlinie zum ersten Mal als eine Grundform des Diagramms historisch rekonstruiert und analytisch in ihren diagrammatischen Funktionen und operationalen Zusammenhängen erschlossen werden.

1.1 EINORDNUNG DER POTENTIALE DIAGRAMMATISCHER FORMEN

> Im Diagramm wird ein Maximum an Daten und Begriffen mit einem Minimum von Materie und Form präsentiert.[24]
>
> *Horst Bredekamp*

Der 2003 von Thürlemann und Bogen proklamierte *diagrammatic turn*[25] wird „als Folge der Digitalisierung der Medien und der damit einhergehenden globalen Vernetzung der Individuen“[26] begründet. „[M]ehr noch als Bilder“[27] seien Diagramme als Antwort auf die Etablierung der digitalen Medien zu verstehen.[28] Die zunehmende Bedeutung des Diagramms wird also in einen direkten Bezug zum digitalen Zeitalter gestellt. Zugleich betonen die Autoren die unvollständige Theorie zur Geschichte des Diagramms[29] und weisen besonders auf frühe diagrammatische Zeugnisse des Spätmittelalters hin. Demnach lassen sich Diagramme als allgemeines aber wenig ausdifferenziertes Hilfsmittel der Kombinatorik für das Ende des 13.

23 Ebd.

24 Bredekamp, Horst: Vorwort von Horst Bredekamp. Das Diagramm als Prozess. In: Bender, John / Marrinan, Michael: Kultur des Diagramms. Übersetzt v. Veit Friemert. Berlin 2014, S. VI – XI, hier: S. VI.

25 Bogen / Thürlemann: Jenseits der Opposition von Text und Bild, S. 3.

26 Ebd.

27 Ebd.

28 Ebd.

29 Ebd.

Jahrhunderts nachweisen. Nach dem Hinweis, dass „im ganzen europäischen Mittelalter überraschend häufig Diagramme eingesetzt“[30] wurden, wenden sich die Autoren direkt im Anschluss den Zeichentheorien des 20. Jahrhunderts zu.

Nicht nur dieser gewaltige Zeitsprung hat Fragen hinterlassen, die inzwischen durch die Diagrammforschung teilweise beantwortet werden konnten. Zugleich haben die Autoren mit ihrem Aufsatz, den sie selbst als „Grundlage […] für die noch zu entwickelnde Disziplin der Diagrammatik“[31] bezeichnen, eine breite Debatte zur Bedeutung, Funktion und Genese des Diagramms ausgelöst, die bis heute andauert. Ihnen ist es deshalb mit zu verdanken, dass in der Folge gerade die blinden Flecken der bisherigen Diagrammforschung sichtbar gemacht worden sind. Dazu beigetragen haben neben begriffsanalytischen und theoretischen Studien[32] insbesondere die intensive Erforschung von Diagrammen der Frühen Neuzeit. Zu nennen sind hier exemplarisch eine inzwischen sechsbändige Reihe *Theatrum Scientiarum* (2003ff., herausgegeben von Helmar Schramm, Ludger Schwarte und Jan Lazardzig), das DFG-Graduiertenkolleg 1458 *Schriftbildlichkeit* unter der Leitung von Sybille Krämer[33] sowie der Sonderforschungsbereich *Episteme in Bewegung* unter der Leitung von Klaus Krüger.

Inzwischen besteht deshalb im Forschungsfeld der Diagrammatik die allgemeine Einsicht, dass „Diagramme im Mittelalter wesentlich an der Semantisierung der Welt beteiligt“[34] sind und der mediale Wandel des Spätmittelalters entscheidend dazu beiträgt, Bilder, Texte und Diagramme in bisher beispielloser Art herzustellen.[35] Die bei Thürlemann und Bogen nicht erwähnten, jedoch deswegen nicht weniger bedeutenden mediengeschichtlichen Entwicklungen wie die Wiederentdeckung der Zentralperspektive oder Guttenbergs Erfindung der Druckerpresse und in der Folge die veränderten Möglichkeiten der Buch- und Bildproduktion, gehören deshalb heute beinahe selbstverständlich zum Narrativ der Entstehung des Diagramms. Diese frühneuzeitlichen Entdeckungen sollen deshalb auch im Fokus der

30 Ebd., S. 3.

31 Ebd., S. 21.

32 Einen ausgezeichneten Überblick dazu bietet der Aufsatz von Sebastian Bucher: Das Diagramm in den Bildwissenschaften. Begriffsanalytische, gattungstheoretische und anwendungsorientierte Ansätze in der diagrammtheoretischen Forschung. In: Reichle, Ingeborg / Siegel, Steffen / Spelten, Achim (Hgg.): Verwandte Bilder. Die Fragen der Bildwissenschaft. Berlin 2007, S. 113 – 129.

33 Ausführliche Informationen finden sich dazu online unter: http://www.geisteswissenschaften.fu-berlin.de/v/schrift-bildlichkeit/kolleg/index.html Stand: 05.12.2016.

34 Müller, Kathrin: Visuelle Weltaneignung. Astrologische und kosmologische Diagramme und Handschriften des Mittelalters. Göttingen 2008, S. 10.

35 Ebd.

Arbeit stehen, da sie maßgeblich dazu beitragen, das Diagramm in Kunst, Wissenschaft und Architektur als gängige Abbildungsform zu etablieren.

Im Kielwasser dieser jüngeren durch die Kunstgeschichte und Bildwissenschaften vorangetriebenen Diagrammforschung konnte sich in den vergangenen Jahren auch die Linienforschung als Teilgebiet der Diagrammatik profilieren. In zahlreichen Publikationen wurden dabei bisher allgemeine und historische Antworten zur Funktion und Bedeutung geometrischer Formen vorgelegt. Die historische Linienforschung erlebt also gerade eine Art Renaissance.[36] Dieser Befund täuscht allerdings nicht darüber hinweg, dass die Anzahl namhafter Veröffentlichungen zur Funktion des Punktes und der Linie in den vergangenen 30 Jahre überschaubar geblieben ist (ausf. dazu 1.3). Die besondere Herausforderung dieser Arbeit besteht insofern darin, die Punktlinie zunächst als geometrische Form der Frühen Neuzeit zu erschließen und dabei gleichzeitig bildwissenschaftliche Fragen der Diagrammatik, Traditionen der Kunstgeschichte sowie aktuelle Diskurse der Linienforschung zu reflektieren. Ausgehend vom bekannten und alltäglichen Gegenstand sollen im folgenden Überblick die operationalen Zusammenhänge von Punktlinien im 21. Jahrhundert vorgestellt und daran weitreichende diskursive Verschränkungen verdeutlicht werden.

1.2 PUNKTLINIEN ZU BEGINN DES 21. JAHRHUNDERTS

Punktlinien begegnet man im 21. Jahrhundert zumeist erst auf den zweiten Blick. Dabei operieren sie nicht etwa in der zweiten Reihe. Vielmehr liegt es an unseren Sehgewohnheiten, dass wir ihnen selbst auf den großen Bühnen der Welt kaum Beachtung schenken. Als beispielsweise im September 2015 auf der alljährlichen Hauptveranstaltung des derzeit größten Computerkonzerns Apple Inc. die neue Sensortechnologie der *iSight camera*[37] präsentiert wurde, geschah dies vor einem

---

36 Siehe dazu beispielsweise: Ingold: Lines, New York 2007, Bonnefoit: Die Linientheorien von Paul Klee, Bonn 2009 oder den jüngeren Sammelband von Iris Höger, Christine Oldörp und Hanna Wimmer (Hgg.): Mediale Wechselwirkungen. Adaptionen. Transformationen. Reinterpretationen. Hamburg 2013.

37 Es handelt sich dabei um die neue Funktion der *Deep Trench Isolation*, durch die Störeffekte bei der Sensorbelichtung vermieden werden sollen (Apple Special Event. Apple Inc. Apple.com, Cupertino (09.09.2015). Filmstill: 105.00 – 105.20. Online: http://www.apple.com/ apple-events/september 2015/ Stand: 15.11.2015).

weltweiten Millionenpublikum[38] mit einer Grafik, in der Punktlinien eine zentrale Rolle spielen (Abb. 1|1a). Gewiss ist dies nur ein kurzer Moment, genau genommen 1:46 Minuten[39] innerhalb eines zweieinhalbstündigen Marketingauftritts.[40] Dennoch belegt er eindrucksvoll (Abb. 1|1b), dass Punktlinien im 21. Jahrhundert allgemein verständlich Lichtstrahlen darstellen können.

Bleibt man auf der öffentlichen Bühne und verlagert den Fokus von der Technologie- und Unterhaltungsindustrie in die politische Domäne, so entdeckt man auch dort Punktlinien. Die im Herbst 2015 kulminierende Flüchtlingsdebatte in Europa und insbesondere in Deutschland fand ihren Niederschlag in zahlreichen Bildformaten politischer Medien. Um einen Überblick zu den sich in dieser Zeit ständig verändernden Flüchtlingsrouten, Grenzkontrollen und Grenzen zu ermöglichen, veröffentlicht die *Frankfurter Allgemeine Zeitung* im Oktober den Artikel *Keine Registrierung, keine Rechte,*[41] in dem die bisherigen Flüchtlingsrouten und geplanten Grenzzäune unter anderem mit Punktlinien auf einer Übersichtsgrafik illustriert werden (Abb. 1|2).

Eine Woche später informiert der britische *Independent* zur gleichen Thematik mit einer Grafik (Abb. 1|3), die ebenfalls mit Punktlinien operiert. Dabei werden ebenfalls die geplanten Grenzzäune und bereits vorhandene Grenzkontrollen zwi-

38 Das Fachmagazin MacWelt titelt *„Apple Live-Stream legt fast das Internet lahm"* und beschreibt damit vage die ungeheure Anzahl von Menschen, die live an diesem Ereignis teilnahmen. Gewöhnlich werden die genauen Zuschauerzahlen für die Streams zur Keynote von Apple nicht veröffentlicht (MacWelt. macwelt.de, München (2015). Online: http://www.macwelt.de/news/Apples-Live-Stream-legt-fast-das-Internet-lahm-9799767.html Stand: 15.11.2015). Allein im ausgebuchten Bill Graham Civic Auditorium San Francisco finden laut Betreiber etwa 6000 Menschen Platz (Bill Graham Civic Auditorium. billgrahamcivicauditorium.com, San Francisco (2015). Online: http://www.billgrahamcivicauditorium.com Stand: 15.11.2015).

39 Apple Special Event, Filmstill: 104:36 – 105:23. Online: http://www.apple.com/ apple-events/september 2015/ Stand: 15.11.2015. Vgl. Abb. 1|1a + b.

40 Nils Jacobsen vom Online-Medienmagazin Meedia.de schreibt sogar von einer „perfekt orchestrierten PR-Kampagne" und „unterschätzte[n] Kunstform", die Apple bei dieser Keynote abliefert (Online-Medienmagazin Meedia. meedia.de, Hamburg (2015). On-line: http://meedia.de/2015/09/21/kontrollfreaks-aus-cupertino-wie-apples-pr-maschine-zum-iphone-6s-launch-die-medien-einseift/ Stand: 15.11.2015).

41 Art. Keine Registrierung, keine Rechte. Frankfurter Allgemeine Zeitung. faz.net, Frankfurt am Main (26.10.2015). Online: http://www.faz.net/aktuell/politik/fluechtlingskrise/eu-balkan-gipfeltreffen-keine-registrierung-keine-rechte-13876388.html Stand: 17.11.2015.

schen Österreich, Slowenien und Kroatien mit Punktlinien angezeigt.[42] Dagegen wird im selben Bild der ungarische Grenzzaun, zu diesem Zeitpunkt bereits verwirklicht und für Flüchtlinge unpassierbar, mit einer durchgezogenen Linie dargestellt (Abb. 1|3). *Die Welt*[43] führt nur einige Monate später diese Darstellungskonvention fort (Abb. 1|4).

Auch zur Verdeutlichung der militärischen Kontexte für diese Krise dient die Punktlinie auf analoge Weise, wie sich bereits im August 2012[44] an einer Grafik der *Washington Post* zur schwer umkämpften syrischen Stadt Aleppo zeigt (Abb. 1|5). Punktlinien umreißen hier die Gebiete, die durch Rebellen besetzt sind. Weitere Beispiele reihen sich hier nahtlos ein, wie etwa die Berichterstattung zur Russlandoffensive in Syrien im Oktober 2015,[45] die durch spektakuläre Mittelstreckenraketenabschüsse begleitet wurde (Abb. 1|6). Auch hier operiert man, wie etwa die kanadische *National Post* zeigt, mit durchbrochenen Linien.[46]

Dabei ist diese Linienform nicht allein auf das Feld des zweidimensionalen Kartenmaterials beschränkt. Auch in komplexeren Bildmontagen, wie etwa in einem Artikel des internationalen Medienportals *Deutsche Welle*[47] (Abb. 1|7), wird zur Illustration der Funktion eines Raketenabwehrsystems der USA diese Linienform

42 Art. Refugee crisis: Slovenia struggling to cope in chaotic scenes at border as violence in Syria forces more to flee. The Independent. Independent.co.uk, London (30.10.2015). Online: http://www.independent.co.uk/news/world/europe/refugee-crisis-slovenia-struggling-to-cope-in-chaotic-scenes-at-border-as-violence-in-syria-forcesa6715176.html Stand: 17.11.2015.

43 Art. Willkommen in der osteuropäischen Union! Die Welt. welt.de, Berlin (25.01.2016). Online: http://www.welt.de/politik/ausland/article151407495/Willkommen-in-der-osteuropaeischen-Union.html Stand: 25.01.2016.

44 Art. Fighting in Aleppo. Washington Post. washingtonpost.com, Washington D.C. (19.08.2012). Online: https://www.washingtonpost.com/world/fighting-in-aleppo/2012/08/19/279add48-ea63-11e1-9ddc-340d5efb1e9c_graphic.html Stand: 17.11.2015.

45 Art. Putin boasts that Russian warship fired missile 1,500 km into Syria amid massive Assad regime offensive. National Post. nationalpost.com, Toronto (07.10.2015). Online: http://news.nationalpost.com/news/world/israel-middle-east/russian-warships-firemissiles-into-syra-amid-fears-that-assad-regime-is-mounting-massive-groundassault Stand: 17.11.2015.

46 Wie in der Einleitung betont, geht es dem Autor dieser Arbeit erstrangig um die Form der Punktlinie. In der Gegenwart lässt sich die Tendenz beobachten, dass Punkt- und Strichlinien nicht funktional differenziert werden. Dagegen ist für die frühneuzeitliche Genese der gebrochenen Linie der Punkt als geometrische Form entscheidend (vgl. Kap. 2).

47 Art. Putin torpediert Abrüstung. Deutsche Welle. dw.com, Bonn, Berlin (29.12.2009). Online: http://www.dw.com/de/putin-torpediert-abrüstung/a-5069297 Stand: 18.11.2015.

verwendet. So bildet die Punktlinie zum einen den Flugverlauf der Rakete ab. Dieser ist als graue Punktlinie dargestellt. Zum anderen bildet eine rote Punktlinie die Kommunikation zwischen Rakete, Radar und Satelliten ab. Diese multidimensionale Funktionsweise in diagrammatischen Abbildungen wird neben militärischen Bildkontexten (vgl. 6.3) noch in zahlreichen anderen Bildbereichen in dieser Arbeit wiederkehren.

Ein weiteres Beispiel dafür ist eine inhaltlich und grafisch ähnliche Abbildung aus dem deutschen online Magazin *Netzpolitik.org*[48] (Abb. 1|8), welche die Kommunikation zwischen einer Drohne zu einem Satelliten und ihrer Basis mit Punktlinien anzeigt. Eine zweite Punktlinie im rechten Bildbereich hat allerdings eine andere Funktion. Sie dient als ‚Beschriftungslinie' und stellt die Verbindung zwischen einem Textblock und einem Liniengeflecht her.[49]

Die faszinierende Fähigkeit der Drohne, die bisher bekannten Bildhorizonte neu auszuloten, verknüpft militärische und künstlerische Interessen. Die Drohnenthematik eröffnet in dem entwickelten Panorama zugleich die Bühne für Punktlinien in der bildenden Kunst. Als herausragender Aktivist, Fotograf und Künstler hat sich in den vergangenen Jahren auf dem Gebiet vor allem Trevor Paglen hervorgetan. In seinen ästhetisch anspruchsvollen und mitunter malerischen Aufnahmen brechen winzige Punkte als Störung, teilweise auch als unheimliche Bedrohung hervor. Dabei handelt es sich um Fotografien von mehreren Kilometern entfernten Drohnen oder Satelliten, die am Himmel in unserer Wahrnehmung zu einem Punktzusammenschrumpfen und zur geometrischen Form verdichtet für Irritationen sorgen (Abb. 1|9). Im fotografischen Medium verschmelzen dabei die Formen des Punktes und der Linie. Dennoch bleibt neben der Schönheit dieser Bilder immer der Kontrast bestehen, der durch die technischen Elemente ausgelöst wird. Punkte und

48 Art. US-Armee steuert ihre Drohnen in der Oberpfalz außerhalb der Sichtweite – Auch via Relaisstation in Ramstein? Matthias Monroy. netzpolitik.org, Berlin (22.05.2015). Online: https://netzpolitik.org/2015/us-armee-steuert-ihre-drohnen-in-der-oberpfalz-ausserhalb-der-sichtweite-auch-via-relaisstation-in-ramstein/ Stand: 18.11.2015.

49 Als ein weiteres Beispiel dazu ist die Infografik der britischen MailOnline-Ausgabe zu den Anschlägen durch den ‚Islamischen Staat' in Paris vom November 2015 zu nennen: Art. Was Paris terror revenge for Jihadi John? ISIS executioner's drone death may have accelerated attacks on France, experts say. MailOnline. dailymail.com, London (15.11.2015). Online: http://www.dailymail.co.uk/news/article-3318419/Were-Paris-terror-attack-revenge-Jihadi-John-Security-experts-say-France-target-killers-brought-murderous-spreeforward.html#ixzz3rlOx47tb Stand: 17.11.2015. In dieser Grafik wird im oberen linken Bildbereich die Kommunikation und Funktionsweise von Drohnen angedeutet.

Linien wirken bei Paglen in pittoresker Umgebung letztlich wie Fremdkörper, die sich vor das harmonische Natursujet schieben.[50]

Noch deutlicher heben sich die geometrischen Formen im fotografierten Himmel bei einigen Bildern von Miguel Rothschild ab. Weniger politisch, dafür aber umso mehr auf die Form des Punktes konzentriert, erhalten bei ihm Punktlinien zusätzlich eine materiell bedingte Räumlichkeit. Diese entsteht durch gestanzte Löcher (Abb. 1|10a), mit denen Rothschild in mehreren seiner Bilder operiert.[51] So werden Punktlinien etwa in seinem Bild *It was a Dark and Stormy Night* von 2014 durch beinahe senkrecht verlaufende und unterschiedlich große Punzierungen erzeugt. Diese sind vor dem Hintergrund eines wolkenverhangenen Himmels angeordnet und werden zu greifbaren Regenstrahlen. Im Inneren des Bildrahmens auf der unteren Kante ist zudem ein ‚Niederschlag' der Punzierungen aus kreisrunden Papierresten zu finden (Abb. 1|10b).

In den Vordergrund treten Punkte und daraus imaginierbare Punktlinien auch bei einer Arbeit der Künstlerin Ceal Floyer (Abb. 1|11) von 2010. Aus den insgesamt 40 einzeln gerahmten, aber nebeneinander gehängten Punktbildern entstehen für das Betrachterauge waagerechte, senkrechte oder diagonale Punktlinien. Bemerkenswert ist daran, dass die Rahmung und Abgeschlossenheit jedes einzelnen Punktes die Bedeutung der geometrischen Form nicht etwa abschwächt sondern sogar noch verstärkt. Denn zieht man die Punkte gedanklich zu einer Linie zusammen, löst sich zugleich gedanklich die Einzelrahmung auf. Dieser Effekt bewirkt ein bewegtes Wechselspiel für den Betrachter, der einmal den einzelnen Punkt und einmal die entstehenden Linien sehen kann, ohne sich für eine der beiden Sichtweisen entscheiden zu müssen.

Im Gegensatz zu diesen rastergleichen Rahmungen geometrischer Formen verschwimmen die Konturen in einer Bilderserie Rebecca Horns von 2014 (Abb. 1|12 u. Abb. 1|13). Durch ein Spektrum von zart und gezielt getupften bis hin zu verstreuten und kräftigen Kleckslinien verleiht die Künstlerin ihren Bildern ein hohes Maß an Dynamik, wie sich an den Beispielen *Rotation im Kreuzwind* (Abb. 1|12) sowie *Moon in the Vertebrae Oracle* beobachten lässt (Abb. 1|13).

---

50 Genauer und weiterführend siehe Paglen, Trevor: Invisible. covert operations and classified landscapes. With an essay by Rebecca Solnit. New York 2010 sowie Ders.: secession. Ausstellungskatalog anlässl. der Ausstellung Trevor Paglen at the Secession, 26.11.10 – 13.02.11. Berlin 2010.

51 Siehe dazu: Spieler, Bernhard / Scheuermann, Barbara (Hgg.): Punkt.Systeme. Vom Pointilismus zum Pixel. Ausstellungskatalog zur Ausstellung vom 16.06. – 30.09.2012 im Wilhelm-Hack-Museum, Ludwigshafen am Rhein. Ludwigshafen 2012, S. 23f. u. 44f. Siehe auch: Galerie Miguel Rothschild. miguelrothschild.de, Berlin (2015). Online: http://www.miguelrothschild.de/projects.html Stand: 02.12.2015.

Auch William Kentridge setzt in seinem *Parcours d'Atelier* auf diesen dynamisierenden Effekt (Abb. 1|14), dem in der Ausstellung *Double Vision – Albrecht Dürer – William Kentridge* von 2015 erneut eine besondere Bedeutung zukommt.[52] Kentridges Collage beschreibt mit einer Vielzahl von Linien die Bewegungsabläufe des Künstlers im Atelier. Die zeitliche Dimension der einzelnen Wegstrecken, die als Linien in einem rechteckigen Raum vermerkt sind, wird durch die Unterbrechung der Linien erzeugt. Jeder einzelne Strich, die darauffolgende Leerstelle und der danach erneut gesetzte Strich wirken wie eine Spur der Schritte des Künstlers in seinen Arbeitsräumen.[53]

Als letztes Beispiel aus der modernen Kunst des 21. Jahrhunderts soll eine Arbeit von Shila Khatami von 2011 erwähnt sein. Bereits der Titel *Pink Dots on Line* (Abb. 1|15 / Titelbild dieses Buches) aktiviert vor den Augen des Betrachters eine Linie aus Punkten. Die Bildfläche ist in 20 waagerechte und 16 senkrechte Punktreihen gegliedert. Jeder einzelne Punkt hat dabei geometrisch exakt denselben Abstand zum nächsten Punkt, so dass sich das Konzept eines Rasters erkennen lässt. Innerhalb dieses Rasters sind drei große rosa Punkte im Winkel von 45 Grad angeordnet. Mit diesem Arrangement definiert die Künstlerin die Punktlinie innerhalb eines geometralen Raumes als eine Reihe aus drei gleich großen und in gleichmäßigen Abständen folgenden Punkten, die sich innerhalb eines Rasters befinden.[54] Der

52 Die Collage ist ursprünglich im Jahr 2007 entstanden, wurde aber in der Ausstellung *Double Vision – Albrecht Dürer – William Kentridge* in der Berliner Gemäldegalerie 2015 großflächig mit einem Beamer projiziert. Sie diente außerdem als Bildmotiv in der Veranstaltungsankündigung (Double Vision – Albrecht Dürer – William Kentridge. Berliner Gemäldegalerie. Ausstellung. doublevision-berlin.de, Berlin (2015). Online: http://double vision-berlin.de Stand: 15.01.2016).

53 Zweifellos ließen sich auch andere Dinge in diese gebrochenen Linien deuten. In jedem Fall erzeugt das sich wiederholende und annähernd gleichbleibende Muster den Eindruck von Zeitlichkeit (ausf. dazu in Kap. 7).

54 Neben diesem Bild Khatamis (Abb. 1|15), finden sich weitere Arbeiten zu Punktlinien in ihrem Oeuvre (siehe dazu online: http://www.shilakhatami.com/works/#33. Stand: 30.11.2016). Zudem sei auch der Berliner Künstler Thomas Bayrle genannt, der sich in seinen Arbeiten immer wieder mit dem Punkt, dem Raster und der Linie auseinandersetzt. Nicht nur praktisch, sondern auch theoretisch widmet er in seinem Künstlerbuch *Rasterfahndung* von 1981 (Bayrle, Thomas: Rasterfahndung. Hrsg. v. Klaus Gallwitz. Frankfurt am Main 1981) Punktlinien seine besondere Aufmerksamkeit. Herausragend ist zudem die jüngere Publikation von Bernhard Spieler und Barbara Scheuermann anlässlich der Ausstellung *Punkt.Systeme* von 2012 (vgl. S. 10, Spieler / Scheuermann: Punkt.Systeme, Ludwigshafen 2012). Der Katalog *„Vom Pointilismus zum Pixel"* verspricht zudem einen umfangreichen Überblick über die Verwendungsmöglichkeiten des

von Khatami gewählte Raum ist ein geometraler, das heißt ein mathematischer Raum, der aus Punkten, Linien und Flächen besteht. In diesem Raum gelten andere Regeln als innerhalb des natürlichen Anschauungsraums, der von Farben, Schatten und Umrissen geprägt ist. Im geometralen Raum geht es um mathematische Logik, die figurativ durch Unterscheidungen ausgedrückt wird (genauer dazu in 7.3).

Mit diesem konzentrierten Blick auf die Form und Gestalt der Punktlinie im 21. Jahrhundert zeichnen sich die ersten Ansatzpunkte dieser Arbeit ab. In den operationalen Zusammenhängen aus Kunst, Technik, Journalismus und Werbung spiegeln sich die vielgestaltigen medialen Möglichkeiten der hier fokussierten Form wider. So wird bereits an dieser Stelle deutlich, dass ihre Verwendung Fragen zu ihren Eigenschaften und ihrer Funktion nach sich ziehen. Die Ausgangsbeobachtung, dass Punktlinien in Bereichen des öffentlichen Interesses vertreten sind, also beispielsweise in Kunst, Politik und Unterhaltungsindustrie, trifft auf die Tatsache, dass sie als Linienform in der Forschung bislang ein Schattendasein fristet. Vertieft wird dieser Widerspruch durch ein breites, scheinbar selbstverständliches Anwendungsspektrum für Punktlinien im 21. Jahrhundert. Denn Punktlinien finden sich heute beispielsweise auch in Prognosediagrammen (Abb. 1|16),[55] Bedienungsanleitungen (Abb. 1|17),[56] Markenlogos (Abb. 1|18),[57] Fahrbahnmarkierungen (Abb. 1|19), Tachometern von Autos (Abb. 1|20), chirurgischen Schnittlinien (Abb. 1|21),[58] geografischen Karten[59] (Abb. 1|22) oder Schnittmustern (Abb. 1|23)[60].

Punktes in der Kunst zu geben. Tatsächlich ist der besondere Fokus dieses Bandes auf der Form des Punktes in der Modernen Kunst bisher einzigartig im deutschsprachigen Raum.

55 Zu erwähnen ist in diesem Zusammenhang auch das sogenannte ‚Dotted Line Prinzip'. Das Dotted Line-Prinzip stammt aus den Wirtschaftswissenschaften und ist eine aus der grafischen Darstellung der Organisationsstruktur abgeleitete Bezeichnung für die disziplinarisch und funktional getrennte Zuordnung einer Stelle oder Abteilung an zwei übergeordnete Instanzen (Wirtschaftslexikon24.com. wirtschaftslexikon24.com, Managua (2014). Online: http://www.wirtschaftslexikon24.com/d/dotted-line-prinzip/dotted-line-prinzip.htm Stand: 19.08.2014).

56 Als mustergültiges Beispiel dafür ist die Aufbauanleitung für das Regal *Kallax* der Firma IKEA zu nennen. Darin werden die verdeckten Flächen einzelner Regalteile durch gebrochene Linien dargestellt (vgl. Abb. 1|17).

57 Vgl. zum Beispiel das Logo des Londoner *dotted line theaters* (The London dotted line theater. dottedlinetheatre.co.uk, London (2015). Online: http://www.dottedlinetheatre .co.uk Stand: 26.11.2015) und auch das Logo der Universität Potsdam (Abb. 1|18).

58 In der Medizin werden Punktlinien beispielsweise zur Darstellung eines chirurgischen Eingriffs eingesetzt. So werden etwa in einer Klinik für plastische Chirurgie die Schnittführung beim Minifacelifting durch Punktlinien angezeigt (YUVEO Klinik. iatrum.de, Düsseldorf (2015). http://www.iatrum.de/mini-face lift.html Stand: 15.01.2015.).

Anhand dieses ersten Überblicks über unterschiedliche mediale Kontexte lässt sich festhalten, dass Punkte und daraus erzeugte Linien grundsätzlich in den grafischen Systemen des 21. Jahrhunderts etabliert sind. Bei der Punktlinie als Forschungsgegenstand handelt es sich also nicht um ein Desiderat, das zunächst aus dem Verborgenen zu Tage gefördert werden müsste, sondern um ein allgemein sichtbares und in unseren operativen Alltag eingebundenes Phänomen. Die Aufgabe besteht deshalb hier primär darin, Punktlinien in ihren operationalen Zusammenhängen zu hinterfragen und ihre Funktion in diagrammatischen Bildkontexten zu spezifizieren.

Einige der Bildbeispiele aus der Kunst zu Beginn des 21. Jahrhunderts zeigen zudem, dass die Fragen zur Punktlinie weitaus umfassendere Bilderfragen tangieren. So ist etwa zu klären: Wie sieht die Unterscheidung zwischen einer gedachten und einer gezogenen Linie aus? Wann handelt es sich um eine Konstruktion des Betrachters und wann um eine reale Bildgestalt? Womit kann der Unterschied zwischen dem geometralen und anschaulichen Sehraum sichtbar gemacht werden? Und schließlich stellt sich die Frage, wie Prozesse im Bild durch Linien abgebildet werden, und ob sich diese durch Punktlinien besser verstehen lassen.

Kunsthistoriker begegnen diesen Fragen insbesondere dann, wenn sie bei Bildanalysen zwischen den sichtbaren und den konstruierten Bildanteilen unterscheiden müssen, wenn von einer Bewegung im Bild die Rede ist oder, wenn auf zunächst unerklärliche Weise bestimmte Bildanteile verbunden oder voneinander getrennt dargestellt sind. Oft sind es Details, die hilfreich sein können, um diese Phänomene schlüssig zu erklären. Die Punktlinie ist ein solches Detail, das sich in einer Vielzahl von Diagrammen, Gemälden und Drucken wiederfinden lässt. Mit einer historischen Analyse zur Genese der Punktlinie soll diese Arbeit deshalb dazu beitragen, diese Linienform zu erschließen und damit ein bislang ungenutztes Analyseinstrument für weitere kunsthistorische und bildtheoretische Studien anzubieten. Unter diesen Prämissen soll diese Arbeit sich der Punktlinie nähern und die bisher unge-

59 Der zu Beginn des 21. Jahrhunderts größte Internetkonzern der Welt verwendet innerhalb seiner Weltkarten Punktlinien, um Konflikt- oder Krisenregionen grafisch zu beschreiben (vgl. 6.2).

60 Schnittmusterbögen sind bedruckte Papiervorlagen, die dazu dienen, Stoffe zur Fertigung von Kleidung weiterzuverarbeiten (Hofenbitzer, Guido: Bekleidung. Schnittkonstruktion für Damenmode. Bd. 1. Bekleidung, Grundlagen. Haan-Gruiten 2009). Zum Anzeigen der Schnittlinien werden auch Punktlinien verwendet. Siehe dazu beispielsweise Schnittmusterbogen beim Burda-Online-Magazin. burdastyle.de, Offenburg (2015). Online: http://www.burdastyle.de/aktuelles/news/schnittmuster-diese-schnitt muster-gibt-es-bei-burda-style_aid_3070.html Stand: 26.11.2015.

klärten Fragen, insbesondere zur Sichtbarmachung von Prozessen im Diagramm, weitgehend beantworten.

Um die theoretische Rahmung dieser Arbeit festzulegen, soll zunächst ein Überblick über die weitreichenden Diskurse zur Linie gegeben werden. Zu diesem Zweck werden im Folgenden die Ansätze zu einer Theorie der Linie präsentiert, die sowohl historisch als auch in der aktuellen Forschung entwickelt worden sind.

1.3 THEORETISCHER RAHMEN ZUR LINIE UND LINIENTHEORIE

Die Erschließung der Punktlinie erfordert den Zugriff auf einen umfangreichen Zeitraum von etwa 600 Jahren Kunst- und Wissenschaftsgeschichte und bewegt sich dabei in Teilen auf unbetretenem theoretischem Terrain. Bis auf wenige Ausnahmen existiert vor dem 16. Jahrhundert keine nennenswerte Theorie zu diesem Phänomen, und die modernen Ansätze zu Linien und Linientheorien entstehen erst im Laufe des 20. Jahrhunderts. Vor dem Hintergrund, dass die relevanten Publikationen zur Linie, Linientheorie und diagrammatischen Formen in diesem Bezugsrahmen relativ überschaubar bleiben, versteht sich die Studie als Grundlagenarbeit, die Anhaltspunkte für weitergehende Fragestellungen zu geben erhofft.

Die wenigen bestehenden Veröffentlichungen, die für eine theoretische Annäherung an die Punktlinie relevant sind, lassen sich vier Forschungsfeldern zuordnen: der ästhetischen und modernen Linientheorie, der Diagrammatik, der Wissenschaftsgeschichte – konzentriert auf das Technische Bild – sowie der bildenden Kunst. Schlaglichtartig sollen sie im Folgenden vorgestellt werden, um so die entwickelten theoretischen Ansätze zu charakterisieren.

Ausgangspunkt

Sowohl in der 2007 erschienenen Publikation zur *Entdeckung der Abstraktion* von Raphael Rosenberg als auch in dem Sammelband *Randgänge der Zeichnungen*[61] von Werner Busch, Oliver Jehle und Carolin Meister aus demselben Jahr wird für den Untersuchungszeitraum von 1600 bis 1900 die Meinung vertreten, dass seit dem letzten Drittel der Frühen Neuzeit eine intensive Auseinandersetzung mit den Eigenschaften bekannter Linienformen in Wissenschaft und Kunst stattfindet.[62]

61 Busch, Werner / Jehle, Oliver / Meister, Carolin (Hgg.): Randgänge der Zeichnung. München 2007.

62 Raphael Rosenberg beschreibt, dass ab den „1750er Jahren so unterschiedliche Autoren wie Moses Mendelssohn und Anton Raphael Mengs, Edmund Burke und Denis Diderot, Laurence Stern und Johann Caspar Lavater über den Charakter unterschiedlicher Linien-

Diese Periodisierung ist jedoch sehr spät angesetzt. Denn die Entwicklung wird bereits im Vorfeld entscheidend durch die Erfindung des Buchdrucks und die (Wieder-)Entdeckung der Zentralperspektive[63] beeinflusst und findet ihren Niederschlag in einer Vielzahl von Traktaten, die zur Anleitung perspektivischer Darstellungen dienen. Der darin beschriebene Umgang mit Linienformen wurde durch Leon Battista Albertis *Della Pittura*[64] (1435/36) und insbesondere durch Albrecht Dürers *Underweysung der Messung*[65] (1525) geprägt.

Während Alberti ein theoretisches Fundament zur Linie entwickelt, konzentriert sich Dürer darauf, praktische Regeln für den Künstler im Umgang mit Linienformen festzulegen. Dies äußert sich besonders bei Dürer durch eine breite Palette von auf die praktische Anwendung bezogenen Liniendefinitionen,[66] die er sowohl sprachlich beschreibt als auch bildlich darstellt. Diese illustrierte Anleitung wirkt sich prägend für den Umgang mit Linienformen im europäischen Raum aus. Sie ist zugleich ein ergiebiges Zeugnis des medialen Wandels der Frühen Neuzeit. Die ästhetische Dimension von Linien spielt bei Dürer eine untergeordnete Rolle (vgl. 2.4), und genau dieser Zugriff ermöglicht einen unverstellten Blick auf die Funktion der Linie als geometrische Form.

Ausgangspunkt der hier betrachteten Theoriebildung sollen deshalb Dürers theoretische Traktate sein, da sie zentrale Einblicke in die Funktion und auch die Herstellung von Linien eröffnen. Dazu gehört auch die Schrift *Vier Bücher von menschlicher Proportion* von 1528, in der Dürer ebenso zentral sein Konzept fortführt und erstmals die „punctirten linien“[67] erwähnt. Zudem operiert Dürer auf drei Holzschnitten mit Punktlinien, um verdeckte Körperumrisse abzubilden und andeutungsweise die Körperlängsachse darzustellen (Abb. 1|24 u. Abb. 1|25). Außerdem

---

formen nachdenken“. (Rosenberg, Raphael / Hollein Max (Hgg.): Entdeckung der Abstraktion. Turner, Hugo, Moreau. München 2007, S. 23).

63 Vgl. Crary, Jonathan: Techniken des Betrachters. Sehen und Moderne im 19. Jahrhundert. Aus dem Amerikanischen von Anne Vonderstein. Dresden [u. a.] 1996, S. 38 und Hick, Ulrike: Geschichte der optischen Medien. München 1999, S. 43.

64 Alberti, Leon Battista: Della Pittura. Über die Malkunst. Hrsg. u. übersetzt v. Oskar Bätschmann u. Sandra Gianfreda. Darmstadt 2002. Im Gegensatz zu Dürer operiert Alberti in seinem Traktat weitgehend ohne Abbildungen und ist damit für die Analyse allein theoretisch ergiebig.

65 Dürer, Albrecht: Underweysung der Messung mit dem Zirckel und Richtscheyt in Linien, Ebnen unnd gantzen Corporen [...]. Nürnberg 1525.

66 Neben Zirkel-, Kreis- und Parallel-Linien ist dabei auch von ‚Schnecken- und Gesichtsstreim-Linien‘ die Rede. Dazu ausf. in 2.4.

67 Dürer, Albrecht: Vier Bücher von menschlicher Proportion. Neudruck der Ausgabe Nürnberg 1528. Nördlingen [3]1996, unpag.

gibt der Autor erste Hinweise dazu, mit welcher Art von Linien und Punkten im Allgemeinen in der Kunst operiert wird und wie diese hergestellt werden. Dazu führt er aus:

> „Und merck wenn ich hie von puncten oder linien redt / so mein ich nit allein die puncté und linien die dy Mathematica für gibt / wiewol die selben unsichtigen unteylbarn puncté und linien hyrin verfast oder vermeynt sind / Sunder ich redt hie von solchen puncten und linien die mit der nadel oder spizigé federn getupfet und gerissen werden an eim richtscheit dem gesicht verstendlich fürgemacht.“[68]

Besonders interessant sind die unsichtbaren, unteilbaren Punkte und Linien, die Dürer aus den instrumentell bedingten Herstellungsweisen begründet. Die ‚punktierten Linien‘ werden allerdings bei Dürer in keinem der beiden Traktate definiert oder einzeln dargestellt. Damit ist bereits ein zentrales Phänomen beschrieben, das den Umgang mit der Punktlinie bedingt. Denn obwohl sich hier schon erste operationale Funktionen für die Punktlinie in Bildern erkennen lassen, existiert noch keine theoretische und praktische Anleitung für ihren Gebrauch (ausf. 2.4). Diese frühen Punktlinien sind ein erster Anhaltspunkt für ihre Verwendungskontexte.

1a Ästhetische Linientheorie und theoretischer Ansatz

Parallel zum Diskurs der praktischen Anwendungsmöglichkeiten von Linien und anderen geometrischen Formen, der bei Dürer zentral ist, etabliert sich ein Diskurs zur ästhetischen Dimension von Linien, der im Folgenden kurz umrissen werden soll.

Basierend auf Dürers Underweysung der Messung von 1525 erscheint 1584 die Abhandlung *Trattato dell'arte de la pittura* von Giovanni Paolo Lomazzo,[69] die über die praktischen Anwendungskonzepte hinausgeht und für den weiteren linientheoretischen Diskurs prägend sein wird. Vor allem erweist sich das darin entwickelte Konzept der *figura serpentinata*, der sogenannten Schlangenlinie,[70] in späte-

68 Ebd., unpag.

69 Lomazzo, Giovanni Paolo: Trattato dell'arte della pittura, scoltura, et architettura. Milano 1584.

70 Rosenberg betont, dass die Urheberschaft der ‚geschlängelten Figur‘ vorrangig auf Lomazzo selbst zurückzuführen sei, obwohl sich dieser auf Michelangelo beziehe und in der Manierismusforschung des 20. Jahrhunderts dieser Aspekt häufig übersehen worden sei (Rosenberg: Entdeckung der Abstraktion, S. 21). Zur Entstehung des Konzeptes der Schlangenlinie ist besonders zu empfehlen: Hofmann, Werner: Die Schönheit der Linie. 13 Variationen über ein Thema. München 2014, bes. S. 4 – 15.

ren Zusammenhängen der ästhetischen Linientheorie als einflussreich.[71] Doch bevor sich die Diskurse einer ästhetischen Dimension der Linie entfalten können, dominiert in der italienischen Kunsttheorie das sogenannte *disegno*-Konzept. Bis heute gehören diese Überlegungen zum theoretischen Fundament jeder Linientheorie.[72] Das *disegno*-Konzept umfasst eine vorrangig religiös geprägte, übergeordnete Kategorie der Kunst, die den Entwurfsvorgang, das heißt die Verbindung aus Sehen, Denken und Entwerfen[73] sowohl in der Architektur, Bildhauerei und Malerei einschließt.[74]

Die Ursprünge des *disegno*-Diskurses gehen auf Cennino Cennini zurück, der zu den Künstlern der Giottoschule zählt[75] und mit dem *Libro dell'arte o trattato della pittura* um 1400[76] als erster ein Lehrbuch über die Kunstfertigkeiten des Ma-

71 Dominiert wird dieser Diskurs im 18. Jahrhundert durch die von William Hogarth angestoßene Diskussion einer Dimension der ästhetischen Linientheorie.

72 Hergeleitet von der wörtlichen Übersetzung des lateinischen *designare,* was „‚bezeichnen', ‚zeichnen', ‚im Umriss darstellen'" bedeutet (Heßler, Martina / Mersch, Dieter: Bildlogik oder Was heißt visuelles Denken. In: Diess. (Hgg.): Logik des Bildlichen. Zur Kritik der ikonischen Vernunft. Bielefeld 2009, S. 8 – 62, hier: S. 38). Vgl. Art. disegno. In: Georges, Karl Ernst: Ausführliches lateinisch-deutsches Handwörterbuch. Nachdruck Darmstadt 1998. Hannover [8]1913, Bd. 1, Sp. 2084.

73 Der heutige *disegno*-Begriff wird je nach Kontext unterschiedlich verwendet. Dieter Mersch hat dieses Phänomen auf den Punkt gebracht: „Weniger bezeichnet also das Disegno die Auszeichnung der Linie selbst, als vielmehr den Prozess des visuellen Denkens zwischen Vorstellung und Gestaltung [...]." (Mersch, Dieter: Schrift/Bild – Zeichnung/Graph – Linie/Markierung. Bildepisteme und Strukturen des ikonischen ‚Als'. In: Krämer, Sybille / Cancik-Kirschbaum, Eva / Totzke, Rainer (Hgg.): Schriftbildlichkeit. Wahrnehmbarkeit, Materialität und Operativität von Notationen. Berlin 2012, S. 305 – 327, hier: S. 311).

74 Vgl. Rosenberg: Entdeckung der Abstraktion, S. 21. Siehe auch: Rosen, Valeska v.: Disegno und Colore. In: Pfisterer, Ulrich (Hg.): Metzler Lexikon Kunstwissenschaft. Ideen, Methoden, Begriffe. Stuttgart, Weimar 2003, S. 71 – 73.

75 Ilg, Albert: Einleitung. In: Cennini, Cennino: Das Buch von der Kunst oder Traktat der Malerei des Cennino Cennini da Colle di Valdelsa. Florenz um 1400. Übersetzt, mit Einleitung, Noten u. Register versehen von dems. Wien 1871, S. III – XXIII, hier: S. XIV.

76 Die erste englischsprachige Übersetzung aus dem Jahr 1844 geht von 1437 als Erscheinungsdatum aus (Merrifield, Mary Philadelphia: a treatise of painting on Quattrocento Painting. Translated from the Italian, with Notes on Mediaeval Art Methods by Christiana J. Herringham written by Cennino Cennini in the year 1437. London 1844, S. LVIf.). Darauf folgende Forschungsergebnisse räumen jedoch Schwierigkeiten der Datierung ein,

lerhandwerks anbietet. Dieses legt den Grundstein für alle weiteren theoretischen Reflektionen zur Kunst in ihrer praktischen Anwendung der folgenden Jahrhunderte. So unterscheidet Cennini bereits zwischen *disegno* und *colorire* – also zeichnen, umreißen und einfärben – und sieht beides als Grundlage des Handwerks der Malerei an.[77] Jean Battista Alberti nimmt 1436 in seiner einflussreichen Schrift *Della pittura* zwar auf Cenninis *disegno*-Begriff keinen Bezug, doch dies ist vermutlich Albertis eigenem Konzept geschuldet, nach dem auch *circonscrizione* und *composizione*[78] – also das Umreißen und die Zusammensetzung – dem *disegno*-Begriff Cenninis entspräche.[79]

Um die Deutung und Unterscheidung verschiedener Linienformen geht es dabei im Kern jedoch nicht. Diese gerät erst 1693/94 durch Henri Testlin in *Sur l'usage du trait et du dessein* in den Fokus theoretischer Überlegungen. So nimmt Testlin eine begriffliche Unterscheidung vor, indem er erstmals die Begriffe *trait* (die Linie im Bild), *dessein* (die Kunst des Zeichnens) sowie *contour* (der Umriss einer Fläche durch Linien) definiert.

1753 veröffentlicht William Hogarth die *Analysis of Beauty*[80] und fügt damit eine zusätzliche ästhetische Komponente in die Linientheorie ein, die zugleich universalsprachlich verstanden sein will. Die theoretische Kernaussage beruht darauf, dass die vollkommene Schönheit jeglicher Anordnung von Formen dadurch erzeugt werden kann, dass die Grundformen der Pyramide und der geschwungenen Linie miteinander verschränkt werden. Wegbereiter dieser These sind für Hogarth einerseits Michelangelo, der die Konstruktion jedes figurierten Körpers als eine Mul-

---

da weite Teile der Schrift über mehrere Jahrhunderte verschollen waren und die ersten Überlieferungen vorrangig auf Vasari und Alberti zurückgeführt werden können (Ilg: Einleitung, S. VI).

77 An diesen Diskurs schließt sich Giorgio Vasaris *disegno*-Konzeption an, die eine „Emanzipation der Künstler vom Handwerkerstatus" (Rosen: Disegno und Colore, S. 72) beinhaltet und ab der Mitte des 17. Jahrhunderts für einen in der Linientheorie wegweisenden Streit an der französischen Akademie sorgt.

78 Alberti: Della Pittura, bes. S. 112 u. 114.

79 Folgt man Michael Baxandall, so stiftet die Unschärfe eine Konfusion um den *disegno*-Begriff, weshalb Alberti ihn nicht verwendet (Baxandall, Michael: Die Wirklichkeit der Bilder. Malerei und Erfahrung im Italien des 15. Jahrhunderts. Frankfurt am Main 1977, S. 170f. Siehe auch: Bätschmann, Oskar / Gianfreda, Sandra: Vorwort. In: Leon Battista Alberti: Della Pittura. Über die Malkunst. Hrsg. u. übersetzt v. Oskar Bätschmann u. Sandra Gianfreda. Darmstadt 2002, S. 1 – 60, hier: S. 20).

80 Hogarth, William: Analysis of Beauty. London 1753.

tiplikation pyramidaler Formen versteht,[81] und andererseits der bereits erwähnte Paolo Giovanni Lomazzo und sein Konzept der Schlangenlinie. Hogarth bezieht sich dabei vor allem auf Lomazzos Ausführungen, welche die *figura serpentinata* als „Zeichen idealer Naturbewegungen"[82] bestimmen.

Mit der *Analysis of Beauty* beginnt zugleich eine theoretische Reflektion zur ästhetischen Bedeutung der Linie, die bis ins 19. Jahrhundert erstrangig durch Vertreter der bildenden Kunst,[83] daneben aber auch von Literaturtheoretikern[84] differenziert wird. Linien und ihre ‚ideale Form' in der Schlangenlinie sind seit dem 18. Jahrhundert ein Topos, der sich wie ein roter Faden in der Geschichte der Kunst weiterverfolgen lässt und bis heute zur Erklärung von spezifischen Linien bemüht wird.[85]

---

81 Vgl. Davis, Charles: Introduction. „To see with our own eyes": Hogarth between native empiricism and a theory of ‚Beauty in Form'. In: Hogarth, William: The Analysis of Beauty. London 1753. Edited with an Introduction by Charles Davis. Heidelberg 2010, S. 4 – 17, hier: S. 9f.

82 Lomazzo: Trattato dell'arte della pittura, S. 22 – 24. Vgl. auch Gerlach, Peter: Zur zeichnerischen Simulation von Natur und natürlicher Lebendigkeit. In: Zeitschrift für Ästhetik und Allgemeine Kunstwissenschaft 34:2 (1989), S. 243 – 279.

83 Rosenberg führt dazu aus: „Man las die Analysis nicht wegen der Präferenz für eine bestimmte Form von Linien, sondern weil man darin einen neuen ästhetischen Ansatz fand: die abstrakte Linie als eigenständiger Gegenstand der Ästhetik. [...] Es ist der Ausgangspunkt eines über mehrere Jahrhunderte geführten Diskurses über die Ästhetik von Linien." (Rosenberg: Entdeckung der Abstraktion, S. 23).

84 Hierzu ist Moses Mendelssohn zu nennen. Mendelssohn schreibt in seiner *Abhandlung über die Empfindung* (1755): „Man kennt in Deutschland nunmehr die Wellenlinie die unser Hogarth für die Mahler, als die ächte Schönheitslinie festgesetzt hat." (Mendelssohn, Moses: Über die Empfindung. In: Ders., Gesammelte Schriften. Jubiläumsausgabe I. Schriften zur Philosophie und Ästhetik I. Bearbeitet von Fritz Bamberger. Bd. I. Berlin 1929, Repr. Stuttgart-Bad Cannstatt 1971, S. 87).

85 Als aktuelle Publikationen, die sich auf diesen Diskurs beziehen, sind die folgenden zu nennen: Hofmann: Die Schönheit ist eine Linie, München 2014 sowie Beil, Ralf (Hg.): Walk the Line. Neue Wege der Zeichnung. Ausstellungskatalog Kunstmuseum Wolfsburg. Ausstellung vom 26.04. – 16.08.15. Wolfsburg 2015. Umfassend analysiert zudem Sabine Mainberger in den letzten Jahren Linienpraktiken und -diskurse. Aisthetische, poetische und epistemische Dimensionen werden dabei immer wieder auf Hogarth und das *disegno*-Konzept zurückgeführt (bspw. in: Mainberger, Sabine: Im Bann einer Linie. Zu Balzacs La Peau de chagrin. In: Werner Busch / Oliver Jehle / Carolin Meister (Hgg.): Randgänge der Zeichnung. München 2007, S. 95 – 117).

1b Moderne Linientheorie im 20. und 21. Jahrhundert

Im 20. Jahrhundert verändert sich der Blick auf die Linie derart nachhaltig, dass von einem Paradigmenwechsel des theoretischen Ansatzes gesprochen werden kann. Als prominenteste Vertreter der Linientheorien dieser Zeit sind die beiden Künstler Paul Klee und Wassily Kandinsky zu nennen, die grundsätzlich nicht mehr von einer universalen Natur der Linie, sondern von geometrischen Konzepten ausgehen. Diese Rückbesinnung auf euklidische Grundannahmen ist gepaart mit künstlerischer Gestaltungsfreiheit, die bewusst enigmatische Definitionen und auch bislang weitgehend unbeachtete Linienkonzepte beinhaltet. So definiert Paul Klee die Punktlinie erstmals in den 1920er Jahren in seiner *Bildnerischen Gestaltungslehre*[86] als ‚Pseudolinie'[87] (Abb. 1|26) und entwickelt damit eine erste moderne theoretische Perspektive auf den Forschungsgegenstand. Klees Arbeitskollege am Bauhaus, Wassily Kandinsky, liefert zudem in *Punkt und Linie zu Fläche* (1926)[88] wichtige Hinweise zur Funktionsweise des Punktes, indem er auf die Gestaltungsspielräume der Punktform aufmerksam macht:

> „Materiell gedacht gleicht der Punkt einer Null. [...] Abstrakt gedacht oder in der Vorstellung ist der Punkt ideellklein, ideellrund. Er ist eigentlich ein ideellkleiner Kreis. Aber ebenso wie seine Größe, so sind auch seine Grenzen relativ. In realer Form kann der Punkt unendlich viele Gestalten annehmen. [...] Hier sind keine Grenzen festzustellen, und das Reich der Punkte ist unbegrenzt."[89]

In einer dazugehörigen Grafik (Abb. 1|27) illustriert Kandinsky mögliche Punktformen. Die Palette reicht hierbei vom kreisrunden, quadratischen, dreieckigen und sternförmigen Punkt bis hin zu strichförmigen und schraffierten Punktvarianten. Das weit gefasste Punktkonzept Kandinskys bildet neben Klees Definition der Punktlinie als Pseudolinie den Ansatz einer modernen Formtheorie. Punktlinien

---

86 Die *Bildnerische Gestaltungslehre* Paul Klees ist ein unveröffentlichtes Manuskript, das aus seiner Zeit am Bauhaus in Weimar und Dessau zwischen 1921 und 1931 stammt. Heute wird dieses etwa 3900 Seiten umfassende Oeuvre im *Zentrum Paul Klee* in Bern aufbewahrt und ist zudem über eine Online-Datenbank einsehbar: http://www.zpk.org/de/sammlung-forschung/sammlung-archiv/paul-klee-bildnerische-form-und-gestaltungslehre-389.html. Stand: 15.11.2015.

87 Vgl. ebd. Kap. 1.3. Berührung der Linie. Inv.-Nr. BG 1.4/12. Vgl. auch 6.4 dieser Arbeit.

88 Kandinsky, Wassily: Punkt und Linie zu Fläche. Beitrag zur Analyse der malerischen Elemente. Bern-Bümpliz [7]1973.

89 Kandinsky: Punkt und Linie zu Fläche, S. 21 u. S. 28f. Gleichzeitig kritisiert Kandinsky den „äußeren Begriff des Punktes in der Malerei" als „unpräzis" (ebd.).

umfassen in diesem Sinne genauso Linien, die aus rechteckigen oder quadrierten Teilen erzeugt werden und auch allgemein als Strichlinien bezeichnet werden (dazu ausf. 4.4). Klees und Kandinskys theoretisches Fundament zur Linie und dem Punkt bildet zugleich die Basis für die theoretische Reflektion und das Formverständnis in dieser Arbeit.

Der Blick auf die jüngere Linienforschung zeigt, dass sich erst in den vergangenen 30 Jahren der Trend abzeichnet, die Forschungsdefizite im Bereich der Linientheorien kunsthistorisch, natur- und kulturwissenschaftlich aufzuarbeiten.[90] Die Konzentration der Bildwissenschaften auf Farb- und Bildtheorien, die das vergangene Jahrhundert dominierte, setzt sich zwar fort, hat aber gleichzeitig durch neue Forschungsfelder wie Diagrammatik und *visual culture* eine Schwerpunktverlagerung zugunsten der Linie erfahren.[91]

Tatsächlich eröffnet Manlio Brusatin 1993 erneut das Forschungsfeld der Linientheorie mit einem nicht unumstrittenen kulturgeschichtlichen Überblick zur Linie,[92] der vor allem ein Abriss bereits weitläufig bekannter Linientheorien ist. Seit 2002 gibt auch Horst Bredekamp als prominenter Theoretiker der Kunstgeschichte der Linientheorie neue Impulse, indem er von einer „Erkenntniskraft der Linie“[93] ausgeht. Dabei versucht Bredekamp mit seiner historischen Quellenanalyse, eine Brücke zu heutigen Fragestellungen zu schlagen, wenn er der Linie nicht allein die Fähigkeit „der Wiedergabe der Natur“ zuspricht, sondern auch „des Denkens und des Sehens“[94].

Jenseits dieser Tendenzen bleiben die Veröffentlichungen zur Linientheorie bisher, wie oben dargelegt, relativ überschaubar. Zwei unlängst erschienene Publikationen zur Geschichte und Funktion der Linie – Tim Ingolds *Lines. A Brief History*

90 Vgl. bspw.: Wise, Matthew Norton: What's in a Line? In: Epple, Moritz / Zittel, Claus (Hgg.): Science as Cultural Practice. Berlin 2010, S. 61 – 102 sowie: Brusatin, Manlio: Geschichte der Linien. Aus dem Italienischen übersetzt v. Sabine Schulz. Torino 1993.

91 Bonnefoit, Régine: Die Linientheorien von Paul Klee. Bonn 2009, S. 14.

92 Brusatin: Geschichte der Linien, Torino 1993. Bonnefoit kritisiert diese Arbeit scharf. Sie schreibt: „Es handelt sich um eine zusammenhanglose Zitaten- und Gedankencollage über die Natur und Funktion der Linie.“ (Bonnefoit: Die Linientheorien von Paul Klee, S. 13f.).

93 Bredekamp, Horst: Die Erkenntniskraft der Linie bei Galilei, Hobbes und Hooke. In: Hüttel, Barbara / Hüttel, Richard / Kohl, Jeanette (Hgg.): Re-Visionen. Zur Aktualität von Kunstgeschichte. Berlin 2002, S. 145 – 160.

94 Bredekamp, Horst: Die zeichnende Denkkraft. Überlegungen zur Bildkunst der Naturwissenschaften. In: Huber, Jörg (Hg.): Einbildungen (Interventionen 14). Zürich, Wien, 2005, S. 155 – 171, hier: S. 114. Bredekamp stellt auch eine Verbindung zum Diskurs des *disegno*-Konzeptes her.

(2007)[95] sowie Régine Bonnefoits *Die Linientheorien von Paul Klee* (2009)[96] – sind allerdings besonders hervorzuheben. Sie dienen als tragende Pfeiler für die theoretischen Überlegungen zur Punktlinie in dieser Arbeit. Nicht weniger wichtig ist die 2017 erschienene Publikation *Figuration, Anschauung, Erkenntnis. Grundlinien einer Diagrammatologie*[97] von Sybille Krämer. Dankenswerterweise stand mir der Band schon vor der Veröffentlichung für diese Arbeit zur Verfügung. Krämer widmet darin ein Kapitel der *Aisthesis und Erkenntniskraft der Linie,* das ein entscheidendes Fundament moderner Linientheorien und als wichtiger Impuls für die Untersuchung der spezifischen Form der Punktlinie ist (ausf. in Kap. 7).

Für die Beziehung zwischen Wissenschaft und Kunst erwies sich außerdem das Typoskript zu *Punkt 0.1. Zur Genese des analogen Codes in der Frühen Neuzeit*[98] von Wolfgang Schäffner als erhellende Lektüre. Schäffner rekonstruiert den Punkt und geometrische Linien als Bildcodes der Bildenden Kunst (vgl. Kap. 3) und verfolgt damit einen ähnlichen Weg wie diese Arbeit. Nicht zuletzt ist der Aufsatz *Vom visuellen Instrument zum ikonischen Argument* von 2011 zu nennen, in dem Ulrich Richtmeyer eine eindrucksvolle Typologie der Hilfslinien aufzeigt[99] und damit zugleich erste theoretische Anhaltspunkte für die Funktion der Punktlinie darlegen kann.

2 Linienforschung in der Diagrammatik

Parallel zur neuerlichen Konzentration auf die Linie hat sich in der Kunst- und Bildgeschichte in den vergangenen 20 Jahren das Forschungsfeld der Diagrammatik etabliert.[100] Es dient als wichtiger Impulsgeber für neue Ansätze in der Linientheo-

---

95 Ingold: Lines. New York 2007. Obwohl Ingold grundsätzlich einen anthropologischen Ansatz verfolgt, sind seine Beobachtungen zur Punktlinie durchaus eine Bereicherung für den kunstgeschichtlichen und bildtheoretischen Liniendiskurs.

96 Bonnefoit: Die Linientheorien von Paul Klee, 2009.

97 Krämer: Figuration, Anschauung, Erkenntnis, Berlin 2016.

98 Für diese Arbeit stand dem Autor das Typoskript zur geplanten Publikation von Schäffner (vgl. 1) zur Verfügung: Schäffner: Punkt 1.0. Stand: September 2013.

99 Richtmeyer, Ulrich: Vom visuellen Instrument zum ikonischen Argument. Entwurf einer Typologie der Hilfslinie. In: Voorhoeve, Jutta (Hg.): Welten schaffen. Zeichnen und Schreiben als Verfahren der Konstruktion. Zürich 2011, S. 111 – 135. Darüber hinaus sind folgende Sammelbände zu nennen: Abbt, Christine / Kammasch, Tim (Hgg.): Punkt, Punkt, Komma, Strich? Geste, Gestalt und Bedeutung philosophischer Zeichensetzung. Bielefeld 2009 sowie Krauthausen, Karin / Nasim, Omar W. (Hgg.): Notieren, Skizzieren, Zürich 2010.

100 Weiterführend dazu: Schmidt-Burkhardt, Astrit: Die Kunst der Diagrammatik. Perspektiven eines neuen bildwissenschaftlichen Paradigmas. Bielefeld 2012.

rie. Als diagrammatische Form verstanden, tangieren Punktlinien deshalb auch diesen Forschungsbereich. Die oben genannten Wissenschaftler Steffen Bogen und Felix Thürlemann gelten inzwischen als Vorreiter dieser Bewegung[101] und haben durch den von ihnen ausgerufenen *diagrammatic turn*[102] einen interdisziplinären Liniendiskurs entfacht (vgl. 1.1). Dieser hat in Folge eine Fülle von neuen Veröffentlichungen zu diesem Thema ausgelöst. Zu dieser Neuausrichtung der Bildwissenschaften hat außerdem maßgeblich das Projekt und der gleichnamige Sammelband *Schriftbildlichkeit* (2012)[103] von Eva Cancik-Kirschbaum, Sybille Krämer und Rainer Totzke beigetragen. Hier ist insbesondere die enge Verbindung zwischen Linie und Schrift in multidimensionaler Hinsicht aufgezeigt worden, so dass in Folge auch die Linie ins Zentrum weiterer Forschungsprojekte und Veröffentlichungen rückte.[104]

Neben dem daraus hervorgegangenen Zugewinn eines erweiterten Text-Bildverständnisses hat die Konzentration auf das Diagramm jedoch auch zu einer Konfusion in der Begriffsbestimmung geführt. Sebastian Bucher resümiert, dass die aktuellen Vorstellungen über das Bedeutungsfeld des Diagramms innerhalb der Bildwissenschaften „gänzlich uneinheitlich“[105] sind.[106] Besonderes Augenmerk gilt

---

101 Bogen / Thürlemann: Jenseits der Opposition von Text und Bild, Ostfildern 2003.

102 Ebd., S. 3. Vgl. dazu den zusammenfassenden Überblick in Bucher: Das Diagramm in den Bildwissenschaften, Berlin 2007, S. 124 (sic! Es existiert eine gleichnamige Publikation Buchers von 2012, die auch in dieser Arbeit zitiert wird).

103 Krämer, Sybille / Cancik-Kirschbaum, Eva / Totzke, Rainer (Hgg.): Schriftbildlichkeit. Wahrnehmbarkeit, Materialität und Operativität von Notationen. Berlin 2012. Das DFG-Graduiertenkolleg 1458 *Schriftbildlichkeit* begann mit seiner Arbeit bereits im Oktober 2008.

104 Mit der Rekonstruktion sprachübergreifender Aspekte befasste sich u.a. auch das DFG-Graduiertenkolleg 1539 *Sichtbarkeit und Sichtbarmachung – Hybride Formen des Bildwissens*. Entstanden ist in diesem Kontext eine vierbändige Reihe Sichtbarkeiten (2013 – 2015). Ferner wurde beispielsweise der Sammelband von Mareike Giertler und Rea Köppel (Hgg.): Von Lettern und Lücken. Zur Ordnung der Schrift im Bleisatz. München 2012 veröffentlicht, in dem auch Punktlinien thematisiert werden.

105 Bucher: Das Diagramm in den Bildwissenschaften, Berlin 2007, S. 114.

106 Ebd. Siehe auch Bucher, Sebastian: Das Diagramm in den Bildwissenschaften. Strömungen der bildwissenschaftlichen Diagrammforschung. Saarbrücken 2012. Immerhin, so zeigt Bucher auf, lassen sich einhellig die fünf Hauptvertreter der Diagrammatik Charles Sanders Peirce, Nelson Goodman, Steffen Bogen, Heiner Wilharm und Frieder Nake ausmachen (Bucher: Das Diagramm in den Bildwissenschaften, Berlin 2007, S. 124). Ihre Beiträge sind im Bereich der begriffsanalytischen Forschung zu verorten. Daneben finden sich gattungstheoretische und anwendungsorientierte Forschungszwei-

deshalb den von Thürlemann fokussierten isolierten Verfahren diagrammatischer Darstellung, die sich im Laufe dieser Arbeit als Schlüssel für das Verständnis von Punktlinien erweisen sollen. Diagramme sind danach als „[d]ie geometrisch-topologische Organisation von Elementen in einem Definitionsbereich" zu verstehen, und ihre Funktion ist „die Bereitstellung unterschiedlicher, aber klar disjunkter und definierter Variationen der verwendeten Einzelelemente innerhalb einer individuellen diagrammatischen Darstellung"[107]. Dieser Hinweis wird sich besonders bei der Frage nach den Eigenschaften und Funktionen der Punktlinie in dieser Arbeit als hilfreich erweisen (vgl. bes. Kap. 2 u. Kap. 7). Allen Forschungsergebnissen der Diagrammatik ist gemein, dass sie sich zeichentheoretisch auf die Grundüberlegungen von Charles Sanders Pierce beziehen, was auch in dieser Untersuchung der Fall sein wird (vgl. 7.3).[108]

Innerhalb dieser theoretischen Rahmung lassen sich auch konkrete Forschungsansätze zur Punktlinie finden. So entwickelt beispielsweise Oliver Jehle in *Randgänge der Zeichnung* (2007) das Konzept von „Sprachlinien"[109]. Dabei handelt es sich Jehle zufolge um ein Geflecht aus Linien, Punkten und Auslassungen, die „den Text in einen Ort kommunikativer Handlungen verwandeln"[110]. Punktlinien sind deshalb auch innerhalb dieses Konzeptes als Schlüsselelement der Kommunikation zu verstehen.

---

ge, deren Hauptaufgabe in der Analyse diagrammatischer Bilder und der Herausstellung ihrer spezifischen Funktion besteht.

107 Bucher: Das Diagramm in den Bildwissenschaften, Berlin 2007, S. 124. Bucher betont, dass Thürlemann und Bogen zudem die Eigenständigkeit des Diagramms gegenüber den Kategorien Text und Bild verdeutlichen. Innerhalb der Gattungstheorie besteht daneben auch die Ansicht, Diagramme seien lediglich Mischformen aus Text und Bild (Cortjaens, Wolfgang / Heck, Karsten: Kunstgeschichtsschreibung als Bild. Zur Einführung in die Stil-Linien diagrammatischer Kunstgeschichte. In: Diess. (Hgg.): Stil-Linien diagrammatischer Kunstgeschichte. Berlin 2014, S. 10 – 19, hier: S. 12). Der hier verwendete Diagrammbegriff grenzt sich ausdrücklich von dieser Meinung ab und schließt sich Thürlemann und Bogens gattungstheoretischer Überlegung an.

108 Außerdem verfügen Diagramme über eine signifikante qualitative Eigenständigkeit hinsichtlich des Interpretationsvorgangs. Diagramme, so die weitgehend einhellige Beobachtung, setzen auf geistige Abstraktionsvorgänge des Betrachters. Dieser aktive Vorgang beim Rezipienten spielt in Kapitel 5, 6 u. 7 eine besondere Rolle.

109 Jehle, Oliver: Abschweifungen. Zum Lob und Eigensinn der Linie in Tristram Shandy. In: Busch, Werner / Ders. / Meister, Carolin (Hgg.): Randgänge der Zeichnung. München 2007, S. 73 – 93, hier: S. 76.

110 Ebd., S. 76. Jehle bezieht sich hierbei vor allem auf die Asterisken und Kurvendiagramme aus Sterne, Laurence: The Life and Opinion of Tristram Shandy Gentleman. Buch 6 u. 9. London 1759 – 1769.

Im Sammelband *Stil-Linien diagrammatischer Kunstgeschichte* (2014)[111] treten zudem neueste Erkenntnisse über die Bedeutung der Linie im Bereich von Übersichtsdiagrammen und der Kartografie zu Tage. So betont Birgit Schneider in ihrem Beitrag *Ohne Linien ist der Geist blind*[112] die Unersetzbarkeit von Linien anhand von Alexander von Humboldts „grafischem Werk"[113]. Dazu sei bemerkt, dass auch in Diagrammen bei Humboldt mit Punktlinien operiert wird.[114] Schneider regt zugleich dazu an, die Potentiale von Linien weiter zu untersuchen und überlässt die Frage nach der Wirkung der Kognitionspsychologie. Sie beendet ihren Aufsatz mit den Worten:

„Die Linie bringt einen dynamischen Erkenntnisprozess zur Entfaltung, der im Entwerfen der Linie, ihrem Befolgen als Spur einer Geste [...] liegt. [...]
Eine Erklärung, wie genau das Zusammenspiel von Sehlinien, Denklinien und grafische Linien auf kognitiver Ebene in so fruchtbarer Weise zusammenspielt, verharrt bei den hier vorgestellten Ansätzen im Impliziten. Das dahinterliegende Konzept der Kognition bleibt eine Frage für andere Disziplinen."[115]

Wie Linien Prozessualität im Bild entfalten,[116] bleibt damit allerdings weiterhin als Forschungsfrage für die Bildwissenschaften offen und wird in allen folgenden Kapiteln dieser Arbeit thematisiert.

3 Linientheorie in der Wissenschaftsgeschichte

Als drittes wichtiges Forschungsfeld zur Linientheorie ist die Wissenschaftstheoriebildung auszumachen. Gemeint ist dabei insbesondere der Bereich der *visual culture,*[117] der – wiederum inzwischen mit dem Wissen der Diagrammatiker eng

111 Cortjaens / Heck (Hgg.): Stil-Linien diagrammatischer Kunstgeschichte, Berlin 2014.

112 Schneider, Birgit: Ohne Linien ist der Geist blind. Elemente einer Praxis- und Wissensgeschichte der explorativen Grafik. In: Cortjaens / Heck (Hgg.): Stil-Linien diagrammatischer Kunstgeschichte, S. 66 – 79. Auch Schneider beruft sich auf die von Bredekamp formulierte ‚Erkenntniskraft der Linie' (ebd., S. 75f.).

113 Ebd., S. 74.

114 Vgl. bspw. Wulf, Andrea: Alexander von Humboldt und die Erfindung der Natur. Aus dem Englischen übertragen von Hainer Kober. München 42016, hier: unpag. Abbildungsteil, Atlasausschnitt zu Humboldts Kosmos.

115 Schneider: Ohne Linien ist der Geist blind, S. 77.

116 Schneider tangiert allerdings auch die Bedeutung von „Zeit und Bewegung im Bild" (Ebd., S. 69) und gibt damit wichtige Hinweise für spätere Kapitel dieser Arbeit (vgl. Kap. 7 und Kap. 8).

117 Dieser Begriff geht ursprünglich auf Nicolas Mirzoff zurück (Ders.: Introduction to Visual Culture. London, New York 1999). Vgl. Mößner, Nicola: Zur Einführung – Vi-

verknüpft – nicht unmittelbar neue Erkenntnisse zum Umgang mit Linien hervorbringt, jedoch in Anwendungsbeispielen selbst Einblicke in die aktuelle Operativität von Linien in der Wissenschaftsgeschichte gewährt. Hier sind die Studien Erna Fiorentinis in *Visualization – A Multicentric Critique*[118] als aufschlussreiche und wegweisende Lektüre zu nennen.

Wie in der Diagrammatik, existiert auch in diesem Bereich inzwischen eine lange Reihe relevanter Publikationen.[119] Für diese Arbeit sind besonders die Veröffentlichungen vielversprechend, in deren Zentrum das Technische Bild[120] steht: Klaus Sachs-Hombachs *Bild und Medium* (2006),[121] Matthias Bruhns und Kai-Uwe Hemkens *Modernisierung des Sehens* (2008) sowie *Mediale Wechselwirkungen* (2013)[122] von Iris Höger, Christine Oldörp und Hanna Wimmers. Diese drei Veröffentlichungen gehen der Frage nach der Bedeutung von Linien im Kontext unterschiedlicher Medien nach. So untersucht beispielsweise Matthias Bruhn die media-

---

sualisierung und Erkenntnis. In: Liebsch, Dimitri / Dies. (Hgg.): Visualisierung und Erkenntnis. Bildverstehen und Bildverwenden in Natur- und Geisteswissenschaften. Köln 2012, S. 9 – 30, hier: S. 9.

118 Dankenswerterweise konnte ich an den beiden dazu veranstalteten internationalen Tagungen teilnehmen und das Typoskript zu dem daraus entstandenen Sammelband von Fiorentini für diese Arbeit verwenden (Fiorentini, Erna (Hg.): Visualization – A Multicentric Critique. [Typoskript]. Im Erscheinen. Vsl. Berlin 2018). Außer den wichtigen Beobachtungen Fiorentinis ist darin besonders der Artikel "Visions visualized? On the evidential status of scientific visualizations" von Nicola Mößner hervorzuheben, der die Interpretation von Diagrammen in den Naturwissenschaften problematisiert und Relationen zwischen Beobachtungsinstrument und Interpreten reflektiert (ebd.).

119 Grundlegend dazu ist die Publikation von Ian Heywood und Barry Sandywells (Hgg.): The Handbook of Visual Culture. London 2012.

120 Unter dem Begriff ‚Technisches Bild' sollen wissenschaftliche Bilder verstanden sein, die „nicht als illustrierende Repräsentationen [fungieren], sondern in ihrer produktiven Kraft als eigenständiges, mehrschichtiges Element des Erkenntnisgewinns" (Bredekamp, Horst / Schneider, Birgit / Dünkel, Vera: Editorial. Das Technische Bild. In: Diess. (Hgg.): Das Technische Bild. Kompendium zu einer Stilgeschichte wissenschaftlicher Bilder. Berlin 2008, S. 8 – 11, hier: S. 8). Damit knüpft der Autor dieser Arbeit an ein spezifisches Bildverständnis an, das durch das Forschungsprojekt *Das Technische Bild* am Hermann von Helmholtz-Zentrum für Kulturtechnik der Humboldt-Universität zu Berlin (seit 2000) geprägt wurde.

121 Sachs-Hombach, Klaus (Hg.): Bild und Medium. Kunstgeschichtliche und Philosophische Grundlagen der interdisziplinären Bildwissenschaft. Köln 2006.

122 Höger, Iris / Oldörp, Christine / Wimmer, Hanna (Hgg.): Mediale Wechselwirkungen. Adaptionen. Transformationen. Reinterpretationen. Hamburg 2013.

len Bedingungen, welche die „Nachfrage nach gedruckten und illustrierten Erzeugnissen sowohl bedienten als auch förderten.“[123] Anknüpfend an diesen Ansatz soll auch in dieser Arbeit nach den Wechselbeziehungen zwischen Medium und Form in der Frühen Neuzeit gefragt werden (Kap. 5).

In den Sammelbänden *Welten schaffen* (2011)[124] von Jutta Voorheve sowie *Visualisierung und Erkenntnis* (2012)[125] von Dimitri Liebsch und Nicola Mößner steht der praktische Umgang mit Linien in verschiedensten medialen Kontexten im Fokus. Dabei wird die Frage nach der Bedeutung von Bildern in den Wissenschaften und dem Erkenntnisgewinn durch Linien in technischen Bildern diskutiert. Ergänzend dazu ist die grundlegende Publikation *Das Technische Bild* (2008)[126] von Horst Bredekamp, Birgit Schneider und Vera Dünkel zu nennen. Besonders lehrreich für die Herleitung der Funktion von Linien im Bild erwies sich ferner die von Horst Bredekamp, Matthias Bruhn und Gabriele Werner herausgegebene kunsthistorische Buchreihe *Bildwelten des Wissens* (2003ff.).[127] Gezeigt wird hier unter anderem, dass geometrische Formen wie Punkte und Linien in technischen Bildern einen formprägenden Einfluss auf die Bildgestaltung haben.[128] Punktlinien werden vor diesem Hintergrund deshalb auch in dieser Arbeit vermehrt in technischen Bildern untersucht und analysiert (vgl. Kap. 6).

---

123 Bruhn, Matthias: Erschließung von Sichtbarkeit: Bilder als Erwartungsflächen. In: Höger, Iris / Oldörp, Christine / Wimmer, Hanna (Hgg.): Mediale Wechselwirkungen. Adaptionen. Transformationen. Reinterpretationen. Hamburg 2013, S. 151 – 167, hier: S. 157. Bruhn bezieht sich dabei vor allem auf Herstellungsmittel wie Papiermühlen und Druckerpressen (ebd.), die für die Zunahme von illustrierten Traktaten und damit für die Verbreitung diagrammatischer Bilder sorgten.

124 Voorhoeve, Jutta (Hg.): Welten schaffen. Zeichnen und Schreiben als Verfahren der Konstruktion. Zürich 2011.

125 Liebsch, Dimitri / Mößner, Nicola (Hgg.): Visualisierung und Erkenntnis. Bildverstehen und Bildverwenden in Natur- und Geisteswissenschaften. Köln 2012.

126 Bredekamp / Schneider / Dünkel (Hgg.): Das Technische Bild, Berlin 2008.

127 Bredekamp, Horst / Bruhn, Matthias / Werner, Gabriele (Hgg.): Bildwelten des Wissens. Kunsthistorisches Jahrbuch der Bildkritik. Berlin 2003ff. Insbesondere die Bände *1.1 Bilder in Prozessen* (2003) sowie *7.2 Mathematische Formeln* (2010) sind zum Verständnis der Funktionsweise von Linien in technischen Bildern aufschlussreich (ausf. in 4.1 u. 6.2).

128 So wird etwa im Aufsatz von Angela Fischel die Beziehung zwischen Subjekt und Kurvendiagramm anhand von medizintechnischen Bildern erläutert (Fischel, Angela: Bildbefragungen. Technische Bilder und kunsthistorische Begriffe. In: Bredekamp / Schneider / Dünkel (Hgg.): Das Technische Bild, S. 14 – 23, hier: bes. S. 18f.).

4 Linientheorien in der bildenden Kunst

Der vierte aktuelle Forschungsbereich zur Linie ist schließlich im Feld der Kunst angesiedelt. Die Künstler und Theoretiker Klee und Kandinsky legten, wie oben beschrieben (vgl. S. 31), bereits die Fährte zur Punktlinie. Bis heute wird dennoch vielfach unterschätzt, dass sich theoretisches und praktisches Wissen zur Linie gerade in Kunstprojekten aufzeigen lässt. Zu den derzeit wichtigsten Publikationen in diesem Kontext zählen *Beyond the Line* (2007)[129], *Linea. Vom Umriss zur Aktion* (2010)[130] sowie *Punkt.Systeme* (2012)[131]. Besonders der zuletzt genannte Katalog liefert hervorragende praktische Beispiele (Abb. 1|15)[132] für den künstlerischen Umgang mit Linien im Allgemeinen und mit Punkten wie Punktlinien im Besonderen (vgl. 1.2).

Neben diesen jüngeren Beispielen und Publikationen aus dem Bereich der Bildenden Kunst erschließt die vorliegende Arbeit ikonografische Zusammenhänge, die sich auf den Beginn der Frühen Neuzeit eingrenzen lassen. Frühe Vorformen diagrammatischer Punktlinien im Buchdruck werden deshalb exemplarisch anhand von weitverbreiteten Marienbildern ab dem 15. Jahrhundert aufgezeigt (Kap. 3).[133]

Allen Publikationen innerhalb der verschiedenen Forschungsfelder ist gemein, dass sie in unterschiedlicher Art und Weise Linien thematisieren. Allerdings täuscht die breite Palette jüngerer Veröffentlichungen innerhalb der skizzierten Forschungslandschaft nicht darüber hinweg, dass weiterhin immense Forschungslücken existieren. Die Punktlinie ist dafür ein Beispiel, denn innerhalb des beschriebenen Spektrums der Forschungsfelder existiert bislang keine grundlegende Publikation, die sich mit dieser Linienform befasst. Wertvolle Hinweise und zum Teil wegweisende

---

129 Grzymala, Monika / Maltzahn v., Katrin: Beyond the Line. Ein künstlerisches Forschungsprojekt zur Zeichnung. Diesseits und jenseits der Linie. Ausstellungskatalog zur Ausstellung vom 05.07. bis 22.07.07 in der Montagehalle der Hochschule für Bildende Künste Braunschweig. Braunschweig 2007.

130 Haldemann, Matthias (Hg.): Linea. Vom Umriss zur Aktion. Die Kunst der Linie zwischen Antike und Gegenwart. Ausstellungskatalog zur Ausstellung vom 21.11.10 – 27.03.2011 im Kunsthaus Zug. Ostfildern 2010.

131 Spieler / Scheuermann: Punkt.Systeme, Ludwigshafen 2012.

132 Zudem sind dort weitere Abbildungen von Miguel Rothschild enthalten (ebd., S. 44f., vgl. Abb. 1|10a).

133 Da es dazu bislang keine expliziten Veröffentlichungen gibt, versucht diese Arbeit darüber hinaus, Anregungen für die weitere Analyse dieser Linienform in der Kunstgeschichte zu geben.

Randbemerkungen[134] lassen sich in den genannten Publikationen allerdings ausmachen. Sie begründen vielfach die theoretischen Grundannahmen zur Punktlinie.

Der weit gespannte Bogen vom 15. bis zum 21. Jahrhundert erzeugt einen ersten Überblick zum Stand der Linienforschung, und es ergibt sich daraus gleich zu Beginn dieser Arbeit eine signifikante Beobachtung: Nachdem mit Alberti und Dürer eine prominente Theoriebildung einsetzt, scheint sie in der Mitte des 16. Jahrhunderts vorläufig abzubrechen, um sich erst gegen Ende des 17. Jahrhunderts neu zu konstituieren. In der Linienforschung ist dieser Zeitraum des 17. Jahrhunderts, der von gravierenden technischen, medialen und gesellschaftlichen Umbrüchen geprägt ist, leider bisher weitgehend unbeachtet geblieben.[135] Blickt man jedoch in die wissenschaftlichen Traktate, die an den neuen Diskursen partizipieren, dann fällt auf, dass sich gerade zu dieser Zeit die Linie als geometrische Form auf einer praktischen Ebene zunehmend differenziert. Zeitgleich finden sich im 16. und 17. Jahrhundert Punktlinien vermehrt in wissenschaftlichen Abbildungen (vgl. 4.5). Historisch betrachtet, können also die Wurzeln der Punktlinie innerhalb eines wenig profilierten Liniendiskurses in der Frühen Neuzeit vermutet werden. Dieser Annahme soll nachgegangen werden, nicht jedoch, ohne zuvor zusammenfassend die Methoden und Ziele dieser Arbeit zu benennen.

1.4 GEGENSTAND, METHODEN UND ZIELE DIESER ARBEIT

Die jüngeren Strömungen der Bildwissenschaft haben innerhalb eines diagrammatischen Bilddiskurses[136] die Linie als Forschungsgegenstand in den Fokus gerückt[137]

---

134 So bei Richtmeyer, der zwar einmal das Phänomen der *dotted lines* betrachtet (Richtmeyer: Vom visuellen Instrument zum ikonischen Argument, bes. S. 131), jedoch nicht an der Erschließung der Funktion und Bedeutung der Punktlinie interessiert ist. Richtmeyers Augenmerk gilt vielmehr der Hilfslinie im Allgemeinen und nicht ihrer spezifischen Zeichenfunktion sowie deren geometrischer Formenanteile im Besonderen (ebd.).

135 Dürer und Hogarth sollten daher besser nicht in einem Atemzug genannt werden. Allein dreihundert Jahre Kunstgeschichte, die zwischen beiden Theoretikern liegen, sollten einen davon abhalten, dies zu tun. Hierfür spricht außerdem das Argument, dass die drastischen Veränderungen der Darstellungsmöglichkeiten dieser Zeit, etwa Erfindungen wie Kupferstich und Mezzotinto (vgl. Kap. 5), zu einem grundlegend veränderten Verständnis von Linien geführt haben dürften.

136 Krämer: Operative Bildlichkeit, Bielefeld 2009.

137 Unter anderem zeigt sich dies in Richtmeyers Typologie der Hilfslinien (Richtmeyer: Vom visuellen Instrument zum ikonischen Argument, S. 111 – 135). Diese kann dabei

und dazu beigetragen, dass daran anknüpfende und bislang vernachlässigte Themen theoretisch erschlossen, interdisziplinär eingebunden und genauer bearbeitet werden können (vgl. 1.3).

George Spencer Brown reflektiert in seiner Arbeit über die Gesetze der Form von 1969, dass in „jeder Art von Mathematik [...] auf einer bestimmten Stufe offensichtlich" wird, „dass wir einige Zeit eine Regel befolgt haben, ohne uns dessen bewusst zu sein." Und er fügt hinzu: „Das könnte beschrieben werden als Verwendung einer versteckten Vereinbarung"[138]. Erklärtes Ziel dieser Arbeit ist es, die Ursprünge und Regeln für eine allgemein vertraute und allerorten angewendete Form zu ergründen, die im geometrisch-mathematischen Bildraum operiert, um so ihre ‚versteckten Vereinbarungen' zu entschlüsseln. Dazu sollen vor allem Quellen der Frühen Neuzeit befragt und vor dem Hintergrund neuerer kunsthistorischer Interpretationsansätze reflektiert werden.

Die Punktlinie aus dem Dunkel der Geschichte zu ziehen, ihre historischen Bezüge aufzudecken und die ihr zugesprochenen Deutungen und Funktionen zu analysieren und zu interpretieren, ist deshalb zugleich eine Fortsetzung jüngerer Forschungsansätze der Bildwissenschaften. Denn mit der Erschließung der Punktlinie soll nicht nur eine Forschungslücke geschlossen werden, sondern auch ein hilfreiches Instrument für den Kulturwissenschaftler und insbesondere den Kunsthistoriker profiliert werden. Dabei soll es sich um ein Werkzeug handeln, das durch das Wissen um die Punktlinie für die Bildinterpretation zur Verfügung steht und dazu beitragen kann mit Bildern und Linien präziser umzugehen. Es verspricht, Linien in Bildern besser und auf einen Blick in ihrer Funktion und Bedeutung zu verstehen und Zusammenhänge zu erschließen, die bislang im Verborgenen lagen.

Der Gegenstand dieser Arbeit ist dementsprechend primär die theoretische und praktische Verwendung von Punktlinien im wissenschaftlichen Bild der Frühen Neuzeit. Damit bewegt sich die Untersuchung im Forschungsfeld diagrammatischer Bilder und Ordnungen, die etwa zeitgleich – so die Ausgangsthese dieser Arbeit – mit der Punktlinie in den Wissenschaften etabliert werden können. Die Frage nach den Potentialen und strukturellen Bedingungen von Diagrammen begleitet deshalb die Erschließung der Punktlinie als einer spezifischen Linienform und führt in den theoretischen Ansätzen stets zurück zu den drei Grundformen geometrischer Gestaltung: zum Punkt, zur Linie und zur Fläche. Deswegen verbindet die Arbeit einerseits wissenschaftsgeschichtliche Perspektiven, die von Euklids Elementen über die Entdeckung der Zentralperspektive bis zu Descartes' physiologischen

allerdings nicht mehr als ein erster Ansatz sein, da leider ungeklärt bleibt, seit wann und warum mit den verschiedenen Formen von Hilfslinien operiert wird.

138 Brown, George Spencer: Laws of Form. Gesetze der Form. Übersetzt v. Thomas Wolf. Leipzig ^{2}1999, S. 74.

Betrachtungen des menschlichen Körpers reichen. Parallel dazu werden die kunsthistorischen Aspekte aufgezeigt, die für das Verständnis früher diagrammatischer Druckgrafiken entscheidend sind. Dabei wird davon ausgegangen, dass nur unter Berücksichtigung der ikonografischen Vorläufer der Punktlinie (vgl. 3.5) ein Verständnis für die Funktion und Deutung dieser spezifischen Linienform erwachsen kann.

Bevor auf die Zeugnisse aus der bildenden Kunst ab 1400 genauer eingegangen werden kann (Kap. 3), wird zunächst ein theoretischer Ansatz zur Erschließung der Genese der Punktlinie verdeutlicht (Kap. 2). Dieser geht im Wesentlichen auf die Ursprünge der Mathematik zurück. So reichen die ersten Überlegungen zur Punktlinie bis hin zu pythagoreischen Operationen mit Zahlsteinen und zu Euklids *Elementen* aus dem 3. Jahrhundert v. Chr. Euklids Theorien zum Punkt und der Linie bilden zugleich die Brücke zur Frühen Neuzeit, da sie als theoretische Grundlage für die meisten Traktate in den mathematischen Wissenschaften dieser Zeit angenommen werden können (vgl. 2.1 – 2.4). Explizit stehen die Fragen im Raum, wie Albrecht Dürers *Underweysung der Messung* von 1525 an die antike Geometrie anknüpft und welche Funktion, Verwendung und Definition von Linien anhand dieses Traktates für die Frühe Neuzeit abgeleitet werden können.

Die zahlreichen diagrammatischen Abbildungen von Dürer geben einen ersten Eindruck davon, dass den Lehren der antiken Mathematiker in höchstem Maße Erkenntnisgewinn zugesprochen wird. Flankiert wird dieser Wandel in den Wissenschaften insbesondere durch Erfindungen in der Optik und Geometrie, die dazu beitragen, geometrales Denken auf weite Teile bestehender Bildräume auszuweiten.

Historisch perspektiviert ist zudem an diesem Traktat zu klären, welchen Einfluss die neuen medialen Möglichkeiten früher Buchdrucke bei der Verwendung und Herstellung von Linien haben. Außerdem gerät dabei in den Blick, wie die epistemischen Verbindungen zwischen naturwissenschaftlichen Experimenten und der Verwendung optischer Instrumente Einfluss auf die Bilder in Kunst und Wissenschaft nehmen (2.5).

Im dritten Kapitel der Arbeit wird im Bereich der Kunst ab 1400 nach den Ikonografien zur Punktlinie gefahndet und exemplarisch die Verwendung und Bedeutung dieser Linienform dargelegt. Mehrere Bildanalysen verschiedener Motive sollen Einblicke zur Darstellung von Prozessualität innerhalb der christlichen Ikonografie geben.

Im Anschluss daran beschreibt Kapitel 4 in einer diskursgeschichtlichen Analyse die Genese der Punktlinie an bekannten Traktaten der Frühen Neuzeit (Descartes 1637, Kepler 1611, Schreiner 1620). Darauf folgt eine quantitative Analyse des Text-Bild-Verhältnisses, die sich auf die Operationalität von Punktlinien in diagrammatischen Abbildungen zur Darstellung der Perspektive konzentriert. Für den Zeitraum von 1500 bis 1650 können so konkrete Aussagen zum Etablierungsverlauf von Punktlinien innerhalb dieses Wissensfeldes für den europäischen Raum getroffen werden.

Im fünften Kapitel werden die medialen Bedingungen und Herstellungsverfahren für Punktlinien in Gemälden und Buchdrucken erschlossen. Vor dem Hintergrund eines zeitgleich stattfindenden Paradigmenwechsels in den Wissenschaften entstehen neue Bildtechniken, wie etwa der Kupferstich oder das Mezzotinto. Anhand dieser neuen Reproduktionsmöglichkeiten wird eine wissenschaftliche Horizonterweiterung skizziert, die mit der Ausdifferenzierung von geometrischen Formen einhergeht. So zeigt sich, dass mit den aufkommenden Naturwissenschaften nicht nur die Inhalte einem Wandel unterliegen, sondern auch die Darstellungsformen.

Die Analyse der medialen Bedingungen wird außerdem ergeben, dass die spezifische Form der Punktlinie fast ausschließlich in diagrammatischen Zeichensystemen in Erscheinung tritt, in denen Bild und Text eine semiotische Einheit bilden. Dieser Verbindung wird im sechsten Kapitel nachgegangen. Dazu erfolgen exemplarische Untersuchungen operationaler Zusammenhänge von Punktlinien in medizintechnischen Bildern, Karten und militärischen Kontexten.

Im siebten Kapitel wird mit den Analyseergebnissen die diagrammatische Form der Punktlinie als ‚Form des Denkens' herausgestellt. Zu zeigen wird sein, dass Punktlinien nicht nur als eine spezifische Linienform, sondern auch als Metazeichen zu lesen sind. Die Herausstellung ihrer besonderen Eigenschaften führt in diesem Kapitel dazu, sie als Analyseinstrument für die Bildwissenschaften scharfzustellen. Dadurch sollen Kunsthistoriker, Diagrammatiker und Wissenschaftshistoriker zukünftig für die Form der Punktlinie in Bildern sensibilisiert werden, die ihnen zugleich ein praktisches Analyseinstrument zur Verfügung stellt.

Im Fazit der Arbeit werden die Ergebnisse der Untersuchung zusammengefasst und ein Ausblick auf zukünftige Perspektiven in der wissenschaftlichen Beschäftigung mit Punktlinien gewährt werden.

Ohne die besondere Schwierigkeit zu verkennen, im Folgenden eine bisher unerforschte geometrische Form erschließen zu wollen, muss diese Arbeit einen möglichst breiten diskursiven Kontext berücksichtigen, um die unbetretenen Felder zur Operationalität der Punktlinie beispielhaft greifbar zu machen. Die maßgeblichen Anknüpfungspunkte für dieses Vorhaben finden sich in zwei wissenschaftsgeschichtlichen Bereichen: zum einen in den revolutionären Veränderungen, die in der Wissenschaftsgeschichte aus der Einführung der analytischen Geometrie und des Koordinatensystems folgen, zum anderen in der Erfindung neuer Druckverfahren und optischer Instrumente, die in diesem Zeitraum massiven Einfluss auf die Bildgestaltung nehmen.

2 Genese und Funktion I: Punktlinien als geometrische Form

> Der Punkt – ein Nichts, das doch etwas ist, ein Zeichen, wie es bei Euklid heißt – ist eine kleine Maschine: Er bewegt sich, er hält an, er verbindet und trennt, er berührt und teilt, er leuchtet und beschattet, er schreibt und löscht, er ist und ist nicht.[1]
> *Wolfgang Schäffner*

Eine historische Analyse geometrischer Formen mit Euklids *Elementen*[2] aus dem 3. Jahrhundert v. Chr. zu beginnen, hat sich in der Geschichte der Wissenschaften vielfach bewährt. Nur einige Traktate der Frühen Neuzeit seien hier genannt: Leonardo Da Vincis *Traktat über die Malerei* (1498)[3], Leon Battista Albertis *Della Pittura* (1435/36) oder Robert Hookes *Micrographia* (1665) beginnen nicht zufällig mit der Untersuchung des Punktes unter Berufung auf Euklid. Eine Analyse mit dem geometrisch kleinsten und als unteilbar definierten Element anzufangen, ergibt für alles Folgende in der Geometrie eine stabile Basis, einen schlüssigen Ausgangspunkt. Leonardo schreibt dazu universalistisch:

---

1 Schäffner: Punkt 1.0, [Typoskript], Stand: September 2013, Einleitung, unpag.

2 Euklid: Die Elemente. Bücher I – XIII von Euklid. Aus dem Griechischen übers. u. hrsg. v. Clemens Thaer. Reprint. Frankfurt am Main [3]1997.

3 Es gilt als belegt, dass das Traktat 1498 fertiggestellt wurde (Herzfeld, Marie: Einleitung. In: Da Vinci, Leonardo: Traktat von der Malerei. Nach der Übersetzung v. Heinrich Ludwig. Neu hrsg. u. eingeleitet v. Marie Herzfeld. Jena 1909, S. I – XXXIX, hier: S. II). Der erstmalige Druck der Schrift erfolgte erst 1882 (ebd., S. I).

„So ist also der Punkt der erste Anfang der Geometrie, und weder in der Natur, noch im menschlichen Geiste kann sonst irgendetwas anderes existieren, das für den Punkt den Anfang abgäbe.“[4]

Dieses Wissenschaftsnarrativ konnte sich vor allem deshalb etablieren, weil Euklids axiomatische Grundüberlegungen durch ihre scharfsinnige Logik überzeugen. 465 geometrische Lehrsätze überdauerten so unwiderlegt weit mehr als ein Millennium. Zu den wichtigsten Vertretern der euklidischen Lehre und Denkweise zählen nach dem spätantiken neoplatonistischen Proklus Diadochus (4. Jh. n. Chr.) in der Frühen Neuzeit Nicolaus Cusanus (1404 – 1464), Nicolaus Kopernikus (1473 – 1543), Johannes Kepler (1571 – 1630)[5] sowie René Descartes (1596 – 1650).

Dieses erstklassige Renommee des antiken Mathematikers ändert jedoch nichts daran, dass sich zu Beginn des 19. Jahrhunderts eine Gegenbewegung formiert, die mit dem Vorreiter Carl Friedrich Gauß (1777 – 1855) die nichteuklidische Geometrie[6] begründet und die euklidischen Axiome nicht weiter unhinterfragt gelten lassen will. Die durch Nikolai Lobatchevsky (1792 – 1856), David Hilbert (1862 – 1943) und andere entwickelte *Hyperbolische Geometrie* widerlegt einzelne Grundannahmen Euklids und spiegelt den bisherigen Höhepunkt dieser Bewegung.[7]

Vor dem Hintergrund, dass Euklids axiomatische Geometrie in der Mathematik heftig diskutiert wurde und im Laufe der Jahrhunderte Risse und Brüche erfahren

4 Da Vinci, Leonardo: Traktat von der Malerei. Nach der Übersetzung v. Heinrich Ludwig. Neu hrsg. u. eingeleitet v. Marie Herzfeld. Jena 1909, S. 2.

5 Steck, Max: Einleitung. In: Proklus Diadochus: Kommentar zum ersten Buch von Euklids ‚Elementen‘. Aus dem Griech. übersetzt v. P. Leander Schönberger. Eingeleitet, mit Kommentaren und bibliografischen Nachweisen versehen v. dems. Halle 1945, S. 3 – 155, hier: S. 27. Steck sieht zudem Gottfried Wilhelm Leibnitz in dieser Tradition (ebd.). Vgl. auch Becker, Oskar: Grundlagen der Mathematik in geschichtlicher Entwicklung. Frankfurt am Main 1975.

6 Becker: Grundlagen der Mathematik in geschichtlicher Entwicklung, S. 178f.

7 So ist seitdem beispielsweise unter Mathematikern bekannt, dass die Summe der Winkel eines Dreiecks entgegen euklidischer Festlegungen weniger als 180 Grad beträgt oder dass gerade Linien über eine endliche Länge verfügen. Vor allem durch Hilbert wurden die logischen Grundzüge der euklidischen Mathematik widerlegt und gelten deshalb heute allgemein als „überholt“ (Drenckhahn, Friedrich: Die Idee von Maria Montessoris Materialien im Lichte der Didaktik der Mathematik. In: Internationale Zeitschrift für Erziehungswissenschaft 7:2 (1961), S. 174 – 186, hier: S. 177). Die lange Debatte einer nichteuklidischen Mathematik und deren jüngere Erkenntnisse sind allerdings nicht das Thema dieser Arbeit; sie können hier nur peripher zur Einschätzung des historischen Wandels der euklidischen Geometrie tangiert werden.

hat, schwindet der überstrahlende Eindruck einer diskursiven Kontinuität und wird von den Rändern her greifbar. Obwohl sich die Wissenschaftler und Künstler in ihren Positionen zur Funktion und Genese von Punkt und Linie beinahe ausnahmslos auf Euklids geometrische Definitionen beziehen, sollen diese Aussagen nicht unhinterfragt bleiben. So zieht sich auch das euklidische Narrativ zum Punkt und der Linie wie ein roter Faden durch diese Arbeit. Es ist dabei allerdings nicht als axiomatische Basis, sondern vielmehr als Diskussionsgrundlage für unterschiedliche Deutungsansätze zu verstehen.

Euklid legt seine Grundannahmen zur Geometrie im ersten Buch der *Elemente* in insgesamt 23 Definitionen dar. Bereits in den ersten vier davon werden der Punkt und die Linie als Grundelemente der Geometrie angeführt:

> „1. Ein Punkt ist, was keine Teile hat, 2. Eine Linie breitenlose Länge. 3. Die Enden einer Linie sind Punkte. 4. Eine gerade Linie (Strecke) ist eine solche, die zu den Punkten auf ihr gleichmäßig liegt."[8]

Punkt und Linie werden demnach sowohl als eigenständige als auch voneinander abhängige Elemente definiert. Folgt man dieser Überlegung, sind deshalb die Grenzen der Linie Punkte, die den Anfang und das Ende jeder Linie bilden.

Die Bezeichnung ‚Linie' ist für die heutige Geometrie deshalb irreführend, weil in der nicht-axiomatischen Geometrie von Strecken, Geraden und Halbgeraden ausgegangen wird, die als Figuren bezeichnet werden, aus denen Flächen und Körper erzeugt werden können. Nach dem modernen Verständnis gelten deshalb folgende Regeln: Eine Strecke ist eine geradlinige Verbindung zwischen zwei Punkten. Sie hat einen Anfangs- und einen Endpunkt. Eine Gerade kann mit Hilfe von zwei Punkten definiert werden. Sie ist unendlich lang und in beide Richtungen unbegrenzt. Eine Halbgerade oder auch Strahl ist eine gerade, auf einer Seite begrenzte Linie.[9] Im Gegensatz zur Geraden erstreckt sich nur eine Seite ins Unendliche. Eine Halbgerade entsteht, wenn ein Punkt eine Gerade teilt, auf der er liegt. Bezogen auf die Objektwelt sind Strecke, Gerade und Halbgerade als eindimensionale Gegenstände zu verstehen, wohingegen Punkte als nulldimensional gelten.[10]

---

8 Euklid: Die Elemente, S. 1.

9 Schupp, Hans: Elementargeometrie. Paderborn 1977, S. 10ff.

10 Krämer, Sybille: ‚Leerstellen-Produktivität'. Über die mathematische Null und den zentralperspektivischen Fluchtpunkt. Ein Beitrag zu Konvergenzen zwischen Wissenschaft und Kunst in der Frühen Neuzeit. In: Schramm, Helmar / Schwarte, Ludger / Lazardzig, Jan (Hgg.): Instrumente in Kunst und Wissenschaft. Zur Architektonik kultureller Grenzen im 17. Jahrhundert. Berlin, New York 2006, S. 502 – 526, hier: S. 521.

In der Geometrie gibt es in der Regel keine aus Punktlinien konstruierten Figuren. Dennoch ist es möglich, damit alle Grundfiguren der Geometrie grafisch darzustellen (Fig. 1).

Fig. 1 | Grundfiguren der Geometrie in Punktlinien: Quadrat, Dreieck, Kreis, Rechteck

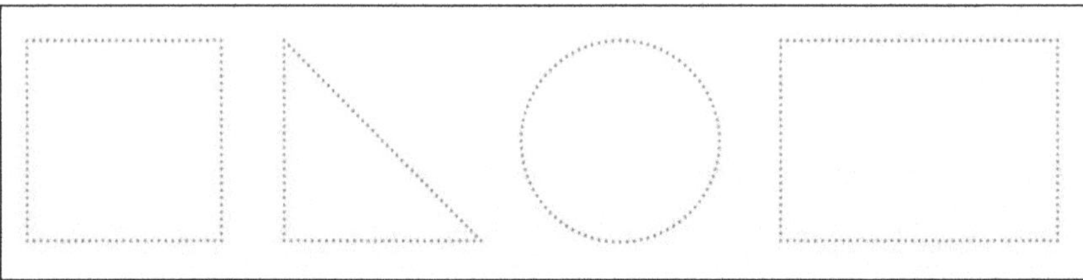

Allgemein gilt in der Geometrie, dass in einem konstruierten geometrischen Raum die dargestellten Punkte beispielsweise in Figur 1 nicht automatisch als Punktlinien zu verstehen sind, sondern als eine genaue Anzahl von Punkten, deren Lage etwa durch ein Koordinatensystem definiert werden kann. Die spezifischen Anordnungen der Punkte ergeben deshalb keine geometrischen Figuren. Dazu müssten theoretisch alle Punkte so verbunden sein, dass insgesamt vier nicht miteinander verbundene Flächen entstehen. Das geht allerdings nur unter Verwendung von Linien beziehungsweise Strecken, die aber in Figur 1 nicht vorhanden sind. Die visuelle Erzeugung geometrischer Figuren, auch als „Ergänzungsakt[ ] des Auges“[11] zu verstehen, ist deshalb nicht gleichzusetzen mit der geometrischen Konstruktion, denn zwei unterschiedliche Bezugssysteme müssen hierbei berücksichtigt werden: der geometrische und der sichtbare Raum.

Diese Einteilung geht auf Platon (428 – 348 v. Chr.) zurück, der Zeichen des geometrischen Raumes und Zeichen innerhalb des Sichtbaren unterscheidet. Zugleich wird dieser Dualismus in der Folge für die Linientheorie prägend sein, da der griechische Philosoph in seinem bekannten Liniengleichnis darauf aufmerksam macht. Er rät dazu, „das Denkbare und das Sichtbare“ voneinander zu trennen. Als Sprecher für das Liniengleichnis wählt Platon seinen Lehrer Sokrates.:

„Wie nun von einer zweigeteilten Linie die ungleichen Teile, so teile wiederum jeden Teil nach demselben Verhältnis, das Geschlecht des Sichtbaren und des Denkbaren: so gibt dir vermöge des Verhältnisses von Deutlichkeit und Unbestimmtheit in dem Sichtbaren der eine Abschnitt Bilder. [...]

11 Krämer: Figuration, Anschauung, Erkenntnis, S. 96.

So betrachte nun auch die Teilung des Denkbaren, wie dies zu teilen ist. [...] Denn ich denke, du weißt, dass die, welche sich mit der Messkunst und den Rechnungen und dergleichen abgeben, dass Gerade und Ungerade und die Gestalten und die drei Arten der Winkel und was dem sonst verwandt ist in jeder Verfahrensart voraussetzend, nachdem sie dies als wissend zugrunde gelegt, keine Rechenschaft weiter darüber weder sich noch andern geben zu müssen glauben, als sei dies schon allen deutlich, sondern hiervon beginnend gleich das Weitere ausführen und dann folgerechterweise bei dem anlangen, auf dessen Untersuchung sie ausgegangen waren. – Allerdings, sagte er, dies ja weiß ich. – Auch dass sie sich der sichtbaren Gestalten bedienen und immer auf diese ihre Reden beziehen, unerachtet sie nicht von diesen handeln, sondern von jenem, dem diese gleichen, und um des Vierecks selbst willen und seiner Diagonale ihre Beweise führen, nicht um dessen willen, welches sie zeichnen, und auch sonst überall: dasjenige selbst, was sie nachbilden und abzeichnen, wovon es auch Schatten und Bilder im Wasser gibt, dessen bedienen sie sich zwar als Bilder, sie suchen aber immer jenes selbst zu erkennen, was man nicht anders sehen kann als mit dem Verständnis. [...] – Ich verstehe, sagte er, dass du meinst, was zur Geometrie und den ihr verwandten Künsten gehört."[12]

Etwas später fügt Sokrates hinzu:

„Und mit dem Verstand zwar und nicht mit den Sinnen müssen die Betrachtenden ihre Gegenstände betrachten [...]. Verstand aber scheinst du mir die Fertigkeit der Messkünstler und was dem ähnlich ist zu nennen, als etwas zwischen der bloßen Vorstellung und der Vernunfterkenntnis zwischeninne Liegendes. – Vollkommen richtig, sprach ich, hast Du es aufgefasst."[13]

Platons Gleichnis führt den Prozess des Denkbaren durch die Eigenschaften einer Linie vor Augen. Jede Aktion des Messkünstlers an der Linie operiert dabei zwar im Bereich des Sichtbaren. Zugleich zeigt sich am Vorgang des Teilens eine imaginative, denkbare Dimension der Geometrie, die jenseits der sichtbaren Gegenstände und damit im Verstand des Mathematikers auszumachen ist.

Auch über die Theorien zur Linie hinaus prägt und beschäftigt diese Wissensordnung bis heute weite Teile der Wissenschaften.[14] In der Frühen Neuzeit greift

12 Platon: Politeia, VI, 510a – 511b. Deutsch nach: Platon. Sämtliche Werke. Hrsg. v. Ursula Wolf. 2 Bde, Bd. 2. Übersetzt v. Friedrich Schleiermacher. Hamburg 2006, S. 416f.

13 Ebd., S. 418.

14 Beispielsweise Mahr, Bernd / Wendler, Reinhard: Bilder zeigen Modelle – Modelle zeigen Bilder. In: Boehm, Gottfried / Egenhofer, Sebastian / Spies, Christian (Hgg.): Zeigen. Die Rhetorik des Sichtbaren. München, 2010, S. 182 – 205, hier: S. 184 oder Krämer: Figuration, Anschauung, Erkenntnis, S. 68 – 70. Genauer zur Einteilung von sichtbarem und geometrischem Raum siehe 7.1 in dieser Arbeit.

etwa René Descartes diese Dichotomie in seinen *Meditationen* (1647) auf und unterscheidet dabei zwischen der Fähigkeit der Einbildung, der *vis imaginandi*[15], die sich auf mit den Sinnen wahrgenommene, körperliche Dinge richtet, und dem Vermögen des reinen Verstehens, der *vis intelligendi*[16], die als Verstandeskraft ohne körperlichen Bezug zu deuten ist.[17] Gleichzeitig werden beide Fähigkeiten im Erkenntnisprozess miteinander verbunden. Descartes schreibt dazu:

„Um das klar zu machen, untersuche ich zuerst den Unterschied, den es zwischen Einbildung und reinem Verstehen gibt. Wenn ich mir nämlich z.B. ein Dreieck einbilde, dann verstehe ich nicht nur, dass das eine Figur ist, die durch drei Linien umschlossen ist, sondern auch diese drei Linien mit dem Blick des Geistes, als ob sie präsent wären; und das ist es, was ich Einbilden nenne."[18]

Im Gegensatz zu den körperlichen Dingen konstituiert eine geometrische Figur also eine abstrakte Form, die vor allem eine Verstandesleistung ist. Ohne diese Leistung ließe sich ein Dreieck nicht als geometrische Einheit deuten. Als Grundlage für die vom Verstand geformten Dinge erklärt Descartes die Existenz von körperlichen Dingen. Zu ihrer Deutung schreibt er:

„Sie existieren jedoch vielleicht nicht alle ganz so, wie ich sie mit dem Sinn erfasse, da ja dieses Erfassen der Sinne in vielen Fällen sehr dunkel und verworren ist; aber zumindest ist all jenes in ihnen, was ich klar und deutlich verstehe, d.h. alles, [...], was im Objekt der reinen Mathematik enthalten ist."[19]

Die Objekte der Mathematik sind deshalb für Descartes unmittelbar an die Einbildung gebunden, da sie als Figuren erst durch die Fähigkeit der Einbildungskraft sichtbar werden. Die Verstandeskraft bedeutet dagegen, dass die drei mit den Sinnen erfassten Linien ein geometrisches Konzept beinhalten. Die geometrische Figur des Dreiecks wird also nur durch die Verstandeskraft sichtbar. Linien können deshalb für dieses und noch viele folgende Beispiele bei Descartes (vgl. Kap. 4, 5 u. 7) als „Erkenntnisinstrumente"[20] verstanden werden (vgl. 8), die einerseits an die Einbildungskraft und andererseits an den Verstand gebunden sind. Platonistisch wäre

15 Descartes, René: Meditationen. Hrsg. v. Andreas Schmidt. Dreisprachige Parallelausgabe. Lateinisch, Französisch, Deutsch. Göttingen 2004, S. 203.

16 Descartes: Meditationen, S. 203.

17 Vgl. ebd., S. 201ff.

18 Ebd., S. 201.

19 Ebd., S. 221.

20 Krämer: Figuration, Anschauung, Erkenntnis, S. 192.

dies so auszudrücken: Linien können Sichtbares und Denkbares gliedern und gleichzeitig beinhalten.

Für die Zuordnung der Punktlinie sind an diesen Beobachtungen Platons und Descartes' gleich mehrere Dinge bemerkenswert. Platon verwendet nicht zufällig eine geteilte Linie, um die Dichotomie zwischen Abbild und Imagination darzulegen. Eine Linie ist nichts Vermutetes oder Gemeintes. Sie ist ein geometrisches Zeichen, das Wissen ausdrückt und Relationen erzeugt. Nur wenig später werden Linien von Euklid so beschrieben, dass selbst Schüler der platonischen Akademie sie als Elemente der Geometrie dazu nutzen, um die Dinge voneinander zu trennen. Der Vorgang des Teilens ist also unmissverständlich mit der Form der Linie verbunden.

Für die Frage nach der spezifischen Wahrnehmung oder auch Sinnhaftigkeit von geometrischen Figuren aus Punktreihen ist, wie Figur 1 gezeigt hat, eine Erklärung Platons zur ‚Fertigkeit des Messkünstlers' hilfreich. Denn Sinnhaftigkeit beschreibt Platon „als etwas zwischen der bloßen Vorstellung und der Vernunfterkenntnis zwischeninne Liegendes"[21] – also etwas Verbindendes, das den Verstand ausmacht. Da sich ein Messkünstler verschiedener Instrumente bedient, könnte damit die Linie als verbindendes Werkzeug gemeint sein. Ebenso wäre ein Bezug zum Diagramm herzustellen, das sowohl der Anschauung dient als auch einen abstrakten Denkraum darstellt. Der Vorgang des Verbindens wird also ebenfalls an die Wahrnehmung von Linien geknüpft.

Platons Liniengleichnis legt nahe, dass die geteilte Linie nicht nur das Sichtbare vom Denkbaren trennt, sondern auch den Prozess dieses Verstehens mitanzeigt. Die geteilte Linie wäre dann auch als ein Zeichen zu verstehen, das den Prozess des Denkens oder der Imagination abbilden kann. Ohnehin erlaubt der Akt des Verbindens und Trennens eine Denkbewegung in zwei unterschiedliche Richtungen, die jedoch in diesem Fall an eine Form gebunden werden können. Descartes' Trennung zwischen „Einbildungskraft" und „reinem Verstehen"[22] verdeutlicht diese grundsätzlichen Eigenschaften geometrischer Formen. Für Linien bedeutet dies deshalb auch in der Frühen Neuzeit, dass sie als Teil der sichtbaren Welt verstanden werden können. Diese Relation ergibt sich immer dann, wenn man Linien an einen physischen Bezug bindet wie beispielsweise ein Blatt Papier. Gleichzeitig können sie durch die Verstandeskraft in einen geometralen Raum überführt werden, der jenseits der physischen Bezugspunkte aus immateriellen Linien, Punkten und Flächen besteht. Vor diesem theoretischen Hintergrund sind der Punkt und die Linie bei Platons und Descartes' dichotomischen Sichtweisen gewissermaßen als Grenz-

---

21 Platon: Politeia, VI, 511d, S. 418.

22 Descartes: Meditationen, S. 201.

gänger zu verstehen, da sie sowohl als physische Gegebenheit als auch als geometrische Grundformen gedeutet werden können.

Dieser Gedanke greift allerdings weit voraus und wird erst später in dieser Arbeit genauer ausgeführt werden können (vgl. 7.1). Zunächst sollen die Grundlagen des Erkennens von Formen und die Ursprünge des Umgangs mit Zahlen rekonstruiert werden, um daran weitere theoretische Aspekte der Wahrnehmung von Punktlinien als Linien zu erläutern.

2.1 GRUNDLAGEN DES ERKENNENS VON FORMEN

Das Paradoxon, Linien zu erkennen, wo geometrisch gesehen keine sind, liegt jenseits platonistischer oder cartesianischer Einteilungen von sichtbarer und denkbarer Welt (vgl. 2) auch in der menschlichen Wahrnehmung begründet. Der menschliche Sehapparat verfügt über die Fähigkeit, Teile in bekannten und vorhandenen Strukturen zu ergänzen. Dieses psychophysiologische Phänomen wird heute unter der Bezeichnung *Filling in* gefasst und wurde in der Frühen Neuzeit, genauer gesagt 1668, mit der Entdeckung des blinden Flecks bekannt – des Areales im Augenhintergrund, auf dem sich keine Lichtrezeptoren befinden.[23] Seitdem gilt als sicher, dass es im menschlichen Gesichtsfeld Bereiche gibt, innerhalb derer man nicht sehen kann. Das Wissen um diese Fähigkeit führte langfristig betrachtet „zu der Einsicht, dass jedes Sehen ein Nichtsehen miteinschließt“[24]. Die nicht sichtbaren Bereiche innerhalb des Sichtbaren werden dabei im binokularen Sehen so kompen-

23 Allgemein geht man davon aus, dass der blinde Fleck im menschlichen Auge durch Edme Mariotte im Jahre 1668 entdeckt wurde (Vgl. Mariotte, Edme: Nouvelle Decouverte Touchant la Vue, centenue en plusieurs lettres ecrites par Messrs. Mariotte, Pecquet & Perrault; de l'Academie Royale des Sciences. Nouvelle Edition, revue & corrigee. In: Ders.: Oeuvres. 2 Bde, Bd. 2. Leiden 1717, S. 495 – 534; Bexte, Peter: Licht und Fleisch im 17. Jahrhundert: die Entdeckung des blinden Flecks. In: Bohlmann, Carolin / Fink, Thomas / Weiss, Philipp (Hgg.): Lichtgefüge des 17. Jahrhunderts. Rembrandt und Vermeer – Spinoza und Leibniz. München 2008, S. 79 – 89, hier: S. 82f.; Bexte, Peter: Blinde Seher. Wahrnehmung von Wahrnehmung in der Kunst des 17. Jahrhunderts. Mit einem Anhang zur Entdeckung des blinden Flecks im Jahre 1668. Dresden 1999, S. 192 – 201). Hartmut Böhme hat auf den eigentlichen Entdecker des Phänomens Jean Pecquet hingewiesen, der bereits 1651 auf das Phänomen aufmerksam macht (Böhme, Hartmut: Das Handeln und Denken der Bilder. Oder wie Fliegen den Betrachter verrücken. In: Beyer, Andreas / Gamboni, Dario (Hgg.): Poiesis. Über das Tun in der Kunst. München 2014, S. 59 – 94, hier: S. 86. Vgl. Pecquet, Jean: Experimenta nova Anatomica. Paris 1651).

24 Böhme: Das Handeln und Denken der Bilder, S. 86.

siert, dass für uns ein geschlossenes Bild vor Augen entsteht. Geringfügige Unterbrechungen, fehlende Anteile von Formen oder – im Sinne Peter Bextes – „Lücken im Gefüge“[25], werden dabei eigenständig ergänzt und geschlossen.

In der Mathematik lässt sich dieses Phänomen als eine sogenannte *Autokorrelation*[26] beschreiben. Vereinfacht gesagt heißt das, dass eine Version einer bestimmten Folge von Werten mit gleichem Inhalt zeitlich verschoben oder interpoliert und danach mit sich selbst verglichen wird. Die so überbrückten Lücken innerhalb einer Messreihe lassen Rückschlüsse auf die Zusammenhänge der gesamten Messung zu.

In der Gestaltpsychologie wird diese Überbrückung, die das Auge zwischen zwei Punkten schafft, seit den 1910er Jahren als *subjektive Ergänzung*[27] und die dabei in der Wahrnehmung entstehende Linienform als *subjektive Linie* bezeichnet.[28] Bei diesen sogenannten subjektiven Linien, die in ihrer Gestalt Punktlinien entsprechen, handelt es sich demnach um bloße Vorstellungen einer Linie, die allein im Auge des Betrachters entstehen.[29] An der Schnittstelle zwischen Wahrnehmungstheorie und geometrischer Berechenbarkeit wurden in den 1970er Jahren zu diesem Phänomen auch Experimente mit Punktlinien durchgeführt, die im Folgenden vorgestellt werden sollen.

Die grundsätzliche Frage, wie es Menschen möglich ist, gerade Linien zu erkennen, stellt William Uttal. Die Erkennbarkeit und Wiedererkennbarkeit einer geraden Struktur, so Uttals Überlegung,[30] müsse mit der selbstständigen Vervollständigung nicht-sichtbarer Leerstellen zusammenhängen. In unterschiedlichen Abstufungen der Verfremdung oder Maskierung einer geometrischen Figur soll sich demnach aufzeigen lassen, in welchem Bereich die menschliche Wahrnehmung in der Lage sei, Formen zu erkennen. Uttals *autocorrelation theory of form detection* besagt deshalb im Kern: „[P]eople see forms as a result of the arrangement of, and

25 Bexte: Licht und Fleisch im 17. Jahrhundert, S. 83.

26 Vgl. Cliff, Andrew / Ord, J. Keith: The Problem of Spatial Autocorrelation. In: London Papers in Regional Science. London 1969 – 1990, (1969), S. 25 – 55.

27 Wertheimer, Max: Experimentelle Studien über das Sehen von Bewegungen. In: Zeitschrift für Psychologie und Physiologie der Sinnesorgane 61 (1911), S. 161 – 265, hier: S. 185f.

28 Schuhmann, Friedrich: Beiträge zur Analyse von Gesichtswahrnehmungen. Erste Abhandlung: Einige Beobachtungen über die Zusammenfassung von Gesichtseindrücken zu Einheiten. In: Zeitschrift für Psychologie und Physiologie der Sinnesorgane 23 (1900), S. 1 – 31, hier: S. 14.

29 Vgl. Bonnefoit: Die Linientheorien von Paul Klee, S. 85.

30 Die Ausgangsüberlegung reicht in ihren Wurzeln auf ähnliche Experimente der Gestalttheorie um die Wende zum 20. Jahrhundert zurück.

not the nature of, the component parts!“[31] Das Erkennen der Formen sei also immer an eine intellektuelle Fähigkeit gebunden, die es erst ermögliche, Formen im Gesehenen Gesamteindruck zu erkennen.[32] Mit dieser Annahme ist jedoch nicht geklärt, wie die Einzelkomponenten in Formen zerlegt und als solche erkennbar werden.[33]

Uttals theoretischer Ansatz lässt erwarten, dass die Perzeptionsfähigkeit einer geraden Linie durch aneinandergereihte Punkte messbar ist.[34] In verschiedenen Testreihen besteht deshalb die Aufgabe der Probanden dieses Experiments darin, in unterschiedlichen Bildern die Punkte zu erkennen, die Linien ergeben. Es ging mithin um das Phänomen der *Kolinearität*. Dazu wurden geometrische Figuren für eine bestimmte Zeit sichtbar gemacht und dann mit Hilfe eines Computers zunehmend maskiert (Fig. 2).

---

31 Uttal, William R.: Visual Form Detection in Three-dimensional Space. Hillsdale, New Jersey 1983, S. 2. Vgl. Uttal, William: An autocorrelation theory of visual form detection: A computer experiment and a computer model. In: Behavior Research Methods & Instrumentation 7:87 (1975), S. 87 – 91, hier: S. 91.

32 Damit knüpft Uttals Studie an eine Strömung der Gestalttheorie an, die mit den prominenten Vertretern Max Wertheimer, Wolfgang Köhler und Kurt Köhler im Berlin der 1910er Jahre ihren Anfang nimmt und später durch Rudolf Arnheim, Ernst Kris und Ernst Gombrich maßgeblich beeinflusst wird (Ausf. zur Geschichte und Inhalt der Gestalttheorie: Kandel, Eric Richard: The Age of Insight. The Quest to Understand the Unconscious in Art, Mind, and Brain, from Vienna 1900 to the Present. New York 2012, bes. S. 199 – 204).

33 Hierzu hat Michaela Tacca eine bemerkenswerte und grundlegende Studie vorgelegt (Tacca, Michaela C.: Seeing Objects. The Structure of Visual Representation. Paderborn 2010), in der sie die inhaltlichen Unterschiede zwischen visueller und kognitiver Repräsentation herausstellt. Dieter Mersch hat sich zudem ausführlich mit der Bedeutung der Form als sichtbarer Gestalt einer Zeichnung befasst und dabei den Begriff des ‚ikonischen Als‘ im Sinne „einer Bestimmung von Etwas“ als etwas entwickelt (Mersch, Dieter: Schrift/Bild – Zeichnung/Graph – Linie/Markierung, S. 312. Ausf. dazu ebd. sowie ders.: Blick und Entzug. Zur Logik ikonischer Strukturen. In: Boehm, Gottfried / Brandstetter, Gabriele / von Müller, Achatz (Hgg.): Bild – Figur – Zahl. München 2006, S. 55 – 69).

34 Uttal, William R.: An Autocorrelation Theory of Form Detection. Hillsdale, New Jersey 1975, S. 1.

Fig. 2 | Versuchsanordnung nach Uttal: „A dotted square presented in four different levels of masking noise (n = 0, n = 30, n = 50, and n = 100). Note the progressive decline in the detectabillty of the square as the number of masking dots increases.“[35]

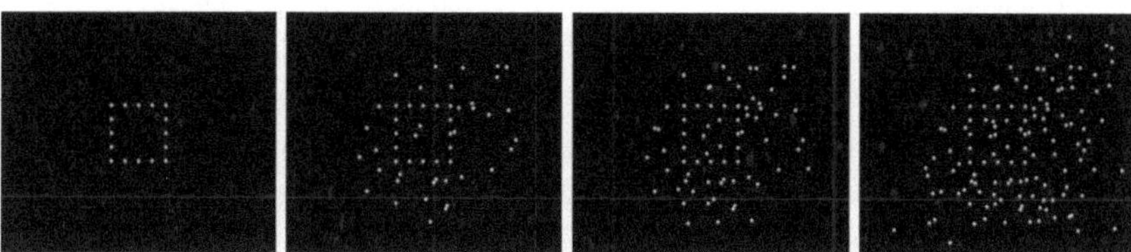

Mit Blick auf die Bedeutung der Punktlinie ergaben die Testreihen, dass die Erkennbarkeit einer geraden Punktlinie abhängig von der Anzahl der dafür gesetzten Punkte sowie der Intensität der kollinearen Punkte[36] ist. Für die Erkennbarkeit dieser Linienform ist außerdem ein periodisch gleichmäßiger Punktabstand entscheidend. Zudem zeigte sich, dass eine gerade Punktlinie eher als eine gekrümmte oder rechtwinklige Punktlinie erkannt werden kann.[37] Mit diesem Wissen wird nun auch deutlich, warum eine Anordnung von Punktreihen, die als Linie oder geometrische Figur wahrgenommen werden, wie oben beschrieben (2) auch als „Ergänzungsakte des Auges“[38] zu verstehen sind.

Blickt man mit diesem Wissen über die Wahrnehmung von geometrischen Figuren[39] auf das Bildbeispiel der geometrischen Grundfiguren zurück (vgl. 2, Fig. 1),

35 Fig. 2 entspricht den Prinzipien der Versuchsanordnung von 1975. Zur Verdeutlichung des Effekts – und allein darum geht es in diesem Fall – wurden die inzwischen mehr als 40 Jahre alten und schlecht erhaltenen Reproduktionen (Fig. 1. Uttal: An autocorrelation theory of visual form detection, hier S. 88, Fig. 1) durch eine neue Grafik des Autors ersetzt.

36 Also der Anzahl von Punkten, die sich neben den linearen Anordnungen außerdem im Bild befinden.

37 Vgl. Art. On the Perception of Dotted Lines. Institute for Communications Technology, Image Science Laboratory. Nahum Kiryati, Olof Henricsson u. Lucas Rosenthaler. vision.ee.ethz.ch, Zürich (1992). Online: http://www.vision.ee.ethz.ch/en/publications/get_abstract.cgi?techreps=11&mode=&lang=de Stand: 11.11.2016, S. 2. Vgl. Uttal: An autocorrelation theory of visual form detection, S. 88.

38 Krämer: Figuration, Anschauung, Erkenntnis, S. 96.

39 Uttal bemerkt selbstkritisch zu seinen Beobachtungen, dass diese nicht als „total explanation of all of form perception“ zu verstehen seien. „Autocorrelation processes are at least plausible to describe detection processes.“ (Uttal: Visual Form Detection in Three-dimensional Space, S. 15).

zeichnet sich neben den metaphysischen Ansätzen Platons und Descartes' eine zweite Antwort auf die Frage ab, wie Punkte als Linien erkannt werden. Aus physiologischer und gestalttheoretischer Sicht ist es für die menschliche Wahrnehmung möglich, Lücken oder Leerstellen zwischen Punkten so zu korrelieren, dass bekannte Formen wie etwa geometrische Figuren erkennbar werden. Diese Fähigkeit kommt immer dann zum Tragen, wenn ein Mindestmaß an Informationen vorhanden ist, das aus Anzahl, Intensität und in Kollinearität angeordneter Punkte im geometralen Raum besteht. Wird dieses Maß allerdings unterschritten, verschwindet die zuvor erkannte Form im sichtbaren Spektrum.[40] Punkte werden dabei nur durch sich selbst unterschieden, das heißt, jeder einzelne Punkt steht in Differenz zu jedem anderen, da er allein aufgrund seiner Lage abgegrenzt ist.

Die Reduktion auf eine intermittierende Form, also die des Punktes, erlaubt zudem grundsätzliche Rückschlüsse zur Formerzeugung: Wenn die Reihung einer bestimmten Anzahl von Punkten als Linie wahrgenommen werden kann, können demzufolge alle aus Linien bestehenden Formen in Formen aus gereihten Punkten transformiert und erkannt werden. Das Prinzip gilt auch für dreidimensionale Figuren, die geometrischen Körper, wie Figur 3 anschaulich macht.

Fig. 3 | Geometrische Körper in Punktlinien: Würfel, Pyramide, Zylinder, Quader

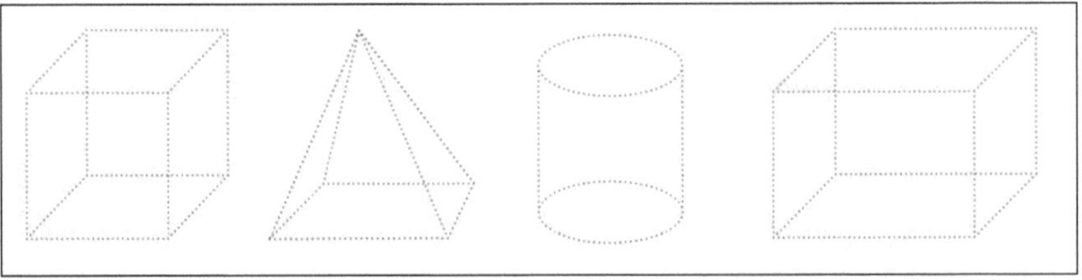

Es zeigt sich damit, dass es zweifellos möglich ist, die vier geometrischen Figuren Würfel, Pyramide, Zylinder und Quader mit Punktlinien zu konstruieren. Unabhängig davon, was wir sehen, bleiben diese Formen geometrisch betrachtet Punktanordnungen. Wenn also Punktlinien oder subjektive Linien vorrangig ein optisches Phänomen menschlicher Wahrnehmung sind, stellt sich die Frage, wozu sie in der Geometrie überhaupt eingesetzt werden.

Die Vorteile der Punktlinie gegenüber durchgezogenen Linien sind an ein weiteres Charakteristikum menschlicher Wahrnehmung geknüpft. Figur 3 zeigt nicht nur die Konstruktion vier geometrischer Figuren mit Punktlinien. Es wird daran auch sichtbar, dass für keine der dargestellten Figuren eine Bestimmung der räumlichen

40 In der Untersuchung Uttals geht es ausschließlich um die Beobachtung der Wahrnehmung geometrischer Formen „and not the symbolic aspects of perception." (Ebd., S. 8).

Ausrichtung möglich ist. Völlig unklar bleibt, welche Flächen dem Betrachter näher liegen. Für eine sogenannte *optische Inversionsfigur*[41] sind je nach Betrachterperspektive ausgehend von der Horizontalen mindestens zwei Positionierungen für jeden Körper im Raum möglich. Dies gilt ebenso bei durchgezogenen Linien (Fig. 4).

Fig. 4 | Geometrische Körper in durchgezogenen Linien: Würfel, Pyramide, Zylinder, Quader

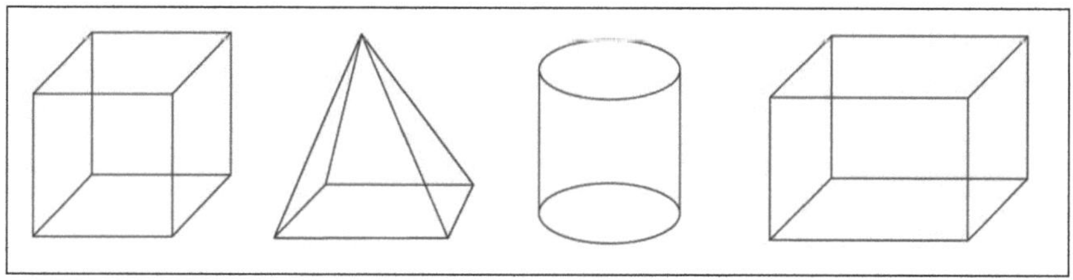

Wie in Figur 5 deutlich zu erkennen ist, lässt sich dieser Inversionseffekt[42] räumlichen Sehens auch nicht vermeiden, indem man die sich überschneidenden Flächen weglässt.

Fig. 5 | Geometrische Körper in durchgezogenen Linien, ohne Überschneidungen: Würfel, Pyramide, Zylinder, Quader

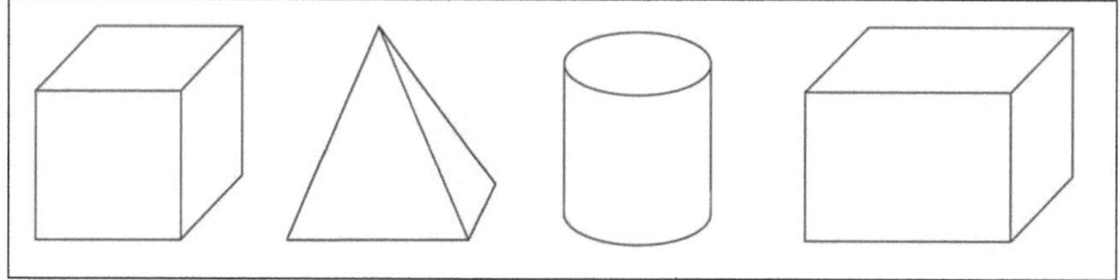

41 Vgl. Mainberger: Experiment Linie, S. 166.

42 Wissenschaftlich wurde das Phänomen erst 1832 durch den sogenannten ‚Necker-Würfel' bekannt, der vom Schweizer Kristallografen Louis Albert Necker entdeckt und beschrieben wurde. Beim Necker-Würfel handelt es sich um eine zweidimensionale Darstellung eines Würfels in halbschräger Seitenansicht. Jede Seite eines so dargestellten Würfels kann als Vorderseite betrachtet werden (vgl. genauer: Kandel: The Age of Insight, S. 210). Dieses Phänomen lässt weitreichende Rückschlüsse auf die Möglichkeiten menschlicher Perzeptionsvorgänge zu. Weiterführend ist zu dieser Thematik besonders zu empfehlen Gombrich, Ernst: Art and Illusion: A Study in the Psychology of Pictorial Representation. Princeton, Oxford 1960.

Erst unter Verwendung von Punktlinien ist die Lage der Körper im geometrischen Raum eindeutig zu bestimmen (Fig. 6). Geometrisch formuliert, handelt es sich um das Schrägbild in der Kavaliersperspektive.[43] Bildobjekte als räumliche Figuren zu erkennen, ist deshalb erstrangig an die Eigenart menschlicher Wahrnehmung geknüpft, die immer dann sichtbar wird, wenn durchbrochene Strukturen gemeinsam mit geschlossenen abgebildet werden. Vereinfacht gesagt, werden dabei die offenen Muster als weniger prägnant eingeschätzt und zugleich als weiter entfernt wahrgenommen.[44] Aus diesem Grund hat sich in den vergangenen Jahrhunderten die Konvention etabliert, für die Darstellung geometrischer Körper vorzugsweise zusätzlich Punktlinien zu verwenden.

Fig. 6 | Geometrische Körper mit Punktlinien und durchgezogenen Linien: Würfel, Pyramide, Zylinder, Quader

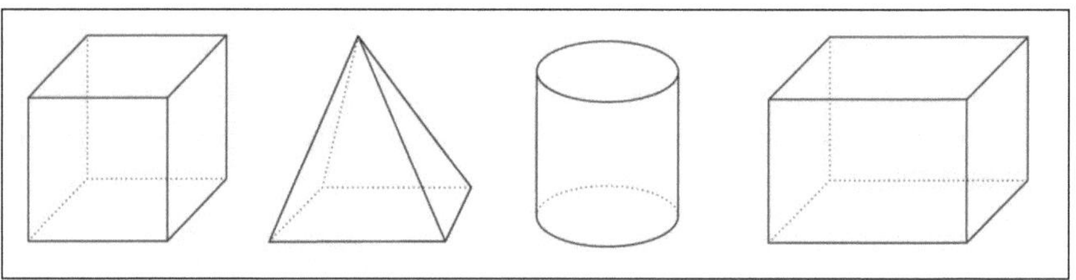

Die gezeigten Untersuchungsbeispiele zur menschlichen Wahrnehmung demonstrieren, dass aus Punkten Formen konstruiert werden können. Die Punktlinie führt wie keine zweite Form vor Augen, dass die geometrisch-topologische Organisation von Elementen in einem definierten Raum Darstellungskonventionen unterliegt, die durch Abstraktionsvorgänge interpretiert werden können und durch die physiologischen Regelhaftigkeiten der Wahrnehmung determiniert sind.

Gleichzeitig betonen die geometrischen Definitionen Euklids (vgl. 2), dass Punkte und Linien etwas Grundverschiedenes sind. Linien aus Punkten waren in den Definitionen des antiken Mathematikers nicht vorgesehen. Hinzu kommt, dass die Linie bei Platon für die Teilbarkeit verantwortlich ist, und dem Punkt die Rolle des unteilbaren Ganzen zugesprochen wird. Zugleich ist der Punkt als „Grundgestalt der gesamten Mathematik“[45] immer als Teil mathematischer Operationen zu

---

43 Diese Darstellungsweise wird in der darstellenden Geometrie als *Axonometrie* bezeichnet (Leopold, Cornelie: Geometrische Grundlagen der Architekturdarstellung. Stuttgart 2005, S. 3).

44 Kiryati / Henricsson / Rosenthaler: On the Perception of Dotted Lines, bes. S. 2. Vgl. Uttal: An Autocorrelation Theory of Form Detection, Hillsdale 1975.

45 Steck: Einleitung, S. 105.

verstehen und stellt einen Zusammenhang zur mathematischen Zahl dar, dem im Folgenden näher nachgegangen werden soll.

2.2 PYTHAGOREISCHE ZAHLZEICHEN – VOM STEIN ZUM PUNKT ZUR LINIE

Die Grundannahmen der euklidischen Geometrie basieren in weiten Teilen[46] auf der pythagoreischen Mathematik[47]. Allgemein formuliert, galt für die Pythagoreer der Grundsatz ‚Alles ist Zahl'; der Punkt hingegen ist als eine sogenannte ‚Lageeinheit' zu verstehen.[48] So geht auch die euklidische Arithmetik von einer Einheit aus, während die Geometrie auf dem Punkt und seiner Lage basiert. Die Bedeutung des Begriffs der Lageeinheit lässt sich aus dem einflussreichsten Euklidkommentar für die Frühe Neuzeit von Proclus Diadochus entnehmen. Proclus erklärt die pythagoreischen und euklidischen Grundsätze zum Punkt und zur Linie wie folgt:

„Da [...] die Pythagoreer den Punkt auch definieren als Einheit mit einer bestimmten Lage, so ist zu klären, was sie damit eigentlich sagen wollen. Dass nun die Zahlen von der Materie freier und reiner sind als die Raumgrößen, ist jedem klar. Wenn sie aber von einer Einheit sprechen, die eine bestimmte Lage hat, so scheinen sie damit anzudeuten, dass Einheit und Zahl nur in der Vorstellung ein Sein haben [...] Der Punkt aber erscheint in der Vorstellung, ist gewissermaßen lokalisiert und etwas Materielles im Sinne der intelligiblen Materie. [...] Die 1 ist also, weil immateriell, ohne Lage und hat absolut nicht zu tun mit Dimensionen und Örtlichkeiten. Der Punkt aber hat eine Lage, weil er im inneren der Vorstellung in Erscheinung tritt und materieller Art ist."[49]

46 Die Bücher I – VI, VII, VIII sowie IX und XI basieren auf Erkenntnissen der Pythagoreer.

47 Die pythagoreische Mathematik besteht aus vier Anteilen, dem sogenannten *Quadrivium*: der Geometrie, der Arithmetik, Astronomie und Musik. Astronomie entsprach der angewandten Geometrie und Musik der angewandten Arithmetik (Boas, Marie: Die Renaissance der Naturwissenschaften. 1450 – 1630. Das Zeitalter des Kopernikus. Gütersloh 1965, S. 214. Vgl. Proklus Diadochus: Kommentar zum ersten Buch von Euklids ‚Elementen'. Aus dem Griechischen übersetzt v. P. Leander Schönberger. Eingeleitet, mit Kommentaren und bibliografischen Nachweisen versehen v. Max Steck. Halle 1945, S. 188).

48 Struik, Dirk: Abriss der Geschichte der Mathematik. Leipzig 1963, S. 38.

49 Proklus: Kommentar zum ersten Buch von Euklids ‚Elementen', S. 232.

Diese strikte Trennung von Punkt und Zahl von der materiellen Welt gilt jedoch nicht für alle Bereiche der phytagoreeischen Mathematik. Wie Oskar Becker gezeigt und Sybille Krämer umfassend neukontextualisiert hat, gab es in der pythagoreischen Arithmetik – und damit in den ältesten bekannten Wurzeln der griechischen Mathematik – durchaus die Praxis, „halb arithmetisch, halb geometrisch"[50] mit sogenannten Spielsteinen (*pséphoii*) zu operieren.[51] Aus diesen runden oder quadratischen Steinen werden Zahlen figuriert. Das heißt, *Rechnen* – im griechischen Wortsinn *steineln* –, war im 6. Jahrhundert v. Chr. eine Praxis, bei der die Zahl und der Punkt an einen Gegenstand gebunden sein konnten. Bildlich umgesetzt, ergeben damit Punkte in ihrer Anordnung unterschiedliche Figuren (Fig. 7). Die sogenannten Dreieckszahlen Quadratzahlen und Rechteckzahlen[52] lassen sich mit dieser *psēphoi-Arithmetik* konstruieren.[53]

Fig. 7 | Dreieckszahlen

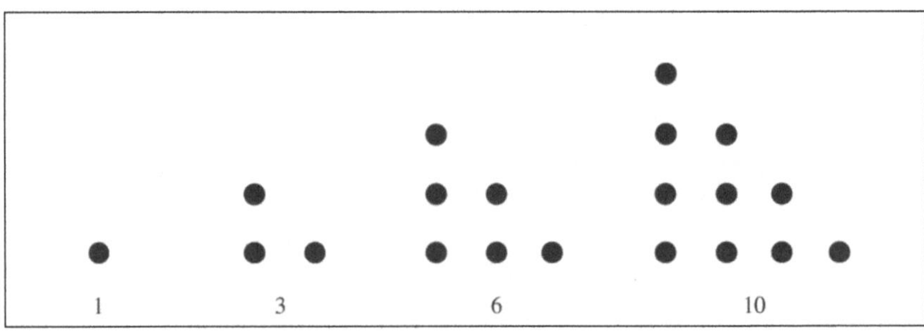

Ein wesentlicher Vorteil dieser frühen mathematischen Praxis ist, dass damit die Eigenschaften der verschiedenen Zahlenarten leicht verständlich sichtbar gemacht werden können. Als Voraussetzung für diese Konfiguration gilt, dass die Steine in Form und Gestalt annähernd gleich und die Abstände zwischen den Steinen gleich groß sein müssen. Zusätzlich wurde für das Verständnis der Anordnung von Quadraten und Heteromeken ein Zahlenwinkel eingesetzt, das sogenannte *Gnomon.*

50 Becker: Grundlagen der Mathematik in geschichtlicher Entwicklung, S. 34.

51 Auf diesen Sonderfall der Mathematik hat bereits ausführlich Krämer hingewiesen (Krämer, Sybille: Berechenbare Vernunft. Kalkül und Rationalismus im 17. Jahrhundert. Berlin, New York 1991, S. 14f.).

52 Rechteckzahlen sind auch als *heteromeke Zahlen* bekannt, und bilden den doppelten Wert von Dreieckszahlen ab. Sie sind von der Formerzeugung jedoch für diese Betrachtung weniger relevant und werden deshalb auch in ihrer Funktionsweise nicht näher ausgeführt.

53 Becker: Grundlagen der Mathematik in geschichtlicher Entwicklung, S. 34.

Anders als bei dem gleichnamigen und viel bekannteren astronomischen Messgerät, das aus einem Stab besteht, mit dessen Schattenlänge man die Höhe der Sonne bestimmt[54] (vgl. 7.2.2), hat dieser ‚Zeiger' allein die Funktion, „rechte Winkel zu ziehen"[55]. Das heißt, durch das Anlegen des Zahlenwinkels werden Verbindungen zwischen den Steinreihen angezeigt, die wiederum neue Zahleneigenschaften erkennbar werden lassen. Die entscheidende Bedingung, damit aus Punkten Zahlen werden können, ist also eine instrumentelle Überbrückung der Steinreihen, sodass die zusammenhängenden Reihen erkennbar werden (Fig. 8). Die Rechensteine sind damit einerseits die materielle Demonstration von Zahleneigenschaften und gleichzeitig „die Konstruktion der Zahlen selbst",[56] wie Krämer betont.

---

54 griechisch γνώμων – Gnomon, Schattenzeiger. „Das Wort stammt vom Schattenzeiger der Sonnenuhr" (Becker: Grundlagen der Mathematik in geschichtlicher Entwicklung, S. 35. Siehe dazu auch Boehm, Gottfried: Zwischen Auge und Hand. Bilder als Instrumente der Erkenntnis. In: Heintz, Bettina / Huber, Jörg (Hgg.): Mit dem Auge denken. Strategien der Sichtbarmachung in wissenschaftlichen und virtuellen Welten. Wien, New York 2001, S. 43 – 53, hier: S. 48). Eines der ältesten wissenschaftlichen Messgeräte ist zweifellos die Sonnenuhr, die sowohl im alten Ägypten als auch im antiken Griechenland zur Bestimmung der Tageszeit eingesetzt wurde. Hierzu diente als Schattenfeld das *Analemma* und als Schattenzeiger das *Gnomon*. Das grobe Konzept einer Sonnenuhr ist schnell erklärt: Auf einem geeigneten Untergrund werden Linien in einem bestimmten Winkel und Abstand zueinander eingetragen. Im Zentrum dieses Schattenfeldes befindet sich der Schattenzeiger. Im Sonnenlicht wirft das Gnomon einen Schatten, der einer Linie gleicht. Kommen Schatten und die im Schattenfeld eingetragenen Linien zusammen, lässt sich eine bestimmte Tageszeit ablesen. Steffen Bogen hat an dieser kulturhistorisch sehr alten Technik die Analogie zum Ursprung der Malerei aufgezeigt und auf die unterschiedlichen Logiken der Repräsentationen hingewiesen. Während der Schattenriss der Malerei auf einen konkret sichtbaren Körper hinweist, fällt der Schatten der Sonnenuhr auf ein bereits vorbereitetes geometrisches Feld, das durch Linien und mathematische Regeln definiert wird (Bogen, Steffen: Schattenriss und Sonnenuhr. Überlegungen zu einer kunsthistorischen Diagrammatik. In: Zeitschrift für Kunstgeschichte 68:2 (2005), S. 153 – 176, hier: S. 157). Neben dieser Differenz zwischen Bild und Diagramm tangiert Bogens Beobachtung außerdem die Möglichkeiten und Wirkungsweisen von Zeitdarstellung durch Linien im Diagramm, die mit Blick auf die Punktlinie in Kapitel 7 genauer untersucht werden (vgl. 7.2).

55 Genauer dazu Krämer: Berechenbare Vernunft, S. 16.

56 Ebd., S. 22.

Fig. 8 | Quadratzahlen, schematisch mit Gnomon erzeugt

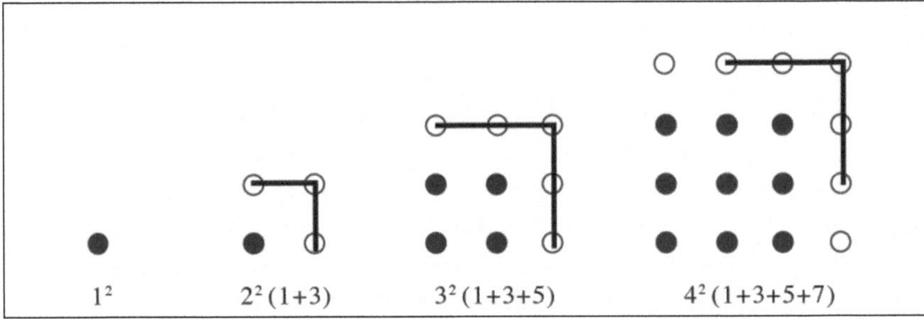

Die arithmetische Funktion des *Gnomons* liegt also darin, Zahlen zu erzeugen.[57] Das *Gnomon* ist aber nicht nur Instrument der Arithmetik. Es wird damit zugleich zum Instrument der Geometrie, das aus Punkten zwei im rechten Winkel stehende Geraden konstruieren kann. Die so erzeugte Figur ist eine geometrische und deshalb für die Genese der Punktlinie relevant.

Das von Proclus problematisierte pythagoreische Konzept besagt, dass eine Einheit (*monas*) ein Punkt (*stigmé*) ohne Position sei.[58] Die beschriebene *psēphoi-Arithmetik* verdeutlicht diese Überlegung, denn jede figurierte Zahl entspricht darin einer Einheit, die sich als Punkt ohne Position beschreiben lässt. Krämer führt dazu aus:

„Ein Stein wird Bildungselement einer figurierten Zahl dann, und nur dann, wenn er *zugleich* Bildungselement eines figürlichen Gebildes ist; darin also zum geometrischen Punkt im Sinne einer Einheit mit Position wird. In der psēphoi-Arithmetik erfüllen die Steine eine doppelte Funktion: Sie sind Element der Anzahl, d. h. Einheiten ohne Lage, indem sie zugleich Element eines figürlichen Gebildes sind, d. h. Einheiten mit Lage. Durch die Figurierung wären nicht einfach Zahlen, sondern Gebilde hergestellt, die eine Ausdehnung haben, Dinge also."[59]

Worauf es hierbei ankommt ist, dass erst durch den Einsatz des *Gnomon* aus einem Rechenstein ein geometrischer Punkt werden kann, und zwar innerhalb einer bestimmten Konfiguration und im Sinne einer Einheit mit Position. Für die Erzeugung imaginierter oder subjektiver Linien aus Punkten, die in dieser Reihung eine Zahl ergeben, sorgt ein Instrument, das den einzelnen Punkten eine liniengleiche Form verleiht. Punkte können also als Gebilde, nämlich als das einer Steinreihe, aber auch als geometrische Figur verstanden werden. Bemerkenswert daran ist, dass die

57 Ebd., S. 16.

58 Becker: Grundlagen der Mathematik in geschichtlicher Entwicklung, S. 34.

59 Krämer: Berechenbare Vernunft, S. 28.

Steinreihe physisch präsent ist und zugleich die dargestellte Zahl demonstriert. Dagegen ist die Figur einer Punkreihe oder Punktlinie eine Imagination des Betrachters. So lässt sich der Vorgang wie folgt zusammenfassen: Aus Steinen werden Punkte, aus den Achsen des *Gnomon* werden Geraden, und in der Verbindung ergeben sich Punktlinien. Die von Euklid und Proclus formulierte grundsätzliche Trennung zwischen Geometrie und Arithmetik[60] trifft deshalb für die *psēphoi-Arithmetik* nicht zu. Wie Dirk Struik richtig feststellt, ist deshalb die ‚Zahlsteintechnik' der Pythagoreer als „ein Bindeglied zwischen Geometrie und Arithmetik"[61] zu verstehen.

Dieser Sonderfall der Mathematik bietet Einblicke in die Grundfragen der Arithmetik und führt zurück zu Platons Liniengleichnis (vgl. 2), das die Trennung zwischen dem Denkbaren und dem Sichtbaren thematisiert. Das Denkbare und das Sichtbare sind in der *pséphoi*-Arithmetik der Pythagoreer eng verbunden: so eng, dass eine Differenz im Sinne einer symbolischen Differenz[62] zwischen Zahl und Gegenstand nicht vorhanden ist. Der Verstand und die Vorstellungskraft[63] entscheiden darüber, ob es sich um Steine oder beispielsweise Dreieckszahlen handelt. Ganz im Sinne Platons liegt diese Entscheidung deshalb auch in der Hand des Messkünstlers. Denn erst durch das Anlegen des *Gnomon*, also der Arbeit mit einem Messinstrument, wird das Sichtbare in den Raum des Denkbaren übertragen, und eine Zahl entsteht. So betrachtet, ist die symbolische Differenz bereits bei den Pythagoreern an instrumentelle Operationen gebunden.

Das Konzept der Zahlsteine oder *Zahlzeichen* (vgl. dazu 7.2) der Pythagoreer bietet außerdem einen strukturellen Einblick in die Funktion eines geometrischen Notationsverfahrens. Da keine Differenzierung etwa zwischen halben, bunten, runden, kleinen oder großen Steinen erfolgt, gibt es nur zwei ablesbare Zustände: Stein oder kein Stein. Dieses einfache Prinzip entspricht einem binären Code, der zu-

---

60 Proklus bemerkt dazu: „[D]ie Geometrie geht vom Punkte aus und noch dazu von seiner Lage, die Arithmetik aber von der Einheit" (Proklus: Kommentar zum ersten Buch von Euklids ‚Elementen', S. 207).

61 Struik: Abriss der Geschichte der Mathematik, S. 38. Und auch Proklus sieht eine Gemeinsamkeit: „Beiden gemeinsam ist die Lehre von den Teilungen [...]. Von den gemeinsamen Lehrsätzen werden die einen von der Arithmetik auf die Geometrie, andere endlich kommen beiden in gleicher Weise zu und leiten sich her von der gesamten mathematischen Wissenschaft." (Proklus Diadochus: Kommentar zum ersten Buch von Euklids ‚Elementen', S. 207f.). Arithmetik und Geometrie sind grundverschieden hinsichtlich der Frage nach der Lage. In Bezug auf die Operation der Teilung sind sie jedoch kommensurabel.

62 Krämer definiert die symbolische Differenz als „[d]ie Unterscheidung zwischen einem Symbol und dem, was das Symbol darstellt" (Krämer: Berechenbare Vernunft, S. 8).

63 Platon: Politeia, VI, 511d, S. 418.

gleich die Basis für die Operationen Zählen, Messen und Teilen darstellt. Diese Grundoperationen werden mit der Entdeckung der arithmetischen Geometrie in der Frühen Neuzeit erneut und explizit an Linien und Punkte gebunden. Beide Formen sind damit grundsätzlich an einen mathematisch-operationalen Zusammenhang geknüpft und können deshalb als geometrische Operatoren verstanden werden.

Der folgende Exkurs soll beispielhaft zeigen, wie auch in anderen kulturellen Kontexten Notationsverfahren kultiviert worden sind, die an Linien und Punkte gebunden sind und damit demselben binären Code entsprechen. Außerdem soll an diesen Beobachtungen ein erster Zugriff auf die *pragmatische Potenz* der Punktlinie entwickelt werden.

2.3 Exkurs: Punkt und Linie in Knotenschnur, Rechenseil und Abakus

Knotenschnur

Als die peruanische Anthropologin und Altamerikanistin Ruth Shady 2005 bei Grabungsarbeiten an einer Siedlung aus dem zweiten Jahrtausend v. Chr. im Gebiet des heutigen Peru auf seltsam verknotete Schnüre stieß, traute die Forschungswelt kaum ihren Augen: In einer der ältesten Siedlungen des südamerikanischen Kontinents waren Knotenschnüre gefunden worden, die bislang nur von den Inkas als sogenannte *Quipus*[64] aus dem 15. Jahrhundert bekannt gewesen waren. Die Entdeckung von über viertausend Jahre alten Knotenschnüren veränderte die Annahmen über die Memorierungstechniken des südamerikanischen Kontinents.[65] Außerdem verschob sich in Folge der Fokus der Schrift- und Sprachforschung auf eine intensivere Analyse dieser Kulturtechnik.[66]

Eine grundlegende Gemeinsamkeit von Knotenschnüren, die auch in Ostasien und China gefunden wurden, ist ihr Einsatz für die Notation von Sprache. Dabei

---

64 Dazu genauer: Haarmann, Harald: Universalgeschichte der Schrift. Frankfurt, New York 1990, S. 58. Siehe auch Koch, Peter: Graphé. Ihre Entwicklung zur Schrift, zum Kalkül und zur Liste. In: Ders. / Krämer, Sybille (Hgg.): Schrift, Medien, Kognition. Über die Exteriorität des Geistes. Tübingen 1997, S. 43 – 81, hier: S. 54.

65 Erst seit den 1990er Jahren gilt in der Wissenschaft der Konsens, dass die Funktion dieser in unterschiedlichen Abständen und Ausprägungen aneinandergereihten Knoten verwaltungstechnischer Art gewesen sein müssen (Haarmann: Universalgeschichte der Schrift, S. 58).

66 Urton, Gary: Signs of the Inka Khipu. Binary Coding in the Andean Knotted-String Records. Austin 2003.

können aber keine komplexen Rituale oder Mythen wiedergegeben werden. Ebenso gilt es als ausgeschlossen, dass Knotenschnüre als „Rechenmaschinen" zu verstehen sind, „mit deren Hilfe Rechen-prozeduren durchgeführt wurden"[67]. Vielmehr wird davon ausgegangen, dass jede Knotenschnur an das Wissen und die oralen Überlieferungen der Verwalter dieser Schnüre[68] gebunden ist. Jeder einzelne Knoten fixiert in erster Linie numerische Informationen, die sich auf statistische Inhalte beziehen, etwa auf chronologische Zählungen von Materialien, Bevölkerung oder Güter. Detailwissen konnte mit diesem „Instrument im Verwaltungsapparat des Inkastaates"[69] deshalb nur über einen kurzen Zeitraum festgehalten werden.

Anders jedoch als bei der *psēphoi-Arithmetik* (vgl. 2.2) spielt der Abstand zwischen den durch Knoten gesetzten Werten eine wesentliche Rolle. Ihre Abfolge folgt einem linearen Prinzip, das der heutigen Vorstellung von Temporalität entspricht. Abstände zwischen den Knoten sind so in der Lage, etwa den Eingang oder das Ausbleiben von Gütern zu bezeichnen. Der Vorteil gegenüber anderen Notationsformen liegt darin, dass jeder Knoten auf einem Quipu in einer fixierten zeitlichen Abfolge gesetzt werden muss. Nachträglich einen Wert durch einen Knoten zu vermerken, ist deshalb technisch nicht möglich und verhindert eine spätere Manipulation. Diese simple Gesetzmäßigkeit einer chronologischen Abfolge entspricht dem Zeichnen einer Strecke, die von zwei festgelegten Punkten von A nach B verläuft: Mit dem Ansatzpunkt der Strecke ist bereits deren Endpunkt definiert.

Überträgt man das Notationsprinzip der Knotenschnüre in ein grafisches Ordnungssystem, entstehen als diagrammatische Formen Kreis- oder Punktreihen. Der Knoten wird in diesem Fall zum Kreis oder Punkt auf einer Linie (Fig. 9).[70] Der Nachteil einer grafischen Übertragung dieser Notationsart liegt allerdings in der Manipulierbarkeit, da nachträglich weitere Werte eingetragen werden können. Das fixierte Zeitkonzept der Knotenschnüre verliert deshalb in einer grafischen Übertragung seine eigentliche Funktion.

---

67 Haarmann: Universalgeschichte der Schrift, S. 58.

68 Die Verwalter dieser Schnüre wurden bei den Inkas als *quipucamayocs* (Knotenwächter) bezeichnet (ebd.).

69 Ebd., S. 58.

70 Ausf. zur Entstehung der Knotentheorie in der Mathematik im späten 18. Jahrhundert: Epple, Moritz: Die Entstehung der Knotentheorie. Kontexte und Konstruktionen einer modernen mathematischen Theorie. Braunschweig 1999.

Fig. 9 | Knotenschnüre der Maya schematisiert

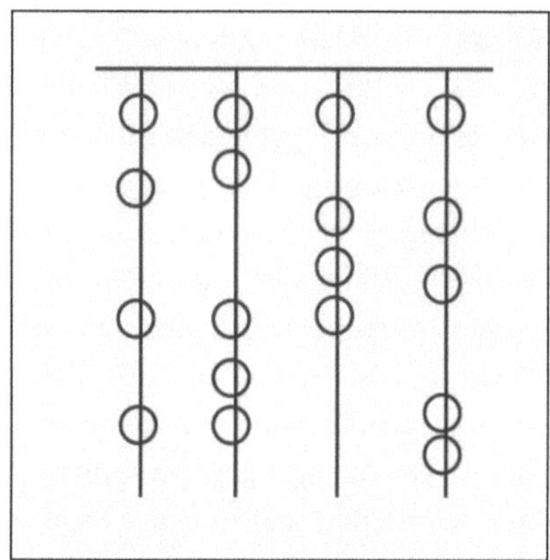

Zwei gravierende Unterschiede zu heutigen Punktlinien fallen beim Vergleich mit dieser diagrammatischen Darstellung (Fig. 9) sofort ins Auge. Erstens sind bei den schematisierten Knotenschnüren die Abstände zwischen den Punkten nicht kontinuierlich, und zweitens ist ihre Interpretation an eine Leserichtung von oben nach unten gebunden. Im Gegensatz zu Punktlinien, die ambigrafisch funktionieren, ist der Code der Knotenschnüre durch eine lineare Abfolge nur in eine Leserichtung möglich. Zugleich wird in diesem temporal gerichteten Code eine höhere Komplexität sichtbar, da die differierenden Abstände zeitliche Informationen beinhalten. Übertragen in ein grafisches Ordnungssystem (vgl. Fig. 9), sind Knotenschnüre in ihrer Form deshalb Punktlinien ähnlich, jedoch hinsichtlich ihrer strukturellen Eigenschaften nicht mit Punktlinien gleichzusetzen.[71]

Rechenseil

Strukturelle Parallelen zur Punktlinie lassen sich in einer Notationstechnik nachweisen, die den Knotenschnüren verwandt ist. Gemeint ist das sogenannte *Rechenseil*, das bis ins Mittelalter in Europa zur Bestimmung einfachster geometrischer

71 Mit dem Verlust des Wissens der Knotenwächter verloren die Knotenschnüre der Inkas ihre Bedeutung. Der Inhalt des Wissens war zwar an einen simplen Code gebunden, jedoch zugleich auch an den Interpreten, der die entscheidenden Details und Kontexte beitragen musste. Die Schwäche derartiger Notationen, oder mit Friedrich Kittler gesagt ‚Aufschreibesystemen' (Kittler, Friedrich: Aufschreibesysteme. 1800 · 1900. München ^{4}2003), liegt in der personengebundenen Memorierung. Die Knotenschnur als symbolische Form ist deshalb deutlicher als andere an den konkreten historischen Diskurs und dessen Interpretationsvermögen gebunden.

Formen und deren Berechnung verwendet wurde. Ein solches Seil war mit mindestens zwölf Knoten in gleichen Abständen versehen.[72] Im Bereich der Arithmetik lassen sich damit Operationen der vier Grundrechenarten beschreiben und lösen. Dies gelingt, indem man die beiden Enden des Seils fixiert und gleichschenklige, aber auch rechtwinklige Dreiecke nach dem Satz des Pythagoras erzeugt. Bis in die Frühe Neuzeit galt deshalb das Rechenseil als Attribut der Arithmetik und findet sich deshalb motivisch beispielsweise auf Titelkupfern, wie etwa bei dem wichtigen frühneuzeitlichen Mathematiker Simon Stevin (Abb. 2|1; genauer zu Stevin in 4.1).

Überträgt man das Rechenseil in einen geometrischen Raum, zeigt die grafische Umsetzung eine formale Struktur, die der Punktlinie sehr ähnlich ist (Fig. 10).

Fig. 10 | Rechenseil in der Arithmetik und in der Geometrie, schematisiert

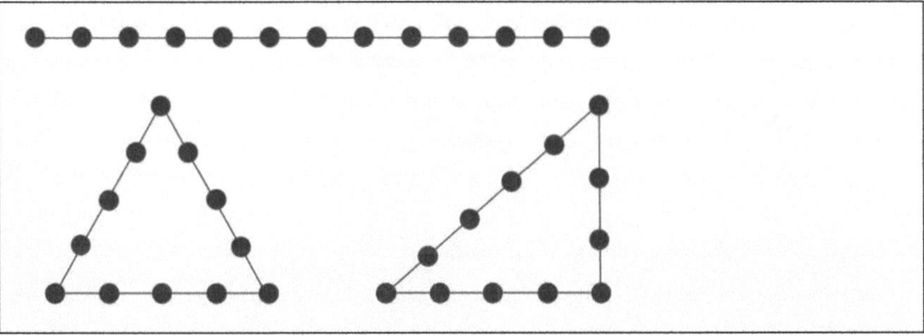

Insbesondere die kontinuierlichen Abstände zwischen den Punkten sorgen für eine unübersehbare grafische Ähnlichkeit. Auch strukturelle Gemeinsamkeiten wie die geradlinige Anordnung der Punkte und die unbestimmte Leserichtung dieser Form sind zu beobachten. Zudem bleibt als Parallele zur Punktlinie festzuhalten, dass auch das Rechenseil geometrische Figuren konstruiert. Weitere Spuren zwischen Formfindung einer geometrischen Linienform und diesem mittelalterlichen Recheninstrument können an dieser Stelle nicht weiterverfolgt werden.

Abakus

Das dritte Beispiel für die instrumentelle Verwendung von aneinandergereihten Punkten diente ausschließlich der Berechnung von Zahlen in den vier Grundrechenarten. Es ist der griechische *Abakus*: eine Rechenvorrichtung, die ab dem 7. Jahr-

72 Cantor, Moritz: Vorlesungen über die Geschichte der Mathematik. Bd. 1. Von den ältesten Zeiten bis zum Jahre 1200 n. Chr. Leipzig 21894, S. 64.

hundert v. Chr. belegt ist.[73] In zahlreichen Varianten besteht der Aufbau einer solchen ‚Rechenmaschine'[74] aus einem Rahmen, in dem waagerechte Schnüre oder Stäbe angebracht sind, sowie daran aufgereihten und verschiebbaren Steinen.[75] Diese Steine, sogenannte *calculi*, können innerhalb des Rahmens nach links oder rechts bewegt werden. Die Steine der untersten Reihe vertreten im Dezimalsystem die Einerposition, die darüber die Zehner, die darauffolgenden die Hunderter und so weiter. Alle Steine sind zunächst auf einer Seite, beispielsweise rechts, angeordnet. Schiebt man nun einzelne Steine auf die linke Seite, ergibt ihre Position einen Wert, der mit den anderen verschobenen Steinen berechnet werden kann. Der Zählvorgang wird nachvollziehbar im Gitternetz des Abakus festgehalten und ist damit dem Notationskonzept der Knotenschnur ähnlich. Im Gegensatz zu den Knotenschnüren werden allerdings die Werte nicht fixiert und zusätzlich auch die reversiblen Zwischenschritte einer Operation angezeigt.

Zugleich werden hier Parallelen zur pythagoreischen *pséphoi-Arithmetik* offensichtlich: Jeder bewegte Stein erzeugt durch seine Anordnung und in Kombination mit anderen Steinen eine Zahl. Ein signifikanter Unterschied liegt allerdings darin, dass im *Abakus* die Form der Steinanordnung keine geometrische Figur erzeugt, wie etwa bei den Dreieckszahlen. Die mathematische Operation findet also nicht mehr im ‚Gelehrtenstaub', dem *pulvis eruditus*,[76] sondern innerhalb eines fest definierten Rasters aus gespannten Schnüren statt.

Gemeinsam ist beiden Techniken, dass sie zur Bestimmung von Zahlen die Erzeugung von Steinreihen verwenden, die grafisch betrachtet eine Ähnlichkeit zur Form der Punktlinie belegen. Diese Notationsform wurde tatsächlich im sogenann-

---

73 In Babylonien wurde der Abakus wahrscheinlich bereits ein Jahrtausend vorher verwendet (Kaplan, Robert: Die Geschichte der Null. Aus dem Englischen von Andreas Simon. Frankfurt am Main, New York 2000, S. 32). Ausführlich zum Abakus im Mittelalter: Bergmann, Werner: Innovationen im Quadrivium des 10. und 11. Jahrhunderts. Studien zur Einführung von Astrolab und Abakus im lateinischen Mittelalter. Wiesbaden 1985.

74 Brain Rotman spricht von einer „registrierenden Maschine" (Rotman, Brain: Die Null und das Nichts. Eine Semiotik des Nullpunkts. Übersetzt aus dem Englischen v. Petra Sonnenfeld. Berlin 2000, S. 35).

75 Je nach Art des *Abakus* können unterschiedliche Materialien, etwa Holz, Glas oder Metall, verwendet werden. Auch die Form der Rechensteine ist variabel.

76 Diese Beschreibung führt Kaplan auf Cicero zurück (Kaplan: Die Geschichte der Null, S. 62), der sagt: *numquam eruditum illum pulverem attigistis* (Cicero, Marcus Tullius: Vom Wesen der Götter. 3 Bücher. Lateinisch-deutsch. Hrsg., übersetzt u. erläutert v. Wolfgang Gerlach und Karl Bayer. München, Zürich [3]1990, I, S. 48). Übersetzt bedeutet dies, dass man „nie gelehrten Staub berührt" habe – also metaphorisch gedeutet über keine Kenntnisse der Mathematik verfügt (Kaplan: Die Geschichte der Null, S. 62).

ten ‚Rechnen auf Linien' auch auf einen Rechentisch in ein grafisches Ordnungssystem übertragen. Dies ist die mittelalterliche Veranschaulichung der Funktionsweise des *Abakus*, die auch zu Beginn der Frühen Neuzeit angewandt wird. So beschreibt etwa der Mathematiker Adam Ries in seinem einflussreichen Rechenbüchlein *Rechnung auff der Linihen und Federn* (1518) ausführlich diese mathematische Praxis. Der Titelholzschnitt zur Ausgabe von 1525 (Abb. 2|2) verdeutlicht den praktischen Umgang: Dargestellt ist der Messkünstler, der in einem mit mehreren Fenstern, einer Tür und einem Tonnendach versehenen Raum bei der Arbeit ist. Er sitzt hinter einem mittig im Raum platzierten Tisch, auf dem ein Raster mit etwa fünf mal drei gleichgroßen Quadraten gezeichnet ist. Neben dem Raster ist ein Stundenglas und ein Messer zu erkennen. Außerdem sind auf mehreren Linien des Rasters einzelne Steine sowie der Buchstabe X angeordnet. Mit leicht geneigtem Kopf blickt der Messkünstler auf seine beiden Hände, die Steine auf einer Linie zu bewegen scheinen. Der Aufbau des Bildes, insbesondere der quadrierte Fußboden, deutet auf eine zentralperspektivische Bildkonstruktion in diesem Holzschnitt hin.

Die beweglichen Rechensteine, die auf diesen Linien verschoben werden können, sind im Holzschnitt als Punkte auf Linien erkennbar.[77] Neben dem Raster wird bei Adam Ries zusätzlich das Konzept der perspektivischen Raumkonzeption thematisiert, denn der Punkt tritt sowohl als geometrisches Zeichen auf dem Rechenbrett als auch als Fluchtpunkt in Erscheinung. Er ist in seiner epistemischen Bedeutung gleich vierfach Gegenstand dieses Bildes. Denn als Zahlstein wird er zum geometrischen, beweglichen Punkt auf den Linien des Rechenrasters. Er ist also Stein, Zahl und geometrisches Zeichen zugleich. Darüber hinaus bildet der oberste

77 Die Darstellung illustriert ein seit der Antike bekanntes Rechenverfahren für die Grundrechenarten. Vertikale und horizontale Linien werden dazu auf einer ebenen Unterlage gezogen, um einen in Spalten aufgeteilten Raum zu erzeugen. Die parallelen horizontalen Linien kennzeichnen von unten nach oben gelesen etwa die Einheiten der Einer, Zehner, Hunderter und Tausender. Die Tausenderlinie wird in römischer Schreibweise mit einem X und der Hunderter mit einem C gekennzeichnet. Der Zwischenraum von X und C zeigt immer den fünffachen Wert der darunterliegenden oder den halben Wert der darüberliegenden Linie an, also fünfzig oder fünfhundert. Welcher Wert gemeint ist, wird in der Regel durch Zahlsteine angezeigt. Die vertikalen Linien stehen in der Funktion, die Rechenoperationen oder Rechenergebnisse anzuzeigen, und können je nach Rechenart verschiedene Bedeutungen haben. Als Rechenoperator sind gemeint: Summand, Minuend, Subtrahend, Faktor, Divisor; als Rechenergebnis: Summe, Differenz, Produkt, Quotient. Ausführlich wird der Aufbau des Rechenbretts und der daran ausführbaren Rechenarten bei Adam Ries im Abschnitt *Von der Linihen* erklärt (Ries, Adam: Rechnung auff der Linihen und Federn, Auff allerley handthirung gemacht. Zum andern Mal übersehen und gemehret. Erfurt 1525, unpag.).

Zahlstein zwischen den Händen des Gelehrten den Fluchtpunkt dieses Holzschnittes ab.

In diesem Exkurs zu Recheninstrumenten zeigt insbesondere das letzte Beispiel, dass in der Frühen Neuzeit auf unterschiedliche Weise mit Rechen- oder auch Zahlsteinen operiert wurde. Der entscheidende Unterschied zu den aus der griechischen Antike stammenden Techniken ist dabei, dass die Steine nun an sichtbare Strukturen gebunden sind: physisch an Stäbe oder Schnüre und die daran aufgereihten Rechensteine; geometrisch an Linien und Punkte. Das so erzeugte Raster ersetzt dabei gewissermaßen das *Gnomon* und erweitert die möglichen Rechenoperationen.

Auffällig ist, dass Punkten und Linien in den beschriebenen diagrammatischen Abbildungen eine vielfache Bedeutung zugewiesen wird. Es ist nicht immer zweifelsfrei zu entscheiden, ob der Punkt einen Rechenstein oder einen Fluchtpunkt und ob die Linie eine Schnur oder Gerade abbilden soll.[78] Als Ausweg aus diesem Dilemma der Mehrdeutigkeiten legt Albrecht Dürer die *Underweysung der Messung* (1525) vor. Diese Schrift gilt als theoretische Grundlage für Maler und Gelehrte der folgenden Jahrzehnte des 16. Jahrhunderts und soll im Folgenden mit Fokus auf ihre Relevanz für die Formbildung der Punktlinie analysiert werden.

2.4 DÜRERS MESSBARE ZEICHEN – GEOMETRIE UND SICHTBARE WELT[79]

Albrecht Dürer beginnt seine *Underweysung der Messung* (1525) unter Berufung auf Euklid. Dennoch sind seine Bestrebungen nicht die eine Mathematikers, sondern gänzlich andere. So erklärt der Maler gleich zu Beginn:

> „Der aller scharff sinnigst Euclides / hat den grundt der Geometria zusame gefest [;] wer den selben woll versteht / der darff dieser hernach geschrieben ding gar nit [.]“[80]

Dürers Anspruch ist also nicht, dem Leser die euklidische Geometrie zu erklären. Vielmehr möchte er „die jungen / messen [] leren“ und zeigen, welche geometri-

78 Die Mehrdeutigkeit des Punktes, der zwischen geometrischer Form und Zeichen, Textanteil und Bildanteil changiert, wird auch in den folgenden Kapiteln weiter thematisiert. Daran anschließende bild- und zeichentheoretische Fragen werden genauer in den Kapiteln 5 und 7 behandelt.

79 Dieses Kapitel widmet sich einem wichtigen Grundlagentext zum Verständnis der Punktlinie. Inhaltlich baut es auf auf einem Kapitel der Masterarbeit des Autors auf (Gremske: Die Punktlinie in René Descartes Dioptrique (1637), S. 10 – 13).

80 Dürer: Underweysung der Messung, Nürnberg 1525, unpag.

schen Formen zu unterscheiden sind. So wie wenige Jahre zuvor Adam Ries den praktischen Umgang mit Zahlen in der Volkssprache gelehrt hat (vgl. 2.3),[81] erscheint Dürers Traktat als Anleitung für den praktischen Umgang mit Linien. Allerdings kommt Dürers einflussreiche Schrift trotz des praktischen Ansatzes nicht ohne ausführliche Definitionen aus, und so werden Punkt und Linie gleich zu Beginn seiner Lehre eingehender bestimmt. „[E]yn Punckt ist ein solch Ding / das weder Größ Leng Breyt oder Dicken hat“[82], stellt Dürer kurz und präzise fest und wiederholt dabei sinngemäß die erste euklidische Definition[83] (vgl. 2). Ebenso verfährt Dürer bei der Definition der Linie, wobei er das euklidische Postulat genauer differenziert und damit erweitert:

> „Zum Ersten ist eyn gerade Lini / Zum Andern die Zirkellini / darnach ist noch eyn krume Lini / die angeferdt mit der hand / oder von punckt zu punckt gezogen mag werden / wie dan das etlich kunst anzeygen / dardurch mancherley verwendung komen / Aber diese krume Lini / weys ich nit bas zu nennen / dan eyn Schlangen Lini / darumb das sie hyn und her gezogen mag werden / wie man will [...].“[84]

Begleitet werden diese Ausführungen durch eine Vielzahl selbstgefertigter Abbildungen (Abb. 2|3). In einem ausgewogenen Text-Bildverhältnis werden auch die zahlreichen anderen von Dürer beschriebenen Linienformen, etwa die „Geradbar Linie“, „Zirkelkrumbar Linie“ (Abb. 2|4) ebenso für die „parr Lini“, „Paralelllini“, „aufrechten wag Linien“, „barlini“, „zwerch lini“ und „Gesichtsstreimlini“ definiert und dargestellt.

Mit Blick auf die Entstehung der Punktlinie sind besonders die Beobachtungen zur sogenannten „Schneckenlini“[85] interessant, die Dürer wie folgt charakterisiert:

> „Es [...] ist zu mercken / das der zirckelrys durch welche die Schneckenlini gezogen wirdet / mit punckten so in vil theil geteilt mag werde / als man will [...].“[86]

---

81 Neben der Abkehr vom Latein als der Gelehrtensprache ist hier eine andere Umstellung zu beobachten. So tragen Ries, Dürer und andere Künstler und Mathematiker dieser Zeit dazu bei, dass die römischen Zahlen zunehmend durch die indisch-arabischen Zahlzeichen ersetzt werden (Kaunzner, Wolfgang: Zur Mathematik Peter Apians. In: Röttel, Karl (Hg.): Peter Apian. Astronomie, Kosmographie und Mathematik am Beginn der Neuzeit. Mit Ausstellungskatalog. Eichstätt 1995, S. 183 – 213, hier: S. 185).

82 Dürer: Underweysung der Messung, Nürnberg 1525, unpag.

83 Euklid: Die Elemente, S. 1.

84 Ebd.

85 Ebd.

86 Ebd.

Damit geht der Maler und Gelehrte davon aus, dass sich eine Linie durch die Setzung von Punkten in beliebig viele Abschnitte teilen lässt. Doch bei genauerer Betrachtung der dazugehörigen Abbildung (Abb. 2|5) zeigt sich, dass die durch einen Zirkel verursachten punktuellen Unterbrechungen tatsächlich in der oberen Abbildung durch waagerechte kurze Linien und nicht durch Punkte angezeigt werden. Die von einem Kreis gerahmte Schneckenlinie wird dadurch in 23 nummerierte Linien unterteilt.

Die darunter dargestellte Linie ist eine ‚Schneckenlini ledig', das heißt eine einzelne Schneckenlinie, deren Teilung nicht durch Punkte, sondern durch senkrechte Linien erfolgt. Die Schneckenlinie wird dagegen in regelmäßigen Abständen unterbrochen. Allerdings führen die Unterbrechungen nicht dazu, dass der Betrachter diese Linie als eine Ansammlung verschiedener Strecken wahrnimmt. Sie bleibt eine eigenständige Linie und wird nicht zu einer Reihe isolierter Abschnitte.[87] Die punktgroßen Leerstellen der Unterbrechungen markieren dabei zwar den Eingriff des Zirkels, führen aber in ihrer permanenten Wiederholung dazu, dass sich diese Linie dennoch als geschlossenes Ganzes wahrnehmen lässt. Der punktgroßen Leerstelle kommt deshalb eine Doppelfunktion zu: In ihrer teilenden Funktion wirkt sie paradoxerweise zugleich als verbindendes Element. Leider führt Dürer diese signifikante Eigenschaft der Zwischenräume gebrochener Linien nicht weiter aus, auch wenn er dieser Linienform in seinem Traktat rein quantitativ die höchste Aufmerksamkeit schenkt.[88]

Mit den von Dürer genannten Linienarten müssten theoretisch alle für die Darstellung seiner Unterweisung benötigten Linienformen definiert und beschrieben sein.[89] Verblüffend ist, dass sich auf der letzten Seite der *Underweysung der Mes-*

87 Eine mögliche Erklärung dafür ist, dass durch die gleichmäßig gesetzten Unterbrechungen in unserer Wahrnehmung ein Zusammenhang hergestellt wird, der die wiederkehrenden Operationen logarithmisch und vereinfacht zusammenfasst. Tatsächlich findet sich in der Mathematik der Terminus technicus der *Logarithmischen Spirale*, die 1638 erstmals in Descartes' Briefen an Marin Mersenne belegt ist (vgl. dazu ausführlich: Michalitschke, Anton: Die archimedische, die hyperbolische und die logarithmische Spirale. Nachdruck 1888. Paderborn 2012, bes. S. 37ff.).

88 Die Schneckenlinie wird insgesamt fünfzehnmal illustriert und dem Leser auf elf Seiten vorgestellt. Weiterhin beschreibt Dürer Linienformen wie etwa die „ewige lini", die einer Spirale gleicht, die „gabel lini", die „ortlini", ferner die „Parabel oder brenlini" (vgl. Dürer: Underweysung der Messung, Nürnberg 1525, unpag.).

89 Im zweiten Buch desselben Bandes definiert Dürer geometrische Figuren (Dürer: Underweysung der Messung, Nürnberg 1525, Zweites Buch, unpag.). Im dritten Buch „von den Corperlichen Dingen" (ebd.) geht es um Konstruktionen aus dem Bereich der Architektur.

sung von 1525[90] in einer Abbildung zur Konstruktion perspektivischer Darstellungen punktierte Umrisslinien finden, die vorher nicht theoretisch reflektiert worden sind (Abb. 2|6): Der Holzschnitt *Zeichner mit der Laute* (Abb. 2|6) zeigt einen Messkünstler mit seinem Gesellen bei der Arbeit. Beide befinden sich in einem mit zwei Fenstern ausgestatteten Arbeitsraum. Im Vordergrund steht ein großer Arbeitstisch, der den Raum beinahe vollständig ausfüllt. Darauf sind eine Laute und eine Rahmenkonstruktion zu sehen. Der Geselle im linken Bildbereich hält mit seiner linken Hand eine an einem Fadengitter angebrachte Leinwand, die in der Mitte des Bildes befestigt ist. Auf dieser Leinwand ist ein gepunkteter Umriss der Laute zu erkennen. Mithilfe seiner rechten Hand fixiert der Geselle durch eine lange Nadel einen durch den Raum gespannten Faden. Dieser verläuft durch das *velum* und ist an einer „grosse[n] nadel mit einem weyten or“[91] in der Wand fixiert und am Ende mit einem Gewicht beschwert. Der Meister spannt innerhalb des *velum* gerade einen senkrechten Faden. Dürer kommentiert diesen Vorgang wie folgt:

„[U]nd laß deinen gesellen die nadel mit dem faden hinaußstrecken / auf die nöttigsten puncté der lautten / und so oft er auf einem still helt unnd den langen faden anstreckt / so schlag alweg die zwen feden an der ram kreutzweyß gestrackes an den langen faden / und kleb sie zu peden orten mit einem wachs an die ram / und heyß deinen gesellen seinen langen faden nach lassen. Darnach schlag die türlein zu unnd zeychen den selben puncten da die feden kreutzweyß ober einander gen auf die tafel / darnach thu das türlein wider auf und thu mit einem anderen puncten aber also piß das du die ganzen lauten gar an die tafel punctirst. Dann zeuch all puncten di auf der tafel von der lauten worden sind mit linien zusame so sichst du was darauß wirt [...].“[92]

Demnach werden, um eine perspektivische Zeichnung herzustellen, drei Fäden benötigt, die im Bild als Linien dargestellt sind. Der Fluchtpunkt im Bild wird aus den beiden im *velum* gespannten Fäden und einen durch den Bildraum verlaufenden langen Faden simuliert. Punkt für Punkt kann so das sichtbare Objekt auf das Papier übertragen und dann durch Linien verbunden werden. Dürer operiert dabei mit einer

90 Die zweite Auflage der *Underweysung der Messung* von 1538 wurde sowohl textlich als auch bildlich modifiziert. Das Bild *Zeichner mit der Laute* ist etwa in der zweiten Auflage nicht mehr vorhanden. Ausführlich dazu: Seidenfuß, Birgit: Daß wirdt also die Geometrische Perspektive genandt. Deutschsprachige Perspektivtraktate des 16. Jahrhunderts. Weimar 2006. FN: 439, S. 103. Vgl. Dürer, Albrecht: Underweysung der Messung [...]. Nürnberg 1538.

91 Dürer: Underweysung der Messung, Nürnberg 1525, unpag.

92 Ebd.

Reihe von Punkten, welche die Kontur des Gegenstandes definieren. Dieser Umriss entspricht einer Punktlinie, die das zu übertragende Objekt darstellt.

1538 fügt Dürer der *Underweysung der Messung* den heute weitaus bekannteren Holzschnitt *Der Zeichner des liegenden Weibes* (Abb. 2|7) hinzu. In diesem Bild wird der Geometrisierungsvorgang des Bildraums sowie die enge Verbindung zwischen Blickachse und *velum* noch deutlicher dargestellt: Das in der Mitte des Holzschnitts platzierte Fadengitter steht dem durch ein *pilum*[93] fixierten Blick des Malers vor Augen und gliedert den sichtbaren Bildraum in quadratische Flächen. Diese Aufteilung des Sichtbaren korrespondiert mit dem vor dem Zeichner liegenden Papier, auf dem die gesehenen Dinge punktweise übertragen werden können. Alles Sichtbare wird somit in quadrierte Segmente aufgeteilt und in geometrische Formen fragmentiert. Wie Erna Fiorentini bemerkt, sind diese

> „Bilder in der perspektivischen Sehweise [...] Diagramme, die durch die gefällige Oberfläche der Wahrnehmung hindurchdringen und die innere Struktur der beobachteten Dinge und die Gesetze, die ihre Form regulieren, sichtbar machen. Sie zeigen nicht, was man sieht, sondern dessen konstituierende Elemente."[94]

Auf das Papier des Zeichners übertragen, stellen sich diese Elemente als Punkt, Linie und Fläche dar, so dass die gespannten Fäden des *velum* in *Der Zeichner des liegenden Weibes* den sich kreuzenden Linien auf dem Papier entsprechen. Die punktgenaue Übertragung des Sichtbaren kann nur erfolgen, indem der Bildraum durch das Fadengitter gegliedert wird, um dann vom Maler durch Punkte und Linien decodiert und zu Papier gebracht zu werden.[95]

Diese Transformation des Sichtbaren erinnert an den mittelalterlichen *Abakus*, der ebenso in einem geometrisierten Raum mit physischen Abstraktionen operiert (vgl. 2.3). Für den Betrachter wird der Prozess der Wandlung von realen Bezügen

---

93 Müller, Matthias: Nachbauten und Objektbeschreibungen. In: Breidbach, Olaf / Klinger, Kerrin / Karliczek, André (Hgg.): Natur im Kasten. Lichtbild. Schattenriss, Umzeichnung und Naturselbstdruck um 1800. Jena 2010, S. 121 – 131, hier: S. 130.

94 Fiorentini, Erna: Modus Videndi. Ein historischer Versuch zwischen Sehen und Verbildlichen, in drei Akten. In: Bruhn, Matthias / Hemken, Kai-Uwe (Hgg.): Modernisierung des Sehens. Sehweisen zwischen Künsten und Medien. Bielefeld 2008, S. 124 – 139, hier: S. 129.

95 Manfred Sommer hat in einer 2016 erschienenen Publikation *Von der Bildfläche* darauf aufmerksam gemacht, dass sich im *Zeichner des Liegenden Weibes* die Regeln der Perspektive gar nicht wiederfinden. So resümiert er kritisch: „Die Gesetze der Perspektive sind für einen Dürer, wenn er zeichnet, dasselbe wie die Regeln der Grammatik für einen Kafka, wenn er schreibt. Geschenkt." (Sommer: Von der Bildfläche, S. 24f.).

zu abstrakten, geometrischen Bildinhalten besonders in einer heute weniger bekannten Abbildungsreihe der ersten Auflage der *Underweysung der Messung* deutlich. Zur Erläuterung der sogenannten ‚gesichts streim lini' führt Dürer in aufeinanderfolgenden Abbildungen (Abb. 2|8 bis 2|10) den Konnex zwischen Lichtlinien und ‚Sehstrahlen'[96] vor Augen. Dürer unterscheidet zwischen Linien, die von einer Lichtquelle ausgehen, und solchen, die vom Auge ausgehen – also der ‚gesichts streim lini' – in doppelter Hinsicht: Erstens fügt die Bezeichnung ‚Licht' in der Abbildung hinzu, und zweitens erklärt er durch eine Bilderfolge die Differenz zu den Linien, die vom Auge ausgehen. So werden in der zweiten Abbildung (Abb. 2|9) alle textuellen nd geometrischen Bildelemente nicht wiederholt, sondern stattdessen in reale Bezüge wie eine Sonne, ein Auge und einen auf einer ebenen Fläche platzierten Kubus mit schraffiertem Schatten übersetzt.[97] Während die Sonnenstrahlen im darauffolgenden Bild weiterhin angezeigt werden, verschwinden mit dem Text auch die Sehstrahlen in der Darstellung. Im dritten Bild (Abb. 2|10) der Folge (Abb. 2|8 – 2|10) wird schließlich der Bildbetrachter *in persona* dargestellt, aus dessen Auge ein Sehstrahl[98] hervorgeht.[99] Gleichzeitig wandeln sich die Sonnenstrahlen in Katheten: Die Sonne und der Kubus werden zu geometrischen Figuren, und auch die diagrammatische Textur kehrt ins Bild zurück.

Exemplarisch zeigen diese Abbildungen bei Dürer eine in der Frühen Neuzeit durchaus geläufige Kombination aus geometrischen und mimetischen Bildantei-

---

96 Alberti unterscheidet die sogenannten ‚Sehstrahlen' durch ihre Funktionen: „Mit den äußeren Strahlen werden die Längen gemessen. ‚Länge' nennt man jene Distanz auf der Fläche, die von einem Punkt des Saumes zum anderen reicht. Das Auge misst diese Länge mit den Sehstrahlen fast wie ein Zirkel. Und auf jeder Fläche finden sich so viele Längen wie es Abstände zwischen den Punkten [des Saumes] gibt [...]. Daher pflegt man zu sagen, dass man beim Sehen ein Dreieck bildet, dessen Basis die gesehene Länge darstellt und dessen Schenkel jene Strahlen sind, welche sich von den Endpunkten der Länge bis zum Auge erstrecken [...]. Von den Winkeln dieses Sehdreiecks liegen die ersten zwei auf den Endpunkten der Länge; der dritte liegt der Basis gegenüber und befindet sich im Innern des Auges." (Alberti: Della pittura, S. 73 u. S. 75).

97 Zusätzlich wird auf einer ausklappbaren Tafel die Bildfigur des Sehenden im Experiment dargestellt (Abb. 2|13).

98 Ein Sehstrahl entspricht mit Dürers Worten der ‚gesicht streim lini'.

99 Seine Körpergröße bildet für die Darstellung dieser perspektivischen Konstruktion eines Würfels den Faktor einer sogenannten ‚Augenhöhe' (Ausführlich dazu vgl. Schmeiser, Leonhard: Die Erfindung der Zentralperspektive und die Entstehung der neuzeitlichen Wissenschaft. München 2002, S. 32ff.).

len.[100] Insbesondere Übertragungsprozesse, etwa das Sehen, werden so mit geometrischen Formen oder in Bilderfolgen veranschaulicht. Eine naheliegende Funktion dieser Bilderfolge ist, dass die Trennung zwischen geometrischen und sichtbaren Formen dazu dient, den Inhalt dieser Bilder auch einem weniger gelehrten Publikum zu veranschaulichen. Dafür spricht, dass das zweite Bild der Bilderfolge wie eine Legende lesbar ist (Abb. 2|9). Dem Leser wird so eine Rückkopplung zum Realen angeboten, die zugleich die Übersetzung der sichtbaren in geometrische Formen erklärt. Vor allem aber der Mangel an Differenzierungsmöglichkeiten dürfte Dürer dazu veranlasst haben, in dieser Bilderfolge zusätzlich mit Textanteilen zu operieren, da ein deutlicher Unterschied zwischen Lichtstrahlen und Sehstrahlen nicht vorhanden ist und seine Abbildung ansonsten unverständlich bliebe.

Vergleicht man die letzte Abbildung dieser Bilderfolge mit dem *Zeichner des Liegenden Weibes* (vgl. Abb. 2|10 mit Abb. 2|7), der erst einige Jahre später erscheint, zeigen sich auffällige Parallelen. Denn beide Bilder sind zweigeteilt, wobei sich jeweils das Objekt der Beobachtung in der linken Bildhälfte und der Beobachter im Bild in der rechten Bildhälfte befinden. Auch die Lichtquellen, ein Kreis mit dem Buchstaben ‚o' versehen und ein offenes Fenster, sind seitengleich platziert. Die mittige Trennung des Bildraumes erfolgt durch eine gezogene Strecke (Abb. 2|10) beziehungsweise durch das *velum* (Abb. 2|7).

Eine Verbindung zwischen der Welt des geometrischen Raumes und der sichtbaren Welt wird durch die gleichzeitige Präsenz beider Bedeutungsebenen erzielt. Dabei fällt auf, dass die Verknüpfung dieser beiden Sichtweisen bei Dürer mitunter mit dem Instrument des Messens angezeigt werden kann. Einmal ist es das *velum*, einmal ein Lineal. Beide Instrumente ziehen eine optische Grenze und sind zugleich Schnittstelle des Denk- und Sichtbaren.

In der Bilderserie mit dem Würfel (Abb. 2|8 und Abb. 2|10) werden die Bildebenen durch die ‚gesichts streim lini' verbunden. Die Brücke zwischen den verschiedenen Ansichten und Deutungsebenen der Bilderfolge (2|8 – 2|10), aber auch dem *Zeichner des Liegenden Weibes* (Abb. 2|7) schlägt also in beiden Fällen eine Linie. Sie wirkt dabei sowohl trennend als auch verbindend, kann als Sehstrahl, Faden oder Linie im Bild fungieren. Dieses Beispiel deutet den multidimensionalen Charakter von Linien an, der innerhalb eines Wandels von Wissenschaft und Kunst in der Frühen Neuzeit weiter ausdifferenziert und im Folgenden theoretisch und praktisch vorgestellt werden soll.

---

100 Ausf. dazu Telesko, Werner: Einführung in die Ikonographie der barocken Kunst. Wien, Köln, Weimar 2005.

2.5 Auge und Linie – zwischen Sichtbarem und Denkbarem[101]

Mit den Neuentdeckungen der Wissenschaften setzen gleichzeitig die Rufe nach der Besinnung auf ihre Grundwerte ein. So schreibt Nicolaus Cusanus 1460: „Wir haben in unserer Wissenschaft überhaupt nichts Sicheres als unsere Mathematik".[102] Dieser Wissenschaft wird zu dieser Zeit der größtmögliche Erkenntniszuwachs zugeschrieben, da sie seit ihrem Entstehen „die unwandelbare Realität hinter der Unsicherheit und dem Fluss der Sinnenwelt"[103] widerspiegelt. Als Ausgangspunkt für diese Entwicklung wird Roger Bacon angenommen, der als Franziskanermönch bereits in den sechziger Jahren des 13. Jahrhunderts in seinem *Opus magnus* postuliert, dass geometrische Gesetze als Sinnbild für die Vollkommenheit Gottes anzuerkennen seien. Bacon plädiert für die Erweiterung der scholastischen Methode der Schriftexegese, die auf einer historischen, wörtlichen, allegorischen und moralisch-religiösen Deutung basiert. Dazu führt er aus:

„Wenn kunstvolle Werke, wie die Arche Noah und das Tabernakel mit seinen Gefäßen und der Tempel Salomons und Ezechiels und Esdras und fast unzählig viele andere Dinge dieser Art in der Heiligen Schrift stehen, dann kann der buchstäbliche Sinn nur gewusst werden, wenn der Mensch diese Werke in seinem Sinn gemalt vor sich sieht, aber noch besser kennt er sie, wenn sie in ihrer körperlichen Form dargestellt sind; die heiligen Schriftsteller und die alten Weisen haben solcherweise Bilder und vielerlei Figuren benutzt, damit die buchstäbliche Wahrheit klar vor Augen läge und die spirituelle infolgedessen auch. [...] [K]einer könnte eine Darstellung von Körpern dieser Art ausdenken und ordnen, ohne die Bücher der Elemente von Euklid [...] und anderer Geometer zu kennen. [...] Lasst uns vor allem daran denken, dass man gewissermaßen von den Dingen dieser Welt nichts ohne die Kraft der Geometrie wissen kann. [...] Denn zweifellos liegt, wie gesagt, die ganze Wahrheit der Dinge dieser Welt im buchstäblichen Sinn, und am meisten bei den geometrischen Dingen, weil uns nur das ganz einsichtig ist, was uns in seiner Form vor Augen geführt wird."[104]

---

101 Dieses Kapitel widmet sich Grundlagentexten zum Verständnis der Punktlinie. Es baut inhaltlich auf einem Abschnitt der Masterarbeit des Autors auf (Gremske: Die Punktlinie in René Descartes' Dioptrique, S. 8 – 13).

102 Cusanus, Nicolaus: Trialogus de possest. Bd. I. Verfasst 1460. Erschienen in Paris 1514, Fol. 179 b.

103 Boas: Die Renaissance der Naturwissenschaften, S. 217.

104 Übersetzt von Heinz Jatho in Anlehnung an die englische Übersetzung von Burke, Belle: The Opus Majus of Roger Bacon. Bd. 1. Philadelphia ²1962, S. 232ff. Vgl. Edgerton, Samuel: Die Entdeckung der Perspektive. Aus dem Englischen von Heinz Jatho. München 2002, S. 22f.

Bacons Forderung an die Malkünste, sich auch mit den Gesetzen der Geometrie vertraut zu machen, um so dem Göttlichen in der Welt einen adäquaten Ausdruck zu verleihen, hat weitreichende Konsequenzen. Als Resultat folgen bekannte Maler wie Donatello, Masaccio, Masolino oder Fra Angelico diesem Impuls, und es entstehen dabei die frühesten zentralperspektivischen Bilder in der christlichen Kunst des Quattrocento.[105]

Die Grundlagen für diese Entwicklung werden bereits im späten 13. Jahrhundert durch Giotto di Bondones Erweiterung des Bildraums[106] und zu Beginn des 15. Jahrhunderts mit Filippo Brunellescis Entdeckung der Zentralperspektive[107] gelegt. Als theoretischer Ausdruck für diese Entdeckung – oder Wiederentdeckung[108] – durch Brunellesci gilt Leon Battista Albertis *Della Pittura* von 1435/36.

105 Ebd., S. 21 u. S. 27. Edgerton führt dazu aus: „Niemals hat es im Mittelalter einen ernsteren und mehr in die Zukunft weisenden Appell an die Künstler gegeben, heilige Bilder einer streng geometrischen Komposition zu unterwerfen." (Ebd., S. 22).

106 Giottos *stilo nuovo* beeinhaltet eine sogenannte „Konvergenzperspektive [...], welche die vormals zerstreuten Blickrichtungen stärker in einen Punkt bündelt" (Köhnen, Ralph: Das optische Wissen. Mediologische Studien zu einer Geschichte des Sehens. München 2009, S. 91. Siehe dazu ausführlich Edgerton, Samuel: Giotto und die Erfindung der dritten Dimension. Malerei und Geometrie am Vorabend der wissenschaftlichen Revolution. München 2004, bes. S. 49, 55 u. 57). Edgerton erwähnt zudem den Begriff der „empirischen Perspektive" (ebd., S. 87) für Giottos Bildkonstruktion.

107 Dazu verwendete er höchstwahrscheinlich eine *Camera obscura*, wie Helga Lutz gezeigt hat (Dies.: Dunkle Kammern. Spuren des Optisch-Unbewussten. In: Bätzner, Nike (Hg.): Blickmaschinen oder wie Bilder entstehen. Die zeitgenössische Kunst schaut auf die Sammlung Werner Neckes. Ausstellungskatalog. Köln 2008, S. 181 – 187, hier: S. 182.

108 Edgerton erklärt, dass „vor den alten Griechen und Römern keine Kultur der Weltgeschichte jemals Bilder nach diesem Verfahren geschaffen" hat (Edgerton: Die Entdeckung der Perspektive, S. 10). Gleichzeitig betont er, „dass manche klassischen Mathematiker – insbesondere Ptolemäus [...] im 2. Jahrhundert n. Chr. – von der geometrischen Perspektive Kunde hatten, auch wenn sie sie nur bei Landkarten und Bühnenprospekten anwandten" (ebd.). Forschungsergebnissen zur Wiederentdeckung der Perspektive zufolge ist die Verbindung zwischen *Camera obscura* und Grundannahmen der Linearperspektive bereits Alhazen bekannt gewesen, also im 10. Jahrhundert n. Chr. Alhazen experimentierte zu dieser Zeit mit einer ‚Dunklen Kammer' und zog daran Rückschlüsse auf die geometrische Konstruktion des Raumes. Ursache für diese neuen Erkenntnisse ist die englische Übersetzung aus dem Arabischen durch Abdelhamid Sabras: The Optics of Ibn al-Haytham. London 1989. Vgl. Belting, Hans: Florenz und Bagdad. Eine westöstliche Geschichte des Blicks. München 2008, S. 104 – 114. Erna Fiorentini hatte diesen Zusammenhang bereits

Für Alberti ermöglicht die Malerei einen intellektuellen Zugang zu einer Idealwelt, deren Inhalt die Ordnung und Harmonie der Proportionen ist. Konstruiert wird diese Welt durch geometrische Formen, deren innerer Zusammenhang durch die Zentralperspektive hergestellt wird.[109] Um sichtbare Formen visueller Wahrnehmung in einen geometrisierten Bildraum zu übertragen, bedient sich Alberti eines *velum*[110] – also des Instruments, dessen Funktion Dürer erstmalig etwa einhundert Jahre später ins Bild setzt (Abb. 2|6 u. Abb. 2|7; vgl. 2.4).

Wie Dürer später in seiner Unterweisung, so greift auch Alberti auf die Grundsätze Euklids zurück. So formuliert er zu Beginn der Schrift *Della Pittura* den Vorsatz, „die euklidische Geometrie auf die Malerei anzuwenden und die Maler von der Notwendigkeit dieses Fundaments zu überzeugen."[111] Und auch Alberti distanziert sich sogleich von einem rein theoretischen Anspruch (vgl. 2.4) und gibt zu bedenken,

> „dass ich nicht als Mathematiker, sondern als Maler über diese Dinge schreibe. Jene messen allein mit dem Verstand die Formen der Dinge, losgelöst von allem Stofflichen. [...] Von den Dingen, die wir nicht sehen können, wird niemand bestreiten, dass sie den Maler nichts angehen. Der Maler soll sich nur um die Nachbildung dessen bemühen, was man sieht."[112]

Der Balanceakt, zwischen Geometrie und Malerei zu vermitteln, mündet wiederum in den platonischen Dualismus des Sichtbaren und Denkbaren (vgl. 2). Die Dinge der Geometrie liegen auch deshalb für Alberti außerhalb der Sichtbarkeit. Der durch das *velum* konstruierte geometrische Bildraum ist für ihn, so Fiorentini,

> „ein offenes Fenster, das den Durchblick in die Tiefen des natürlichen Raumes erlaubt, so dass Wahrnehmungsbild und Verständnis dessen, was es abbildet, Hand in Hand gehen"[113].

2006 formuliert (Dies.: Camera Obscura vs. Camera Lucida. Distinguishing Early Nineteenth Century Modes of Seeing. Berlin 2006, S. 7).

109 Vgl. Edgerton: Die Entdeckung der Perspektive, S. 41.

110 Ebd. „Alberti rühmt sich der Entdeckung des Velums nur in der lateinischen, nicht aber in der italienischen Fassung [...], [o]bwohl die Erfindung des Velums auf Brunelleschi zurückgeführt werden muss" (Alberti: Della Pittura, S. 186, FN 36).

111 Bätschmann / Gianfreda: Vorwort, S. 9. Eine ähnliche Vermutung hatte bereits Kittler 2002 geäußert, indem er nahelegte, „dass wahrscheinlich viel mehr Zeichnungen und Bilder, als eine hermeneutische Kunstgeschichte sich träumen ließ, auf der Basis einer dazwischengeschalteten Camera obscura entstanden sind" (Kittler, Friedrich: Optische Medien. Berliner Vorlesung 1999. Berlin 2002, S. 72f.).

112 Alberti: Della Pittura. Über die Malkunst, S. 67.

113 Fiorentini: Modus Videndi, S. 129.

Zwischen Sichtbarem und Denkbarem befindet sich also das *velum*. Präzise formuliert handelt es sich dabei um ein „lose gewobene[s] Tuch mit eingelegter Quadrierung, das den senkrechten Schnitt durch die Sehpyramide darstellt und die Vermessung der Projektion auf der Schnittfläche erlaubt“[114]. Auf dieser Projektionsfläche wird das Sichtbare in die geometrischen Grundfiguren ‚verwandelt‘, die Alberti einzeln definiert.

Wie bei Euklid, so ist der Punkt bei Alberti als unteilbar definiert.[115] Dagegen ist die Linie für ihn „ein Zeichen, dessen Länge sich teilen lässt“[116]. Alberti schließt daraus: „Wenn die Punkte sich in einer Reihe ununterbrochen aneinanderfügen, bringen sie eine Linie hervor.“[117] Jede Linie besteht demnach aus einzelnen Punkten und lässt sich im Umkehrschluss in ihre kleinsten Bestandteile – Punkte – teilen. Der Ansatz, eine Linie theoretisch als eine Folge von Punkten zu denken, ist somit bereits bei Alberti erkennbar. Im Gegensatz zu Euklid geht es dabei nicht mehr um Elemente, sondern um *segni*[118], – also Zeichen. Alberti führt dazu aus: „Die gerade Linie ist ein von einem Punkt zum anderen auf geradem Weg gezogenes Zeichen.“[119] Denn Linien werden laut Alberti mit einem Malwerkzeug gezogen, so dass jede Linie stets auch die Tätigkeit des Malers abbildet. Damit spricht er der Linie indirekt einen dynamischen Zeichencharakter zu.

Gleichzeitig sind Zeichen grundsätzlich für ihn an den Vorgang des Sehens geknüpft, denn nur das was, „vom Auge wahrgenommen werden kann“[120], ist ein Zeichen. Neben der Geometrie liegt Albertis zweite tragende Säule für die Grundlagen des Malers also in der Optik.[121] Alberti beschreibt deshalb auch ausführlich und in Anlehnung an Euklid die Funktionsweise des Sehsinns mit Sehstrahlen, die er in äußerste, mittlere und zentrale unterteilt.[122] Als Vergleich bringt Alberti materielle Fäden ins Spiel, indem er ausführt:

> „Wir stellen uns hier die Strahlen wie ganz feine Fäden vor, die am einen Ende im Inneren des Auges, wo der Sehsinn seinen Ort hat, gleich einem Knoten aufs Engste verknüpft sind. Und von hier aus streckt dieser Knoten gleichsam wie der Stamm aller Strahlen seine äußerst geraden und sehr dünnen Zweige bis zur gegenüberliegenden Fläche aus. Zwischen den

114 Bätschmann / Gianfreda: Vorwort, S. 16.

115 Alberti: Della Pittura, S. 67.

116 Ebd.

117 Ebd., S. 65.

118 Ebd., S. 67.

119 Ebd.

120 Ebd.

121 Bätschmann / Gianfreda: Vorwort, S. 8.

122 Alberti: Della Pittura, S. 73.

Strahlen gibt es Unterschiede, die unbedingt zu beachten sind. Sie sind unterschiedlich sowohl in Bezug auf die Kraft wie auf die Aufgabe. [...] Mit den äußersten Strahlen werden die Längen gemessen. [...] [Die] mittleren Strahlen, [...] verhalten sich so, wie man es dem Chamäleon nachsagt [...]. Denn von der Stelle, an der die Strahlen die Fläche berühren, bis hin zum Auge nehmen sie Farben und Licht der Fläche so an, dass du sie an jeder Bruchstelle stets auf die gleiche Art beleuchtet und gefärbt vorfinden würdest.“[123]

Und über den Zentralstrahl fügt Alberti in seiner Erklärung der Sehstrahlen hinzu:

„Es gibt nur einen einzigen Zentralstrahl, nämlich den, der auf eine Länge auftrifft, dass allseitig jeder Winkel dem anderen gleich ist. Dieser eine Strahl, der kräftigste und lebhafteste von allen, bewirkt, dass keine Länge je größer erscheint als wenn sie von ihm getroffen wird.“[124]

Der Fadenvergleich und die definitorische Erklärung der unterschiedlichen Sehstrahlen dienen Alberti vorrangig dazu, sein Konzept der Sehpyramide zu erläutern. Gleichzeitig liefern seine Ausführungen aber auch Einblicke in die Konzeption der verwendeten Linien, die wiederum Rückschlüsse auf die Punktlinie zulassen. Ein Vergleich zwischen Albertis und Dürers Bildprogramm zu Sehstrahlen beziehungsweise den ‚Gesichtstreimlinien‘ verspricht aufschlussreich zu sein, da beide die ‚unsichtbaren‘ Sehstrahlen mit durchgezogenen Linien darstellen. Ebenso liegt bei beiden die strikte Trennung zwischen dem Raum des Sichtbaren und des Denkbaren vor. Ersterer wird bei Alberti durch ein Auge (Abb. 2|11) und bei Dürer durch eine Person (Abb. 2|10) dargestellt.

Der Raum des Denkbaren ist auch hier durch geometrische Linien und Konstruktionen gekennzeichnet. Flankiert werden diese kunstheoretischen Überlegungen und Darstellungen von einem gesteigerten Interesse der Wissenschaften für die Funktion des menschlichen Auges. *Visus* und Visualisierungstechniken sind weitverbreitete Forschungsgegenstände der Frühen Neuzeit und zugleich Teil der Grundlagen eines okularzentristischen Wissenschaftsparadigmas.[125] Der Sehsinn und alle daran geknüpften empirischen Erkenntnisse werden deshalb auch in der Wissenschaft und Kunst vielfach thematisiert.

123 Ebd., S. 71f.

124 Ebd., S. 77.

125 Sowohl die Wissenschaft als auch in der Kunst werden deshalb auch aus dem Blickwinkel eines Zeitalters des „Okularzentrismus“ betrachtet. Diese Formulierung geht zurück auf eine Publikation des Historikers Martin Jay: Den Blick erwidern. Die amerikanische Antwort auf die französische Kritik am Okularzentrismus. In: Kravagna, Christian (Hg.): Privileg Blick. Kritik der visuellen Kultur. Berlin 1997, S. 154 – 174, hier: S. 154.

Der starke Fokus auf das Wissen durch und um den *visus* zeigt sich exemplarisch in der Verbindung zwischen Mal- und Messkunst. Denn für beide Disziplinen gelten die Grundannahmen der Optik. Gezeigt werden kann dies an einem historischen Vergleich schematischer Darstellungen der Funktionsweise des Auges, da hier sowohl die wissenschaftlichen Aspekte als auch die Bildpraktiken und Annahmen zur Wahrnehmung sichtbar werden. Durch gleich mehrere anatomische Darstellungen des Auges unterschiedlicher Herkunft und verschiedenen Alters, aber mit einem gemeinsamen Untersuchungsschwerpunkt, bietet sich eine seltene Ausgangslage. Nicht allein epistemische Überlegungen zur Perspektive, zu Eigenschaften des Sehens und des Denkens, sondern auch die Trennung zwischen Sichtbarem und Denkbarem können daran verglichen werden. Im Fokus soll dabei die Verwendung der Punktlinie stehen, deren operationale Aufgaben hier besonders zum Vorschein kommen. An fünf Bildbeispielen sollen deshalb erste Interprerationsansätze zur Funktion, aber auch zur Genese der Punktlinie in der Frühen Neuzeit entwickelt werden.

Albertis Zeitgenosse Leonardo da Vinci (1452 – 1519), der als erster in wissenschaftlichen Zeichnungen und Modellen die neue Technik der Zentralperspektive einsetzt,[126] skizziert etwa 1490 den menschlichen Sehvorgang (Abb. 2|13). Dabei verwendet er Sehstrahlen, um den Prozess des Sehens ins Bild zu setzen. Kaum eine andere Frage hat Leonardo so beschäftigt wie die nach der genauen Funktionsweise des Auges.[127] Zwar verwendet Leonardo in diesem Bildbeispiel keine perspektivische Bildkonstruktion, dafür knüpft er inhaltlich an Vorlagen aus dem 13. Jahrhundert an (Abb. 2|12). Diese gehen auf den muslimischen Gelehrten Alhazen[128] zurück. Beide Abbildungen geben einen ersten Eindruck davon, wie geometrische Formen im wissenschaftlichen Bild der Optik verwendet werden. So wird in beiden Diagrammen der

---

126 Edgerton: Die Erfindung der Perspektive, S. 28.

127 Zur Optik bei Da Vinci siehe Da Vinci, Leonardo: Tagebücher und Aufzeichnungen. Nach den italienischen Handschriften übersetzt u. hrsg. v. Theodor Lücke. Mit einem Vorwort von Heiz Lüdecke. Leipzig 21952, S. 133 – 172. Siehe auch Da Vinci: Traktat von der Malerei, Jena 1909. Ebenso: Herzfeld: Einleitung, bes. S. IX – XVIII.

128 „Es war die Leistung von [...] Alhazen, zu zeigen, wie die anatomischen, die physikalischen und die mathematischen Tatsachen durch eine geschlossene Theorie des Sehens erklärt werden können" (Lindberg, David: Auge und Licht im Mittelalter. Frankfurt am Main 1987, S. 113). Alhazen lebte von 965 bis 1039/40. Er ist laut David Lindberg die „bedeutendste Persönlichkeit der Geschichte der Optik von der Antike bis ins siebzehnte Jahrhundert" (ebd., S. 114). Alhazens Schriften aus dem 10. Jahrhundert wurden erst im 13. Jahrhundert in einer lateinischen Übersetzung in Europa verbreitet (ebd. S. 159. Vgl. auch Alhazen: De aspectibus. Crawford Library, Royal Observatory, Edinburgh 1269).

schematische Aufbau des Auges sowie der Lichtstrahlenverlauf dargestellt, der sich dabei vollzieht. Offensichtlich kommt Linien in beiden Bildern (Abb. 12 u. Abb. 13) eine besondere Rolle zu, da sie sowohl anatomische Strukturen als auch ‚unsichtbare' Lichtstrahlen veranschaulichen. Sowohl das physikalische Licht als auch der Prozess des Sehens werden also in einem denkbaren diagrammatischen Bildraum angezeigt.

Die Darstellungen von Christoph Schreiner (Abb. 2|14), René Descartes (Abb. 2|15) und Athanasius Kircher (Abb. 2|16) entsprechen ebenfalls Bildmodellen, welche die Funktionen des Auges illustrieren sollen. Dabei liegt diesen drei Abbildungen ein identisches Experiment der Sektion eines Ochsenauges zu Grunde. Die Beobachtungen dazu wurden in analoge diagrammatische Modelle überführt. Allen fünf Abbildungen (Abb. 2|12 – 2|16) ist gemeinsam, dass sie mit Linien operieren und eine schematische Aufsicht eines im Längsschnitt dargestellten Auges[129] zeigen. Auch die anatomischen Details der äußeren Augenhornhaut (*cornea*), des Glaskörpers (*corpus vitreum*), der Netzhaut (*retina*) sowie des Augenhintergrunds (*fundus oculi*) werden auf allen Abbildungen durch geometrische Figuren wie Kreise und Kreissegmente sowie Formen wie Punkte und Linien dargestellt. Außer in Kirchers Augenmodell (Abb. 2|13) verläuft zudem bei allen anderen der insgesamt fünf zu vergleichenden Bilder ausgehend von oder vor der *cornea* eine senkrechte Linie bis zum Augenhintergrund.[130] Als eine zentrale Gemeinsamkeit aller Abbildungen ist folglich zunächst die geometrische Konstruktion des Auges festzuhalten.

129 Bei Schreiner, Descartes und Kircher handelt es sich um ein Ochsenauge (vgl. Schott, Gaspar: Magia optica [...]. Bamberg 1677, S. 74).

130 Diese Darstellungsweise korrespondiert mit der von Alhazen entwickelten Theorie der punktweisen Auflösung aller sichtbaren Gegenstände auf der Augenoberfläche. Die Theorie besagt stark verkürzt, dass jeder Punkt auf der *cornea* nur einen einzigen senkrechten Strahl empfangen kann, der ohne Brechung weitergeleitet wird: „Durch jeden Punkt auf der Augenoberfläche gehen gleichzeitig die Formen von allen Punkten des Gesichtsfeldes, aber nur die Form von einem einzigen Punkt geht direkt [d.h. ohne Brechung] durch die durchsichtigen Augenhäute, und zwar ist das der Punkt [im Gesichtsfeld], der am Ende der Senkrechten liegt, die vom Durchgangspunkt auf der Augenoberfläche ausgeht. Die Formen von allen anderen Punkten [des Gesichtsfeldes] werden in diesem Punkt auf der Augenoberfläche gebrochen und gehen längs schräger Linien durch die durchsichtigen Augenhäute" (Alhazen: De aspectibus, Buch 1, Kap. 5, Abschnitt 18, S. 9). Erst Keplers Brechungsgesetze von 1611 (vgl. 4.3, S. 101) erklären den Verlauf aller nicht senkrecht ins Auge treffenden Strahlen und werden deshalb erst bei Schreiner, Descartes und Kircher detailliert dargestellt (vgl. 4.2 u. 4.3).

Alle Augenmodelle sind außerdem beschriftet und weisen damit auf einen relationalen, diagrammatischen Bildcharakter[131].

Als signifikante Besonderheit in dieser Bilderreihe ist die Verwendung von Punktlinien bei Descartes und Kircher zu nennen. In beiden Bildern (Abb. 2|15 u. Abb. 2|16) wird diese Linienform ausschließlich dazu eingesetzt, Lichtstrahlen zu veranschaulichen. Dieser Befund wirft weiterführende Fragen auf, die bei der Erforschung der Genese der Punktlinie und ihrer Operationalität wichtig zu werden versprechen. Denn es ist zu vermuten, dass diese differenziertere Darstellungsform nicht zufällig im ersten Drittel des 17. Jahrhunderts vermehrt eingesetzt wird. Da die Abbildungen bei Schreiner nur wenige Jahre *vor* Descartes ohne Punktlinien hergestellt werden und Kircher wiederum erst *nach* Descartes mit der Punktlinienform operiert, tritt der Zeitraum zwischen etwa 1500 und 1650 als möglicher Etablierungszeitraum dieser Linienform in den Fokus.[132]

2.6 ZUSAMMENFASSUNG: ZWEITES KAPITEL

Punktlinien vereinen die geometrischen Grundformen von Punkt und Linie. Sie sind jedoch keine bloßen Hybride. In der Geometrie des 16. Jahrhunderts nicht definiert, operieren sie in einem Zwischenstatus aus sichtbarer und unsichtbarer geometrischer Form. In ihrer spezifischen Funktion als Hilfslinien, die nicht-sichtbare Bereiche geometrischer Körper sichtbar machen (2.1, Fig. 6), verfügen sie damit über ein Alleinstellungsmerkmal, das sie als eigenständige Form innerhalb der Geometrie ausweist. Für die moderne Geometrie ist daran besonders relevant, dass durch Punktlinien die Positionen geometrischer Figuren eindeutig festgelegt werden können. An dieser Stelle lassen sich aus den bisher gemachten Beobachtungen bereits vier Grundeigenschaften von Punktlinien festhalten:

131 Die Verbindung von Text und Bildanteilen entspricht einem weiten Diagrammbegriff (Krämer: Operative Bildlichkeit, S. 106), der in seinen Ursprüngen bis zu Aristoteles zurückreicht und das *diagramma* (griech.), als ‚anschaulichen Beweis' definiert (Aristoteles: Philosophische Schriften in 6. Bdn. Nach der Übersetzung v. Hermann Bonitz; bearbeitet von Horst Seidl. Bd. 5. Metaphysik. Hamburg 1995, S. 36).

132 Festzuhalten ist außerdem, dass der bei Da Vinci gezeichnete menschliche Kopf mit angedeutetem Torso, der das Konzept einer *Camera obscura* veranschaulichen soll, 1632 auch in Descartes' Abbildung zum Sehvorgang (Abb. 2|15) wiederkehrt (vgl. Abb. 2|13 mit Abb. 2|15).

- Eine Punktlinie besteht aus mindestens fünf[133] in gleichen Abständen angeordneten Punkten und kann innerhalb einer bestimmten Anzahl danebenliegender Punkte trotzdem als solche wahrgenommen werden. Punktlinien bestehen also aus aneinandergereihten Punkten sowie Punktleerstellen, deren Reihung eine liniengleiche mehrdimensionale Form erzeugen kann.
- Ein Abstand zum nächsten Punkt einer Punktlinie entspricht im Idealfall einem nicht gesetzten Punkt. Dieser punktgroße Zwischenraum kann als Leerstelle definiert werden.
- Ab einer bestimmten Anzahl von Punkten und Punktleerstellen können mit Punktlinien alle geometrischen Grundfiguren grafisch erzeugt werden.
- Punktlinien werden in Buchdrucken des frühen 17. Jahrhunderts zur Darstellung von Seh- und Lichtstrahlen verwendet.

Der schlaglichtartige Aufriss mathematischer Praktiken, wahrnehmungstheoretischer Grundlagen, instrumenteller Messtechniken und ihrer frühneuzeitlichen bildlichen Übersetzung gibt einen ersten Überblick über das breite Anwendungsspektrum, in dem in der Frühen Neuzeit mit Punktlinien operiert wird. Dabei erhärtet sich der Verdacht, dass die Genese der Punktlinie unmittelbar an mathematische Praktiken gebunden ist. Denn Beispiele aus der Mathematikgeschichte belegen etwa, wie sich aus der Anordnung von Steinen und Knoten in Verbindung mit Messinstrumenten wie dem *Gnomon* Punkte und Linien verbunden werden konnten. *Knotenschnur*, *Abakus* und *Rechenseil* (vgl. 2.3) bezeugen als mathematische Notationsformen diese über Jahrtausende andauernde Verbindung.

Obwohl es aus heutiger Sicht nur ein kleiner Schritt ist, gedanklich aus den gereihten Steinen, Knoten oder Punkten eine neue geometrische Form zu entwickeln, deuten die bisherigen Bildbeispiele darauf hin, dass Punktlinien in frühneuzeitlichen Buchdrucken noch nicht oder nicht in systematischerweise vertreten sind. Diese Einschätzung wird dadurch bestärkt, dass Punktlinien in Bildbeispielen zwar durchaus vorkommen, sie jedoch in den Traktaten nicht näher beschrieben werden. Insbesondere Dürers *Underweysung der Messung* von 1525 lässt auf eine fehlende Definition dieser Linie schließen. Denn Dürer beschreibt in seinem Trakrat zwar al-

133 Im Gegensatz zum Auslassungszeichen, das seit 1790 durch drei Punkte (Klein, Wolf-Peter / Grund, Marthe: Die Geschichte der Auslassungspunkte. Zu Entstehung, Form und Funktion der deutschen Interpunktion. In: Zeitschrift für germanistische Linguistik 25 (1997), S. 24 – 44, hier: S. 34) oder etwa bei Arthur Schnitzler durch vier aufeinanderfolgende Punkte (Schnitzler, Arthur: Reigen. Frankfurt am Main 1960, S. 57) definiert ist und keine geometrische, sondern eine semiotische Form darstellt (Abbt: Die Auslassungspunkte, S. 106).

le für ihn relevanten Linien und operiert selbst mit punktierten Linien, doch definitorisch findet die Punktlinie dabei keine Beachtung.

In der Kunst bewirken die theoretischen Überlegungen Albertis sowie die frühneuzeitlichen Erfindungen zur Herstellung zentralperspektivischer Bilder, dass durch optische Instrumente eine Trennung zwischen Sichtbarkeit und geometrischem Denkraum vollzogen wird. Die Verständnisfragen der Geometrie werden so mit den Fragen zur Wahrnehmung, erstrangig des Sehens enggeführt. Albertis Forderung an die Maler besteht deshalb nicht darin, die Welt nach mathematischen Zahlenverhältnissen zu gestalten. Vielmehr plädiert er dafür, sich „nur nach den geometrischen Proportionen, die aus den Gesetzen der Optik ableitbar waren"[134] zu richten. Diese Verknüpfung aus Geometrie und Optik spiegelt sich nicht nur in Albertis grundlegendem Traktat zur Perspektive, sondern auch in Da Vincis und Dürers Arbeiten wider. Theoretisch und bildlich reflektiert wird dieses kombinierte Wissen zumeist mit Sehstrahlen, deren Funktion und grafische Umsetzung anhand verschiedener diagrammatischer Darstellungen zu einem Experiment genauer analysiert werden konnten. So zeigte sich an Abbildungen aus dem frühen 17. Jahrhundert, dass Punktlinien plötzlich die Funktion von Sehstrahlen übernehmen. Diese Veränderung weist auf eine Erweiterung des Spektrums abbildbarer Linien hin, deren Verbreitung, Funktion und operationalen Zusammenhänge hier in einer weiterführenden Analyse untersucht werden sollen. So soll in Kapitel 4 geklärt werden, in welchen Traktaten zur Perspektive innerhalb des Zeitraumes von Dürer bis Descartes, genauer gesagt, von 1500 und 1650 Punktlinien verwendet wurden.

Im Vorfeld dieser Untersuchung muss allerdings im folgenden dritten Kapitel die theoretische Reflektion der Darstellung von Licht- und Sehstrahlen in der Kunst genauer betrachtet werden. Diese Untersuchung verfolgt das Ziel, die enge Verbindung zwischen perspektivischer Darstellung und neuen geometrischen Formen aufzuzeigen und die Wurzeln diagrammatischer Punktlinien in späteren Buchdrucken zu erschließen.

134 Edgerton: Die Entdeckung der Perspektive, S. 43.

3 Punktlinien in der Kunst ab 1400

Der Anfang der Malerei ist der Punkt, dann folgt die Linie [...].[1]
Leonardo da Vinci

Der französische Philosoph Roger Bacon schreibt im 13. Jahrhundert geometrischen Formen das höchste Maß an göttlicher Weisheit zu (vgl. 2.5) und bahnt damit den Weg zur „Vereinigung mathematischer Logik auf der einen Seite und göttlicher Gnade auf der anderen“[2]. Bacons Appell richtet sich nicht zuletzt an die Künstler, indem er ausführt:

„Denn auf den Kleidern Aarons waren, wie die Schrift sagt, der Erdkreis und die Großen Taten der Väter abgebildet. Ich habe Aaron so mit seinem Gewand dargestellt gesehen. Aber keiner könnte eine Darstellung von Körpern dieser Art ausdenken und ordnen ohne die Bücher der Elemente von Euklid [...].
Lasst uns vor allem dran denken, dass man erwiesenermaßen von den Dingen dieser Welt nichts ohne die Kraft der Geometrie wissen kann.“[3]

Dieser Aufruf ist als Teil einer Denkrichtung zu sehen, die in Kunst, Wissenschaft und Theologie der Frühen Neuzeit ihren Widerhall findet und der auch Alberti angehört.[4] Früheste Zeugnisse für die Einflüsse der Geometrie innerhalb eines sich verändernden Bild- und Formenverständnisses finden sich in der Kunst bei Giotto

1 Da Vinci: Traktat von der Malerei, S. 4.

2 Vgl. Edgerton: Die Entdeckung der Perspektive, S. 24.

3 Übersetzt von Heinz Jatho in Anlehnung an die engl. Übersetzung von Burke, Belle: The Opus Majus of Roger Bacon, S. 232ff.

4 Laut Edgerton sieht Alberti in den Mitteln der Geometrie und optischer Instrumente die Möglichkeit, für die Maler, „einen vereinheitlichten Bildraum zu schaffen. [...] [E]inen Raum, der in dem Sinn wirklich war, dass er gemäß den unwandelbaren Gesetzen Gottes funktionierte.“ (Vgl. Edgerton: Die Entdeckung der Perspektive, S. 32f).

di Bondone. Auf den heute weltbekannten Fresken, die das Heilsgeschehen darstellen, implementiert der Italiener wohl als erster Maler an zentraler Stelle geometrische Formen wie Linien und Punkte und setzt damit in der traditionellen Ikonografie neue Maßstäbe (ausf. in 3.3).

Diese Veränderungen koinzidieren mit der Entdeckung der Zentralperspektive. Geometrische Formen werden in der Folge einerseits Mittel zum Zweck der Malerei, da sie zumeist im Verborgenen einen konstruktiven Anteil für die Maler erfüllen. Andererseits steckt in der geometrischen Konstruktion mit Bacon gedacht das Göttliche, so dass ein Hervortreten von Punkten und Linien immer auch als Indikatoren für die Präsenz Gottes zu lesen sind. Vor diesem Hintergrund erklärt sich, dass „alle frühen Bilder mit Linearperspektive, ob von Donatello, Masaccio, Masolino oder Fra Angelico, ausschließlich religiöse Themen“[5] behandeln.

Befragt man die kunsthistorische Forschung zur christlichen Ikonografie auf die Funktion von Punktlinien, entsteht der Eindruck, dass weder dem Punkt noch der Linie ein ausreichendes Maß an Beachtung zuteil geworden ist. Tatsächlich kann man hier von einem Phänomen des ‚Übersehens‘ dieser geometrischen Formen sprechen, die offenbar so vertraut für spätere Betrachter gewesen sein müssen, dass sie bis heute kaum Erwähnung finden.

Unter Verwendung ausgewählter, weit verbreiteter christlicher Ikonografien wie etwa der *Verkündigung an Maria* oder der *Lactatio des heiligen Bernhard* sollen im Folgenden exemplarisch die frühen Einflüsse geometrischer Formen im 15. Jahrhundert nachgezeichnet werden. Dabei wird die Analyse einem Hinweis Kandinskys folgen, der den zentralen Stellenwert des Punktes für die Kunst betont. Er führt dazu aus:

> „Punkte sind in sämtlichen Künsten zu treffen, und ihre innere Kraft wird sicher immer mehr zum Bewusstsein des Künstlers steigen. Ihre Bedeutung darf nicht übersehen werden.“[6]

Im Fokus dieses Kapitels steht deshalb das Anliegen, kunstgeschichtlich weit erforschte und allseits bekannte Ikonografien unter diagrammatischen Gesichtspunkten neu zu betrachten[7] und dabei Erkenntnisse zur Genese, Funktion und dem Wirkungsgrad von Punktlinien zu gewinnen.

---

5 Edgerton: Die Entdeckung der Perspektive, S. 27.

6 Kandinsky: Punkt und Linie zu Fläche, S. 39.

7 Als Grundlagentexte zu Mariendarstellungen dienten mir insbesondere: Duwe, Gert: Der Wandel in der Darstellung in der Verkündigung an Maria vom Trecento zum Quattrocento. Frankfurt am Main 1988. Ebenso: Ders.: Die Verkündigung an Maria in der niederländischen Malerei des 15. und 16. Jahrhunderts. Frankfurt am Main 1994.

Um Abbildungstraditionen und deren Funktionsweise verstehen zu können, ist zunächst ein Blick auf Visualisierungsstrategien zu richten, deren Grundannahmen zu dieser Zeit oft aus dem Bereich der Optik stammen (vgl. 2.5). Seit Brunelleschis Wiederentdeckung der Zentralperspektive und der „Produktion des Fluchtpunkts“[8] durch ein einfaches Experiment mit „einem oder zwei flachen Spiegeln, einer kleinen Holztafel sowie dem eigenen [...] ‚geistigen Auge‘“[9] dient der optische Übertragungsvorgang nach dem Prinzip der *Camera obscura* auch als Vorlage für scheinbar unerklärliche Transformationsprozesse. Dies schließt im Besonderen die Welt der christlichen Wunder ein. Vor diesem Hintergrund ist auch Marias Verkündigungsszene als Leitmotiv christlicher Ikonografie einzuschätzen, bei dem optische Erklärungsansätze bereits im Quattrocento und in der Frühen Neuzeit in die Bildkonzeption mit einfließen. Beispielhaft dafür ist die seit der Antike bekannte sogenannte *Präformationslehre*. Danach können körperliche Reize, besonders das von der Mutter Gesehene, unmittelbaren Einfluss auf die Gestalt des Fötus nehmen. Empfängnis und Schwangerschaft wurden deshalb auch in der Frühen Neuzeit explizit mit optischen Abbildungsverfahren verglichen oder gleichgesetzt.[10]

Diese Erklärungsmuster reichen bis ins 17. Jahrhundert zurück, wie Georg Philipp Harsdörffers *Philosophische und mathematischen Erquickstunden* (1653) durch eine diagrammatische Abbildung verdeutlichen (Abb. 3|1). Mit wenigen Linien wird hier eine Analogie zur Funktionsweise der *Camera obscura* etabliert und der Ablauf der Empfängnis unter Berufung auf Athanasius Kircher beschrieben:

> „Der offtgerühmte P. Athanas. Kircherus vergleichet die Empfängnis mit der Durchstralung / und weiset / daß der gantze Mensch B C in der Samung / durch den Punkt A in D E gestaltet werde / da dann die vornemsten Glieder am ersten erscheinen / durch den Glanz aber der Sonnen (wie durch die Einbildung) nach und nach alle / und auf mancherlei Weise beleuchtet werden.“[11]

Die Empfängnis wird also mit dem Vorgang verglichen, in dem ein Umkehrbild entsteht. Dieses Prinzip war in den Wissenschaften seit Johannes Keplers Theorie

8 Edgerton: Die Entdeckung der Perspektive, S. 9.

9 Ebd.

10 Genauer dazu: Dürbeck, Gabriele: Einbildungskraft und Aufklärung. Perspektiven der Philosophie, Anthropologie und Ästhetik um 1750. Tübingen 1998, bes. S. 102f. Siehe dazu weiterführend: Bexte: Licht und Fleisch im 17. Jahrhundert, München 2008.

11 Harsdörffer, Georg Philipp: Der Philosophischen und Mathematischen Erquickstunden Dritter Teil, Neudruck der Ausgabe Nürnberg 1653. Hrsg. v. Jörg Jochen Berns. Frankfurt am Main 1990, S. 199.

von 1604 bekannt.[12] Optische Prinzipien wie das der *Camera obscura* sind also in ihrer Wirkung und Funktion bereits im 17. Jahrhundert erforscht und durchdrungen worden. Dennoch werden sie dazu benutzt, um vermeintlich Unerklärliches und Verpöntes wie etwa den Zeugungsakt zu erklären.[13] Die pseudowissenschaftliche Erklärung Harsdörffers beruht deshalb einerseits auf Erkenntnissen der Optik des frühen 17. Jahrhunderts. Gleichzeitig ist sie an diagrammatische Darstellungsweisen gebunden, um Bildevidenzen erzeugen zu können.[14] Diese Form von diagrammatischer „Legitimierungsstrategie“[15] findet sich hier nicht zum ersten Mal. Vielmehr wird sie – so die These – jenseits von Buchdrucken und bereits Jahrhunderte zuvor in Gemälden praktiziert. Die folgenden Beispiele christlicher Ikonografien sollen über dieses Phänomen Aufschluss geben und verdeutlichen, wie geometrische Formen das Wissen der Geometrie und der Optik in der bildenden Kunst verankern. Auf diesem Weg sollen Wegmarken für die Etablierung der Punktlinie im diagrammatischen Bild zur Abbildung von Prozessen aufgezeigt werden.

---

12 Kepler, Johannes: Ad Vitellionem Paralipomena, Quibus Astronomiae Pars Optica Traditur [...]. Frankfurt 1604. Vgl. dazu den Exkurs: Keplers und Schreiners Punktlinien und Instrumente in 4.2 dieser Arbeit.

13 Folgt man Peter Bexte, ist Kirchers Konzept der ‚Durchstrahlung‘ jedoch nicht allein Zeugnis dafür, dass die derartig vorgestellte Empfängnis an einen Übertragungsprozess gebunden ist, der auf Prinzipien der Optik basiert. Bexte schreibt dazu: „Der Clou der Dioptrik besteht nun darin, dass das Licht nicht einzig zum Leuchten, Beleuchten und also auch Schattenwerfen dient, sondern dass es Bilder schafft: Lichtbilder auf der Rückwand einer jeden Camera obscura, Lichtbilder im Uterus und im Inneren des Auges. Das Licht erscheint also nicht nur im Bild, sondern immer schon als Bild. Für das Auge bedeutet dies, dass Blick und Bild sich bruchlos tauschen sollen. Die optischen Traktate und die Perspektivtraktate dieser Zeit dringen auf eine Isomorphic nach der ein jeder Blick schon immer Bild sei – Lichtbild.“ (Bexte: Licht und Fleisch im 17. Jahrhundert, S. 81).

14 Volker Remmert spricht in diesem Zusammenhang auch von einer „epistemologischen Legitimierung“, die im Zuge einer veränderten Wissenschaftshierarchie Einzug hält. An der Spitze der Wissenschaften stehen spätestens ab dem 17. Jahrhundert nicht mehr die Theologie und Philosophie, sondern die mathematischen Wissenschaften (Remmert, Volker: Widmung, Welterklärung und Wissenschaftslegitimierung. Titelbilder und ihre Funktion in der wissenschaftlichen Revolution. Wiesbaden 2005, S. 9f). Gleichzeitig betont Remmert, dass diese „visuellen Legitimierungsstrategien“ (Ebd., S. 10) ein religiös geprägtes Weltbild widerspiegeln konnten (ebd.).

15 Ebd.

3.1 VERKÜNDIGUNG AN MARIA – PUNKTLINIEN ALS ZEICHEN GOTTES

Die frühesten Zeugnisse der Bildtradition, die den Beginn des christologischen Heilsgeschehens darstellt,[16] reichen bis zum Ende des zweiten Jahrhunderts nach Christus zurück. In der Priscilla-Katakombe in Rom ist etwa auf einem Fresko ein Jüngling zu erkennen, der sich mit „bedeutungsvoller Zeigegebärde der sitzenden Maria nähert“[17]. Bis heute wird darin eine frühe Form des Erzengels Gabriels gesehen. Zahlreiche Verkündigungsdarstellungen aus der Zeit des gesamten Mittelalters zeugen davon, dass diese Szene zu einem weitverbreiteten Bildmotiv christlicher Kunst gehört.[18] Ab dem 14. Jahrhundert zählt das Motiv allgemein zu „den beliebtesten und häufigsten Darstellungen in der Kunst“[19], wie Gert Duwe formuliert.

Für die wundersame Empfängnis Christi wurden im Mittelalter im Wesentlichen zwei wahrnehmungsspezifische Erklärungen bemüht: Der heilige Geist konnte demnach über die Ohren, das heißt über den Klang der Worte, oder über die Augen, das heißt über das Licht, in den Leib Marias eindringen.[20] Beide Möglichkeiten zeugen von einer unmittelbaren und unsichtbaren Verbindung zu Gott. Sie evozieren gleichzeitig einen indirekten, diskreten und nicht-körperlichen Kontakt. Dieser Prozess der Empfängnis Christi und damit die theologisch betrachtet delikate Vereinigung von Gott und Maria wurde in der bildenden Kunst auf drei Weisen ins Bild übersetzt: durchs Hören, durchs Sehen und durch das Licht.

Die *conceptio per aurem* setzt in der Verkündigungsikonografie erst im Trecento in Florenz ein.[21] Mit den Attributen von Schriftrolle, versiegeltem Brief und Buch können im Bild Sprachanteile sinnvoll eingefügt werden und so eine diskrete Verbindung zwischen den gesprochenen Worten des Engels und den Ohren Marias herstellen. Zusätzlich tragen Schriftbänder und Buchstabenreihen dazu bei, diesen Prozess im Bild zu erklären. Dabei werden zumeist die Worte „Ave, gratia plena,

---

16 Art.: Verkündigung an Maria. In: Lexikon der christlichen Ikonographie. Bd. 4: S – Z. Rom, Freiburg, Basel, Wien 1972, Sp. 422 – 437, hier: Sp. 423.

17 Duwe: Der Wandel in der Darstellung in der Verkündigung an Maria vom Trecento zum Quattrocento, S. 9.

18 Ebd., S. 10.

19 Ebd., S. 13.

20 Hodne, Lasse: The Virginity of the Virgin. A Study in Marian Iconography. Rom 2012, S. 83.

21 Duwe: Der Wandel in der Darstellung in der Verkündigung an Maria vom Trecento zum Quattrocento, S. 37.

Dominus tecum“[22] ins Bild eingefügt, mit denen Gabriel laut dem Lukasevangelium Maria anspricht. Das ‚Ave‘ verweist laut mittelalterlichen Auslegungen auf die alttestamentliche „Eva“ und gilt deshalb als Anspielung auf die Vertreibung aus dem Paradies.[23] Gabriels erstes Wort an Maria erinnert den Gläubigen somit sofort an den Sündenfall und gleichzeitig an die Zeit, in der die Menschheit noch frei von Unheil war. Marias Verkündigung durch den Erzengel wird deshalb auch als Sinnbild für ein neues tugendhaftes Zeitalter gedeutet, das mit der Inkarnation Christi in Marias Leib beginnt. Lasse Hodne schreibt dazu treffend: „In this way, Mary became the counterpoint of Eve, with the misdeeds of the first women being compensated for by the Mother of God.“[24] Die Verkündigungsszene und Grußformel ‚Ave Maria‘ ist deshalb immer auch als „Paradiesverheißung“[25] zu lesen, denn sie kündet von der jungfräulichen und sündenfreien Empfängnis des Gottessohnes.

An drei Bildbeispielen aus dem 15. Jahrhundert sowie ihren textlichen Bezügen sollen im Folgenden die Besonderheiten dieser spezifischen Darstellungstradition erläutert werden; dabei wird mit Fokus auf die Funktion geometrischer Formen wie Punkten, Linien und Punktlinien eine Möglichkeit der Abbildung von Prozessen in Gemälden zu profilieren sein.

Auf Fra Angelicos *Haupttafel der Altarretabel zum Leben Marias* von 1433 (Abb. 3|2a) wird eine Verbindung zwischen Engel und Maria durch drei in Gold gefasste Buchstabenreihen erzeugt. Der Schriftfluss an der raumteilenden Säule, die sich zwischen Engel und Maria befindet, wird dabei bewusst unterbrochen; gleichzeitig wird sie dadurch überwunden, dass sich auf der anderen Seite der Säule der Buchstabenverlauf fortsetzt. Die Worte Gabriels dringen also bildlich gesprochen durch das Gemäuer, ohne es zu berühren.

Die erste Buchstabenreihe der drei Schriftreihen ist in Verlängerung des Blickes des Engels zu sehen, bricht jedoch auf der anderen Seite der Säule zum oberen Teil des Nimbus Marias ab. Die zweite Reihe steht in Verlängerung des Engelsmundes und ist dabei auf den Kopf Marias gerichtet. Die dritte Buchstabenreihe geht ebenfalls vom Mund des Engels aus und endet beim Leib Marias. Da die Worte des Engels unspezifisch auf Kopf und Körper Marias zielen, lässt sich in diesem Bild keine klare Einteilung einer *conceptio per aurem* oder *per lucem* vornehmen. Vielmehr weisen die intensive Verbindung aus Mimik und Gestik der Bildfiguren darauf hin,

22 Die Bibel. Nach der Übersetzung Martin Luthers mit Apokryphen. Evangelische Kirche Deutschland (Hg.). Stuttgart 1985, Lukas 1:28. Siehe auch: BibleServer. ERF-Medien in Kooperation mit der Deutschen Bibelgesellschaft. bibleserver.com, Wetzlar (2016). Online: http://www.bibleserver.com/text/VUL/Lukas1 Stand: 01.06.2016.

23 Dazu ausführlich: Hodne: The Virginity of the Virgin, S. 21f.

24 Ebd., S. 21.

25 Art.: Verkündigung an Maria. In: Lexikon der christlichen Ikonographie, Sp. 423.

dass beide Übertragungsebenen angesprochen werden sollen. Für diese Deutung sprechen vor allem die geschickten Blickführungen im Bild. Fra Angelico erzeugt dazu eine Blickachse zwischen den beiden Figuren und unterstreicht diese Verbindung durch einen direkt auf Maria gerichteten Zeigefinger des Engels.

Der zentrale Prozess des Kontaktes zu Gott und dem heiligen Geist findet jedoch über die in Gold gefassten, hell leuchtenden Buchstaben statt, die auf wundersame Weise Mauern durchdringen können, ohne sie zu berühren. Und darauf kommt es bei dieser Begegnung an: Maria muss unversehrt bleiben, obwohl der heilige Geist in sie gefahren ist, der in der symbolischen Gestalt einer weißen Taube in hell erstrahlter Gloriole mit dezentem Abstand und ohne direkten Kontakt über ihr schwebt (3|2b).[26]

Die Möglichkeit, einen unsichtbaren Prozess durch Licht darzustellen[27] – also die *conceptio per lucem* – wird auch deutlich in einer anderen Variante desselben Motivs Fra Angelicos.[28] In einer sehr ähnlichen Bildkomposition aus dem Zeitraum

---

26 „Beliebt ist einige Zeit auch die Einfügung des als Kleinkind schon voll ausgebildeten Jesusknaben [...], sei es als eines bäuchlings auf dem Lichtstrahl od. auch einem schlauchartigen Gebilde – vielfach mit geschultertem kleinen Kreuz – Herabgeleitenden [...].

Wegen eines möglichen doketischen Missverständnisses (Christus habe nicht Fleisch angenommen [...]) wird das Motiv wieder aufgegeben." (Art.: Verkündigung an Maria. In: Lexikon der christlichen Ikonographie, Sp. 430f.). Auch die Kombination von Taube und Kind ist bekannt. Hodne schreibt dazu: „The dove is said to represent the Holy Ghost, and it is also quite obvious that the baby must be the Christ Child. In this case however, it is important to keep in mind that in Western iconography, doves and birds generally represent not only the Spirit that proceeds from God but also, more generally, the human soul. The dove with the child on its back must be seen in this light: the bird ist he soul and the child ist he body." (Hodne: The Virginity of the Virgin, S. 78. Siehe auch: Pfeiffer, Heinrich: The Sistine Chapel. A New Vision. New York, London 2007, S. 178).

27 Die Recherche zeigte, dass bislang noch keine umfangreiche Studie zur Verwendung von Lichtstrahlen oder Schriftbändern in Verkündigungsdarstellungen vorliegt, die eine Quantifizierbarkeit zulässt. Immerhin lässt sich festhalten, dass in Verkündigungsdarstellungen vor 1400 derartige Ikonografien mit Punktlinien als Lichtstrahlen nicht bekannt sind (vgl. Art.: Verkündigung an Maria. In: Lexikon der christlichen Ikonographie, Sp. 422 – 437).

28 Insgesamt existieren acht Verkündigungsbilder unterschiedlicher Herkunft und unterschiedlicher Beschaffenheit von Fra Angelico. Sie stammen aus der Region bei Cortona, Madrid, Perugia und San Marco (vgl. Rothes, Walter: Die Darstellungen des Fra Giovanni Angelico aus dem Leben Christi und Mariae. Ein Beitrag zur Ikonographie des Meis-

zwischen 1425 und 1427 widmet sich der Maler erneut der *Verkündigung an Maria* (vgl. Abb. 3|2a mit Abb. 3|3a). Signifikanter Unterschied ist ein sonnengleiches Lichtfeld, aus dem sich vom linken oberen Bildrand Lichtstrahlen ausbreiten.[29] Innerhalb dieser Lichterscheinung sind zwei geöffnete Hände zu erkennen aus denen neben unterschiedlich langen Strahlen mit spitz zulaufenden Enden ein breiter Lichtstahl hervorgeht. Dieser goldene Strahl besteht aus vielen einzelnen, geraden Strahlen, die alle auf die Figur Marias gerichtet sind. Kurz vor der erneut verwendeten raumteilenden Säule zwischen Engel und Maria fliegt innerhalb der Strahlen eine weiße Taube mit geöffneten Flügeln und einem Nimbus auf Maria zu. Auf der Seite Marias verändert sich freilich die Form der Lichtstrahlen (Abb. 3|3b): Neben einzelnen weiterhin durchgezogenen Strahlen gibt es nun eine Reihe von kurzen, unterbrochenen Strahlen, die relativ symmetrisch angeordnet sind und kurz vor Marias Heiligenschein enden. Das Licht des heiligen Geistes ist auf den Kopf Marias gerichtet und dringt damit über die Augen in sie ein. Der Prozess der Vereinigung von Gott und Maria wird in diesem Fall also durch gebrochene Lichtstrahlen abgebildet.

Expliziter als Fra Angelico setzt Gentile da Fabriano etwa zur gleichen Zeit[30] dieselben Figuren in Szene. Die göttliche Macht wird in dieser Verkündigung ebenfalls hell umstrahlt am linken oberen Bildrand dargestellt (Abb. 3|4a): Maria schaut vom rechten Bildrand zur Quelle des Lichts und ist mit ihr durch einen goldenen, punktierten Lichtstrahl verbunden. Anders als bei Fra Angelico, besteht zwischen Engel und Maria keine räumliche Trennung. Die Abgrenzung erfolgt dafür durch eine Fensteröffnung, denn das Licht Gottes scheint durch einen Sechspass auf den Leib Marias. Die *conceptio* erfolgt also nicht über die Sinne des Sehens und Hörens, sondern über einen direkten Körperkontakt zum Gotteslicht. Zu erkennen ist auf dem punktierten Lichtstrahl eine goldene Taube (Abb. 3|4b), die sich auf Marias

---

ters. Straßburg 1902, S. 18). Zur Zeitlichkeit im Bildraum siehe genauer 7.1 und 7.2 dieser Arbeit.

29 Kunibert Bering und Alarich Rooch machen zudem auf die veränderte Architektur aufmerksam. Sie vermuten in ihr die Ursache für die im Bild erzeugte Zeitlichkeit. Der „rhythmisch skandierten Architektur" kommt demnach „nicht nur die Funktion zu, das räumliche Ambiente zu markieren, sondern sie gibt darüber hinaus den Ablauf der Ereignisse an, fügt also der räumlichen die zeitliche Dimension zu. Damit wird die Arkade zum Ausdrucksträger der kerygmatischen Aussage" (Bering, Kunibert / Rooch, Alarich: Raum. Gestaltung, Wahrnehmung, Wirklichkeitskonstruktion. Bd. 1. Dortmund 2008, S. 302).

30 Datiert ist die Verkündigungsszene nach 1425 (Laureati, Laura / Mochi Onori, Lorenza: Gentile da Fabriano and the other Renaissance. Mailand 2006, S. 267).

Bauch hinzubewegen scheint. Auf dem Gewand Marias zeichnet sich bereits die Fensteröffnung ab, durch die diese Taube – symbolisch verstanden – eindringen kann (Abb. 3|4c).

Vergleicht man nun Fabrianos und Angelicos Verkündigungsdarstellungen (vgl. Abb. 3|2a u. Abb. 3|3a mit Abb. 3|4a), dann fällt sofort auf, dass der Lichtstrahl durch die punktierten Strahlen zusätzlich Dynamik erhält. Während Angelicos Lichtstrahlen durch ihren spitzen Verlauf klar eine Richtung weisen, erzeugen Fabrianos punktierte Lichtlinien Unschärfen, die unweigerlich an Bewegungen erinnern. Sogar die Taube Fabrianos (Abb. 3|4b), deren Kopf entgegen der Bewegungsrichtung auf den Bildbetrachter gerichtet ist, wirkt durch die Punkte wie durch einen Sog von Maria angezogen. Dieser Bewegungseffekt wird mit den liniengleich angeordneten Punkten oder Punktlinien erzeugt. Eine statische Wirkung wird dagegen mit durchgezogenen Linien erzeugt, die beispielsweise Angelicos Taube (Abb. 3|3b) eher fixieren, und erst die unmittelbar folgenden, durchbrochenen Linienanteile erzeugen eine gewisse Dynamik.

In einem dritten Beispiel von 1455 von Filippo Lippi werden Lichtstrahlen als Punktlinien in Form von Blasen dargestellt, die in kreisförmigen Bewegungen den Flug der Taube beschreiben (Abb. 3|5a). Es lohnt sich, diese Konstruktion im Detail zu betrachten, da sie Prinzipien der Darstellbarkeit von Bewegung im Bild verdeutlicht (Abb. 3|5b): Auf sechs von links oben, nach rechts unten verlaufenden, durch Punktlinien umrissenen Halbkreisen schwebt in Seitenansicht eine Taube auf vier dunklen Wolken vor dem Bauch Marias. Jeder Halbkreis ist mit nach oben links abgehenden Punktlinien versehen. Der letzte Halbkreis beginnt unterhalb des Taubenschwanzes und endet bei den dunklen Wolken. Insgesamt wirken die Halbkreise wie eine verlängerte Kontur der geöffneten Taubenflügel. Die zarten Umrisse suggerieren den Flügelschlag.

Vor dem Schnabel der Taube verteilt sich eine Vielzahl von goldenen Punkten in alle Richtungen, und in Verlängerung des Schnabels verlaufen gleichzeitig mehrere Punktlinien. Kurz vor dem Körper Marias brechen jedoch die äußeren dieser Linien weitgehend ab. Den blauen Anteil des hochgeschlagenen Kleides erreicht allein eine dünne Punktlinie, die aus dem mittleren Teil, also aus der unmittelbaren Verlängerung des Schnabels, herzuleiten ist. Alle anderen Linien sind an diesem Punkt verschwunden. Die Übertragung Christi ruht hier allein auf einer hauchdünnen goldenen Punktlinie. Nachdem der kontrastreiche blaue Anteil des Kleides überwunden ist, erscheint auf dem roten Kleidanteil, direkt auf dem bereits leicht gewölbten Bauch Marias, eine Punktlinien-Gloriole. In ihrem Zentrum ist ein länglicher rötlicher Schatten zu erkennen, der nicht zum Faltenmuster des Kleides passt. So seltsam die Kreise oder Blasen um die Taube vor Marias Bauch aussehen mögen, so deuten die Grundform des Punktes und vor allem ihre goldene Farbe auf

Gott hin. Jeder einzelne Punkt wird so zum Träger einer Botschaft, zum Prozess der Verkündigung Gottes.

Die Taube fliegt also nicht in das Auge oder Ohr Marias hinein, sondern bahnt sich in diesem Fall ihren Weg auf Lichtlinien und mit der Macht Gottes ihren Weg symbolisch direkt in den Leib der Gottesmutter. Der Prozess wird dabei durch goldene Lichtpunkte abgebildet, die geometrische Punktlinien ergeben. Dieser Ansatz, einen Prozess mit Punktlinien anzuzeigen, ist bei Lippi kein Einzelfall. Bereits in einer Verkündigung von 1450 setzt der Maler explizit auf diese Darstellungsweise (vgl. Abb. 3|6a u. Abb. 3|6b).

An diesem konkreten mirabilen Vorgang der Verkündigungsszene wird deutlich, mit welchen Mitteln die Maler die Aufgabe meistern, einen unsichtbaren Prozess anschaulich zu machen. Dies gelingt, indem auf bekannte Konzepte wie die *conceptio per aurem* und *conceptio per oculos* zurückgegriffen wird. Darüber hinaus entwirft Lippi neue Darstellungsmittel für die Inkarnation, indem die geometrischen Grundformen Punkt und Linie verwendet. Die medialen Träger des Übertragungsvorgangs bleiben in den exemplarisch aufgeführten Verkündigungsbildern des 15. Jahrhunderts dabei stets das Licht und die Schrift.

Die Bildbeispiele zeigen außerdem, dass sich in der bildenden Kunst des 15. Jahrhunderts Formen etablieren, mit denen vielfach Prozesse im Bild dargestellt werden. Diese Prozesse sind an eine zeitliche Dimension geknüpft, die im Bild mit gebrochenen Linien und Punktlinien sichtbar gemacht wird. Während Autoren der jüngeren Kunstgeschichte das gleiche Phänomen ausmachen, dabei aber unter anderem von einer „Temporalisierung des Raumes“, ausgehen, die durch die „rhythmisch skandierte[] Architektur“[31] erzeugt werde, ist die prägnante Wirkung der Lichtlinien und damit die geometrische Form der Punktlinie offenbar übersehen worden.

Im folgenden Exkurs soll deshalb besonderes Augenmerk auf das Licht im Bild gelegt werden. Das Licht als optisches Phänomen wurde bereits in den Verkündigungsszenen tangiert. Dabei sollen auch theoretische Annahmen zum Licht in der Frühen Neuzeit sowie die zum Schatten als seinem Gegenspieler in der christlichen Ikonografie reflektiert werden.

31 Bering / Rooch: Raum, S. 302.

3.2 EXKURS: BILDEFFEKTE DER PERSPEKTIVE AUS LICHT UND SCHATTEN

Seit dem Mittelalter existiert innerhalb christlicher Darstellungen ein ontologisches Bildverständnis. Verkürzt formuliert, impliziert diese Ansicht, dass jedes Bild ein „Offenbarungslicht“[32] enthalte, das der Vorstellung nach durch Gott in die Welt gekommen sei und aus dem abgebildeten, meist heilsgeschichtlichen Inhalt des Dargestellten erneut aus dem Bild hervorgehe.[33] Bildlich manifestiert sich dieser Gedanke in der Verwendung des Goldgrundes und von leuchtenden Linien, die zur Verstärkung der Sichtbarkeit eines Offenbarungslichtes oder auch Übertragungslicht im Bild gedeutet werden können. Gott ist demnach in den goldenen Flächen des Bildes sichtbar. Durch goldene Schriftzüge bei Fra Angelico (Abb. 3|2a) oder durch Lichtstrahlen bei Fabriano und Lippi (Abb. 3|3a u. Abb. 3|4a) dringt so das Göttliche in den Leib Marias ein.

Eine weitere Möglichkeit, um diesen Prozess abzubilden, war neben den Licht- und Punktlinien auch die Verwendung von Schatten. Während im Mittelalter die Schatten aus den Bildern verschwanden, kehrten sie im 14. Jahrhundert auf die Gemälde zurück.[34] Einer der Ersten, der sich auf die sogenannte *Skiagraphie*[35] verstand, ist Masaccio (1401 – 1428).[36] Ein Pionier der Zentralperspektive, der nach heutigem Wissen als der erste Maler überhaupt gilt, der die Linearperspektive einzusetzen vermochte,[37] steht seine Malkunst dementsprechend ganz im Zeichen der

---

32 Ausf. dazu: Schöne, Wolfgang: Über das Licht in der Malerei. Berlin 1979, S. 55.

33 Ebd., S. 58.

34 Beispielsweise in der chinesischen Bildkultur hält dieser Vorgang bis ins 18. Jahrhundert an. Schatten werden dort als unansehnliche ‚schwarze Flecken‘ im Bild wahrgenommen (Abbé, Jean-Baptiste Du Bos: Réflexions sur la peinture. Nachdruck. Paris 1993, S. 223f. Siehe auch: Wagner, Anselm: Zu einer Kunstgeschichte des Schattens. In: Kunsthallen Brandts Klaedefabrik (Hg.): Schattenspiel. Schatten und Licht in der zeitgenössischen Kunst. Eine Hommage an Hans Christian Andersen. Odense 2005, S. 89 – 106, hier: S. 89). Siehe weiterführend dazu: Stoichita, Victor: Eine kurze Geschichte des Schattens. Aus dem Französischen von Heinz Jatho. München 1999, S. 44f.

35 Skiagraphie, griechisch: Kunst ein Schattenbild zu entwerfen, perspektivisches Zeichnen [...] (Art. Skiagraphia. In: Gemoll. Griechisch-deutsches Schul- und Handwörterbuch von Wilhelm Gemoll und Karl Vretska. München, Düsseldorf, Stuttgart [10]2006, S. 727).

36 Vgl. Edgerton: Die Entdeckung der Perspektive, S. 27.

37 Ebd. Die erstellten Bilder mit dieser Technik werden deshalb frühestens auf das Jahr 1425 datiert, da zu dieser Zeit die frühesten Arbeiten von Masaccio zeitlich angesiedelt sind (ebd.).

Perspektivlehre des mit ihm befreundeten Brunelleschi[38] (vgl. 3). Beinahe zeitgleich setzt Masaccio auf die Darstellung von Schatten, sowohl zur perspektivischen Darstellung als auch zur Neuinterpretation christlicher Ikonografien.[39] Schatten und das Wissen um den perspektivische Bildaufbau sind mithin als untrennbare Einheit zu verstehen.

Erst Jahrzehnte nach Masaccio beginnt Filippo Lippi ebenfalls in Florenz damit, ab den 1440er Jahren in Verkündigungsdarstellungen mit Schatten zu operieren. Auf der Verkündigung von 1440, die ebenfalls einer perspektivischen Anordnung unterliegt, wird insofern an Schatten nicht gespart (Abb. 3|7). Zur Verstärkung der Perspektivwirkung des Bildes wird sogar der säulengefasste Holzrahmen, insbesondere die Kapitelle, mit Schatten versehen. Der Fokus bei der Analyse dieses Bildes soll allerdings im Folgenden auf den Schattenwurf des Engels gelegt werden: Während Maria einen ‚natürlichen' Schatten an der Wand hinter sich lässt, bricht der Schatten des Erzengels Gabriel an der Säule abrupt ab. Die deiktische Funktion dieser Darstellungsweise ist evident, denn der Schatten des Engels zeigt auf Maria und spielt damit auf Textstellen im Lukasevangelium und im Protoevangelium des Jakobus an, in denen Schatten eine zentrale Rolle spielen. Beide gelten als die maßgeblichen Textquellen, auf die sich beinahe alle christlichen Ikonografien der Verkündigung berufen. Im Evangelium des Lukas heißt es:

„Im sechsten Monat darauf wurde der Engel Gabriel von Gott nach Galiläa in eine Stadt namens Nazareth gesandt zu einer Jungfrau, die mit einem Manne namens Joseph aus dem Hause Davids verlobt war. Die Jungfrau hieß Maria. Der Engel trat zu ihr herein und sprach:

38 Ebd., S. 29.

39 Auf der *Schattenheilung des Petrus* von 1426 in der Brancacci-Kapelle in Florenz sieht man deutlich sowohl den Schatten des Heiligen Petrus als auch den Schatten im Hintergrund innerhalb der perspektivischen Darstellung der Gebäude. Masaccio hält sich beim Einsatz der Schatten nachvollziehbar dicht an den Bibeltext, in dem der heilende Schatten ausdrücklich erwähnt ist. Dennoch ist Masaccios Fresko eine Neuheit und stellt zugleich einen Bruch mit der traditionellen Ikonografie dar. Dies erklärt sich daraus, dass er einerseits ein heilsgeschichtliches Motiv aufgreift, das den Schatten als zentrales Element in sich birgt und sonst kaum in der Malerei interpretiert worden ist. Gleichzeitig setzt er andererseits Schatten zur Erzeugung einer perspektivischen Ansicht ein und verlässt damit offensichtlich die etablierten ontologischen Bildbegründungen. Parallel dazu bewegt sich Masaccio außerhalb der Tradition Giotto di Bondones. Dieser gilt zu dieser Zeit als maßgebliches Vorbild und hatte die Darstellung von Schlagschatten kategorisch unterlassen (vgl. Abb. 3|8). Dennoch übernimmt Masaccios auf seinem Fresko die von Giotto präferierte „Modellierung" (Schöne: Über das Licht in der Malerei, S. 85) der Figuren durch den Einsatz betonter Konturen oder Schattierungen in der Darstellungsweise.

Gegrüßet seist du, Gnadenvolle, der Herr ist mir dir, du bist gebenedeit unter den Weibern. Bei diesen Worten erschrak sie und dachte sich, welch ein Gruß ist das? Da sagte der Engel zu ihr: Fürchte dich nicht, Maria, denn du hast bei Gott Gnade gefunden. Siehe, du wirst empfangen und einen Sohn gebären, dem du den Namen Jesus geben sollst. Er wird groß sein und der Sohn des Allerhöchsten genannt werden. Gott der Herr wird ihm den Thron seines Vaters David geben. Er wird über das Haus Jakob herrschen in Ewigkeit, und sein Reich wird kein Ende haben. Maria sagte zu dem Engel: Wie wird das geschehen, da ich keinen Mann erkenne? Der Engel antwortete ihr: Der Heilige Geist wird über dich kommen und die Kraft des Allerhöchsten dich überschatten. Darum wird auch das Heilige, das geboren wird, Sohn Gottes genannt werden. Da sagte Maria: Siehe, ich bin eine Magd des Herrn, mir geschehe nach seinem Worte. Da verließ sie der Engel."[40]

Als zweite wichtige Überlieferung dient das Protoevangelium des Jakobus, in dem die Begebenheit sprachlich detaillierter ausgeschmückt ist. Insofern gibt dieser Text hilfreiche Anhaltspunkte für Künstler und ist aus diesem Grund bestimmend für die entstehenden Ikonografien:

„Es wurde aber eine Beratung der Priester gehalten. Sie sprachen: ‚Lasset uns einen Vorhang machen für den Tempel des Herrn.' Der Priester sagte: ‚Rufet mir unbefleckte Jungfrauen aus dem Stamme Davids.' Die Diener gingen fort und suchten und fanden sieben Jungfrauen. Es erinnerte sich der Priester des Mädchens Maria, daß sie aus dem Stamme Davids sei und unbefleckt vor Gott. Die Diener gingen fort und führten sie herbei. Man führte sie alle in den Tempel des Herrn; und der Priester sagte: ‚Loset also, wer das Goldene und den Bergflachs und das Baumwollene und das Seidene und das Hyazinthblaue und das Scharlachrote und den echten Purpur spinnen soll!' Maria erloste den echten Purpur und das Scharlachrote, und sie nahm es und ging in ihr Haus. Zu jenem Zeitpunkt verstummte Zacharias, und an seine Stelle rückte Samuel, bis Zacharias wieder sprach. Maria aber nahm das Scharlachrote und spann. Und sie nahm den Krug und ging hinaus, um Wasser zu schöpfen. Siehe da ertönte eine Stimme: ‚Freue dich. Begnadete, der Herr ist mit dir, du Gesegnete unter den Frauen.' Sie blickte umher nach rechts und nach links, woher ihr die Stimme komme, und zitternd ging sie in ihr Haus. Sie stellte den Krug hin, nahm den Purpur, ließ sich auf ihrem Sitz nieder und spann ihn. Und siehe, ein Engel des Herrn stand vor ihr und sprach: ‚Fürchte dich nicht, Maria, denn du hast Gnade gefunden beim Herrn des Alls, und wirst empfangen aus seinem Worte.' Als sie dies hörte, geriet sie bei sich in Verwirrung und sprach: ‚Soll ich etwa vom Herrn dem lebendigen Gott empfangen und gebären auf die Weise wie jedes Weib?' Der Engel des Herrn sagte ihr: ‚Nicht so, Maria, denn die Kraft des Herrn wird Dich überschatten. So wird auch der aus dir geborene Heilige Sohn des Höchsten heißen, und du sollst ihm den Na-

40 Die Bibel, Lukas 1, 26 – 38.

men Jesus geben; denn er wird sein Volk erlösen von seinen Sünden.' Maria sprach: ‚Siehe des Herrn Magd vor ihm. Mir geschehe nach deinem Worte.'"[41]

Beiden Texten ist gemeinsam, dass die Empfängnis Marias und damit die Fleischwerdung von Jesus Christus über eine Schattenmetaphorik vermittelt wird, wenn der Erzengel Gabriel Maria mitteilt, „die Kraft [virtus = wörtlich Mannheit, männliche Tüchtigkeit][1] des Höchsten" werde sie „überschatten" *(virtus altissimi obumbrabit tibi)*.[42]

Mit diesem Wissen lohnt sich ein erneuter Blick auf die Verkündigungsszenen (Abb. 3|7). So wird bei Lippis Umsetzung deutlich, dass die Reinheit der Unschuld Marias dadurch bestehen bleibt, dass der Schatten hinter der Säule abbricht und sie wortwörtlich nicht befleckt. Flankiert wird die Szene durch den heiligen Geist, der in Gestalt einer seitlich dargestellten Taube mit geöffneten Flügeln neben dem linken Ohr Marias herabfliegt.

Religiös geprägte Deutungsvarianten des Mittelalters lehnen an dieser Stelle erwartungsgemäß jegliche sexuelle Konnotation – auch des Schattens – ab. Stattdessen wird in der *Legenda aurea* auf die „‚kalte' Empfängnis ohne fleischliche Leidenschaft"[43] und die Kühle „vor der Laster Hitze"[44] verwiesen. Aus derselben Quelle geht hervor, dass die Ursache für Marias Empfängnis eine „wundersame Minne zum heiligen Geiste" sei.[45]

---

41 Protoevangelium des Johannes. jakobus-weg.de, Rosenheim (2016). Online: http://www.jakobus-weg.de/aJakw/3Spiritua/Jkevangel.htm. Stand: 15.06.2016.

42 Sexuelle Metaphorik unter Gebrauch der Wörter ‚Schatten' und ‚Beschattungen' war im Mittelalter durchaus geläufig (Wagner: Zu einer Kunstgeschichte des Schattens, S. 94).

43 Stoichita: Eine kurze Geschichte des Schattens, S. 69.

44 De Voragine, Jacobus: Legenda aurea. Aus dem Lateinischen übersetzt von Richard Benz. Köln 1969, S. 253.

45 „Die Ursache natürlicher Empfängnis ist die Liebe des Mannes zu Weibe und die Liebe des Weibes zum Manne. Also war es auch bei der heiligen Jungfrau: denn da ihr Herz in wundersamer Minne zu dem heiligen Geiste brannte, so tat die Liebe zum heiligen Geist auch an ihrem Leibe Wunder" (Ebd.). Der vielfach unternommene Versuch, die Metapher des Beschattens auf einen Schutz vor der Sonne zurückzuführen (Siehe auch ebd.: Stoichita: Eine kurze Geschichte des Schattens, S. 68f.), scheint mit Blick auf seine physikalischen Eigenschaften immerhin nachvollziehbar. Eine gänzliche Ausklammerung der sexuellen Konnotation in der Metapher ‚die Kraft des Höchsten wird dich überschatten' bleibt vor dem Hintergrund einer wundersamen Zeugung eines Kindes ohne vollzogenen Geschlechtsverkehr schwer vorstellbar. Dabei bilden, wie Anselm Wagner herausgestellt hat, „Schutz- und Befruchtungsmetapher [...] keine Gegensätze. [...] Die Sonnenstrahlen stehen für die brennende Hitze der irdischen Begierden, die im Schatten des Kreuzes Ab-

Erstaunlich an dieser Beobachtung ist nun, dass Lippi in den späteren Verkündigungsbildern die Schatten verwirft und stattdessen Licht- und Punktlinien zur Darstellung des mirabilen Vorgangs einsetzt (Abb. 3|5a+b u. Abb. 3|6a+b). Damit vollzieht der Maler einen bemerkenswerten Wechsel von der noch jungen wiederentdeckten Schattenmalerei des 14. Jahrhunderts zur Verwendung geometrischer Formen in der Mitte des 15 Jahrhunderts. Punktlinien symbolisieren deshalb in diesem Fall den Bruch mit einer christlichen Schatten-Ikonografie, deren Verwendung auch durch die expliziten Textbezüge parallel dazu weiterverfolgt wird.

Statt den körperlich nicht vollzogenen Zeugungsakt weiterhin mit einer sprachlichen Metapher zu verknüpfen und bildlich durch den Schatten in Szene zu setzen, verwenden bekannte Künstler wie Fra Angelico, Fabriano oder Lippi nun geometrische Formen wie Linien und Punktlinien. Diese Darstellungsweise lässt sich aus zwei Richtungen erklären. Zum einen wird damit der ontologische Status des Lichtes im Bild mit der Verwendung von partiellem Goldgrund weiter unterstützt. Punktierte Lichtstrahlen scheinen dabei in ihrer Wirkung eindrucksvoller als zurückgenommene Schatten zu sein.

Zu anderen spiegeln die geometrischen Formen den Beginn der aufkommenden Wissenschaften wider, in denen optische Instrumente und Experimente mit Licht eine zentrale Rolle spielen. Der entscheidende Grund für die Verwendung geometrischer Formen ist allerdings in der zeitgleichen Etablierung der Zentralperspektive zu sehen, die durch Albertis *Della Pittura* nun breiten Anklang in der Kunst findet. In der bildenden Kunst überschreitet somit geometrisches und optisches Wissen den theoretischen Rahmen der früheren Gelehrsamkeit und findet seinen Ausdruck im Bildraum durch geometrische Formen. Dieser Vorgang beginnt bereits im 13. Jahrhundert, bricht sich aber erst in der Mitte des 15. Jahrhunderts Bahn. Im Folgenden soll die Abwendung der Kunst von textlicher Metaphorik und die Hinwendung zu einer diagrammatischen Formensprache in ihren Anfängen skizziert werden, die sich nur scheinbar plötzlich vollzieht.

3.3 Punkte, Linien und der geometrische Raum bei Giotto

Die vorgestellten Verkündigungsikonografien, die Licht- und Punktlinien verwenden, basieren auf dem konstituierenden Prinzip, Prozesse im Bild auf eine geometrische Form zu konzentrieren. Dabei wird die göttliche Begegnung bereits durch die Verwendung von Linien, Punkten und Punktlinien in einen geometrischen Raum

---

kühlung und Sublimierung erfahren." (Wagner: Zu einer Kunstgeschichte des Schattens, S. 94).

transferiert. Dieser Zugriff auf diagrammatische Formen verändert auch das Repertoire der Darstellungsmöglichkeiten in Gemälden und wirkt sich insbesondere auf die Konzepte von Prozessualität in Bildern aus. Dabei wirkt sich der gezielte Einsatz geometrischer Formen in Gemälden vor allem dadurch aus, dass relationale Bezüge hergestellt werden können, die zugleich die Bedingungen für die Produktion und Rezeption verschieben.

Autonome Punkte und Linien in Gemälden verweisen zunächst immer auf ihre geometrisch-mathematischen Eigenschaften und bilden so eine Brücke zwischen symbolischem Bildgehalt und diagrammatischer Abstraktion. Vorgänge, die eine raumzeitliche Abfolge beinhalten, sind mit diesen Formen darstellbar. Sie setzen dabei die Abstraktionsleistung des Rezipienten voraus. Im Bild wird ein abstrakter Code sichtbar, der aus Linien und Punkten besteht und beispielsweise eine Gotteserscheinung beschreiben kann. Wie dieser Rückgriff auf Linien und Punkte und in der Folge auch die Punktlinie bei der Abbildung wundersamer Prozesse zum festen Bestandteil christlichen Bildertraditionen werden konnte, soll darum ein historischer Rückblick zeigen.

Die frühesten Zeugnisse für diese Darstellungsweise finden sich im späten 13. Jahrhundert in der Ikonografie des heiligen Franziskus. Die ‚göttliche Begegnung' des Heiligen, die der Überlieferung nach zu Wundmalen oder Stigmata an Händen und Füßen führte, wird durch Punkte und Linien abgebildet.[46] Giotto setzt diese Geschichte des Heiligen zuerst um 1295 in der Oberkirche von Assisi[47] in Szene (Abb. 3|8): Ausgehend von Rumpf, Händen und Füßen eines christusgleichen Engels treffen durchgehende goldene Linien auf die rechte Brusthälfte, die Hände und die Füße des Bettelmönchs Franz von Assisi. Der nur wenig später zum Heili-

46 Schriftlich sind durch die Zeitzeugen Bonaventura und Thomas von Celano wichtige Details über den Ordensbruder Franz von Assisi und seine zugefügten fünf Wundmale überliefert: „Seine Hände und Füße waren in der Mitte wie mit Nägeln durchbohrt, und zwar kamen an der inneren Handfläche und der oberen Seite der Füße die Köpfe der Nägel zum Vorschein, auf der jeweilig gegenüberliegenden Seite die Spitzen. Jene Zeichen waren nämlich rund an der inneren Handfläche, außen aber länglich [...]. Auch war die rechte Seite wie von einem Lanzenstich durchbohrt [...]" (Celano, Thomas v.: Das Leben des heiligen Franziscus von Assisi. Aus dem Lateinischen übersetzt v. P. Schmidt. Basel [2]1921, S. 66).

47 Es ist davon auszugehen, dass dieses Fresko nicht auf die Überlieferungen Bonaventuras, sondern Celanos zurückgeht (dazu ausf. Wolf, Ruth: Der heilige Franziskus in Schriften und Bildern des 13. Jahrhunderts. Berlin 1996, bes. S. 143f.), Gerhard Ruf bemerkt, dass der Auftrag durch „Giotto und seine Werkstatt" ausgeführt wurde (Ders.: Die Fresken der Oberkirche San Francesco in Assisi. Ikonographie und Theologie. Mit Aufnahmen von Stefan Diller und Ghigo Roli. Regensburg 2004, S. 38 u. S. 197).

gen Erklärte[48] empfängt durch einen vieläugigen sechsflügeligen Engel, einen Seraph, Christus' Kreuzigungszeichen, die sogenannten Stigmata. Diese vom Engel ausgehenden Linien stehen im Fresko in der Funktion, eine Spur[49] abzubilden, die sich in *punctae* – übersetzt: Einstichen[50] – manifestiert. Wie bei den erwähnten, in der Kunst erst später verwendeten Schatten (vgl. 3.2) wird damit ein direkter körperlicher Bezug angezeigt. Giotto verwendet also für die Sichtbarmachung einer Gottesbegegnung Punkte und Linien, die er als zwei getrennte Formen versteht. Die Linie bildet den Prozess ab, während der Punkt sein Resultat ist. Eine Punktlinie als Kombination dieser beiden Funktionen existiert hingegen im Oeuvre Giottos nicht.[51]

Schäffner zufolge ist die Übertragung der Wundmale in Giottos Fresken[52] als ein geometrischer Vorgang[53] zu verstehen. Er führt dazu aus:

---

48 Vgl. Belting, Hans: Franziskus. Der Körper als Bild. In: Marek, Kristin / Preisinger, Raphaèle / Rimmele, Marius / Kärcher, Katrin (Hgg.): Bild und Körper im Mittelalter. München 2006, S. 21 – 36, hier: S. 21f.

49 Damit gehe ich von einem weiter gefassten Spur-Begriff als Krämer aus, deren Grundüberlegung zur Spur besagt, dass „Spuren [...] nicht gemacht [werden], sondern unabsichtlich hinterlassen" (Krämer, Sybille: Was also ist eine Spur? Und worin besteht ihre epistemologische Rolle? Eine Bestandsaufnahme. In: Dies. / Kogge, Werner / Gruber, Gernot (Hgg.): Spur. Spurenlesen als Orientierungstechnik und Wissenskunst. Frankfurt am Main 2007, S. 11 – 33, hier: S. 16).

50 Georges: Ausführliches lateinisch-deutsches Handwörterbuch, Bd. 2, Sp. 2085.

51 Die Ursprünge der frühesten Punktlinien in der bildenden Kunst gehen meiner Recherche nach nicht direkt auf Giotto und die Legende des Heiligen Franziskus zurück. Vielmehr sprechen die Befunde aus Abschnitt 3.1 und 3.2 für einen engen Zusammenhang zwischen Punktlinien und den Verkündigungsikonografien. Giottos Verwendung geometrischer Formen in den Fresken ist jedoch als Auftakt für einen diagrammatischen Einfluss in der Kunst zu verstehen.

52 Schäffner beschreibt diesen Vorgang an einem späteren Stigmatationsfresko Giottos der Arenakapelle in Bardi, dass dem hier gezeigten Fresko sehr ähnelt und im Gegensatz zum hier beschriebenen nicht als Phänotyp der Stigmatation gilt (Art.: Franz von Assisi. In: Lexikon der christlichen Ikonographie. Bd. 6. Sp. 260 – 315, hier: Sp. 271. Vgl. Schäffner, Wolfgang: Die Wunder des San Francesco d' Assisi und der Therese Neumann. Elemente einer Mediengeschichte des Stigmas. In: Menke, Bettine / Vinken, Barbara (Hgg.): Stigmata. Poetiken der Körperinschrift. München 2004, S. 181 – 195, hier: S. 184).

53 Dankenswerterweise stand mir für diese Arbeit das Typoskript zur geplanten Publikation *Punkt 1.0. Zur Genese des analogen Codes* von Wolfgang Schäffner zur Verfügung (vgl. 1.3), in dem Schäffner genauestens diesen Vorgang untersucht. Dabei erweitert er die

„Reproduziert werden nur die einzelnen Stigmata, fünf Punkte am Körper, die zum Aktionsort von Lichtstrahlen werden. Der Körper von Francesco ist also weder ein einzelnes Bild, noch ein einziger Bildschirm als Aufzeichnungsmedium; er bildet keine homogene Fläche, sondern bietet vielmehr einen intransparenten Körper mit fünf unabhängigen Flächen, auf die sich die einzelnen Punkte projizieren und einschneiden. Es ist eine optische Projektion, die in tech-nischer, praktisch-geometrischer Weise reproduziert. Die fünf Punkte oder Löcher im Körper der Christusfigur werden vor allem durch das Licht sichtbar, das sie aussenden und mit dem sie den Körper des Francesco treffen: Punktgenau stechen, schneiden sie diesen Körper ein.[54]

Dieser Einschätzung folgend, ist die Darstellungsform in zweierlei Hinsicht originär: Erstens wird der Prozess eines wunderhaften Geschehens durch geometrisch verlaufende Linien angezeigt. Licht wird dabei nicht nur durch Linien dargestellt, es wird auch durch sie übertragen. Zweitens werden die Spuren dieses Vorgangs durch zurückbleibende Punkte dokumentiert. Zeichentheoretisch werden dabei die dargestellten Linien zum Symbol für Licht.[55] Sie hinterlassen den Punkt als Spur, als Index in Gestalt von Wundmalen, der die Verbindung zwischen Licht und göttlicher Eingebung sichtbar macht und Licht als Übertragungsmedium definiert (vgl. 3.2).[56]

Das ‚göttliche Licht' ist jedoch anders als die dargestellten Lichtstrahlen kein gerichtetes. Erst die Konzentration auf den Prozess der Stigmatation erzeugt die linienförmige Bündelung und eine geometrische Verschiebung. Anders als beispielsweise bei einem *halo*, der die göttliche Sphäre als vorhandene anzeigt, weisen die Lichtlinien bei Giotto auf eine konkrete und die Zeitlichkeit bezogene Situation hin.[57] Der Prozess im Bild wird durch Punkte und Linien codiert, und seine Lesbar-

---

wissenschafts- und mediengeschichtliche Bedeutung dieses „Übertragungs- und Aufzeichnungsvorgangs" um die Dimension einer „Projektionsgeometrie". Die Zitate stammen aus dem unpaginierten Kapitel ‚Giottos Geometrie des Wunders' des Typoskripts. Stand: Sept. 2013. Siehe dazu auch: Schäffner, Wolfgang: Die Wunder des San Francesco d' Assisi, bes. S. 184ff.

54 Schäffner: Punkt 1.0, [Typoskript], Stand: September 2013, Giottos Geometrie des Wunders, unpag.

55 Genauer und ausf. dazu in 7.2.

56 Interessanterweise ist zudem ein ikonischer Bezug zum Licht für die Linie tatsächlich durch den Glanz des aufgetragenen Blattgoldes auf den Linien gegeben.

57 Der Goldgrund erfährt damit bildlich durch diese Linien eine Zergliederung. Im Laufe weniger Jahre wird der Goldgrund zunehmend weniger in der Malerei verwendet, bis in der zweiten Hälfte des 15. Jahrhundert beinahe vollständig zurückgedrängt ist (vgl. Baxandall: Die Wirklichkeit der Bilder, S. 25). Diese Fragmentierung der Fläche hat auch

keit ist durch einen unverschlüsselten Bildkontext gewährleistet. Aus Giottos Einbettung geometrischer Formen in die christliche Ikonografie lassen sich nun vier Schlussfolgerungen ziehen: Erstens werden die Wunden des Heiligen Franziskus, dem Mythos nach die übertragenen Wundmale Christis, durch das göttliche Licht übertragen. Dieser Prozess wird durch Linien dargestellt. Zweitens erfolgt dieser Transfer im Sinne einer Spiegelung, also nach den Prinzipien eines optischen Phänomens. Das heißt, mit Hilfe von physikalischen und geometrischen Prinzipien werden Merkmale von Körper A auf Körper B übertragen. Drittens erfolgt diese Übertragung im Sinne einer körperlichen Einschreibung oder Prägung.[58] Viertens sind die Zeichen für diesen Prozess der Einschreibung oder Prägung Punkte, die durch eine geometrische Operation erzeugt werden.

Ausgehend von diesen Überlegungen liegt die These nahe, dass Giottos Innovation auch auf andere Ikonografien Einfluss nimmt und dass das Konzept, Linien und Punkte als Prozessanzeiger zu verwenden, dadurch weiter an Bedeutung gewinnt. Dafür spricht, dass sich kompositorische Parallelen auch bei anderen Malern aufzeigen lassen. Teile von Giottos Bildkonzept werden so beispielsweise zu Beginn des 14. Jahrhunderts von Fabriano in einer Stigmatationsszene übernommen (vgl. Abb. 3|8 mit Abb. 3|9). Auch bei Fabriano wird ausgehend von einer engelsartigen Gestalt eine göttliche Begegnung durch Lichtstrahlen angezeigt. Da nach Giotto eine breite Schule seiner Kunst Einfluss gewann, irritiert diese Beobachtung nicht. Dass allerdings das Übertragungskonzept der Stigmatation für die Verkündigungsszenen des 15. Jahrhunderts übernommen wird, ist überaus bemerkenswert. Schließlich spiegelt sich darin ein spezifisches Darstellungskonzept wider, das einerseits Lichtstrahlen zur Darstellung eines Prozesses und andererseits geometrische Formen als Prozessanzeiger weiterverwendet und in ihren Funktionen erweitert.

Blickt man noch einmal auf die Verkündigungsszene von Fabriano (Abb. 3|4a), dann fallen die Analogien sofort ins Auge: Der Übertragungsprozess beginnt auch

---

Folgen für die Wirkung des Goldgrundes: Das ‚göttliche Licht‘ strahlt nun nicht mehr als dominierender Bildgrund, sondern taucht nur noch vereinzelt als ‚Bildeffekt‘ auf. Mit dem Einzug hervorgehobener Lichtlinien setzt erstens ein Fragmentierungsprozess des Goldgrundes ein. Zweitens wird aus dieser Absetzung innerhalb des göttlichen Lichts nur wenige Jahre später auch die Linienform selbst eine Fragmentierung erfahren.

58 Bonaventura beschreibt, dass die Einprägung der göttlichen Wundmale durch ein Feuer „*in carne non minus mirabilem signorum impressit effigiem*“ (Bonaventura: Bonaventurae legenda maior Kapitel XIII.3, Analecta Franciscana X, Ad Claras Aquas Florentiae. Quaracchi-Florenz 1926/41, S. 616), gleich einem Siegel „signacula impressa“ (Frugoni, Chiara: Franz von Assisi. Die Lebensgeschichte eines Menschen. Aus dem Italienischen übertragen v. Bettina Dürr. Zürich, Düsseldorf 1997, S. 155) verursacht wurden.

hier ausgehend von einem Engel, der am Himmel erscheint, und wird als breiter punktierter Lichtstrahl dargestellt. Dieser Strahl bleibt insgesamt liniengleich, da er an den Außenseiten gerade verläuft. Alle Punkte und damit das gesamte Licht des Engels enden auf dem Bauch Marias. Wie ein einzelner gebündelter Sonnenstrahl bahnt sich so das Licht Gottes seinen Weg und mit ihm eine Vielzahl „goldsprühende[r] Pünktchen“[59], die als kreisrunder Umriss auf dem Bauch Eingang in den Leib Marias finden.[60] Auch hier erfolgt eine Einprägung, und zwar auf dem Leib Marias, der als Spiegelung des Sechspasses zu erkennen ist (Abb. 3|4c). Dieser Abdruck erfolgt nach den Gesetzen des optischen Phänomens einer Spiegelung, da die Umrisse des Sechspasses auf dem Kleid sichtbar werden.[61] Wie schon bei Giotto werden geometrische Prinzipien in Linien und Punkten veranschaulicht und so zu Zeichen der göttlichen Übertragung.

Neben diesen Parallelen zwischen Giotto und Fabriano gibt es natürlich auch signifikante Unterschiede. Denn wie Schäffner richtig bemerkt, handelt es sich bei Giottos Stigmatationsszene um eine „orthogonale Projektion“[62] der Wundmale, da

59 Edgerton verwendet diesen Begriff zur Beschreibung des punktierten Lichtstrahls bei Lippis Verkündigungsbild (vgl. Abb. 3|5a u. 3|5b; Edgerton: Giotto und die Erfindung des Übernatürlichen, S. 89).

60 Hodne betont dabei, dass die Eigenschaft des Lichts die einer spurlosen Durchdringung sei und beschreibt die Szene wie folgt: „The most interesting aspect, however, ist he Light; not just the light as a sign of the ever-present God but equally as a symbol of Mary's virginity. As already noted, the light does not shine directly on her but first penetrates a beautiful, multicolored stained glass window, high up on the wall of her room. Theologians and poets have often explained the mystery of the Incarnation by comparing the miraculous conception and birth of Jesus to the sunlight that shines to the window without breaking the glas, God's spirit entered Mary's womb without breaking her 'seal'.“ (Hodne: The Virginity of the Virgin, S. 84).

61 Und eine weitere Spiegelung ist für das Bild Fabrianos (Abb. 3|4a) festzuhalten: Gesicht, Haare und Heiligenschein des Engels sind mit geringen Abweichungen beinahe mit dem Abbild Marias identisch, so dass das Engelsantlitz auch als eine gespiegelt-verzerrte Abbildung Marias deutbar ist. Zieht man zwischen Engel und Maria eine imaginäre vertikale Trennlinie, so sprechen weitere Details im Bildhintergrund, etwa die symmetrischen Wandverzierungen und der Teppich, für eine solche Lesart. Nicht zufällig wiederholt sich deshalb Marias Antlitz im Gesicht des ihr erscheinenden Engels, versinnbildlicht er doch den Übertragungsprozess einer Spiegelung: Maria erkennt sich selbst beim Anblick des Engels wieder.

62 Schäffner: Punkt 1.0, [Typoskript], Stand: September 2013, Giottos Geometrie des Wunders, unpag. Vgl. auch Ders.: Die Wunder des San Francesco d' Assisi, S. 184. Schäffner

die Lichtlinien nicht seitenverkehrt auf den Körper des Heiligen treffen, wie es bei einer physischen Gegenüberstellung zu erwarten wäre. Fabriano hingegen hinterfragt dieses Detail. Schon in der Stigmatationsszene verarbeitet er die optisch korrekte und damit seitenverkehrte Projektion (vgl. Abb. 3|8 mit Abb. 3|9). Es ist derselbe Maler, der mit seinem Verkündigungsbild ein Novum schafft, indem er auch hier konsequent Giottos Bildkonzept der göttlichen Übertragung durch Einschreibung in die Verkündigungsikonografie überträgt.[63]

Für das frühe 14. Jahrhundert lässt sich daraus schließen, dass bereits einige Maler dieser Zeit über das Wissen und die Technik verfügen, mittels geometrischer Verschiebung und den Prinzipien optischer Phänomene Prozesse durch geometrische Zeichen ansichtig zu machen. Fabrianos *Stigmatation des Heiligen Franziskus* und die *Verkündigungen an Maria* belegen eindrucksvoll, nach welchen Prinzipien Linien und Punkte zur Darstellung von Prozessualität in unterschiedlichen Motiven eingesetzt werden können. Während Giotto am Ende des 12. Jahrhunderts zum ersten Mal ‚Stigmatisierungs-Strahlen' verwendet – Schäffner zufolge sind dies „die ersten Linien, die in einem Bild einen Tiefenraum durchqueren und aus der Tiefe des Bildraums kommend von hinten nach vorne strahlen"[64] –, wird zu Beginn des 15. Jahrhunderts das Prinzip dieser Lichtstrahlen in anderen Kontexten fortgesetzt und sogar noch erweitert. Die Punktlinie tritt dabei als neue Form in der Kunst in Erscheinung. Und zwar geschieht dies so, dass die von Giotto angelegten Grundideen der „Korrespondenz von himmlischem und irdischem Geschehen"[65] mit den geometrischen Formen des Punktes und der Linie angezeigt werden können. Dabei variiert bereits die Form der Punktlinie, wie sich an den Bildbeispielen der Verkündigungen erkennen lässt. So begegnen dem Bildbetrachter bereits im 15. Jahrhundert gerade, ungerade, breite, dünne, halbkreisförmige und auch von durchgezogenen Linien begleitete Punktlinien.

---

spricht in diesem Zusammenhang auch von „einer Projektionsgeometrie im doppelten Sinne, als ausgesendete Projektile und optische Projektion" (ebd.).

63 Die Projektion in der Verkündigungsszene (Abb. 3|4c) erfolgt, indem das Fenster als Sechspass gespiegelt auf dem Kleid Marias zu erkennen ist. Außerdem erzeugt Fabrianos Verwendung eines punktierten Lichtstrahls eine vorteilhafte Halbtransparenz, die hinsichtlich der Abbildungsrealität oder Naturtreue dem optischen Phänomen von Licht näherkommt.

64 Schäffner: Punkt 1.0, [Typoskript], Stand: September 2013.

65 Art.: Verkündigung an Maria. In: Lexikon der christlichen Ikonographie, Sp. 430.

Auch wenn Giottos Bildraum noch kein perspektivischer ist,[66] so beinhaltet er dennoch geometrisches und optisches Wissen, das entscheidenden Einfluss auf die Formgebung hat. Giottos Konzept der geometrischen Projektion ist zusammengefasst als entscheidender Schritt für die Etablierung der Punktlinie in der christlichen Ikonografie zu sehen, denn in seinem Fresko in Assisi werden der Punkt und die Linie zum ersten Mal zu Indizes für Prozessualität erhoben.

3.4 ZUR LACTATIO DES HEILIGEN BERNHARD – PROZESSE IM BILD

Ein weiteres eindrucksvolles Beispiel für die Abbildung von Prozessen mit geometrischen Formen, das hier genauer betrachtet werden soll, ist das Motiv der *Maria Lactans*. Der Topos der stillenden Gottesmutter in der christlichen Ikonografie geht im Wesentlichen auf zwei Quellen zurück. Die erste Quelle liegt in Paulus' *Brief an die Hebräer* (5, 12 – 14), in dem es heißt:

„Und ihr die ihr längst Lehrer sein solltet, habt es wieder nötig, dass man euch die Anfangsgründe der göttlichen Wortelehre, und dass man euch Milch gebe und nicht feste Speise. Denn wem man noch Milch geben muss, der ist unerfahren in dem Wort der Gerechtigkeit, denn er ist ein kleines Kind. Feste Speise aber ist für die Vollkommenen, die durch den Gebrauch geübte Sinne haben und Gutes und Böses unterscheiden können."[67]

Die zweite Quelle weist auf das Protoevangelium des Jakobus, ein sogenanntes apokryphes Kindheitsevangelium:

„Und sie hielten an dem Ort der Höhle an. Und eine finstere Wolke überschattete die Höhle. Und die Hebamme sprach: ‚Erhoben ist heute meine Seele, denn meine Augen haben heute Unglaubliches gesehen, denn Israel ist die Erlösung geboren.' Und sofort zog sich die Wolke aus der Höhle zurück, und ein großes Licht erschien in der Höhle, sodass die Augen es nicht ertragen konnten. Nach kurzer Zeit zog sich jenes Licht zurück, bis der Säugling erschien. Und er kam und empfing die Brust von seiner Mutter Maria."[68]

---

66 Vgl. bspw. Olschki, Leonardo: Der geometrische Geist in Literatur und Kunst. In: Deutsche Vierteljahrsschrift für Literaturwissenschaft und Geistesgeschichte 8 (1930), S. 516 – 538, hier: S. 519.

67 Die Bibel, Der Brief an die Hebräer, 5, 12 – 14.

68 Protoevangelium des Jakobus. Die Geburt Jesus. In: Plisch, Uwe-Karsten: Was nicht in der Bibel steht. Apokryphe Schriften des frühen Christentums. Stuttgart 2006, S. 43 – 62, hier: S. 58.

Während die Milch im *Brief an die Hebräer* weder mit Maria noch mit göttlicher Wirkung besetzt ist, wirkt die Schilderung des Jakobus aus dem 2. Jahrhundert nach Christus in dieser Hinsicht schon deutlich expliziter. In der Deutung des Bischofs Theodotus von Ancyra aus dem 4. Jahrhundert n. Chr. wird die biblische Gleichsetzung von Unerfahrenheit mit einem, der die Milch zum Leben braucht, vollkommen vernachlässigt. Stattdessen werden die Dichotomien aus Weich und Fest sowie Gut und Böse fortgesetzt, indem Theodotus sich auf die Brüste der Muttergottes bezieht. Während die eine Brust Marias als die Quelle der Spiritualität und die andere demnach als die der Nahrung zu verstehen sei,[69] werden Marias Brüste insgesamt zur ‚Quelle des Lebens'[70] und zu dem Ursprung göttlicher Milch stilisiert. Wie Hodne ausführlich gezeigt hat, wird die Milch damit nicht mehr wie im *Brief an die Hebräer* als kindliche Speise verstanden, sondern es werden ihr nun heilende Kräfte zugesprochen.[71] In diesem Kontext ist das Motiv der *Maria Lactans* zu sehen, das als Ausdruck der Marienverehrung in die christliche Ikonografie eingegangen ist.[72] Zur breitgefächerten Erzähl- und Deutungstradition um die Motivik der *Maria Lactans* zählt nicht zuletzt die Legende der *Lactatio des Heiligen Bernhard von Clairvaux*. Das Phänomen von Prozessualität im Bild soll deshalb exemplarisch an dieser Ikonografie genauer betrachtet werden.

Die Legende zum Heiligen Bernhard besagt, dass ihm plötzlich die Gottesmutter erschien, nachdem er die Worte *monstra esse matrem* ausgesprochen hatte. Dabei habe sie eine Brust entblößt und drei Tropfen Milch herausgepresst, sodass diese auf die Lippen Bernhards gefallen seien. Direkt danach seien aus Bernhards Mund die wundersamsten und schönsten Verse gekommen, so dass er ein großer

---

69 Hodne: The Virginity of the Virgin, S. 104.

70 „Mary is the spring of life, and in her breasts, the milk of faith and of truthfulness is found." (Ebd., S. 104).

71 Hodne zeigt auf, dass diese jedoch ursprünglich nicht auf Maria sondern auf Gottvater zurückgehen: „This idea of the breast of the Father, finding its main source in the Song of Solomon, is carried through into the so-called Odes of Solomon. The author of the odes is unknown, but as the name suggests, they were previously attributed to King Solomon. [...] It is unclear whether it originated among orthodox Christians. Some have tied it to Gnostic or Heretic circles based, among other things, on the passages that relate to the Father's breasts. Ode o. 19 explains that the Holy Ghost mixes the milk from the Father's two breasts and gives it to Mary, who falls pregnant and gives birth to Jesus." (Hodne: The Virginity of the Virgin, S. 106).

72 Genauer dazu: Ebd., S. 102 – 112 sowie Schreiner, Karl: Velgine, Madre, Regina. Rom 1995. Weiterführend siehe auch: Toepel, Alexander: Das Protoevangelium des Jakobus. Ein Beitrag zur neueren Diskussion um Herkunft, Auslegung und theologische Einordnung. Münster 2014.

Dichter geworden sei.[73] Mit der Abbildung dieser Begebenheit wird der Marienkult gewissermaßen auf die Spitze getrieben und die Darstellung eines wundersamen Prozesses mit unterschiedlichen Mitteln bildlich umgesetzt. Der Legende entsprechend, geht es dabei darum, die Entgegennahme der göttlichen Milch, also einen zeitlichen Ablauf, abzubilden. An drei Bildbeispielen dieses Motivs sollen die unterschiedlichen Übertragungsarten aufgezeigt und die Funktion geometrischer Formen nachgezeichnet werden.

Zu den frühesten erhaltenen Bildern dieser Ikonografie zählt ein fünfgliedriges Holzretabel, das auf die Zeit um 1290 datiert ist und die vier Lebensabschnitte des Heiligen abbildet.[74] Gleich die erste Szene daraus zeigt die wundersame Begegnung des Heiligen Bernhard mit der Gottesmutter (Abb. 3|11): In weißer Mönchskutte und Tonsur, die Hände zum Gebet gefaltet, kniet der Heilige vor Maria, die den Gottessohn im Arm hält. Bernhard hat den Kopf in den Nacken gelegt und den Blick nach oben gerichtet. Im Hintergrund sind drei weitere Figuren zu erkennen, die Leuchter herbeitragen und die Begegnung bezeugen. Alle Bildfiguren sind mit Heiligenscheinen versehen. Marias rechte Brust ist nackt und wird von ihr mit der linken Hand so umfasst, dass sie mit Daumen und Zeigefinger Druck ausüben kann. Aus der Brustwarze schießt im hohen Bogen ein weißer Milchstrahl am Christuskind vorbei hinab zu den Lippen des knienden Bernhard. Der Verlauf dieses Strahls ist bogenförmig, das heißt die Anmutung gleicht einem realen Flüssigkeitsstrahl. Die Eingebung erfolgt auf dieser Abbildung der Legende entsprechend durch die Einnahme der Gottesmilch *per os*. Neben dieser Darstellungsmöglichkeit existieren zudem zwei Varianten, bei denen die Übertragung *per aurem* oder *per oculos / per lucem* erfolgt. In der Ikonografie der *Lactatio des Heiligen Bernhard* wird also mit den gleichen Konzepten wie in Verkündigungsdarstellungen (vgl. 3.3) operiert.

So wird etwa einem Bild aus den 1480er Jahren neben der Übertragung *per os*, also durch den Mund Bernhards, auch die Übertragung *per aurem* durch einen Schriftzug angedeutet (Abb. 3|11 a+b): Das Gemälde eines unbekannten flämischen Meisters zeigt im Vordergrund drei christliche Figuren, die jeweils mit einem Heiligenschein versehen sind. Eingebettet in einer Naturlandschaft ist im Hintergrund die Kirche von Clairveaux zu erkennen, darüber hinaus zwei Mönche, die davor an einem Pfad stehen. Zur linken Seite im Bild befindet sich Maria mit dem Jesusknaben auf dem linken Arm. Zur ihrer rechten Seite und weiter unterhalb ist der Heilige Bernhard an den Attributen Mönchskutte, Passionsstab und Tuch sowie

73 Die Legende ist bspw. nachzulesen bei: Spretnak, Charlene: Missing Mary: The Queen of Heaven and her Re-Emergence in the Modern Church. New York 2004, S. 213.

74 Vgl. Art. Bernhard v. Clairvaux. Christel Squarr. In: Lexikon der christlichen Ikonographie, Bd. 5. Ikonographie der Heiligen Aaron bis Crescentianus von Rom. Rom, Freiburg, Basel, Wien 1972, Sp. 371 – 385, hier: Sp. 373, Abb. 1.

an der halbgeöffneten heiligen Schrift zu erkennen. Maria trägt ein rotes Kleid und hält damit sowohl ihr Haupt als auch den Jesusknaben leicht bedeckt. Ihre linke Brust ist hingegen entblößt und wird von ihrer rechten Hand so gedrückt, dass ein dünner Strahl über das aufblickende Jesuskind hinüber zum Heiligen Bernhard schießt und diesen am Mund berührt. Der Milchstrahl wird durch mehrere weiße, gerade Linien dargestellt, die zwar von weitem betrachtet einen geraden, geometrisch verlaufenden Strahl ergeben, aus der Nähe jedoch eher einer gebrochenen Linie entsprechen. Hodne schreibt dazu: „Milk streams out in a flow that looks like rays of light, hiting the lips of the kneeling monk“[75]. Begleitet wird dieser Milchfluss von einer Buchstabenreihe, die sich zwischen Maria und St. Bernhard schlängelt.

In einem weiteren Bild dieser Ikonografie von etwa 1520 bleibt der unbekannte Meister den Darstellungskonventionen früherer Bilder weitgehend treu (vgl. Abb. 3|11 mit Abb. 3|12): Der Milchstrahl wird erneut als eine weiße Linie dargestellt, die allerdings in diesem Beispiel direkt auf das Auge des Heiligen gerichtet ist (Abb. 3|12) und das Konzept einer Übertragung *per lucem / per oculos* hinweist. Die Verbindung zwischen Maria und Bernhard wird durch eine geometrisch-waagerechte Linie erzeugt. Der Transfer der göttlichen Eingebung ist somit an eine geometrische Struktur gebunden.

Die Parallelen zum Motiv der *Verkündigung* (vgl. 3.1) aus demselben Zeitraum sind evident, denn die *Lactatio des Heiligen Bernhard* operiert mit den gleichen Übertragungskonzepten und analogen Gestaltungsmitteln: Ein göttliches Wunder wird durch geometrische Linien ins Bild gesetzt, die als Milch- oder Lichtstrahlen und ein Jahrhundert zuvor als Stigmatationslinien einen diskreten Kontakt zwischen den Figuren herstellen. Diese Verbindung ist dadurch gekennzeichnet, dass eine transzendente Distanz überbrückt wird und dieser Prozess durch geometrische Formen sichtbar gemacht wird. Nicht immer sind die dazu verwendeten Linien eindeutig durchbrochen oder durch eine Vielzahl von Punkten gestaltet (Abb. 3|11b). Gleichbleibend ist dagegen die instrumental erzeugte Geradlinigkeit, mit der sich diese Formen vom übrigen Bildkontext abheben. Um einen Prozess bildlich zu veranschaulichen, treten Lichtblitze, Goldgrund oder Schatten (vgl. 3.2) als Gestaltungsmittel in den Hintergrund. Ersetzt werden diese Bildeffekte durch einen neuen Bildcode, der eine abstrakte Dimension im Bild erzeugt, die jenseits einer naturalistischen Widergabe gesehener Phänomene operiert.[76] Sowohl in der *Lactatio des Heiligen Bernhard* als auch in den *Verkündigungen an Maria* tritt dieses Bildphä-

75 Hodne: The Virginity of the Virgin, S. 111.

76 Bedenkt man den physikalisch bedingten Verlauf eines Flüssigkeitsstrahls wie im ersten Bildbeispiel dazu gesehen (Abb. 3|11), handelt es sich dagegen bei den geometrischen Linien als Milchstrahl um eine eher unnatürliche Formwahl.

nomen auf. Dabei lässt sich eine zeitliche Eingrenzung für die Verwendung geometrischer Punkte und Linien für die Darstellung von Prozessen in Gemälden auf den Beginn des 15. Jahrhunderts vornehmen. Die Verwendung geometrischer Grundformen in Gemälden koinzidiert mit der Einführung zentralperspektivischer Regeln in die bildende Kunst.

3.5 ZUSAMMENFASSUNG: DRITTES KAPITEL

An der Schwelle vom Mittelalter zur Frühen Neuzeit beginnen Künstler in Europa, mit geometrischen Formen Prozesse in Bildern sichtbar zu machen. In der christlichen Ikonografie brechen damit zugleich Linien und Punkte in den Bildraum ein, die in ihrer nackten geometrischen Gestalt gegenüber naturnahen Sujets zunächst wie abstrakte Fremdkörper wirken. Besonders bemerkenswert daran ist, dass die so verwendeten geometrischen Formen in spezifischen Funktionszusammenhängen stehen. Ob zur Bezeugung der *Stigmatation des Heiligen Franziskus* oder zur Darstellung der *Verkündigung Marias* und der *Milchspeisung des Heiligen Bernhards* – geometrische Linien und Punkte versinnbildlichen mirabile Vorgänge, die aus einer anderen, aus einer göttlichen Welt stammen. Als Konnex zwischen irdischem Dasein und göttlicher Sphäre werden so mathematische Zeichen als „stellvertretende Formen des Göttlichen“[77] eingesetzt. Auch die teilweise gelungene Einbettung in die christliche Ikonografie ändert nichts daran, dass die Dichotomie aus naturalistischem und abstraktem Bildraum deutlich erkennbar wird. Linien und Punkte in Gemälden sind deshalb als Verfahren einzuschätzen, das ein unsichtbares Gesetz geometrischer Ordnung verkörpert.

Theologisch und künstlerisch betrachtet, werden die geometrischen Formen dieser Ordnung mit göttlicher Allmacht verknüpft. Dies trifft auch für „[d]ie perspektivische Szenerie“ zu, die „selber bereits eine Art visuelle Metapher“[78] für die göttliche Ordnung ist. Auch der einflussreiche Alberti vertritt in diesem Sinne für die Kunst die Ansicht, dass die Welt am besten funktioniere, „wenn alles in ihr den Gesetzen der Mathematik gehorchte.“[79] Dazu passt, dass Punktlinien in Gemälden ab 1400 durch die spezifische Materialität des Goldgrundes zusätzlich an Lichteffekte und Lichtstrahlen gebunden sind. „Gott ist Licht“[80], besagt ein christliches

77 Bredekamp, Horst / Bruhn, Matthias / Werner, Gabriele: Editorial. In: Bildwelten des Wissens. Kunsthistorisches Jahrbuch der Bildkritik 7:2 (2010), S. 7 – 8, hier: S. 7.

78 Edgerton: Die Entdeckung der Perspektive, S. 32f.

79 Vgl. ebd.

80 Art.: Licht, Lichterscheinungen. Holl, Oskar. Die wichtigsten Aspekte der Lichtikonographie. In: Lexikon der christlichen Ikonographie. Bd. 3. Allgemeine Ikonographie L –

Credo (vgl. 3.2), so dass Lichteffekte in der christlichen Kunst grundsätzlich mit der metaphysischen Sphäre verknüpft werden. An den untersuchten Bildbeispielen konnte gezeigt werden, dass Licht dabei mit Punktlinien visualisiert wird. Diese werden zusätzlich mit Goldpartikeln, Goldgrund sowie den Farben Weiß und Goldgelb dargestellt (vgl. 3.1 – 3.4) und behalten damit die traditionellen Abbildungsfarben von Licht, Gott und göttlichen Begebenheiten.[81]

Flankiert wird diese ikonografische Neuerung in der Darstellung christlicher Wunder durch ein verändertes geometrisches und perspektivisches Raumdenken. Die Wahl der Gestaltungsmittel beeinflusst dabei nicht nur der Darstellungen, sondern ebenso die Sehgewohnheiten des Betrachters.[82] Schon im späten 13. Jahrhundert lässt sich dieser Wandel im Oeuvre Giottos beobachten. Giotto verwirft als erster die traditionelle Bedeutungsperspektive und beginnt stattdessen, die Raumordnung mit der Hilfe von geometrischen Formen zu erweitern. Noch bevor sich also diagrammatische Formen in Wissenschaftstraktaten der Frühen Neuzeit etablieren können, findet in den Fresken Giottos die Übertragung des diagrammatischen in die bildende Kunst statt. Die Intermediarität dieser Bilder, ihre Doppelnatur zwischen Einschreibfläche und geometrischer Konstruktion, läutet für die bildende Kunst die Zeit eines neuen diagrammatischen Formenparadigmas ein.[83] In diesen Formen

---

R. Sp. 95 – 100, hier: Sp. 97. „Alle Lichtvisionen sind Demonstrationen des himmlischen Lichts, die ursprünglichsten Formen der Gotteserfahrung" (ebd., Sp. 98). Vgl. auch: Schöne: Über das Licht in der Malerei, S. 55f.

81 Mit Giotto ändert sich im Spätmittelalter die Wirkung von Farben. Seine Malweise und Farbwahl führt in Folge dazu, dass Farben „Wesentliches von ihrem Symbolcharakter genommen" wird (Art. Farbensymbolik, D. Abendländisch. SpätMA u. Neuzeit. Roth, Elisabeth. In: Lexikon der christlichen Ikonographie. Allgemeine Ikonographie F – K. Bd. 2. Sp. 13 – 14, hier: Sp. 13).

82 Vgl. Fiorentini: Modus Videndi, bes. S. 130.

83 Beispielhaft prägt Giotto auch durch die Verwendung geometrischer Linien in der *Stigmatation des Heiligen Franziskus* für Künstlergenerationen das Bildkonzept, dass Übertragungen durch geometrische Linien und Punkte abgebildet werden können. In Folge verändern bedeutende Künstler des Quattrocento wie Fra Angelico, Fabriano oder Lippi nicht nur die räumliche Sichtweise auf Gemälde, indem sie etwa Regeln der Geometrie und Perspektive strukturell anwenden. Sie öffnen damit vor allem den Bildraum für die Sichtbarmachung geometrischer Formen. Geometrische Linien, Punkte und Punktlinien werden so als Teile eines neuartigen Bildercodes etabliert, der jenseits der bekannten christlichen Ikonografien und als eine Gelenkstelle zwischen Anschauung und Denken zu verstehen ist.

spiegeln sich ikonografische Bezüge ebenso wie strenge mathematische Regeln und optische Prinzipien wider.[84]

Gleichzeitig lässt sich bei bekannten Künstlern dieser Zeit wie Fra Angelico, Fabriano oder Lippi eine Bedeutungserweiterung des Punktes feststellen. Dies zeigt sich eindrücklich an Verkündigungsszenen, in denen der Punkt einerseits als Spur oder Einstich fungiert und andererseits ein Zeugnis für die göttliche Begegnung darstellt (vgl. Abb. 3|4c, Abb. 3|5b u. Abb. 3|6b). Daneben wird deutlich, dass Linien und Punkte zu gleichsam beweglichen Bildanteilen werden, die dazu dienen, räumliche Abstände in der Darstellung zu überbrücken. Besonders die Wiederholung von Punkten unterstützt diesen dynamischen Bildeffekt. Linien, Strahlen oder Punkte zeigen dabei immer eine Distanzüberwindung an, einen diskreten Kontakt zum Göttlichen und eine Spur der Eingebung. Das gilt für den Ort der Empfängnis, also den Leib Marias (vgl. 3.1), ebenso wie für die *Lactatio des Heiligen Bernhard.* Linien und Punkte repräsentieren somit stets den Kontakt zwischen irdischer und göttlicher Sphäre.[85]

Vor diesem Hintergrund lassen sich aus den in Kapitel 3 erarbeiteten Beobachtungen für Punktlinien in der Kunst fünf zentrale Beobachtungen festhalten:

1) Die geometrischen Formen führen innerhalb der klassischen Malerei zu einer sichtbaren Trennung von realen und ideellen Bildinhalten. Über den Punkt, die Linie und die Punktlinie entsteht für den Bildbetrachter eine Imaginationsebene. Diese Formen zeigen an, dass zusätzliches Wissen und ein zusätzlicher Denkprozess vom Bildbetrachter erforderlich ist, um das Bild in Gänze zu verstehen.
2) Punktlinien sind in Gemälden des Quattrocento mit Konzepten der geometrischen Ordnung und der göttlichen Wunder verbunden. Im Gegensatz zu den späteren, streng geometrisch angeordneten Punktlinien der Frühen Neuzeit (vgl. Kap. 4) zeugen die ungleichen Abstände und die zum Teil parallelen Anordnungen von Punkten bei Punktlinien in Gemälden von einer ähnlichen Form, die als Vorform der Punktlinie eingeschätzt werden kann.

---

84 Der besondere Umgang Giottos mit geometrischen Formen im religiösen Kontext deutet zudem darauf hin, dass sowohl die Grundfragen optischer Phänomene der Katoptrik selbstreflexiv-bildlich thematisiert werden, als auch das christliche Bild an sich dadurch eine neue Ebene der Erkenntnis einbringen kann. Denn die geometrische Projektion des göttlichen Wunders ist auch eine wissenschaftliche Erklärung im Bild, die sich in den geometrischen Formen widerspiegelt.

85 Genauer zum Thema der Spurenerzeugung: Wittmann, Barbara (Hg.): Spuren erzeugen. Zeichnen und Schreiben als Verfahren der Selbstaufzeichnung. Zürich, Berlin 2009. Siehe auch: Ginzburg, Carlo: Spurensicherung. Die Wissenschaft auf der Suche nach sich selbst. Aus dem Italienischen von Gisela Bonz und Karl F. Hauber. Berlin ^{4}2011.

3) Obwohl Vorformen von Punktlinien nur vereinzelt in der Kunst des Quattrocento zu beobachten sind, darf eine ikonografische Etablierung in diesem Zeitraum angenommen werden. Dies gilt insoweit, als ein Prozess mit Linien, Punkten und Punktlinien abgebildet werden kann, den der Rezipient versteht. Dabei legen die zuvor betrachteten Grundlagen der Formwahrnehmung nahe (vgl. 2.2), dass die intermittierende Wiederholung ein- und derselben Form auch im 15. Jahrhundert beim Betrachter dazu führt, eine Bewegung im Bild anzunehmen. Als Analyseinstrument (vgl. 7.4) verstanden, deutet die Punktlinie deshalb bereits in Gemälden des Quattro-cento auf Prozessualität im Bildgeschehen hin.
4) Die Übertragung der Eigenschaften von Lichtstrahlen auf Punktlinien weist auf eine sukzessive Ablösung bestehender Ikonografien und Materialien hin. Die bis dahin zur Erklärung christlicher Wunder dienenden Bildeffekte wie Lichtblitze, Schatten, Gloriolen oder eben Lichtstrahlen sowie materiell der viel verwendete Goldgrund werden in diesen Bildern an geometrische Formen geknüpft.
5) Punktlinien in Gemälden operieren in der Regel in der Doppelfunktion, künstlerische Spur und wissensgeschichtliches Zeugnis zu sein. So wie ein Strich im Bild die Spur einer Geste ist,[86] zeugen die geometrischen Formen wie Punkte, Linien und Punktlinien vom instrumentellen Einfluss der neuen mathematischen Ordnung.

Mit der Analyse der Vorformen von Punktlinien in der Kunst ist nun das kunstgeschichtliche Fundament ihrer Genese erschlossen. Im vierten Kapitel sollen darauf aufbauend die Bedingungen und der Verlauf ihrer Etablierung im wissenschaftlichen Bild nachgezeichnet werden. Dazu soll zunächst der Fokus auf zwei Pioniere der frühneuzeitlichen Wissenschaften Johannes Kepler und René Descartes gelegt werden, damit im direkten Anschluss daran in einer quantitativen Studie wissenschaftlicher Traktate der Frühen Neuzeit die Etablierung und Ausbreitung von Punktlinien ermitteln werden kann.

86 Vgl. Krämer, Sybille: Punkt, Strich, Fläche, S. 88.

4 Genese und Funktion II: Punktlinien im wissenschaftlichen Bild

Die Verfügbarkeit der geometrischen Form ‚Punktlinie' ist historisch betrachtet erst seit einer relativ kurzen Zeitspanne gegeben. Nach erster Einschätzung liegen die Ursprünge ihrer Etablierung im 15. Jahrhundert. Ihre operationalen Zusammenhänge in der Wissenschaft (vgl. Kap. 2) und in der bildenden Kunst (vgl. Kap. 3) beruhen vor allem auf ikonografischen Verbindungen von Licht und Strahlen und Linien bzw. Licht und Punkten. Diese Engführung von Linien und Licht lässt sich bis heute beobachten.[1] Robin Evans beschreibt diesen Zusammenhang in einem Aufsatz von 2011. Demnach sei davon auszugehen, dass

> „schon Euklids verworrene Definition der Geraden bezeugen, [...], dass es sich um eine Linie handelt, die von ihrem Ende her gesehen ein Punkt ist, also eine Linie, die mit einer Lichtbahn identisch ist."[2]

Diese Gleichsetzung basiert jedoch letztlich nicht auf den mathematischen Definitionen Euklids. Sie ist vielmehr der Indikator für ein verändertes Raumbewusstsein, das sich erst mit den Erkenntnissen zum Licht in der Frühen Neuzeit im Wissensfeld der Optik verbreitet. Die Etablierung der Punktlinie als geometrische Form koinzidiert dabei nicht allein mit neuen Erkenntnissen der Wissenschaft. Sie steht auch in Zusammenhang mit einer veränderten Weltsicht, die mit der Frühen Neuzeit

---

1 Während in der Frühen Neuzeit das *velum* zur Einteilung und Vermessung des Sichtbaren dient, ist dieses Instrument in der heutigen Welt durch moderne Verfahren wie etwa die Lasertechnologie ersetzt worden. Mit hochfrequentem, gebündelten Licht lassen sich so Oberflächen vermessen und physische Räume geometrisch exakt bestimmen (Evans, Robert: Durch Papier Sehen. In Voorhoeve, Jutta (Hg.): Welten schaffen. Zeichnen und Schreiben als Verfahren der Konstruktion. Zürich 2011, S. 157 – 193, hier: S. 159).

2 Evans: Durch Papier Sehen, S. 159f.

eingeläutet wird und die sowohl mathematisch-theoretische als auch unmittelbare bildliche Konsequenzen für die Genese und Funktion von geometrischen Grundformen hat.

1509 hatte Nikolaus Kopernikus im Traktat *Commentariolus* einem ausgewählten Kreis[3] erstmals seine Thesen eines heliozentrischen Weltbildes eröffnet. Einen sichtbaren Beleg für seine Überlegungen konnte er darin jedoch nicht vorlegen. Erst 1543 erscheint mit dem Traktat *De revolutionibus orbium coelestium* sein naturphilosophisches Modell zur Planetenbewegung erstmals in einer druckfertigen und vollständigen Fassung. Kopernikus widerlegt darin die aristotelischen und ptolemäischen Annahmen zur Bewegung der Erde[4] und erklärt unter Rückgriff auf die geometrischen Grundformen die Größen- und Raumverhältnisse der Welt neu:

> „[S]o scheint dies ohne Zweifel hinreichend zu beweisen, dass der Himmel im Vergleiche mit der Erde unermesslich sei, und den Anschein einer unendlichen Grösse gewinnt, und dass die Erde zum Himmel, nach der Sinnenschätzung, wie ein Punkt zu einem Körper, und ein endlich Grosses zu einem unendlich Grossen sich verhält."[5]

Der Vergleich der Erde mit einem Punkt erhält in der Folge bildliche und mathematische Auswirkungen. Unmittelbar sichtbar wird dies anhand einer Abbildung in seinem Traktat (Abb. 4|1): Im Zentrum eines dargestellten Kreisdiagramms mit insgesamt neun Kreisen steht die Sonne – *sol* –, die neben der Erde – *terra* – gesondert beschriftet ist. Während die sieben äußeren Sphären der Fixsterne Saturn, Jupiter,

3 Erst 1543 erscheint in einer Druckauflage von etwa 500 Exemplaren das Traktat *De revolutionibus orbium coelestium*, in dem Kopernikus' Thesen in einer breiteren Öffentlichkeit Verbreitung finden. Schon 1440 hatte Nikolaus Cusanus das Universum beschrieben und darin die Erde nicht als das Zentrum definiert. Erst 1596 wies Kepler im *Mysterium Cosmographicum* und seinem Schalenmodell darauf hin, dass die Sonne im Mittelpunkt steht und die Planeten sich auf eigenen Bahnen, sogenannten ‚Schalen' bewegen.

4 „Dass nämlich Aristoteles die einfache Bewegung in drei Arten, von der Mitte fort, nach der Mitte hin und um die Mitte herum eingetheilt hat, scheint bloss eine Verstandesthätigkeit zu sein, wie wir ja auch die Linie, den Punkt und die Oberfläche unterscheiden, während doch das Eine nicht ohne das Andere, und Keines von ihnen ohne den Körper bestehen kann. Es kommt nun noch hinzu, dass der Zustand der Unbeweglichkeit für edler und göttlicher gehalten wird, als der der Veränderung und Unbeständigkeit, welcher letztere deshalb eher der Erde, als der Welt zukommt." (Coppernikus, Nicolaus: Über die Kreisbewegungen der Weltkörper. Übersetzt u. mit Anm. versehen von Dr. C. L. Menzzer. Hrsg. v. Verein für Wissenschaft und Kunst zu Thorn. Thorn 1879, S. 23).

5 Ebd., S. 17.

Mars, Erde, Venus und Merkur lediglich auf insgesamt neun Kreisen eingetragen und allesamt mit römischen Ziffern nummeriert und beschriftet sind, werden der Mond, die Sonne und die Erde zusätzlich symbolisch dargestellt. Für den Mond wird die traditionelle Sichelform verwendet, während die Sonne und Erde tatsächlich durch einzelne Punkte symbolisiert sind. Zur Unterscheidung von Sonne und Erde ist der Punkt der Sonne zusätzlich mit einem äußeren Kreis und kurzen Strahlen versehen.[6]

Dieser hohe Abstraktionsgrad von Erde und Sonne ist bemerkenswert, zumal ganz offensichtlich beim Mond der symbolische Charakter beibehalten und bei der Sonne immerhin noch angedeutet wird. Dieser Kontrast wird auch auf der textlichen Ebene deutlich, in der Kopernikus immer wieder zwischen modernen geometrisch-mathematischen Herleitungen und naturphilosophischen Sprachbildern schwankt:

„So lenkt die Sonne, gleichsam auf königlichem Thron sitzend, in der Tat die sie umkreisende Familie der Gestirne. Auch wird die Erde keineswegs der Dienste des Mondes beraubt, sondern der Mond hat […] mit der Erde die nächste Verwandtschaft. Indessen empfängt die Erde von der Sonne und wird mit jährlicher Frucht gesegnet.“[7]

Diese Verknüpfung einer traditionellen Weltsicht mit moderner Erkenntnis spiegelt den Zeitgeist wider, der die aufkommenden Naturwissenschaften begleitet und seinen Niederschlag in Texten und Abbildungen findet. Dabei werden in den Traktaten vor allem Diagramme und mit ihnen die geometrischen Grundformen zunehmend verwendet. Neben der textlichen Gedankenführung illustrieren nun vorrangig Bilder aus Punkten und Linien wissenschaftliche Überlegungen. Für den Punkt im Besonderen ändern sich auch die theoretischen Konzeptionen und damit seine Funktion in Diagrammen und Mathematik.

1585 postuliert Simon Stevin, die Eins sei teilbar, hingegen „der Punkt [...] unteilbar“[8]. Damit verschiebt der niederländische Gelehrte grundlegend das Verständnis des Punktes. Von nun an ist

„[n]icht mehr die teilbare Eins, sondern die Null [...] das Äquivalent zum geometrischen Punkt. Beide sind als ein Nichts doch etwas, das eine Position einnehmen kann bzw. Position überhaupt erst möglich macht. Aus dieser doppelten Wertigkeit ergibt sich für die beiden

6 In späteren Ausgaben des 19. Jahrhunderts wird die Sonne nicht als Punkt, sondern noch deutlicher als Kreis mit Strahlen dargestellt (vgl. Coppernikus: Über die Kreisbewegungen der Weltkörper, S. 12).

7 Ebd., S. 28.

8 Stevin, Simon: Arithmetique. Leiden 1585. In: Ders.: The Principal Works. Bd. IIB. Mathematics. Hg. v. Dirk J. Struik. Amsterdam 1958, S. 498f.

Ausgangselemente von Arithmetik und Geometrie ein spezifisch neuer operativer Charakter."[9]

Mit dieser Gleichsetzung zwischen der Null und dem Punkt hebt Stevin die bis dahin für die praktische Geometrie geltende Gleichsetzung von Eins und dem Punkt auf. Dieser Schritt ist entscheidend für die Entwicklung der Algebra und damit für die Überwindung einer seit der Antike bestehenden Trennung zwischen Geometrie und Arithmetik. Mit dem nur wenig später von René Descartes entwickelten Koordinatensystem wird diese Entwicklung fortgesetzt und der Kreis zur analytischen Geometrie geschlossen. Denn erst im *kartesischen Koordinatensystem* werden geometrische Formen mit Punkten und Zahlen koordinierbar und entfalten dadurch ihre geometrisch-mathematische Funktion. Zwei- und dreidimensionale Figuren werden in diesem Koordinatensystem als Punktmengen verstanden, das heißt grundsätzlich bestehen auch Linien und alle Figuren darin theoretisch aus Punkten.[10] Descartes beweist zudem, dass „Figur und Formel ineinander überführbar, Geometrie und Arithmetik übersetzbar sind."[11] Diese Veränderung muss deshalb so betont werden, weil sie das theoretische Fundament für die operationalen Kontexte von Punkten und Linien ab dem 17. Jahrhundert legt.

9 Schäffner: Der Punkt und die Zahlen, S. 209.

10 Die genaue Unterscheidung der messbaren Merkmale solcher Figuren, das heißt Länge, Breite, Tiefe eines quantifizierbaren Gegenstandes oder etwa Gewicht, Geschwindigkeit oder Alter, ist dabei entscheidend für den Umgang mit ihnen. So bemerkt Descartes kritisch dazu: „Die Beachtung dieses Sachverhalts bringt großes Licht in die Geometrie. Denn die meisten begreifen ihre drei Arten der Quantität – Linie, Oberfläche und Körper – nur schlecht." (Descartes, René: Regulae ad directionem ingenii Cogitationes privatae. Lateinisch – Deutsch. Übersetzt u. hrsg. v. Christian Wohlers. Hamburg 2011, S. 155).

11 Krämer: Figuration, Anschauung, Erkenntnis, S. 197. Diese Entdeckung verwirft damit Annahmen zur Inkommensurabilität, und führt „zu der Erkenntnis also, dass geometrische Streckenverhältnisse existieren, [...] die [aber] nicht als ein Verhältnis von Zahlen [...] ausdrückbar sind" (ebd.). Gleichungen und Kurven können nun mit dem *kartesischen Koordinatensystem* in ein vergleichbares Schema überführt werden. Dieser bedeutende Schritt in der Mathematik gelingt allerdings erst, indem die Null und der Punkt gleichgesetzt werden und so beinahe jede beliebige Form im Koordinatensystem definierbar, darstellbar und berechenbar wird. Vorläufer dieser topografischen Rasterung finden sich bereits in geografischem Kartenmaterial des 15. Jahrhunderts (vgl. Schäffner, Wolfgang: Topologie der Medien. Descartes. Peirce. Shannon. In: Andriopoulos, Stefan / Schabacher, Gabriele / Schumacher, Eckhard (Hgg.): Die Adresse des Mediums. Köln 2001, S. 82 – 93, hier: S. 85).

Die Ursachen für den wissenschaftlichen Erfolg und das gewaltige Echo der Schriften von Descartes, Stevin, Kepler und Galilei hat Hans Blumenberg pointiert formuliert. Demnach gehe die Entwicklung der optischen Medien mit der Nobilitierung des einäugigen Sehens sowie der Etablierung daran geknüpfter Instrumente einher, etwa dem *pilum* (vgl. 2.4), dem Fernrohr, und etwas später auch dem Mikroskop.[12] Eine Schlüsselrolle für diesen oft zitierten medialen und technologischen Wandel[13] kommt aber den reproduktionsfähigen Bildern zu. Aus ihrer Weiterentwicklung ab dem 16. Jahrhundert,[14] insbesondere durch die Entwicklung des Kupferstichs, resultiert eine bis dahin nicht gekannte Genauigkeit reproduzierter Bilder, die dazu führt, dass der Status des Bildes als eines medialen Trägers von Wissen zusätzlich an Einfluss gewinnt (ausf. dazu in Kap. 5).[15] Der folgende Exkurs soll deshalb einen exemplarischen Überblick über die bahnbrechenden Entdeckungen und die diagrammatischen Bildzeugnisse der Zeitgenossen René Descartes, Johannes Kepler und Christoph Schreiner geben und damit wesentliche Wegmarken für die Etablierung von Punktlinien im wissenschaftlichen Bild aufzeigen.

4.1 EXKURS: KEPLERS UND SCHREINERS PUNKTLINIEN UND INSTRUMENTE[16]

Am 10. Juli 1600 ereignet sich eine Sonnenfinsternis,[17] die sich als folgenreiches Geschehen für die Geschichte der Optik herausstellen soll. Das Naturschauspiel

12 Blumenberg, Hans: Die Genesis der Kopernikanischen Welt. Frankfurt 1975, S. 52f.

13 Siehe dazu weiterführend folgende Sammelbände: Schramm, Helmar / Schwarte, Ludger / Lazardzig, Jan (Hgg.): Spektakuläre Experimente. Praktiken der Evidenzproduktion im 17. Jahrhundert. Berlin, New York 2006 und Schramm, Helmar / Schwarte, Ludger / Lazardzig, Jan (Hgg.): Instrumente in Kunst und Wissenschaft. Zur Architektonik kultureller Grenzen im 17. Jahrhundert. Bd. 2. Berlin, New York 2006. Siehe auch Kittler: Optische Medien, Berlin 2002 sowie Schäffner / Weigel / Macho (Hgg.): „Der liebe Gott steckt im Detail.“, München 2003.

14 Vgl. Rebel, Ernst: Druckgrafik. Geschichte. Fachbegriffe. Stuttgart 2003, S. 73ff.

15 Giesecke, Michael: Der Buchdruck in der frühen Neuzeit. Eine historische Fallstudie über die Durchsetzung neuer Informations- und Kommunikationstechnologien. Frankfurt am Main 1994, S. 35.

16 Die beiden folgenden Kapitel (4.2 u. 4.3) basieren auf Überlegungen meiner Masterarbeit (Gremske: Die Punktlinie in René Descartes Dioptrique, S. 16 – 29).

17 Zehn Jahre später wird Galileo Galileis *Sidereus Nuncius* erscheinen (vgl. 4.1). Dadurch wird die Annahme über die ebenen Kugelformen der Sterne dank neuester Fernrohrtech-

veranlasst den Jesuitenpater, Astronomen, Mathematiker und späteren Erfinder des ersten astronomischen Teleskops[18] Johannes Kepler dazu, dieses bis dahin ausschließlich als astronomisch geltende Phänomen aus einem anderen Blickwinkel zu betrachten. Anlass dafür sind seine Versuche und Beobachtungen mit einer *Camera obscura*: Kepler beobachtet damit, dass bei der Verfinsterung der Sonne der Durchmesser des Vollmondes um eine Parallelkurve größer wahrgenommen wird als der eines Neumondes. Ein Briefwechsel zwischen Kepler und seinem Lehrer Michael Maestlin[19] belegt diese Überlegungen, die Kepler mit einer bemerkenswerten Skizze versieht (Abb. 4|2): Um die Vergrößerung der Sonne darzustellen, verwendet er eine Punktlinie, welche die Form der Parallelkurve wiederholt. Mit dieser *Brechlinie* deutet Kepler die Brechung geradliniger Strahlen an und löst damit ein Umdenken im gesamten Wissensfeld der Optik aus. Allein die Lichtbrechung erklärt für ihn diese phänomenale Beobachtung durch eine *Camera obscura,*[20] und Kepler folgert daraus, „das Auge selbst verfüge über eine Öffnung und müsse deshalb zu eben den Fehlern neigen, die bei der Beobachtung von Sonnenfinsternissen durch eine Öffnung auftreten“[21].

Wie Jonathan Crary gezeigt hat, ist die Gleichsetzung der Funktionen des menschlichen Auges mit der Funktionsweise einer *Camera obscura* ein bereits seit der Antike bekanntes Konzept.[22] Folgt man David Lindberg, so basieren Keplers

---

nik widerlegt, was das geozentristische Weltbild endgültig aus den Fugen hebt (Ders.: Sidereus Nuncius. (Nachricht von neuen Sternen). Hrsg. u. eingeleitet v. Hans Blumenberg. Frankfurt am Main [2]2002).

18 Keplers Erfindung wurde später von Schreiner gebaut (Jütte, Robert: Augenlob – oder die (Neu-) Bewertung des Sehsinnes in der Frühen Neuzeit. In: Wimböck, Gabriele / Leonhard, Karin / Friedrich, Markus (Hgg.) unter Mitarbeit v. Frank Büttner: Evidentia. Reichweiten visueller Wahrnehmung in der frühen Neuzeit. Münster 2007, S. 39 – 56, hier: S. 44).

19 Kepler, Johannes: Gesammelte Werke. Hrsg. v. Max Caspar. Bd. XIV. Briefe 1599 – 1603. München 1949, Brief Nr. 175, S. 150ff.

20 Die *Camera obscura* war in der Astronomie seit dem 15. Jahrhundert etabliert und wurde unter anderem zum Schutz vor Erblindung zur Beobachtung von Sonnenfinsternissen eingesetzt. „[B]y the mid-fifteenth century the Camera Obscura had already become a standard device for astronomers, who used it mainly for the observation of solar phenomena.“ (Fiorentini: Camera Obscura vs. Camera Lucida, S. 7).

21 Vgl. Lindberg: Auge und Licht im Mittelalter, S. 328. Übersetzt nach: Straker, Stephen M.: Kepler's Optics. A Study in the Development of Seventeenth-Century Natural Philosophy. Indiana 1970, S. 452.

22 Crary: Techniken des Betrachters, S. 38f. Siehe auch: Velminski, Wladimir: Sezierte Augen und achromatische Fernrohre. Experimentelle Episteme der Erscheinungen.

Ergebnisse auf einer experimentellen Technik, die Parallelen zu Dürer aufweist und in dem Bild *Zeichner mit der Laute* (Abb. 2|7) bereits veranschaulicht wird (vgl. 2.4).[23] Dies wird besonders deutlich in Keplers späterer Beschreibung dieses Experiments:

„Ich befestigte unter der Decke ein Buch, das für den leuchtenden Körper stehen sollte. Zwischen ihm und dem Fußboden befestigte ich ein Täfelchen mit einer vieleckigen Öffnung. Als nächstes spannte ich einen Faden von einer Ecke des Buches durch die Öffnung des Fußbodens, und zwar so, dass er einen Rand der Öffnung streifte. Die Punkte, an denen der Faden den Fußboden berührte, verband ich mit einem Kreidestrich; durch diese Methode entstand auf dem Boden eine der Öffnung ähnliche Figur. Genauso verfuhr ich, indem ich den Faden nacheinander von den drei übrigen Ecken des Buches und dann von ungezählten Punkten seines Randes aus spannte. Schließlich bildete die Reihe der ungezählt vielen winzigen Abbilder der Öffnung auf dem Boden ein großes vieleckiges Abbild des Buches."[24]

Mit dieser Beobachtung widerspricht Kepler der zu seiner Zeit verbreiteten Denkrichtung der Perspektivisten:[25] Diese vertraten die Ansicht, dass ein einzelner Strahl von jedem Punkt des Gesichtsfeldes ins Auge gelangen könne. Sie folgerten, dass die schräg in das Gesichtsfeld einfallende Strahlen vernachlässigt werden könnten, da angeblich das Licht über eine „geheimnisvolle Beschaffenheit"[26] verfüge. Kepler erklärt stattdessen mit seinem Fadenexperiment, dass jeder Lichtstrahl innerhalb des Gesichtsfeldes durch Brechung in das Auge gelangt. Geometrisch übersetzt heißt das, dass sich alle geradlinigen Strahlen schneiden können, ehe sie an einem Punkt

---

In: Schramm, Helmar / Schwarte, Ludger / Lazardzig, Jan (Hgg.): Spektakuläre Experimente. Praktiken der Evidenzproduktion im 17. Jahrhundert. Berlin, New York 2006, S. 318 – 344, hier: S. 333.

23 Lindberg: Auge und Licht im Mittelalter, S. 326. Der Sehstrahl des Zeichners wird dabei durch den gespannten Faden verkörpert, mit dessen Hilfe und durch mehrmaliges Anlegen und Anzeichnen auf der schwenkbaren Bildvorrichtung eine punktweise Übertragung des Gesehenen möglich ist (vgl. 2.4).

24 Übersetzt nach: Straker: Kepler's Optics, S. 390. Vgl. Kepler, Johannes: Gesammelte Werke. Hrsg. v. Max Caspar, Walther von Dyck u. Franz Hammer. Bd. 2. Astronomiae pars optica. Ad Vitellionem Paralipomena. München 1939, S. 47. Vgl. auch: Lindberg: Auge und Licht im Mittelalter, S. 326f.

25 Ebd., S. 328 u. S. 330.

26 Übersetzt nach: Straker: Kepler's Optics, S. 385f. Vgl. Lindberg: Auge und Licht im Mittelalter, S. 326.

zusammenlaufen. Diese Entdeckung führt dazu, dass bis heute in der Sehtheorie von einer Vielzahl sich kreuzender, gebrochener Strahlen ausgegangen wird.[27]

Dieser Paradigmenwechsel war Grund genug, die neue Sichtweise zur Rezeption des Lichtes auch in neuen geometrischen Formen im wissenschaftlichen Bild der Optik zu übersetzen. Doch anders als es aus heutiger Sicht zu erwarten wäre, werden in dem kurz darauf erscheinenden Traktat von 1604 zur Brechung der Lichtstrahlen[28] weder ‚Brechlinien' explizit beschrieben noch in Form einer Punktlinie dargestellt. Zudem findet bei Kepler eine Verlagerung der Konzentration auf die anatomischen Strukturen des Auges[29] statt. Vor allem seine Beobachtungen zum Fadenexperiment und der *Camera obscura* lenken schon zu dieser Zeit seinen Fokus auf physiologische Zusammenhänge. Keplers wissenschaftsgeschichtlich wichtige These ‚Das Sehen wird als durch das Bild der sichtbaren Dinge auf der konkav gekrümmten Netzhautfläche hervorgebracht' („*Visio igitur fit per picturam rei visibilis ad album retinae et cauum parietem*")[30] eröffnet dabei den Diskurs der physiologischen Optik, da nun die auf der Netzhaut des Auges entstehenden Bilder[31] jen-

27 Vgl. ebd., S. 334f. „Das entscheidende an dem Verfahren war, dass man, wenn man für einen Strahl das Brechungsverhalten empirisch ermittelt hatte, dann auch für jeden anderen einfallenden Strahl den ausfallenden Strahl konstruieren konnte." (Poser, Hans: René Descartes. Eine Einführung. Stuttgart 2003, S. 115).

28 Kepler: Ad Vitellionem Paralipomena, Frankfurt 1604.

29 Kepler nutzt zunächst diese neuen Möglichkeiten, um detaillierte anatomische Ansichten des menschlichen Auges anfertigen zu lassen. Dazu greift er zurück auf bestehendes anatomisches Wissen etwa der bekannten Anatomen Felix Platter (Ders.: De corporis humani structura et usu. 3 Bde, Bd. 3. Basel 1583) und Johannes Jessen (Ders.: Anatomia Pragensis. Wittenberg 1601). Vgl. Lindberg: Auge und Licht im Mittelalter, S. 333.

30 Vgl. Kepler: Ad Vitellionem Paralipomena, Frankfurt 1604. In: Franz Hammer (Hg.): Johannes Kepler, München 1939, S. 153. Übersetzt v. Georg Gremske.

31 Wenig später entwickelt Kepler daraus eine „Theorie der Strahlung durch Öffnungen" (Straker: Kepler's Optics, S. 347 – 350), die er auf die Funktion des Auges überträgt (Riekher, Rolf: 1600 – 1609. Keplers Wirken auf dem Gebiet der Optik. Eine Einführung. In: Kepler, Johannes: Schriften zur Optik. 1604 – 1611. Frankfurt am Main 2008, S. 11 – 72, hier: S. 14). Die Funktionsweise des Auges wird bei Kepler anhand der *Camera obscura* erläutert (Kepler: Ad Vitellionem Paralipomena, Frankfurt 1604, S. 112. Vgl.: Bexte, Peter: Vom Furor des Optischen. In: Bätzner, Nike (Hg.): Blickmaschinen oder wie Bilder entstehen. Die zeitgenössische Kunst schaut auf die Sammlung Werner Neckes. Ausstellungskatalog. Köln 2008, S. 57 – 74, hier: S. 57). Kurz darauf teilt Keplers Zeitgenosse Descartes diesen mechanistischen Ansatz und geht dabei noch einen Schritt weiter, indem er annimmt, dass es „keinen Unterschied zwischen den handwerklich hergestellten Maschinen und den verschiedenen, von der Natur zusammengesetzten

seits sichtbarer anatomischer Strukturen verortet werden. So verwundert es nicht, dass sich nur wenige Jahre später in Keplers *Dioptrice* von 1611[32] keine anatomische Abbildung mehr zum Auge findet.[33] Stattdessen werden nun vorrangig Brechungsphänomene des Lichts behandelt, die Kepler zur Begründung der *geometrischen Optik*[34] führen. Punktlinien oder in diesem Zusammenhang auch erwähnte Brechlinien sucht man jedoch auch in Keplers *Dioptrice* vergeblich.[35] Somit beschreibt Kepler zwar als erster, „wie man eine asphärische Linse konstruieren kann, mit der ein Parallelstrahlenbündel in einem Punkt konzentriert wird."[36] Aber auch hier fehlt noch ein konkretes Bildmodell, das seine Erkenntnisse zum Lichtstrahlenverlauf illustrieren würde. Erst neun Jahre nach Keplers *Dioptrice* wird dieses Modell (vgl. 2.5, Abb. 2|19) in Christoph Schreiners Traktat *Oculus* von 1620[37] nachgereicht.

Schreiner, ebenfalls Jesuit, Astronom und Mathematiker, führt auf Grundlage der keplerschen Lichtbrechungs- und -ausbreitungsgesetze ein bildlich illustriertes Ochsenaugenexperiment vor und bindet damit den Lichtstrahlenverlauf erneut an

---

Körpern" (Übersetzung zitiert nach: Rossi, Paolo: Die Geburt der modernen Wissenschaft in Europa. Deutsch v. Marion Sattler Charnitzky und Christiane Büchel. München 1997, S. 198. Vgl. dazu: Descartes, René: Oeuvres de Descartes. Hrsg. v. Adam, Charles u. Tannery, Paul. 12 Bde. Paris 1897 – 1913. Bd. 6. Paris 1897, S. 321) gibt. Wissen über die Anatomie des Körpers und in diesem Fall des Auges ist demnach Grundvoraussetzung für jedes optische Experiment. Keplers Vorgänger im Bereich der Optik, wie die bereits erwähnten Alhazen, Da Vinci, Schreiner und Descartes, hatten deshalb immer wieder forciert die anatomischen Strukturen des Auges als Gegenstand ihrer Untersuchungen betrachtet (vgl. 2.1).

32 Kepler, Johannes: Dioptrice [...]. Augsburg 1611. In: Kepler, Johannes: Schriften zur Optik. 1604 – 1611. Frankfurt am Main 2008, S. 441 – 526).

33 „Die Physiologie des Auges wurde zu einem zentralen Term in der Gleichung vom Sehen, Erkennen und Darstellen, der verlangte die singuläre Funktionsweise des Körpers bei Fragen der Kognition sowie der bildlichen Vorstellung und Darstellung zu berücksichtigen." (Fiorentini: Modus Videndi, S. 135). Kepler konzentriert sich auf die physikalisch-physiologischen Erklärungen des Verlaufs geometrisch-konstruierter Lichtstrahlen, die in 45 Abbildungen dargestellt werden (vgl. Kepler: Dioptrice, Augsburg 1611).

34 Vgl. Velminski: Sezierte Augen und achromatische Fernrohre, FN 45, S. 332.

35 Ebd., S. 22. Vgl. Kepler: Schriften zur Optik, S. 468. Nur zweimal werden Punktlinien in einem Bild verwendet (vgl. Kepler, Johannes: Gesammelte Werke. Hrsg. v. Franz Hammer. Bd. II. Astronomia Pars Optica (1604). München 1939, S. 49 u. S. 52).

36 Kepler: Schriften zur Optik, S. 533.

37 Schreiner, Christoph: Oculus, hoc est: fundamentum opticum, in quo ex accurata oculi anatome, abstrusarum experientiarum sedula pervestigatione. Innsbruck 1620, S. 112.

eine anatomische Darstellung des Auges.[38] Noch im selben Jahr operiert Schreiner mit der Punktlinie – ebenfalls zur Beschreibung der Lichtausbreitung (Abb. 4|3) zur und Darstellung der Funktion des berühmten *Pantographen* (Abb. 4|4). Der *Pantograph* oder ‚Storchenschnabel' ist ein Zeicheninstrument, das die „maßstabsgerechte Verkleinerung oder Vergrößerung bereits existierender Bilder auf dem Weg instrumentell gestützter Zeichnung erlaubte."[39]

Ein wichtiger Forschungsschwerpunkt Schreiners liegt außerdem in der Astronomie. Seine Beobachtungen und Aufzeichnungen in diesem Wissensbereich sind dabei insbesondere für die Funktion von Linien aufschlussreich.

Im März 1629 beobachtet Schreiner in Frascati nahe Rom ein Himmelsphänomen, genauer gesagt einen Haloeffekt, bei dem drei Kreise und vier Nebensonnen sichtbar werden. Diese Beobachtung des Himmels wirkt sich wie schon bei Kepler in mehrere Richtungen aus. Zum einen veröffentlicht Schreiner kurze Zeit später das wichtige Buch *Pantographice seu ars delineandi*.[40] Zum anderen gelangt durch seinen Mäzen Kardinal Barberini eine Kopie seiner Beobachtung in die Hände von Descartes, der daraufhin beginnt, das Phänomen zu untersuchen.[41] Descartes erkennt in den beobachteten inneren Ringen Ähnlichkeiten mit denen des Regenbogens und sieht darin eine Verbindung zu den Brechungsgesetzen. Diese Verbindung spiegelt sich in den Texten und insbesondere auch in den diagrammatischen Abbildungen bei Descartes wider und beschreibt zugleich einen Paradigmenwechsel im Wissensfeld der Optik.[42]

Doch bevor diese Schriften von Descartes genauer in den Fokus geraten (4.3), soll ein Blick auf die Darstellung des ersten Sternen-Fernrohrs und der Beobachtung von Sonnenflecken in der Geschichte der Frühen Neuzeit von Schreiner Auf-

---

38 Wie schon Alhazen oder Da Vinci (vgl. 2.5, Abb. 2|12 u. 2|13). Schreiner kann als erster die Umkehrung des Netzhautbildes beweisen (Clasen, Uwe: Die Sehtheorien von René Descartes und George Berkeley im Spiegel der Geschichte der physiologischen Optik. Aachen 1997, S. 49).

39 Siegel, Steffen: Ausblick auf die große Gemäldefabrik. Entwürfe automatisierter Bildproduktion um 1800. In: Breidbach, Olaf / Klinger, Kerrin / Karliczek, André (Hgg.): Natur im Kasten. Lichtbild. Schattenriss, Umzeichnung und Naturselbstdruck um 1800. Jena 2010, S. 8 – 30, hier: S. 21. Bereits seit 1603 bekannt, geht diese Erfindung auf Christoph Schreiner zurück (ebd.).

40 Schreiner, Christoph: Pantographice [...]. Rom 1631.

41 Poser: René Descartes, S. 113.

42 Poser beschreibt die daraus resultierenden Ereignisse für das Oeuvre von Descartes so: „Das war der Anfang der Schrift Les *Météores*, die zusammen mit der *Dioptrique* und der *Géométrie* ein Anwendungsbeispiel der im *Discours* entwickelten Methode abgeben sollte." (Ebd., S. 114).

schluss darüber geben, wie wichtig Punktlinien im Bereich der Optik bereits zu Beginn des 17. Jahrhunderts sind (Abb. 4|5a). Die zugehörige Abbildung ist wie folgt aufgebaut: In einem lichtdurchfluteten und mit zahlreichen Fenstern versehenen Innenraum befindet sich auf der linken Seite ein auf einem Stativ befestigtes Fernglas. An seinem oberen Ende ist ein schmaler Lichtkegel zu sehen, der durch punktierte Linien dargestellt ist. Dieser tritt am unteren Ende des Fernglases erneut, jedoch nun vergrößert hervor und ist ebenfalls mit Punktlinien dargestellt, die als geometrische Form einen Kreis auf einer Platte in einer offenen, schräg aufgestellten Haltevorrichtung umreißen.

Neben diesem durch das Licht erzeugten Bild auf einer Holzplatte kniet ein durch Mönchskutte und viereckigem Barett zu erkennender Jesuitenpater (Abb. 4|5b). Die Bildfigur nimmt mit Zirkel und Lot Messungen innerhalb des Lichtkegels vor. Ein Reduktionszirkel und andere Werkzeuge liegen außerdem links neben dem Pater parat. Offenbar hat der Jesuit bereits einige Messungen an dem durch das Fernglas erzeugten Bild vorgenommen, da der Kreis mit einer Umrisslinie und mit einer durchgezogenen Linie versehen und geometrisch in zwei gleich große Teile geteilt ist. Der Mittelpunkt dieses Kreises ist mit dem Buchstaben ‚e' beschriftet. Weitere Buchstaben sind in und außerhalb des Kreises auf der Platte vermerkt. Innerhalb dieses Kreises sind zudem einzelne Punkte auf der Platte zu erkennen, die durch Punktlinien übertragen werden und am Ende des Fernrohrs innerhalb des Lichtkreises erscheinen.

Rechts neben dem knienden Pater sitzt eine zweite Bildfigur an einem Schreibtisch (Abb. 4|5a). Auf der Kante des Tisches liegt ein leicht gewelltes Blatt Papier, auf dem mit vereinzelten Punkten ein geteilter Kreis aufgezeichnet worden ist. Der Pater weist mit Blick und linker Hand auf den Vorgang der Messung und Beobachtung seines Assistenten. In seiner rechten Hand hält er einen gespreizten Zirkel. Wissenschaftliche Instrumente wie Armillarsphäre, Lineal und Zirkel liegen auf dem Schreibtisch vor ihm und weitere Messinstrumente wie Quadrant oder Astrolabium hängen an der Wand in der Mitte des Raumes. Ein zweites Fernrohr oder Teilstück liegt auf einem Holzschemel. Daneben steht eine beschriftete Schale mit hohem Docht in der Mitte: Es handelt sich um Keplers Modell des Sonnensystems. Unterhalb des Fernglases steht der Schriftzug: *Immissione Refractoria composita*. Am unteren Rand des Bildes ist vermerkt: *Maculæ et Faculæ ex uariis obseruandj modis, stabiliuntur* – ‚Sonnenpunkte und ‚kleine Fackeln' oder ‚kleine Lichter' werden durch unterschiedliche Arten der Beobachtung festgehalten'[43].

Im Zentrum dieses Bildes steht die Sichtbarmachung optischer Eindrücke und ihre Übertragung in einen geometralen Raum. Das Bild operiert dabei mit einer erweiterten Dimension des Sichtbaren, da die Erkenntnisse durch das Fernrohr sogleich in geometrales Denken übertragen werden. Mit Galileo gesagt, geht dieses

43 Übersetzt von Georg Gremske.

Wissen über das Maß hinaus, „was uns der bloße Sinn des Sehens gibt“[44]. Mit Blick auf Techniken der Erkenntnisgewinnung steht zu diesem Zweck neben einem optischen Instrument auch eine geometrische Form im Mittelpunkt des Bildes. Es ist die Punktlinie, die sowohl das Licht als auch seine Transformation des Sichtbaren ins Geometrale anzeigt. Die Umwandlung von einem natürlichen Bildanteil in einen abstrakten, geometralen wird dabei durch den durchbrochenen Lichtstrahl angezeigt. Während die Darstellung innerhalb des Lichtkegels dieses Prozesses in eine geometrische Figur mündet, bildet das detailreiche Laborumfeld einen scharfen Kontrast dazu. Letzteres entspricht dem realen Bildanteil, der sich durch die Wiedergabe bekannter realistischer Formen auszeichnet. Im Zentrum des Bildes wird dagegen durch die Punktlinie ein geometraler Bildraum erzeugt (Abb. 4|5b).

Dass Bildexperimente dieser Art einerseits etwas Gestaltloses hervorbringen, das andererseits im wissenschaftlichen Bild in geometrische Formen übersetzt wird, bildet ein Paradoxon. Denn einerseits ist die Wissenschaft bestrebt, unerklärliche Phänomene sichtbar dem Dunkel der Unwissenheit zu entreißen und in Erkenntnisse zu verwandeln. Andererseits führt dieser Prozess eine Unschärfe in frühneuzeitliche Diagramme ein, die mit der Form der Punktlinie korreliert. Denn jede erklärte Erkenntnis eröffnet insbesondere in der bildlichen Repräsentation eine Vielzahl von Interpretationsspielräumen. Erstrangig der Prozess der Deskription oder die Transformation aus dem Sichtbaren in eine theoretische Erklärung geht dabei oft mit dem Auftreten von Punktlinien einher.

Wie sich auch bei Descartes zeigen wird, besteht die Funktion der Punktlinie darin, diesen Transformationsvorgang als Bildoperation abzubilden. Nach einem theoretischen Aufriss von Descartes’ Vorstellungen über Punkte und Linien liegt deshalb im Folgenden der Fokus der Analyse auf Bildern, die im Grenzbereich des Sichtbaren agieren. Daran soll exemplarisch gezeigt werden, warum Punkte und Punktlinien als zentrale Aktanten in frühneuzeitlichen diagrammatischen Abbildungen eingesetzt werden.

4.2 EXKURS: DESCARTES’ PUNKTE UND PUNKTLINIEN IN DER *DIOPTRIQUE*

Mit dem *Discours de la Méthode* (1637) verändert Descartes in der Frühen Neuzeit grundlegend die Annahmen zu physischen Sichtbarkeiten. Entscheidenden Anteil am Erfolg seiner einflussreichen Traktate tragen die zahlreichen diagrammatischen Abbildungen, die in einer eigenen Bildsprache sein gesamtes Ouvere durchziehen.

44 Galilei, Galileo: „Lettre in torno il sistema Copernicano“ übersetzt in Blumenberg: Die Genesis der kopernikanischen Welt, S. 53.

Diagramme dienen dabei vor allem als effektive Evidenzerzeuger, die seine theoretischen Überlegungen ergänzen und illustrieren.

Descartes zufolge können grundsätzlich nur Mengen und Größen durch zwei unterschiedliche geometrische Figuren differenziert und dargestellt werden: Figuren der Größe sind solche, „die kontinuierlich und ungeteilt sind wie △ und □“[45]. Als Figuren der Menge nennt Descartes „zum Beispiel die Punkte ∴, die die Zahl eines Dreiecks bezeichnen“[46]. Es kehren bei Descartes also gewissermaßen die pythagoreischen Dreieckszahlen (vgl. 2.3) als Mengenanzeiger wieder. Sie sind bei ihm zugleich als die ‚geteilten Figuren‘ zu verstehen, wobei Punkte die Teilung anzeigen. Folgt man Descartes’ Ausführungen, so lassen sich mit diesen Figuren der Mengen und Größen „alle Unterschiede der äußeren Verhältnisse bzw. Proportionen ausdrücken“,[47] und „durch sie allein [können] die Ideen aller Dinge konstruiert werden“[48]. Die geteilten und ungeteilten Figuren bestehen bei Descartes demnach aus Linien und Punkten und erzeugen innerhalb eines geometrischen Raumes die ‚Ideen der Dinge‘. Diese Überlegung wird von Descartes genauer ausgeführt. Zur Bestimmung der Gestalt eines Körpers sei seiner Ansicht nach auf die Unterscheidung zwischen Gegenstand, Körper und Oberfläche zu achten:

> „Wenn wir eine Gestalt thematisieren, sollten wir nicht vergessen, dass wir einen ausgedehnten Gegenstand thematisieren, der allein in der Hinsicht begriffen wird, dass er gestaltet ist; wenn einen Körper, sollten wir nicht vergessen, dass wir diesen ausgedehnten Gegenstand thematisieren, insofern er lang, breit und tief ist; wenn eine Oberfläche, begreifen wir ihn insofern er lang und breit ist, wobei die Tiefe nur vernachlässigt, nicht bestritten wird; wenn eine Linie, insofern er nur lang ist; wenn einen Punkt, denselben ausgedehnten Gegenstand, wobei alles andere vernachlässigt ist, außer das er ein Seiendes ist.“[49]

Diese Ausführung von Descartes spielt auf ein grundlegendes Phänomen der euklidischen Geometrie an. Die Tatsache, dass der Punkt keine Ausdehnung hat, bringt ihm gewissermaßen eine Art Nullstellung ein. Während in den Operationen der euklidischen Arithmetik der Punkt durch die Linie ersetzt werden musste, die

45 Descartes: Regulae ad directionem ingenii Cogitationes privatae, S. 159.

46 Ebd., S. 157.

47 Ebd.

48 Ebd. Damit operiert Descartes mit einer der ältesten Formen mathematischer Schriftbildlichkeit, den sogenannten Geometern, die seit dem 5. Jahrhundert v. Chr. verwendet wurden (vgl. Kaplan: Die Geschichte der Null, S. 30f.).

49 Descartes: Regulae ad directionem ingenii Cogitationes privatae, S. 151. Dirk Struik sieht die sogenannten „Dreieckszahlen“ (Ders.: Abriss der Geschichte der Mathematik, S. 38) als ein Bindeglied zwischen Geometrie und Arithmetik.

einer Einheit entspricht und eine Teilung vornehmen kann, verändert sich diese Grundannahme im *kartesischen Koordinatensystem.*[50] Der Punkt entspricht in diesem System einer Einheit, die teilt und damit die Funktion der Linie aus dem euklidischen System übernimmt. Er ist die Form, die theoretisch alle Figuren darstellen kann und fungiert deshalb auch für Descartes immer als ein Positionsanzeiger. Der Punkt kann damit als ausdehnungsloses Seiendes, das weder Körper noch Gegenstand ist, verstanden werden. Er ist in seinen Eigenschaften ein mathematisch universeller Operator und eine unersetzliche Form in Descartes' Bildsprache (ausf. in 5.6 u. 5.7). In einem Koordinatensystem betrachtet, ist die Gestalt von Punktlinien im Sinne von Descartes jedoch nicht als Linie, sondern vielmehr als eine Reihung von Punkten zu verstehen (vgl. 4.3). Punktlinien spielen deshalb vor allem in Descartes' diagrammatischen Abbildungen eine Rolle.

Ein genauerer Blick auf einige der insgesamt 78 Abbildungen der 153 Seiten umfassenden *Dioptrique* verspricht einen Zugriff auf das Konzept einer einzigartigen diagrammatischen Bildersprache: Punkte, Linien und Flächen werden bei Descartes mit Variablen und Zahlen kombiniert; Textanteile ergänzen oder beschreiben das Dargestellte; Diagramme wiederholen[51] sich oder werden als Bilderfolgen aufgebaut. Besonders prägnant zeigt sich dieses diagrammatische Konzept in dem von Descartes entwickelten Bildmodell zu Keplers Brechungsgesetzen (Abb. 2|15 = vergrößerte Abb. 4|6), das im Gegensatz zum bereits 1620 vorgeschlagenen Modell von Schreiner (vgl. 2.5, Abb. 2|14) heute weltweit bekannt und vielfach diskutiert ist. Ganzseitig begegnet dem Leser der *Dioptrique* dieses Bild zum ersten Mal auf Seite 36 und wird dann über das gesamte Traktat verteilt siebenfach wiederholt[52] (Abb. 4|6): Dargestellt ist ein Sehmodell, dass auf einem Ochsenaugenexperiment (vgl. 2.5) basiert. Im obersten Teil dieses Bildes sind ein nach unten zeigendes Dreieck und ein Kreis mit einem Punkt in der Mitte etwa parallel zueinander angeordnet. Beide Formen sind mit den Zahlen 11 und 12 beschriftet und durch Punktlinien mit den gleichen, leicht verkleinerten Symbolen verbunden, die sich etwa zwei Zentimeter darunter auf einer Linie wiederholen. Auf dieser durchgezogenen Linie platziert ist zusätzlich eine Raute als drittes Symbol dargestellt. Diese drei Symbole sind mit V, X und Y beschriftet. Von ihnen fächern sich jeweils drei Punktlinien auf, die sich etwa in der Mitte des Bildes zum ersten Mal schneiden und auf das im Längsschnitt dargestellte Auge zulaufen. Die angedeuteten anatomischen Struktu-

50 Siehe dazu ausf.: Euklid: Die Elemente, S. 119f. Darauf hat bereits Schäffner aufmerksam gemacht: Schäffner, Wolfgang: Euklids Zeichen. In: Bildwelten des Wissens. Kunsthistorisches Jahrbuch der Bildkritik 7:2 (2010), S. 62 – 89, hier: S. 65.

51 Es gibt insgesamt sieben Dopplungen: Eine Verdreifachung, eine Vervierfachung sowie eine Abbildung, die siebenfach wiederholt erscheint.

52 Descartes, René: Discours de la Méthode [...]. Leiden 1637, S. 36.

ren des Auges – Retina, Pupille, interne und externe Augenmuskeln sowie Glaskörper und Augenhintergrund – sind durch überwiegend mit dem Zirkel konstruierte Linien umrissen, während innerhalb dieser Strukturen die mit insgesamt 15 verschiedenen Buchstaben und den Zahlen 1 bis 6 beschrifteten Punktlinien dargestellt sind. Am Ende des Augenkörpers sind erneut – allerdings wiederum etwas verkleinert – das nach unten zeigende Dreieck, Raute und Kreis zu sehen. Diese Zeichen sind jetzt mit den Buchstaben T, S und R beschriftet.

Das untere Drittel des Kupferstichs ist durch waagerechte, eng parallel verlaufende Linien als eine dunkle Fläche ‚P' abgesetzt. Innerhalb dieser Fläche ist die untere Hälfte des Augenkörpers positioniert. Am unteren Rand und direkt unter dem Auge ist zudem ein bärtiger Mann in Rückensicht bis zu den Schultern und einem abgewendeten Viertelprofil dargestellt. Die Blickrichtung dieses Mannes korrespondiert mit dem Augenmodell vor ihm.

Descartes' schriftliche Ausführungen zu diesem Bild erstrecken sich insgesamt über zwölf Seiten. Bereits die ersten Angaben des Textes nehmen unmittelbar Bezug auf die Abbildung und geben erste Hinweise zur Bedeutung der verschiedenen Bildanteile:

„Einige Leute haben [...] bereits sehr geistreich erklärt, durch einen Vergleich mit den Bildern, die in einer Kammer erscheinen, die ganz verschlossen ist, ausgenommen ein einziges Loch, auf das man ein Glas in Form einer Linse gesetzt hat. Spannt man in einem gewissen Abstand dahinter ein weißes Laken auf, formt das von den Objekten von außerhalb kommende Licht auf dem Laken solche Bilder. Diese Kammer stellt, sagen sie, das Auge dar, das Loch die Pupille, das Glas den kristallinen Saft [...] und das Laken die innere aus den Enden des optischen Nervs zusammengesetzte Haut. Aber sie können sich das Auge eines gerade verstorbenen Menschen nehmen, oder, in Ermangelung eines solchen, das eines Ochsen [...]. Schneiden Sie die drei es umschließenden Häute richtiggehend am Hintergrund so durch, dass ein großer Teil des dort befindlichen Saftes M unbedeckt bleibt [...]. Dann bedecken Sie den Saft M wieder mit dem weißen Körper RST, der so dünn ist, dass das Tageslicht durch ihn hindurchgeht, wie, zum Beispiel, ein Stück Papier oder die Schale eines Eies. Danach setzen Sie das Auge in das Loch eines eigens dafür angefertigten Fensters ein, wie Z. Dabei soll die Vorderseite BCD zu dem Ort gedreht sein, an dem sich verschiedene von der Sonne beleuchtete Objekte wie V, X und Y befinden und die Rückseite mit dem weißen Körper RST zum Inneren der Kammer P, in der Sie sich aufhalten und in der nur Licht eintreten darf, durch das Auge hindurch, von dem Sie wissen, dass alle Bestandteile von C bis zu S durchsichtig sind, eindringen kann. Wenn Sie dann auf den weißen Körper RST blicken, sehen Sie, [...] eine Abbildung, die sehr naturgetreu in der Perspektive alle Objekte darstellt, die sich außen bei VXY befinden [...].“[53]

53 Descartes: Entwurf der Methode, Hamburg 2013, S. 98f.

Mit dieser Abbildung legt Descartes als erster eine vollständige grafische Visualisierung der Lichtbrechungsgesetze von Kepler vor.[54] Allein quantitativ nimmt dieses wissenschaftliche Modell als die am häufigsten wiederholte Abbildung innerhalb der *Dioptrique* eine exponierte Rolle ein. Bildsprachlich weicht Descartes weder bei dieser noch bei anderen Abbildungen in der *Dioptrique* auf göttliche Allegorien aus. Stattdessen unterstreicht sein Bildkonzept mit erstaunlicher Konsequenz die von ihm entwickelten Bedingungen der analytischen Geometrie.[55]

Neben den beschriebenen anatomischen Einzelheiten[56] fällt beim Blick auf das Schriftbildverhältnis dieses Experimentes auf, dass darin offenbar den durch Descartes eingeführten erweiterten Variablen eine Schlüsselrolle zukommt, So werden Variablen sowohl im Bild als auch im Text eins zu eins wiederholt und stellen deshalb für den Leser eine Orientierung sowie eine unmittelbare Verknüpfung zwischen Bild und Text her. Geradezu paradigmatisch für das Diagramm, werden zudem durch „eine graphische Darstellung, insbesondere Relationen etwa zwischen Größen, aber auch zwischen einzelnen Begriffen und Wissensfeldern vor Augen"[57] geführt. Dieser Eindruck wird zusätzlich dadurch verstärkt, dass auf den folgenden zehn Seiten des Traktates dieselbe Abbildung (Abb. 4|6) viermal ganzseitig wiederholt wird.

Diese bemerkenswerte Bildpraxis findet jedoch beispielsweise in den Ausgaben zur *Dioptrique* von Leisegang und Wohlers keine Erwähnung.[58] Vielmehr wird von beiden durch die einmalige Reproduktion dieses Bildes ein bildtheoretisch relevanter Aspekt unterschlagen, da es sich genau genommen nicht um ein Bild, sondern

---

54 Damit versucht Descartes die von Kepler hinterlassene Lücke zu den Brechungsgesetzen zu schließen (Poser: René Descartes, S. 115). Hierzu muss Descartes nicht nur die geometrische Abbildung liefern, sondern auch die physikalische Begründung. Dazu müssen die Begriffe ‚Materie', ‚Bewegung' und ‚Licht' erklärt und definiert werden (ebd.).

55 Leonhard, Karin: Was ist Raum im 17. Jahrhundert? Die Raumfrage des Barocks: Von Descartes zu Newton und Leibniz. In: Bredekamp, Horst / Schneider, Pablo (Hgg.): Visuelle Argumentationen. Die Mysterien der Repräsentation und die Berechenbarkeit der Welt. München 2006, S. 11 – 34, hier: FN 8, S. 19.

56 Dieses Augenexperiment geht höchstwahrscheinlich auf Christoph Schreiner zurück. Vgl. auch: Schreiner: Oculus, Innsbruck 1620, S. 18f. Die Werke Descartes' mit anatomischen Ausführungen und sehphysiologischen Überlegungen sind *Traité de l' homme* (1632), *La Dioptrique* (1637) und *La Discription du corps humain* (1648) (vgl. Clasen: Die Sehtheorien von René Descartes, S. 66).

57 Krämer: Operative Bildlichkeit, S. 106.

58 Vgl. Leisegang, Gertrud: Descartes' Dioptrik. Meisenheim am Glan 1954 sowie Wohlers: Einleitung. In: René Descartes: Entwurf der Methode, Hamburg 2013.

im Sinne eines diagrammatischen Bildverständnisses[59] um eine textbezogene ‚Bilderfolge' handelt. Denn obwohl das Bild identisch wiederholt wird, ändert sich die Fokussierung und damit Bedeutung durch den parallel zum Bild verlaufenden Text. Mit jeder ganzseitigen Wiederholung dieser Abbildung gewinnt deshalb der Leser eine neue Perspektive auf die Relationen zwischen den dargestellten Zahlen, Buchstaben, Punkten, Linien und Flächen.[60]

Um einzelne Anteile der Abbildung und Grundzüge des Zeichenverständnisses von Descartes zu verstehen, ist es an dieser Stelle hilfreich, die von Charles Sanders Peirce vorgenommene Unterscheidung zwischen *Token* (einem einzelnen, konkreten und an einer bestimmten Stelle, beispielsweise in einer Nachricht, platzierten Zeichenträger) und *Type* (einem allgemeinen „Element eines Kodes, dass auf verschiedene Weise konkret realisiert werden kann, ohne dabei zu einem anderen Zeichen zu werden"[61]) zu unterscheiden. Denn mit der von Descartes' eingeführten Verwendung von Variablen im Bereich der Geometrie etabliert sich nach diesem zeichentheoretischen Muster nichts anderes als eine erweiterte Darstellung komplexer mathematischer Überlegungen. Losgelöst von einer Zeichenordnung des Alphabets, operieren nämlich die Buchstaben innerhalb geometrischer Zeichnungen als Variablen.

Angewendet auf das exponierte Bildbeispiel der *Dioptrique* (Abb. 4|6), ist der Buchstabe ‚P' deshalb nicht als *Type* des Alphabets zu verstehen. Stattdessen wird ‚P' im Bild zum *Token*, also eine zunächst nichtdefinierte Leerstelle, die sich dem Bildbetrachter erst durch die Erläuterungen des dazugehörigen Textes erschließt. Die Aufmerksamkeit wird dabei ähnlich wie im mathematischen Umgang mit Variablen auf den zu definierenden, variablen Buchstaben gelenkt. Das *Token* ‚P', kann deshalb erst durch die flexible Verwendung von Zeichensystemen als Zeichen für die ‚dunkle Kammer' der *Camera obscura* in der Abbildung gedeutet werden. Solche komplexen Zuordnungen können durch diesen Umgang mit Buchstaben als *Token* gerade in Abbildungen erzeugt und verstanden werden.

---

59 Diagramme sind deshalb keinesfalls als bloße „Hybridform von Text und Bild" zu verstehen, sondern verfügen über „spezifische semiotische Eigenschaften" (In diesem Diagrammverständnis beziehe ich mich auf den Aufsatz von Bogen und Thürlemann: Jenseits der Opposition von Text und Bild, S. 2f. sowie ferner auf die Monografie von Krämer: Operative Bildlichkeit, Bielefeld 2009).

60 Weiterhin lässt sich mit diesem Bildbeispiel und einem Ausschnitt seiner Beschreibung festhalten, dass sowohl die sich wiederholenden Bilder als auch die eingesetzten Variablen etwas beschreiben, „das für etwas anderes steht" – *aliquid stat pro aliquo*. Diese seit dem Mittelalter bekannte Formel weist auf die Relation der Repräsentation, die *significatio* hin (Nöth, Winfried: Handbuch der Semiotik. Stuttgart ^{2}2000, S. 138).

61 Ebd., S. 133.

Anhand des Bildbeispiels wird zudem deutlich, dass das *Token* ‚P' an geometrische Zeichen gebunden ist, wie etwa die waagerechten, eng zueinanderstehenden Linien, die eine dunkle Kammer andeuten sollen (Abb. 4|6). Das *Type*-Reservoir der Buchstaben ist deshalb bei Descartes nur eine Hälfte der erweiterten Ausdrucksmöglichkeiten des wissenschaftlichen Bildes. Die andere Hälfte wird durch die geome-trischen Formen und deren neue Verbindungen und Kombinationen erzeugt. Ein entscheidender Vorteil dieser Verknüpfung liegt darin, dass im Text allein durch die Nennung der verwendeten Variablen geometrischen Formen mitaufgerufen werden. So ist es Descartes beispielsweise möglich, die verschiedenen Figuren – ein umgedrehtes Dreieck, Raute und Kreis – allein durch die Nennung der dazugehörigen Variablen zu adressieren.[62] Auch diese Zeichen sind *Token*, die erst im Text unter Rückgriff derselben erklärt werden müssen.

Durch diese ersten zeichentheoretischen Überlegungen (genauer dazu in 7.3) kommt zudem die Hauptaufgabe der dargestellten unterschiedlichen Figuren zum Vorschein: Es ist die Abbildung der Objekte, die in Verkleinerung gesehen werden. Folgt man Uwe Clasen, stellt bis heute die Deutung der Wahrnehmung von verschieden großen Objekten in unterschiedlicher Entfernung eine nicht zu unterschätzende Schwierigkeit dar.[63] Umso bemerkenswerter ist es deshalb, dass die Abbildung bei Descartes dieses optische Phänomen mit erstaunlicher Einfachheit anzeigen kann. Dies gelingt, indem die variablen Figuren in unterschiedlichen Distanzen zueinander im Bild platziert und in verkleinerter Form wiederholt werden. Gegenüber den Buchstaben als *Token* verwendet, können geometrische Figuren präziser veränderte Größe und Lage von Objekten im geometralen Raum veranschaulichen. Das verbindende Element, oder besser noch: das geometrische Zeichen für diesen Skalierungsvorgang einzelner Figuren im Bild (Abb. 4|6), also beispielsweise von einer großen Raute zu einer kleinen Raute, bildet die Punktlinie. Signifikant daran ist, dass keine Größenveränderung der Linienform stattfindet, obwohl diese eine räumliche Distanz zwischen Auge und Figuren anzeigt: Ihre Punkte bleiben als kleinste geometrische Einheit stets gleich groß. Damit zeigt die Punktlinie als geometrische Form nicht die Skalierung an sich an, sondern den Prozess der Vergrößerung oder vice versa der Verkleinerung.

Weder mit einem Buchstaben noch mit einer Zahl beschriftet, nimmt die Punktlinie daher innerhalb dieser Abbildung eine Sonderstellung ein, denn sie ist weder durch ein *Type* oder *Token* an einen Signifikationszusammenhang gebunden. Im Gegensatz zu den für die Figuren verwendeten Variablen wird die Punktlinie im

62 So wird beispielsweise im Text aus ‚◆' ein ‚V'.

63 Clasen postuliert: „Die Wahrnehmung von Entfernung und Größe sowie die Raumwahrnehmung sind bis in die heutige Zeit noch Gegenstände spekulativer Deutungsversuche." (Clasen: Die Sehtheorien von René Descartes, S. 97).

Text nicht verkürzt oder semiotisch transformiert angezeigt.[64] Benannt wird im Text lediglich das ‚Tageslicht‘ auf der anderen Seite der Kammer ‚P‘. Mit dieser unspezifischen Angabe könnte allerdings sowohl die Punktlinie als auch das Blattweiß gemeint sein. Eine mögliche Dechiffrierung des Codes ‚... = Lichtstrahl‘ wird bei Descartes weder durch eine Bildlegende angelegt noch explizit im Text erklärt. Sie müsste deshalb entweder als vorhandenes Wissen vorausgesetzt werden, oder sie erschließt sich für den Leser nur aus dem Text-Bildgefüge des Traktats.

Diese Beobachtung belegt, dass der zentrale Untersuchungsgegenstand der *Dioptrique,* nämlich Lichtstrahlen und deren Brechung, bildlich durch Punktlinien angezeigt wird. Dabei bleibt die Verwendung dieser spezifischen Linienform zur Darstellung von Lichtstrahlen semiotisch undefiniert. Dadurch tritt die Punktlinie als ein Zeichen einer nichtsemiotischen Welt zu Tage, in der anstelle von unsichtbaren Lichtstrahlen geometrische Linien angezeigt werden.

Mit diesem Befund wird die Punktlinie gleichzeitig zu einem zeichentheoretischen Sonderfall: Das erwähnte Tageslicht bei diesem Experiment entspricht dem Papierweiß der oberen zwei Drittel der Abbildung (Abb. 4|6).[65] Der Unterschied zwischen keiner und vielen Linien erzeugt im Kupferstich generell das Hell und Dunkel. Die mediale Übersetzung von Licht erfolgt deshalb drucktechnisch immer nach einem binären Prinzip, das besagt, dass kein Farbauftrag ‚Hell‘ beziehungsweise in diesem Fall ‚Licht‘ bedeutet. Die Entsprechung von ‚Nichts‘ in der Druckgrafik ist deshalb einem Nullwert an Farbauftrag, einer Abwesenheit von Form, einer Leerstelle im Bild gleichzusetzen (ausf. Kap. 5).[66] Die Punktlinie ist jedoch eine Linie, die nur durch Farbauftrag angezeigt werden kann. Somit steht sie zwischen der dunklen Fläche der Kammer und dem Licht bedeutenden Papierweiß des oberen Drittels der Abbildung in der Mitte.

Eindrücklich lässt sich dieses Phänomen mit dem in derselben Abbildung dargestellten Bildkonzept der *Camera obscura* verdeutlichen (Abb. 4|6):[67] Der Be-

---

64 Auch ihre genaue Definition bleibt erwartungsgemäß offen. Descartes beschreibt zwar den Verlauf von Strahlen, von Licht- oder Sehstrahlen, jedoch eine gebrochene Punkt- oder Strichlinie wird nicht erwähnt.

65 Dieser Weißanteil steht im Kontrast zum unteren Drittel, das durch dicht parallel zueinander verlaufende Linien die dunkle Innenseite der Kammer anzeigt.

66 Ausf. dazu in 5.1.

67 Die Schlüsselrolle der *Camera obscura* im Bereich der Optik der Frühen Neuzeit wurde bereits im Zusammenhang mit Kepler beschrieben (vgl. 2.5). Das Konzept der *Camera obscura* lässt sich wie folgt zusammenfassend beschreiben: „Wenn durch eine Blende Licht in einen dunklen Raum fällt, wird die Außenwelt kopfüber und seitenverkehrt auf der gegenüberliegenden Wand des Raums abgebildet.“ (Steinmetz-Oppelland, Angelika: Camera obscura, Guckkasten und Laterna magica – Schauplätze optischer Repräsentati-

trachter nimmt in dem Bildbeispiel die Perspektive aus einem dunklen Innenraum ein. Mit Blick durch eine Öffnung, in diesem Fall ein überdimensioniertes Auge, sieht er in einen hellen Raum und erkennt dort drei unterschiedlich weit entfernte Objekte. Licht wird in diesem Fall einerseits durch die Abwesenheit horizontal verlaufenden Linien dargestellt und steht damit im Kontrast zu der dunklen Kammer. Andererseits wird durch die Punktlinien ebenfalls Licht – in diesem Fall gebrochenes Licht – angezeigt, das auf das überdimensionierte Auge trifft. Die physikalische Gegebenheit des Lichtes erhält somit eine Gestalt in Form einer Punktlinie, die sowohl Licht als auch Lichtbrechung anzeigt. Dem Zeichenträger Licht wird erst durch die Punktlinie sowohl die Sichtbarkeit als auch die wichtige Eigenschaft der Übertragung eines Vorgangs – in diesem Fall des Sehens – verliehen. Damit tritt zu dem auf der Innenseite der Kammer erscheinenden Bild der drei Figuren die Sichtbarkeit des Lichteinfalls selbst hinzu. Nicht das erzeugte Bild ist hier Untersuchungsgegenstand, sondern der Verlauf der Lichtstrahlen, die sich medial zwischen dem Hell und Dunkel, dem Innen- und Außenbereich der dunklen Kammer abzeichnen. Die Opposition von Hell und Dunkel definiert Licht deshalb nicht als Zeichen, sondern im Sinne Peirce als einen Zeichenträger, der sowohl materieller als auch abstrakter, mentaler Art sein kann.[68] Licht bleibt in seiner Struktur ohne materiellen Bezug, wird aber gleichzeitig durch die Darstellung von Punktlinien an eine Linienform gebunden. In der *Camera obscura* transportiert das Licht einen Ausschnitt des Außen nach Innen. Dieser Vorgang ist ein Prozess, der sich im Lichtstrahl darstellen lässt und so ein signifikantes Zeichen liefert.

Bezogen auf die Punktlinie bedeutet das, dass ihre Etablierung möglicherweise in ihrer Funktion als Zeichenträger in der Technologie der Sichtbarmachung von Licht begründet liegt. Gabriele Gramelsberger erklärt diesen Zusammenhang so, dass erst Erfindungen und Wiederentdeckungen im Bereich der Optik der Frühen Neuzeit erlauben, Teile des Lichts zu extrapolieren und fragmentiert sichtbar zu machen.[69] Doch nicht allein Erfindungen und Verfeinerungen im Bereich der Optik

---

on. In: Breidbach, Olaf (Hg.): Natur der Ästhetik – Ästhetik der Natur. Wien, New York 1997, S. 55 – 81, hier: S. 58).

68 Der Zeichenträger oder Repräsentamen ist „ein wahrnehmbares oder nur imaginäres oder sogar eine in gewisser Hinsicht unvorstellbares Objekt [...]“ (Peirce, Charles Sanders: Collected Papers. Hrsg. v. Charles Hartshorne und Paul Weiss. Bde. 1 – 6. Cambridge / Massachusetts 1931 – 1935, Bd. 2, § 230).

69 Gramelsberger: Schrift auf den Punkt gebracht, S. 395. Die Skepsis gegenüber dem Sichtbaren bleibt aber trotzdem erhalten. Insbesondere Schreiner hatte, wie Karl Clausberg bemerkt, „trotz seiner offensichtlichen Begeisterung für die neue Instrumentaloptik – grundlegenden Zweifel an der unmittelbaren und eindeutigen Evidenz des Sichtbaren.“ (Clausberg, Karl: Video, ergo sum? Licht und Sicht in Descartes Selbstverständnis sowie

wie etwa die *Camera obscura* tragen dazu bei, ein anderes Verständnis von Licht in seiner Beschaffenheit zu erlangen und es dementsprechend verändert darzustellen. Insbesondere die Wiederentdeckung der Zentralperspektive ist dafür verantwortlich, dass sich ab dem 15. Jahrhundert auch in den Druckgrafiken der Bildraum erweitert. Die dadurch gewonnene Mehrdimensionalität im Bild schafft zugleich den Freiraum in der Formgebung ermöglicht es, diese vielfältig zu etablieren.[70] Die neuen geometrischen Formen brauchen deshalb nicht unbedingt eine genaue sprachliche Bezeichnung. Vielmehr entsteht der Eindruck, dass sich zunächst die Form im Bild etabliert und erst nachträglich eine terminologische Benennung erfolgt. Im Folgenden sollen diese Zusammenhänge genauer betrachtet und erörtert werden.

4.3 EINE FRAGE DER BEZEICHNUNG – ‚PUNCTIERTE' UND ‚BLINDE' LINIEN

Punktlinien sind eine bisher nur unzureichend definierte geometrische Form, deren Bezeichnung sich aus den Begriffen ‚Punkt' und ‚Linie' zusammensetzt. Innerhalb dieses Determinativkompositums gibt der Punkt ein Merkmal für die Linie an. Das Wort Punktlinie baut sich demnach erstrangig aus dem Kernwort Linie auf. Eine ‚Linie' bezeichnet im Deutschen aber kein geometrisches Element; zugleich ist sie für die geometrische Definition einer Geraden in der deutschen Sprache unentbehrlich. So wird die Gerade im Allgemeinen als unendlich lange, unendlich dünne und in beide Richtungen unbegrenzte Linie definiert. Unter einer Strecke hingegen versteht man die kürzeste Verbindung zweier Punkte (vgl. 2). Im Englischen wird der sprachliche Stellenwert der Linie noch deutlicher, denn die Gerade wird dort als *line* und die Strecke als *line segment* bezeichnet. Innerhalb des Liniendiskurses haben diese Sprachanbindungen zur Linie in der Geometrie vermutlich dazu beigetragen, dass in der Kunstgeschichte und den Bildwissenschaften zwar neuerdings vermehrt die Frage nach der Bedeutung der Linie gestellt wird, eine sinnvolle Differenzierung zwischen geometrischem Element und einer durch die Hand des Künstlers geführten Linie jedoch nur bedingt stattfindet.[71]

Fludds Erinnerungsscheinwerfer. – Ein Ausblick auf die Kunstgeschichte der virtuellen Bilder zwischen Mnemonik und Projektionstechnik. In: Breidbach, Olaf / Ders. (Hgg.): Video ergo sum. Repräsentationen nach innen und außen zwischen Kunst- und Neurowissenschaften. Hamburg 1999, S. 8 – 33, hier: S. 22f.).

70 Fiorentini: Modus Videndi, S. 133.

71 Geradezu vorbildlich dagegen sticht der differenzierte Umgang mit den Bezeichnungen in unterschiedlichen Kontexten im bereits in 1.3 genannten Sammelband von Busch / Jehle /

Unter dem unspezifischen Begriff der ‚Linie‘ wird im *Etymologischen Wörterbuch des Deutschen* angegeben, dass das Wort in der Frühen Neuzeit vielfach in einem übertragenen Sinne gebraucht wurde und beispielsweise als Synonym für Genealogie oder militärische Formation (dazu genauer 6.3) zum Einsatz kam. Seit dem 17. Jahrhundert wird die ‚Linie‘ zur topografischen Beschreibung des Äquators genutzt.[72] Weiter definiert das etymologische Wörterbuch ‚Linie‘ als

> „längere[n], gerade[n], gekrümmte[n]) Strich, [...]. Mhd. *linie*, entlehnt aus lat. *linea,* Leine, leinener Faden, Schnur, Strich“[73].

Linea ist zudem die lateinische Kurzform von *linea restis,* was soviel bedeutet wie eine „Schnur aus Leinen“[74]. Der Begriff Linie kann demnach hinsichtlich seiner Sprachwurzeln sowohl eine geometrische Form als auch eine physische Struktur bezeichnen, was die Analyse zu Albertis Fadenvergleich (vgl. 2.4) und Dürers *Zeichner mit der Laute* (Abb. 2|6) zurückführt.

Der erneute Blick auf einige Bilder in Dürers *Underweysung der Messung* soll deshalb nun die sprachlich-epistemische Dimension von Linie und *linea* vor Augen führen: Die Abbildung *Zeichner mit der Laute* (Abb. 2|6) von Dürer deutet indirekt durch das Leinentuch und die gespannten Fäden auf die Etymologie der Linie hin. Zugleich tritt die Linie in diesem Bild in ihrer Eigenschaft des Verbindens und Trennens hervor, denn das Tuch und der Faden sind Teil des realen Bildraums, der in Opposition zur geometralen Bildebene zu verstehen ist. Dieser wird durch geometrische Formen wie die punktierte Laute im aufgeklappten *velum* angezeigt. Ähnliche Beobachtungen und Rückschlüsse lassen sich in der Abbildung *Der Zeichner des liegenden Weibes* (Abb. 2|7) anstellen. Die geometrale Bilddimension

---

Meister (Hgg.): Randgänge der Zeichnung. München 2007 sowie in Buchers Aufsatz: Das Diagramm in den Bildwissenschaften hervor. Grundsätzliche Überlegungen zu einer differenzierten Betrachtungsweise von Linien finden sich darüber hinaus auch in Haldemanns Sammelband Linea, Ostfildern 2010 und Ingolds Lines, New York 2007 (vgl. 1.3).

72 Ebd.

73 Ebd. Sommer führt dazu aus: „Im Griechischen ist *linon* der Name der Leinpflanze, auch Flachs genannt [...]. Doch auch alles, was aus *linon* gefertigt ist, heißt bei den Griechen *linon*: der Faden, die Schnur; das Netz der Fischer und Jäger, das leinengewebte Bett- und Segeltuch. In etwa demselben Sinn hat das lateinische *linum;* davon oder von dem Adjektiv *lineus* abgeleitet gibt es dann die *linea* als Richtschnur, [...] und unsere Linie, die mit Hilfe dieser Schnur gezogen wird [...].“ (Sommer: Von der Bildfläche, S. 486f.).

74 Ebd. Dirk Struik beschreibt wie Brusatin (Ders.: Geschichte der Linien, bes. S. 23f.) den „Zusammenhang zwischen Weberhandwerk und den Anfängen der Geometrie“ (Struik: Abriss der Geschichte der Mathematik, S. 5).

wird hier durch den quadrierten Zeichenbogen unter den Händen des Künstlers sichtbar gemacht. Damit wird in beiden Bildern die geometrisch gerade Linie zur Brücke zwischen realem und geometralen Bildraum. Dürers Kunstgriff beschreibt eine epistemische Ambivalenz der Linie, die im Bild sowohl einen physischen Bezug zum Leinen und zum Faden als auch zu geometrischen Formen offenlegt.

Diese Beobachtung führt zu der Annahme, dass die Verbindung aus geometrischen Bildanteilen und physischen Strukturen Teil eines Gesamtkonzeptes dieser Bilder ist, das im Kern auf der Idee basiert, die zentralperspektivische Konstruktion des Bildes und reelle Bezüge ansichtig zu machen. Das Sehen als Erkenntnisprozess und Teil der perspektivischen Bildkonstruktion wird damit im Bild durch Zeicheninstrumente als eine Einheit visualisiert.[75] Der Faden und die Linie erzeugen dabei die entscheidenden Verbindungen, die den Sehvorgang als physiologischen Prozess mit einem Messinstrument verknüpfen. Sie bilden also die physische oder technische Struktur eines Hilfsmittels ab, das zur Herstellung von perspektivischen Zeichnungen eingesetzt wird (vgl. 2.4). Diese Bildelemente sind in den sehr bekannten Holzschnitten (Abb. 2|6 u. Abb. 2|7) konstitutiv, weil sie das Spannungsverhältnis innerhalb dieser Dimensionen abbilden: Zeichner, Zeichenvorrichtung und Abbildungsgegenstand werden erst durch sie zu einer zirkulären und operativen Einheit.[76]

Zusammengefasst kann also die Linie als geometrisches Grundelement, als Hilfsmittel einer perspektivischen Abbildung, als fadengleiche Struktur mit physischem Bezug und außerdem als Zeichen für das perspektivische Sehen in den Bildbeispielen Dürers (Abb.2|6 u. Abb. 2|7) gedeutet werden. Obwohl die Punktlinie nur einmal als Umrisslinie von insgesamt 64 Abbildungen in der Erstausgabe der *Underweysung der Messung* vorkommt, erfüllt sie dennoch eine wichtige Aufgabe. Als Kontur der projizierten Laute ist sie technisch gesehen eine Ansammlung von Einstichen im Leinentuch. Geometrisch betrachtet, erzeugt sie aber den Umriss eines sichtbaren Körpers und deutet damit den Übergang in einen geometralen Raum an. Sie wird damit zur Schnittstelle des Übergangs aus dem reellen in den ideellen

75 Die Abbildungen Dürers, in denen er die unterschiedlichen geometrischen Linienformen wie etwa die „gesichts streim lini" definiert werden (Dürer: Underweysung der Messung, Nürnberg 1538, unpag.), haben dagegen einen rein geometralen Charakter (Abb. 2|3 – Abb. 2|5).

76 Der von Dürer in diesem Bild konstruierte Raum entspricht zudem konzeptuell einer *Camera obscura* (vgl. Ihde, Don: Die Kunst kommt der Wissenschaft zuvor. Oder: Provozierte die Camera obscura die Entwicklung der modernen Wissenschaften? In: Schramm, Helmar / Schwarte, Ludger / Lazardzig, Jan (Hgg.): Instrumente in Kunst und Wissenschaft. Zur Architektonik kultureller Grenzen im 17. Jahrhundert. Bd. 2. Berlin, New York 2006, S. 417 – 430, hier: S. 419f.).

Bildbereich. Die fehlende Definition dieser Linienform bei Dürer würde diese These unterstützen. Denn wenn Punktlinien im Zwischenraum des Realen und Geometrischen verortet werden können, bleibt diese hybride Linienform sowohl bildlich als auch sprachlich schwer zu fassen.

Dieses Phänomen setzt sich in Nachschlagewerken des 18. Jahrhunderts fort. So finden sich etwa in Johann Heinrich *Zedlers Grossem vollständigen Universallexicon Aller Wissenschaften und Künste* (1731 – 1754) keine Eintragungen zur Punktlinie.[77] Im 19. und 20. Jahrhundert lassen sich nur vereinzelte Einträge zur Punktlinie in gängigen Konversationslexika finden.78 Ein Hinweis auf die Funktion der Linie lässt sich im *Lexikon der Philosophischen Grundbegriffe* (1907) entdecken. Die punktierte oder gestrichelte Linie wird dabei mit dem Wort ‚diskret' in Verbindung gebracht. Dort heißt es: „Eine gestrichelte oder punktierte gerade Linie z. B. ist eine diskrete, eine nicht unterbrochene gerade Linie dagegen eine kontinuierliche Größe."[79]

Zu Beginn des 21. Jahrhunderts fällt die Suche nach ‚punktierten Linien' oder ‚Punktlinien' ebenso dürftig aus. Beides ist dem *Duden* nicht bekannt[80] und auch im aktuellen *Brockhaus*[81] und im *Etymologischen Wörterbuch des Deutschen*[82] lassen sich dazu keine Eintragungen finden. Trotzdem werden im heutigen deutschen

77 In Band 17 werden auf 13 Spalten alle im 17. Jahrhundert definierten Linienformen beschrieben. Überwiegend werden diese Linien dort im Bereich der Mathematik und der Medizin verortet (Zedler, Johann Heinrich: Großes vollständiges Universallexicon Aller Wissenschaften und Künste. 64 Bde. Bd. 17. Halle, Leipzig 1732 – 54, Sp. 1431 – 1444). Allerdings findet sich in einem weiterführenden Eintrag zur *Linea refractionis* der Vermerk, dass diese „von einigen in der Catoptrick der gebrochene Strahl genennet" (ebd., Sp. 1416) wird. Diese Linienform wird auch als ‚Brechlinie' bezeichnet, wie es in *Zedlers Universallexikon* weiter heißt (ebd.; vgl. dazu auch Keplers Brechlinien in 4.1).

78 Vgl. beispielsweise: Herders Conversations-Lexikon. 1. Auflage. Freiburg 1854 bis 1857, Meyers Großes Konversations-Lexikon. Leipzig 1907 (immerhin findet sich hier ein Eintrag zu ‚punktierten Linien' in Bd. 12, zum Wort ‚Läutwerke') und Brockhaus' Kleines Konversations-Lexikon. Leipzig 51911.

79 Lexikoneintrag zu ‚diskret'. Kirchner, Friedrich / Michaelis, Carl: Wörterbuch der Philosophischen Grundbegriffe. Leipzig 1907, S. 150.

80 Im englischen Sprachraum ist vorrangig die Rede von *dotted lines* und *dashed lines* (Ingold: Lines, S. 8 u. S. 13).

81 Brockhaus-Enzyklopädie. Online- Wissens- und Rechercheportal. brockhaus.de, Gütersloh, München (2013). Online: http://erf.sbb.spk-berlin.de/han/751860603/https/preussischer-kulturbesitz.brockhaus-wissens-service.co m Stand: 15.01.2015.

82 Etymologisches Wörterbuch des Deutschen. Erarbeitet unter der Leitung v. Wolfgang Pfeifer. München 2005, S. 804.

Sprachgebrauch für die Verbindung aus Punkt und Linie das Wort ‚Punktlinie' und synonym ‚Strichlinie' oder ‚punktierte Linie' verwendet.[83] Dem *Duden* ist wenigstens das Verb ‚punktieren' – „mit Punkten versehen, tüpfeln"[84] – bekannt.

Eine Recherche zur Frühen Neuzeit zeigt allerdings, dass ab dem frühen 17. Jahrhundert in vereinzelten Wissenschaftstraktaten zur Architektur,[85] Perspektive[86] oder Messkunst tatsächlich die Begriffe „punctierte Linien" sowie „blinde oder punctierte Linien"[87] anzutreffen sind. Auffällig an diesen ersten fachsprachlichen Erwähnungen ist, dass sie oft in Verbindung mit Bildern anzutreffen sind. Von besonderem Interesse ist dabei die Schrift *La perspektive practique*[88] von Jean Du Breuil, die zuerst 1642[89] erscheint (vgl. 4.5.4) und nach bisheriger Quellenlage als die erste Schrift gelten kann, die explizit Punktlinien bezeichnet und mit diesen operiert. Besonders bemerkenswert ist dabei, dass die bis dahin unbeachteten Punktlinien in diesem Traktat gleich auf der ersten Seite definiert werden. Du Breuil beschreibt zunächst Linien allgemein ganz im euklidischen Sinne als Längen die keine Breite haben. Auch zum Punkt macht Du Breuil genaue Angaben:

83 Die Konzentration dieser Arbeit auf das Konzept einer Punktlinie und nicht der Strichlinie ist durch die Überlegungen zu geometrischen Grundformen (vgl. Kap. 2), zu ihren ikonografischen Wurzeln (vgl. Kap. 3) und, wie sich noch zeigen wird, zu ihrer Herstellungsweise (Kap. 5) bedingt.

84 Duden. Die deutsche Rechtschreibung. Vierundzwanzigste, völlig neu bearbeitete und erweiterte Auflage. Hrsg. v. der Dudenredaktion. Auf der Grundlage der neuen amtlichen Rechtschreibregeln. Duden Bd. 1. Mannheim, Leipzig, Wien, Zürich 2006, S. 818.

85 Specklin, Daniel: Architektura von Vestungen wie die zu unseren Zeiten an Stätten, Schlössern und Claussen zu Wasser zu Land, Berg und Thal mit ihren Bollwercken Cauliren, Streichen, Gräben und Läuffen mögen erbauet. Straßburg 1599, Das Kupferblat No. 14, Lit. B, unpag. zwischen S. 78 u. S. 79. Vgl. ETH-Bibliothek Zürich. e-rara-Katalog. dx.doi.org, Zürich (2016). Online: http://dx.doi.org/10.3931/e-rara-8781 Stand: 15.01.2016.

86 Du Breuil, Jean / Rembold, Johann Christoph: Perspectiva Practica. Oder vollständige Anleitung zu der Perspectiv-Reiß-Kunst [...]. Augsburg 1710.

87 Ebd., S. 1 u. S. 17.

88 In der deutschen Ausgabe wird der Titel auch mit „Perspectiv – oder Sehe-Kunst" übersetzt (Du Breuil / Rembold: Perspectiva Practica, Augsburg 1710, Vorrede, unpag.).

89 Du Breuil, Jean: La perspective pratique nécessaire à tous peintres, graveurs, sculpteurs, architectes, orfèures, brodeurs, tapissiers, & autres se servans du dessein / par un Parisien 1642.

„Ein Punct lässet sich weiter nicht zertheilen [...]. In der Perspectiv-Kunst aber finden sich dreyerley Arten von Puncten / welche benahmt werden: Der Gesichts-Punct / der Distanz-Punct / und der Berührungs-Punct.“[90]

Die Punktlinie wird im Anschluss daran bei Du Breuil als „Ligne occulte ou poinctee“[91] definiert. Auch ihre Herstellungsweise und besonderen Eigenschaften werden genau beschrieben:

„Et la 5. Ligne occulte ou poinctee, est une ligne qui doit estre faite en blanc ou avec des poincts, [...] & ces lignes ne doiuent iamais paraiftre quand l'ouurage est tout acheué.[92]
Die fünfte Linie ist die blinde oder punctierte Linie / diese wird auf dem Papier nur mit einem Stefft / oder mit lauter Puncten gezogen / [...]. Und diese Linien dürffen nicht zu Gesicht kommen / wann das Werk vollendet ist.“[93]

Damit wird neben der von Du Breuil genannten *Grundlinie*, der *bleirechten Linie* oder *Perpendicular*, der *Parallellinie* sowie der *Horizontallinie* die Punktlinie als die letzte der fünf Hauptlinien der Perspektivkunst definiert.[94] Zu ihrer Herstellungsweise vermerkt der Autor, dass sie mit dem Stift „oder mit lauter Puncten gezogen“ werde. Als Alleinstellungsmerkmal gegenüber den anderen vier Hauptlinien wird für die Punktlinie hervorgehoben, dass sie nur innerhalb des Herstellungsprozesses einer perspektivischen Zeichnung sichtbar sein dürfte. Sie werde daher auch als ‚occulte‘ – also verborgene oder ‚blinde‘ – Linie bezeichnet.

Unmittelbar unterhalb einer durchgezogenen Linie wird die Punktlinie zudem bei Du Breuil abgebildet (Abb. 4|8). Mit dieser Darstellung der Punktlinie in einer Reihe der geometrischen Grundformen sowie den Erläuterungen zu ihrer Funktion erfährt die Punktlinie innerhalb eines wissenschaftlichen Traktats erstmals eine theoretisch reflektierte Setzung. Es ist deshalb davon auszugehen, dass zu diesem Zeitpunkt die Punktlinie bereits zu einem bestehenden Formenrepertoire wissenschaftlicher Diagramme gehört und ihre Etablierung ab der Mitte des 17. Jahrhunderts bereits abgeschlossen sein dürfte.

90 Du Breuil / Rembold: Perspectiva Practica, Augsburg 1710, S. 1.

91 Du Breuil: La Perspective practique, Paris 1642, S. 1.

92 Ebd. Vgl. ETH-Bibliothek Zürich. e-rara-Katalog. dx.doi.org, Zürich (2015). Online: http://dx.doi.org/10.3 931/e-rara-3516 Stand: 15.01.2016. Die Übersetzungen stammen aus der deutschen Erstausgabe von 1710: Du Breuil / Rembold: Perspectiva Practica, Augsburg 1710.

93 Du Breuil: La Perspective practique, Paris 1642, S. 1.

94 Ebd.

Zur Eingrenzung des Untersuchungszeitraums der für die Genese der Punktlinie im wissenschaftlichen Bild relevant ist, sind zudem die oben ausgeführten Beobachtungen zu Dürers frühen Holzschnitten in der *Underweysung der Messung* hilfreich. Sie zeigen deutlich, dass zu Beginn des 16. Jahrhunderts noch keine theoretischen Reflektionen oder Definitionen zur Punktlinie kursieren, dass gleichzeitig aber erste Versuche unternommen werden, diese Linienform in diagrammatische Abbildungen zu integrieren. Somit lässt sich ein zeitlicher Rahmen für die Analyse der Etablierung der Punktlinie für den Zeitraum von 1500 bis 1650 festlegen.

Auch der rote Faden in den bisher gemachten Beobachtungen zu dieser Linie zeichnet sich nun deutlich ab. Bereits die frühen Spuren in der Kunstgeschichte machen auf die geometrische Funktion der Linien und Punkte bei Giotto aufmerksam und führen dann weiter zu punktierten Lichtstrahlen innerhalb perspektivisch konstruierter Bildräume (vgl. Kap. 3). Auch die Abbildungen bei Dürer und Du Breuil spiegeln sich im Wissensbereich der Perspektivkunst, die auf geometrischem und optischen Erkenntnissen der Mathematik und Kunst basiert. Als Untersuchungsfeld bieten sich vor diesem Hintergrund die wissenschaftlichen Druckausgaben zur Perspektivkunst an. In der folgenden quantitativen Analyse werden deshalb alle relevanten Traktate zur Perspektivkunst von 1500 bis 1650 in Mitteleuropa mit Blick auf die Verwendung von Punktlinien analysiert.

4.4 ANALYSE: PUNKTLINIEN IN TRAKTATEN ZUR PERSPEKTIVE

Der kaum abschätzbare Einfluss, den die Erfindung der Zentralperspektive auf den Bereich der Architektur und die Bildkunst entfaltet, wird vor allem in Buchdrucken der Frühen Neuzeit anschaulich beschrieben. Besonders intensiv wird dieses neue Wissen in Traktaten zur Perspektivkunst ventiliert. Einen vortrefflichen Überblick über eine nicht unerhebliche Anzahl von Traktaten zu dieser Thematik bieten die bibliografischen Arbeiten von Kirsti Andersen, die der Frage nach der Verbreitung des theoretischen Wissens zu der geometrischen und mathematischen Theorie der Perspektive nachgehen.[95] Andersens Arbeit eignet sich damit auch als Fundament, für die Erschließung der Genese der Punktlinie. Auf der Grundlage der Bibliografie Andersens werden deshalb in diesem Abschnitt alle relevanten Traktate zur Darstellung der Perspektive für den Zeitraum von 1500 bis 1650 hinsichtlich der Verwendung von Punktlinien analysiert. Nicht berücksichtigt wurden Traktate, die vor oder

95 Andersen, Kirsti: The Geometry of an Art. The History of the Mathematical Theory of Perspective from Alberti to Monge. New York 2005.

nach diesem Zeitraum veröffentlicht wurden, sowie erhaltene, jedoch unveröffentlichte Manuskripte.[96]

Zur Bestimmung, wann und in welcher Region Europas die Etablierung von Punktlinien zur Darstellung von punktierten Sehstrahlen einsetzt, ist die folgende Analyse deshalb in die Einzugsbereiche Italien, Deutschland, Schweiz, Österreich, Frankreich sowie die nördlichen Niederlande gegliedert. Die Signifikanz der eingesehenen Traktate und Diagramme für die hier verfolgte Fragestellung wird im Folgenden zunächst jeweils kurz zusammengefasst und ist als erste Analyseübersicht zu verstehen, die dann in 4.4.5 ausführlich ausgewertet wird. Zugleich sind die gesammelten Daten als ein Beitrag zur Materialerschließung für zukünftige Arbeiten zur Linie gedacht.

4.4.1 Deutschsprachiger Raum[97] (1500 bis 1650)

In diesem Abschnitt werden die Traktate zur Perspektive aus dem deutschsprachigen Raum auf den Territorien des heutigen Deutschlands, Österreichs und der Schweiz für den Zeitraum von 1500 bis 1600 vorgestellt. Dabei werden vereinzelt Abbildungen mit Punktlinien genauer beschrieben und anhand von Bildbeispielen auf die Besonderheiten aufmerksam gemacht, die dabei ins Auge fallen.

1504 Gregor Reisch, *Margarita Philosophica Nova*. Freiburg im Breisgau.[98]*
Das Traktat beinhaltet vorrangig Bilder zur Heilsgeschichte. Zudem sind Abbildungen zur Anatomie, Geometrie, Sternenkunde und zu den physiologischen Grundlagen des Sehens enthalten.
0 Abbildungen mit Punktlinien / 148 Abbildungen / 664 Seiten.

1509 Jörg Glockendon, *Von der Kunnst Perspectiva*. Nürnberg.
Ein sehr bilddominantes Traktat, in dem außer einem vierseitigen Textanteil ausschließlich Bilder präsentiert werden.
0 Abbildungen mit Punktlinien / 48 Abbildungen / 75 Seiten.

96 Außerdem wurden die Bücher ohne Abbildungen überwiegend nicht berücksichtigt. Die einzige begründbare Ausnahme bildet hier das einflussreiche und deshalb zu nennende Traktat von Pomponio Gaurico, *De sculptura Liber* (vgl. 4.5.2).

97 Österreich erst nach 1806; Schweiz 1648 Lösung vom hl. römischen Reich dt. Nationen.

98 Publikationen, die von Andersens Bibliografie abweichen, sind mit einem Stern gekennzeichnet. In der Fußnote ist das jeweils abweichende Erscheinungsjahr angegeben. Hier: 1508.

1525 Albrecht Dürer, *Underweysung der Messung*. Nürnberg.
Dürer legt mit diesem Traktat eine ausführlich bebilderte Anleitung für Künstler, Gelehrte und Schüler vor. Es soll dazu anleiten den Umgang mit Linien und Werkzeugen des Malers und Kupferstechers zu erlernen (vgl. 2.4). Abbildungen sind in diesem Traktat nur auf etwa jeder dritten Seite vorhanden.
1 Abbildung mit Punktlinie / 64 Abbildungen / 180 Seiten.

1531 Johann II von Simmern, *Eyn schön nützlich Büchlin und Underweisung der Kunst des Messens mit dem Zirckel, Richtscheidt oder Lineal*. Leipzig.
In diesem Traktat werden Perspektivkonstruktionen auch mit farbigen Linien ausgeführt. Neben einem Bildbeispiel, das den Blick durch das *velum* zeigt, werden die ‚blinden Linien' als Konstruktions- und Hilfslinien behandelt, jedoch auf den Abbildungen nicht dargestellt.
0 Abbildungen mit Punktlinien / 58 Abbildungen / 89 Seiten.

1540 Erhard Schön, *Underweissung der proportzion unnd stellung der possen, liegent und stehent*. Nürnberg.[99]*
Eine Vielzahl von Bildbeispielen zur Geometrisierung menschlicher Körper wird in diesem Buch präsentiert. Sehr eindrücklich illustrieren geometrische Figuren diesen Vorgang. Sie belegen Vorstellungen des 16. Jahrhunderts, wie die menschliche Gestalt in geometrische Formen übertragen werden kann.
0 Abbildungen mit Punktlinien / 34 Abbildungen / 45 Seiten.

1543 Augustin Hirschvogel, *Geometria*. Nürnberg.
Hier handelt es sich um eine sehr kurze Bildersammlung auf 38 Seiten, die eine Reihe geometrischer Konstruktionen ohne Textanteile vorstellt.
22 Abbildungen mit Punktlinien / 57 Abbildungen / 38 Seiten.

1547 Walther Hermann Ryff, *Der furnembsten, notwendigsten, der ganzen Architectur angehörigen mathematischen und mechanischen Künste*. Nürnberg.
Ein umfangreiches Traktat, das gleich auf der ersten Seite eine Beschreibung der Punktlinie anbietet. Die ersten Abbildungen mit Punktlinien sind kaum zu erkennen. Sie sind fein und extrem dünn ausgeführt, werden aber innerhalb mehrerer hundert Seiten dann immer deutlicher dargestellt. Das Buch enthält zudem viele farbige Abbildungen. Bei Bildern zur Abbildung von Flugbahnen in der Ballistik werden keine Punktlinien verwendet.
33 Abbildungen mit Punktlinien / 336 Abbildungen / 687 Seiten.

99 1538 bei Andersen.

1564 Heinrich Lautensack, *Des Circkels und Richtscheyts, auch der Perspectiva, und Proportion der Menschen und Rosse*. Frankfurt am Main.

Die Abbildungen und Bezeichnungen von Linien lassen keinen Zweifel daran, dass sich Lautensack an Dürers *Underweysung der Messung* orientiert. So erwähnt der Autor wiederholt Schlangen-, Schnecken- und Zwerglinien, wie sie 1525 von Dürer definiert wurden (vgl. 2.4). Zum Umgang mit Punkten und in der Verbindung mit Linien gibt Lautensack zu Beginn des Traktates erste Hinweise:

„Anfenglich will ich von dem Puncten reden [...]. Der aber ist weder lang noch kurtz / sondern er macht ein underschied zwische kurtzen und langen [...] er ist nicht zu theilen sondern er ist ein underscheidt eins theils / den ein Punkt ist das reinest Stupflein so man mit einer Nadel thun kan / Denn je reiner deine punctlein im abtheilen sind / je besser es sit / darumb so du gute Zirkel hast wie einem gewissen gang / die nicht im zu oder aufffthun sich stossen oder stolpern / und dieselbige als scharpff sind als ein nadel / so sind sie gut zum abtheilen / nun aber so man von theilen redt / als mach 2. oder 3. theil / oder 4. 5. 6. theil / viel oder wenig / so wiß daß das ein theil hast / das zwischen zweyen puncten oder stüpflein ist / wie ich denn das in der nächsten Figur klärlich wil vor machen.“[100]

Die entsprechende Abbildung zur oben beschriebenen Verteilung der Punkte befindet sich in der Ausgabe von 1564 (Abb. 4|8). Dem Punkt kommt bei Lautensack primär die Funktion des Teilens zu. Im Bildbeispiel entstehen durch die mehrfachen Teilungen der Linien Punktlinien. In der Ausgabe von 1618 zeigt sich in der gleichen Abbildung, dass Schriftsatz und Punktlinien wahrscheinlich getrennt voneinander erstellt wurden. Denn in der Zweitauflage wurden die Punktlinien fälschlicherweise spiegelverkehrt gedruckt (Abb. 4|9), was auf ein verändertes Herstellungsverfahren hindeutet. Nur wenige Seiten später wird außerdem die „gebrochene[] Linie“[101] explizit erwähnt, jedoch nicht genauer beschrieben. Auf der zwölften Seite stellt Lautensack eine Verbindung zwischen dem Sehen und dem Prozess des Linienziehens her. Dazu müsse man „auß den 4. puncten in augpuncten linien zihen“[102]. Diese Linien sind bei Lautensack zunächst als Punktlinien dargestellt und

100 Lautensack, Heinrich: Deß Circkelß und Richtscheyts, auch der Perspectiva, und Proportion der Menschen und Rosse, kurtze, doch gründtliche underweisung, deß rechten gebrauchs, Mit viel schönen Figuren, aller anfahenden Jugendt, unnd andern liebhabern dieser Kunst, als Goldschmiden, Malern, Bildhauwern, Steinmetzen, Schreinern, [et]c. eigentlich fürgebildet, vormals im Truck nie gesehen, sonder jetzunder erstmals von neuwem an tag gegeben. Franckfurt am Mayn 1618, S. 1 r.

101 Lautensack: Deß Circkelß und Richtscheyts, S. 1 v.

102 Ebd., S. 12.

werden, nachdem sie auf die beschriftete Strecke CD treffen, in durchgezogene Linien überführt (Abb. 4|10).[103]
33 Abbildungen mit Punktlinien / 105 Abbildungen / 58 Seiten.

1567 Lorenz Stör, *Geometria et Perspectiva*. Augsburg.
Besonders auffällig sind die aufwendig gestalteten und kolorierten Holzdrucke in diesem Traktat. Es handelt sich um eine Bildersammlung geometrischer Objekte, die in einer Kulisse aus Ruinenlandschaften präsentiert werden.
0 Abbildungen mit Punktlinien / 12 Abbildungen / 12 Seiten.

1568 Wenzel Jamnitzer, *Perspectiva corporum regularium*. Nürnberg.
Das Traktat ist mit einer kurzen Vorrede versehen und kommt ansonsten ohne Textanteile aus. Die Bilder dagegen veranschaulichen aufwendig konstruierte geometrische Gebilde, die in sechsfacher Anordnung pro Seite präsentiert werden. Im Anhang finden sich außerdem weitere komplexe, mitunter phantastische geometrische Konstruktionen.
0 Abbildungen mit Punktlinien / 50 Abbildungen / 106 Seiten.

1571 Hans Lencker, *Perspectiva*. Nürnberg.
Bei der *Perspectiva* von Hans Lencker handelt es sich um eine Anleitung zur Herstellung und zum Umgang mit der Perspektive, deren bildliche und textliche Anteile sich die Waage halten. Die zahlreichen Punktlinien werden vor allem als Hilfslinien, Konstruktionslinien und zur Beschreibung von Umrissen eingesetzt.
9 Abbildungen mit Punktlinien / 11 Abbildungen / 29 Seiten.

1581 Georg Has, *Künstlicher und zierlicher Newer vor nie gesehener Funfftzig Perspectifischer stück oder Boden aus rechtem Grundt* [...]. Wien.[104]*
Mit einem vierseitigen Seiten Vorwort und insgesamt 51 Abbildungen versehen, konzentriert sich dieses reich bebilderte Traktat auf die perspektivische Darstellung von Böden und Deckengestaltungen. In den prächtigen Kupferstichen wird mit Techniken der zentralperspektivischen Darstellungen operiert, so dass auf den Abbildungen mitunter eine beeindruckende Räumlichkeit entsteht.
0 Abbildungen mit Punktlinien / 51 Abbildungen / 110 Seiten.

103 Ausf. zu den Bilddetails in Lautensacks Traktat in Abschnitt 6.1.3.

104 1583 bei Andersen.

1598 Paul Pfinzing, *Methodus geometrica.* Nürnberg.[105]*

Ein Traktat, das sich mit groben Holzschnitten der Feldberechnung mit Instrumenten widmet. Auf einer Abbildung in der Ausgabe von 1598 ist eine Linie zu sehen, die einer Strich- oder Punktlinie sehr nahe kommt (Abb. 4|11). Diese Linie veranschaulicht den Blick durch einen Sextanten. Allerdings lässt sich die Linie in Form und Ausführung in diesem Fall nicht eindeutig als Punktlinie einordnen, weil die Unterbrechungen noch keine durchgängigen Leerräume darstellen und wird daher auch nicht als Punktlinie gezählt.
0 Abbildungen mit Punktlinien / 59 Abbildungen / 100 Seiten.

1610 Johann Faulhaber, *Newe geometrische und perspectivische Inventiones.* Frankfurt am Main.

Ein kurz gehaltenes Traktat, in dem anhand von vier Abbildungen der Umgang mit geometrischen und arithmetischen Instrumenten erklärt wird. Die Abbildungen sind durch eine vergleichsweise geringe Kunstfertigkeit gekennzeichnet.
0 Abbildungen mit Punktlinien / 8 Abbildungen / 38 Seiten.

1616 Paul Pfinzing, *Optica.* Augsburg.

Das kurze und sehr übersichtliche Traktat präsentiert auf zahlreichen Abbildungen die Richtlinien der Mess- und Perspektivkunst sowie Erkenntnisse der Optik. Auf zwei Abbildungen bei Pfinzing werden Punktlinien eingesetzt, um die Mehrdimensionalität perspektivisch konstruierter Körper zu verdeutlichen (Abb. 4|12). Einige Abbildungen von geometrischen Körpern erinnern an Jamnitzers geometrische Konstruktionen von 1568,[106] die vermutlich als Vorlage gedient haben.
2 Abbildungen mit Punktlinien / 17 Abbildungen / 36 Seiten.

1616 Benjamin Bramer, *Beschreibunge und Underricht, Eines neuwen leicht und sehr bequemen Instruments zum Grundtlegen, und Theylung der Circkel Linien.* Marburg.

In diesem sehr kurzen Traktat werden Punktlinien vermehrt zur Darstellung komplexer geometrischer Berechnungen eingesetzt. Bemerkenswert ist zudem, dass sowohl geometrische Körper als auch die gezogenen Linien in dem Bildbeispiel (Abb. 4|13) durch Punktlinien dargestellt werden.
Abbildungen mit Punktlinien / 9 Abbildungen / 32 Seiten.

105 1599 bei Andersen.

106 Vgl. Wenzel Jamnitzer, *Perspectiva corporum regularium*, S. 117 dieser Arbeit.

1618 Lucas Brunn, *Praxis perspectivae*. Nürnberg.[107]*

Ein umfangreiches Buch zu diversen zeitgenössischen Ansätzen hinsichtlich der Erzeugung von Perspektivität. Im Abbildungsanhang werden Punktlinien unter anderem in technischen Konstruktionen als Hilfs- und Konstruktionslinien eingesetzt (Abb. 4|14). Darüber hinaus wird in diesem Traktat das Prinzip der Anamorphose am Bildbeispiel eines menschlichen Schädels erläutert.
15 Abbildungen mit Punktlinien / 37 Abbildungen / 60 Seiten.

1623 Andreas Albrecht, *Zwey Bücher. Das erste von der ohne und durch die Arithmetica gefundenen Perspectiva. Das andere von dem darzu gehörigen Schatten*. Nürnberg.

Die zweigliedrige praktische Anleitung befasst sich mit der Perspektivkonstruktion und der Erzeugung von Schatten. Besonders relevant ist hier, dass die zahlreichen Punktlinien auf den Abbildungen auch begrifflich gefasst als „punctirte Linien“[108] benannt werden. Außerdem findet sich der Hinweis, dass ‚blinde Linien‘ und ‚punktierte Linien‘ synonym gebraucht werden können.[109] Auf Seite 13 ist dann von der „gedachte[n] blinde[n] Lini“ und gleichbedeutenden „blinde[n] gerissene[n] Lini“[110] die Rede, die für die bildliche Konstruktion dienlich sind.
13 Abbildungen mit Punktlinien / 16 Abbildungen / 38 Seiten.

1625 Peter Halten, *Perspektivische Reißkunst*. Augsburg.

Ein aufschlussreiches und sehr umfangreiches Traktat zur perspektivischen Darstellung, ihrer Ausführung und geometrischen Konstruktion. Insbesondere die Übersetzung in sichtbare geometrische Körper, wie sie bei Jamnitzer noch in Fülle zu sehen waren, wird nun geometrisch fragmentiert. Das heißt: Zunächst wird der Körper grafisch dargestellt, darauffolgend wird im nächsten Kupferstich die geometrische Konstruktion abgebildet. Diese technische Zeichnung erklärt die einzelnen Ebenen der Figur. Dabei ist besonders die Funktion der Punktlinie interessant, denn es wird deutlich, dass Punktlinien ausschließlich in einem geometral-konstruierten Raum operieren. Außerdem zeigt sich, wie wichtig ihre Funktion in der Darstellung ist, da

107 1615 bei Andersen.

108 Albrecht, Andreas: Zwey Bücher. Das erste von der ohne und durch die Arithmetica gefundenen Perspectiva. Das andere von dem darzu gehörigen Schatten. Nürnberg 1623, S. 8. Außerdem wird die punktierte Linie noch auf der Seite 9 erwähnt. Danach scheint der Autor den Terminus auf die blinde Linie zu wechseln, da diese fortan mehrfach beschrieben wird. Der Begriff der ‚punctirten Linie‘ kehrt hingegen nicht wieder.

109 Ebd. S. 12.

110 Ebd. S. 13.

sie in der Regel die dritte Dimension beziehungsweise verdeckte Flächen anzeigen (Abb. 4|15 u. Abb. 4|16).
54 Abbildungen mit Punktlinien / 175 Abbildungen / 229 Seiten.

4.4.2 Italien (1500 bis 1650)

In diesem Abschnitt werden die namhaften Traktate zur Perspektivkunst von 1500 bis 1650 aus Italien kurz beschrieben und die Besonderheiten in der Linienverwendung herausgestellt.

1504 Pomponio Gaurico, *De sculptura Liber.* Neapel.
In Dialogform wird aus dem Atelier *Agalmatourgion* in Padua über die Bildhauerkunst berichtet. Es handelt sich um das Hauptwerk Gauricos,[111] in dem das Anfertigen von Formen in der Metallkunst sowie das Abformen in weicheren Materialien wie etwa Ton, Gips oder Wachs ausführlich auf Latein beschrieben und erläutert werden. Eine bildliche Illustration erfolgt jedoch nicht.[112]
ohne Abbildungen / 174 Seiten.

1551 Sebastiano Serlio Bolgonese, *Tratttato di perspettiua.* Venedig.[113]*
In diesem kurzen Traktat zur Perspektivkunst werden bereits auf einem Drittel aller Abbildungen Punktlinien eingesetzt, und zwar vor allem zur Darstellung verdeckter Ebenen und als Hilfslinien. Die Ausführung dieser Linien ist grob und unregelmäßig. Dies deutet auf eine noch wenig ausgereifte Herstellungsweise der Linien hin.
19 Abbildungen mit Punktlinien / 56 Abbildungen / 60 Seiten.

1551 Sebastiano Serlio Bolognese, *Regole generali di architettura.* Venedig.[114]*
Eine umfangreiche Abhandlung zu Architekturen aller Art: Säulen, Türmen, Stadtvillen, Fassadenschmuck und Innenarchitektur. Punktlinien werden lediglich als Hilfslinien und nur sehr vereinzelt verwendet. In der Neuauflage und erweiterten Ausgabe von 1584 nimmt die Anzahl der Punktlinien zu (vgl. S. 152).
4 Abbildungen mit Punktlinien / 131 Abbildungen / 153 Seiten.

---

111 Gauricus, Pomponius: De Sculptura. Mit Einleitung und Übersetzung neu hrsg. v. Heinrich Brockhaus. Leipzig 1886, S. 4.

112 Auch die späteren Ausgaben enthalten keine Darstellungen. Dennoch soll dieses Traktat erwähnt werden, da es inhaltlich und in Folge als besonders einflussreich gilt (vgl. 4.5; siehe ausf. zu Commandinos Arbeiten und Einfluss auf die Perspektivkunst bei Andersen: The Geometry of an Art, S. 138 – 145, bes. S. 145).

113 1546 bei Andersen.

114 1545 bei Andersen.

1553 Federico Commandino, *Archimedis Opera non nulla.* Venedig.[115]*

Ein Traktat bestehend aus zwei Teilen, das sich im ersten Teil mit den Proportionslehren und im zweiten Teil mit den Dimensionslehren des Archimedes befasst. Anhand von insgesamt 300 Abbildungen werden vor allem geometrische Probleme erläutert, jedoch kommt dabei die Punktlinie nicht zum Einsatz.
0 Abbildungen mit Punktlinien / 300 Abbildungen / 122 Seiten.

1558 Federico Commandino, *In planisphaerium Ptolemaei commentarius.* Venedig.

In diesem Buch werden astronomische Beobachtungen diskutiert und durch Diagramme die Probleme dargestellt, die dabei auftreten können. Punktlinien werden bei Commandino auch in diesem Traktat nicht verwendet.
0 Abbildungen mit Punktlinien / 72 Abbildungen / 122 Seiten.

1568 Cosimo Bartoli, *Opuscoli morali di Leon Batista Alberti.* Venedig.

Dieses Traktat enthält 46 Abbildungen zu Leon Battista Albertis *De Pictura*, die zwar 1435 verfasst wird, jedoch erst 1540 als gedruckte Ausgabe erscheint. Die Ausgaben von 1547 und 1585 enthalten jeweils noch keine Abbildungen und sind daher für diese Untersuchung irrelevant. In der vorliegenden Ausgabe von 1568 werden 46 Abbildungen im *Liber Secondo Della Pittura* verwendet, jedoch handelt es sich dabei ausnahmslos um diagrammatische Abbildungen ohne Punktlinien.
0 Abbildungen mit Punktlinien / 46 Abbildungen / 416 Seiten.

1567 Pietro Cataneo, *L'architettura.* Venedig.

Die ersten beiden Teile dieses Buches befassen sich mit dem Festungsbau. In zahlreichen Abbildungen werden Zitadellen aus unterschiedlichen Perspektiven dargestellt und zusätzlich beschrieben. Im dritten Teil geht es um sakrale Architekturen. In den darauffolgenden Teilen geht es um die Proportionenlehre. Erst zum Ende des Buches, nämlich auf den Seiten 187 und 189, begegnen dem Leser zum ersten Mal Punktlinien. Diese werden in diesem Traktat folglich nur vereinzelt, und dann zur Erklärung innerer Flächen geometrischer Körper verwendet (Abb. 4|17).
2 Abbildungen mit Punktlinien / 178 Abbildungen / 207 Seiten.

1568 Daniele Barbaro, *La pratica della perspettiva.* Venedig.

Hier handelt es sich um ein Traktat über die Funktion und Berechnung der Perspektive mit zahlreichen Abbildungen. Darunter findet sich auch eine Kopie von Dürers *Zeichner mit der Laute* auf Seite 191 (vgl. 2.4), wobei die punktierte Laute hier bemerkenswerterweise und im auffälligen Unterschied zum Original mit durchgezo-

115 Ergänzt durch den Autor.

genen Linien dargestellt wird. Punktlinien werden ausschließlich bei sehr komplexen geometrischen Figuren verwendet.
2 Abbildungen mit Punktlinien / 180 Abbildungen / 207 Seiten.

1583 Jacopo Barozzi da Vignola, *Le due regole della prospettiva pratica.* Rom.[116]
Die diagrammatischen Bildanteile dominieren besonders in den ersten zwei Dritteln dieses Buches zur Perspektive, Optik und Funktionsweise des Auges. Ab Seite 52 nehmen die Bilder mit kombinierten Bildanteilen zu. Das heißt, geometrische und naturalistische Bildelemente werden vermehrt kombiniert dargestellt. Gleichzeitig steigt insgesamt die Verwendung von Punktlinien in den Abbildungen. Konkret sind auf etwa einem Viertel aller Abbildungen Punktlinien vorhanden. Erstmals für diese Region und Zeitraum wird in einem derartigen Umfang mit Punktlinien operiert. Dies ist besonders bemerkenswert und stellt eine Zäsur im Umgang mit Punktlinien innerhalb der italienischen Perspektivkonstruktionen dar (ausf. in 4.6).
Neben den umfangreichen Diagrammen sind die Visualisierungsstrategien erwähnenswert, die zwischen einem geometralen und einem naturalistischen Bildraum vermitteln sollen. Zu diesem Zweck werden bei Barozzi Bildfiguren in geometrale Bildräume gesetzt (Abb. 4|18). Die Punktlinie operiert dabei wieder als Verbindungselement, indem sie stets eine Verknüpfung zwischen naturalistischer dargestellter Figur und geometrischer Figur herstellt.
41 Abbildungen mit Punktlinien / 166 Abbildungen / 145 Seiten.

1584 Sebastiano Serlio Bolognese, *Tutte l' Opere d'Architettura.* Venedig.
Dieses grundlegende Werk zur Architektur kann als Neuauflage und Erweiterung der Ausgabe *Regole generali di architettura* von 1551 verstanden werden. Auf der dritten Seite werden alle geometrischen Elemente in euklidischer Tradition definiert. In den Ausführungen zu Punkt und Linie findet die Punktlinie jedoch keine Erwähnung. Dennoch werden auch in diesem Traktat Punktlinien bei der Perspektivenkonstruktion auf mehreren Abbildungen verwendet (Abb. 4|19). Auf den zum Teil groben Holzschnitten zeigt sich die Schwierigkeit, eine gerade und gleichmäßige Punktlinie drucktechnisch herzustellen, besonders deutlich (Abb. 4|20).
20 Abbildungen mit Punktlinien / 617 Abbildungen / 786 Seiten.

1585 Giovanni Battista Benedicti, *Diversarum speculationum mathematicarum et physicarum liber.* Taurinum.
Zur Erläuterung arithmetischer und physikalischer Theorien werden auch in diesem Traktat vereinzelt Punktlinien auf Abbildungen verwendet. Die Besonderheit liegt dabei in der Ausführung, denn beispielsweise auf Seite 109 sehen die Punktlinien

116 1530 bei Andersen.

bei Benedicti so aus, als wären sie mit einem Perforationswerkzeug erzeugt worden (Abb. 4|21, vgl. 5.1). Dies deutet darauf hin, dass zwar die Linienform als solche bekannt waren, jedoch die medialen Bedingungen mitunter gegen eine ausgeprägte Verwendung sprachen.
4 Abbildungen mit Punktlinien / 394 Abbildungen / 436 Seiten.

1596 Lorenzo Sirigatti, *La pratica di prospettiva*. Venedig.
Besonders signifikant ist in diesem Traktat eine Darstellung zur Lautenkonstruktion (Abb. 4|22). Punktlinien werden darin als Konstruktionslinien in Seitenansicht und Aufsicht verwendet. Unterhalb der geometrischen Konstruktion ist eine naturalistische Darstellung der Laute zu sehen. Auch in diesem Beispiel wird die Verbindung von geometrischem und naturalistischem Bildanteil durch Punktlinien erzeugt. Im zweiten Teil des Buches werden dagegen keine geometrischen Räume konzipiert und auch keine Punktlinien mehr verwendet. Stattdessen werden ausschließlich naturalistische Gebäude dargestellt. Die zahlreichen Punktlinien im ersten Teil des Traktates sind deshalb umso bemerkenswerter. Schließlich zeugen sie von unterschiedlichen Linienkonzepten innerhalb eines Traktates. Die Auszählung zeigt zudem, dass nun beinahe jedes zweite Bild in diesem Traktat mit Punktlinien operiert.
42 Abbildungen mit Punktlinien / 84 Abbildungen / 140 Seiten.

1600 Guidiubaldo del Monte, *Perspectivae libri sex*. Pesaro.
Sucht man bei Guidiubaldo del Monte nach Punktlinien, wird man gleich auf dem Titelkupfer fündig (Abb. 4|23). Allerdings ist der Titel nicht programmatisch für das Bildprogramm, denn erst im letzten Buch VI zur Perspektive werden nochmals auf sieben Abbildungen mit leichten Variationen Punktlinien verwendet.
8 Abbildungen mit Punktlinien / 305 Abbildungen / 310 Seiten.

1620 Pietro Antonio Barca, *Avvertimenti e regole circa l'architettura civile, scultura, pittura, prospettiva et architettura militare per offesa e difesa*. Milano.
In dieser kurzen Abhandlung über die zivile und militärische Architektur sowie die Grundregeln der Perspektive werden Punktlinien in vielfältigen Funktionen eingesetzt. Neben der schwerpunktmäßig behandelten militärischen Architektur widmet sich das Traktat auch dem Thema menschlicher Proportionen (Abb. 4|24). Besonders interessant sind die Punktlinien, die als Sehlinien verwendet werden (Abb. 4|25). Punktlinien beschreiben also den Sehvorgang sowie die Reproduktion des Gesehenen. Obwohl bei mehr als der Hälfte aller Abbildungen mit Punktlinien operiert wird, werden interessanterweise zur Erklärung von Geschossverläufen in der Ballistik keine Punktlinien verwendet (vgl. 6.3).
20 Abbildungen mit Punktlinien / 33 Abbildungen / 91 Seiten.

1625 Pietro Accolti, *Lo inganno degl'occhi, prospettiva pratica*. Florenz.
Anhand einer Vielzahl diagrammatischer Abbildungen werden vorrangig die Phänomene und Eigenschaften der Zentralperspektive diskutiert und erläutert. Zudem wird auf einem Blatt eine Abbildung zur Anamorphosenkonstruktion und, wie schon bei einigen Vorgängertraktaten, auch zur Darstellung der Laute in unterschiedlichen Perspektiven verwendet. Punktlinien sind sowohl in einfachen als auch in komplexen geometrischen Abbildungen anzutreffen (Abb. 4|26). Ihre teilweise unpräzise Ausführung lässt auf ein Perforationswerkzeug zur Ausführung schließen (vgl. 5.2). Bei der Darstellung einer perspektivisch-würfelförmigen Zeichnung, die an einem plastischen Würfelmodell mit inneren Oktagonen erläutert wird (Abb. 4|27), dient die Punktlinie dazu, die verborgenen Flächen und Kanten sichtbar zu machen.
11 Abbildungen mit Punktlinien / 85 Abbildungen / 152 Seiten.

1628 Ferdinando di Diano, *L'occhio errante dalla ragione emendate, prospettiva*. Venedig.
In diesem bemerkenswerten Traktat werden Punktlinien einerseits als Sehstrahlen eingesetzt, die gleichzeitig Hilfslinien innerhalb einer perspektivischen Zeichnung sind (Abb. 4|28). Andererseits operiert di Diano mit der Punktlinie, um den Vorgang der Fortbewegung im Wasser mit Hilfe eines Ruderschlags zu illustrieren (Abb. 4|29). Dazu wird einmal ein Ruder mit normaler Umrisszeichnung dargestellt. Daneben sind zwei Umrisse des Ruders durch Punktlinien zu sehen. Außerdem zeigt eine Punktlinie in Verlängerung des Rudergriffs die Bewegungsrichtung an. Die Punktlinie operiert in diesem Bild in gänzlich anderer Funktion als in den bereits gesehenen Kontexten der Seh- und Hilfslinien. Sie dient hier als Prozessanzeiger im diagrammatischen Bild. Diese Eigenschaft wird in Kapitel 6 und 7 dieser Arbeit genauer betrachtet werden.
33 Abbildungen mit Punktlinien / 52 Abbildungen / 224 Seiten.

1629 Giuseppe Viola-Zanini, *Della architettura di Gioseffe Viola Zanini padovano pittore, et architetto*. Padua.
In diesem Traktat zur Funktionsweise der Perspektive werden in zum Teil sehr einfacher Ausführung auch Punktlinien verwendet. Sie dienen zumeist der Veranschaulichung von Strukturen und Ebenen, die verdeckt oder nicht einsehbar sind.[117] Beispielhaft wird dies deutlich anhand einer Abbildung, die im letzten Teil des Buches zu finden ist. Sie stellt in Anlehnung an Dürer die menschlichen Proportionen[118] dar. Wie schon in Dürers Proportionenlehre von 1525 wird dabei erneut die

117 Viola-Zanini, Giuseppe: Della architettura di Gioseffe Viola Zanini padovano pittore, et architetto. Padua 1629, bes. S. 33.

118 Ebd., S. 495.

Punktlinie zur Darstellung nicht sichtbarer Körperanteile verwendet (vgl. Abb. 1|24 u. 1|25 aus Dürers Proportionenlehre mit Abb. 4|30).
28 Abbildungen mit Punktlinien / 81 Abbildungen / 497 Seiten.

1631 Christoph Schreiner, *Pantographice.* Rom.
Hier handelt es sich um ein hinsichtlich der Kunstfertigkeit und Ausführung besonders bemerkenswertes Traktat. Gleich die zweite Abbildung illustriert die Bewegungen des *Pantographen* oder Storchenschnabels[119] (vgl. 4.1) mit Hilfe von Punktlinien. Diese werden dazu eingesetzt, die Beweglichkeit des Rahmens (Abb. 4|31), aber auch die potentielle Verbindung zwischen den beiden Stiften anzuzeigen (Abb. 4|32). Es ist auffällig, wie zielgerichtet die Punktlinie hier zur Darstellung von Prozessen im Bild eingesetzt wird.
8 Abbildungen mit Punktlinien / 40 Abbildungen / 108 Seiten.

1642 Mario Bettini, *Apiaria universae philosophiae mathematicae.* Bologna.
In diesem umfangreichen und prächtig ausgeschmückten Traktat finden sich viele hochwertig gestaltete und erstklassig gedruckte Kupferstiche mit Punktlinien. Die zahlreichen Abbildungen belegen, dass Punktlinien insbesondere gern und häufig zur Verdeutlichung der theoretischen Überlegungen und Beobachtungen verwendet werden. Punktlinien werden jedoch nicht nur als Konstruktions- und Hilfslinien verwendet. So ist etwa auch eine Abbildung zu finden, welche die Flugbahnen von Kanonenkugeln mit durchbrochenen Linien darstellt (ausf. 6.3, Abb. 6|22). Besonders interessant ist der fünfte Buchteil zur szenografischen Optik, da hier die Punktlinie auf beinahe jedem Bild vorkommt.[120] Zudem werden auf mehreren exakt ausgeführten Abbildungen mit Hilfe von Punktlinien die Funktionsweisen der *Camera obscura* (Abb. 4|33) und Anamorphosen[121] (Abb. 4|34) ins Bild gesetzt. Anders als in dem bereits bekannten Augenmodell, das von Kepler, Descartes und Kircher beinahe identisch verwendet wird (vgl. 2.5, Abb. 2|14 – Abb. 2|16), wechselt Bettini bei seinem *Camera-obscura*-Modell den Standpunkt des Bildbetrachters. Dieser

---

119 Vgl. Siegel: Ausblick auf die große Gemäldefabrik, S. 21. Bereits seit 1603 bekannt, geht diese Erfindung auf Christoph Schreiner zurück (ebd.; vgl. 4.1).

120 Dieser Buchteil ist unter dem Titel „Apiarium quintum in quo paradoxa et arcana opticae scenographicae" zu finden (Bettini, Mario: Apiaria universae philosophiae mathematicae. Bologna 1642, Apiarium Quitum, unpag.).

121 Ausf. zur frühneuzeitlichen Anamorphose ihrer Funktion und spezifischen Geometrie siehe: Schäffner, Wolfgang: Instrumente und Bilder. Anamorphotische Geometrie im 16. und 17. Jahrhundert. In: Schramm, Helmar / v. Herrmann, Hans Christian / Nelle, Florian / Ders. (Hgg.): Bühnen des Wissens. Interferenzen zwischen Wissenschaft und Kunst. Berlin 2003, S. 92 – 109, hier: bes. S. 93f.

befindet sich außerhalb der Kammer und wird eins mit der Lichtquelle. Genauso verhält es sich beim Anamorphosen-Modell: Das Diagramm zeigt, dass kurz hinter dem Guckloch der *Camera obscura* ein transparentes Papier platziert und zu einem halbgeöffneten Zylinder geformt wurde. Darauf ist ein Augenabbild zu erkennen, das anamorphotisch auf den Untergrund projiziert wird (Abb. 4|35). Durch die Veränderung von Lichtquelle und Betrachterperspektive bei Bettini werden zu den bekannten Modellen die Licht- und Sehstrahlen umgekehrt dargestellt. Eine Veränderung der Darstellungsweise lässt sich ebenso für die Verbindung aus geometralem und naturalistischem Bildraum festhalten. Dazu wird die Konstruktion des Gemäldes auf einem Reißbrett abgebildet, und die Punktlinie erzeugt in diesem Fall eine Verbindung zwischen beidem.
144 Abbildungen mit Punktlinien / 421 Abbildungen / 498 Seiten.

1645 Bernardino Contino, *La prospettiva pratica*. Venedig.[122]*
In diesem kurzen Traktat werden auf zwei Dritteln aller Abbildungen Punktlinien zur Darstellung oder Erklärung der Perspektive verwendet. Punktlinien werden vor allem als Hilfs- und Konstruktionslinien eingesetzt. Sie dienen erstrangig dazu, Sichtachsen und verdeckte Ebenen anzuzeigen. Die Abbildungen wechseln dabei zwischen einfachsten geometrischen Figuren und komplexen architektonischen Konstruktionen.
9 Abbildungen mit Punktlinien / 29 Abbildungen / 52 Seiten.

1646 Athanasius Kircher, *Ars magna lucis et umbrae*. Rom.[123]
Mit diesem opulenten Werk zur Optik hat Kircher für das 17. Jahrhundert neue Maßstäbe gesetzt.[124] In der *Ars magna lucis et umbrae* kristallisiert sich eine bis heute viel

122 1643 bei Andersen.

123 Abweichend von Andersens Bibliografie sind Athanasius Kircher und Christoph Schreiner unter der Rubrik der italienischen Publikationen eingeordnet, da beide Traktate zuerst in Italien erschienen sind.

124 Die genaue Funktion der Punktlinie in seinen zahlreichen Traktaten zu bestimmen, wäre deshalb auch Gegenstand für eine eigene Arbeit. Zur Bedeutung Kirchers und seiner Bildsprache siehe beispielsweise: Godwin, Joscelyn: Athanasius Kircher. Ein Mann der Renaissance und die Suche nach verlorenem Wissen. Aus dem Englischen v. Friedrich Engelhorn. London 1979, S. 5 und Böhme, Hartmut: Das reflexive Bild: Licht, Evidenz und Reflexion in der Bildkunst. In: Wimböck, Gabriele / Leonhard, Karin / Friedrich, Markus (Hgg.) unter Mitarbeit v. Frank Büttner: Evidentia. Reichweiten visueller Wahrnehmung in der frühen Neuzeit. Münster 2007, S. 331 – 365, hier: S. 344 sowie Leinkauf, Thomas: Mundus combinatus. Studien zur Struktur der barocken Universalwissenschaft am Beispiel Athanasius Kirchers SJ (1602 – 1680). Berlin 1993.

beachtete Bildsprache der Wissenschaften im Barock heraus, deren Besonderheit auf ihren konstruktiven und teilweise unrealistisch-fiktionalen Bildanteilen beruht. Begleitet wird diese Entwicklung durch technisch aufwendige und nicht selten großformatig hergestellte Kupferstiche. In diesem Traktat Kirchers werden auf mehr als einem Drittel aller Abbildungen Punktlinien verwendet und dienen dabei vor allem zur Darstellung von Prozessen und Verbindungen. Insbesondere im Abschnitt der *Magia Catoptrica*, in dem Kircher seine Metamorphosenmaschine vorstellt, werden mit Hilfe von Punktlinien Prozesse dargestellt (Abb. 4|36a u. Abb. 4|36b; genauer dazu 7.4). Die Vielzahl der Abbildungen lässt zudem Rückschlüsse zu den medialen Herstellungsweisen des Folianten zu. Denn wie schon in einigen Traktaten zuvor deuten Punktlinien auch hier darauf hin, dass bestimmte Buchabschnitte mit oder gänzlich ohne Punktlinien, etwa im Abschnitt der *Cosmoeria*[125], drucktechnisch zu unterschiedlichen Zeitpunkten oder sogar von verschiedenen Kupferstechern bearbeitet wurden.[126]
212 Abbildungen mit Punktlinien / 504 Abbildungen / 935 Seiten.

1648 Emmanuel Maignan, *Perspectiva horaria*. Rom.
In diesem umfangreichen Traktat zur Perspektive werden auf mehr als der Hälfte aller Abbildungen Punktlinien verwendet. Schon der Kupfertitel zeigt diese Linienform. Ob zur Raumdurchmessung (Abb. 4|37), Blickverlängerung (Abb. 4|38) oder Sichtbarmachung verborgener Strukturen (Abb. 4|39) – Punktlinien werden in diesem Traktat in diversen Anwendungsbeispielen verwendet und können aufgrund der hohen Anzahl als etablierte Gestaltungsform verstanden werden.[127]
139 Abbildungen mit Punktlinien / 238 Abbildungen / 705 Seiten.

4.4.3 Nördliche Niederlande (1500 bis 1650)

In diesem Abschnitt werden die namhaften Traktate zur Perspektivkunst von 1500 bis 1650 aus den Nördlichen Niederlanden aufgezählt und ihre Besonderheiten zur Punktlinie benannt.

---

125 Kircher, Athanasius: Ars magna lucis et umbrae. Rom 1646, S. 719 – 769. In diesen Abschnitt findet sich nur eine Abbildung mit einer Punktlinie.

126 Ein Grund für diese kapitelbezogene Nicht-Verwendung der Linienform könnte beispielsweise darauf zurückzuführen sein, dass dieser Buchanteil älteren Datums oder aus einer anderen Herstellung stammt.

127 Genauer dazu in der Auswertung der quantitativen Analyse (4.6).

1568 Johan Vredeman de Vries, *Artis perspectivae.* Antwerpen.[128]*
Dieses Traktat beinhaltet eine Bildersammlung städtischer Springbrunnen. Punktlinien werden bei zwei Abbildungen zur Darstellung fließenden Wassers verwendet (Abb. 4|40). Damit wird erneut eine Verbindung von Punktlinien, Flüssigkeiten und Bildprozessen aufgerufen, die bereits in Kapitel 3 aufgezeigt werden konnte (vgl. 3.5).
2 Abbildungen mit Punktlinien / 33 Abbildungen / 78 Seiten.

1604 Johan Vredeman de Vries, *Perspective.* Leiden.
In diesem kurzen Traktat sind Punktlinien in besonders feiner Ausführung und auf beinahe jedem Bild zu entdecken. Die diagrammatischen Darstellungen bei de Vries zeugen zu Beginn des 17. Jahrhunderts davon, dass Punktlinien als ein gängiges Gestaltungsmittel zu verstehen sind (genauer in 5.5, Abb. 5|12 u. 7.1, Abb. 7|1).
45 Abbildungen mit Punktlinien / 49 Abbildungen / 69 Seiten.

1605 Simon Stevin, *Derde Stuck der Wisconstighe ghedachtnissen. Van de Deursichtighe.* Leiden.
Dieses in vier Teile gegliederte Traktat operiert vermehrt mit Punktlinien. Auf Seite 24 erklärt Stevin, dass es sich dabei um ‚verborgene Linien' handelt, die ‚das Durchsichtige' in einem Experiment ansichtig machen.[129] In den vielfachen Anwendungsbeispielen des Traktats fällt auf, dass diese Linienform auf etwa jedem vierten Bild verwendet wird und somit zum festen Gestaltungsrepertoire perspektivischer Darstellungen gehört.
176 Abbildungen mit Punktlinien / 644 Abbildungen / 1215 Seiten.

1614 Samuel Marolois, *La perspective contenant la theorie et la pratique.* Amsterdam.
In diesem sehr bemerkenswerten Traktat von Marolois wird die Funktion der Punktlinie zur Konstruktion von perspektivischen Bildern besonders deutlich. In beinahe jeder Abbildung dieses Traktats werden Punktlinien verwendet, so dass sich diese Publikation für weitere Arbeiten zur Punktlinie als eine besonders ergiebige Quelle erweisen könnte.
78 Abbildungen mit Punktlinien / 80 Abbildungen / 133 Seiten.

---

128 1560 bei Andersen.

129 „Daer na treck ick op een ander plat int welck als glas ick des schaeu beheer, de verborgen lini GH als glasgront, daer in teyckenende t' punt I, als *lijckstandich met F, daer selve IK als siendermaet int glas, even sy ande ghegheven siendermaet D E." (Stevin, Simon: Derde Stuck der Wisconstighe ghedachtnissen. Van de Deursichtighe. Leiden 1605, S. 24; vgl. dazu auch die Abb. auf S. 53 im selbigen Traktat).

1623 Hendrik Hondius, *Onderwijssinge in de perspective conste.* Amsterdam.
Im letzten Teil dieses Traktats werden dieselben Darstellungen der Fortifikation wie bei Marolois' *La perspective contenant la theorie et la pratique* von 1614 verwendet. Auch in diesem Traktat wird bei mehr als der Hälfte der Abbildungen mit Punktlinien operiert.
18 Abbildungen mit Punktlinien / 26 Abbildungen / 71 Seiten.

4.4.4 Frankreich und südliche Niederlande (1500 bis 1650)

In diesem Abschnitt werden die maßgeblichen Traktate zur Perspektivkunst von 1500 bis 1650 aus Frankreich und den südlichen Niederlanden kurz vorgestellt. Auch hier konnten einige Traktate der Bibliografie Andersens nicht berücksichtigt werden; andere wurden sinnvoll für die Analyse ergänzt.[130]

1521 Viator [Jean Pélerin], *De artificiali perspectiva.* Toul.[131]*
In diesem Traktat werden vorwiegend Abbildungen von Innenarchitekturen präsentiert. Alle Bilder sind an ein sichtbares Raster angepasst. Punktlinien werden in diesen groben Holzschnitten nicht verwendet.
0 Abbildungen mit Punktlinien / 63 Abbildungen / 62 Seiten.

1538 Joachim Fortius Ringelberg, *Opera.* Lyon.[132]*
In diesem umfangreichen Traktat wurden nur wenige Abbildungen eingearbeitet, die vor allem das Rechnen auf Linien illustrieren sollen. Dazu werden einzelne Punkte auf mehreren beschrifteten Linien aufgereiht (Abb. 4|41).
0 Abbildungen mit Punktlinien / 25 Abbildungen / 698 Seiten.

1560 Jean Cousin, *Livre de perspective.* Paris.
In den großformatigen, teilweise komplexen geometrischen Darstellungen werden vielfach sehr feine Punktlinien als Hilfslinien eingesetzt (Abb. 4|42). Die Abbildungen im Traktat Cousins stehen in einem starken Kontrast zu dem soeben betrachteten Ringelberg, und zwar sowohl inhaltlich als auch hinsichtlich der drucktechnischen Ausführung.
18 Abbildungen mit Punktlinien / 60 Abbildungen / 141 Seiten.

---

130 So ist etwa das Traktat von Jacques Aleaume Introduction à la perspective von 1628 erst posthum gedruckt worden, jedoch unveröffentlicht geblieben bzw. nicht mehr erhalten. Ebenso wird Jean Louis Vaulezards Abrégé ou racourcy de la perspective von 1636 hier nicht weiter erwähnt, da es ohne Abbildungen publiziert wurde.

131 1505 bei Andersen.

132 1531 bei Andersen.

1576 Jaques Androuet du Cerceau, *Lecons de perspective positive*. Paris.
Auf den zahlreichen Abbildungen perspektivischer Bildkonstruktionen erscheint die Punktlinie hier nur zweimal. Sie ist daher bei Cerceau eher als eine zufällige Gestaltungsform einzuschätzen.
2 Abbildungen mit Punktlinien / 58 Abbildungen / 144 Seiten.

1612 Salomon de Caus, *La perspective avec la raison des ombres et miroirs*. London.[133]
Gleich zu Beginn dieses Traktats knüpft der Autor an Dürers *Zeichner mit der Laute* indem er einen sehr ähnlichen Kupferstich verwendet (vgl. Abb. 4|43 mit Abb. 2|6, 2.5). Allerdings müsste der Stich bei de Caus eher ‚*Zeichner mit dem Kubus*' heißen, da das Motiv des Malers keine Laute, sondern ein Würfel ist. Besonders bemerkenswert an diesem Stich ist, dass Caus den Umriss des Würfels wie Dürer auf einem beweglichen, eingespannten Tuch mit einer gepunkteten Umrisslinie darstellt. Dies rührt im Bild daher, dass die mit der Schnur gezogenen Punkte mit einer Nadel in den Stoff gestochen wurden (vgl. 2.5; Abb. 2|6 u. Abb. 2|7). Insgesamt sind Punktlinien in diesem Traktat nur vereinzelt anzutreffen.
16 Abbildungen mit Punktlinien / 100 Abbildungen / 130 Seiten.

1613 François Aguilon, *Opticorum libri sex*. Antwerpen.
In Aguilons umfangreichen Traktat zur Optik werden erst im letzten Drittel vermehrt Punktlinien eingesetzt. Das in sechs Teile gegliederte Buch enthält zahlreiche Abbildungen mit teils komplexen, teils sehr einfachen geometrischen Formen.
91 Abbildungen mit Punktlinien / 586 Abbildungen / 684 Seiten.

1630 Jean-Louis Vaulezard, *Perspective cilindrique et conique ou traicté des apparences veuës par le moyen des miroirs*. Paris.
Auch in diesem Buch wird schon auf dem Titel eine Punktlinie verwendet. Insgesamt operiert das Traktat bei mehr als zwei Dritteln der Abbildungen mit Punktlinien.
10 Abbildungen mit Punktlinien / 14 Abbildungen / 70 Seiten.

---

133 De Caus war zweifellos ein französischer Wissenschaftler, und sein Buch erschien auch in französischer Sprache. Allerdings verbrachte de Caus in den frühen 1610er Jahren Zeit am englischen Hof, so dass dieses Traktat zuerst in London gedruckt wurde, allerdings auch in Frankreich erschien und deshalb in die Rubrik der französischen Traktate fällt. Andersen nimmt deshalb in diesem Fall keine eindeutige regionale Abgrenzung vor (vgl. Andersen: The Geometry of an Art, S. 410).

1636 Girard Desargues, *Exemple de l'une des manieres universelles de S.G.D.L.* Paris.
In diesem sehr kurzen Traktat von Desargues ist nur eine Abbildung vorhanden. Auf dieser wird allerdings auch eine Punktlinie verwendet.
1 Abbildung mit Punktlinie / 1 Abbildung / 12 Seiten.

1637 Pierre Hérigone, *Cursus mathematicus.* Paris.
In diesem sehr umfangreichen Buch zur Perspektive und zu mathematischen Berechnungen finden sich im ersten und im letzten Drittel Punktlinien. Häufig werden diese in komplizierten Abbildungen zu geometrischen Konstruktionen verwendet. Vermutlich stammen einzelne Buchanteile aus verschiedenen Herstellungsphasen und vielleicht sogar Druckereien. Dies würde die inkohärente Verteilung von Punktlinien innerhalb des Traktats erklären. Dieses Phänomen lässt sich auch bei anderen Publikationen dieser Zeit beobachten (vgl. Athanasius Kircher, *Ars magna lucis et umbrae* von 1646, S. 128*)*. Bei Hérigone ist deshalb eher von produktionsbedingten als von konzeptionellen Ursachen für die ungleichmäßige Verteilung von Punktlinien auszugehen.
85 Abbildungen mit Punktlinien / 435 Abbildungen / 860 Seiten.

1637 René Descartes, *Discours de la Méthode.* Leiden.[134]*
Dieses umfangreiche, posthum erschienene Traktat besteht aus insgesamt vier Teilen: dem *Discours de la Méthode*, der *Dioptrique*, den *Météores* und der *Géométrie.*[135] Vorrangig in der *Dioptrique* widmet sich Descartes der Funktion des *visus* sowie Erfindungen für die Beobachtung des Lichtes, die auf in eindrucksvollen Abbildungen (vgl. Abb. 4|6) präsentiert werden. Als einer der ersten Wissenschaftler überhaupt operiert Descartes aus einer konzeptionellen Überlegung heraus mit der Punktlinie. Bereits in den 1630er Jahren lassen sich deshalb in seinem Wissenschaftstraktat auf jedem zweiten Bild Punktlinien entdecken. Besonders zur Abbildung von Prozessen werden bei Descartes Punktlinien verwendet (vgl. 4.3 u. 5.7).
134 Abbildungen mit Punktlinien / 192 Abbildungen / 413 Seiten.

---

134 Dieses Buch wurde durch den Autor zur Liste der Perspektiventraktate hinzugefügt, da es sich um ein besonders einflussreiches Traktat handelt, das sich mit Fragen der Wahrnehmung, aber auch vor allem bildlich mit den Fragen der räumlichen Darstellung beschäftigt.

135 Die genaue Verteilung der Punktlinien ist im Folgenden gegliedert aufgeführt, da die *Dioptrique* einen gesonderten Stellenwert innerhalb dieser Arbeit einnimmt: *Discours de la Méthode*: ohne Abbildungen, die *Dioptrique*: 69 Abbildungen mit Punktlinien von 94 Abbildungen, den *Météores*: 22 Abbildungen mit Punktlinien von 48 Abbildungen und der *Géométrie*: 43 Abbildungen mit Punktlinien von 50 Abbildungen.

1638 Claude Mydorge, *Examen du livre des recreations mathématiques*. Paris.
Die geometrische Bestimmung von Flugbahnen und Skizzierung von Verteidigungsanlagen sind ein zentrales Thema dieses Buches. Militärische Fragestellungen und Berechnungen werden dementsprechend auf groben und zum Teil sehr kleinen Holzschnitten abgebildet. Diese wirken im Vergleich zu den anderen Traktaten dieser Zeit technisch defizitär und in der Anmutung spätmittelalterlich. Mit Punktlinien wird nur vereinzelt operiert. Bemerkenswert ist dabei, dass auf einer Abbildung zur Darstellung der Schusslinie und Sichtachse (Abb. 6|21) eine Punktlinie verwendet wird (genauer dazu in 6.3).
13 Abbildungen mit Punktlinien / 79 Abbildungen / 429 Seiten.

1638 Jean François Niceron, *La perspective curieuse*. Paris.
Dieses Traktat bildet in seiner strikten Text- und Bildertrennung eine absolute Ausnahme: Darstellungen finden sich außer auf dem Kupfertitel allein im umfangreichen, unpaginierten Bildanhang. Die konsequente Unterteilung rührt daher, dass der Bildanhang für eine weitere separate Verwendung gedacht ist. Denn die im Anhang enthaltenen Anamorphosen berühmter Gelehrter sind zur Konstruktion plastischer Körper gedacht und als Schnittbögen konzipiert, die man theoretisch ausschneiden und weiterverarbeiten kann. Auf den feinen Kupferstichen werden dabei oft Punktlinien verwendet, die als Falz- oder Schnittlinien fungieren (Abb. 4|44).
57 Abbildungen mit Punktlinien / 63 Abbildungen / 200 Seiten.

1640 Henry Guenon, *Pratique de la perspective*. Paris.
In diesem sehr kurzen Traktat zur Perspektive sind nur zwei sehr kleine Abbildungen enthalten, auf denen jeweils Punktlinien verwendet werden.
2 Abbildungen mit Punktlinien / 2 Abbildungen / 16 Seiten.

1642 Pierre Hérigone, *Supplementum cursus mathematici*. Paris.
Insgesamt begegnen dem Leser dieses Buches sehr wenige Abbildungen, und nur vereinzelt werden Punktlinien bei den einfach ausgeführten geometrischen Darstellungen eingesetzt.
10 Abbildungen mit Punktlinien / 36 Abbildungen / 290 Seiten.

1642 Jean Du Breuil, *Diverses methodes universelles et nouvelles*. Paris.
In diesem knappen Traktat zur praktischen Anwendung der Perspektivkunst wird in kurzen Beispielen und anhand von Bildern die Handhabung der perspektivischen Zeichnung erklärt. Punktlinien kommen auf allen Abbildungen vor.
10 Abbildungen mit Punktlinien / 10 Abbildungen / 10 Seiten.

1642 Jean Du Breuil, *La perspective pratique.* Paris.
In diesem sehr beeindruckenden Traktat zur Perspektive wird auf detailreichen und genauen Abbildungen überaus häufig mit Punktlinien operiert. Wieder erscheint die Punktlinie in zahlreichen Beispielen als Gelenkstelle zwischen geometrischem und naturalistischem Bildraum (Abb. 4|45 u. Abb. 4|46). Du Breuil beschreibt die Funktion der Punktlinie und bezeichnet sie als *Ligne occulte ou poinctee* [136] (vgl. 4.4). Damit verhilft er dieser Linienform in zweifacher Hinsicht zur Etablierung im wissenschaftlichen Bild. Einerseits wird die Punktlinie in mehr als 80 Prozent seiner Abbildungen verwendet. Andererseits nobilitiert Du Breuil diese neue geometrische Form in ihrem theoretischen Stellenwert, indem er sie auch theoretisch beschreibt. Vor allem aber verbindet Du Breuil als erster Form und Theorie, indem er der Punktlinie einen eigenen Platz in der Riege der geometrischen Formen zugesteht. So wird den dazugehörigen theoretischen Definitionen in einem Diagramm unter den geometrischen Grundformen unterhalb einer durchgezogenen Linie auch die Punktlinie dargestellt (Abb. 4|7).
277 Abbildungen mit Punktlinien / 306 Abbildungen / 150 Seiten.

1643 Jacques Aleaume, *La perspective speculative et pratique.* Paris.
Auf den sehr einfach gehaltenen Abbildungen werden Punktlinien vor allem zur Konstruktion von Sichtachsen eingesetzt. Auch in diesem Traktat wird auf den meisten Abbildungen mit Punktlinien operiert.
31 Abbildungen mit Punktlinien / 39 Abbildungen / 166 Seiten.

1644 Jacques Curabelle, *Examen des oeuvres du Sieur Desargues.* Paris.
Dieses kurze Traktat begegnet dem Leser mit einer beeindruckenden Fülle von Punktlinien. Auf dem Titel und auf allen sonstigen Abbildungen werden Punktlinien zur Veranschaulichung geometrischer Figuren und mathematischer Probleme verwendet.
16 Abbildungen mit Punktlinien / 16 Abbildungen / 81 Seiten.

1644 Marin Mersenne, *Universae geometriae mixtae.* Paris.
Dieses umfangreiche Traktat präsentiert insgesamt nur wenige Abbildungen. Die 55 Abbildungen befinden sich im letzten Drittel des Buches, und nur vereinzelt werden darin Punktlinien verwendet. Bemerkenswert ist ein Augenexperiment (Abb. 4|47), dass an die Abbildungen von Descartes (2|16 / 4|6) und Schreiner (2|14) zum Versuch erinnert (vgl. 2.5 sowie Abb. 2|12 – 2|16 mit Abb. 4|47), der im zweiten Kapitel dieser Arbeit betrachtet wurde. Die Ausführung der Punktlinien deutet jedoch auf eine deutlich ungenauere und somit weniger feinere Arbeit hin (vgl. Abb. 4|47 mit Abb. 4|6).
27 Abbildungen mit Punktlinien / 55 Abbildungen / 589 Seiten.

136 Du Breuil: La Perspective practique, Paris 1642, S. 1.

1646 Jean François Niceron, *Thaumaturgus opticus seu admiranda optices*. Paris.

Die meisten Abbildungen zu diesem Traktat befinden sich in einem gesonderten Bildanhang. Auf mehr als der Hälfte dieser Darstellungen wird mit Punktlinien operiert. Insgesamt sind die Abbildungen in diesem Buch denen der Ausgabe von 1638 (siehe S. 133) sehr ähnlich.

95 Abbildungen mit Punktlinien / 153 Abbildungen / 195 Seiten.

1648 Abraham Bosse, *Manière universelle*. Paris.

Zu Recht lässt sich über dieses Buch sagen, dass Bosse damit einen Meilenstein in der projektiven Geometrie[137] gesetzt hat. Schließlich legt er damit nicht weniger als eine neue Interpretation von Albertis pyramidaler Perspektivenkonstruktion vor.[138] Einige der zahlreichen Abbildungen dieses heute sehr bekannten Traktats sind immer wieder in der aktuellen Forschungsliteratur zur Perspektive anzutreffen.[139] Dargestellt sind bei Bosse verschiedene menschliche Figuren, die in unterschiedlichen Positionen eine Sehpyramide mit Fäden an ihren Händen vor Augen halten (Abb. 4|48). Die auf die Gegenstände gerichteten Fäden sind dabei straffgezogen und verlieren sich in losen Fadenenden auf Augenhöhe sowie in den Händen der Figuren (exemplarisch Abb. 4|49). Neben den konstruierenden Fäden treten zusätzlich Punktlinien, die den weiteren Verlauf bestimmter Fäden repräsentieren sollen.[140]

Im Vergleich zu den bisher vorgestellten Traktaten ist bei Bosses Kupferstichen der hohe Anteil von Abbildungen mit Punktlinien hervorzuheben. Nur noch zwölf von insgesamt 157 Abbildungen operieren ohne diese Linienform. Hinsichtlich der Operationalität der Punktlinie im wissenschaftlichen Bild setzt Bosse damit neue Maßstäbe (ausf. dazu in 5.3, Abb. 5|8 u. Abb. 5|9)

144 Abbildungen mit Punktlinien / 157 Abbildungen / 504 Seiten.

---

137 Eine Einführung in die projektive Geometrie findet sich in Löffel, Hans: Vita Mathematica, Bd. 2, Blaise Pascal 1623 – 1662. Basel 1987, S. 31 – 46.

138 Vgl. Andersen: The Geometry of an Art, S. 20.

139 Etwa in: Haldemann: Linea, S. 206, Köhnen: Das optische Wissen, bes. S. 96 – 103, oder Bexte: Vom Furor des Optischen, hier: S. 61.

140 Dieses Faden- und Sehmodell Bosses ist bereits eingängig von Felfe untersucht worden (Felfe: Sehen am Faden der Linie. Vgl. auch: Kap. 1), wobei die Punktlinie und ihre Funktion unbeachtet geblieben sind. Dies ist verwunderlich, zumal Felfe selbst auf die Bedeutungsebene der Linie abhebt und mit dem Kupferstich in Sébastian Le Clercs Pratique de la géométrie (Abb. 4|50) explizit die Punktlinie in den Fokus der Bildbetrachtung nimmt (ebd., S. 110).

1648 René Gaultier de Maignannes, *Invention nouvelle et brieve pour reduire en perspective par le moïen du quarré.* La Flèche.
In diesem Traktat erobert die Punktlinie vollumfänglich den geometrischen Bildraum. Dabei fallen in einem Bild der Fluchtpunkt, das Koordinatensystem und die Konstruktion geometrischer Figuren in Gestalt von Punktlinien zusammen. Diese Engführung (Abb. 4|51) wiederholt sich auf beinahe jeder Abbildung dieser Publikation. Zu einhundert Prozent sind auf den Abbildungen dieses Traktats Punktlinien vorhanden.
65 Abbildungen mit Punktlinien / 65 Abbildungen / 110 Seiten.

4.4.5 Diagrammatische Auswertung der quantitativen Studie

Durch die quantitative Studie von insgesamt 67 Fallbeispielen wissenschaftlicher Traktate zur Perspektivenkonstruktion konnte die Entwicklung der Punktlinie für den Zeitraum von 1500 bis 1650 in Mitteleuropa exemplarisch nachvollzogen werden. Besonders relevant sind dabei die Informationen zur Anzahl von Abbildungen mit Punktlinien, die Abbildungen insgesamt sowie die Seitenanzahl[141] der Traktate. Daneben spiegelt sich der Bilderreichtum dieser Fallstudie in den ausgewählten 43 Bildbeispielen dieses Kapitels wider (vgl. 4.4 u. Bildanhang: 9.4.1). Insgesamt wurden für die Studie 8737 Abbildungen[142] eingesehen und auf das Auftreten von Punktlinien sowie deren technische Ausführung untersucht.

Damit die gesammelten Informationen und das beachtliche Bilderkonvolut zur Geltung kommen, bedarf es einer entsprechenden Visualisierung der gewonnenen Informationen zur Anzahl der Abbildungen mit und ohne Punktlinien, im Verhältnis zu den Gesamtseitenzahlen, den Veröffentlichungszeitpunkten sowie den Provenienzen. Diese Daten wurden daher in zwei Überblicksdiagrammen sowie in acht Einzeldiagrammen zusammengefasst, so dass insgesamt zehn Diagramme zur visuellen Auswertung zur Verfügung stehen (Fig. 11 a – d u. Fig. 12 a – d).

141 Die Anzahl der Seiten ist nötig, um das sich wandelnde Verhältnis von Seitenzahl und Abbildungen verfolgen zu können.

142 Abbildungen Deutschsprachiger Raum = 1315; Italien = 4012; Nördliche Niederlande = 832; Frankreich und Südliche Niederlande = 2578.

Fig. 11 | Übersichtsdiagramm I (verkleinert)

Fig. 12 | Übersichtsdiagramm II (verkleinert)

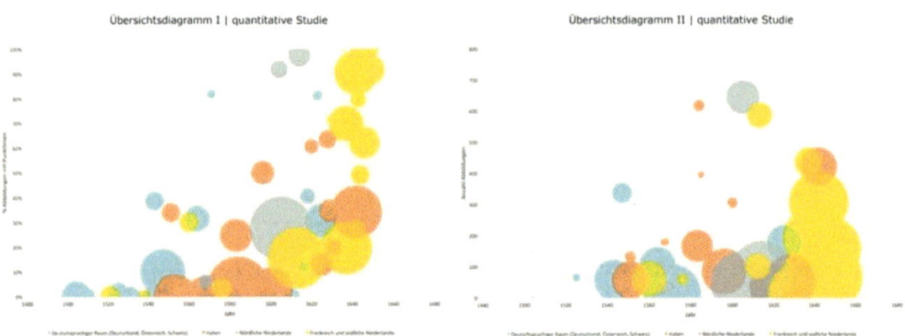

Einen Überblick über die gesamte Erhebung bieten die Übersichtsdiagramme 1 und 2 (Fig. 11 u. Fig. 12), in denen alle Datensätze der Analyse veranschaulicht sind. Die Einteilung der Provenienz der Traktate wurde mit folgenden Farben visualisiert: Blau für Deutschland, Orange für Italien, Grau für die nördlichen Niederlande sowie Gelb für Frankreich und die südlichen Niederlande. Das Koordinatensystem jedes dieser Diagramme besteht aus einer x-Achse, welche die Zeitachse des Untersuchungszeitraums von 1500 bis 1650[143] abbildet, sowie einer y-Achse, die in den zwei Varianten unterschiedliche Variablen hervorhebt: Im Übersichtsdiagramm I (Fig. 11) definiert die y-Achse die prozentuale Anzahl der Abbildungen mit Punktlinien. Jeder Kreis repräsentiert dabei ein Traktat. Mit der Zahl der Abbildungen innerhalb eines Traktats nimmt in diesem Diagramm auch die Größe des Kreises zu. Daran zeigt sich etwa, dass in Frankreich und den Südlichen Niederlanden ab den 1610er Jahren insgesamt ein erhöhtes Vorkommen von Abbildungen zu beobachten ist.

143 Aus bildtechnischen Gründen und zur verbesserten Übersicht reicht die Zeitachse über den o.g. Untersuchungszeitraum hinaus und erstreckt sich von 1480 – 1680.

Fig. 11 | Übersichtsdiagramm I zur quantitativen Analyse Punktlinien in wissenschaftlichen Bildern zur Perspektive für den Zeitraum von 1500 bis 1650

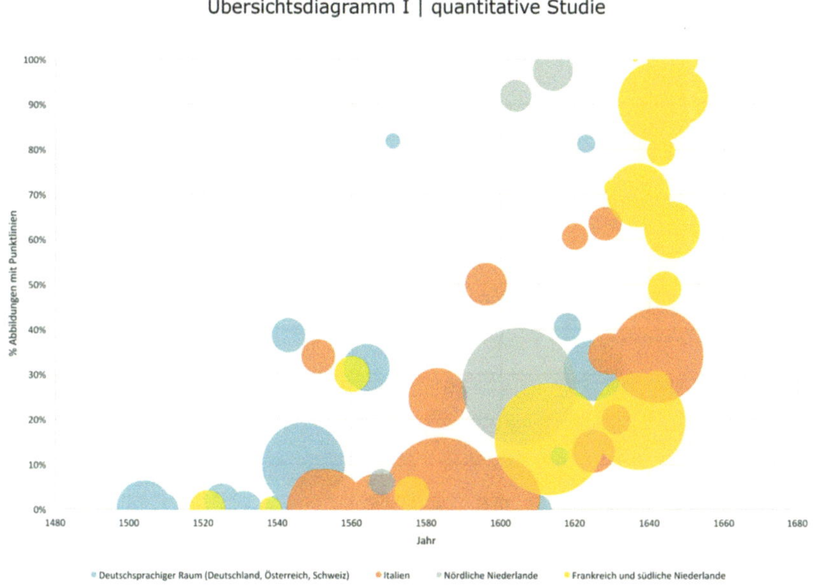

Gleichzeitig wird anhand der y-Achse die Entwicklung des Aufkommens von Punktlinien insgesamt deutlich, denn parallel zum steigenden Aufkommen von Abbildungen mit Punktlinien, in diesem Fall ab den 1640er Jahren, nimmt die Anzahl der Punktlinien zu. Auf einen Blick wird damit in Fig. 11 ersichtlich, dass Punktlinien in dieser Region und zu diesem Zeitpunkt in den meisten Traktaten bei über 50 Prozent der Abbildungen vorhanden sind.

Isoliert können die regionalen Besonderheiten auf den folgenden Diagrammen betrachtet werden (Fig. 11a, 11b, 11c und 11d sowie Fig. 12a, 12b, 12c und 12d):

Fig. 11a | Detailgrafik zur quantitativen Analyse von Punktlinien in wissenschaftlichen Bildern zur Perspektive für den Zeitraum von 1500 bis 1650 für den deutschsprachigen Raum (Deutschland, Österreich, Schweiz)

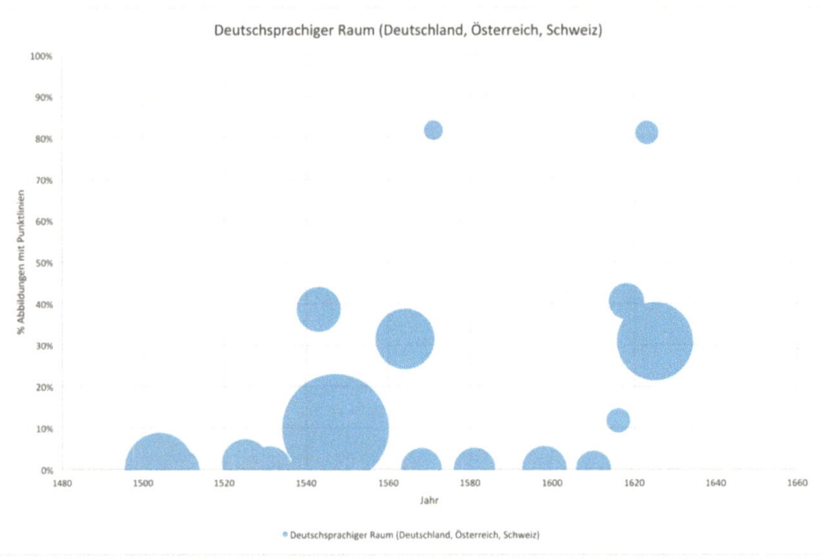

Fig. 11b | Detailgrafik zur quantitativen Analyse von Punktlinien in wissenschaftlichen Bildern zur Perspektive für den Zeitraum von 1500 bis 1650 für Italien

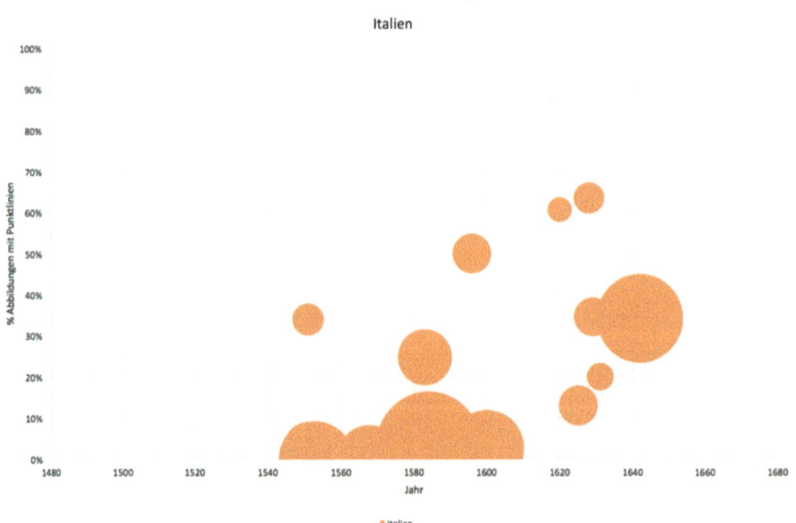

Fig. 11c | Detailgrafik zur quantitativen Analyse von Punktlinien in wissenschaftlichen Bildern zur Perspektive für den Zeitraum von 1500 bis 1650 für die nördlichen Niederlande

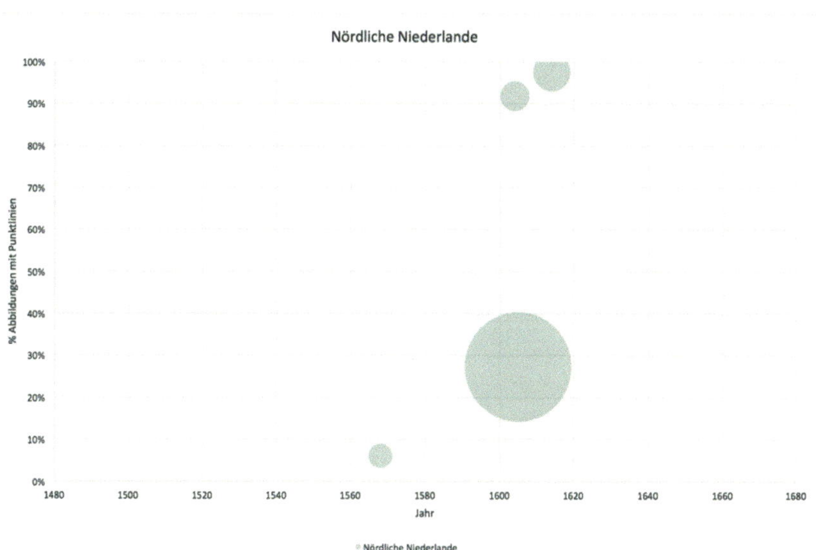

Fig. 11d | Detailgrafik zur quantitativen Analyse von Punktlinien in wissenschaftlichen Bildern zur Perspektive für den Zeitraum von 1500 bis 1650 für Frankreich und die südlichen Niederlande

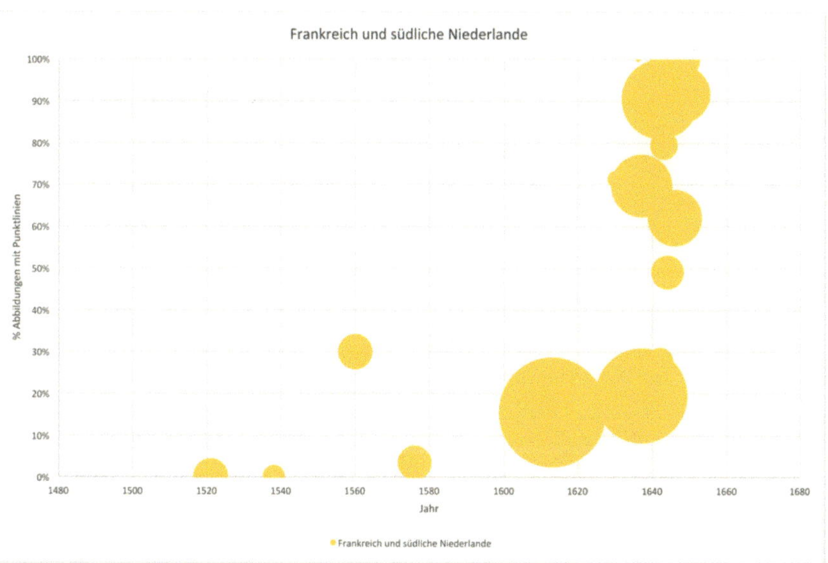

Beim Vergleich zwischen den Regionen des deutschsprachigen Raums und Italien wird nun deutlich (vgl. Fig. 11a mit 11b), dass die Punktlinie bereits ab der Mitte des 16. Jahrhunderts im deutschsprachigen Raum vereinzelt anzutreffen ist. In Italien dagegen tritt sie erst ab den 1580er Jahren vermehrt auf.

Im Übersichtsdiagramm II (Fig. 12) wird auf der y-Achse die Anzahl aller Abbildungen innerhalb eines Traktats angezeigt. Die Größe der Kreise repräsentiert in diesem Fall die Anzahl der Punktlinien. Deutlich erkennbar wird durch diese Darstellungsweise, dass es sich ab den 1620er Jahren in den Traktaten zur Perspektive eine Zunahme der Abbildungen abzeichnet, und zwar vor allem in Frankreich und den südlichen Niederlanden. Gleichzeitig steigt mit der Anzahl von Abbildungen insgesamt die Anzahl von Abbildungen mit Punktlinien.

Fig. 12 | Übersichtsdiagramm II zur quantitativen Analyse von Punktlinien in wissenschaftlichen Bildern zur Perspektive für den Zeitraum von 1500 bis 1650

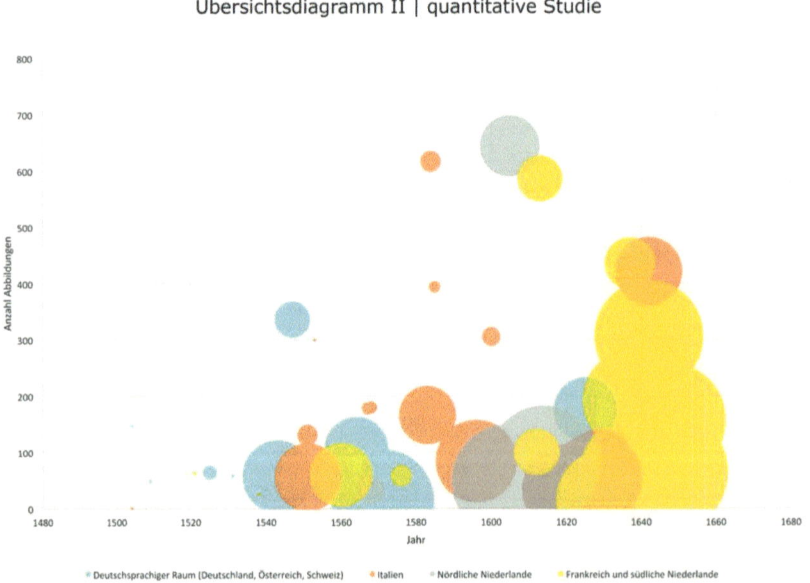

Die Informationen der identischen Datenerhebung werden in den folgenden Diagrammen (Fig. 12a – 12d) anders dargestellt. Für diese Diagrammreihe wurden die Variablen so verändert, dass die Größe eines Kreises dann zunimmt, wenn sich das Aufkommen der Abbildungen mit Punktlinien erhöht. Außerdem lässt sich jetzt an der y-Achse das Aufkommen von Abbildungen innerhalb eines Traktats ablesen:

Fig. 12a | Detailgrafik zur quantitativen Analyse von Punktlinien in wissenschaftlichen Bildern zur Perspektive für den Zeitraum von 1500 – 1650 für den deutschsprachigen Raum (Deutschland, Österreich, Schweiz)

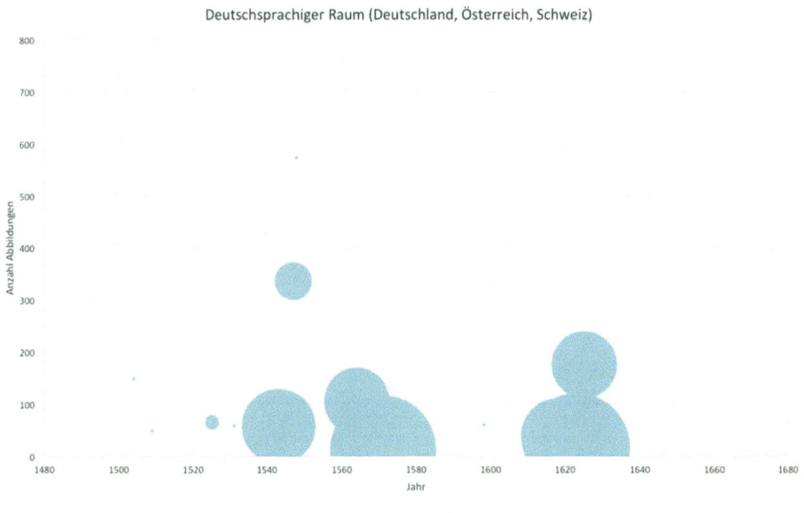

Fig. 12b | Detailgrafik zur quantitativen Analyse von Punktlinien in wissenschaftlichen Bildern zur Perspektive für den Zeitraum von 1500 – 1650 für Italien

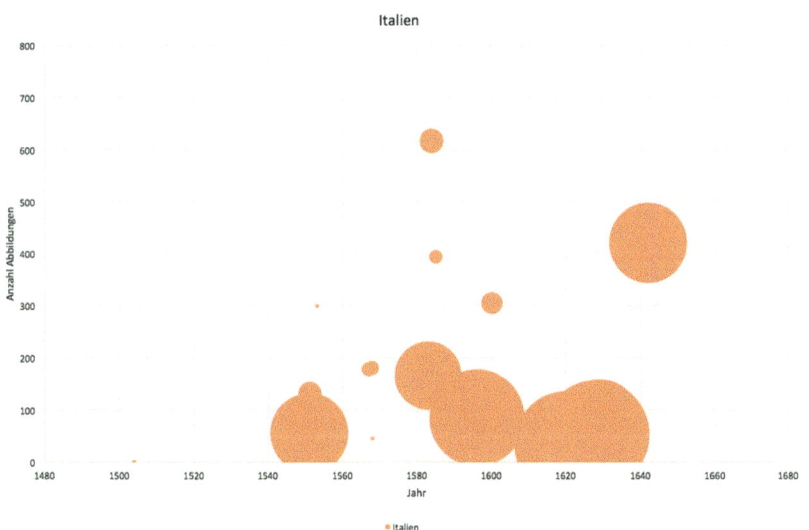

Fig. 12c | Detailgrafik zur quantitativen Analyse von Punktlinien in wissenschaftlichen Bildern zur Perspektive für den Zeitraum von 1500 – 1650 für die nördlichen Niederlande

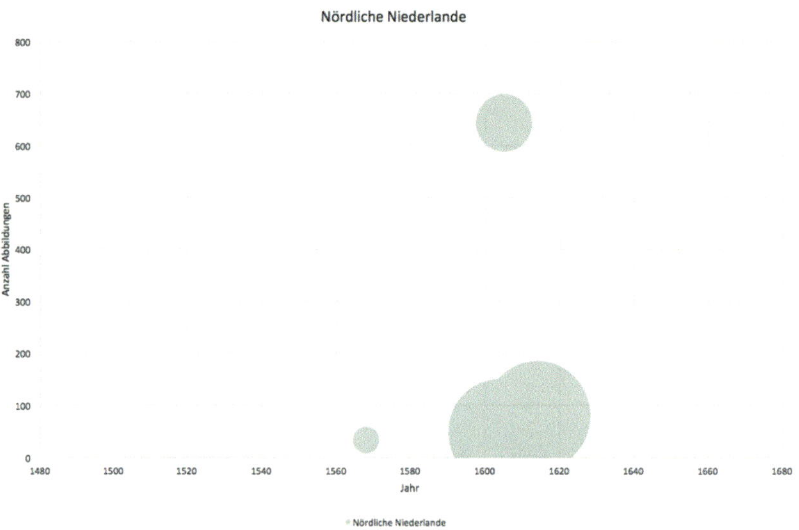

Fig. 12d | Detailgrafik zur quantitativen Analyse von Punktlinien in wissenschaftlichen Bildern zur Perspektive für den Zeitraum von 1500 – 1650 für Frankreich und die südlichen Niederlande

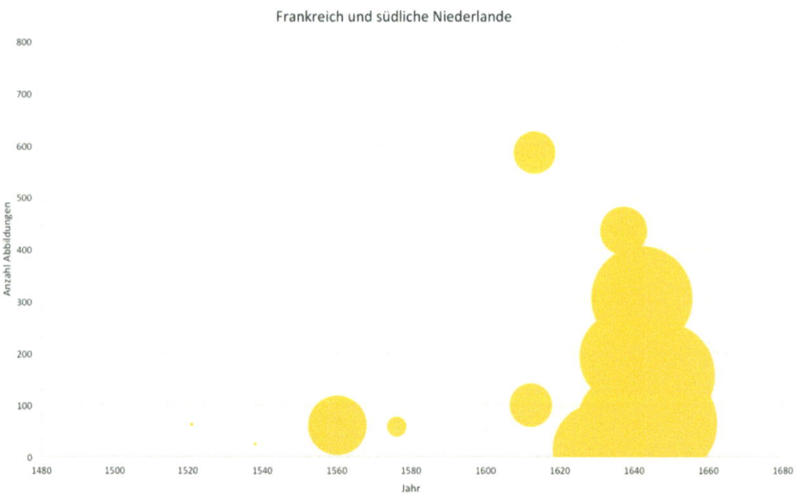

Mit dieser zweiten Visualisierungsvariante lassen sich detaillierte Informationen zum Bildumfang herausstellen. So wird daran etwa für Frankreich und die südlichen Niederlande (Fig. 12d) eine Zunahme der Bilddichte um 1640 ablesbar. Diese steigt proportional zu der Häufigkeit von Punktlinien auf den Abbildungen insgesamt.

Die beiden Visualisierungsvarianten mit gleichen Informationen jedoch unterschiedlich abgebildeten Variablen geben den Blick auf zwei signifikante Analyseergebnisse frei. So wird erstens ersichtlich, dass die Häufung von Abbildungen insgesamt mit einer Zunahme von Abbildungen mit Punktlinien korreliert. Zweitens werden durch die regional differenzierten Ansichten erhebliche zeitliche Unterschiede innerhalb der europäischen Etablierung der Punktlinie deutlich. Festzuhalten ist insgesamt, dass Punktlinien im wissenschaftlichen Bild zur Perspektivenkonstruktion in Mitteleuropa frühestens ab den 1640er Jahren[144] etabliert sind.

Der Befund, dass die neue Linienform mit einer vermehrten Bildproduktion in den Wissenschaften koinzidiert, ruft die Frage nach den medialen Bedingungen von Bildern in Buchdrucken zu Beginn des 17. Jahrhunderts auf, die in Kapitel 5 genauer untersucht und beantwortet werden soll.

4.5 ZUSAMMENFASSUNG: VIERTES KAPITEL

Im beginnenden Zeitalter der Naturwissenschaften etabliert sich ein allgemeines Erkenntnisinteresse, das durch Erfindungen und Beobachtungen im Bereich der Optik angefacht und begleitet wird.[145] Zur gleichen Zeit unterliegen grundsätzliche

---

144 Mit kritischem Blick auf die diversen Untersuchungsdaten sind allerdings die regionalen Unterschiede nicht ohne Weiteres beliebig vergleichbar. Insgesamt ist deshalb erstrangig der kurvenartige Anstieg ab den 1620er Jahren als valide Messgröße anzusehen (vgl. Fig. 11 u. Fig. 12).

145 Die medialen und technologischen Voraussetzungen tragen maßgeblich dazu bei, die durch das Fernrohr erzielten sichtbaren Evidenzen zu erzeugen und das verspätete Ende der ptolemäischen und damit geozentrischen Weltsicht einzuläuten. Neben Forscherdrang und Gelehrsamkeit sind es daher vor allem Bilder als Triebfeder auszumachen, durch die optische Erfindungen in den Bereich des Sichtbaren übertragen werden und die für einen Umsturz der allgemeinen Weltsicht sorgen. Die entscheidende Folge der Erfindung des Fernrohrs liegt deshalb nicht darin, Einblicke in bis dato unsichtbare Bereiche zu erlangen. Vielmehr sind es die gesehenen, instrumentellen Bilder, die übertragen auf ein Blatt Papier einen Status des Wissens und nicht der Täuschung erlangen. Die Bilder des Spektakels, die aus Wunderkammern der Zeit bekannt sind (und zumeist nach den Prinzipien der Camera obscura funktionieren), werden zu Bildern des Wis-

mathematische Überlegungen einem Wandel, der Auswirkungen auf die geometrischen Formen nimmt. Simon Stevin, René Descartes und andere Gelehrte legen zu dieser Zeit die Grundsteine der analytischen Geometrie, indem sie Zahlen und geometrischen Elemente in einem geometralen Raum eins werden lassen.[146] Die bis dahin ungeordnete, sichtbare Welt lässt sich nun durch Koordinaten mathematisch eingrenzen, alle Objekte durch Punkte und Linien beschreiben und alle physischen Bezüge ins Geometrale übertragen. Punkten und Linien kommt deshalb die Schlüsselfunktion zu, in einem Netz aus Koordinaten alle Objekte definieren und ansichtig machen zu können. Sie sind gewissermaßen das Werkzeug der Sichtbarmachung im neu ausgeloteten geometralen Raum.

Im Rahmen dieser Veränderungen werden die Abbildungen zunehmend komplexer, und damit steigen auch die Anforderungen an das bisherige Formenrepertoire aus Punkten und Linien. Insbesondere der Wunsch, dreidimensionale Objekte perspektivisch und geometrisch eindeutig wiedergeben zu wollen, trägt dazu bei, dass als neue geometrische Form die Punktlinie eingeführt wird (vgl. auch 2.2).

Wie Descartes richtig feststellt, können mit Linien und Punkten „die Ideen aller Dinge konstruiert werden“[147] (vgl. 4.1). Dabei verschmelzen das Sichtbare und Imaginäre, das Reelle und das Abstrakte, die anatomische und die geometrische Form im Lichte neuer optischer und mathematischer Erkenntnisse nicht selten auf

---

sens. Das sichtbare Bild durch ein Okular muss jedoch immer übertragen werden in den Zustand eines druckbaren Sichtbaren. Das gesehene Bild entspricht nicht dem gezeichneten oder gedruckten. Die Gleichsetzung dieser unterschiedlichen Bilder wird jedoch in zahlreichen Titelkupfern vorgenommen. Und wie so oft in der Geschichte phänomenologischer Besonderheiten, bedient sich die Kunst dabei eines Tricks: Das Unerklärliche wird im Bereich des Sichtbaren durch das Licht selbst beschrieben. Das im Druckbild dargestellte Licht entspricht jedoch im Grunde der Abwesenheit von Farbe.

146 In der Mathematik etabliert sich zu dieser Zeit die Algebra, und kurze Zeit später erfolgt die Gleichsetzung der Null mit dem Punkt durch Stevin (ausf. 5.5). Auf diese Weise nimmt die analytische Geometrie ihren Anfang und wird durch das von Descartes entwickelte Koordinatensystem grafisch vollendet. Michael Rottmann schreibt dazu: „Im 17. Jahrhundert entwickelten Pierrede Fermat (1601 – 1665) und Rene Descartes (1596 – 1650) unabhängig voneinander die ‚Koordinatengeometrie‘ und dies gilt üblicherweise als Geburtsstunde der ‚Analytischen Geometrie‘. Die ‚Koordinatengeometrie‘ gestattete die Berechenbarkeit von geometrischen Figuren, also von mathematischen Bildern.“ (Rottmann, Michael: Das digitale Bild als Visualisierungsstrategie der Mathematik. In: Reichle, Ingeborg / Siegel, Steffen / Spelten, Achim (Hgg.): Verwandte Bilder. Die Fragen der Bildwissenschaft. Berlin 2007, S. 281 – 296, hier: S. 290).

147 Descartes: Regulae ad directionem ingenii Cogitationes privatae, Hamburg 2011, S. 157.

die Bezugsgröße des Punktes. Dieser Idee folgen makroskopische und mikroskopische Experimente, die bis dahin grafisch unerschlossene kosmische und irdische Dimensionen durch Punkte eröffnet. Auf der einen Seite des Spektrums von Traktaten mit Punktoperationen ist Galileos *Siderius Nuncius* (1610) zu nennen, in dem Punkte mit fernen Planeten gleichsetzt werden. Auf der anderen Seite wird in Robert Hookes *Micrographia* (1665)[148] ein Punkt selbst zum Gegenstand der Mikroskopie (vgl. 2; Abb. 5|1).

Während Punktlinien heute allgemein in technischen, medizinischen und wissenschaftlichen Kontexten zu finden sind und dort mitunter auch in den Bildlegenden Erwähnung finden (genauer in 6.2), treten die ersten sprachlichen Erwähnungen zur Linienform der Punktlinie in der Frühen Neuzeit erst Jahrzehnte nach ihrer Verbreitung auf. So zeigt sich, dass Du Breuil die Punktlinie in der zweiten Hälfte des 17. Jahrhunderts als „gedachte blinde Lini“[149] beschreibt ihr gleichzeitig einen Platz in der Reihe der geometrischen Grundformen direkt neben dem Punkt und der Linie zugesteht.[150] Jenseits dieser theoretischen Nobilitierung zeichnet sich immer deutlicher ab, dass Punktlinien geometrische Figuren, Hilfslinien des Koordinatensystems und sogar den Fluchtpunkt bezeichnen können.[151] Diese Multivalenz der neuen Linienform deutet auf ihren breiten Wirkungsgrad im Zeitalter des Okularzentrismus hin und lenkt den Fokus dieser Arbeit auf die einflussreichen Traktate zur Perspektivenkonstruktion.

Um die Genese der Punktlinie exemplarisch nachzeichnen zu können, wurden in diesem Kapitel einer quantitativen Studie alle bekannten wissenschaftlichen Traktate zur Perspektivenkonstruktion in der Zeit von 1500 bis 1650 in Mitteleuropa auf das Vorkommen von Punktlinien analysiert. Diese Grundlagenerschließung hat mehrere Erkenntnisse zu Tage gefördert. So zeigt sich für weite Teile der untersuchten Traktate, dass sich die Zunahme der Punktlinie in den diagrammatischen Abbildungen proportional zum allgemeinen Anstieg der Bildproduktion verhält. Gleichzeitig zeichnet sich ein Verhältnis der Zunahme ihrer Verbreitung zur stetig wachsenden Präzision in der Ausführung ab. Die Anwendungsbereiche der Punktlinie lassen sich in diesem Kontext für die Darstellung von Trennungs- und Verbindungslinien, Umriss- und Konstruktionslinien, Körperlinien sowie Sicht- und Licht-

148 Hooke, der den Punkt visuell in seiner Bedeutung hinterfragt, operiert bemerkenswerterweise auf mehreren Abbildungen mit Punktlinien (Hooke, Robert: Micrographia or Some Physiological Descriptions of Minute Bodies Made by Magnifying Glases. Nachdruck London 1665. New York 1961).

149 „Ligne occulte ou poinctee“ (Du Breuil: La Perspective practique, Paris 1642, S. 13).

150 Du Breuil: La Perspective practique, Paris 1642, S. 1.

151 Vgl. 4.4.4. Gaultier de Maignannes, René: Invention nouvelle et brieve pour reduire en per spective par le moïen du quarré. La Flèche 1648.

linien nachweisen. Neben einer konstruktiven Eigenschaft zur Raumdefinierung fiel dabei besonders die Nähe der Punktlinie zur Darstellung von Licht- und Sehvorgängen sowie ihre Gleichsetzung mit fadenähnlichen Bildanteilen auf (4.4).[152] Ferner zeigte sich, dass Punktlinien auch als Falz- oder Schneidelinien[153] sowie zur Darstellung von Schussbahnen und Sichtachsen eingesetzt wurden.[154]

Auf dieser breiten Materialgrundlage wird deutlich, dass sich diese vielgestaltige Linienform innerhalb Europas in nur wenigen Jahrzehnten etabliert und ab der Mitte des 17 Jahrhunderts als fester Bestandteil wissenschaftlicher Abbildungspraxis verstanden werden kann (vgl. 4.5). Damit wird deutlich, dass Punktlinien erst vermehrt ab dem frühen 17. Jahrhundert in wissenschaftlichen Bildern anzutreffen sind (2.5). Die quantitative Studie dieses Kapitels konnte nun allerdings den Zeitpunkt ihrer Etablierung genauer eingrenzen und validieren. Für den Bereich der Traktate zur Perspektivenkonstruktion lässt sich deshalb mit regionalen Unterschieden festhalten, dass ab den 1610er Jahren ein erhöhtes Aufkommen von Punktlinien festzustellen ist. Überregional zeigte sich außerdem, dass ab den 1640er Jahren ihre Verbreitung flächendeckend stattfindet und dass deshalb ab dieser Zeit von ihrer Etablierung als neue Linienform im Formenrepertoire der Wissenschaften Mitteleuropas ausgegangen werden darf.

Zusammengefasst lässt sich für die Genese der Punktlinie unter Einbeziehung der Wissensdiskurse der Frühen Neuzeit festhalten, dass diese neue Linienform im wissenschaftlichen Bild nicht etwa zufällig, sondern aus bestimmbaren Gründen in Erscheinung tritt. So spiegelt sich in ihrer Form einerseits ein verändertes Verständnis von Sichtbarkeiten wider, das durch astronomische Entdeckungen angestoßen, technische Erfindungen beflügelt und künstlerische und wissenschaftliche Praxis maßgeblich beeinflusst wird und dabei entscheidend die Konzepte der Geometrie und ihrer Formen prägt. Andererseits wird durch die Analyse tausender diagrammatischer Abbildungen zur Perspektivenkonstruktion deutlich, dass Punktlinien als Reaktion auf eine komplexere geometrische Wissensordnung zu verstehen sind. Sie verbinden und trennen nicht nur die „Realwelt der Dinge" mit der „Idealwelt der Geometrie"[155] – vielmehr kristallisiert sich zunehmend die Eigenschaft heraus, dass sie die Prozesse des Erfassens, Vermessen und Umwandelns ebenso darstellen. Sie sind deshalb nicht nur als Erweiterung des Formenspektrums zu ver-

---

152 Faden und Linie sind sprachlich wie bildlich als hybride Formen, die je nach Verwendung und Betrachterperspektive unterschiedlich verstanden werden und in Folge ihrer linearen Struktur ineinander übergehen können (vgl. 4.4).

153 Vgl. 4.4.4. Niceron, Jean François: La perspective curieuse. Paris 1638.

154 Mydorge, Claude: Examen du livre des recreations mathématiques. Paris 1638, S. 171. Vgl. 4.4.4 u. Abb. 6|21.

155 Krämer: Figuration, Anschauung, Erkenntnis, S. 68.

stehen, sondern als unmittelbare Antwort auf die Anforderungen einer zunehmend technisch geprägten Weltsicht zu deuten.

Die stetige Konfrontation einer operationalen Engführung von Licht und Linien innerhalb des untersuchten Bildmaterials weist auf einen tieferen semiotischen Zusammenhang hin, der durch einen Zugriff auf die medialen Bedingtheiten genauer verstanden werden kann. Denn die Analyse der technischen Erzeugung der Punktlinie verspricht Antworten auf die Fragen der Korrelationen zwischen Bildproduktion insgesamt sowie ihrem Verbreitungsgrad zu geben. Zudem ist zu klären, welche Ursachen dafür in Betracht kommen, dass beispielsweise bei Kircher eine auffallende kapitelweise Unterbrechung von Abbildungen mit dieser Linienform festzustellen ist, warum beispielsweise Bologneses Holzschnitte nur unregelmäßige und ungerade Punktlinien zulassen (vgl. 4.5.2) und welchen Einfluss die Techniken auf die Verbreitung insgesamt haben könnten. Diese Fragen sollen im folgenden Kapitel beantwortet werden, das Einblicke in die Herstellungsweisen, den medialen Wandel drucktechnischer Erzeugnisse sowie in zeichentheoretische Überlegungen zu Punktlinie geben soll.

5 Medialität – Herstellungstechniken und medialer Wandel

What do walking, weaving, observing, singing, storytelling, drawing and writing have in common? The answer is that they all proceed along lines of one kind or another.[1]

Tim Ingold

Punktlinien sind spezifische geometrische Formen, die in der Frühen Neuzeit in Diagrammen und Gemälden verwendet werden. Während in Gemälden des 15. Jahrhunderts bereits Vorformen der Punktlinie auszumachen sind (vgl. Kap. 3), zeigt sich für Diagramme mit Punktlinien, dass sie in Wissenschaftstraktaten erst ab dem Ende des 16. und der ersten Hälfte des 17. Jahrhunderts in hoher Anzahl vertreten sind (vgl. Kap. 4). Damit fällt die Etablierung der Punktlinie mit der ersten Blütezeit der Diagramme zusammen, die sich ab dem Ende des 16. Jahrhunderts ausmachen lässt.[2]

Ob im Bereich der Architektur, der Kunst oder der Wissenschaft: Fast immer dient das Diagramm dazu, Prozesse, oder anders formuliert, operationalisierte Formen des Denkens zu veranschaulichen. Nicht zuletzt das Denken selbst kann durch diagrammatische Bilder zum greifbaren Gegenstand der Wissenschaft werden, wie sich in der aufkommenden ‚Gehirnwissenschaft'[3] im frühen 17. Jahrhundert zeigt. In ihr fallen die bisher aufgezeigten Komponenten aus mathematischen Erkenntnissen, Entwicklungen im Bereich der Optik, Forschung zur Funktion des Sehens, der Umgang mit der Zentralperspektive sowie neues Wissen zur Anatomie des Gehirns mit der Möglichkeit zusammen, die gemachten Beobachtungen mit diagrammatischen Formen darzustellen.

---

1 Ingold: Lines, S. 1.

2 Vgl. dazu 4.4.5.

3 Leonhard / Felfe: Lochmuster und Linienspiel, S. 9.

Die Zunahme an Wissen auf der einen Seite und die Eigenschaften des diagrammatischen Bildes, Wissen in relationalen Zusammenhängen vereinfacht herstellen und abbilden zu können, auf der anderen, wirken dabei wie Triebfedern für die wachsenden operationalen Zusammenhänge von diagrammatischen Abbildungen. Voraussetzung für die rasante Verbreitung von Diagrammen sind allerdings vor allem neue Drucktechniken, die in diesem Kapitel genauer vorgestellt und untersucht werden sollen. Der dazu relevante medienhistorische Kontext von gedruckten Diagrammen spiegelt sich exemplarisch in den Gehirnwissenschaften wider. So wird schnell deutlich, dass die frühneuzeitliche Praxis, gedruckte Diagramme zu erzeugen, auch als Analogie verwendet wird, um Wahrnehmungsphänomene zu erklären. Es werden also hierbei die medialen Eigenschaften diagrammatischer Bilder mit Bildern menschlicher Wahrnehmung gleichgesetzt, um Erklärungen für physiologische oder anatomische Fragen mit medialen Herstellungsvorgängen beantworten zu können. Dazu greift beispielsweise Descartes explizit auf Abläufe aus dem Bereich der Bildproduktion des Druckereiwesens zurück. Descartes, der als vielleicht wichtigster Vorreiter in der Gehirnwissenschaft gilt und seine Überlegungen dazu beispielsweise in *De Homine* von 1662 diagrammatisch veranschaulicht, begründet damit Wahrnehmungstheorien aus dem Herstellungsvorgang des verwendeten Mediums.

Folgt man Descartes' Annahmen, kann der Prozess der Wahrnehmung im menschlichen Gehirn demnach mit zurückgelassenen Löchern auf einer Leinwand verglichen werden, die durch eine Nadelbürste hineingestochen werden.[4] Eine diagrammatische Abbildung führt diesen Gedanken vor Augen (Abb. 5|13): Innerhalb eines Spannrahmens wird die Mitte eines Leinentuchs von einer darüber schwebenden, mit loser Hand gehaltenen Nadelbürste durchstochen. Das Leinentuch ist mit dem Buchstaben A beschriftet. Die verschiedenen Löcher im Tuch sind mit den Buchstaben a, b, c und d gekennzeichnet. Zusammengefasst ergeben diese Löcher einen kreisförmigen Umriss im Tuch. Auffallend daran ist, dass die Einstiche unterschiedliche Formen haben. Sie sind unterschiedlich groß – einmal geschlitzt, einmal punktförmig – und wirken deshalb alle verschieden.

Der dargestellte Vorgang erinnert sofort an die oben betrachteten Herstellungsprinzipien zur perspektivischen Darstellung. Ob *velum* oder Kupferplatte – stets geht es darum, dass punktförmige Einstiche Spuren erzeugen und dass daraus ein Bild entstehen soll. Descartes' Überlegung ist nun, dass diese Spuren nach jedem Eindruck nicht nur beim Druckvorgang zurückbleiben, sondern auch als ‚Ein-Druck' auf der menschlichen Netzhaut. Gleichzeitig besteht dabei die Möglichkeit, bei der nächsten Wahrnehmung den vorherigen Eindruck zu überschreiben. Der Unterschied zwischen Kupferstich und Gehirn sei jedoch, dass demnach jeder Ein-

4 Descartes, René: De Homine [...]. Leffen 1664, S. 113.

druck im Gehirn ein bestimmtes Muster sichtbarer Leerstellen hinterlasse, so dass sich im Falle der Wiederholung daran erinnert werden könne.[5] Das Konzept eines Lochmusters wird damit zum Sinnbild menschlicher Wahrnehmung.[6]

Für Descartes stellt sich die Wahrnehmung im menschlichen Gehirn nach demselben Prinzip dar. Ein Muster wird im Gehirn erfasst und dann semiotisch gedeutet.[7] Wahrnehmung wird also in Formen und nicht etwa in Bildern gedacht. Deshalb nimmt für Descartes der Mensch auch keine Bilder, keine Flächen oder Linien wahr, sondern punktartige Löcher, die Muster erzeugen und sich als das Wahrgenommene im Gehirn einprägen. Mit dieser mechanistischen Erklärung der Funktionsweise des Gehirns beruft er sich explizit auf die Prinzipien des Tiefdrucks, bei dem Flächen in solcher Manier bearbeitet werden. Im *Discours de la Méthode* von 1637 führt er den Gedanken noch einmal genauer aus:

„So sehen Sie, dass Kupferstiche, die nur aus ein wenig hier und da auf dem Papier aufgebrachter Tinte gefertigt sind, uns Wälder Städte und Menschen [...] darstellen, obwohl sie von der Unzahl der verschiedenen Qualitäten, die sie uns an den Objekten verstehen lassen, eigentlich nur hinsichtlich der Gestalt Ähnlichkeit besitzen. [...] Nun müssen wir über die Bil-

5 Die Analogie zwischen menschlicher Wahrnehmung im Gehirn und einem drucktechnischen Verfahren zieht Descartes bereits 1632, indem er schreibt: „Das zeigt, wie die Erinnerung an eine Sache durch die an eine andere geweckt werden kann, die einstmals zur gleichen Zeit wie sie dem Gedächtnis eingeprägt wurde, so wie ich, wenn ich zwei Augen mit einer Nase sehe, mir sofort eine Stirn und einen Mund vorstelle und alle die anderen Teile eines Gesichtes, weil ich Licht gewohnt bin, das eine ohne das andere zu sehen. Und sehe ich Feuer, so erinnere ich mich an seine Wärme, weil ich sie einstmals gespürt habe, als ich es sah.“ (Descartes, René: Über den Menschen (1632) sowie Beschreibung des menschlichen Körpers (1648). Nach der ersten französischen Ausgabe von 1664 übersetzt und mit einer historischen Einleitung und Anmerkungen versehen v. Karl E. Rothschuh. Heidelberg 1969, S. 112. Vgl. Descartes: De Homine, Leffen 1664, S. 113).

6 Heute ist dieses Lochmusterprinzip am ehesten noch aus einzelnen Bundesstaaten der USA bekannt, in denen bis ins frühe 21. Jahrhundert die Stimmauszählung von Präsidentenwahlen über die Lochkartentechnik erfolgte. Dazu genauer: Online: http://www.spiegel.de/politik/ausland/us-praesidentenwahl-das-loch-zur-macht-a-325253.html. Stand: 15.10.2016. Das Prinzip einer solchen Technik beruht darauf, Inhalte durch einen Lochcode, das heißt durch eine bestimmte Anordnung von Löchern im Papier, zu vermitteln. Diese Technologie wird allerdings erst in der Mitte des 18. Jahrhunderts entwickelt. Sie bildet später im Zeitalter der Computertechnologie einen wichtigen Grundpfeiler. Dazu ausf.: Ganzhorn, Karl / Walter, Wolfgang: Die geschichtliche Entwicklung der Datenverarbeitung. Stuttgart 1975.

7 Leonhard / Felfe: Lochmuster und Linienspiel, S. 28.

der, die sich in unserem Gehirn formen, ganz genau dasselbe denken und beachten, dass die Aufgabe nur darin besteht, zu wissen, wie die Bilder die Seele in die Lage versetzen können, all die verschiedenen Qualitäten der Objekte, auf die sie sich beziehen, zu empfinden, jedoch überhaupt nicht darin, inwiefern sie für sich selbst Ähnlichkeit mit ihnen haben.“[8]

Mit diesem anschaulichen Vergleich formuliert Descartes eine pragmatische Zeichentheorie und gewährt Einblicke in den medialen Horizont der Frühen Neuzeit: Wahrgenommene Bilder bestehen dementsprechend aus Materialien wie Tinte und Papier und können zudem eine unbegrenzte Anzahl von Qualitäten besitzen. Diese Anzahl der Qualitäten, oder anders ausgedrückt, der Grad der Ähnlichkeit zwischen Signifikant oder Signifikat ist dabei für Descartes irrelevant. Diese Vorstellung rührt daher, dass für Descartes jedes Bild auf der Netzhaut in Punkte aufgelöst wird.[9] Wie beim Kupferstich ist deshalb jede erzeugte Form auf punktierte Umrisse, Muster oder Zeichen zurückzuführen, die interpretiert werden können. Im Zentrum der Überlegung von Descartes steht daher auch nicht die Differenz zwischen den unterschiedlichen Qualitäten oder Zeichen, sondern ihre Funktion innerhalb der Wahrnehmung.[10]

Für die Frage nach den spezifischen Formen innerhalb eines solchen Zeichensystems tritt dabei erneut der Punkt als relevante Bezugsgröße hervor.[11] In der Frühen Neuzeit ist jedoch die punktweise Auflösung und Übertragung des Gesehenen weniger ein abstraktes Theorem als vielmehr praktischer Bestandteil des zentralperspektivischen Sehens und der Druckvorlagenherstellung.[12] Eine Analogie zwischen

---

8 Descartes: Entwurf der Methode, Hamburg 2013, S. 97f. Hinzu kommt, dass für Descartes Licht aus „kleinsten, sich unwahrnehmbar schnell bewegenden Teilchen“ besteht, was ihn laut Clasen zu einem Vertreter der Korpuskulartheorie des Lichtes macht (Clasen: Die Sehtheorien von René Descartes, S. 67).

9 Denn seine Verwendung führt zurück bis zu Alhazen und damit zu den Wurzeln der Wahrnehmungstheorien (vgl. Leonhard / Felfe: Lochmuster und Linienspiel, Berlin 2006, S. 34).

10 Vgl. Horn: Das Experiment der Zentralperspektive, S. 25.

11 Vgl. 2.5. Lindberg: Auge und Licht im Mittelalter, S. 113.

12 Leonard und Felfe bemerken zudem: „Bilder werden erzeugt, indem sie unterschiedliche Schwarz- bzw. Weißanteile enthalten.“ (Leonhard / Felfe: Lochmuster und Linienspiel, S. 11). Leonhard und Felfe betonen für die Genealogie der Druckgrafik von 1500 bis zur Mitte des 20. Jahrhunderts, also bis hin zur Umwandlung ins Zeichenhafte, dass dabei „von Anfang an ein formologischer Schwarzweiß-Kontrast entscheidend“ sei (ebd.). Gleichzeitig sind alle Formen innerhalb eines Rasters angeordnet. Bernhard Siegert hat ausführlich die Bedeutung des Rasters als grundlegende Kulturtechnik untersucht: Ders.: (Nicht) Am Ort. Zum Raster als Kulturtechnik. In: Thesis 3 (2003), S. 92 – 104). Zudem

einem grundlegenden drucktechnischen Prinzip der Frühen Neuzeit und einem neurophysiologischen Vorgang zu ziehen, ist deshalb für Descartes ein durchaus plausibler Erklärungsansatz. Zugleich liegt in dieser Reduktion der sichtbaren Welt auf ein einziges geometrisches Element eine gewisse Form von Radikalität mit weitreichenden Folgen. Kittler schreibt dazu:

> „[D]ie Zerlegung der Bilder in malbare konstruierbare Elemente wie Punkte, Linien, Flächen [führt dazu,] eine mathematische Analysis anzustoßen, wie sie dann bei Leibniz und Newton zur neuen Arithmetik, bei Descartes als dem Erfinder unseres Koordinatensystems für Flächen und Räume zur Geometrie wurde.“[13]

Vor diesem Hintergrund ist es beinahe verwunderlich, dass bislang noch nicht die Frage nach den Auswirkungen dieser Fragmentarisierung auf die elementarsten geometrischen Formen gestellt wurde.[14] Denn die Reduktion aller Formen innerhalb eines Rasters auf den Punkt als kleinsten gemeinsamen Nenner ist eine drastische Veränderung, deren Auswirkungen in mehreren Richtungen zu beobachten sind. Wie Hans-Jörg Rheinberger bemerkt, verändern sich damit nicht nur die Grundannahmen für die Erzeugung von gedruckten Bildern, sondern ebenso die Objekte des Wissens selbst. Denn, so führt er aus,

> „[d]ie technischen Bedingungen determinieren die Wissensobjekte in doppelter Hinsicht: Sie bilden ihre Umgebung und lassen sie so erst als solche hervortreten, sie begrenzen sie aber auch und schränken sie ein.“[15]

In der Bildsprache der Traktate von Descartes spricht deshalb vieles dafür (vgl. 4.2), dass sein Zeichen- und Wahrnehmungsverständnis Einfluss auf die Formenfindung gehabt haben dürfte und umgekehrt (Abb. 5|14). Insbesondere die Form der Punktlinie in der *Dioptrique* (vgl. 4.3) deutet auf eine bewusste, da oft wiederholte Gestaltungsentscheidung hin. Doch wie sich im vorherigen Kapitel zeigte, lässt sich

---

gibt Rebel für die Einteilung zwischen Schwarz und Weiß zu bedenken: „Denn alles Schwarz und Weiß ist binäre Elementarvernetzung *in* Fläche und *als* Fläche: *In* die Kupferoberfläche musste alle unendlich verschiedene Form hineingegraben werden, *als* Fläche auf Druckpapier kommt alles zum ‚Ausdruck‘.“ (Rebel: Druckgrafik, S. 26f.).

13 Kittler: Optische Medien, S. 64.

14 Eine Analyse hinsichtlich der Einflüsse der wissenschaftlichen Erkenntnisse auf die geometrischen Formen in der Frühen Neuzeit in diagrammatischen Bildern liegt m.W. jedenfalls bislang nicht vor.

15 Rheinberger, Hans-Jörg: Experimentalsysteme und epistemische Dinge. Eine Geschichte der Proteinsynthese im Reagenzglas. Göttingen 2001, S. 27.

die Geburtsstunde der Punktlinie nicht an Einzelpersonen oder Traktaten festmachen. Stattdessen ergibt sich aus der Summe der Kontextbedingungen ein zunehmend stimmiges Bild, das in diesem Kapitel um die medialen Bedingungen von Punktlinien und den daran geknüpften historischen Diskurs erweitert werden soll. Es ist dabei zu klären, welche technischen Neuerungen der Frühen Neuzeit Einfluss auf die Etablierung, die Form und die Anwendungskontexte haben, in denen die Punktlinie relevant wird.

5.1 ENTWICKLUNG DER DRUCKTECHNIKEN

Wassily Kandinsky beschreibt nicht nur die Funktion des Punktes, sondern auch die wichtigsten Drucktechniken für seine mediale Herstellung so präzise, dass sich ein längerer Blick auf seine Ausführungen lohnt. Für Kandinsky ist

„[d]er Punkt [...] das Resultat des ersten Zusammenstoßes des Werkzeuges mit der materiellen Fläche, mit der Grundfläche. Papier, Holz, Leinwand, Stuck, Metall usw. können diese materielle Grundfläche bilden. Das Werkzeug kann Bleistift, Stichel, Pinsel, Feder, Nadel usw. sein. Durch diesen ersten Zusammenstoß wird die Grundfläche befruchtet."[16]

Zu den typischen grafischen Druckverfahren zählen Radierung, Holzschnitt und Lithografie. Dazu führt Kandinsky aus:

„Gerade in Bezug auf den Punkt und seine Entstehung treten die Unterschiede dieser drei Verfahren mit besonderer Deutlichkeit zutage.
In der *Radierung* wird naturgemäß der kleinste schwarze Punkt Radierung mit spielerischer Leichtigkeit erreicht. Dagegen entsteht der große, weiße Punkt nur als Resultat größerer Anstrengungen und verschiedener Kniffe.
Im *Holzschnitt* ist die Sachlage vollkommen umgekehrt: der kleinste weiße Punkt bedarf nur eines Stiches, der große schwarze verlangt Anstrengung und Rücksichten. In der *Lithographie* sind diesen beiden Fällen die Wege gleichmäßig geebnet, und die Anstrengung fällt weg. Ebenso unterscheiden sich voneinander die Korrekturmöglichkeiten der drei Verfahren: streng genommen ist die Korrektur in der Radierung unmöglich, *im* Holzschnitt bedingt, in der Lithographie unbegrenzt.
Aus diesem Vergleich der drei Verfahren soll es klar werden, dass die lithographische Technik unbedingt als letzte entdeckt werden musste, tatsächlich erst «heute» – die Leichtigkeit kann nicht ohne Anstrengung erreicht werden. Und anderseits sind die Leichtigkeit der Entstehung und die Leichtigkeit der Korrektur Eigenschaften, welche gerade dem heutigen Tag

16 Kandinsky: Punkt und Linie zu Fläche, S. 25.

ganz besonders entsprechen. Dieser heutige Tag ist nur ein Sprungbrett nach dem «morgen» und kann nur in dieser Eigenschaft mit innerer Ruhe aufgenommen werden."[17]

Mit Kandinskys Ausführungen zeichnen sich erste Konturen der historischen Entwicklung der Drucktechniken ab. Darüber hinaus zeigt sich, dass die Etablierung des Diagramms mediengeschichtlich an die Entwicklung der Drucktechniken in der Frühen Neuzeit geknüpft ist.[18] Mit einer kurzen Vorstellung der wichtigsten Stationen drucktechnischer Entwicklungen soll dieser Konnex genauer profiliert werden.

Zu Beginn des 15. Jahrhunderts verbreitet sich die Erfindung des Holzschnitts. Etwa 40 Jahre später folgt der Kupferstich, der vor allem durch feinere Darstellungsmöglichkeiten gekennzeichnet ist.[19] Mit beiden Druckverfahren ist es nun möglich, beinahe alle sichtbaren Gegenstände als gedruckte grafische Umsetzung zu reproduzieren. Wie Dürers *Underweysung der Messung* zeigte (vgl. 2.5), wird das Gegenüber des Malers im grafischen Übertragungsvorgang zur Fläche und das Sichtbare zum Umriss in einem Raster. Die Bewegungen der Hand erzeugen keine Linien mehr im Sinne von Zeichenlinien, sondern stattdessen Punkte in einem aufgespannten Netz. Alles Sichtbare basiert darin auf einem simplen und zugleich revolutionären binären Code, der die gegenständliche Welt auf die Antinomien von Schwarz oder Weiß, Farbauftrag oder keinen Farbauftrag, Punkt oder Nichts reduziert.

Aus diesem Grund bleibt das Spektrum der Reproduktionen zunächst auf reine Schwarz-Weiß-Abbildungen begrenzt, bis durch Giulio Campagnolas Punktiertechnik die Druckherstellung um 1510 um Halbtonwerte erweitert werden kann. Bei dieser sehr aufwendigen Technik des sogenannten *Stipple work* werden die Formen Punkt für Punkt mit einem Spitzhammer in eine Druckplatte eingeschlagen, so dass man über die unterschiedliche Tiefe der Einschläge die Möglichkeit eines differenzierten Farbauftrages erhält.[20] Neben das Schwarz treten damit auch unterschiedliche Tonwertabstufungen von Grau.

---

17 Ebd., S. 47f.

18 Nohr, Rolff: Nützliche Bilder. Bilddidaktik und das Mäandern der Diskurse. In: Liebsch, Dimitri / Mößner, Nicola (Hgg.): Visualisierung und Erkenntnis. Bildverstehen und Bildverwenden in Natur- und Geisteswissenschaften. Köln 2012, S. 148 – 177, hier: S. 151.

19 Rebel: Druckgrafik, S. 13. André Blum problematisiert die genaue zeitliche Festlegung der Entwicklung der Druckgrafik, da es sich um ein Druckverfahren handelt, dessen Wurzeln bis in die prähistorische Zeit zurückreichen (Blum, André: The Origins of Printing and Engraving. Translated from the French by Harry Miller Lydenberg. New York 1940, S. 41ff.).

20 Als Hochblütezeit dieser Technik gilt das 17. und 18. Jahrhundert (ebd., S. 45).

Diese frühe Form der späteren Punktiermanier oder Punktierradierung[21] ist außerdem für die drucktechnische Erzeugung von Punktlinien praktikabel. Genauer gesagt, handelt es sich bei einer solchen Linie technisch gesehen um die besondere Form eines sogenannten Punzier- oder Punzenstrichs, der auch als *Opus mallei*[22] bezeichnet wird. Ein solcher Punzierstrich kann in einem ‚trockenen' Druckverfahren erzeugt werden. Das heißt, im Gegensatz zu anderen Verfahren wird dabei keine Säure benötigt und die Erzeugung findet rein mechanisch statt.[23] Deshalb wird das *Stipple work* als Sonderform in der Druckherstellung auch als ein dem Kupferstich zugehöriges Verfahren zugeordnet.[24] Folgt man den Ausführungen Rebels, stammt der Punzierstrich

> „aus Werkstattpraktiken des Goldschmiedehandwerks und der Fassmalerei [...]. In diesen Werkstätten hatte man schon im Mittelalter Metallarbeiten und Goldgründe mit Punziermustern dekoriert. Die Übertragung dieser Zierdornen in den Kupferstich [...] geschah bereits im frühen 15. Jh., seit dem 16. Jh. gehörte sie zum festen Gestaltungsrepertoire der Grafik. Vom traditionellen Linienstich [...] [des Kupferstichs] wurden die Elemente der Tiefdrucktechnik übernommen, wobei an die Stelle des Grabstichels der Spitzhammer oder Punzhammer treten konnte [...]. Dabei ist es unerheblich, ob die feinen, scharfumrandeten Einschläge direkt mit dem Spitzhammer oder mit Hammerschlägen auf entsprechende Rundstichel (Punze) erzeugt wurden. Die eigentümliche Leistung des Mediums P[unzierstrich] liegt jedenfalls im verfeinerten Halbtonwert der plastischen und atmosphärischen Formcharaktere."[25]

Bemerkenswert ist, dass Rebel die Formengleichheit zwischen Punzierungen in mittelalterlichen Goldgründen erkennt, aber nicht auf den Zusammenhang zur neuen Linienform der Punktlinie eingeht, die mit genau dieser Technik auch im wissenschaftlichen Bild Einzug hält. Dafür ergänzt er seine Erläuterung von Punziermustern mit zwei Abbildungen, die den Vorgang der Herstellung verdeutlichen (Fig. 13 u. Fig. 14).

---

21 Im Englischen ‚Dotted Print Engraving' (dazu ausf.: Ebd., S. 121f.).

22 Rebel: Druckgrafik, S. 223.

23 Vgl. Ebd.

24 Ebd., S. 223.

25 Ebd.

Fig. 13 | Punziertechnik

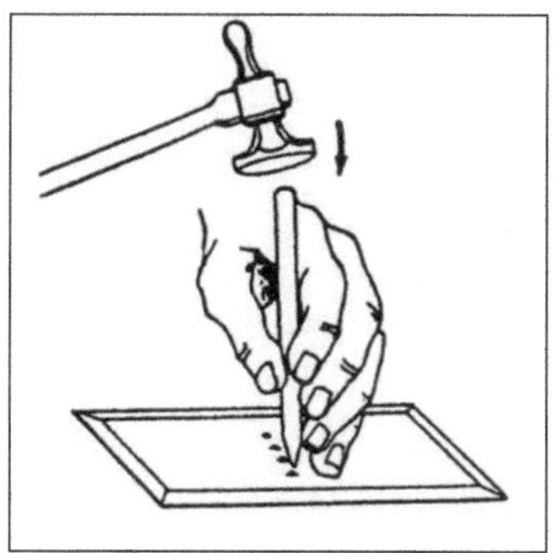

Fig. 14 | Roulette

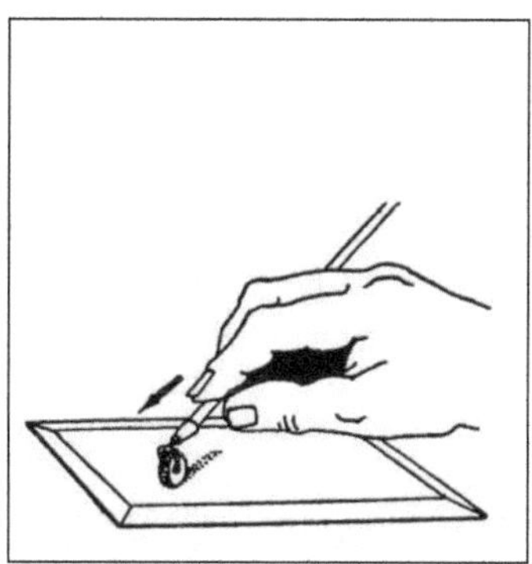

Figur 13 beschreibt den Vorgang zur Erzeugung einer punktierten Linie. Das Trägermaterial wird in diesem Beispiel mit einem Grabstichel und Spitzhammer bearbeitet, um so einen *Punktstrich* zu erzeugen. Dazu werden in gleichmäßigen Abständen mit einem Stichel und Hammer Vertiefungen in die Platte geschlagen. Die Erzeugung von Punktlinien auf diese Weise gehört deshalb drucktechnisch zum Kupferstechverfahren. Auch im Holzschnitt lassen sich Punktlinien erzeugen, der Künstler muss dabei aber allerdings ohne derartige Instrumente auskommen. Auf diese Weise sind Punktlinien daher ungleich schwieriger herzustellen.

Figur 14 beschreibt die Erzeugung eines Punzierstrichs, oder im übertragenen Sinne einer Punktlinie, durch eine sogenannte Roulette[26]. Die Roulette ist eine Art Stift, an dessen Ende sich eine kleine schmale Rolle befindet, die mit kleinen feinen Spitzen ausgestattet ist. Setzt man dieses Gerät nun auf eine Kupferplatte und fährt darüber, so entstehen in einigermaßen gleichem Abstand punktförmige Vertiefungen. Die Funktion dieses Werkzeugs erklärt Walter Koschatzky in seinen Beobachtungen zur *Kunst der Graphik*:

„Man hatte [...] schon zu Beginn des 16. Jahrhunderts erkannt, dass im Kupferstich neben Linien, Parallelzügen und Kreuzschraffuren weichere Schatten und Übergänge dadurch herzustellen waren, dass nun mit dem Punzeisen kleine Punkte lockerer oder dichter einschlug (Punktstich). Später verbesserte man das Instrument, indem es mehrere Spitzen erhielt und zuletzt zu einer *Roulette,* einem dicken Rädchen mit Zähnen, wurde. Damit konnte man nun die leeren Flächen noch leichter füllen und nach Dicke und Dichte ganz weich verlaufende Wirkungen erzielen.“[27]

26 Rebel: Druckgrafik, S. 83.

27 Koschatzky, Walter: Die Kunst der Graphik. Technik, Geschichte, Meisterwerke. Wien 1990, S. 127.

Grundsätzlich unterscheidet man zwischen Trommel-, Einrad- und Amerikanischer Roulette sowie den unterschiedlichen Spuren, die durch verschiedene „Linientechniken"[28] auf der bearbeiteten Druckplatte hinterlassen werden. Unter einer Linientechnik versteht Koschatzky also den instrumentell unterstützten Linienzug des Kupferstechers. Figur 15 zeigt neben verschiedenen Rouletten auch die Spuren vom *Punzenstrich*, *Punktstrich* und *Punktiermanier*.[29]

Fig. 15 | Trommelroulette, Einradroulette, Amerikanische Roulette, Punzenstrich, Punktstrich und Punktiermanier

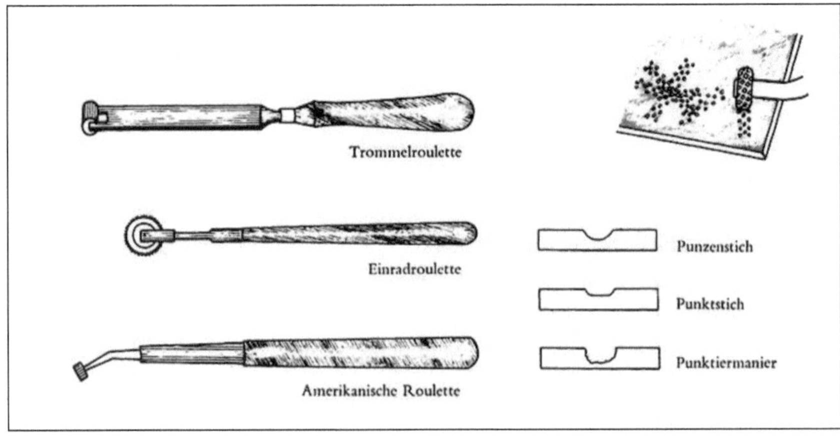

Diese Ausdifferenzierung der Instrumente passt zur gängigen Abbildungspraxis von Buchillustrationen im frühen 17. Jahrhundert. Denn das inzwischen verfeinerte Kupferstechverfahren, mit dem sich feinste Konturen herstellen lassen, verdrängt zunehmend die groben und materialunbeständigen Holzschnitte. In den 1640er Jahren gelingt mit der Erfindung der Mezzotintotechnik[30] eine einfache und zugleich genaue Herstellung von Halbtönen, welche die bisherigen Reproduktionstechniken erheblich erweitert. Beeindruckende Kupferstiche in bisher nicht gekannter Detail-

---

28 Ebd.

29 Zur Unterscheidung von *Punktstich* und *Punktiermanier* erklärt Koschatzky: „[E]rsteres ist ein trockenes, letzteres aber ein Ätzverfahren, dessen in das Metall gefressene Punkte stets eine etwas unregelmäßigere Struktur als die reinen Einstiche zeigen." (Ebd.).

30 Beim Mezzotinto – auch Schabkunst – wird zunächst die Kupferplatte aufgeraut, so dass eine tiefschwarze Fläche entsteht. Alle helleren Töne können dadurch erzeugt werden, dass die Platte an den entsprechenden Stellen und in unterschiedlicher Intensität abgeschabt wird (vgl. Koschatzky: Die Kunst der Graphik, S. 77).

genauigkeit wie die schon erwähnte *Micrographia* (1665)[31] von Robert Hooke (Abb. 5|1, vgl. Kap. 2, 3.1 u. 4.7), zeugen nur wenige Jahre später von hochspezialisierten und verfeinerten Techniken der Druckkunst. Hooke nimmt aus gutem Grund zuerst den Punkt ins Visier seiner Analyse der Sichtbarkeiten, denn makro- und mikroskopisch ist das Nichtsichtbare immer kleiner als ein Punkt.[32] Der Punkt wird deshalb bei Hooke zum Grenzgänger zwischen Sichtbarkeit und Sichtbarmachung. Ein genauer Blick auf reproduzierte Punkte ist aber auch in anderer Weise hilfreich, denn er gibt die Sicht auf die Besonderheiten der Drucktechniken frei. Neben dem Punkt als autarke Einheit im Bild erleichtert das Verständnis über die Bedingungen seiner Reihung in Gestalt von Punktlinien den Umgang mit den unterschiedlichen Medien. Denn es erschließt sich daraus auf einen Blick, ob es sich um einen Kupferstich oder Holzschnitt handelt. Zugleich ist anzunehmen, dass ungleich große Punkte, verschiedene Abstände und schräge Verläufe von Punktlinien zeitlich auf Kupferstiche vor dem 17. Jahrhundert hindeuten.

Aus dieser Perspektive betrachtet, ist die dominierende geometrische Form in der neu zu erschließenden Welt des gerasterten Bildes der Punkt. Leonhard und Felfe teilen diese Ansicht und konstatieren darüber hinaus als „wesentliche Gemeinsamkeit von Schabkunst, Aquatinta, industriellem Rasterdruck und Pixelbild [...] die Unterdrückung der Linie"[33] (vgl. 7.2). Der Punkt verdrängt demnach die Zeichenlinie, da durch ihn allein geometrisch-konstruierte Linien drucktechnisch erzeugt werden können.[34] Die Dominanz des Punktes ist deshalb als Grundbedingung für die Etablierung der Punktlinie als neue Linienform, die auf Punkten basiert, zu verstehen.

---

31 Hooke: Micrographia, New York 1961.

32 Auch Bexte hat auf die Unschärfen der Wissenschaft hingewiesen, die bei der Engführung von geometrischem und anatomischen Punkt entstehen (Bexte: Licht und Fleisch im 17. Jahrhundert, S. 87).

33 Leonhard, Karin / Felfe, Robert: Lochmuster und Linienspiel. Überlegungen zur Druckgrafik des 17. Jahrhunderts. Freiburg im Breisgau, Berlin 2006, S. 12. Gleichzeitig stellen die Autoren fest, dass deshalb keineswegs „Umriss und Kontur ihre Relevanz" verloren hätten (ebd., S. 13).

34 Zunächst bleibt das Spektrum der Reproduktionen auf Schwarz-Weiß-Abbildungen begrenzt, es wird aber um 1510 wird durch Guilio Campagnolas Punktiertechnik (Stipple work) um Halbtonwerte erweitert. Bei dieser sehr aufwendigen Technik werden alle Formen Punkt für Punkt mit einem Spitzhammer in eine Druckplatte eingeschlagen, so dass man über die unterschiedliche Tiefe der Einschläge die Möglichkeit eines differenzierten Farbauftrages erhält. Als Hochblütezeit dieser Technik gilt das 17. und 18. Jahrhundert (Rebel: Druckgrafik, S. 45). Gängige Abbildungspraxis für Buchillustrationen bleibt jedoch bis zur Zeit von Descartes der inzwischen ausgereifte Kupferstich, mit dem sich selbst feinste Konturen drucken lassen. Erst ab den 1640er Jahren gelingt mit der Er-

Die frühesten Techniken zur Herstellung von Punktlinien lassen sich in der bildenden Kunst verorten, so dass im Folgenden der Fokus auf die medialen Grenzen ihrer Verfügbarkeit und Techniken der Herstellung gelegt werden soll. Im Gegensatz zu der in Kapitel 4 unternommenen Erschließung der Punktlinie für den Bereich der Perspektivtrakate geht es im Folgenden allein darum, die drucktechnischen Besonderheiten hervorzuheben um damit auf die differenzierten Herstellungsbedingungen von Punktlinien aufmerksam zu machen.

5.2 KUNST IM DRUCK – PUNZIERUNGEN UND PUNKTIERMANIER

Die Praktik des Punzierstrichs, der ursprünglich aus einer Verzierungstechnik der Goldschmiedekunst stammt (vgl. 5.1), führt ab dem 14. Jahrhundert zu ausdifferenzierten Gestaltungsweisen in der Kunst. Neben der Erfindung des Buchdrucks, der die Bedeutung des Goldgrunds insgesamt aus den Bildern zurückdrängt, verändern außerdem im Spätmittelalter punzierte Heiligenscheine, Lichtstrahlen und Goldgründe den Bildraum. Denn mit der Punzierung erweitert sich das Bild gewissermaßen nach innen. Es entsteht dadurch eine weitere Bilddimension, die etwa durch einfache Kontur-Punzierungen, also Vertiefungen, die beispielsweise in Heiligenscheinen oder Lichteffekten hervorgerufen werden und Einfluss auf die Wirkung des Bildes nehmen. Diese Erweiterung führt aber nicht nur zu einer Verstärkung von Attributen oder Bildeffekten, sondern ermöglicht es außerdem, den Bildern weitere Bedeutungen beizufügen. Dies lässt sich beispielsweise bei Giotto beobachten, der im Bild *Madonna and a Child* (Abb. 5|2a+b) vor den Augen des Jesusknaben durch einfache Punzierungen eine Blickrichtung betont.

Ebenso können Punzen, also vertiefte Punkte auf Linien, dazu eingesetzt werden, komplexere Vorgänge abzubilden. Ein hervorragendes Beispiel dafür ist das italienische Triptychon von Pacino di Bonaguida aus den 1340er Jahren. Auf dem *Chiarito Tabernacle* (Abb. 5|3a – f) werden auf dem linken und rechten Innenflügel Lebensabschnitte von Jesus Christus szenisch dargestellt. Die verwendeten Ölfarben dieser Bilder sind zudem mit vereinzelt goldenen Heiligenscheinen versehen (Abb. 5|3a). Der mittlere Teil des Triptychons hingegen besteht aus einem mit Goldgrund verzierten Gipsrelief, das beinahe die gesamte Fläche der Mitteltafel einnimmt (Abb. 5|3b). Allein ein schmaler Bildstreifen am unteren Rand, auf dem in einer Bildfolge die Kommunion vollzogen wird (Abb. 5|3c), verbindet die mittle-

---

findung der Mezzotintotechnik eine einfache und zugleich genaue Herstellung von Halbtönen, welche die bisherigen Ausdrucksmöglichkeiten in der Reproduktion erheblich erweitert (vgl. ebd., S. 77).

re Bildtafel bildsprachlich mit den beiden äußeren. Diese Tafel operiert mit Punzierungen und muss deshalb detailliert beschrieben werden (Abb. 5|3c):

Das Bild der Mitteltafel sticht mit relefiertem leuchtenden Goldüberzug aus dem aufgeklappten Triptychon hervor. Die Konturen einer frontal dargestellten Christusfigur dominieren diese Tafel (Abb. 5|3b). Im Segnungsgestus der linken Hand und mit der rechten Hand die heilige Schrift umfassend, wird Christus umringt von den zwölf Jüngern, die bereit für die Kommunion mit ausgestreckten Armen und geöffneten Händen auf ihn zuschweben. Alle Feinheiten der Gesichter und der Verzierungen des Hintergrundes werden über Einritzungen oder Punzierungen erzeugt. Neben den Heiligenscheinen sind außerdem die Heiligen mit der Jesusfigur durch punzierte Linien verbunden, die alle auf die Mitte des Bildes und den Mittelpunkt des Körpers von Jesus Christus zusammenlaufen. Diese punzierten, punktliniengleichen Punktreihen stellen Lichtstrahlen dar (Abb. 5|3d+e).

Bemerkenswert an dieser Tafel ist außerdem die Funktion einer goldenen Linie, die am unteren Bildrand einen Übergang zwischen religiösem Ritual und abstrakter göttliche Sphäre herstellt. Sie bildet die Verbindung zwischen dem Goldgrund des oberen und den Ölfarben am unteren Rand des Bildes (Abb. 5|3f). In dieser Szene reicht der Priester einem Gläubigen eine Oblate. Im Moment dieses Vorgangs tritt die Linie aus dem Bild darüber als Lichtstrahl hervor. Oblate und der Leib Christi werden so während der Eucharistie eins, und die punzierte Linie überbrückt die beiden Sphären der göttlichen und irdischen Welt.[35] Der Augenblick der Transsubstantiation wird also mit einer leuchtenden Linie dargestellt, die aus dem Goldgrund und einer Vielzahl punzierter Linien darüber hervorgeht.

---

35 Die ungewöhnliche Art, göttliche Vorgänge in derartige Zeichen zu übertragen, sieht Duwe als Hauptaufgabe des Künstlers: „Der Künstler fand für solche unanschauliche Realität anschaubare und verstehbare Bildzeichen, gleichsam Sinnbilder und Ausdrucksträger der Heilslehre und der göttlichen Botschaft" (Duwe: Der Wandel in der Darstellung in der Verkündigung an Maria vom Trecento zum Quattrocento, S. 34). Matthias Bruhn erklärt die Funktion der Linie im Mittelalter genauer. Demnach wurde „die Linie [...] als [...] konstruktive, tragende Seite der Sichtbarkeit" begriffen (Bruhn, Matthias: Das Bild. Theorie – Geschichte – Praxis. Berlin 2009, S. 78f.). „Die Zeichnung zeigt Formen und Verläufe, die in der Natur nicht dinglich existieren und doch visualisierbar sind." (Ebd.). Zum Konzept der Bildzeichen führt Düwe aus: „Bis in die Zeit der Romanik wurde der Gedanke des Heiligen durch Symbole zum Ausdruck gebracht, bedingt durch die jenseits bezogene Daseinsauffassung des mittelalterlichen Menschen. Dem göttlichen Mysterium entsprachen die immateriellen Bildzeichen, d.h. das heilige Geschehen wurde dem Betrachter in seinem Sinngehalt als geistiger Vorgang durch Sinnzeichen vermittelt, bei denen die auftretenden Gestalten einzig als Symbole agierten." (Duwe: Der Wandel in der Darstellung in der Verkündigung an Maria vom Trecento zum Quattrocento, S. 33).

Ruft man sich noch einmal die etwa ein Jahrhundert später hergestellten Punktlinien in christlichen Szenen wie der *Verkündigung an Maria* aus Kapitel 3 vor Augen (Abb. 3|2 – Abb. 3|6), wird deutlich, dass göttliche Lichtstrahlen nicht allein punziert, sondern auch durch Farbauftrag in ihrer Form als punktierte oder durchbrochene Linien dargestellt werden können. Deshalb sind punzierte Linien in der christlichen Ikonografie als Vorformen der Punktlinie einzuschätzen.

Ob Farbauftrag, Punzierung oder eine Kombination aus beidem: Noch bis ins 16. Jahrhundert finden sich Lichtstrahlen und Heiligenscheine, die mit diesen Techniken erzeugt werden. Daneben etablieren sich jenseits des Tafelbildes und der Altarretabel Drucktechniken, die von der Form des Punktes ausgehend neue Darstellungsweisen erlauben. Überblicksartig sollen dazu die drei relevanten Drucktechniken für diese Effekterzeugung anhand von Bildbeispielen in ihrer Ausführung und Wirkung kurz vorgestellt werden: der Holzschnitt, der Kupferstich und der Schrotschnitt. Motivisch bleibt die Arbeit dabei bei den bisher gezeigten christlichen Ikonografien, um so sinnvolle Vergleiche zu ermöglichen.

Die populärste Hochdrucktechnik der Frühen Neuzeit ist der Holzschnitt, der in vielen Analysebeispielen der Perspektivtraktate (vgl. 4.4) vertreten ist. Auch die beiden christlichen Heiligen Maria und Bernhard sind in frühesten Holzschnitten überliefert.[36] So präsentiert etwa der handkolorierte Holzschnitt *Saint Bernhard with Madonna and Child* von ca. 1480/1500 (Abb. 5|6) eine bereits vertraute Laktationsszene (vgl. 3.4): Auf der linken Seite des Bildes befindet sich der Heilige Bernhard, dargestellt mit Heiligenschein, Mönchskutte, Tonsur und Priesterstab. Rechts von ihm ist die gekrönte Muttergottes zu sehen. Sie trägt einen Nimbus, ein rotes Kleid und den nackten Jesusknaben auf dem Arm. Dieser hat ebenfalls einen Heiligenschein und schaut auf zur entblößten Brust seiner Mutter. Maria presst ihre Brust mit der linken Hand, so dass Milch in hohem Strahl in das linke Auge des Heiligen Bernhard schießt.

Die Ausführung der Konturen sind insgesamt sehr grob ausgeführt und typisch für frühe Holzschnitte. Der Milchstrahl wird nicht als Punktlinie (vgl. 3.4), sondern als doppelte Linie, die am Ende in mehrere Richtungen auseinanderläuft, dargestellt. Diese Linie ist wie die Heiligenscheine gelb koloriert und hebt damit den besonderen Status des heiligen Milchstrahls im Bild hervor. Der Punkt erweist sich allerdings in diesem Kupferstich als eine Form, die sich technisch schwer herstellen lässt. Gerade bei sehr kleinen Bildformaten ist es eine wahre Kunst, runde Formen zu erzeugen, denn sie basieren immer auf herausgeschnittenen Hervorhebungen. Blickt man mit diesem Wissen noch einmal auf die frühen wissenschaftlichen Abbildungen mit Punktlinien in Kapitel 4, so fällt auf, dass tatsächlich diese Holz-

36 Siehe dazu: Blum: The Origins of Printing and Engraving, S. 124.

schnitt-Punktlinien oft aus rechteckigen statt runden Punkten mit eher ungleichmäßigen Abständen bestehen (bspw. 4|6 oder 4|11 – 4|18).

Der allgemein wenig bekannte Schrotschnitt zählt zu einer Tiefdrucktechnik, bei der auf einer Platte gleichgroße Punzen eingeschlagen werden, so dass im Druckbild weiße Punkte den Umriss des abzubildenden Objekts darstellen.[37] Diese *geschrotete Manier* kommt etwa um die Mitte des 15. Jahrhunderts auf – als ältester Schnitt gilt der ‚Hl. Bernhard' von 1454 in Paris – und steigert sich rasch zu weiter Verbreitung: um 1460 wurde nahezu ein Viertel aller Formschnitte in dieser Technik ausgeführt, doch kurze Zeit später hat diese Vorliebe plötzlich ein Ende. Kaum ein Blatt ist noch nach 1480 als Schrotschnitt entstanden.[38]

Die beiden ausgewählten Bildbeispiele für die seltenen Schrotschnitte sind zum einen eine Darstellung des Heiligen Bernhard, die gleichzeitig als der älteste Schrottschnitt gilt (Abb. 5|4), zum anderen eine Mariendarstellung (Abb. 5|5). Als besondere Eigenschaft dieser ‚Schrotblätter', auch sogenannte ‚dotted prints'[39], sind besonders beim Heiligen Bernhard die zahlreichen Punkte und Punktlinien hervorzuheben. Basierend auf der Vorbereitung der Trägerfläche für die Druckerfarbe, wird der Punkt in diesen Drucken zum sichtbaren Bildbestandteil. Im Rahmen der weiteren drucktechnischen Verfeinerungen konnte sich diese Technik allerdings aufgrund ihrer sehr groben Darstellungsmöglichkeiten nicht behaupten.

Neben den weitverbreiteten Holzschnitten und seltenen Schrotschnitten sind vor allem Kupferstiche ab dem 16. Jahrhundert zur Illustration von Büchern für Künstler und Gelehrte von Bedeutung. Der konkrete Umgang mit Linienformen zeigt sich etwa an einer *Verkündigung an Maria* von Augustin Hirschvogel von 1547 (Abb. 5|7): Auf der linken Bildhälfte befinden sich der heranlaufende und geflügelte Erzengel Gabriel sowie der aus einer Himmelswolke herabschauende Gottvater. In der linken Hand bringt Gabriel eine Lilie und Gottvater eine Krone für Maria. Beide weisen mit ihrem jeweils rechten Arm auf Maria, die sich unter einem von Säulen getragenen Baldachin auf der rechten Bildhälfte befindet. Maria schaut zum Erzengel, während sie sich schützend ihren linken Arm vor die Brust legt und mit dem rechten Arm auf ein Buch stützt. Dieses Buch ist die heilige Schrift, die auf einem hohen Postament vor ihr platziert ist. Zwischen Gottvater und Maria ist eine Taube und ein fliegender nackter Jesusknabe mit Kreuz zu sehen. Diese Bildfiguren

37 Koschatzky: Die Kunst der Graphik, S. 47.

38 Ebd. Die Herkunft des Wortes ‚Schrot' für diese Technik leitet Koschatzky von „schrotig = derb, kaum von Schrotschußlöchern" ab (ebd.). Die erwähnte, hier nicht gezeigte Abbildung des Heiligen Bernhard findet sich bei Blum: The Origins of Printing and Engraving, S. 123.

39 Blum: The Origins of Printing and Engraving, S. 121f.

werden durch eine Vielzahl von kleinen feinen Strichen umgeben, so dass eine Art Glorioleneffekt entsteht. Für die Transformation, also die Übertragung des Heiligen Geistes in Maria, werden in diesem Beispiel eine Vielzahl von einzelnen, unterbrochenen Linien verwendet. Diese Linien ahmen einen Lichteffekt nach. Schaut man nun auf die Herstellungsweise dieser gebrochenen Linien, erklärt sich auch hier die Verwendung von einzelnen Strichen statt randscharfer Punkte. Denn im Tiefdruckverfahren des Kupferstechens werden durch Einritzungen auf einer Kupferplatte Spuren erzeugt, die später mit Farbe gefüllt werden und so das gewünschte Druckbild ergeben. Mehrere einfache, geradlinig hintereinander ausgeführte Striche sind deshalb gegenüber einzelnen gleich großen Punkten deutlich einfacher drucktechnisch herbeizuführen.

Die Recherche zu Punktlinien im Bereich der bildenden Kunst in Kupferstichen und Holzschnitten im frühen 15. und 16. Jahrhundert legt eine sehr geringe Anzahl von Abbildungen mit Punktlinien nahe. Während Punzierungen bereits im 14. Jahrhundert von Vorformen der Punktlinie zeugen, bleibt diese Linienform dagegen für die skizzierten Druckverfahren noch Jahrhunderte später weitgehend unerschlossen. Vor dem Hintergrund, dass in den untersuchten Ikonografien (vgl. 3.4 u. 3.5) im Gemälde für die Prozesse der Verkündigung und Laktation des Heiligen Bernhards grundsätzlich Punktlinien eingesetzt werden, ist dieser Befund signifikant. Denn obwohl den Holzschneidern und Kupferstechern die existierenden Ikonografien bekannt gewesen sein dürften, werden in der medialen Übersetzung für den Bilderdruck Punktlinien nicht berücksichtigt. Es ist deshalb naheliegend, dass es sich um keine veränderten Ikonografien handelt, sondern dass die medialen Bedingungen für die Herstellung von Punktlinien ausschlaggebend dafür sind, dass diese Linienform in Druckerzeugnissen der bildenden Kunst erst zum Ende des 16. Jahrhunderts zu finden sind. Um dieses Phänomen und die Entwicklung genauer zu verstehen, soll im folgenden Exkurs einen Einblick in die Praxis des Kupferstechens gewährt werden. Exemplarisch soll dazu das *Radierbüchlein* von Abraham Bosse vorgestellt werden. Abraham Bosse, einer der prominentesten Kupferstecher seiner Zeit und zugleich Autor einer Anleitung zur Kupferstechkunst, gewährt darin einen Zugang zu der Frage, wie Punktlinien zu Beginn des 17. Jahrhunderts hergestellt wurden.

5.3 WERKSTATT-EXKURS: BOSSES RADIERBÜCHLEIN UND SELBSTVERSUCH

Der Aufruf des Mathematikers und Theoretikers Du Breuil zu Beginn des 18. Jahrhunderts an seine Schüler, die perspektivische Zeichnung zu beherrschen, ist wohl auch als Ermahnung, ja vielleicht als Erinnerung an die hohe Fertigkeit der Stecher und Drucker zu lesen, die in der Frühen Neuzeit das Bild der Kunst und Wissenschaftsgeschichte maßgeblich prägten. Schließlich solle, wie Du Breuil betont, „[e]in Kupferstecher [...] nicht weniger dieser Kunst mächtig seyn / als ein Mahler“.[40]

Dieser offen formulierte Anspruch an die Kupferstecher ist nicht etwa vermessen, sondern zeugt nur von wahren Meistern der sogenannten Schwarzen Kunst. Zu ihnen gehört Abraham Bosse, der als der kunstfertigste Stecher seiner Zeit gilt. Bekannt ist er bis heute vor allem für sein Titelkupfer von Thomas Hobbes' *Leviathan*.[41] Im 17. Jahrhundert lässt er allerdings als hochgeschätzter Kupferstecher seine Künste auch in Traktaten zur Perspektivkunst einfließen (vgl. 4.4). Zu seiner Popularität trägt daneben auch die Tätigkeit als Autor bei. In seinem Traktat *Manière universelle de Mr. Girard Desargues* von 1648[42], das bereits in der quantitativen Analyse tangiert wurde (vgl. 4.4.4), befasst sich Bosse erstrangig mit der Praxis der projektiven Perspektive. Noch bekannter ist sein *Traicté de Manieres,* das erstmals 1645[43] erscheint. In diesem ‚Radierbüchlein'[44] wird die Technik des Kupferstechens genau erklärt und detailliert mit den dazu benötigten Werkzeugen und Materialien sowie deren Handhabung beschrieben. Zusätzlich werden die ausführlichen Texte mit insgesamt 17 Illustrationen unterstützt. Bemerkenswert ist, dass Bosse auf zwei dieser Abbildungen mit Punktlinien operiert, um einen Gegenstand genauer darzustellen. Ein näherer Blick auf die beiden Abbildungen erklärt das Phänomen (Abb. 5|8): Die fünfte Abbildung im Kapitel XIV. mit dem Titel *Wie man mit den schrägen oder breitgeschliffenen Stefften grobe Striche machen* [...] *solle*[45] zeigt im oberen Bildbereich zwei Radiernadeln, die mit unterschiedlich abgeflachten Spitzen versehen sind. Beide Nadelspitzen sind mit Buchstaben beschriftet. Außerdem verlaufen parallel in Verlängerung dazu jeweils zwei feine Punktlinien. Im Gegensatz zu den Buchstaben werden die Punktlinien im dazugehörigen Text jedoch nicht näher erläutert.

40 Du Breuil / Rembold: Perspectiva Practica, Augsburg 1710, Vorrede, unpag.

41 Zur Zuschreibung des Titelkupfers siehe genauer Bredekamp, Horst: Die Vorgeschichte von Thomas Hobbes' Bild des Staates. In: Rheinberger, Hans-Jörg / Hagner, Michael / Wahrig-Schmidt, Bettina (Hgg.): Räume des Wissens. Repräsentation, Codierung, Spur. Berlin 1997, S. 23 – 37, hier: S. 30.

42 Bosse, Abraham: Traicté des Manieres de graver en taille douce sur l'airin. Par le Moyen des Eauxs Fortes, & des Vernix Durs & Mols. Ensemble de la façon d'en Imprimer les Planches, & d'en Construire la Presse, & autres choses concernans lesdits Arts. Par A. Bosse, Graveur en Taille Douce. Paris 1648.

43 Bosse, Abraham: Radier-Büchlein / handelt von der Kunst / nemlich: wie man Scheidwasser in Kupffer etzen / das Wasser / wie auch den harten und weichen Etzgrund machen solle. Nürnberg [3]1689.

44 Dies entspricht der deutschen Übersetzung von 1689. Ebd.

45 Ebd., S. 35, Fig. 5.

Auch für das zweite Bild mit Punktlinien bei Bosse bleibt im dazugehörigen Text eine Erklärung aus. Auf Abbildung 8 (Abb. 5|9) sind in der oberen Hälfte des Bildes ein kompletter Arm mit angedeuteter weiblicher Brust sowie links daneben zwei schraffierte und beschriftete Flächen zu erkennen. Mit dem „Spacium ABCD“[46] wird eine ovale Fläche bezeichnet und durch eine Punktlinie dargestellt. Darunter ist eine ebenfalls schraffierte Fläche zu erkennen, die mit den Buchstaben 1 bis 4 beschriftet ist.

Obwohl Text und Bildanteile in beiden Diagrammen gekoppelt sind, fehlt jeweils im dazugehörigen Text eine Erklärung zur Punktlinie. Es wird damit in diesem Radierbüchlein, das als Anleitung für Kupferstecher gedacht ist, weder erklärt, wie diese Linienform herzustellen ist, noch welche genaue Funktion oder Bezeichnung sie hat. Wie schon bei Dürer (vgl. 2.4) wird daran erneut ein blinder Fleck und Widerspruch sichtbar: Bosse erklärt aus seiner Sicht detailliert alle wichtigen Arbeitsschritte und -mittel zur Erstellung von Kupferstichen, so etwa auch die Behandlung von Kupferplatten mit der Punzierlinientechnik[47] (vgl. 5.1). Eine Erläuterung zur Herstellung von Punktlinien bleibt er allerdings schuldig.

Vor dem Hintergrund, dass in der Mitte des 17. Jahrhunderts bereits von einer etablierten Linienform ausgegangen werden kann (vgl. 4.6 u. 4.7), deutet diese Leerstelle bei Bosse darauf hin, dass Punktlinien eine andere und damit besondere Funktion als herkömmlichen Linien zukommt. Die These lautet deshalb, dass Punktlinien zwar ebenso sichtbar wie andere Linien Teil des Bildes sein können, dabei allerdings nicht im Bereich des physisch Sichtbaren operieren, sondern im abstrakt Imaginativen. In einem solchen erweiterten Bildraum, der jenseits der abzubildenden Objekte angedeutet wird, sind diese Linien Hinweise auf diese Vorstellungsebene. Sie besteht aus dem Korrelat von Text- und Bildinhalt. Punktlinien sind damit Indikatoren für eine diagrammatische Gelenkstelle, an der sich der Schrift- und Bildinhalt zusammenfügt. Die Form der Punktlinie, verstanden als Brücke zwischen geometralem und natürlichem Bildraum, ist deshalb auch genau dadurch gekennzeichnet, dass ihre Funktion und Herstellungsweise *nicht* spezifiziert wird. Sie ist vielmehr eine offene Form mit größtmöglichem Interpretationsspielraum für den Betrachter.

Diese Deutung würde erklären, warum die Funktion, Bezeichnung und auch Herstellung der Punktlinie nicht allein bei Bosse ausgespart wird. Denn das Phänomen einer fehlenden theoretischen Auseinandersetzung mit der Punktlinie reicht von Dürer bis zu Descartes (vgl. 2.4 u. 4.2) und ist bis heute für den Umgang mit ihr symptomatisch. So finden sich beispielsweise selbst im jüngsten Versuch einer Klassifikation von Hilfslinien durch Ulrich Richtmeyer[48] von 2011 auch Punktli-

46 Bosse: Radier-Büchlein, Nürnberg ^{3}1689, S. 54.

47 Ebd., S. 13f.

48 Richtmeyer: Vom visuellen Instrument zum ikonischen Argument.

nien, die bildlich zwar mehrfach gezeigt und beschrieben, jedoch im Gegensatz zu anderen Linienformen nicht klassifiziert werden.[49] Es wäre deshalb vor diesem Hintergrund denkbar, dass eine Erklärung in diesem Fall bewusst ausgespart wurde. Allerdings widerspräche dies einem grundlegenden klassifikatorischen Ansatz. Wahrscheinlicher ist deshalb, dass sich eine gewisse Form von Blindheit für die Funktion und Bedeutung dieser Linie aufzeigen lässt, die auch in anderen neueren Publikationen etwa im Sammelband *Stil-Linien diagrammatischer Kunstgeschichte* (2014)[50] oder der umfangreichen Monografie Manlio Brusatins zur *Geschichte der Linien* (1993)[51] zu finden ist. Punktlinien sind also sichtbarer Teil der Bildoperationen und gleichzeitig vielfach unsichtbar für die Textanalyse.

Dieses Phänomen und die Tatsache, dass Punktlinien bis heute in der Wissenschaft generell weitgehend unbeachtet geblieben sind, gibt den Blick für die gravierende Leerstelle einer fehlenden Theoriebildung zwischen Operationalität und Funktion dieser Linienform frei. So belegen die Analyseergebnisse in Abschnitt 4.5 zwar die Etablierung der Linienform im 17. Jahrhundert in wissenschaftlichen Traktaten, und insbesondere Bosses Traktat *Manière universelle de Mr. Girard Desargues* von 1648 tritt darin dadurch hervor, dass ein überproportional hoher Anteil von Abbildungen mit Punktlinien zu verzeichnen ist. Gleichzeitig bleibt trotz funktionaler Zusammenhänge und vielfältigster Anwendung die dezidierte Auseinandersetzung mit Punktlinien, wie etwa bei Du Breuil (vgl. 4.4.4), eine Ausnahmeerscheinung.

Der Einblick in Bosses Radierbüchlein gibt also nur begrenzt darüber Aufschluss, wie Punktlinien tatsächlich hergestellt werden. Da sich auch in anderen Traktaten des Korpus keine passable Anleitung dazu finden ließ, wurde der vermeintlich leichten Aufgabe, in gleichen Abständen gleich große Punkte liniengleich anzuordnen, im Selbstversuch nachgegangen. Es zeigte sich schnell, dass sich diese Aufgabe mit den Werkzeugen und Druckverfahren der Frühen Neuzeit nicht ohne Weiteres erfüllen lässt.[52]

---

49 Dieser unbemerkte Filter des Unscheinbaren zieht sich bei genauerer Betrachtung durch den überwiegenden Anteil der Literatur zur Linienforschung (vgl. 1.4). Es ist mir jedenfalls kein Aufsatz oder Monografie in die Hände gekommen, der sich ausschließlich dieser Linienform widmen würde.

50 Cortjaens, Wolfgang / Heck, Karsten (Hgg.): Stil-Linien diagrammatischer Kunstgeschichte. Berlin 2014.

51 Brusatin: Geschichte der Linien, Torino 1993.

52 Tatsächlich ist es mir unter Anleitung eines erfahrenen Druckers gelungen, mit der Roulette sowie mit einem Grabstichel und Hammer Punktlinien zu erzeugen. Das Ergebnis von drei Tagen intensiver Versuche mit allen möglichen Drucktechniken zeigte aber auch die Schwierigkeiten der Herstellung auf. Denn alle anderen Verfahren, etwa mit einer

Erst nach vielen Versuchen in der Druckwerkstatt kristallisierte sich heraus, dass Punktlinien am besten mit den analogen Mitteln der Crayonmanier[53] erzeugt werden können, also jener Punktiertechnik, mit der auch die erwähnten Punzierlinien (5.1) hergestellt werden. Die dazu verwendeten Werkzeuge sind Roulette, Grabstichel, Hammer und Lineal. Außerdem erwiesen sich Prägeleisten aus dem Zeilenguss[54] als hilfreiche Werkzeuge zur Erzeugung von gleichmäßigen Punktlinien.[55]

Außer mit den ausdifferenzierten Druckwerkzeugen ist es über diesen analogen Weg und mit etwas Übung möglich, Punktlinien zu erzeugen, die in ihrer Form aus etwa gleich großen Punkten und etwa gleich großen Abständen bestehen. Allerdings ist diese Erzeugung als problematisch einzuschätzen, da es dazu höchste Präzision und einer Vielzahl von Werkzeugen bedarf. Außerdem zeigt die Praxis, dass jeder einzelne Punkt verschieden ist. So erklärt sich plötzlich auch, warum beispielsweise in Diagrammen etwa bei Del Monte (vgl. 4.5.2, Abb. 4|23) jeder einzelne Punkt der Punktlinien in Größe, Form und Abstand unterschiedlich ist. Denn im Gegensatz zu heutigen Herstellungsverfahren mussten Punktlinien in der Frühen Neuzeit per Hand und Punkt für Punkt einzeln ausgeführt werden. Damit zeichnet sich eine Antwort auf die Frage nach den Herstellungsbedingungen von frühneu-

---

Nadel gleichförmige und liniengerade Punkte anzutragen, waren nur unter allergrößter Mühe möglich und führten zu unbefriedigenden Ergebnissen. Dieses Experiment konnte in der Druckwerkstatt und Künstler-Atelier der Humboldt-Universität zu Berlin, dem sogenannten ‚Menzel-Dach', unter der Leitung von Frau Prof. Dr. Ruth Tesmar durchgeführt werden. Besonderer Dank gilt dieser Unterstützung und auch dem Department für Kunstgeschichte der National Gallery in Washington D.C., das zu diesen speziellen drucktechnischen Fragen einen Workshop veranstaltete.

53 Bei der Crayonmanier handelt es sich um ein „Verfahren zur Herstellung einer Tiefdruckform, ähnlich der Radierung. In den Ätzgrund der Kupferdruckplatte wird die Zeichnung mit Roulette, Punze oder Matoir eingraviert. Die von diesen Druckplatten hergestellten Drucke haben ein ähnliches Aussehen wie Kreidezeichnungen." (Weschke, Helga: Lexikon der grafischen Technik. Leipzig [6]1984). Siehe weiterführend auch: Blum: The Origins of Printing and Engraving, S. 134).

54 Der Zeilenguss wird erst im 19. Jahrhundert erfunden (ebd.).

55 Diese Werkzeuge stammen alle aus dem Bleisatz, also dem Verfahren zur Herstellung von Druckformen für den Buchdruck, das letztlich auf die Erfindung Gutenbergs zurückgeht. Man unterscheidet zwischen Hand- und Maschinensatz im Bleisatz. Letzterer wurde erst im Zeitalter der Industrialisierung entwickelt und verdrängte dann im späten 20. Jahrhundert den Handsatz fast vollständig (vgl. Baufeldt, Uwe / Rösner, Hans / Scheuermann, Jürgen / Walk, Hans (Hgg.): Informationen übertragen und drucken. Itzehoe 2000, S. 109).

zeitlichen Punktlinien ab. Entscheidend dürften für die Erzeugung einer geraden und mit gleichgroßen Punkten und Abständen versehenen Linie die Kunstfertigkeit, die Technik und das Werkzeug des Kupferstechers oder Setzers gewesen sein.

Zugleich wird deutlich, dass der Holzschnitt, der eher rechteckige als runde Linienpunkte hervorzubringen vermag (vgl. Abb. 4.5.3), nicht so gut wie die Technik des Kupferstiches mit seinen feinen Konturen (vgl. etwa Abb. 4|6) für die Herstellung von Punktlinien geeignet ist.[56] Somit lässt sich für das geübte Auge auf einen Blick an Punktlinien ablesen, um welche der beiden Drucktechniken es sich handelt.

Außerdem bleibt festzuhalten, dass auch die unterschiedlichen Abstände zwischen den Punkten Rückschlüsse über die Medialität zulassen. Denn ebenso wie die Schwierigkeit, eine Reihe gleichmäßiger Punkte zu erzeugen, besteht umgekehrt das gleiche Problem für die Leerräume. Ein Leerraum oder *spaciolum*[57] ist deshalb unbedingt als zweiter Teil dieser binären Linienform zu verstehen und soll im Folgenden in seiner weitreichenden Bedeutung für die Punktlinie als diagrammatisches Bild- und Schriftzeichen betrachtet werden.

5.4 PUNKTLINIEN ALS ZEICHEN FÜR LEERRAUM UND AUSLASSUNG

Für das Verständnis der spezifischen Gestalt von Punktlinien im Holzschnitt und Kupferstich, also den beiden populärsten Bilderdrucktechniken der Frühen Neuzeit, ist neben den Besonderheiten im Bilderdruck (5.1 – 5.3) auch ein genaues Verständnis des Buchstabendrucks relevant. Insbesondere die medial bedingten Parallelen zwischen gedruckten Punktlinien und gedruckten Texten zeigten, dass die Abstände zwischen Buchstaben oder Punkten einer Linie wichtige Hinweise zu den verwendeten Druckverfahren geben können.

Bei der Herstellung von gedruckten Texten ist grundsätzlich der Buchstaben- und Wortzwischenraum zu unterscheiden. Der Buchstabenzwischenraum ist heute als Rudiment frühester Setztechnik zu verstehen, da er ursprünglich durch das Nebeneinanderlegen zweier beweglicher Buchstaben im Bleisatz erzeugt wurde. Diese

56 Dieses Phänomen beruht darauf, dass der Holzschnitt als Hochdruck- und der Kupferstich als Tiefdruckverfahren grundsätzlich verschiedene Druckergebnisse erzeugen (vgl. 5.3.1). Während die breiten und in den Rändern eher unscharf ausgeführten Linien auf die Holzschnitttechnik deuten, weisen feinere und geometrisch präzisere Konturen auf das Kupferstichverfahren hin. Ein Hauptunterschied zwischen diesen beiden Verfahren liegt also in der unterschiedlichen Anmutung der Linienführungen.

57 Klein / Grund: Die Geschichte der Auslassungspunkte, S. 28.

beweglichen Buchstaben werden auch als *Lettern* oder *Typen* bezeichnet. Für die Erzeugung eines gleichmäßigen Schriftbildes wird für die in Blei gegossenen Buchstaben zuvor ein einheitlicher Quadratwert festgelegt. Dieser Wert wird auch als *Dickte* bezeichnet, und eine *Dickte* entspricht einem Wortzwischenraum. Durch diese Einheit haben alle Buchstaben und sonstigen Zeichen eines Schriftsatzes die gleiche Breite und Höhe. Dicktengleiche, sogenannte *Monospaceschriften*[58] sind deshalb durch ein gleichmäßig geometrisches Schriftbild gekennzeichnet.

Vergleicht man nun eine dicktengleiche Druckschrift mit einer Punktlinie, fallen vier Gemeinsamkeiten der Zeichenanordnung und Herstellung auf. Erstens handelt es sich um reproduzierte Zeichen: Sowohl Druckschriften als auch Punktlinien werden seit dem Ende der Manuskriptkultur zu Beginn des Gutenbergzeitalters drucktechnisch erzeugt. Das heißt, sowohl die *Typen* im manuellen Bleisatz[59] als auch die Linien in Bilderdrucken werden in Druckmaschinen reproduziert.

Die zweite Gemeinsamkeit besteht im Abstand oder Leerraum zu den darauffolgenden Zeichen. Dieser ist in der Regel gleich groß, vorausgesetzt es handelt sich um eine dicktengleiche Schrift beziehungsweise um Punktlinien, die mit einer Roulette, durch Prägeleisten oder typografisch hergestellt werden (vgl. 5.3.1. u. 5.3.2).

Drittens beruht sowohl der Bilderdruck als auch die Setztechnik auf dem Konzept der Binarität, denn frühe Drucktechniken differenzieren im Wesentlichen zwischen Farbauftrag und keinem Farbauftrag und operieren somit binär. Die Bereiche, in denen keine Druckerschwärze auf das Papier gelangt, sind deshalb ebenso als definierte geometrische Räume zu verstehen wie diejenigen, die mit Farbe gefüllt sind. Bei der Reproduktion von Druckschriften, genauso wie bei Kupferstichen oder Holzschnitten, war man deshalb stets darauf bedacht, nicht allein die durch Farbauftrag sichtbar werdenden Flächen im Druck zu beherrschen, sondern ebenso die sogenannten Leer- oder Weißräume. Randschärfe gilt deshalb bis heute als Qualitätskriterium im Druck und lässt sich vor allem an den Übergängen zwischen Weißraum und Farbauftrag ablesen. Als Bezeichnungen für das Papierweiß zwischen und innerhalb der Buchstaben haben sich dabei im Laufe der Jahrhunderte die Begriffe *Durchschuss*, *Punze* und *Dickte* durchgesetzt.[60]

Die vierte Übereinstimmung besteht in der stillen Übereinkunft, das Ende einer Zeichenkette durch einen gesetzten Leerraum oder *Space* zu bestimmen. Dieser Leer-

58 *Proportionalschriften*, bei denen nicht jede Type über den gleichen Buchstabenabstand verfügt. Je nachdem um welchen Schrifttyp es sich handelt, können also die Buchstabenabstände entweder gleich oder unterschiedlich ausfallen. Für die Beobachtungen in diesem Kapitel wird ausschließlich von dicktengleichen Druckschriften ausgegangen.

59 Baufeldt / Rösner / Scheuermann / Walk: Informationen übertragen und drucken, S. 107.

60 Genauer dazu vgl. ebd. S. 98f.

raum unterbricht den Zusammenhalt von typografischen, aber auch oftmals geometrischen Zeichen, die somit als *semiotische Gefüge* bezeichnet werden können. So wird erst durch einen Leerraum ein einzelnes Wort oder auch etwa eine abgeschlossene Linie getrennt. Der Unterschied zwischen zwei *semiotischen Gefügen* wird also erst durch die Unterbrechung der gleichmäßigen, geometrischen Spationierung sichtbar.

Drucktechnisch sind damit wesentliche Parallelen zwischen *Typen* und Punktlinien aufgezeigt. Konstitutiv für beide ist der kalkulierte Leerraum, denn der sichtbare Abstand zwischen den Zeichen ist Bedingung für die Wahrnehmung von Formen. Ganz im Sinne Goodmans wird so die *Disjunktivität* jedes einzelnen Zeichens in seiner Reproduktion und Rezeption unterstützt. Zweideutigkeiten werden damit kategorisch vermieden.[61] Dabei wirkt der Leerraum wie ein Motor, der jeden Punkt, jeden Buchstaben in repetitiver Weise anschiebt, vorantreibt, Zeitlichkeit auf die Fläche bringt und so vor unseren Augen einen Textfluss oder in Linien eine Dynamik erzeugt (ausf. Kap. 7). Auch Bettine Menke misst den Leerstellen größte Bedeutung bei und führt dazu aus:

> „Es sind die Spatien, die Wort-Einheiten distinguieren, die Punktierungen der Buchstabenabfolge, Zeilenbrüche und Abstände aller Art, die die Schrift aus der Linie, die die Zeit des Sprechens abzubilden scheint, abgewendet haben, und diese unterbrechend, sie in und auf sich selbst faltend, in der Fläche organisieren.“[62]

In modernen Aufschreibesystemen verschwinden diese Leerräume beinahe unbemerkt in einem unsichtbaren Code. Der einzelne Buchstabe mit seinem dazugehörigen Abstand wird durch Tastendruck als Nummer in einer Tabelle, dem sogenannten ASCII-Code,[63] erkannt. In 255 Zahlen werden so Buchstaben und Sonderzeichen verschlüsselt. Der Punkt entspräche hier der Nummer 250.

---

61 Ausnahmen bilden vielleicht Ligaturen, d.h. Zeichen, die in einem Schriftsatz bewusst miteinander verbunden sind. Beispielsweise im Schriftsatz der *Times* wird die Buchstabenkombination ‚fi‘ so angezeigt und besteht aus zwei getrennten Lettern. Im Schriftsatz der *Garamond* findet sich hingegen eine Ligatur ‚fi‘, die im Bleisatz als ein gesondertes Schriftzeichen vorhanden ist. Weitere klassische Ligaturen sind häufig in anderen Schriftsätzen in der Buchstabenkombination von ff, ft oder ae zu finden.

62 Menke, Bettine: Auslassungszeichen, Operatoren der Spatialisierung – was ‚Gedankenstriche‘ tun. In: Giertler, Mareike / Köppel, Rea (Hgg.): Von Lettern und Lücken. Zur Ordnung der Schrift im Bleisatz. München 2012, S. 73 – 95, hier: S. 73.

63 „ASCI ist die Kurzbezeichnung für American Standard Code for Information Interchange. ASCII ist ein amerikanischer Normcode, mit dem alphanumerischen Zeichen und Kontrollzeichen verschlüsselt werden.“ (Baufeldt / Rösner / Scheuermann / Walk: Informationen übertragen und drucken, S. 71).

In der Maschinensprache des EBCDIC-Codes[64] wird die Abstraktheit noch deutlicher. Hier werden in 8-Bits und einem Prüfbit Buchstaben und Sonderzeichen verschlüsselt. Der Punkt würde mit den folgenden Zahlen beschrieben werden: 00101110. Im Gegensatz zu analogen Druckverfahren lösen sich in dieser digitalen Codierung die physischen Beziehungen in Zahlen auf, oder genauer gesagt, in Nullen und Einsen, die als Impulsfolge von elektrischen Signalen im Computer verrechnet werden.[65] Dabei verschwindet der sichtbare und physisch präsente Leerraum, der für die Druckerzeugung konstituierend ist.

Als Eigenschaft der im Bilderdruck hergestellten Punktlinien und der im Bleisatz erzeugten *Typen* muss deshalb das Prinzip eines einheitlichen sichtbaren Leerraums als technische Grundbedingung festgehalten werden. Pointiert fasst Susanne Wehde diese Beobachtung zusammen: Während „das *spatium* zwischen Worten [...] den ‚leeren Raum' als Teil der sichtbaren Organisation des Textes [markiert],"[66] entstehen aus der Ordnung der Lettern im Druck „materialisierte[] Elemente[] des Zeichenmittelrepertoires"[67]. Das bedeutet, die Ordnung des Leerraums ist nicht nur für die Herstellung einer Punktlinie von größter Bedeutung, sondern in einem größeren Kontext betrachtet auch für eine sinnhafte Zeichenproduktion und Reproduktion unerlässlich.

Darüber hinaus entsteht in der zweiten Hälfte des 17. Jahrhunderts[68] ein Steuerungszeichen, das als Brücke zwischen Punktlinie und Type, als Hybrid und Opera-

64 EBCDIC-Code „ist die Kurzbezeichnung für Extenend Binary Coded Decimal Interchange Code [...]. Für den Menschen ist diese Maschinensprache eine verwirrende Folge von Nullen und Einsen." (Baufeldt / Rösner / Scheuermann / Walk: Informationen übertragen und drucken, S. 71).

65 Vgl. ebd.

66 Menke: Auslassungszeichen, Operatoren der Spatialisierung – was ‚Gedankenstriche' tun, S. 87.

67 Wehde, Susanne: Typographische Kultur. Eine zeichentheoretische und kulturgeschichtliche Studie zur Typographie und ihrer Entwicklung. Tübingen 2000, S. 105. Vgl. Menke: Auslassungszeichen, Operatoren der Spatialisierung – was ‚Gedankenstriche' tun, S. 87.

68 Die Geschichte der Auslassungspunkte reicht weit zurück. Vorläufer werden bereits für das Frühmittelalter ausgemacht (zur Frühgeschichte der Auslassungspunkte vgl. Klein / Grund: Die Geschichte der Auslassungspunkte, S. 27). Allerdings „[a]ls bewusst gesetztes Stilmittel zur Verstärkung des emotionalen Ausdrucks tauchen die Auslassungspunkte zuerst in der frühen Neuzeit unter dem Einfluss des wieder erstarkten Interesses an Rhetorik auf" (Abbt, Christine: Die Auslassungspunkte. Spuren subversiven Denkens. In: Dies. / Kammasch (Hgg.): Punkt, Punkt, Komma, Strich? S. 101 – 116, hier: S. 105). „Im Rückgriff auf Texte von Quintilian wird der Abbruch der Rede in einen Zusammenhang mit starker Gefühlsbewegung gestellt. Um der Intensität des Zorns angemessen Ausdruck

tor verstanden werden kann. Gemeint sind die Auslassungspunkte, die semantisch gesehen zu den Auslassungszeichen gehören. Allgemein werden darunter nicht nur „Punkte, [sondern auch] Asterisken, Striche, schräg oder waagerecht, in sehr verschiedenen Längen und unterschiedlichen Wiederholtheiten“[69] verstanden. Johann Christoph Adelung betont in der *Vollständigen Anweisung zur Deutschen Orthographie* von 1790, dass er einen „Unterschied zwischen Gedankenstrich und den Auslassungspunkten [...] nicht gelten“[70] lasse. Für Auslassungen findet man demnach „auch folgende Zeichen [...]: - - -, oder ..., oder = = =. [Dieses Zeichen] deutet theils eine Auslassung, theils eine Abbrechung, theils aber auch eine stärkere Pause an“[71]. Christine Abbt meint, dass in diesen Zeichen die „Hoheit des einen Punkts [...] gebrochen [wird]. Zwei gleichberechtigte Gesellen stellen sich neben ihn und fordern ihr konstituierendes Mitspracherecht im Sinngeschehen.“[72] Peter Wolf und Marthe Grund führen die unterschiedlichen Formen darauf zurück, dass bereits im 14. Jahrhundert Petraca in der *Ars punctandi* „sinnvoller [erschien], gleich [...] verschiedene Interpunktionszeichen anzunehmen und dafür jeweils eine eigenständige Bezeichnung fachsprachlich einzuführen“[73].

Jacques Derrida versteht Auslassungszeichen auch als die „operativen Pausen der alphabetischen Schrift“[74]. Zu ihrer Funktion führt Menke aus:

„Auslassungszeichen haben an der graphischen Anordnung der buchstäblichen Schrift teil und zugleich eine metatextuelle, ja metamediale Funktion, denn sie bezeichnen die Nicht-

---

zu verleihen, wird der unerwartete Abbruch der Rede mitten im Satz empfohlen. Die Aussparung verstärkt die Expression. Die abrupt eingesetzte Sprachlosigkeit vermittelt den Zuhörenden sinnlich die nicht zu kontrollierende Kraft der Empfindung.“ (ebd. Vgl. auch Klein / Grund: Die Geschichte der Auslassungspunkte, S. 31).

69 Menke: Auslassungszeichen, Operatoren der Spatialisierung – was ‚Gedankenstriche‘ tun, S. 75.

70 Vgl. ebd. sowie: Höchli, Stefan: Zur Geschichte der Interpunktion im Deutschen. Eine kritische Darstellung der Lehrschriften von der zweiten Hälfte des 15. Jahrhunderts bis zum Ende des 18. Jahrhunderts. Berlin, New York 1981, S. 248f.

71 Adelung, Johann Christoph: Vollständige Anweisung zur Deutschen Orthographie. Bd. 2. Leipzig 1790, S. 388.

72 Abbt: Die Auslassungspunkte, S. 104.

73 Klein / Grund: Die Geschichte der Auslassungspunkte, S. 30. Somit erfolgt bereits zu Beginn der Druckgeschichte eine Terminologisierung verschiedener Formen.

74 Derrida, Jacques: This is not an oral footnote. In: Barney, Stephen (Hg.): Annotation and its Texts. Oxford 1991, S. 192 – 205, hier: S. 193 – 198. Vgl. auch Menke: Auslassungszeichen, Operatoren der Spatialisierung – was ‚Gedankenstriche‘ tun, S. 74.

Sprechbarkeit des Textes. Sie beziehen ihn auf die Seite und handeln von seiner spatialen Organisiertheit."[75]

Mit dieser erweiterten Perspektive auf die Auslassungszeichen werden die diagrammatischen Zeicheneigenschaften deutlich. In der medialen Doppelfunktion aus Steuerungs-, Text- und Bildzeichen kann deshalb nicht weiter von einer eindeutigen Trennung zwischen Bild und Text ausgegangen werden. Vielmehr deuten die Auslassungszeichen auf relationale Verbindungen aus Text und Bild und damit auf einen diagrammatischen Zusammenhang hin.

Historisch betrachtet, tritt die erste Verwendung von Auslassungszeichen als rhetorisches Stilmittel 1663[76] bei dem schlesischen Barockdichter Andreas Gryphius auf und erfreut sich schon bald größter Beliebtheit. Ein Jahrhundert später wird die Funktion dieser Zeichen genauer erläutert, wie etwa von Johann Jakob Bodmer. Er schreibt 1768 dazu:

„Dem Leser mehr zu denken zu geben, als man sagt, es sey, daß man gerne abbrechen will, oder daß man sich fürchtet, die Sache herauszusagen, setzet man einen oder zween kurze Querstriche; oder man setzt für die Strichgen nur etliche Pünktchen nach einander."[77]

Vor allem Laurence Sterne räumt in seinem Roman *The Life and Opinion of Tristram Shandy Gentleman*[78] in den späten 50er Jahren des 18. Jahrhunderts Punkten als Auslassungszeichen so viel Spielraum ein, dass seine von Punkten, Linien und Punktlinien übersäten Texte nur wenig später als „terribly be-dashed"[79] in die Literaturgeschichte eingehen werden. Neuerdings ist Sternes Kombination aus Zeichenlinien und Auslassungszeichen auch für die Bildwissenschaften von Interesse.[80] So beschreibt etwa Oliver Jehle die Punktreihen bei Sterne als Teil des Textflusses und

---

75 Ebd.

76 Gryphius, Andreas: Horribilicribrifax. Erstveröffentlicht 1663. In: Ders.: Dramen. Hg. v. Eberhard Mannack. Frankfurt am Main 1991, S. 636, S. 658, S. 678 u. S. 682f. Vgl. Menke: Auslassungszeichen, Operatoren der Spatialisierung – was ‚Gedankenstriche' tun, S. 75, FN 7.

77 Bodmer, Johann Jakob: Die Grundsätze der deutschen Sprache. Oder: Von den Bestandtheilen derselben und von dem Redesatze. Zürich 1768, S. 126. Zit. nach Menke: Auslassungszeichen, Operatoren der Spatialisierung – was ‚Gedankenstriche' tun, S. 78.

78 Sterne: The Life and Opinion of Tristram Shandy Gentleman, London 1759 – 1769.

79 Steel, David: The Elements of Punctuation. With Critical Observations on Some Passages of Milton. London 1786. Zit. nach Menke: Auslassungszeichen, Operatoren der Spatialisierung – was ‚Gedankenstriche' tun, S. 77.

80 Etwa bei Jehle: Abschweifungen, S. 75ff. oder Ingold: Lines, S. 72ff.

versteht diese auch als „Sprachlinien“[81]. Von freihändig ausgeführten Linienbildern begleitet, führt *Die Geschichte des Tristram Shandy* dabei beispielhaft vor Augen, wie Bild- und Textanteile in typografischen Zeichen und in die Luft gemalten Linien ineinander übergehen können.

Tim Ingold sieht noch einen weiteren wichtigen Aspekt. Für ihn stellt die Linie in Abbildungen bei Sterne (Abb. 5|10) den Verlauf einer Bewegung dar, die als Spur der Geste des bewegten Stifts zu deuten ist. Wie Paul Klee dazu bemerkt, soll sie als eine sich frei entfaltende Form zu verstehen sein, die im Gegensatz zu den Linien steht, die sich von Punkt zu Punkt bewegen.[82] Ingold führt dazu aus:

„The appearance of this line, says Klee, is 'more like a series of appointments than a walk'. It goes from point to point, in sequence, as quickly as possible, and in principle in no time at all, for every successive destination is already fixed prior to setting out, and each segment of the line is predetermined by the points it connects."[83]

Um diesen Gedanken zu veranschaulichen, unternimmt Ingold ein Experiment. Dazu wird die Bewegungslinie von Sterne (Abb. 5|10) fragmentiert und als eine Reihe von Punkten wiedergegeben (Abb. 5|11). Ingold versucht nun daran zu belegen, dass in den Leerräumen zwischen den Punkten der Punktreihe keine Bewegung stattfindet:

„All the energy, and all the movement, was focused there – almost as if I were drilling a hole. In the spaces between the dots, however, there remains no trace of movement."[84]

Obwohl Ingolds These auf den ersten Blick plausibel klingen mag, bleibt doch die Frage, ob nicht die Leerräume ebenso als Spuren der Bewegung gedeutet werden können. Christine Abbt sieht etwa in der Wiederholung von Punkten ein durchaus dynamisches Konzept. Man könne demnach auch von einer durch Punkte angeregten ‚Denkbewegung‘ sprechen, da Auslassungspunkte in „ihrer zweiten Funktion [...] nicht mehr nur für etwas Konkretes, das weggelassen, aber eindeutig definiert ist, [stehen] sondern [...] zum selbständigen Weiterdenken ein[laden]“[85]. Der Akt des Erkennens der Leerräume zwischen den Punkten beschreibt deshalb einen dynamisierenden Prozess, der vor dem Auge des Betrachters abläuft. Bewusst oder unbewusst wird also mit Leerräumen oder Auslassungen eine „Verbindung durch

81 Ebd., S. 76.

82 Vgl. ebd.

83 Ingold: Lines, S. 73.

84 Ebd., S. 74.

85 Abbt: Die Auslassungspunkte, S. 105.

Trennung“[86] erzeugt oder angezeigt, mit Jean Paul gesagt, der „Sin [...], [der] durch leeren Raum“[87] entsteht.[88]

Bringt man nun diese Überlegungen zu Abständen, Leerräumen und Auslassungszeichen zusammen, dann fällt auf, dass bis heute alles Spekulative sowohl im Schriftraum als auch im Bildraum immer im scheinbar unsichtbaren Zwischenraum verortet wird. Dies geschieht beiläufig, oft unbewusst und unbemerkt. Fast immer jedoch lassen sich die Strukturen einer Unsichtbarkeit, Verborgenheit oder zusammengefasst eines Geheimnisses in Bildern und Texten auf Unsichtbarkeiten in Zwischenräume oder vieldeutige Leerstellen zurückführen. Die Grenzen des Wissens, der Übergang zwischen Inhalt und Interpretation, oder noch weiter gefasst zwischen Evidenz und Magie muss dabei in den *Ikonologien des Zwischenraums*[89] verortet werden. In der Kunstgeschichte sind diese Topografien des Unsichtbaren beispielsweise im Schleier oder Vorhang,[90] dem fehlenden Gesicht oder der Lücke im Bildraum zu suchen.[91] Die angezeigte Apräsenz durch bekannte Ikonologien ist jedoch keineswegs auf das Gemälde beschränkt. Denn über die Eigenschaft, das Abwesende, Unsichtbare, Denkbare präsentieren zu können, verfügen diagrammatische Abbildungen ebenso wie Texte. Als konstituierende Eigenschaft von Punktlinien und Auslassungszeichen kann deshalb die durch sie angezeigte Leerstelle festgehalten werden. Dabei fungieren beide Formen „als *Platz-Halter* [und sind] zugleich als Marken für den nicht besetzten „leeren Platz“ wie die Null im System der

86 Menke: Auslassungszeichen, Operatoren der Spatialisierung – was ‚Gedankenstriche‘ tun, S. 89.

87 Vgl. ebd., S. 85. Paul, Jean: Über die Schriftstellerei. In: Ders.: Werke. Hg. v. Norbert Miller. Bd. II/1, München 1974, S. 424.

88 Eine Fragmentierung der Linie, wie von Ingold vorgeschlagen, kann deshalb nicht als Beweis für Verlust ihrer dynamischen Eigenschaften herhalten. Auch wenn die Spur der Geste in diesem kleinen Experiment vielleicht in dem Sinne verloren geht, dass man nicht mehr die Bewegung, das Vorantreiben des Stiftes auf dem Blatt Papier sehen kann, zeigt sich doch auch in Ingolds Versuch das Spannungsfeld „zwischen Aufgaben der Repräsentation und der Interpretation“ (Abbt: Die Auslassungspunkte, S. 104) fragmentierter Linien.

89 Ausführliche Erläuterungen dazu finden sich im gleichnamigen Sammelband: Endres, Johannes / Wittmann, Barbara / Wolf, Gerhard (Hgg.): Die Ikonologie des Zwischenraums. Der Schleier als Medium und Metapher. München 2005.

90 Dazu auch ausführlich der jüngst erschienene Sammelband: Blümle, Claudia / Wismar, Beat (Hgg.): Hinter dem Vorhang. Verhüllung und Enthüllung seit der Renaissance. Berlin 2016.

91 Bergengruen, Maximilian: Das Unsichtbare in der Schrift. Zur magischen Texttheorie des Paracelsismus. In: Endres, Johannes / Wittmann, Barbara /Wolf, Gerhard (Hgg.): Die Ikonologie des Zwischenraums, S. 149 – 164, hier: S. 149f.

arabischen Zahlen [...]"[92] zu verstehen. Diese Überlegung führt zurück zu den drei zentralen Größen, die als Ursachen für die plötzliche Etablierung der Punktlinie bereits eingegrenzt werden konnten: die Null, den Fluchtpunkt und das Koordinatensystem (vgl. 2.6). Im Licht des nun erschlossenen medialen Kontextes sollen deshalb im Folgenden diese Grundvoraussetzungen für die Etablierung der Punktlinie im Einzelnen vorgestellt werden.

5.5 DIE NULL, DER FLUCHTPUNKT UND DAS KOORDINATENSYSTEM

Etymologisch sind die Begriffe ‚Null' und ‚Leerraum' kaum zu trennen. Das Wort ‚Null' bedeutet abgeleitet aus dem hinduistischen *sunyal* so viel wie ‚leerer Raum'.[93] Für Brain Rotman, der sich eingehend mit der Null und ihrer Bedeutung in der Kulturgeschichte befasst hat, besteht deshalb

„kein Zweifel, dass das mathematische Zeichen Null als Ziffer auf die Abwesenheit von bestimmten anderen mathematischen Zeichen weist und nicht auf die Nicht-Präsenz von wirklichen „Dingen", die angeblich unabhängig von oder vor den Zeichen existieren, die sie darstellen. An jeder Stelle innerhalb einer hinduistischen Ziffer verkündet die Präsenz der Null eine bestimmte Abwesenheit: nämlich die Abwesenheit der Zeichen 1, 2, ..., 9 an dieser Stelle. Die Null ist daher ein Zeichen über Zeichen, ein Metazeichen, dessen Bedeutung als Name in der Art und Weise begründet ist, wie es die Abwesenheit der Namen 1, 2, ..., 9 anzeigt. [...] Mit anderen Worten, die Null markiert die theoretische Grenze dieser Art isomorpher Zuordnung, das heißt den Punkt, an dem das zählende Subjekt, anstatt vorgestellte Markierungen mit Objekten in Übereinstimmung zu bringen, die vollständige Abwesenheit jedes solchen entsprechenden Zeichens signalisieren muss. Wird der Zählvorgang im Sinne der Ordinalzahlen interpretiert, dann erscheinen die Protozahlen 1, 11, 111 usw. als Aufzeichnungen, die durch ikonische Wiederholung die Sequenz der durch ein zählendes Subjekt eingenommenen Zählschritte abstecken. Die Null stellt dann den Ausgangspunkt des Prozesses dar, in-

92 Menke: Auslassungszeichen, Operatoren der Spatialisierung – was ‚Gedankenstriche' tun, S. 86f.

93 Vgl. Rotman: Die Null und das Nichts, S. 36. Kaplan übersetzt das indische *sunyabindu* mit „eine Leerstelle markierende[r] Punkt" und fügt hinzu: „Man erinnere sich, dass wir drei Punkte benutzen, um dem Leser die Vervollständigung unseres Gedankens zu überlassen oder um etwa soviel zu sagen wie: ‚Es ist allzu schwierig, es in Worte zu fassen.'" (Kaplan, Robert: Die Geschichte der Null. Aus dem Engl. v. Andreas Simon. Frankfurt am Main, New York 2000, S. 65). Kaplan sieht diese Verbindung, verfolgt aber die Fährte zu den Auslassungspunkten und damit auch zur Punktlinie nicht weiter.

dem sie die virtuelle Präsenz des *zählenden Subjekts* an der Stelle anzeigt, wo dieses Subjekt die ganze Aktivität dessen zu durchlaufen beginnt, was eine Sequenz gezählter Positionen werden lässt.“[94]

Die Null weist demnach einerseits immer auf die Abwesenheit von Zahlen hin und hat zugleich in ihrer Funktion als Metazeichen, also als ein über anderen Zeichen übergeordnetes Zeichen, die Eigenschaft, das Spekulative auszudrücken.[95] Sie ist zudem ein Zeichen, das in der Lage ist, jenseits der realen, sichtbaren Welt zu operieren.

Robert Kaplan zeichnet in *The Nothing That Is: A Natural History of Zero*[96] nach, dass die Findung eines Symbols für die Null, wie etwa des Kreises, des Punktes und anderer Formen zwar wichtig gewesen sei. Gleichzeitig betont er aber, dass es „von größerer Bedeutung [gewesen ist], einen Begriff davon zu haben“[97]. Erst dadurch sei es überhaupt möglich, eine Unterscheidung zwischen ‚Zeichen der Leere‘ und ‚leeren Zeichen‘ zu vollziehen. Ein Zeichen der Leere „zeigt, wo etwas nicht ist“[98], während ein ‚leeres Zeichen‘ ohne die Zuordnung zu einem Gegenstand in seiner Bedeutung unverständlich ist.[99] „Die erste der beiden Ideen hält die Null von den Zahlen fern,“ erklärt Kaplan, und „[d]ie zweite stellt sie den Zahlen gleich“[100].

Anders formuliert, geht es darum, dass die Null als „die Idee der Abwesenheit jedweder Zahl“ – also als Zeichen der Leere –, oder als „die Idee einer Zahl für eine solche Abwesenheit“[101] – also als leeres Zeichen –, verstanden werden kann. Manfred Sommer erklärt dieses Konzept an einem praktischen Beispiel:

„Die Null visualisiert ein kleines Feld. Deshalb lässt sie sich nicht substituieren. Wenn man mit Kreide eine Ziffernfolge wie 3745082 an die Tafel schreibt, so kann man die 7 mit einem Schwamm weglöschen und *an ihre Stelle* etwa eine 6 einsetzen. Das ist die Substitution einer Ziffer durch eine andere. Löscht man hingegen die 0, und schreibt eine 9 hin, dann sieht das

94 Rotman: Die Null und das Nichts, S. 38f.

95 Rotman spricht in diesem Zusammenhang sogar von einer „versteckte[n] mysteriöse[n] Qualität“ (ebd., S. 39).

96 Kaplan, Robert: The Nothing That Is: A Natural History of Zero. London. 1999. Im Weiteren wird hier aus der ins Deutsche übersetzten Ausgabe von 2000 zitiert.

97 Kaplan, Robert: Die Geschichte der Null. Aus dem Englischen von Andreas Simon. Frankfurt am Main, New York 2000, S. 56.

98 Sommer: Von der Bildfläche, S. 229.

99 Vgl. ebd.

100 Kaplan: Die Geschichte der Null, S. 56.

101 Ebd.

zwar genauso aus. Und trotzdem hat man nicht die Ziffer durch eine andere *er*setzt, sondern erstmals eine *ge*setzt, nämlich auf den zuvor leergelassenen und als leer erkennbar gemachten Platz.“[102]

Folgt man diesen Überlegungen, dann ist die Null also weit mehr als eine Ziffer. Sie hinterlässt durch ihre Setzung stets eine Spur im Feld des Sichtbaren, die nicht überschrieben werden kann, ohne den durch sie gesetzten Leerraum zu überschreiben. Verstanden als die verkörperte Leerstelle, ist die Null der Ausdruck zeichenhafter Apräsenz für Zeichen aller Art und wird darüber hinaus geometrisch mit dem Punkt gleichgesetzt. Aus diesem Grund ist sie für Analyse der Eigenschaften von Punktlinien von besonderer Relevanz.

Eine Verbindung aus Null und Punkt erklärt sich schon aus den frühesten Belegen, in denen die ‚Null‘ noch als Interpunktionszeichen verwendet wurde, und zwar als ein über die Zahlen gesetztes Zeichen. Stellvertretend für die Zahl Null wurden also zunächst Punkte über den Zahlen platziert, um damit die Funktion der späteren Dezimalstellen angeben zu können.[103] Die Verknüpfung zwischen Punkt und Null ist deshalb seit ihrer Entstehung in einer Verbindung aus Zahl und Steuerungszeichen gegeben. Im Gegensatz zur Rolle einer objektivierten Zahl spricht der flüchtige Charakter der Null als Bestandteil eines Rechenvorgangs am Rechenbrett im Spätmittelalter (vgl. 2.3) eher für ihre Zuordnung „zu einer Handlung“.[104] Dadurch kommt der Null von Anfang an ein Sonderstatus zu, in dem sie nicht als Objekt verstanden wird, sondern als Ergänzung, Hilfsmittel oder Zusatzinformation zu einem bestehenden Zahlzeichen.

Verstärkt wird ihr operativer Charakter zudem durch die Etablierung der Zentralperspektive. Denn Brunelleschis neue Bildkonzeption basiert letztlich ebenso auf einer Nullstelle im Bild, dem Fluchtpunkt, dessen Funktion im frühen 15. Jahrhundert großen Einfluss auf das mathematische Denken ausübt. So werden durch die Erkenntnisse der Bildproduktion auch die bislang geltenden Regeln der euklidischen Raumaufteilung hinterfragt und neu ausgelotet. Denn der

„euklidische Raum – in dem es keine Zeichen für einzelne Punkte gibt, außer jenen, die entweder vollständig postuliert werden oder durch den Schnittpunkt von Figuren existieren – unterscheidet sich grundsätzlich von einem projizierten und koordinierten Raum. Es ist ein

---

102 Sommer: Von der Bildfläche, S. 229.

103 Kaplan: Die Geschichte der Null, S. 72. Kaplan beruft sich dabei auf den Erfinder und Mathematiker Heron von Alexandria, der zur Herstellung der ersten Dampfmaschine dieses Aufschreibesystem benutzte.

104 Ebd., S. 81.

Raum, in dem jede Position in Bezug zum Horizont und zum Projektionsstrahl als Achsen und zum Fluchtpunkt als Ausgangspunkt der Koordinaten, bezeichnet werden kann.“[105]

Die engen Verbindungen zwischen Punkt und Null im neu geordneten räumlichen Sehen verdeutlichen dabei zunehmend die Parallelen zwischen der Geometrie und Arithmetik. Dabei erfährt der Punkt als Nullstelle im Bild, im Raster oder in Blickvorrichtungen eine Nobilitierung. Doch weil die Eigenschaften der Null und des Fluchtpunkts im euklidischen Sinne die Linien an einen Punkt binden, braucht es noch den entscheidenden theoretischen Schritt von Stevin, die Null und den Punkt mathematisch-geometrisch gleichzusetzen (vgl. 4.1). Erst dadurch kann im späten 16. Jahrhundert der räumlich-mathematische Horizont erweitert[106] und eine Brücke zwischen Arithmetik und geometrischer Welterzeugung geschlagen werden. Dazu schreibt Rotman pointiert:

„Man kann beobachten, dass der Fluchtpunkt wie eine visuelle Null funktioniert, die die Erzeugung einer Unendlichkeit perspektivischer Abbildungen erleichtert, ebenso wie die Null eine Unendlichkeit von Hindu-Ziffern erzeugt. Und genauso wie die Null zwischen zwei verschiedenen Subjektivitäten vermittelt – die den Wechsel vom gestischen zum graphischen Subjekt erleichtern – bietet der sich mehrdeutig zwischen seiner sprachlichen Bedeutung als internes Zeichen und seiner externen metasprachlichen Bedeutung verhaltende Fluchtpunkt dem Betrachter die Möglichkeit an, mittels eines Gedankenexperiments zeitweise zum Künstler zu werden.“[107]

Im Traktat *Perspective* von Johan Vredeman de Vries aus dem Jahr 1604 (vgl. 4.5.3)[108] lässt sich die von Rotman beschriebene Metaebene des perspektivischen Fluchtpunkts exemplarisch am Bild erläutern (Abb. 5|12): In einem perspektivisch konstruierten Raum sind vier geöffnete Fenster, drei geöffnete Türen sowie drei Bildfiguren dargestellt. Die drei Figuren sind durch mehrere Punktlinien miteinander verbunden. Besonders bemerkenswert an diesem Bild ist, dass der Punkt sowohl als Augenpunkt der mittleren Bildfigur als auch als perspektivischer Fluchtpunkt fungiert und deshalb „[w]ie die Null, [...] eine spezifische Doppelrolle [besitzt]“[109]. Außerdem zeigt sich in diesem Beispiel, dass mehrere Punktlinien im Bild wie Seh-

105 Rotman: Die Null und das Nichts, S. 44.

106 „Die Null sei der korrekte Ursprung der Zahl, der ‚wahre und natürliche Anfang‘. Ebenso wie der Punkt in der Geometrie die Linie generiert, so führt die Null, die er poinct de nomhre nennen wollte, zur Entstehung der Zahlen.“ (ebd., S. 60).

107 Ebd., S. 47.

108 Vredeman de Vries, Johan: Perspective. Leiden 1604. Vgl. 4.4.3.

109 Ebd., S. 46.

strahlen konzipiert sind, die in alle Richtungen des Raumes verlaufen. Laut Rotman geben diese Linien dem Bildbetrachter eine Orientierung und Anleitung, das Bild „vom ‚Sichtpunkt‘ des Künstlers aus“[110] zu rezipieren. Allerdings bleibt Rotman mit dieser Beobachtung zur Funktion der Punktlinien stehen. Dabei ist es bedenkenswert, dass aus dem Flucht- und Augenpunkt keine beliebige Linienform, sondern eben die spezifische der Punktlinie hervorgeht.

Die Funktion der Punktlinie im Bild von Vredeman de Vries (Abb. 5|12) ist vor diesem Hintergrund noch einmal differenzierter zu betrachten: Tatsächlich operiert im Bild nicht die Null als Brücke zwischen Fluchtpunkt und Bildebene, dem geometralen und dem realen Bildraum sowie den Zahlen und den Koordinatenachsen.[111] Vielmehr gehen aus dem Fluchtpunkt im Bild, der gleichzeitig geometrische Nullstelle ist, mehrere Punktlinien hervor. Diese spezifische Linienform verkörpert deshalb in ihrer Form das Konzept der Null im Sinne der sichtbaren Leerstelle. Denn mit den Punktlinien, die aus dem Nullpunkt der Zeichenkonstruktion hervorgehen, wird dem Rezipienten mehr als eine Hilfs- oder Konstruktionsebene des Bildes angezeigt. Punktlinien sind sowohl in diesem Bild als auch grundsätzlich als Zeichen des ‚sichtbaren Unsichtbaren‘ im geometrischen Raum zu verstehen. In Analogie zur doppelten Zeichennatur der Null im Sinne Kaplans könnte man deshalb auch bei der Punktlinie von einem ‚Zeichen der Leere‘ oder ‚leeren Zeichen‘ reden.[112]

Punktlinien vereinen in ihrer geometrischen Gestalt die Eigenschaften des Punktes und der Null. Sie operieren damit analog zu der Null als Metazeichen und sind in ihrer Funktion als Gelenkstelle einzuschätzen, die den geometralen und realen Raum definieren.

Ruft man sich nun noch einmal die Worte Browns ins Gedächtnis, tritt die Funktion der Punktlinie deutlicher hervor:

> „In jeder Art von Mathematik wird auf einer bestimmten Stufe offensichtlich, dass wir einige Zeit eine Regel befolgt haben, ohne uns dessen bewusst zu sein. Das könnte beschrieben werden als Verwendung einer versteckten Vereinbarung.“[113]

Die versteckte Vereinbarung, die es in diesem Fall zu entdecken gilt, ist eine geometrische. Sie wird sichtbar in einer Linienform aus Punkten und Leerräumen und

110 Rotman: Die Null und das Nichts, S. 47.

111 Hierfür spricht auch, dass die Null unter den Zahlen im Bild bei de Vries überhaupt keine Erwähnung findet und natürlich auch die Gleichsetzung von Fluchtpunkt und Null ein unsichtbares Gedankenkonstrukt ist.

112 Kaplan: Die Geschichte der Null, S. 56.

113 Brown: Laws of Form, S. 74.

etabliert sich in einer Zeit, die geprägt ist von der Erfindung des Buchdrucks, der perspektivischen Bildkonstruktion und Blickinstrumenten. Flankiert wird diese Entwicklung von neuen Erkenntnissen der mathematischen Wissenschaften, die sich in der Vereinigung von Arithmetik und Geometrie widerspiegeln. Neue Größen wie die Null, der Fluchtpunkt und der koordinierte geometrale Raum beeinflussen dabei sowohl das wissenschaftliche Denken als auch die Gestaltung diagrammatischer Formen.[114] Als eine diagrammatische Essenz dieser Neuausrichtung in den Wissenschaften kann dabei die Punktlinie verstanden werden. Ihre Ausbreitung ab dem Ende des 16. bis zur Mitte des 17. Jahrhunderts spiegelt zugleich ein verändertes Verständnis von Wissenspraktiken wider.

Ferner deutet die Analyse darauf hin, dass die Form der Punktlinie bereits vor der Entwicklung einer Verbindung aus Geometrie und Arithmetik bekannt war und ihre Form selbst zu dieser Assoziation beigetragen haben könnte. Die operationalen Funktionen der Punktlinie wären damit als ein Beitrag einzuschätzen, den diagrammatischen Denk- und Bildraum in der Frühen Neuzeit zu erweitern. Um diese These zu untermauern, soll im Folgenden die signifikante Doppelrolle der Punktlinie profiliert werden, gleichzeitig Prozesse der Wahrnehmung und Abbildung zu visualisieren.

5.6 PROZESSE ABBILDEN MIT DESCARTES' PUNKTLINIEN

Für Descartes ist die Punktlinie zur Erklärung der menschlichen Wahrnehmung im sichtbaren Bereich (vgl. 4.3) und auch für die inneren Prozesse von enormer Wichtigkeit. Grundsätzlich basiert sein Wahrnehmungskonzept auf der Annahme, dass wir zwar „das Licht einer Fackel sehen oder den Ton einer Glocke hören können“ und diese „zwei verschiedene Empfindungen geben,“ jedoch könnten „wir nur die Bewegungen empfinden, die von ihnen ausgehen“[115]. Ursache für alle Bewegungen sieht er in den sogenannten Lebensgeistern. Dabei räumt er ein, dass man im Allgemeinen nicht weiß, „in welcher Weise diese Lebensgeister und die Nerven zur Bewegung und den Sinnesempfindungen beitragen, noch worin das

114 Die zweidimensionale Anordnung von Punkten innerhalb eines durch eine Abszissen- und Ordinatenachse gegliederten Raumes wurde durch Descartes entwickelt (Krämer: ‚Leerstellen-Produktivität‘, S. 514). Siehe auch: Rotman: Die Null und das Nichts, S. 32.

115 Descartes, René: Die Leidenschaften der Seele. Französisch – deutsch. Hrsg. u. übersetzt v. Klaus Hambacher. Hamburg 1996, S. 41.

körperliche Prinzip besteht, durch das sie wirksam sind"[116]. Zugleich bietet er eine Vorstellung davon an, wie man sich die anatomischen Strukturen vorzustellen habe, in denen diese Prozesse stattfinden. Lebensgeister befinden sich demnach im Blut, als „diejenigen seiner Teile, die am stärksten in Unruhe und am feinsten sind"[117]. Von ihnen werden alle Bewegungen gesteuert, wie Descartes am Beispiel von Muskelfunktionen ausführt: Es sei nicht so,

> „als ob die vom Hirn unmittelbar kommenden Lebensgeister allein hinreichend wären, die Muskeln zu bewegen, aber sie bestimmen die anderen Geister, die bereits in diesen beiden Muskeln sind, blitzschnell den Muskel zu verlassen [...]"[118].

Von der Gestalt der Lebensgeister entwirft Descartes hingegen nur eine vage Vorstellung: „Sie haben keine andere Eigentümlichkeit, als dass sie sehr kleine Körper sind, die sich schnell bewegen"[119]. Für die grafische Umsetzung der Lebensgeister bietet sich als kleinstes geometrisches Element der Punkt an und für die Bewegung das Konzept einer Linie. Descartes entscheidet sich deshalb für die Form der Punktlinie, die sowohl das Konzept der Kleinstteilchen als auch die Bewegung veranschaulicht. Neben den bereits gezeigten Beispielen aus der *Dioptrique* (vgl. 4.3) wird dies besonders in *De Homine*[120] deutlich.

---

116 Ebd., S. 15.

117 Ebd., S. 19.

118 Ebd., S. 20. Es ist hilfreich zu wissen, dass Descartes' Lebensgeister oder spiritus animales letztlich auf die Lehren Galens zurückgehen. Danach gab es den dampfartigen spiritus naturalis, der in der Leber gebildet wird und im Herzen zum spiritus vitalis umgewandelt wird. Im Gehirn verwandelt sich dieser in den feinsten der drei – in den spiritus animalis, der dort der Bewegung und Empfindung dient. (Rothschuh, Karl: Einführung. Die Rolle der Physiologie im Denken von Descartes. In: Ders. (Hgg.): René Descartes Über den Menschen (1632) sowie Beschreibung des menschlichen Körpers (1648). Nach der ersten französischen Ausgabe von 1664 übersetzt und mit einer historischen Einleitung und Anmerkung versehen. Heidelberg 1969, S. 11 – 27, hier: S. 54, FN 52). „Descartes reduziert ihre Zahl auf eine einzige, die Spiritus animalis. Sie werden vom Gehirn nicht erzeugt, sondern dort über die allerfeinsten Poren aus den Blutgefäßen herausgedrückt" (ebd.).

119 Descartes: Die Leidenschaften der Seele, S. 19.

120 *De homine* zählt zu Descartes' posthum veröffentlichten Schriften (Descartes: De Homine, Leffen 1664). Das Manuskript dazu wurde jedoch bereits 1632 fertiggestellt (vgl. Martensen, Robert L.: The Brain Takes Shape. An Early History. New York 2004, S. 54). *De homine* ist zuerst in lateinischer Fassung (1662) und danach in französischer Sprache als *L'homme* (1664) erschienen. Dazu genauer Descartes: Über den Menschen

Eine der heute bekanntesten Abbildungen daraus illustriert die zentrale Anordnung der von Descartes erdachten Zirbeldrüse[121] im menschlichen Gehirn sowie die von ihr ausgehende Steuerung der Augen und des Muskelapparates (Abb. 5|15): Im Halbseitenprofil ist auf der linken Bildseite eine bis zur Körpermitte dargestellte Figur zu erkennen. Sie hat aufgestecktes Haar und ist mit einer Tunika bekleidet. Außer den Umrissen von Kopf, Oberkörper und rechtem Arm fallen sofort die beiden schematisch dargestellten Augen auf, die über das Gesicht der Figur gelegt wurden und damit abweichend von der Darstellung im Halbseitenprofil angeordnet sind. Die beiden vollständig sichtbaren Augenkörper sind mit aufgefächerten Sehnerven dargestellt, und an ihren Enden wird durch geometrische Linien eine Verbindung zur tropfenförmigen Zirbeldrüse hergestellt.

Auf der rechten Bildseite und gewissermaßen außerhalb des Körpers kreuzen sich die von den Augen ausgehenden geometrischen Linien. Sie verlaufen auf einen nach oben gerichteten Pfeil zu, der mit den Buchstaben A, B und C beschriftet ist. Diese kreuzenden Linien veranschaulichen die Brechungsgesetze der Optik und sind in ihrer Funktion bereits aus dem Exkurs zu Descartes' *Dioptrique* bekannt (vgl. 4.3).

Die unnatürliche Darstellungsweise der beiden Augen im Halbseitenprofil macht auf einen Blick sichtbar, dass es sich um eine anatomisch-schematisierte Abbildung der inneren Strukturen des Gehirns und Sehapparates handelt. Unterstützt wird dieser Eindruck durch einen angedeuteten Oberarmmuskel, dessen Fasern und Ansätze ebenfalls der natürlichen Darstellung der Bildfigur widersprechen. Augen und Muskel stechen also deutlich im Bild hervor und eröffnen dem Betrachter die Einsicht in die inneren Strukturen des Menschen.

Besonders interessant sind nun die verschiedenen Verbindungen im Bild, die sowohl die anatomischen Strukturen innerhalb der Bildfigur als auch die äußeren Bildanteile tangieren. So wird etwa beim Muskel durch eine durchgezogene Linie und doppelte Punktlinien eine direkte Verbindung zur zentralen Hirnstruktur der Zirbeldrüse hergestellt. Ebenso durch Punktlinien entsteht eine Verknüpfung zwischen ausgestrecktem Zeigefinger und abgebildetem Pfeil. Dieses Anzeigen offenbart noch weitere wichtige Details. So zeigt sich, dass durch den erhobenen Zeigefinger nicht nur die Blickrichtung des Betrachters gelenkt werden soll. Zugleich wird damit ein zeitlicher Ablauf dargestellt, der sich aus der Wiederholung des Umrisses des rechten Arms ab dem unteren Drittel des Oberarms ergibt. Diese Dopplung wird durch Punktlinien erzeugt. Der Effekt ist dabei, dass derselbe Arm mit einer leichten Verschiebung gleichzeitig zweimal sichtbar wird. Der punktierte

(1632) sowie Descartes: Beschreibung des menschlichen Körpers (1648), Heidelberg 1969.

121 Wie wir heute wissen, beschreibt Descartes damit eine nicht vorhandene Hirnstruktur.

Umriss kann dabei als die vergangene oder die zukünftige Bewegung verstanden werden.

Vor diesem Hintergrund wird auch die Funktion der doppelten Punktlinie zwischen Oberarm und Zirbeldrüse erklärbar. Auch sie zeigt eine Bewegung im Bild an, die sich allerdings auf den Muskel des Oberarms bezieht. Dass es sich dabei um eine Muskelbewegung handelt, ist besonders aufschlussreich. Denn damit wird noch einmal deutlich, dass es eindeutig um eine körperliche Bewegung und in jedem Fall räumliche Veränderung geht. Ähnliche operationale Zusammenhänge zur Punktlinie deuteten sich bereits in Descartes' Bildkonzept in der *Dioptrique* an (vgl. 4.3). Allerdings blieb dabei für die Deutung von punktierten Lichtstrahlen, die auch zur Darstellung der Reizweiterleitung verwendet werden (Abb. 5|16 u. 5|17), stets eine metaphysische Komponente erhalten, die nun in den Darstellungen zur menschlichen Physiologie ausgeklammert werden können.

Fasst man die angestellten Beobachtungen am Bildbeispiel zusammen, so zeigt sich, dass gleich in vierfacher Hinsicht eine gezielte Aufmerksamkeitssteuerung erfolgt: erstens durch die Blickrichtung der Augen, die zusätzlich durch die Linienführung unterstützt wird; zweitens durch den paradigmatischen Gestus der Deixis. Drittens wird die Blickbewegung durch die Punktlinie gelenkt, und jeder Zweifel an einer möglichen Abweichung auf den Zielpunkt ausgeräumt. Die Punktlinie fixiert dabei einen festen Punkt B und wird trotzdem durch ihre Form als dynamisch wahrgenommen. Viertens ist der Pfeil selbst auf den oberen rechten Rand gerichtet.

Die vielleicht wichtigste Beobachtung ist jedoch, dass der Prozess des Zeigens im Bild durch eine Punktlinie erzeugt wird. Dabei wird außerdem im Vergleich zu Darstellungen der Sehstrahlen in der *Dioptrique* eine Inkonsistenz sichtbar (vgl. Abb. 4|6 mit Abb. 5|15). Denn während in der *Dioptrique* die Sehstrahlen noch als Punktlinien dargestellt werden, lässt sich dies in *De Homine* nicht beobachten. Diese Abweichung deutet darauf hin, dass weitere Punktlinien in diesem Bild von der Aufgabe ablenken würden, die Bewegung des Armes anzuzeigen. Auch für die Blickführung durch die Verlängerung des Zeigefingers wären weitere Punktlinien eher störend. Unterstützt werden diese Überlegungen, wenn man die Abbildung mit anderen vergleicht.

Die insgesamt 85 Abbildungen122 im Traktat *De Homine* sind sechs Themenbereichen zugeordnet: Herz- und Herzkreislaufsystem (2), Nerven (6), Gehirn und Nerven (8), Visus (16), Zirbeldrüse (14) sowie Nerven und Nervengeflecht (12).[123] Ein thematischer Schwerpunkt lässt sich danach allein bezogen auf die Abbildungen zur

122 Einige der Abbildungen wiederholen sich.

123 Vgl. Martensen: The Brain Takes Shape, S. 62.

Zirbeldrüse[124] ausmachen. In dieser zentralen Hirnstruktur meint Descartes den Sitz der Seele, aber auch der Wahrnehmung gefunden zu haben. Besonders häufig wird sie deshalb mit den Sinnesorganen durch Punktlinien verbunden. Robert Martensen führt dazu aus:

„Often Descartes presented the pineal-eye-light relationship in terms of an external object with straight dotted lines extending from its edges to an eye with its lens, where the lines refracted and entered a curving tube of lines described in the text as the optic nerve.“[125]

Martensens Beobachtung ist insofern hilfreich, als dadurch bereits das Punktlinien-Phänomen beschrieben wird. Einige Hinweise auf ihre Funktion finden sich zudem bei Descartes selbst. So beschreibt er in seiner Schrift *Die Leidenschaften der Seele* (1649), wie sich die Eindrücke der Gegenstände in der Zirbeldrüse *punktweise* in der Mitte des Gehirns vereinigen:

„Wenn wir zum Beispiel ein Tier auf uns zukommen sehen, malt das Licht, das von seinem Körper reflektiert wird, zwei Bilder von ihm, eines in jedem unserer Augen. Diese beiden Bilder bilden davon zwei weitere mittels der optischen Nerven auf der Innenwand des Gehirns ab. Von da aus strahlen diese Bilder durch Vermittlung der Lebensgeister, von denen diese Kammern erfüllt sind, derart gegen die kleine Drüse, welche von Lebensgeistern umgeben ist, dass die Bewegung, die jeden Punkt von einem dieser Bilder darstellt, auf denselben Punkt der Drüse zielt, den die Bewegung, die den Punkt des anderen Bildes wiedergibt, anzielt, und so denselben Teil des Tieres darstellt. Dadurch bilden die beiden Bilder im Hirn nur ein einziges auf der Drüse ab, das unmittelbar auf die Seele einwirkt und sie die Gestalt des Tieres sehen lässt.“[126]

Damit kehren wir zurück zu Descartes' Konzept der Kleinstteilchen, die als Sinnbild für alle Bewegungen zu verstehen sind. Folgt man nämlich der zitierten Überlegung, dann müssten diese Teilchen oder Lebensgeister beispielsweise durch die Augen zur Zirbeldrüse transportiert werden können. „[E]inige andere [dringen]

124 Descartes schreibt zur Begründung seiner Annahme einer zentralen Struktur wie der Zirbeldrüse: „Damit wir also nur einen einzigen und einfachen Gedanken von der gleichen Sache und zur gleichen Zeit haben, ist es notwendig, dass es eine Stelle gibt, wo die zwei Bilder die von einem einzigen Gegenstand durch die doppelten Organe der anderen Sinne kommen, sich zu einem verbinden können, bevor sie zur Seele gelangen, damit sie dieser nicht zwei anstatt einem Bild darbieten.“ (Descartes: Die Leidenschaften der Seele, S. 55). Genauer zur Funktion und Sitz dieser Drüse: Ebd., S. 53f.

125 Martensen: The Brain Takes Shape, S. 62.

126 Descartes: Die Leidenschaften der Seele, S. 59.

durch die Poren [...]. Diese Poren führen sie in die Nerven und von da in die Muskeln, mittels derer sie den Körper in all' den verschiedenen Weisen bewegen"[127]. Der Transport dieser Lebensgeister wird nun jedoch bezogen auf den Visus (Abb. 5|14) nicht punktiert dargestellt. Allerdings zeigt sich bei genauerer Betrachtung, dass durch schmale Punktlinien eine zeitliche Dimension zwischen der Verbindung aus Zirbeldrüse und Nervenenden am Oberarm erzeugt wird.

Zusammengefasst werden also zwei Dinge für die Punktlinie im cartesianischen Bildkonzept deutlich: Bewegung ist an jeden einzelnen Bildpunkt geknüpft, und die Bildübertragung erfolgt punktweise. Dies deckt sich auch mit Keplers Überlegung, dass beim Netzhautbild ein Gegenstandspunkt je einem Bildpunkt entspricht.[128] Keine andere Form könnte die von Descartes beschriebene Übertragung deshalb treffender wiedergeben als eine Reihe von winzigen Punkten, die nacheinander auf die Hirnstruktur einwirken und durch die Poren, Punkt für Punkt, Bild für Bild an die Zirbeldrüse übertragen.

5.7 ZUSAMMENFASSUNG: FÜNFTES KAPITEL

Immer häufiger werden ab dem 16. Jahrhundert in den Wissenschaften abstrakte Vorgänge und komplizierte Prozesse mit Hilfe diagrammatischer Bilder dargestellt.[129] Ihre Gestaltung und Formfindung wird entscheidend durch die maschinelle Druckerzeugung und das gerasterte, instrumentelle Sehen beeinflusst. Für Steffen Siegel führt diese Entwicklung zu einer Diagrammatisierung der Welt, denn

> „[e]in nach Regeln der Zentralperspektive aufgebautes ‚Bild' kann hinsichtlich seiner Konstruktionsprinzipien immer auch als Diagramm angeschaut werden. Es ist das Bild einer räumlichen Welt und zugleich die diagrammatische Darlegung optischer Regeln, die in der fiktiven wie in der wirklichen Welt gelten sollen."[130]

Für das Verständnis einer Entwicklung dieser Art ist, wie schon der Physiker und Philosoph Ernst Mach beschrieben hat, eine ‚künstliche Naivität' oder ein „Sich-dumm-Stellen" erforderlich, um dabei auf die basalen „drucktechnischen Trivialitäten zu achten, als wäre da nichts außer ihnen"[131].

---

127 Ebd., S. 19.

128 Dazu genauer Rothschuh: Einführung, S. 59, FN 81.

129 Als einer der prominentesten Vertreter dieser Kunst in der Frühen Neuzeit gilt Athanasius Kircher (vgl. Godwin: Athanasius Kircher, S. 5).

130 Bogen: Schattenriss und Sonnenuhr, S. 171.

131 Sommer: Von der Bildfläche, S. 30.

Unter dieser Prämisse bringen die Exkurse zur drucktechnischen Herstellung von Punktlinien (5.3.1 u. 5.3.2) die besonderen Produktionsbedingungen von Linien plastisch zur Geltung. Denn eine Rückführung der Bilder auf das Aufeinandertreffen von Werkzeug, Farbe Apparat und Papier, auf die intermittierende Bewegung des Auf- und Absetzens eines Grabstichels, auf das unablässige Wiederkehren der Hand zum Blatt bis zum Hervortreten einer Form als Druckerschwärze schärft den Blick für technische Bedingtheiten und lässt die Motive als Bildinhalte in den Hintergrund treten. Dadurch stehen nicht länger die erdachten, mitunter fantastischen Gedankenexperimente im Vordergrund, sondern vielmehr ihre technischen Bedingungen, die über Gestalt und Form der Abbildungen und damit der „Wissensobjekte"[132] mitbestimmen. Dies wird besonders deutlich an der Einführung von Sehapparaten und neuen Bildtechniken. Beinahe alle Formen der sichtbaren Welt können nun den Regeln der Perspektiv- und Drucktechnik in einen geometralen Raum überführt und reproduziert werden. Insbesondere die punktweise Rasterübertragung spielt dabei für die Diagramme in frühen Holzschnitten und Kupferstichen eine determinierende Rolle. Denn die Zergliederung der Figuren in Punkte führt sowohl technisch als auch bildlich zu einer extremen Zergliederung und Verkürzung der Bildinhalte.[133] In den Wissenschaften der Frühen Neuzeit wird deshalb auch das Sehen allgemein wie der Blick durch eine Matrix verstanden.[134] Jede gezogene Linie innerhalb dieses Rasters entspricht dabei einer geometrischen Figur, die sich aus der Verbindung einzelner Punkte erzeugen lässt. Der Künstler übernimmt damit die Rolle eines Holzschneiders oder Kupferstechers, da er nun nicht mehr mit dem Stift oder Pinsel Sichtbares auf Papier oder Leinwand bringen muss, sondern vielmehr in Punkte umzuwandeln verstehen sollte. Eine solche Erschließung der Bildinhalte und ihre Übertragung in die gängigen Reproduktionsverfahren kann deshalb auch als Fragmentarisierung der Bilder[135] bezeichnet werden (Abb. 5|14).

Aus diesem Blickwinkel betrachtet, nimmt auch die mediale Bedingtheit der Punktlinie Konturen an. Entscheidend für ihr vieldeutiges Ausdrucksvermögen ist ihre Form, welche die konstituierenden Eigenschaften eines analogen drucktechnischen Codes widerspiegelt. Dabei wird allein zwischen den Informationen ‚Farbauftrag' und ‚kein Farbauftrag' unterschieden (vgl. 4.3 u. 5.1). Dieses Prinzip

132 Vgl. Rheinberger: Experimentalsysteme und epistemische Dinge, S. 27.

133 Dieses Konzept entspricht Dürers Aufteilung des Sichtbaren durch eine instrumentell erzeugte Rasterung des Raumes (vgl. 2.3).

134 Es besteht der Konsens darüber, dass die Formen des perspektivischen Sehens immer in einem Raster angeordnet und vor dem Hintergrund eines solchen zu verstehen sind (vgl. Bernhard Siegert: (Nicht) Am Ort. Zum Raster als Kulturtechnik. Weimar 2003, S. 95).

135 Kittler: Optische Medien, S. 64. Vgl. 5.6.

ließe sich vereinfacht mit den Zahlen 1 und 0 abbilden.[136] Eine binäre, fortwährende Unterscheidung zwischen Punkt und Kein-Punkt, 0 und 1 kündet von einem neuen, digitalen[137] Zeitalter.[138]

---

136 Führt man diese Analogie weiter und bezieht sie auf die Interpretation der südamerikanischen Knotenschnüre (vgl. 2.3), so wären auch diese an eine lineare Schreib- und Leserichtung gebunden. Eine umgekehrte Abfolge der Werte würde den Inhalt des Codes komplett verändern. Diese Beobachtung gilt jedoch nicht für Punktlinien. Punktlinien zeichnen sich in ihrer Gleichförmigkeit dadurch aus, dass sie zwischen Punkt und Leerstelle nicht variieren können. Ihre Abfolge ist stets gleich und kann deshalb auch als ambigrafisch verstanden werden. Im Gegensatz zu den Parallelen zwischen der linearen Anordnung von Null und Eins oder Knoten und keinem Knoten ist damit für Punktlinien eine andere Ordnung der Zeichen festzuhalten. Vor dem Hintergrund differenzierter Leserichtungen unterschiedlicher Kulturen tritt die Umkehrbarkeit ihrer ‚Lesbarkeit' als eine universale Eigenschaft hervor. Zugleich handelt es sich nicht wie bei den Knotenschnüren und Zahlencodes um eine eigene Form der sprachlichen Codierung, da die Kombinationsmöglichkeiten dieser Linienform sehr begrenzt sind. Komplexere Informationswerte können mit dem Punktlinienkonzept nicht verschlüsselt und übertragen werden.

137 Ausführlich zum Begriff des Digitalen: Lemke, Martin / Breidenmoser, Tobias / Drack, Manfred / Engler, Finn Ole: Klassifikation von wissenschaftlichen Darstellungen. In: Liebsch, Dimitri / Mößner, Nicola (Hgg.): Visualisierung und Erkenntnis. Bildverstehen und Bildverwenden in Natur- und Geisteswissenschaften. Köln 2012, S. 178 – 206, hier: bes. S. 196f.

138 Mit dieser Überlegung wird der digitale Code des 20. Jahrhunderts für die Frühe Neuzeit plötzlich zum Greifen nahe und bleibt allein aufgrund der technischen Bedingungen unerreichbar. Zur Entwicklung des ersten digitalen Codes siehe: Schröter, Jens: Analog / Digital – Opposition oder Kontinuum? In: Ders. / Alexander Böhnke (Hgg.): Analog / Digital – Opposition oder Kontinuum? Zur Theorie und Geschichte einer Unterscheidung. Bielefeld 2004, S. 7 – 30, hier: S. 10. Werner Künzel und Peter Bexte sehen gerade deshalb im Barock das frühe Zeitalter des Computers, in dem es bereits darum ging, Zeichenprozesse zu codieren und durch Maschinen lesbar zu machen (Künzel, Werner / Bexte, Peter: Allwissen und Absturz. Der Ursprung des Computers. Frankfurt am Main, Leipzig 1993, S. 13f). „Die universale Turing-Maschine ist verkörperte Erinnerung an das siebzehnte Jahrhundert." (Ebd., S. 12). Die von Martina Heßler ausgeführte doppelte Unsichtbarkeit digitaler Bilder gibt einen Überblick zur Frage nach den analogen und digitalen Bildern, aber auch zur derzeitigen Forschungslage (Heßler, Martina. Von der doppelten Unsichtbarkeit digitaler Bilder. In: Online-Journal Zeitenblicke. 5:3 (2006). Online: http://www.zeitenblicke.de/2006/3/Hessler/index_html Stand: 11.01.2017).

Eine theoretische Reflektion über die Auflösung des Sichtbaren in die kleinsten denkbaren Formen findet im 17. Jahrhundert verstärkt bei Descartes statt (vgl. 5.6 u. 5.7). Leonard und Felfe fassen die zentrale Beobachtung zusammen: „Die entscheidende cartesische Annahme besteht darin, die Welt lasse sich punktuell zerlegen und dadurch relationslogisch abbilden.“[139] Die kartesianischen Kleinstteilchen werden dementsprechend bildlich in Punkte übersetzt. Doch auch für die Darstellung physiologischer Vorgänge der Wahrnehmung und Bewegung kommen Punkte zum Einsatz. Allerdings werden diese Prozesse dann durch Punktlinien dargestellt. Aktionen des Denkens, der Übergang vom Sichtbaren zum Unsichtbaren, die Grenzen des Wissens und oft auch nur die bloße Andeutung einer weiteren Dimension finden dabei in dieser neuen Linienform ihre Gestalt.

Neben den Punkt als kleinsten gemeinsamen Nenner zwischen Arithmetik und Geometrie tritt somit zusätzlich eine neue Linienform. So zeigt sich etwa im betrachteten Bildbeispiel von de Vries (Abb. 5|12), dass nicht nur Flucht- und Augenpunkt miteinander verschmelzen können. Denn aus beiden gehen auch Sehstrahlen und Konstruktionslinien in Gestalt von Punktlinien hervor.

Deutlicher als bisher erklären sich damit aus der Form zentrale Eigenschaften. Einerseits basiert die Punktlinie auf dem Punkt. Gleichzeitig ist als ihr zweiter Formanteil und nicht minder konstituierendes Merkmal der Leerraum zu beachten. Denn jede Punktlinie beinhaltet neben der Form des Punktes immer auch Auslassungen, die Leerstellen oder auch Leerzeichen, die anstelle weiterer Punkte in ihr sichtbar werden (vgl. 5.4). Die besonderen Doppelfunktionen von Leerräumen als autarke Zeichen der Schrift und als Steuerungszeichen wie bei den Auslassungspunkten, weisen dabei auf Eigenschaften hin, die auch Punktlinien zugesprochen werden können. So wie durchgezogene Linien eine andere Wirkung als Punktlinien haben, wirken textuelle Unterbrechungen, etwa nach einem Wort, anders als gezielte Setzungen von Leerzeichen, etwa durch Auslassungszeichen. Letztere werden nicht als Einschnitte im Text gewertet. Vielmehr schieben sich diese Zeichen zwischen das Narrativ und können damit das eigentlich Erzählte selbst darstellen.[140] Ganz ähnlich operieren Punktlinien in diagrammatischen Darstellungen, indem sie im Gegensatz zu durchgezogenen Linien die Formen nicht unterbrechen, sondern zwischen den sichtbaren Strukturen eine erweiterte Dimension oder Verbindung erzeugen können.

---

139 Leonhard / Felfe: Lochmuster und Linienspiel, Berlin 2006, S. 34.

140 Jehle: Abschweifungen, S. 75, Siehe auch Ginzburg, Carlo: A Search for Origins: Rereading Tristram Shandy. In: Ders. (Hg.): No Island is an Island. Four Clances at English Literature in a World Perspective. Einleitung übersetzt v. John Tedeschi. New York 2000, S. 43 – 69, hier: S. 48.

Aus der Funktion der Zeichen erklärt, zeichnen sich zudem Parallelen zwischen Leerzeichen und dem mathematischen Konzept der Null ab (vgl. 5.5). Denn obwohl es sich bei der Null um ein mathematisches Zeichen handelt, bleiben die Eigenschaften eines Leerzeichens hier dieselben. Allerdings, und das ist die eigentliche Pointe, wird das Leerzeichen Null grafisch als Punkt übersetzt. Die Punktlinie ist deshalb durch die angezeigten Leerstellen zwischen den Punkten sowie durch den Punkt als definiertes Zeichen für die Null in doppelter Hinsicht als eine Form zu verstehen, die sich aus den Eigenschaften der angezeigten Leerstelle im geometralen Raum begründen lässt.

Diese Beobachtung erklärt auch, warum Punktlinien ab der Mitte des 17. Jahrhunderts in wissenschaftlichen Traktaten eine Etablierung erfahren. Förderlich für diese Entwicklung sind dafür sicherlich neue Drucktechniken, die eine derartige Formenherstellung vereinfachen. Entscheidend aber bleibt der Zeitpunkt, an dem die wissenschaftliche Übereinkunft getroffen wird, den Punkt und die Null gleichzusetzen. Denn der Schritt zur arithmetischen Geometrie mündet nicht nur grafisch im cartesianischen Koordinatensystem, sondern letztlich auch in der Punktlinie als neue Linienform.

Etwa zeitgleich mit der Gleichsetzung von Punkt und Null sowie mit der Entwicklung des *kartesischen Koordinatensystems*[141] etabliert sich deshalb die Punktlinie nicht zufällig. Vielmehr ist sie als ein Kind der arithmetischen Geometrie zu verstehen (vgl. 5.5 u. 5.7) und zudem als Index für die Fragmentierung der sichtbaren Welt. Die Punktlinie, verstanden als Indikator für eine Zeit des wissenschaftlichen Umbruchs und als Prozessanzeiger im Bild, soll im folgenden sechsten Kapitel als ein nützliches Analyseinstrument besonders für Kunsthistoriker und Kulturwissenschaftler herausgestellt werden.

141 In einem durch Koordinatenachsen erzeugten zweidimensionalen Raum kann jede geometrische Form durch Punkte und Zahlen definiert und nachvollziehbar dargestellt und berechnet werden. Vorläufer dieser topografischen Rasterung finden sich bereits in geografischem Kartenmaterial des 15. Jahrhunderts (vgl. Schäffner: Topologie der Medien, S. 85). So lässt sich beispielsweise ein Quadrat durch vier Punkte im Raum definieren, die zugleich acht Zahlenwerten auf den Koordinatenachsen entsprechen. Eine Punktlinie innerhalb eines solchen Koordinatensystems muss demnach nicht unbedingt als Figur im Sinne einer Linie zu verstehen sein, sondern könnte auch als die Beschreibung eines Linienverlaufs oder Anteil einer Figur gedeutet werden. Denn erst die Verbindung einzelner Punkte erzeugt die geometrische Figur, so dass die Punktlinie auch als Vorform oder als Zwischenschritt zur eigentlichen geometrischen Gestalt denkbar ist.

6 Operationalität – Punktlinien in Wissenschaft und Kunst

Der Philosoph Ernst Cassirer hat in den Jahren von 1920 bis 1925 den Terminus der *symbolischen Form* geprägt, mit dem eine eigene Philosophie und Wissenschaftstheorie einhergeht. Diese beruht, vereinfacht gesagt, auf dem Gedanken, dass zwischen Objektivität und Subjektivität im menschlichen Denken eine Brechung stattfindet. Die ‚wirkliche' Welt und dem, was unsere Wahrnehmung und unser Denken in ihr erkennen und in Formen übersetzen, seien danach immer als *symbolische Formen* zu verstehen. Systeme der Zeichen- und Bedeutungsbildung sind dabei Mythos, Kunst, Sprachen und Erkenntnis. Diese sind auch selbst als Symbolsysteme zu verstehen, aber

> „nicht in dem Sinne, dass sie ein vorhandenes Wirkliches in der Form des Bildes, der hindeutenden und ausdeutenden Allegorie bezeichnen, sondern in dem Sinne, dass jedes von ihnen eine eigene Welt des Sinns schafft und aus sich hervorgehen lässt. [...] Die Frage, was das Seiende außerhalb dieser Formen der Sichtbarkeit und Sichtbarmachung sein und wie es beschaffen sein möge: diese Frage muss jetzt verstummen. Denn sichtbar ist für den Geist nur, was sich ihm in einer bestimmten Gestaltung darbietet; jede bestimmte Seinsgestalt entspringt aber erst in einer bestimmten Art und Weise des Sehens, in einer intellektuellen Form- und Sinngebung."[1]

Die gestaltete Welt ist also für Cassirer stets eine, die nur durch verfügbare Formen wahrnehmbar ist und in der das Sichtbare durch die gegebenen Referenzsysteme symbolischer Formen bestimmt wird. Der bedeutende Kunsthistoriker Erwin Panofsky hat aus dieser Theorie heraus die These entwickelt, die Zentralperspektive

1 Cassirer, Ernst: Sprache und Mythos. Leipzig 1925, S. 6f.

der Renaissance sei eine symbolische Form.[2] Obwohl Panofskys Ausführungen[3] dazu umstritten sind,[4] bietet seine Grundüberlegung einen interessanten Ansatz, um die epistemologische Dimension der Veränderungen wissenschaftlicher, technischer und wahrnehmungstheoretischer Paradigmen zu erfassen und vor dieser Folie die Ausprägung von Punktlinien und Etablierung zu reflektieren.

Wenn perspektivisches Sehen im Sinne von Cassirer als eine spezifische „Art und Weise des Sehens, in einer Form und Sinngebung"[5] verstanden werden kann, dann sind die darauf basierenden Formen, also auch zentralperspektivisch konstruierte Bilder, als symbolische Form zu interpretieren. Die Prägung dessen, was das menschliche Erkennen beeinflusst, steht für Panofsky in unmittelbarem Zusammenhang zu allen grundlegenden Neuerungen der sichtbaren Welt. Die Entdeckung der Zentralperspektive prägt deshalb nicht nur die Bildgestaltung der Frühen Neuzeit. Sie ist auch als symbolische Form zu verstehen, die, mit Cassirer gesagt, den ‚Brechungsindex' zwischen ‚wirklicher Welt' und menschlichem Wahrnehmen verändert[6] und Einfluss auf die Vorstellungen abstrakter Bildräume und auf Gestaltungsfragen der Geometrie nimmt.[7] Dieser Ansatz Cassirers eröffnet zudem einen vielversprechenden allgemeinen Zugriff auf die Operationalität geometrischer Formen, da damit die kontextuellen Deutungsebenen berücksichtigt werden. Die Konstituierung einer symbolischen Form wie der Zentralperspektive kann für Cassirer deshalb auch nur auf der Grundlage eines Umbruchs von bestehenden Ansichten er-

---

2 Panofsky, Erwin: Die Perspektive als symbolische Form. Vorträge der Bibliothek Warburg, 1924 – 1925 (Leipzig 1927). Neudruck in ‚Aufsätze zu Grundfragen der Kunstwissenschaft'. Hg. v. Hariolf Oberer und Egon Verheyen. Berlin 1964, S. 158 – 331.

3 Ebd., S. 260 – 271.

4 Dazu ausf.: Edgerton: Die Entdeckung der Zentralperspektive, Kap. XI, S. 139 – 148, bes. S. 139f. Panofsky sei „der Meinung, dass der euklidische Begriff des Sehwinkels bei den Alten den Glauben an ein gekrümmtes visuelles Sehfeld voraussetzt. Weil, in anderen Worten, die Griechen Größen nach dem Sehwinkel bemaßen, musste man sich diese Größe als auf eine sphärische Fläche – die konvexe vordere Oberfläche des Auges nämlich – projiziert gedacht haben. Panofsky nahm deshalb an, dass die antiken Künstler sich eines perspektivischen Schemas bedienten, dass auf der Projektion einer gekrümmten Fläche auf eine plane Bildebene basierte." (Ebd.).

5 Cassirer: Sprache und Mythos, S. 7.

6 Vgl. Edgerton: Die Entdeckung der Zentralperspektive, S. 141.

7 Zugespitzt formuliert, führt also eine neue *symbolische Form* im Sinne Cassirers und Panofskys zu einer Erweiterung des Bildwissens, das sich in Diagrammen konkret an geometrischen Bildanteilen aufzeigen lässt. Die Punktlinie ist darum als *geometrische Form* der Frühen Neuzeit zu verstehen, die erst im Kielwasser prägender medialer Veränderungen etabliert werden kann.

folgen. Ein solcher Umbruch vollzieht sich in der Frühen Neuzeit auf mehreren Ebenen und wird allgemein mit der kopernikanischen Wende umschrieben (vgl. Kap. 2 u. 4). Dieser grundlegende Wandel in den Wissenschaften der Frühen Neuzeit beinhaltet eine Erschütterung der bisherigen Mythen, Kunst, Sprachen und Erkenntnis. In diesem Zusammenhang ist es deshalb auch nicht übertrieben, von einer wissenschaftlichen (vgl. Kap. 4) und medialen Revolution (vgl. 5) zu sprechen, die eine gravierende Veränderung der Abbildungspräferenzen nach sich zieht.

Exemplarisch spiegelt sich dieser Wandel an neuen geometrischen Formen wie der Punktlinie wider.[8] Im sechsten Kapitel dieser Arbeit sollen deshalb die neuen operationalen Zusammenhänge im Gebrauch von Punktlinien anhand von medizinischen (6.1.1 – 6.1.4), kartografischen (6.2), militärischen (6.3) und auch künstlerischen (6.4) Bildbeispielen herausgearbeitet werden. Ein besonderer Schwerpunkt wird dabei auf Abbildungen der Medizin liegen, da in ihnen das differenzierte Ausmaß des Anwendungsspektrums sichtbar wird und an Bildbeispielen verdeutlicht werden kann.

6.1 PUNKTLINIEN IN DER MEDIZIN

Das Deuten und Erzeugen von Zeichen gehört zur Grundausbildung jedes medizinischen Berufes. Die Diagnostik, die das Sammeln und Auswerten von Symptomen umfasst, fungiert dabei zugleich als eine epistemische Schnittstelle zwischen Semiotik und Medizin. Symptome werden nicht nur gesammelt, sie werden auch als Zeichen notiert und in grafische Ordnungssysteme übertragen. Dieser Prozess des Aufschreibens unterliegt bestimmten Regeln, die sich im Laufe von Jahrhunderten etabliert haben. Die Formen der Zeichen, die im Allgemeinen zur Aufzeichnung solcher Prozesse verwendet werden, sind deshalb folgerichtig diskursiv bedingt und außerdem medial begründbar.

6.1.1 Medizintechnische Bilder

Die Punktlinie mit ihren spezifischen medialen Eigenschaften ist eine besondere Form innerhalb der medizinischen Semiotik, da sie den Prozess der Diagnostik

8 Vgl. Kap. 2 dieser Arbeit und insb. die beiden Sammelbände von Schramm, Schwarte, Lazardzig (Hgg.): Instrumente in Kunst und Wissenschaft. Zur Architektonik kultureller Grenzen im 17. Jahrhundert. Berlin, New York 2006 und Diess. (Hgg.): Spektakuläre Experimente. Praktiken der Evidenzproduktion im 17. Jahrhundert. Berlin, New York 2006.

wiedergibt. Denn der Vorgang des Sammelns und Auswertens,[9] also der Aufzeichnung und Analyse, spiegelt sich in ihrer Form wider.

Die heute weit ausdifferenzierten medizintechnischen Bilder, ihre stetig wachsende Anzahl sowie die spezifischen Herstellungsbedingungen haben in den Bildwissenschaften dazu geführt, dass sie eine eigene Kategorie bilden.[10] Innerhalb dieser lassen sich heute kategorial A) die *durchstrahlenden bildgebenden Verfahren* sowie B) die *im Körper erzeugten Bilder* unterscheiden.[11] Zur Gruppe A gehört beispielsweise die Röntgenfotografie und zur Gruppe B die Magnetresonanztomografie.

An dieser Stelle sollen jedoch nicht die modernen bildgebenden Verfahren im Fokus stehen, deren operationaler Umgang mit Punktlinien eine eigene Forschungsfrage ausmachen könnte. Stattdessen stehen die grafischen Systeme medizintechnischer Bilder der Frühen Neuzeit im Fokus, um die ersten Verwendungskontexte dieser Linienform für diesen Bereich freizulegen und damit für weiterführende Forschungen den Boden zu bereiten.

Die ersten diagrammatischen Kartierungen des inneren und äußeren menschlichen Körpers finden sich in sogenannten anatomischen Atlanten der Frühen Neuzeit.[12] Als erster und vermutlich wirkmächtigster Atlas dieser Art erscheint 1543 *De humani corporis farbrica* von Andreas Vesalius.[13] Anatomisches Wissen

9 Genauer zum Thema „Symptome Sammeln, Symptome Lesen" siehe Kammer, Stephan: Symptome der Individualität. In: Wittmann, Barbara (Hg.): Spuren erzeugen. Zeichnen und Schreiben als Verfahren der Selbstaufzeichnung. Zürich, Berlin 2009, S. 39 – 68, hier: S. 55f.

10 Vgl. Schinzel, Britta: Medizin / Radiologie. In: Günzel, Stephan / Mersch, Dieter (Hgg.): Bild. Ein interdisziplinäres Handbuch. Stuttgart, Weimar 2014, S. 414 – 421, hier: S. 414.

11 Ebd., S. 414f. Zudem unterscheidet Schinzel noch die *funktionelle Bildgebung*, bei der „Stoffwechselvorgänge direkt zur Bildgebung ausgenutzt" werden (ebd., S. 416f). Dazu zählt beispielsweise die Positronen-Emissionstomografie.

12 Schinzel geht davon aus, dass „Karthographierungen [...] des menschlichen Körpers [...] ab dem 16. Jahrhundert" (Schinzel: Medizin / Radiologie, S. 414) entstanden sind und verweist dabei auf den Atlas von Vesal. Diese Einteilung ist sicherlich für den mitteleuropäischen Raum gemeint, denn Bildzeugnisse aus der ostasiatischen Kunstgeschichte deuten bereits auf frühere Analogien zwischen Landkarte und Körperbildern hin (Andersen, Julie / Barnes, Emm / Shackleton, Emma: The Art of Medicine. Over 2000 Years of Images and Imagination. Chicago, London 2011, bes. S. 30 – 47).

13 In „vollendeter Weise" entsteht bei Vesal aus anatomischer Kenntnis und zeichnerischem Wissen die physiologische Gewissheit im Bild, beschreibt Marielene Putscher: „Der Mensch kennt nun seinen Körper – dieses *ist* sein Körper. Nun wiederholt das *Bild* die *Beschreibung*, wie sie vor allem in den Schriften GALENS überliefert war." (Putscher,

wird darin auf Körperbilder übertragen. Durch Linien und Punkte entsteht dabei eine Topografie des Menschen, die semiotisch einer Landkarte ähnelt. Die anatomischen Strukturen werden zudem beschriftet und durch verschiedene Linien hervorgehoben. In diesen Bildern kommt nun für die folgenden Überlegungen dem Bildrezipienten, also dem Arzt und Diagnostiker die Schlüsselrolle zu. Denn für ihn sind die anatomischen Abbildungen immer Vergleichsmaterial, das der grundsätzlichen Orientierung zu Studienzwecken dient und Befunden oder Präparaten aus der klinischen Praxis gegenübergestellt werden kann.

Bildtechnisch ist dabei besonders interessant, dass sich in Vesalis' detailreichen Stichen in jedem einzelnen Bild ein hoher Informationsgehalt beobachten lässt. So werden etwa mehrere anatomische Details, Schnitte oder verschiedene Perspektiven auf einem einzigen Bild simultan dargestellt, so dass sich für den Diagnostiker mehrere Einsatzbereiche ergeben.

Seit ihrer Entstehung ist „[d]ie Hauptanwendung der meisten medizintechnischen Bilder“[14] im Bereich der Diagnostik zu verorten.[15] Diese inzwischen sehr ausdifferenzierten Bilder dienen heute hauptsächlich dazu, Befunde über den menschlichen Körper zu erheben, einzugrenzen oder zu spezifizieren. Solche Befunde werden in medizinischer Art den Sinnen nach klassifiziert und bestehen zunächst immer aus einem Geflecht von erfassten Symptomen. Es können Sicht-, Tast-, Hör- und Geruchs- oder olfaktorische Befunde erhoben werden. In der Bilddiagnostik steht allerdings der visuelle Befund im Mittelpunkt. Er ergibt sich aus der Summe einer bestimmten Anzahl von Zeichen, die sich visuell durch ein Bild erfassen lassen.

In der Bilddiagnostik hat man es nicht mit Symptomen zu tun, die immer auf den Körper bezogen sind, sondern stattdessen mit Zeichen. Der menschliche Körper erscheint in diesem semiotischen Konzept auf dem medizintechnischen Bild als ein Zeichengefügte und wird damit gewissermaßen selbst durch die Abbildung ausgeklammert. Grundlage für die theoretische Betrachtung solcher Bilder ist also, dass der gesamte menschliche Körper als Zeichen verstanden wird. Anatomische Strukturen und komplexe physiologische Vorgänge können innerhalb dieses Zeichensystems extrem verkürzt werden und bleiben gleichzeitig durch eine systematische Codierung in der Regel leicht zugänglich. Innerhalb dieser Zeichenökonomie kommen der Linie und dem Punkt besondere Funktionen zu, die im Folgenden anhand von Beispielen aus der Diagnostik und dem operativen Bereich der Medizin profiliert werden sollen.

Marielene: Geschichte der medizinischen Abbildung. Von 1600 bis zur Gegenwart. München 1972, S. 14).

14 Schinzel: Medizin / Radiologie, hier: S. 418.

15 Ebd.

6.1.2 Patientenkrise und Punktlinien in der Diagnostik

Zu den heute üblichen Mitteln der Bilddiagnostik gehört neben etwa den Röntgen- oder Ultraschallbildern auch die sogenannte Patientenkrise. Dabei handelt es sich um ein Zeichensystem der Frühen Neuzeit, das zwar keine visuellen Abbilder erzeugt, dafür aber diagrammatische, das heißt relationale Körperbilder. In diesen kommt zum Ausdruck, „ob die Krankheit in ihrem Anfange, in ihrem Zunehmen, in der grössten Heftigkeit, oder aber im Abnehmen sey“[16], wie 1768 der Arzt Johann Leberecht Lösche beschreibt. Zeichen, etwa die einzelnen Messpunkte und Linien einer Fieberkurve, geben also Auskunft über die Vergangenheit und Gegenwart des Gesundheitszustandes eines Patienten.

Der Abstraktionsgrad zwischen den in einem Raster eingetragenen Punkten und Linien und den visuellen, auditiven und taktilen Befunden am physischen Körper könnte kaum größer sein. Denn Linien und Punkte werden in einer Patientenkrise zu komprimierten ‚Aktionspotentialen‘, die Auskunft über den physischen Zustand des menschlichen Körpers geben, indem sie auf einen Blick Informationen über seine Aktivitäten der vergangenen Stunden, Tage, manchmal Wochen und Monate sichtbar machen: Ein Punkt wird darin etwa zum Fieberwert, eine Verbindungslinie zwischen mehreren Punkten zur Übersichtskurve des Krankheitsverlaufes, und Punktlinien können beispielsweise den zukünftigen Verlauf der Erkrankung oder Genesung simulieren. Innerhalb der Palette medizinischer Zeichencodes einer solchen Patientenkrise dienen deshalb Punkt und Linie als die zentralen Operatoren für den Arzt und Diagnostiker.

Auch Schäffner hebt die wichtige Rolle der Patientenkrise für die Entwicklung medizinischer Zeichenökonomien hervor und führt dazu aus, dass die Krise „genau den kritischen Punkt des medizinischen Wissens [verkörpert], an dem Zeichen etwas sichtbar werden lassen, was bis dahin unsichtbar war“[17]. Sie ist der unmittelbare Aufzeichnungsort einer fortlaufenden Diagnostik, denn in ihr sammeln sich die Zeichen, um kontrolliert auf den Befund angepasst werden zu können.[18] Dieses frü-

16 Leberecht Löseke, Johann Ludwig: Semiotik und Lehre von den Zeichen der Krankheiten. Dresden, Warschau 21768, S. 56. Vgl. Schäffner, Wolfgang: Die Zeichen des Unsichtbaren. Der ärztliche Blick und die Semiotik im 18. und frühen 19. Jahrhundert. In: Baxmann, Inge / Franz, Michael / Schäffner, Wolfgang: Das Laokoon-Paradigma. Berlin 2000, S. 480 – 510, S. 496.

17 Schäffner: Die Zeichen des Unsichtbaren, S. 498.

18 Die Analyse von Patientenkrisen mit Fokus auf die Operationalität der Punktlinie muss dieser Arbeit vorenthalten bleiben, könnte aber das Thema zukünftiger Forschungsfragen sein.

he Aufzeichnungsverfahren oder Aufschreibesystem[19] (vgl. 5.4) führt zu einer allgemeinen und folgenreichen Prägung medizinischer Zeichencodes.

Gedruckt treten diese neuen Notationskonzepte zuerst in den gut dokumentierten Fachbüchern zur Anatomie und zur Physiologie in der Frühen Neuzeit in Erscheinung. Flankiert wird diese Entwicklung von der Tendenz der aufkommenden Naturwissenschaften, physische Phänomene mit den Sinnen zu erfassen und aus den daraus abgeleiteten Zeichengefügen erklären zu wollen (vgl. 4.7).

Als herausragender Wissenschaftler und Arzt hat besonders Jean Fernel im 16. Jahrhundert dazu beigetragen, die medizinische Zeichendeutung zur Erklärung von Krankheiten voranzutreiben. So erklärt Fernel etwa in seiner *Universa Medicina* (1542) mit größter Genauigkeit, dass sich die inneren Vorgänge der menschlichen Physiologie allein anhand von äußeren Anzeichen[20] wie der Färbung des Urins, den Geräuschen der Atmung oder dem fühlbaren Pulsschlag erklären lassen.[21] Bis zur Mitte des 17. Jahrhunderts gelten seine Beobachtungen und Grundannahmen als wegweisend. Allein seine Physiologielehre *Universa Medicina* wird zeitgenössisch 46 mal neu aufgelegt.[22] Fernels Schrift bildet deshalb vor allem die Achse eines theoretischen Fundamentes in der Medizin. Sie enthält auch seine bekannte Blutbewegungslehre, zu der allerdings erst Jahrzehnte später in anderen Publikationen zur Physiologie des Menschen eine Bildsprache entwickelt wird.[23]

19 Kittler: Aufschreibesysteme.

20 Das Kapitel trägt den Namen *De symptomatis atqve signis*.

21 Fernel, Jean: Universa Medicina [...]. Frankfurt 1581. Liber II, S. 204 – 220. Leider existieren keine Abbildungen zu Fernels medizinischen Beobachtungen, so dass der Leser des in mehreren Auflagen erschienenen und mehr als 800 Seiten umfassenden Traktats allein auf seine Vorstellungsgabe angewiesen ist. Dies steht in besonderem Kontrast zu Descartes' später erschienenen Traktat *Über den Menschen* (1632), in dem anatomische Strukturen und physiologische Vorgänge bilderreich dargestellt sind.

22 Rothschuh schreibt: „Es war das bekannteste, verbreitetste und meist zitierte Physiologiebuch der Zeit." (Rothschuh: Einführung, hier: S. 24).

23 Frühere Abbildungen aus verbreiteten Traktaten wie *Außlegung und beschreibung der Anathomy* (1544) von Heinrich Vogtherr oder *Anatomiae, hoc est, corporis humani diffectionis* (1537) von Johannes Eichmann, auch als Professor Dryander bekannt, zeugen zum Teil noch von spätmittelalterlichen Diagrammen, mit denen versucht wird, physiologische Vorgänge zu erklären. Diese Abbildungen bestehen zumeist aus einfachen Holzschnitten und stehen in deutlichem Kontrast zu den komplexen Bildcodes, die beispielsweise in Traktaten von Descartes entwickelt wurden.

Auch in Fernels Physiologie wird auf Abbildungen verzichtet, so dass die diagrammatischen Zeichencodes in anderen Traktaten zu suchen sind.[24]

Zu den heute bekanntesten Bildzeugnissen, die an Fernels Theorien anschließen, gehören die in Kapitel 5 tangierten Bilder (vgl. 5.4 u. 5.6) in Descartes' *De Homine* (1632). Descartes bedient sich allerdings nicht nur der theoretischen Überlegungen Fernels,[25] sondern er ergänzt und erweitert diese durch seine eigenen, bekanntermaßen umstrittenen Thesen. Vor allem aber bereitet Descartes in diesem Traktat mit zahl- und einfallsreichen Diagrammen den Weg der beschriebenen Zeichenökonomie: Komplizierte physiologische Vorgänge und anatomische Strukturen werden durch geometrische Linien, Punkte und auch Punktlinien abstrahiert. Zentrale Funktionen des Gehirns, also Prozesse wie die Reizweiterleitung der Nervenbahnen (Abb. 6|1a u. Abb. 6|1b), Bewegungssteuerung (Abb. 6|2) und Wahrnehmungsabläufe (Abb. 6|3) können dadurch auf einen Blick erkannt und leicht reproduzierbar veranschaulicht werden.

Punktlinien operieren in diesen Bildern nicht selten in semiotischer Doppelfunktion. Dies zeigt sich beispielsweise in anatomischen Abbildungen zum Herzen bei Descartes (Abb. 6|4a): Auf einer gewöhnlichen Reproduktion kaum erkennbar, markieren sie einerseits die Schnittlinien am Herzmuskel (Abb. 6|4b). Andererseits weisen Punktlinien auf einen verborgenen, sonst nichtsichtbaren Bereich hin. Denn entlang der Punktlinien verläuft die Trennung zu einer ausklappbaren Bildebene, so dass sich erst mit dem Hochnehmen dieses Bildanteils der Blick in die linke Herzkammer eröffnet (Abb. 6|5).

Punktlinien geben in diesem Beispiel zum einen den Hinweis für den Anatomen, wie und wo die Schnitte zur Abtrennung der oberen Herzwand zu führen sind. Zum anderen wird mit dieser Linienform der Bildbetrachter dazu animiert, mit dem Bild in Interaktion zu treten. Bewegliche Bilder dieser Art sind in der Frühen Neuzeit zwar keine Seltenheit, jedoch im Oeuvre von Descartes eine absolute Ausnahme. Deshalb ist diese multidimensionale Bildvorlage bei Descartes als außergewöhnlich einzuschätzen. Der operative Umgang mit Punktlinien deutet dabei auf eine Schwerpunktsetzung in seinen physiologischen Betrachtungen hin,[26] die auf

---

24 Descartes übernimmt nicht nur die Lehren Fernels zum Blutkreislauf. Auch die heute vielfach ausschließlich Descartes zugeschriebene Erfindung der Zirbeldrüse findet sich bereits bei Fernel (Fernel: Universa Medicina, Liber VI/C, S. 14). Vgl. dazu: Rothschuh: Einführung, S. 22).

25 Dazu genauer: Ebd., S. 24f.

26 Bis heute bilden in der Allgemeinen Physiologie die Lehren zu Funktionen des Gehirns und zu dem Herzen die zentralen Schwerpunkte. Vgl. bspw. das Standardwerk von Pape, Hans-Christian / Kurtz, Armin / Silbernagl, Stefan (Hgg.): Physiologie. Stuttgart [7]2014, hier: Kap. 4 – 6.

dem Herzen liegt. Im folgenden Abschnitt sollen daneben weitere Formen und Beispiele zu Schnittlinien genauer betrachtet und ihre operativen Funktionen hinterfragt werden.

6.1.3 Schnittlinien – Trennlinien – Körperlinien

Ein wichtiges Anwendungsfeld für Punktlinien innerhalb der medizinischen Semiotik sind chirurgische Schnittlinien für Operationen[27] (Abb. 6|4 a u. b). In der heutigen Medizin ist es üblich, zur Vorbereitung von chirurgischen Eingriffen auf der Haut des Patienten (Abb. 6|6) oder auf Fotografien (Abb. 6|7) die anatomischen Strukturen, die geplanten Schnittfolgen oder andere Hinweise für eine Operation anzuzeichnen. Dabei handelt es sich um einen fragmentierenden, einschneidenden und spurenerzeugenden Vorgang. Als Schnittlinien werden dabei häufig Punktlinien eingesetzt. Sie zeigen nicht die anatomisch verborgene Struktur unter der Haut an, denn diese wird im Gegensatz dazu mit durchgezogenen Linien dargestellt (Abb. 6|6). Stattdessen dienen sie dazu, den invasiven Eingriff vorzubereiten. Die Operation ist so als ein zukünftiger Prozess verzeichnet, der mit Punktlinien kodiert wird.

Der unmittelbare Vorteil der Punktlinie gegenüber einer einfachen Linie wird in der Praxis sichtbar, wenn der Chirurg auf anatomische Gegebenheiten aufmerksam machen möchte und gleichzeitig eine Schnittlinie anzeichnen muss. Die Differenzierung der Linienformen ermöglicht hier eine eindeutige Trennung der beiden Informationen. So überzeugend und einleuchtend dieser Umgang mit Linien heute sein mag, so ist er in der Frühen Neuzeit zwar bekannt, aber noch nicht etabliert. Tatsächlich konnten innerhalb der Recherche zu medizintechnischen Bildern nur vereinzelt (Abb. 6|4a) Punktlinien in anatomischen Traktaten der Frühen Neuzeit ausfindig gemacht werden.[28] Dies deutet darauf hin, dass diese Praxis erst zu einem späteren Zeitpunkt, frühestens nach 1700, zum Tragen kommt.

---

27 Der Terminus der ‚Operationslinie' stammt allerdings nicht aus dem medizinischen, sondern aus dem militärischen Bereich. Operationslinien beziehen sich auf Verbindungen im Kriegszustand, welche „die Sicherung der operativen Basis mit ihren Magazinen und befestigten Plätzen" gewährleisten, sowie auf die Bewegungsachsen der Truppen (Vierhaus, Rudolf: Lloyd und Guibert. In: Halweg, Werner (Hg.): Klassiker der Kriegskunst. Unter Mitarbeit von 13 Historikern des In- und Auslandes und in Verbindung mit dem Arbeitskreis für Wehrforschung. Darmstadt 1960, S. 187 – 210, hier: S. 193). Der Begriff geht auf den General Henry Humphrey Evans Lloyd zurück (ebd.), der vor seiner militärischen Karriere bereits für seine „geschickten Geländeskizzen bekannt" war (ebd., S. 191).

28 Ausgangspunkt der Recherche sind die frühesten und bekanntesten Traktate zur Anatomie und Chirurgie aus Mitteleuropa wie etwa Vesalius, Andreas: De Humani Corporis

Die in Kapitel 4 aufgeführte Schrift *Des Circkels und Richtscheyts auch der Perspectiva, und Proportion der Menschen und Rosse* Heinrich Lautensacks von 1564 (4.5.1) gibt auf einzelnen Bildern einen Eindruck davon, in welcher Funktion die Punktlinie in der Anatomie der Frühen Neuzeit verwendet wird. Der dritte Teil dieses Buches steht unter der Überschrift *Von der Proportion des Menschen* und befasst sich darüber hinaus auch mit grundsätzlichen Fragen der Darstellbarkeit innerer und äußerer anatomischer Strukturen. Um beide Ebenen gleichzeitig abbilden zu können, nimmt Lautensack eine Einteilung des Menschen in drei Ebenen vor, die nebeneinander dargestellt sind (Abb. 6|8): Zuerst ist die anatomische Dimension abgebildet, die ein menschliches Skelett in Seitenansicht zeigt. Die zweite Ebene zeigt die sichtbare äußere Form des Körpers. Die dritte Dimension ist eine geometrische, in der der Mensch auf eine Ansammlung geometrischer Körper reduziert wird. Als verbindendes Element zwischen diesen drei Abbildungsweisen fungieren durchbrochene Linien. Sie verknüpfen das Skelett, die sichtbare Menschengestalt und die geometrische abstrahierte Form. Lautensack beschreibt diesen Abbildungsvorgang so:

„Nun wil ich dir dieser bilder eins in seinen schnitten aufreissen / und denn deß Manns gestalt darneben mit etlichen schnitten an seinem Leib / als nemlich der kopff in seiner vierung / und denn die gantz Brust biß in den weich / da denn das gehein der Rippen ist / und denn unden des hüfftblat / und an den schenkeln und Armen wil ich gerade linien machen / und zum dritten wil ich darneben einen Todten mit seinem gehein machen / deß soltu aller wol warnemmen / denn so ich hernach die bilderbiegen oder wenden will wirstu sehen so du des Tods mit seinem gebein wol in acht nimpst / wobein oder fleischsolsein / wie es sich in einander truckt / und auß einander zeucht / wie ich dir denn hernach den Todten wider wil mit fleisch uberziehen."[29]

Fabrica. Basel 1543 und Tagliacozzi, Gaspare: On the Surgery of Mutilations by Grafting. Venedig 1597. Eine gute Übersicht über die bildliche Überlieferung bieten die Publikationen von Benjamin A. Rifkin / Michael J. Ackerman: Human Anatomy. From the Renaissance to the Digital Age. New York 2006 und Harold Ellis: The Cambridge Illustrated History of Surgery. Cambridge u.a. 2009 sowie Larink, Wibke: Bilder vom Gehirn. Bildwissenschaftliche Zugänge zum Gehirn als Seelenorgan. Berlin 2011.

29 Lautensack, Heinrich: Deß Circkelß und Richtscheyts, auch der Perspectiva, und Proportion der Menschen und Rosse, kurtze, doch gründtliche underweisung, deß rechten gebrauchs, Mit viel schönen Figuren, aller anfahenden Jugendt, unnd andern liebhabern dieser Kunst, als Goldschmiden, Malern, Bildhauwern, Steinmetzen, Schreinern, [et]c. eigentlich fürgebildet, vormals im Truck nie gesehen, sonder jetzunder erstmals von neuwem an tag gegeben. Frankfurt am Main 1564, Dritter Teil, S. 36.

Der Anspruch, durch verschiedene Schnitte zwischen dem Innen und Außen des Körpers im Bild hin- und herzuwechseln, stellt neue Herausforderungen an die bildliche Umsetzung. Denn damit zwischen der anatomischen, natürlichen und geometrischen Sichtweise unterschieden werden kann, müssen die drei dargestellten Körperbilder gedanklich miteinander verbunden werden. Im Bild wird diese Verbindung durch unterschiedliche Linien erzeugt. Diese Linien entsprechen einem spezifischen Bildcode, der richtig gedeutet eine multidimensionale Ansicht ermöglicht. Technisch gesehen, besteht er aus den fünf Parallelen, die alle Körper miteinander verbinden. Zudem wird für die durchbrochenen Linien die geometrische Sichtweise benötigt, die immer den Umriss des Körperbildes mitanzeigt. Die Punktlinien erleichtern in diesem Fall tatsächlich die Lesbarkeit des Dargestellten und bilden somit den Schlüssel zum Bildinhalt. Erst durch sie wird ein nahtloser Übergang zwischen äußerem und innerem Körperverständnis hergestellt.

Wie Steffen Siegel anhand von Lautensacks Bildbeispielen analysiert hat, stellen solche Diagramme stets einen abstrahierten Zugriff auf das Sichtbare dar, und zwar so, dass „zuletzt anstelle des mit ‚fleisch überzogenen' Knochens allein ein Gefüge aus Punkten und Linien sichtbar werden kann."[30] Er spricht in diesem Zusammenhang auch vom „entkörperte[n] Körper"[31]. Die Linien spielen dabei auch für ihn die entscheidende Rolle. Denn Lautensack entwickelt laut Siegel ein auf „Linien reduziertes visuelles Gefüge", „dessen Aufgabe es ist, die diesen Körper vorausgesetzten Verhältnisse der Proportion und Maße zu beschreiben"[32]. Zugleich können erst durch solche diagrammatischen Formen spezifische Denkweisen und Erkenntnisse des Anatomen zum Ausdruck gebracht werden. Siegel führt dazu aus:

> „Für den Anatomen ist die Tiefe des Körpers eine konkret erfassbare und zugleich visualisierbare Dimension [...]. Unsichtbarkeit ist daher für den Anatomen nie mehr als ein vorläufiger, das heißt aufhebbarer Zustand."[33]

Vor dem Hintergrund der bisherigen Analyse medizintechnischer Bilder tritt die Punktlinie damit erneut als Darstellungsmittel für unsichtbar verborgene Strukturen

30 Siegel, Steffen: Vom Bild zum Diagramm. Bildmediale Differenzen in Heinrich Lautensacks ‚Gründlicher Unterweisung'. In: Sachs-Hombach, Klaus (Hg.): Bild und Medium. Kunstgeschichtliche und philosophische Grundlagen der interdisziplinären Bildwissenschaft. Köln 2006, S. 115 – 131, hier: S. 128.

31 Siegel, Steffen: Einblicke. Das Innere des menschlichen Körpers als Bildproblem in der Frühen Neuzeit. In: Ders. / Reichle, Ingeborg / Spelten, Achim (Hgg.): Verwandte Bilder. Die Fragen der Bildwissenschaft. Berlin 22008, S. 33 – 55, hier: S. 44.

32 Siegel: Vom Bild zum Diagramm, S. 125.

33 Ebd., S. 128.

hervor. Dieser Aspekt sollen im letzten Beispiel medizintechnischer Bilder anhand von Pulslinien weiterführend bedacht werden.

6.1.4 Pulslinien

Die frühesten Darstellungen des menschlichen Pulsschlages gehen auf die chinesische Kultur zurück. Im 17. Jahrhundert kursiert in Europa eine lateinische Übersetzung der chinesischen Pulslehren von Andreas Cleyer.[34] Auf zum Teil sehr einfachen Holzschnitten wird darin der Puls unter Einsatz von Punktlinien dargestellt. Besonders interessant daran ist, dass durch die beschriebenen Qualitäten des Pulsschlages Rückschlüsse zu den imaginierten Eigenschaften der verwendeten Linien gezogen werden können. Dabei lassen sich in der Traktatesammlung[35] veränderte Darstellungsweisen des Pulses beobachten, die im Folgenden vorgestellt werden sollen.

Das Traktat *Specimen medicinae sinicae* (1682) beginnt zunächst mit Zusammenfassungen allgemeiner Erkenntnisse zum Puls. Im Anschluss daran werden die sich wiederholenden Herzschläge in drei diagrammatischen Abbildungen mit Punkten, Punktlinien oder Punktreihen verzeichnet (Abb. 6|9). Diese Notationsform für intermittierende Herzimpulse ist heute gänzlich unüblich und bedarf deshalb einer genaueren Betrachtung.

Zunächst sind die vielfältigen Gestaltungsweisen des Pulses im Allgemeinen zu beachten. So werden im selben Traktat neben den verwendeten Punkten und Punktlinien auch etliche andere Codes zur Darstellung des Pulses aufgeführt. Gemeinsam ist allen, dass sie mit Linien und Punkten operieren und immer die unterschiedlichen Qualitäten des Pulses abbilden sollen. Dies gilt auch für die exemplarisch gezeigten drei Abbildungen zum sogenannten *Puls Hié* (Abb. 6|9), dessen genauen Eigenschaften differenziert beschrieben im dritten Teil des Buches in abgewandelter Form als Strichlinie[36] dargestellt werden (Abb. 6|10). In diesem Abschnitt geht es um die „sieben äußerlichen Pulsarten an drei Stellen beider Hände, die Krankheiten anzeigen und äußerliche genannt werden, weil sie von Wärme, Wind oder

34 Cleyer, Andreas: Specimen medicinae sinicae, sive Opuscula medica ad mentem Sinensium. Frankfurt am Main 1682.

35 Unter anderem hat der polnische Wissenschaftler Michał Boym, der in China als jesuitischer Missionar tätig war, an diesem Traktat mitgewirkt.

36 Die Übertragung der Strichlinie in eine Punktlinie könnte im Zusammenhang mit veränderten medialen Bedingungen stehen. Denn eine Strichlinie war lange Zeit ungleich leichter herzustellen als eine Punktlinie (vgl. 5.3). Es bleibt in späteren Arbeiten zu klären, in welchem Zeitraum sich Punktlinien in der ostasiatischen Kunstgeschichte etablieren.

Kälte verursacht werden"[37]. Die Qualitäten oder Eigenschaften des *Pulses Hié* werden wie folgt definiert:

„Pulsus Hié i.e. acutocreber est tactus; qualis fit ab unione rotando decuréte, etsi rursus palpes locum cadens ictus vietur, & nec ingredi nec egredi."[38]
[Der Puls wird ,Hié', das heißt scharf und häufig gespürt, so wie es bei einer sich im Kreis drehenden Perle geschieht. Wenn man die Stelle wieder tastet, scheint der fallende Schlag weder herein- noch herauszukommen.][39]

Das auffällige Sprachbild ,einer sich im Kreis drehenden Perle' scheint zunächst auf Eigenarten der chinesischen Medizin hinzudeuten. Eine weitere Erklärung könnte aber auch darin bestehen, dass die ,Perlenschnur' aus den Abbildungen der Traktate hergeleitet wurde. Denn tatsächlich finden sich perlenschnurähnliche Darstellungen des Blutkreislaufes auf mehreren Bildern im Abbildungsteil, wie beispielsweise auf Bild 22 (Abb. 6|11): Dargestellt ist ein halbnackter asiatischer Mann, an dem von seinem linken Handgelenk über den Arm bis zum Herzen eine perlenschnurartige Linie verzeichnet ist. Nicht Punkte, sondern kleine Kreise, die durch eine dünne Linie miteinander verbunden sind, stellen in diesem Bild den Verlauf des Pulsschlages dar.

Die sprachlichen und bildlichen Parallelen zwischen den zuvor beschriebenen Pulsabbildungen (vgl. Abb. 6|11 mit Abb. 6|9 u. Abb. 6|10) und auch die Ausführungen zum *Puls Hié* belegen deshalb, dass die verkürzte Darstellungsweise für den Puls oder das ,diagrammatische Destillat', in diesem Fall eine Punkt- oder Strichlinie ist. Denn reduziert auf das Wesentliche ,verschwindet die Darstellung des Körpers, und Kreise werden zu Punkten (Abb. 6|9), die den Pulsschlag auf Gefäßlinien markieren.

Für das Phänomen Punktlinie als Pulslinie bleibt an dieser Stelle festzuhalten, dass die Punktlinie in der Frühen Neuzeit als Zeichencode den Bewegungsvorgang des Herzens darstellt. Dabei lassen sich zunächst keine eindeutigen Differenzierungen zwischen Punkten und Strichen in Cleyers Traktatensammlung feststellen. Entscheidend sind vielmehr die in kurzen, etwa gleichgroßen Abständen erzeugten Wiederholungen, die als Punkte oder Striche liniengleich schnelle und heftige Puls-

37 Es handelt sich hierbei um eine Übersetzung des Verfassers. Die originale Bezeichnung der unpaginierten Seite lautet: „Paradigma III. Septem extrinsecorum pulsuum in tribus locis utriusque manus morbos indicantium &c. dicuntur extrinseci, quia causati à tepido, vel à vento, vel à frigido." (Cleyer: Specimen medicinae sinicae, Frankfurt am Main 1682, Excerpta Literis eruditi europaei in China, Paradigma III, unpag.).

38 Ebd.

39 Übersetzt von Georg Gremske.

schläge abbilden sollen. Durch diesen Code wird aus einem tastbaren Pulsschlag eine Bewegungslinie aus Punkten oder Strichen. Das Hauptmerkmal dieser Linie ist eine repetitive Formgleichheit, die eine sich wiederholende Körperfunktion nachahmt.

Allerdings lassen die Bilder in Cleyers Traktatensammlung Fragen zu den Darstellungskonventionen offen. Dies zeigt sich insbesondere im Vergleich mit den 1769[40] entstehenden Abbildungen des Pulsschlages von John Stedman (Abb. 6|12): Auf den ersten Blick wird in der hier gewählten Darstellungsweise deutlich, dass der Puls nicht mehr durch den Punkt auf einer Linie, sondern nur noch durch eine Linie abgebildet wird. Die geschwungenen, wellenartigen Linien bei Stedman aus dem 18. Jahrhundert erinnern dabei bereits an heutige Pulswellen auf Monitoren zur Patientenüberwachung. Sie gelten deshalb auch als Vorläufer moderner Kardiogramme, die zuerst durch den Sphygmograf von Jules Marey 1878 aufgezeichnet werden konnten.

Trotz dieser veränderten diagrammatischen Übersetzung des Pulses lassen sich zwischen Stedman und Cleyers Darstellungsweisen wichtige Gemeinsamkeiten ausmachen, denn beide Diagramme basieren auf intermittierender Formengleichheit. Doch obwohl in beiden Fällen die Qualität des Pulses unmittelbar mit der Anzahl der Wiederholungen verknüpft wird, tritt bei Stedman zusätzlich noch der genaue Ablauf jedes einzelnen Schlages hervor. Um diesen richtig decodieren zu können, muss eine bisher noch nicht angesprochene Zeitachse in Pulslinienbildern verdeutlicht werden.

Zeitachsen können laut Claudia Blümle in Bildern ganz allgemein durch „die Wiederholung von Farben und Formen“[41] erzeugt werden. Die dadurch entstehende Form bildlicher Zeitlichkeit kann im Sinne Kandinskys „rhythmisch“[42] bezeichnet werden, das heißt, dass durch Wiederholung einfachster Formen die Vorstellung von Zeit im Bild entsteht.[43] Während beim mittelalterlichen Simultanbild[44] die zeit-

---

40 Der Physiologe John Stedman veröffentlicht zuerst Diagramme, die den Puls in dieser neuartigen Weise darstellen (Stedman, John: Physiological Essays and Observations. Edinburgh 1769. Vgl. Schäffner: Die Zeichen des Unsichtbaren, S. 509, (sic!) Stedham = Stedman).

41 Blümle, Claudia: Farbe – Form – Rhythmus. In: Günzel, Stephan / Mersch, Dieter (Hgg.): Bild. Ein interdisziplinäres Handbuch. Stuttgart 2014, S. 340 – 346, hier: S. 340.

42 Blümle: Farbe – Form – Rhythmus, S. 340. Vgl. Kandinsky: Punkt und Linie zu Fläche, S. 102f.

43 Diese kunsttheoretischen Überlegungen stammen von einer Reihe bekannter Künstler des frühen 20. Jahrhunderts, denn neben Kandinsky reflektieren beispielsweise auch Paul Klee und Paul Cezanne „den rhythmischen Zusammenhang von Farbe und Form malerisch und theoretisch“ (Blümle: Farbe – Form – Rhythmus, S. 340).

liche Ordnung zugleich einer räumlichen entspricht und die zeitliche Dimension durch die Wiederholung gleicher Bildfiguren erzeugt wird,[45] geht es bei den frühen Pulsdiagrammen darum, ein zeitliches Maß mit Linien oder Punkten herzustellen. Rhythmus (griech. ῥυθμός) bezeichnet seit Platon „die unmittelbar aus der Sprache entnommene zeitliche Ordnung des Musikalischen“[46]. Blümle betont deshalb, dass die „Grundlage aller rhythmischen Maße [...] eine nicht weiter teilbare kleinste Zeiteinheit“[47] sei. Geometrisch betrachtet, wäre also der Punkt im euklidischen Sinne als kleinstes unteilbares Element (vgl. 2) für die Gestaltung von Zeiteinheiten prädestiniert. Doch der Vorteil von Stedmans Amplituden liegt klar auf der Hand. Denn neben dem einfachen binären Code zwischen Herzschlag und keinem Herzschlag, der sich mit einer Punktlinie beinahe intuitiv grafisch darstellen lässt, können durch die Amplituden detailliertere Eigenschaften des Pulses innerhalb eines gesetzten Intervalls verbildlicht werden. Stedman setzt also bewusst auf die Eigenschaften einer durchgezogenen Linie, die einen bestimmten Ausschnitt der Messung widerspiegelt. Schließlich kann jede Amplitude in der sukzessiven Darstellung einem direkten Vergleich unterzogen werden und so ein viel differenzierteres Bild des Herzschlages wiedergeben werden als durch eine Reihe von Punkten.[48]

Mit der Pulslinie endet die Analyse medizintechnischer Bilder in diesem Kapitel. Die folgenden Abschnitte sollen den Einblick auf die operationalen Zusammenhänge von Punktlinien auch auf andere Wissenschaften erweitern. Schlaglichtartig werden dazu Phänomene der Kartografie, der Kriegslehre und der Kunst betrachtet. Die Erschließung dieser Kontexte ist zugleich als Anregung für weitere Forschungen zur Funktionsweise von Punktlinien gedacht.

---

44 Dazu genauer Blümle, Claudia: Augenblick oder Gleichzeitigkeit. Zur Simultaneität im Bild. In: Hubmann, Philipp / Huss, Till Julian (Hgg.): Simultaneität. Modelle der Gleichzeitigkeit in den Wissenschaften und Künsten. Bielefeld 2013, S. 37 – 56, bes. S. 40f.

45 Blümle betont allerdings auch, dass ebenso die Wiederholung im Simultanbild eine wichtige Rolle zur Erzeugung einer zeitlichen Dimension im Bild spielt (ebd., S. 40).

46 Klein, Ulrich: Rhythmik. In: Der Neue Pauly. Enzyklopädie der Antike. Hg. v. Hubert Cancik. 16 Bde., 4 Supplementbde. München 1996 – 2007, Bd. 4, Sp. 1425 – 1426, hier: Sp. 1425.

47 Ebd., Sp. 1426.

48 Dies ist vermutlich auch der Grund dafür, dass die Punktlinie sich nicht als Darstellungsform für den Pulsschlag durchsetzen konnte. Stedmans Darstellungsprinzip ist heute als Visualisierungsform des Pulses im Elektro-Kardio-Gramm wieder zu finden. Dabei gibt die Abbildung eine Folge von Sinuskurven wieder, die Einblicke in den Ablauf der An- und Entspannung des Herzens erlauben. Die Kurven des EKG entsprechen deshalb einer Reihe von Kontraktion des Herzens und sind deshalb mit der Pulsschlaglinie verwandt.

6.2 PUNKTLINIEN AUF KARTEN

Die Bedeutung der Punktlinie im weiten Feld der Kartografie ist bislang noch nicht erschlossen worden. Dieser Abschnitt soll deshalb auf die wichtige Funktion dieser spezifischen Linienform aufmerksam machen und ist als Anstoß für weitere Forschungsarbeiten gedacht, unentdeckte und unerforschten Areale zur Punktlinie im Bereich der Kartografie weiter auszuleuchten.

Zu den Eigenschaften von Karten hat Wolfgang Schäffner weitsichtig bemerkt: „Karten sind [...] ein eigentümlicher Datenraum, dessen Zeichen man wie Texte lesen, wie Bilder sehen und wie Anweisungen gebrauchen kann.“[49] Vor diesem Hintergrund sollen im Folgenden einige Beispiele zur Verwendung von Punktlinien in Karten vorgestellt und ihre Funktion näher erläutert werden.

Verlässt man für einen Moment gedanklich die Frühe Neuzeit und begibt sich auf die Suche nach Punktlinien in heutigen Karten, findet man diese schnell beim derzeit mächtigsten Internetkonzern *Google* und seinem inzwischen weltweit etablierten Kartensystem *Google Maps*. Bemerkenswert ist daran nicht allein, dass in dieser Anwendung mit durchbrochenen Linien operiert wird,[50] sondern dass diese auch theoretisch erläutert werden. So erklärt *Google* dem Benutzer unter der Rubrik Kartenstile zunächst ganz allgemein, dass sie „je nach politischem Status der Grenze unterschiedlich dargestellt“[51] werden. Dabei unterscheidet *Google* genau zwischen *internationalen Grenzen, vertraglichen* und *vorläufigen Grenzen* sowie *umstrittenen Grenzen. Internationale Grenzen* sind „[u]nangefochtene internationale Grenzen, etwa zwischen Belgien und den Niederlanden. Sie erkennen Sie an einer durchgezogenen grauen Linie.“[52] *Vertragliche und vorläufige Grenzen* seien dagegen

> „solche, die noch nicht als endgültig angesehen werden. Sie werden mit einer gepunkteten grauen Linie gekennzeichnet. Umstrittene Grenzen werden in der Karte mit einer gestrichelten grauen Linie dargestellt. In diesem Fall gibt es keine Grenze, die von allen beteiligten Staaten anerkannt wird. Die Beziehung zwischen diesen Staaten kann dabei unterschiedlicher Natur sein – von konfliktfrei bis hin zu einem Krieg.“[53]

---

49 Schäffner, Wolfgang: Topographie der Zeichen. In: Baxmann, Inge / Franz, Michael / Ders. (Hgg.): Das Laokoon-Paradigma. Berlin 2000, S. 359 – 382, hier: S. 360.

50 In diesem Fall sind es genau genommen Strichlinien, die jedoch in ihrer Funktion gleichbedeutend mit Punktlinien sind.

51 Google Inc. google.com, Mountain View (2016). Online: https://support.google.com/maps/answer/3145721?hl=de&ref_topic=3257381 Stand: 15.01.2016.

52 Ebd.

53 Ebd.

Punkt- und Strichlinien werden demnach von *Google* nicht gleichgesetzt, sondern stellen eine Differenzierungsmöglichkeit zur Abbildung *vorläufiger* oder *umstrittener Grenzen* dar. Im Detail betrachtet, ist diese Unterscheidung allerdings schwer nachvollziehbar. Denn in der Darstellung von Konfliktregionen zeigt sich, dass eine derartige Differenzierung hochproblematisch sein kann. So wird etwa die Ostgrenze Israels zu Jordanien als eine vertragliche, aber nicht endgültige Grenze bei *Google Maps* mit Punktlinien dargestellt (Abb. 6|14). Dagegen ist die Grenze zwischen Israel und dem Gazastreifen mit ‚gestrichelten grauen Linien' gekennzeichnet (Abb. 6|15). Gleiches gilt für die Grenze zwischen der Ukraine und der Halbinsel Krim (Abb. 6|16). Auch dort zeugt eine Strichlinie von ihrem international umstrittenen Status. *Googles* Geheimnis bleibt allerdings, wodurch sich genau eine Grenze die „noch nicht als endgültig angesehen" wird, von einer „umstrittenen Grenze" unterscheidet. Auch wenn es sich bei diesen Definitionen vermutlich um diplomatische Feinheiten handelt, bleibt die grafische Übersetzung dieser Unterscheidung in Punkt- oder Strichlinien als nicht signifikant einzuschätzen. Denn auf der rezeptiven Ebene sticht vor allem die Gemeinsamkeit heraus, dass es sich in beiden Fällen um gebrochene Linien handelt, die aufgrund ihrer permeablen Struktur transitorisch wirken.

Im Gegensatz zu den ‚endgültigen' Ländergrenzen werden die Linien um die umstrittenen und noch nicht als endgültig angesehenen Grenzverläufe außerdem nicht in Schwarz, sondern in einem hellen Grau dargestellt. Dem Betrachter wird damit durch eine zurückgenommene Farb- und Formwahl gezielt der temporäre und provisorische Charakter dieser Grenzlinien vor Augen geführt. In der Wirkung lässt sich deshalb nur eine minimale Differenz zwischen Punkt- und Strichlinien erkennen, die zwar theoretisch unterscheidbar bliebe, praktisch aber vor allem eine strukturelle Gleichheit vor Augen führt.[54]

Martin Warnke hat in einer Untersuchung zu grafischen Elementen in politischen Karten auch für die Punktlinie wichtige Erkenntnisse herausgearbeitet. In seiner Analyse von militärhistorischen Traktaten des 16. bis 20. Jahrhunderts konzentriert sich Warnke vor allem auf den prozessualen Charakter grafischer Elemente in politischen Karten. Punkt- und Strichlinien geraten dabei allerdings eher zufäl-

54 Bertin bemerkt zur Gestaltung des Untergrundes von Karten: „Der Karten-Untergrund sollte dezent gestaltet sein, damit die spezielle thematische Information so gut wie möglich zu erkennen ist. Ein gut gezeichneter Karten-Untergrund enthält anstelle auffälliger Zeichen feine Linien. Punkt-Linien sind dabei die beste Lösung [...], da sie einfach zu zeichnen sind und beim Vervielfältigen nicht so leicht verschwinden wie hauchdünne durchgezogene Linien" (Bertin, Jacques: Graphische Darstellungen. Graphische Verarbeitung von Informationen. Übersetzt u. bearbeitet v. Wolfgang Scharfe. Berlin, New York 1982, S. 145).

lig in seinen Fokus. Warnke zufolge handelt es sich hier um „Bewegungslinien“[55], deren raumzeitliche Dimension[56] erst durch die hinzugefügten Pfeile erzeugt wird (Abb. 6|17). Zudem zieht er einen bemerkenswerten Vergleich, indem er schreibt: „Die Bewegungen der Kolonnen sind in zart gestrichelten Linien ausgezogen, als handle es sich um Ballettanweisungen.“[57] Tatsächlich ähneln Darstellungen zu Schrittfolgen im Tanz aus dem frühen 18. Jahrhundert an die ‚Bewegungslinien‘ bei Warnke (Abb. 6|18).[58] Folgt man Warnkes Erläuterungen zu militärischen Karten, bekommt der Betrachter außerdem „durch den zweifachen Frontverlauf nicht nur eine räumliche Bezeichnung geliefert, sondern durch die Pfeile auch die energetische Unabwendbarkeit des Stoßes mitgeteilt“[59].

Truppenbewegungen als Punkt- oder Strichlinien mit einem Pfeil am Ende darzustellen, wird sich ab dem frühen 20. Jahrhundert und insbesondere in den beiden Weltkriegen als gängige Praxis etablieren.[60] Warnke erkennt darin einen eigenständigen grafischen Typus, den er als *raumgreifende Grafik*[61] bezeichnet. Punkt- und

---

55 Warnke, Martin: Raumgreifende Grafik. In: Bredekamp, Horst / Werner, Gabriele (Hgg.): Bildwelten des Wissens. Kunsthistorisches Jahrbuch für Bildkritik. Bd. 1.1. Bilder in Prozessen. Berlin 2003, S. 79 – 88, S. 84.

56 Darunter ist „keine eindeutig bestimmbare Größe“ zu verstehen, „sondern eine das Neben- und Hintereinander fortgesetzt anders modellierende Prozessualität, die in Abhängigkeit von Perspektive, Zeitgebung und Beobachterinteresse je verschieden zu beschreiben ist“ (Ott, Michaela: Raumzeitlichkeit. In: Günzel, Stephan / Mersch, Dieter (Hgg.): Bild. Ein interdisziplinäres Handbuch. Stuttgart, Weimar 2014, S. 360 – 366, hier: S. 360). Warnke selbst verwendet den Begriff der „zeiträumlichen Dimension“ (Warnke: Raumgreifende Grafik, S. 84).

57 Ebd.

58 Siehe dazu weiterführend Tomlinson, Kellom: The Art of Dancing Explained by Reading and Figures. London 1724. Oliver Jehle führt zu Tanzabbildungen in Hogarths *Analysis of Beauty* (1753) aus: „Eine ‚Verwickelung‘ ([Christlob] Mylius) der Linie, die das verfolgende Auge in Bewegung versetzt, provoziert den Verstand und verleiht dem durch das Linienspiel Bezeichneten einen ‚Reiz‘, dem mit gesteigerter Aufmerksamkeit begegnet wird. Die Lust an der Wahrnehmung liegt also nicht mehr in einer Überwältigung der perzeptiven Vermögen oder einem platonisch gewendeten Erfassen in einem gesteigerten Moment eidetischer Vollkommenheit, sondern in ihrer zeitlichen Extension. Das statische Prinzip des *ut pictura poesis* ist nicht mehr unangefochten in Geltung, sondern das aktive und damit temporalisierte Sehen“ (Jehle, Oliver: Forma moralis. Laurence Sterne und die Freiheit der Linie. Regensburg 2008, S. 72).

59 Warnke: Raumgreifende Grafik, S. 84.

60 Ebd., S. 85.

61 Ebd.

Strichlinien werden dabei sowohl für die topografische als auch für die zeitliche Zuordnung eingesetzt. Zur Erläuterung der Linien, wird in der Form einer Legende beispielsweise zur Punktlinie auf einer Karte der *Schlacht bei Armenitières und um den Kemmel 1918* erklärt, dass es sich dabei um eine ‚Deutsche Kampflinie am 9.4.'[62] handle (Abb. 6|19). Zeit und Raum werden in diesem Beispiel durch Text und Grafik aneinander gebunden. Das Konzept Warnkes des ‚Raumgreifenden' bezeichnet daher einerseits den aktiven Prozess des Topologisch-Synchronen und andererseits die Abhängigkeit eines Text-Bild-Gefüges.

Warnkes Konzentration auf die Pfeile erklärt sich wohl vor allem daraus, dass er die Richtungsanzeige der Pfeile als Schlüssel für „die energetische Unabwendbarkeit des Stoßes"[63] in der Darstellung von Kriegsaktionen ausmacht. Allerdings übersieht er bei dieser Fokussierung auf den Pfeil, dass in der Form der Punkt- oder Strichlinie ebenso entscheidende Informationen zur Prozessualität im Bild verborgen liegen. Auch die von ihm beobachtete „rhythmische Binnenmusterung"[64] einiger Pfeile, entspricht in ihrer Anmutung und Wirkung einer Punktlinie. Diese soll, so vermutet Warnke, „wohl den ruckartigen und unaufhaltsamen Vorstoß signalisieren"[65]. Der Rhythmus wird damit maßgeblich der Struktur der Pfeile, nicht aber der Linienform des Pfeils zugeschrieben.

Warnkes Beobachtungen zur *raumgreifenden Grafik* leisten dennoch eine wichtige Vorarbeit zum Verständnis der Punktlinie. Denn sowohl Warnkes Terminologien wie ‚Bewegungslinien', rhythmische Binnenmusterung' und ‚energetische Unabwendbarkeit' als auch Assoziationen zum Ballett betonen die potentielle Dynamik von grafischen Elementen und lenken die Aufmerksamkeit auf die Funktion von Linien. Und um bei den Worten Warnkes zu bleiben, sind Bewegungslinien, deren rhythmische Binnenmusterung Vorgänge im Bild auslösen, eine treffende Beschreibung für Punktlinien und deren Eigenschaften.

Grundsätzlich bleibt also festzuhalten, dass Punktlinien auf Karten an die Funktion gebunden sind, Prozesse anzuzeigen. Sie sind deshalb als funktional dynamische Strukturen einzuschätzen, die Zeitlichkeit im Bild im Sinne des Rhythmus-Konzeptes von Blümle vor allem durch die Wiederholung einfachster Formen erzeugen.[66]

Erneut tritt damit über das Konzept von Rhythmus ein zeitlicher Aspekt in diagrammatischen Abbildungen zum Vorschein, der sich anhand einer inzwischen sehr bekannten Karte näher erläutern lässt. 1765 – im selben Jahr, in dem Laurence

62 Dieser Vermerk befindet sich auf der Abbildung 6|19.

63 Warnke: Raumgreifende Grafik, S. 84.

64 Ebd., S. 86.

65 Ebd.

66 Blümle: Farbe – Form – Rhythmus, S. 340. Vgl. 6.1.4.

Sterne versucht, Tristram Shandys verzweigte Lebensgeschichte in insgesamt neun Bänden zu bannen und dabei sowohl mit textuellen als auch mit grafischen Experimenten wie zahllosen Punktreihen (vgl. 5.4) die lineare Darstellung von Zeit hinterfragt – entsteht das *Chart of Biography* (Abb. 6|20) des Wissenschaftlers und Theologen Joseph Priestley. Dabei handelt es sich um eine diagrammatische Karte, auf der alle bedeutenden Wissenschaftler der Geschichte der Optik verzeichnet sind.[67] Das Besondere an diesem Diagramm ist nun, dass es durch eine Zeitleiste aus Punktlinien einen temporalen Zusammenhang erzeugt. Im Gegensatz zu weitaus komplizierteren Karten etwa von Stammbäumen, Ketten- und Kreisdiagrammen gelingt hier mit erstaunlich einfachen Mitteln ein Diagramm, das „als Wendepunkt in der Geschichte der Chronologie“[68] angesehen werden kann. Die am oberen und unteren Bildrand gesetzte, identische Zeitleiste besteht aus den Jahrhundertzahlen 1100 bis 1700 und einer Punktlinie aus 80 Punkten. Dabei ist jeder fünfte Punkt der Linie mit der gestürzten, also vertikal ausgerichteten Zahl 50 überschrieben. Jeder Punkt steht also für ein Jahrzehnt in der Geschichte der Optik.

Die Zeit wird in diesem Diagramm also in zweifacher Hinsicht angezeigt: erstens durch die Zahlenfolge und zweitens durch die gleichmäßige Wiederholung von Punkten in Gestalt einer Punktlinie. Der entscheidende Vorteil gegenüber anderen chronografischen Diagrammen[69] liegt deshalb einerseits in der extremen Verkürzung der Zeit auf Punkte. Andererseits wendet sich Priestley gegen eine lineare Darstellung von Zeit, in dem der zwar auf Linien aus Punkten setzt, diese jedoch bereits durch ihre Form auf einen ungeschlossenen und nicht eindeutigen historischen Verlauf hindeuten. Denn im Gegensatz zur durchgezogenen linearen Darstellung entsteht erst durch die offene, gebrochene Form der Eindruck, dass es keine Richtung, sondern gewissermaßen nur punktuelles Wissen zur Geschichte geben kann. Priestley selbst gibt dazu keine theoretische Erklärung ab – dafür aber Sterne, der seine experimentellen Linien und Punktlinien wie folgt begründet:

„Wenn ein Geschichtsschreiber seine Geschichte so vorwärts treiben könnte, wie ein Maulthiertreiber sein Maulthier – nämlich in gerader Richtung – zum Beispiel von Rom gerade nach Loretto, ohne einmal den Kopf zur Seite zu drehen, weder zur Rechten noch zur Linken –, so könnte er allerdings wagen, ihnen bis auf die Stunde vorauszusagen, wann er mit seiner Reise zu Ende kommen werde – aber das ist, moralisch gesprochen, unmöglich; denn wenn er

67 Vgl. Abb. 6|20.

68 Rosenberg, Daniel / Grafton, Anthony: Die Zeit in Karten. Eine Bilderreise durch die Geschichte. Aus dem Englischen von Cornelius Hartz. Darmstadt 2015, S. 23.

69 Einen umfangreichen Überblick dazu bietet die genannte Publikation Rosenbergs und Graftons *Die Zeit in Karten* (ebd.).

auch noch so wenig Geist besitzt, wird er mit dieser oder jener Gesellschaft fünfzig Abstecher von der geraden Linie machen, die er durchaus nicht vermeiden kann.“[70]

Neben der erneuten Beobachtung, dass Punktlinien Zeitlichkeit im Bild darstellen können, kann nun die Abgrenzung gegenüber einem gerichteten, ungebrochenen und eindeutigen Linienverlauf als eine weitere operative Eigenschaft vermerkt werden. Das Potential dieser Linienform, zeitliche Abläufe darzustellen, ist auch für die folgende Beobachtung zur Operationalität von Punktlinien in militärischen Kontexten entscheidend.

6.3 MILITÄRISCHE BILDKONTEXTE: SCHUSS- UND SEHLINIEN

Die prosperierenden Entdeckungen in Wissenschaft, Kunst und Technik haben in der Frühen Neuzeit ebenso Einfluss auf die Kriegsführung und -planung sowie auf die diagrammatische Gestaltung. Das von Warnke betonte Potential, mit Punkt- oder Strichlinien auf Karten auch kriegerische Absichten verzeichnen zu können (6.2), tangiert auch die folgenden Ausführungen, die einen Einblick in die operationalen Funktionen von Linien in militärischen Kontexten geben sollen.

Als wohl bekanntester Erfinder und Ingenieur von Kriegsgeräten[71] der Frühen Neuzeit gilt Leonardo da Vinci.[72] Daneben beschäftigen sich aber auch andere bekannte Künstler intensiv mit der Kriegskunst, wie beispielsweise Dürer, der zu diesem Zweck auch mit Punkten, Linien und Punktlinien operiert.[73] Grundlagen

---

70 Sterne, Laurence: Leben und Meinungen des Herrn Tristram Shandy. Übersetzt v. Adolf Seubert. Leipzig 1880, Kap. 4. Vgl. Rosenberg / Grafton: Die Zeit in Karten, S. 24.

71 Zu nennen sind hier beispielsweise die Konstruktionen des todbringenden Sichelwagens (Da Vinci: Notebook (The Codex Arundel), Sichelwagen, Folio 1030) oder von massiven Panzerfahrzeugen von ca. 1490 (ebd., Carro armato, Folio 1030. Online: http://www.bl.uk/manuscripts/FullDisplay.aspx?ref=Arundel_MS_263 Stand: 18.01.17).

72 Frank Fehrenbach führt dazu aus: „Schon die bloße Menge der *erhaltenen* technischen Zeichnungen Leonardos (und damit nur ein kleiner Bruchteil des ursprünglichen Bestandes) ist Furcht erregend: ca. sechstausend Einzelblätter und Manuskriptseiten, wohl der umfangreichste technikgeschichtliche Nachlass der Renaissance.“ (Fehrenbach, Frank: Pathos der Funktion. Leonardos technische Zeichnungen. In: Schramm, Helmar / Schwarte, Ludger / Lazardzig, Jan (Hgg.): Instrumente in Kunst und Wissenschaft. Zur Architektonik kultureller Grenzen im 17. Jahrhundert. Bd. 2. Berlin, New York 2006, S. 85 – 113, hier: S. 93).

73 Siehe dazu Dürer, Albrecht: Befestigungslehre. Faksimile-Neudruck der Originalausgabe. Nürnberg 1527. Nördlingen 1980.

dieser militärischen Traktate bilden dabei stets die mathematischen und geometrischen Überlegungen aus Euklids *Elementen*. Wie die Kunsthistoriker Christof Baier und Ulrich Reinisch aufzeigen, konnte das Wissen über die Sehstrahlen aus der Optik zur Erzeugung einer Perspektive nun dazu genutzt werden, um aus Sehstrahlen ‚Schussstrahlen' werden zu lassen.[74]

Die enge Verbindung zwischen Seh- und Schusslinien wird auf diagrammatischer Ebene besonders deutlich, wie sich anhand eines Bildbeispiels aus Claude Mydorges *Examen du livre des recreations mathématiques*[75] (vgl. 4.5.4, S. 133) von 1638 zeigt (Abb. 6|21): Dargestellt ist ein gleichschenkliges Dreieck aus Punktlinien, das in der Mitte durch eine durchgezogene Linie in zwei Hälften unterteilt ist und mit den Buchstaben A bis I beschriftet ist. Auf der rechten Seite des Dreiecks ist im rechten Schenkel eine Pistole und kurz darunter ein Auge zu erkennen. Aus dem Auge geht eine Punktlinie hervor, die zum unteren Dreiecksschenkel der linken Seite führt.

In diesem einfachen Holzschnitt spiegelt sich der minimalistische Ansatz wider, die beiden Vorgänge des Sehens und Schießens in einem Diagramm wiedergeben zu wollen. Für die geometrische Umsetzung sind die Symbole wie das Auge und die Pistole neben der Funktion von Punktlinien von zentraler Bedeutung. Besonders bemerkenswert ist allerdings an diesem Bild, dass Punktlinien die Doppelfunktion zukommt, sowohl Seh- als auch Schusslinien darzustellen.

Weitaus detaillierter präsentiert Mario Bettini 1642[76] (vgl. 4.5.2, S. 127) die Umsetzung desselben Ansatzes (Abb. 6|22): Im Mittelpunkt der diagrammatischen Abbildung sind mehrere überkreuzende Punktlinien und durchgezogene Linien zu erkennen, die Kanonen mit Kanonenkugeln verbinden. Im Bildvordergrund sind auf einer Feldlandschaft sechs Gefechtskanonen auf Rädern in verschiedenen Ansichten

---

74 Christof Baier und Ulrich Reinisch haben dieses Forschungsfeld intensiv bearbeitet. Siehe dazu Baier, Christof / Reinisch, Ulrich: Schusslinie, Sehstrahl und Augenlust. Zur Herrschaftskultur des Blickens in den Festungen und Gärten des 16. bis 18. Jahrhunderts. In: Bredekamp, Horst / Schneider, Pablo (Hgg.): Visuelle Argumentationen. Die Mysterien der Repräsentation und die Berechenbarkeit der Welt. München 2006, S. 35 – 59, hier: S. 44. Sie betonen die Potentiale diagrammatischer Formen für die Kriegskunst, indem sie schreiben: „Eine solchermaßen konstruierte ‚regulare' Festung, auf Plänen, Schnitten und Vogelschaubilder dargestellt, ging offenkundig über die militärischen Notwendigkeiten weit hinaus. Indem mit Zirkel, Winkelmesser und Lineal den Befestigungswerken Maß und Proportion gegeben wurden, konnten nicht nur die Verteidigung in eine feste, erkennbare Form gebracht, sondern zugleich auch abstrakte Ideen materialisiert werden." (Ebd.).

75 Mydorge: Examen du livre des recreations mathématiques, Paris 1638, S. 25.

76 Bettini: Apiaria universae philosophiae mathematicae, Bologna 1642, S. 60.

dargestellt. Direkt daneben befinden sich zwei Bildfiguren in der rechten Bildhälfte. Die ganz außen stehende Figur stützt sich auf einen Stab, und die Figur daneben liegt mit einem Messwinkel in der Hand auf dem Boden. Der Messwinkel ist dabei in Verlängerung einer äußeren Punktlinie zu sehen. Der auf diese Linie ausgerichtete Kopf der Bildfigur deutet auf eine Sichtachse zur gegenüberliegenden Festungsmauer der Zitadelle im Bildhintergrund hin. Ganz offensichtlich sind beide Figuren mit der Berechnung und Vermessung von Flugbahnen der Kanonenkugeln beschäftigt.

Die dargestellte Punktlinie kann deshalb als Mess-, aber auch als Sehstrahl verstanden werden, der auf den Mittelpunkt der Mauer gerichtet ist und von dort aus als Konstruktionslinie einer geometrischen Dreiecksfigur senkrecht zurück zum Bildvordergrund verläuft. Ausgehend von den Schießscharten der Zitadelle überkreuzen sich insgesamt vier weitere Punktlinien. Am Ende dieser Linien sind vier Kanonenkugeln beinahe auf gleicher Höhe dargestellt. Der Verlauf der Flugbahnen vom Geschütz bis zur Kugel wird also mit Punktlinien abgebildet. Für den Betrachter entsteht dabei der Eindruck, dass der unmittelbare Moment des Schießens im Bild festgehalten wird.

Die dynamischen Eigenschaften vom Vorgang des Schießens sowie des Messens und Sehens werden in diesem Traktat durch Punktlinien abgebildet, die zu Recht auch als Bewegungslinien im Sinne Warnkes verstanden werden können (vgl. 6.2). Weiterhin sind die Punktlinien in diesem Bild als Teil einer geometrischen Ordnung zu verstehen, die bei genauerer Betrachtung ein Koordinatensystem bilden, in dem zwei Dreiecke konstruiert werden. Damit wird der für das Auge kaum erfassbare Vorgang des Schießens durch die geometrische Übertragung in ein diagrammatisches Ordnungssystem kalkulierbar.[77] Denn mit Schäffner gesagt, verkörpert die „Festungsgeometrie [...] die unsichtbare Geometrie der Schussbahnen"[78]. Die durch Linien dargestellten Flugbahnen der Angriffsflugkörper verlieren damit den Schrecken der Unberechenbarkeit. Beier und Reinisch beschreiben die Rolle von Schusslinien so:

77 In der gleichzeitig entstehenden geometrischen Dimension des Bildes werden die Flugbahnen von Kanonenkugeln als messbar und berechenbar dargestellt. Diesen Aspekt unterstreichen die Bildanteile der beschrifteten Linien, dem Messwinkel und der Vorgang des Messens selbst durch eine Bildfigur im Vordergrund.

78 Schäffner, Wolfgang: Operationale Topographie. Repräsentationsräume in den Niederlanden um 1600. In: Rheinberger, Hans-Jörg / Hagner, Michael und Wahrig-Schmidt, Bettina (Hgg.): Räume des Wissens. Repräsentation, Codierung, Spur. Berlin 1997, S. 63 – 90, hier: S. 75.

„Dem Unfasslichen, dem unsichtbaren Flug der Kanonenkugel, stemmte sich die exakte, kristallklare, geometrische Form entgegen; sie schaffte fassbare Ordnungen, wo vorher Unordnung und Auflösung gewesen war.“[79]

Eine dieser geometrischen Formen ist die Punktlinie, mit der sich sowohl Flugbahnen anzeigen als auch geometrische Figuren konstruieren lassen. Dieser operationale Zusammenhang legt nahe, dass Punktlinien in weiteren zeitlich-dynamischen Bildkontexten anzutreffen sein könnten. Tatsächlich wurden im frühen 18. Jahrhundert verstärkt Notationssysteme zur Übertragung militärischer Übungen in grafische Ordnungsgefüge und umgekehrt zur Ordnung militärischer Übungen anhand grafischer Systeme entwickelt, die vor allem zeitliche Abläufe wie Schieß- und Exerzierübungen veranschaulichen sollten.[80] Exemplarisch liegen dazu vier Kupferstiche von Robert Bénard[81] aus der *Enzyklopädie* von Denis Diderot und Jean Le Rond d'Alembert vor, die Einblicke in die diagrammatische Darstellung von Prozessen wie das Exerzieren und der Truppenaufstellung zum Ende der Frühen Neuzeit geben.

Erklärtes Ziel dieser Tafeln ist es, „eine Kenntnis der Umstände“ zu vermitteln, „die man nicht sieht“[82]. Dazu werden komplexe Vorgänge wie das Exerzieren mit akribischer Genauigkeit auf insgesamt fünf Tafeln durch 60 aufeinander folgende Einzeldarstellungen dargelegt. Die Beobachtungen sollen sich an dieser Stelle auf drei signifikante Tafeln dieser Bilderserie konzentrieren. Zuerst steht Tafel III der militärischen Exerzierübungen im Fokus (Abb. 6|23)[83]: In drei gleichgroßen, horizontal gegliederten Bildabschnitten sind auf dieser Tafel drei unterschiedliche Szenen dargestellt, die sich allesamt auf freiem Feld zutragen. Im oberen Abschnitt

79 Baier / Reinisch: Schusslinie, Sehstrahl und Augenlust, S. 45.

80 John Bender und Michael Marrinan haben in ihrer kürzlich erschienenen Publikation zur *Kultur des Diagramms* diese Stiche hinsichtlich der Prozessualität untersucht (Bender, John / Marrinan, Michael: Kultur des Diagramms. Übersetzt v. Veit Friemert. Berlin 2014, bes. S. 56 – 61).

81 Es handelt sich um eine Bilderreihe bestehend aus fünf Tafeln, von denen jedoch nur vier für diese Forschungsfrage dieser Arbeit relevant sind (Diderot, Denis / D' Alembert, Jean Le Rond: Encyclopédie, ou dictionaire raisonné des sciences, des artes et des métiers. 17 Bde. Paris 1751 – 1765. Bd. 1. Paris 1751, Tafel III. Vgl. dazu: Bender / Marrinan: Kultur des Diagramms, S. 57ff.).

82 D' Alembert, Jean Le Rond: Discours preliminaire, Encyclopédie, Bd. 1. Paris 1751, S. 51. Zitiert nach: Bender / Marrinan: Kultur des Diagramms, S. 18.

83 Hat man Tafel I – V vor sich liegen, dann entsteht der Eindruck, man habe es mit einer szenischen Aneinanderreihung von Bildern ähnlich einer ausgebreiteten Filmrolle zu tun, auf der die einzelnen Soldaten in ihren Bewegungen Bild für Bild festgehalten wurden.

sind fünf Soldaten zu erkennen. Frontal dargestellt auf der linken Seite des Bildes präsentieren zwei Uniformierte das Gewehr. Sie sind mit den Zahlen 27 und 28 beschriftet. Auf der rechten Seite und etwas weiter im Hintergrund stehen in Halbseitenansicht drei Soldaten in Schießformation. Zwei Soldaten in dieser mit der Zahl 29 bezeichneten Formation stehen aufrecht, während der dritte Soldat vor ihnen im Halbkniestand steht. Alle drei haben das Gewehr bereit zum Schuss angelegt.

Im mittleren Bildbereich sind vier Soldaten seitlich dargestellt. Die ersten drei sind mit der Blickrichtung nach rechts positioniert, während der letzte Soldat ihnen gegenüber steht und sein Blick nach links gerichtet ist. Die Soldaten sind mit den fortlaufenden Nummern 30 bis 33 beschriftet. Hauptaugenmerk gilt hier den veränderten Handhaltungen der Soldaten, also dem Bedienen des Gewehrs. Der Prozess des Spannens, Auslösens und Sicherns wird damit durch Einzelszenen wiedergegeben. Zudem werden auch die veränderten Blickrichtungen dargestellt, etwa im dritten unteren Bildbereich. Dort blickt der erste und vierte Soldat nach links, während die beiden anderen nach rechts sehen. Wie bei den darüber abgebildeten Soldaten werden auch hier die veränderten Handhaltungen beim Bedienen des Gewehrs gezeigt. Diese Soldaten mit den Zahlen 34 bis 37 gekennzeichnet.

In einem deutlichen Kontrast zu diesen detailgetreuen und naturalistischen[84] Abbildungen auf Tafel III steht nun die Tafel VII, die eine Exerzierübung diagrammatisch veranschaulichen soll (Abb. 6|24a): Auf drei nummerierten Bildanteilen, Fig. 43, 44 und 45 werden durch Punkte, Linien und Punktlinien Truppenbewegungen schematisch dargestellt. Das obere Diagramm ist mit Fig. 43 beschriftet und setzt sich zusammen aus einer horizontalen Achse, die aus vier Punktreihen á 25 ‚leeren', also nicht ausgefüllten Punkten besteht, sowie aus einer vertikalen Achse, die vier Punktreihen á 25 ausgefüllter Punkte zeigt. Alle Punkte sind an unterschiedlicher Stelle mit einem kleinen waagerechten Strich versehen, der einer Ausrichtungsangabe der Truppeneinheit entspricht. Zirkellinien links unten und rechts oben bilden den Vorgang der Truppenbewegung ab. Diese Zirkellinien kehren auch in den beiden darauffolgenden Figuren 44 und 45 wieder. Bei letzterer werden diese Linien mit Punktlinien dargestellt (Abb. 6|24b). Grundsätzlich ist in Figur 45 die Anordnung der vertikalen und horizontalen Punktreihen mit denen der Figur 44 gleich. Allerdings werden die drei vertikalen Punktreihen hier um 45 Grad nach rechts gedreht. Damit soll eine halbkreisförmige Truppenbewegung angezeigt werden. Dass es sich um eine Bewegung handelt, wird durch die mit Punktlinien verlängerten Zirkellinien verdeutlicht.

84 Damit ist die Wiedergabe der sichtbaren Welt gemeint. Im Gegensatz dazu steht die geometrische Darstellungsweise, die sich auf einen rein konstruierten, nicht-sichtbaren Raum bezieht.

Auf der dritten Tafel schließlich wechseln die schematisierten Inhalte von Tafel III und VI in eine naturalistische Darstellungsweise. Tafel VI mit dem Untertitel ‚Evolutions' erklärt diese bildliche Entwicklung (Abb. 6|23 u. Abb. 6|24a und 6|24b). Denn an dieser zweigeteilten Tafel kann nun die Übertragung des Geometralen ins Reale leicht nachvollzogen werden. Im oberen Bereich wird noch einmal der Truppenaufbau nach dem gleichen Prinzip wie von Tafel III und IV wiederholt. Dabei handelt es sich um eine extreme diagrammatische Verkürzung, die einen Soldaten auf einen Punkt reduziert. Diese Denkbewegung und bildliche Umsetzung ist allerdings auch zwingend nötig, um komplexe Bewegungsabläufe wie die Bewegung eines ganzen Bataillons darstellbar und kalkulierbar zu machen.

Der Punkt verdichtet also die Bildinformationen durch starke Verkürzung, während die Punktlinie für die Darstellung prozessartiger Vorgänge verantwortlich ist. So lässt sich auch für diese Bilder festhalten, dass Punktlinien den Aspekt der Zeitlichkeit darstellen. Sie sind zudem die einzige Linienform, die hier in der Lage ist, über den Zustand des Jetzt hinaus zu verweisen. Während auf Tafel VI die Zirkellinien zwar in ihrer Geschwungenheit Dynamik erzeugen, können sie dennoch nicht darüber hinwegtäuschen, dass sie solange sie als durchgezogene Linien einerseits auf den Zustand des unmittelbar Gegenwärtigen und andererseits des bereits Vergangenen verweisen, nämlich den Zeitpunkt ihrer Erzeugung. Punktlinien erwecken dagegen den Eindruck, dass der Prozess der Erzeugung noch nicht abgeschlossen ist. Der Zirkelschluss wird so quasi im Vollzug, also im ‚Akt der Ausführung' verstanden. Beim Betrachter formt sich so der Eindruck, dass es sich um einen Prozess im Bild handelt, der dynamisch durchlässig und nicht abgeschlossen ist. John Bender und Michael Marrinan erkennen die zentrale Bedeutung von Punktlinien für die Bewegungserzeugung im Bild. Sie schreiben zu dieser Tafel:

> „Weiße Punkte deuten auf kürzlich verlassene Positionen, während Punktlinien den Weg verfolgen, der bei der Einnahme der schwarz markierten neuen Positionen zurückgelegt wurde. Dieser Rückgriff auf grafische Notationen macht Zeit (vorübergehende gegenüber folgender Position) und Bewegung (Punktlinien) sichtbar [...].“[85]

In Klammern gesetzt, doch nicht minder klar verständlich wird Punktlinien hier die Eigenschaft zugesprochen, einen zeitlichen Ablauf darstellen zu können.

Bevor diese Beobachtungen weiterführend analysiert werden können, soll nun noch das letzte Bildbeispiel der Bilderreihe vorgestellt werden. Auf der zweigeteilten Tafel XIV (Abb. 6|25) ist im oberen Bildbereich die schematische Umsetzung des Inhalts des unteren Bildes zu sehen. Dargestellt ist jeweils das formierte *Bataillon de la droite*. Allerdings ist die Perspektive auf die Formation nicht identisch.

85 Bender / Marrinan: Kultur des Diagramms, S. 60.

Während das obere Bild das Bataillon in Aufsicht zeigt, wird im unteren Bild die Anordnung der Soldaten in Halbaufsicht dargestellt. Zudem ist die diagrammatische Umsetzung des Bataillons im Vergleich zu dem unteren Bild um 90 Grad gegen den Uhrzeigersinn gedreht. Trotz dieser Unterschiede bleibt für den Bildbetrachter das Konzept verständlich: Aus zweidimensionalen, geometrischen Figuren, beschriftet mit Buchstaben und Zahlen und verbunden durch Punktlinien, werden in dem Bild darunter in Fig. 66 dreidimensionale, auf einem Feld vor den Toren der Stadt zu einem Bataillon formierte Soldaten. Die im unteren Bildabschnitt dargestellten Details wie die Stadtmauern, eine Festung, ein Kirchturm, Brücken, Bäume, Sträucher, Berge und Wolken verschwinden im geometrischen Raum, in dem alles auf ein Mindestmaß an Informationen reduziert ist.

Die tableauartige Darstellung der Truppenformation in der Vignette nähert sich dem Charakter und der Funktion eines Bildverzeichnisses, aus dem dann die oben dargestellte Karte hergeleitet werden kann. Jedoch wäre der Schritt von einem zum anderen nahezu unmöglich zu verstehen, gäbe es nicht die vorhergehenden Tafeln, auf denen die Körper der Soldaten zu Punkten im Raum geworden sind und deren Bewegungen Punktlinien markieren.[86]

Doch die Punktlinie markiert nicht nur die Bewegung, wie von Bender und Marrinan richtig beobachtet. Sie ist zugleich ein Indikator für die Verbindung zweier unterschiedlicher Darstellungsweisen. Die Beobachtungen zu Punktlinien in Traktaten zur Perspektivendarstellung des späten 16. und frühen 17. Jahrhunderts (vgl. 4.5) zeigen, dass Punktlinien gehäuft verwendet werden, wenn geometrische mit naturalistischen Bildelementen kombiniert dargestellt werden sollen. Auch in der Bilderreihe zur Exerzierkunst wird mit einer Konstruktion aus geometrischer und naturalistischer Darstellungsweise operiert. Punktlinien fungieren dabei als Bindeglied zwischen realer und diagrammatischer Welt. In ihrer Eigenschaft, dynamisch zwischen Auflösung oder Aufbau wahrgenommen zu werden, zeichnet sich dabei für sie eine Verbindungs- und Übertragungsfunktion zwischen zwei unterschiedlichen Bildebenen ab.[87] Die Sichtbarmachung eines Übergangs zwischen zwei verschiedenen Bildanteilen soll deshalb im letzten Abschnitt dieses Kapitels für die Darstellungen in der Kunst im Fokus stehen.

86 Ebd., S. 61.

87 Diese Scharnierfunktion wird auch im Kontext moderner militärischer Abbildungen deutlich. So operiert die Punktlinie auch auf den zu Beginn der Arbeit betrachteten Abbildungen zur Steuerung von Drohnen in genau derselben Funktion, den fotorealistischen Bildraum mit dem Grafischen zu verbinden (Abb. 1|7 u. Abb. 1|8).

6.4 LINIEN ALS OPERATOREN IN MODERNER UND ZEITGENÖSSISCHER KUNST

Die zentrale Funktion von Punktlinien in der Diagrammatik der Frühen Neuzeit tritt in den medizintechnischen, kartografischen und militärischen Bildern hervor und lässt sich zusammengefasst als die Darstellung einer raumzeitlichen Dimension im Bild beschreiben. Die Punktlinie ist deshalb auch als Operator im lateinischen Wortsinn zu verstehen: als ein ‚Verrichter'[88] also, der Prozesse veranschaulicht. Obwohl Punktlinien damit eine dynamisierende Funktion zukommt, lassen sich seit ihrer Etablierung nur wenige theoretische Ausführungen dazu ausmachen. Die entdeckten Vermerke in der Frühen Neuzeit, etwa bei Du Breuil (vgl. 4.4.4), deuten zwar auf einen beginnenden theoretischen Diskurs hin, können aber höchstens als Fragmente einer theoretischen Erschließung ihrer Funktion verstanden werden. Erst in deutlich späteren Schriften zur modernen Kunst findet eine tiefergehende Reflektion über diese Linienform statt, die ihr ein theoretisches Fundament verleiht. Erstrangig zählen dazu Aufzeichnungen von Kandinsky und Klee.

Klee geht in seinen Grundannahmen zur Form- und Gestaltungslehre davon aus, dass „Gestaltung [...] mit dem Begriff Bewegung verbunden sein [muss]".[89] Bewegung ist für Klee „ein Hin und Her zwischen festen Punkten"[90], und die Triebkräfte für Bewegungen setzt er mit ‚aktiven Linien'[91] gleich. Besonders interessant ist allerdings Klees Konzept der ‚Pseudolinie'[92] (vgl. 1.3), die aus einer Reihe von Punkten besteht (Abb. 1|26) und damit in ihren Bestandteilen einer Punktlinie entspricht. Klee vermerkt unter der Pseudolinie: „Punkt zur Linie"[93] und erklärt damit verkürzt ihre Entstehung im euklidischen Sinn. Allerdings bedarf es laut Klee entgegen der euklidischen Definition zur Entstehung einer Linie nicht zwangsläufig einer Ansammlung von Punkten (vgl. 2). Vielmehr genügt nur ein einziger Punkt, „der sich durch einen ungeklärten, inneren Drang in Bewegung setzt"[94] und „der durch seine

---

88 Georges: Ausführliches lateinisch-deutsches Handwörterbuch, Bd. 2, Sp. 1354.

89 Klee, Paul: Unendliche Naturgeschichte. Prinzipielle Ordnung der bildnerischen Mittel, verbunden mit Naturstudium, und konstruktive Kompositionswege. Form- und Gestaltungslehre. Bd. II. Hrsg. u. bearbeitet v. Jürg Spiller. Basel, Stuttgart 1970, S. 26.

90 Ebd.

91 Vgl. Ebd., S. 56 u. S. 149, Faksimiletafel 8/7.

92 Die Bildnerische Gestaltungslehre Paul Klees. Zentrum Paul Klee in Bern. Paul Klee. Unveröffentl. Manuskript. Inv.-Nr. BG 1.4/12. zpk.org, Bern (2015). http://www.zpk.org/de/sammlung-forschung/sammlung-archiv/paul-klee-bildnerische-form-und-gestaltungslehre-389.html Stand: 15.11.2015.

93 Ebd. Siehe auch Abb. 1|26.

94 Bonnefoit: Die Linientheorien von Paul Klee, S. 14.

Bewegungsspur die Linie zeichnet"[95]. Die beiden geometrischen Grundformen Punkt und Linie, aber auch ihre unterschiedlichen Eigenschaften, können demnach in der Punktlinie als Spur des Punktes verstanden werden. Spuren sind laut Klee an Bewegungsabläufe gebunden und lassen sich grundsätzlich in Linienformen darstellen.[96]

Auch Kandinsky beschreibt Punktlinien als Resultat einer Spur. Demzufolge werden auf dem Boden durch das „schnelle Laufen auf den Fußspitzen [...] Punkte"[97] hinterlassen. Punkte in einer linearen Reihung können deshalb für Kandinsky als Analogie für bewusst oder unbewusst hinterlassene Spuren verstanden werden. Diese Abfolge sich wiederholender Zeichen erzeugt im Bild eine zeitliche Dimension (vgl. 6.2), deren genauer Wirkungsweise auch Kandinsky nachzugehen sucht. Ausgehend von der Spur des Tanzes, die schon in der Frühen Neuzeit mit Punktlinien dargestellt wird (Abb. 6|18), kommt Kandinsky zu dem Schluss, dass sich auch musikalisches Material in eine punktförmig-lineare Bildanordnung übertragen lassen muss. Das Ergebnis dieses Experiments ist ein Transformationsversuch, Beethovens fünfte Symphonie in Punkten und Punktlinien darzustellen (Abb. 6|26 a + b). Ob diese Notationsform tatsächlich für Musiker eine gelungene Lösung ist, bleibt sicher umstritten. Dass sich Kandinsky aber der grafischen Gestaltung von Musik mit Punkten und Linien zuwendet, bekräftigt die These, dass Punktlinien ein prozessualer Charakter zugeschrieben werden kann (vgl. Kap. 3 u. Kap. 5).

Obwohl Klees und Kandinskys theoretische Ausführungen wichtige Ansätze und Hypothesen zur Punktlinie liefern, lässt sich auch hier keine umfangreiche Theoriebildung ausmachen. Die Grundlagen der strukturellen Eigenschaften von Punktlinien werden allerdings dennoch beschrieben und lenken damit den Fokus der Arbeit erneut auf Bildbeispiele, die der Funktion dieser Linienform bei der Erzeugung einer zeitlichen Bildebene verdeutlichen.

Beiden Phänomenen spürt etwa der zeitgenössische Künstler William Kentridge in unterschiedlichen Medien nach. Dazu zählen neben Zeichnungen, Fotografien und Fotocollagen auch zahlreiche Videoinstallationen, in denen Kentridge versucht, die Spuren von Bewegung zu bannen. Besonders eindringlich war dies etwa in der Videoinstallation *The Refusal of Time* (2012) auf der *documenta 13* zu erleben.[98] Auch in der Ausstellung *Double Vision: Albrecht Dürer & William Kentridge* (2015) im Berliner Kulturforum ist die Zeit im Bild ein Thema mehrerer Exponate

95 Ebd., S. 24.

96 Klee zeigt dies etwa in einer Skizze, in der er große und kleine Schritte oder das Springen durch gebrochene Linien abbildet (Klee: Unendliche Naturgeschichte, S. 349).

97 Kandinsky: Punkt, Linie zu Fläche, S. 44.

98 Documenta 13: Katalog. Red.-Leitung: Katrin Sauerländer. Hauptautorin: Eva Scharrer. Das Begleitbuch = The Guidebook. Bd. 3. Ostfildern 2012, S. 352.

des Künstlers (vgl. 1.2). Das Beispiel der Collage *Parcours d'Atelier* zeigt (Abb. 1|14), wie mit mehreren Linien der Bewegungsablauf des Künstlers im Atelier reproduziert werden kann. Ganz im Sinne Kandinskys bezeichnet dabei jede einzelne Linie eine bestimmte Wegstrecke zu Standpunkten, die mit Empfindungen oder Tätigkeiten beschriftet sind. In einem rot umrahmten Feld entsteht also aus bezeichneten Standpunkten, der Abfolge von Strichen sowie durchgezogenen Linien ein topografischer Zusammenhang. Die genauen Verbindungen werden dabei im Einzelnen durch teilweise kreuz und quer im Bildraum verlaufende Linien dargestellt. Jeder Strich wird dadurch zur Spur eines Schrittes des Künstlers in seinem Atelier. Wenn man also von einem topografischen Bildraum ausgeht, in dem Wegstrecken zurückgelegt werden, entsteht auch bei Kentridge eine zeitliche Dimension im Bild, die mit Punktlinien angezeigt wird.

Kentridges künstlerisches Interesse steht in diesen Arbeiten in einer Tradition, die nun beinahe ein Jahrhundert zurückreicht. Denn seit den 1930er Jahren sind Formen dieser „zeitbasierte[n] Kunst"[99] vermehrt in der modernen Kunst anzutreffen.[100] Selten wurden daran allerdings bislang die theoretischen und operationalen Funktionen von Punktlinien reflektiert. Ausnahmen wie Stefan Themersons chronografisches Diagramm von 1967 (Abb. 6|27a) erweitern deshalb umso deutlicher übliche Erklärungsmuster.

Themerson geht in seinem Diagramm der Frage nach, ob es eine Korrelation von den Lebensaltern bekannter Persönlichkeiten zu zeit- und kunsthistorischen Ereignissen gibt und wie sich diese gegebenenfalls am besten darstellen lässt. Dazu konzentriert er sich auf das Alter von 20 Jahren, das er auf Zeitachsen mit Bildern, Namen und besonderen Ereignissen verknüpft. So entsteht etwa durch eine Linie eine Verbindung zwischen Kurt Schwitters, der 1907 20 Jahre alt war und Themerson selbst, der dieses Alter 1930 erreichte (Abb. 6|27b). Etwas weiter darunter findet sich eine Punktlinie, die Themerson beschriftet und mit einer Frage versieht: „This dotted linie is for you, gentle reader. Where were you 20?"[101]

Anders als bei Priestleys *Chart of Biography* (vgl. 6.2) wird bei Themerson die Zeitleiste mit durchgezogenen Linien erzeugt. Dafür ist ein neuer Interaktionsraum zwischen Leser und Diagramm mit einer Punktlinie eröffnet worden. Durch die Erläuterung und Frage tritt deshalb sofort die Unabgeschlossenheit dieser Darstellung hervor, denn unmissverständlich handelt es sich um eine Aufforderung, das Diagramm zu vervollständigen. Die Punktlinie wird damit zum Sinnbild für das relationale Moment eines Diagramms. Zudem zeigt sich auch in diesem Beispiel,

---

99 Rosenberg / Grafton: Die Zeit in Karten, S. 263.

100 Ebd., S. 245.

101 Siehe Abb. 6|27b.

dass Punktlinien in enger Korrelation zum Faktor Zeit stehen, der hier in der eingezeichneten Zeitachse expliziert wird.

Noch deutlicher wird das zeitliche Bildkonzept in Arbeiten des japanischen Künstlers On Kawara. In seinen *Date Paintings,* die er seit den 1960er Jahren täglich anfertigte, entspricht jeder Tag einem gemalten Datum, das in Echtzeit auf einer kleinen Tafel festgehalten wird.[102] Kawara bringt damit das Thema Zeit ins Bild. Rosenberg und Grafton bemerken dazu: „Im Gegensatz zur hohen Geschwindigkeit beispielsweise des Films, [...] verlangsamt Kawara den Prozess und nähert sich stattdessen dem Rhythmus gedruckter Medien an.“[103] Dies gilt insbesondere für seinen *100 Years Calender* (2000) (Abb. 6|28a), auf dem sich „im Pixelraster aller Tage des 20. Jahrhunderts manuell gelb punktiert die einzelnen Lebenstage Kawaras ab[zeichnen], während an schwarz markierten Tagen seine Datumsbilder entstanden“[104] (Abb. 6|28b). Ein Tag wird in diesem Diagramm also zu einem Punkt, dessen Setzung das Konzept von Zeit wiedergibt. Kawaras Auseinandersetzung mit dem Ablauf von Tagen, Wochen und Monaten verdichtet sich in Punktreihen, die prägnant die vergangene Zeit widerspiegeln.

Eine zeitlich-topografische Dimension lässt sich darüber hinaus künstlerisch auch auf den menschlichen Körper übertragen, wie die Amerikanerin Katie Lewis vorführt. In *201 Days* (2007) werden aus engverschlungenen Nadelköpfen und roten Bindfäden dreidimensionale Punkt- und Liniengebilden, die ein Protokoll aus Empfindungen zu einer Familienkrankheit von 201 Tagen darstellen (Abb. 6|29a u. Abb. 6|29b). Der Beschreibung zufolge stehen dabei „two movements – art as documentation and art as healing“[105] im Zentrum dieser Arbeit. Ein interessanter Effekt lässt sich in dieser Bilderreihe beobachten, wenn Lewis die Verbindungen aus Bindfäden weglässt und die weißen Nadelköpfe durch rote ersetzt. In *Accumulated Numbness* (2006) entstehen dadurch seltsame dreidimensionale Objekte, die in den Raum ragen und je nach Betrachterperspektive auseinander- oder zusam-

---

102 Insgesamt entstanden so über 2000 Datumsgemälde. Siehe dazu ausf.: Guggenheim Museum. guggenheim.org, New York (2016). Online: https://www.guggenheim.org/video/on-kawara-date-paintings Stand: 01.11.2016.

103 Ebd., S. 264.

104 Art. Kawaras Kalender. Johannes Fellmann. Kulturstiftung der Länder. kulturstiftung.de, Berlin (04.09.2014). Online: http://www.kulturstiftung.de/das-mmk-museum-fuer-moderne-kunst-frankfurt-am-main/ Stand: 21.09.2016.

105 Eine Charakterisierung der Arbeit von Lewis findet sich unter: Fastcodesign. fastcodesign.com, Mansueto (2016). Online: https://www.fastcodesign.com/1664884/a-data-viz-project-that-visualizes-a-family-history-of-disease/3 Stand: 20.09.2016. Vgl. auch Katie Holland Lewis. katiehollandlewis.com, New York (2016). Online: http:// katiehollandlewis.com Stand: 20.09.2016.

menstreben (Abb. 6|30). Auch hier soll die zeitliche Abfolge von Empfindungen veranschaulicht werden. In einer dichten Ansammlung der Nadeln verliert sich darin tendenziell das Auge, denn es ist nur mit Mühe möglich, einen einzelnen Nadelpunkt zu fixieren. Sieht man die Ansammlung der roten Nadeln als Ganzes, geraten die eng gesetzten Punkte vor den Augen des Betrachters förmlich in Bewegung.

Weitere Beispiele für die Verwendung von Punktlinien als Operatoren der Zeit in der Kunst bietet der eingangs erwähnte Künstler Miguel Rothschild (vgl. 1.2). Auf *It was a Dark and Stormy Night* (2014) präsentiert der Künstler eine Fotografie (Abb. 1|10a), die eine dichte Wolkendecke zeigt. Regen, der aus den Wolken fällt, wird durch gleichgroße gestanzte Löcher dargestellt, die linienartig beinahe senkrecht von der Mitte des Bildes bis zum unteren Bildrand verlaufen. Die Papierteilchen der Ausstanzungen werden im Raum zwischen Bild und Rahmen aufgefangen (Abb. 1|10b). Die durch die Ausstanzungen erzeugten Punktlinien bilden den Prozess des herabfallenden Regens ab. Zudem ist bemerkenswert, dass durch die Stanzungen ähnlich wie bei den Punzierungen mittelalterlicher Altarbilder (vgl. 5.2) eine Dreidimensionalität erzeugt wird. An den Rändern des durchstoßenen Materials wird dabei eine Grenze zwischen materieller Bildfläche und Bildraum sichtbar.

Ein ganz ähnlicher Effekt lässt sich bei Ceal Floyers *Reihe von 40* (2010) beobachten (Abb. 1|11, vgl. 1.2). 40 einzeln gerahmte und eng nebeneinander gehängte Punkte erzeugen hier Punktlinien vor dem Auge des Rezipienten. Zugleich treten auch hier die Punkte, als Gruppe betrachtet, durch ihre Rahmung als ein dreidimensionales Bild hervor. Der Effekt, den einzelnen Punkt schwer in einer Gruppe aus Punkten fixieren zu können, ist wie schon bei Lewis auch für diese Punkte festzustellen. In beiden Fällen führt dieser wahrnehmungsbedingte Eindruck dazu, den Bildern eine Dynamik zusprechen zu wollen. Die Kategorie „zeitbasierte Kunst" lässt sich deshalb mit dem Wissen um die Wirkungsweise von Punkten, Linien und Punktlinien besser verstehen.

Beim vielleicht prominentesten Künstler dieser Auswahl und zugleich dem letzten hier gewählten Beispiel zeigt sich dieser dynamische Bildeffekt auf besonders raffinierte Weise. Denn auch der prominente Künstler Damien Hirst hat in einer Vielzahl seiner Bilder die Wirkweisen von Punkten nachgespürt und den Betrachter dazu eingeladen, dies ebenso zu tun. Im Gegensatz zu Floyer bringt Hirst allerdings die Punkte in der Regel auf einen gemeinsamen Bildträger. In *Aminobenzo-Trifluoride* (1993) lotet der Künstler dabei nicht nur den Effekt des irritierten Auges aus (Abb. 6|31), sondern sucht dabei auch die Grenzen zwischen Fläche und Räumlichkeit im Bild. Anders als bei den bisherigen Beispielen platziert Hirst die Punkte dazu am äußersten Bildrand. Dadurch wird zwar kein direkter Übergang zum Außen hergestellt, dennoch verschwimmt dabei die Rahmung des Bildes. Anders als bei Floyer entsteht so bei Hirst auch nicht der Eindruck, eine Linie in den Punktreihen sehen zu können. Hirsts Bildkomposition erzeugt vielmehr mit Punktreihen eine Art Bildkörper, dessen materielle Grundlage mit dem Außen eins zu werden scheint. Besonders interessant sind die Farbwirkungen der dargestellten Punkte. Die Farbwechsel der Punkte zeigen nämlich deutlich, dass sich so keine Linien in den Punkten abzeichnen können.

Blickt man nun noch einmal auf alle Bildbeispiele dieses Abschnitts, stellt sich heraus, dass ‚Liniensehen'[106] in Punktreihen im Sinne Klees als Spur einer Bewegung[107] stets in unmittelbarem Zusammenhang zu den Abständen zwischen den Punkten zu sehen ist. Die Unterbrechungen etwa durch Rahmungen bei Floyer, ebenso durch gleichmäßige Aussparungen bei Rothschild und Kawara, sind also entscheidend um eine Linie vor dem Auge des Betrachters zu evozieren. Lewis und Hirsts Punktansammlungen sind deshalb in ihrer Wirkung einem Liniensehen nicht gleichzusetzen. Alle Bilder zielen jedoch auf den Effekt, durch Ansammlungen von Punkten in Bildern oder als Bilder eine gewisse Dynamik zu erzeugen. Diese Dynamik kann auch als zeitliche Dimension im Bild verstanden werden, die in Kapitel 7 genauer ausgeführt werden soll.

6.5 ZUSAMMENFASSUNG: SECHSTES KAPITEL

Zu Beginn des 17. Jahrhunderts lässt sich in den Wissenschaften eine Veränderung der Liniengestaltung in diagrammatischen Bildern feststellen. Neben den seit Jahrhunderten verwendeten Grundformen der Geometrie tritt als neue geometrische Form die Punktlinie hinzu. Diese Linienform lässt sich etwa in Traktaten zur Architektur, Medizin, Kartografie und Ballistik nachweisen und konnte in diesem Kapitel in ihren operationalen Zusammenhängen an einzelnen Beispielen genauer ausgeleuchtet werden.

Als Voraussetzung für die Erweiterung des geometrischen Formenrepertoires sind zeitgleich verlaufende Entwicklungen auszumachen, zu denen die Visualisierungsstrategie der Zentralperspektive zählt (vgl. Kap. 4), die auch als *symbolische Form* betrachtet werden kann (vgl. 6). Zudem sind die verfeinerten Drucktechniken zu nennen, die zu neuen Reproduktionsmöglichkeiten führen (vgl. Kap. 5).

Wie keine andere Linienform ermöglicht die Punktlinie in medizintechnischen Bildern einen erweiterten Blick auf die Anatomie des Körpers. Darüber hinaus simuliert diese Linienform bereits auf der Körperoberfläche einen imaginären Zugriff

106 Zum Konzept des Liniensehens siehe Baxandall: Löcher im Licht, S. 80f. Bogen, Steffen: Fließende und unterbrochene Bewegungen: Linien bei Taccola. In: Bach, Friedrich Teja / Pichler, Wolfram (Hgg.): Öffnungen. Zur Theorie und Geschichte der Zeichnung. München 2009, S. 241 – 260, hier: S. 249f.

107 Bonnefoit: Die Linientheorien von Paul Klee, S. 43.

auf die tieferen anatomischen Schichten. Der Schnitt durch die Epidermis kann damit bildlich imaginiert und anatomische Details können sichtbar gemacht werden (vgl. 6.1.3). Vor allem aber lässt sich durch die Verwendung von Punktlinien ein zeitlicher Vorgang vorwegnehmen, der auf ein zukünftiges Ereignis hindeutet. Die angezeigte Öffnung des zu operierenden Körpers, die Sichtbarmachung tieferliegender Schichten oder Körperbilder[108] (vgl. Abb. 6|5) oder die Notation physiologischer Vorgänge (Abb. 6|9) spiegeln deshalb vor allem, dass es mit der Neuausrichtung der wissenschaftlichen Bildformen und den wissenschaftlichen Diskursen zunehmend darum geht, mehrdimensionale, zeitlich verschobene Abläufe oder Eingriffe im Bild darstellen zu wollen. Die Etablierung der Punktlinie koinzidiert also mit dem vermehrten Bedarf der Darstellung von Prozessen (vgl. Kap. 7). Besonders die Vermessung der sichtbaren Welt zur Erschließung der vorhandenen Wissensräume wird dabei zur Triebfeder. Schäffner schreibt dazu:

„Die Vermessung der Landschaft, der Festungsbau, die Artillerie, die Ausbildung der Soldaten sind Effekte einer strategischen Wissensproduktion, die die Wissenschaften zu intensiver Diskursproduktion antreiben."[109]

Deshalb sind „Exerzieren, Schießen, Navigieren und Denken [...] als Operationsformen"[110] der Wissensgenerierung zu verstehen, deren gemeinsamer Nenner der Prozess, also ein zeitlicher Ablauf ist, der zum strukturellen Verbündeten wird. Wissen wird also gekoppelt an dynamische Vorgänge, deren Darstellung Einfluss auf die Techniken der Bildproduktion und vice versa auf die Vorstellungen von Prozessen nimmt.

Durch Punktlinien vollzieht sich deswegen kein grundlegender Wandel der Aufzeichnungstechniken. Denn die neue Notationsform etwa von Pulsschlägen (vgl. 6.1.4), Grenz- und Kriegsverläufen (vgl. 6.2) oder auch Schusslinien (vgl. 6.3) fügt sich in ein bestehendes grafisches Ordnungssystem ein.[111] Allerdings ist die

108 Insbesondere anatomische Klappbilder sind zu nennen. Eindrucksvoll lässt sich diese Technik anhand der Bilderreihe Four Sessions aus dem frühen 17. Jahrhundert nachvollziehen: Duke University Medical Center Library. library.duke.edu, Durham (2016). Online: http://library.duke.edu/rubenstein/sites/default/files/rubenstein/flash/fourseasons/4SEASONS.swf Stand: 12.01.17. Dazu auch: Kamp, Martin: Visualizations. The Nature Book of Art and Science. Oxford 2000, S. 13f.

109 Schäffner: Operationale Topographie, S. 67.

110 Ebd.

111 Thomas Edisons „Electric Pen", ein Stift, der in Echtzeit die Bewegungen des Schreibenden als Punkte oder Perforationen vergleichbar mit dem Prinzip moderner Tätowiergeräte wiedergibt, belegt eindrucksvoll diese enge Verbindung zwischen physiolo-

Einführung von Punktlinien zur Darstellung von Prozessen mehr als bloße Erweiterung und sinnvolle Ergänzung geometrischer Formen. Sie ist vielmehr als Teil einer strukturellen Veränderung *symbolischer Formen* zu verstehen (vgl. 6). So verändert sich mit dem Paradigmenwechsel nicht automatisch der bereits vorhandene diagrammatische Bildraum. Vielmehr erfährt er dadurch eine Nobilitierung, dass zu dieser Zeit das Diagramm als Experimentierort des Denkens den neuen Herausforderungen der rasanten Vermehrung von Wissen am besten gewachsen ist. Die Einführung der Punktlinie ins diagrammatische Operieren und Denken stellt deshalb nicht mehr und nicht weniger dar als die Schließung einer zu besetzenden Lücke zur Darstellung von Prozessen.[112] Der Prozess im Bild, die Darstellung des Dazwischen aus Vorher und Nachher, wird in wissenschaftlichen Bildern mit Punktlinien abgebildet.

Punktlinien sind deshalb für die untersuchten militärhistorischen Karten ebenso wie für die modernen geographischen Karten in *Google Maps* oder in den von Warnke typologisierten *raumgreifenden Grafiken*[113] (vgl. 6.3) als funktionales Gestaltungsmittel einzuschätzen. Gleichzeitig zeichnet sich immer prägnanter ab, dass diese Prädestinierung der Darstellung von zeitlichen Abläufen allein aus den operationalen Zusammenhängen nicht erklärt werden kann. Vielmehr wird an den gezeigten Perspektivendarstellungen, Bildprozessen und Bildraumöffnungen deutlich, dass die Funktion von Punktlinien an die Faktoren von Zeit und Raum gebunden sind. Diese sollen im folgenden siebenten Kapitel genauer betrachtet werden, um damit einen erweiterten Zugang zur *pragmatischen Potenz* (vgl. 1.1) der Punktlinie zu erlangen. Auf diesem Weg wird die Punktlinie zugleich als ein vielversprechendes Analyseinstrument für die Wissenschaft herausgestellt.

---

gischer Bewegung, Aufzeichnungsvorgang und grafischem Punkt. Genauer dazu Kammer: Symptome der Individualität, S. 52f.

112 Zudem ermöglichen Punktlinien, auch einen natürlichen Raum für den geometralen Raum zu öffnen. Diese Funktion wurde bei der Untersuchung der Perspektiventraktate ausgeführt (vgl. 5.8).

113 Die politischen Karten dieser Welt werden heute nicht mehr mit Pfeilen, aber nach wie vor unter Verwendung von Linien gefertigt. Diese Linien können beispielsweise im Fall der Halbinsel Krim (Abb. 6|16) oder in Bezug auf die Flüchtlingsrouten von 2015 durch Europa (Abb. 1|4) als raumgreifende Grafiken verstanden werden, da sie feste Zugehörigkeiten aufspalten und damit auf raumverändernde Prozesse hinweisen. Nicht selten werden deshalb Punkt- oder Strichlinien auf Karten verwendet, wenn damit veränderbare Parameter angezeigt werden sollen. Dabei kann es sich um geopolitische Interessen, allgemeine Interessenkonflikte, massive Veränderungen oder inkonstante politische Verhältnisse handeln (vgl. 6.2).

7 Zur *Pragmatischen Potenz* von Punktlinien

> [Man kann] die Linie weder sehen noch berühren. Sie manifestiert sich immer nur indirekt als Grenze, Umriss oder als Bewegungsverlauf. In der Natur existiert sie nicht und stellt eine Abstraktion dar. Dennoch sind unsere Erfahrungsweisen der Realität, die Auffassung von Raum und Zeit, unser Orientierungssinn, unser kausales Denken und Sprechen ohne die Annahme von Linien und Linearität unvorstellbar.[1]
>
> *Matthias Haldemann*

Punktlinien werden auch im 21. Jahrhundert in wissenschaftlichen Bildern verwendet (vgl. 1.3). Sie tangieren darüber hinaus auch in anderen Bereichen meist unscheinbar unseren Lebensalltag (vgl. 1.6 u. Kap. 6) und sind doch Teil eines verfestigten Formenrepertoires. Das inzwischen breite Anwendungsspektrum lässt dabei beinahe übersehen, dass ihre Genese auf den engen Konnex zwischen Wissen und Wissensproduktion hindeutet. Denn Punktlinien in diagrammatischen Abbildungen operieren nicht selten am Schnittpunkt der Wissenserzeugung. Hinzu kommt der paradoxe Befund, dass bis heute keine eindeutige Konvention für ihre Bezeichnung existiert (vgl. 4.4). Diese fehlende Benennung einer Zeichenform deutet auf theoretische Fragen hin, die sowohl semiotische als auch bildtheoretische Erklärungsansätze herausfordern, die in diesem Kapitel entwickelt werden sollen.

Die erste dieser beiden Zugriffsrichtungen betrifft die grundlegenden Vorstellungen von Zeichen. Wissenschaftsgeschichtlich erläutert beispielsweise Immanuel Kant Zeichen, denen eine begriffliche Zuordnung fehlt. Kant postuliert in der *Kritik der reinen Vernunft* (1781), dass „Gedanken ohne Inhalt [...] leer [und]

1 Haldemann: Im Reich der Linie, S. 8.

Anschauungen ohne Begriffe [...] blind“[2] seien. Seine These wird allgemein so ausgelegt, dass eine Rückführung der Erkenntnis basierend auf dem reinen Verstand ohne sinnliche Anschauung nicht möglich ist. Diese Überlegung impliziert auch, dass Begriffsbildung und Anschauung für Kant bei jeder Erkenntnis Hand in Hand gehen.

Überträgt man diesen philosophischen Gedanken nun auf den Umgang mit konkreten Zeichen in diagrammatischen Abbildungen, dann lässt die Begriffslosigkeit für Punktlinien tatsächlich auch auf eine gewisse Blindheit für diese Linienform schließen. Blindheit kann allerdings in diesem Fall nicht unbedingt als negative Eigenschaft verstanden werden. Vielmehr ergibt sich aus den bisherigen Beobachtungen der Eindruck, dass Punktlinien gerade durch diese sprachliche Unbestimmtheit für diejenigen Anwendungsbereiche besonders geeignet ist, in denen eine ‚strukturelle Blindheit‘, oder anders formuliert, eine Begriffslosigkeit zweckmäßig ist. Die gewollten oder ungewollten sprachlichen Unschärfen und Uneindeutigkeiten sind wie die Zwischenräume zwischen den Zeichen zu deuten. Das Verborgene liegt in diesen nicht definierten Bereichen, um Sichtbares unsichtbar oder umgekehrt Unsichtbares sichtbar machen zu können.

Als Pionier der Benennung grafischer Entitäten und der strukturellen Analyse grafischer Formen hat sich Jacques Bertin durch seine intensive Forschung in den 1970er Jahren hervorgetan. Bertin versucht in seinen Untersuchungen, alle besonderen Eigenschaften grafischer Darstellungen zu beschreiben, und hat eigens dazu eine *Semiologie des grafischen Systems* entwickelt.[3] Im Gegensatz zu bildhaften Darstellungen besitze demnach die Grafik das besondere Merkmal, dass „jedes Element im Voraus gekennzeichnet“[4] ist. Bertin geht dabei von dem Konsens aus,[5] dass innerhalb eines monosemiotischen Systems

2 Kant, Immanuel: Kritik der reinen Vernunft. Hrsg. v. Wilhelm Weischedel. Bd. 1. Frankfurt am Main 1974, B 75 / A 51, S. 98. Kant erklärt dazu: „Anschauung und Begriffe machen also die Elemente aller unsrer Erkenntnis aus, so dass weder Begriffe, ohne ihnen auf einige Art korrespondierende Anschauung, noch Anschauung ohne Begriffe, ein Erkenntnis abgeben kann.“ (Ebd., B 74, 75 / A 50, 51, S. 97).

3 Bertin, Jacques: Graphische Semiologie. Diagramme. Netze. Karten. Übersetzt und bearbeitet nach der 2. franz. Auflage von Georg Jensch, Dieter Schade und Wolfgang Scharfe. Berlin, New York 1974. Siehe auch Bertin, Jacques: Graphische Darstellungen. Graphische Verarbeitung von Informationen. Übersetzt und bearbeitet von Wolfgang Scharfe. Berlin, New York 1982.

4 Bertin: Graphische Semiologie, S. 10.

5 Bertin umreißt damit ein zeichentheoretisches Problem, das bereits in den 1920er Jahren beschrieben und durch die Pioniere der Semiotik umfassend analysiert worden ist (dazu genauer in 7.3).

für einen bestimmten Bereich und für eine bestimmte Zeit sich alle Beteiligten auf bestimmte Bedeutungen einigen, die durch bestimmte Zeichen ausgedrückt werden, und dass die Beteiligten übereinkommen, an diesen Bedeutungen und Zeichen festzuhalten. Diese Übereinkunft gestattet nun, über die Verbindung der Zeichen zu diskutieren [...].[6]

Folgt man Bertin, haben demnach alle Zeichen einer Grafik eine zuvor definierte Zuordnung erfahren, so dass die höchst unterschiedlichen Interpretationsmöglichkeiten des Betrachters begrenzt werden können. Diese einfache Logik folgt gewissermaßen dem Motto: Nur was ich benennen kann, lässt sich auch zweifelsfrei interpretieren. Der Interpret ist dabei für Bertin an seine visuelle Wahrnehmung gebunden. Deshalb gilt es für jeden Interpreten einer grafischen Darstellung, „die Verbindungen zwischen den Bedeutungen zu erfassen. Dieser Unterschied ist von grundsätzlicher Art, denn er gibt der ‚Grafik' im Verhältnis zu anderen Formen der Visualisierung erst ihren eigentlichen Sinn."[7]

Der Punkt wird bei Bertin als ‚Fleck' deklariert[8] und lässt sich durch sechs drucktechnische Kategorien spezifizieren: die Größe, den Helligkeitswert, das Muster, die Farbe, die Richtung und die Form.[9] Diese beeindruckende Tiefenschärfe der grafischen Systematik Bertins täuscht allerdings nicht über die Grenzen seiner Semiologie hinweg. Denn im Gegensatz zum Punkt wird die Punktlinie von Bertin vielfach innerhalb seiner grafischen Darstellungen verwendet, jedoch überhaupt nicht definiert. Von einer wie bei Bertin beschriebenen Bedeutungszuordnung im Vorfeld muss deshalb zwar auf einer symbolischen Ebene ausgegangen werden. Dies setzt jedoch offenbar nicht zwangsläufig voraus, dass dafür eine begriffliche Übereinkunft getroffen wird.

An den Rändern des Sichtbaren, im Bereich der Unschärfen, jenseits des Sagbaren operieren Punktlinien. Mit Nelson Goodman gesagt sind sie oft, „Exemplifikationen einer unbenannten Eigenschaft".[10] Man könnte auch von „nichtbegriff-

6 Bertin: Graphische Semiologie, S. 10f.

7 Ebd.

8 Gloria Meynen schreibt dazu pointiert: „Diese Theorie antwortet auf die Bildlosigkeit des Punktes mit einer serienmäßigen Produktion von Druckflecken. Bertin zerlegt wie Euklid die Bilder in Elemente. Aber hier enden die Gemeinsamkeiten auch schon. Denn Bertin setzt beim Sichtbaren ein. Der Fleck ist kein Nullpunkt. Er ist ein Archipel, besiedelt von Myriaden von mathematischen Punkten." (Dies.: Falsche Bilder. Kunsthistorisches Jahrbuch der Bildkritik 7:2 (2010), S. 43 – 61, hier: S. 55).

9 Bertin: Graphische Semiologie, S. 50.

10 Goodman führt dazu aus: „Exemplifikationen einer unbenannten Eigenschaft laufen gewöhnlich auf die Exemplifikation eines nonverbalen Symbols hinaus, für das wir weder ein entsprechendes Wort noch eine Beschreibung haben." (Goodman, Nelson: Sprachen

liche[m] Wissen“[11] sprechen, das oft an den Schnittstellen der Wissensproduktion angesiedelt ist. Die fehlende Begriffsbildung und die ebenso mangelnde theoretische Auseinandersetzung mit Punktlinien deuten also nicht allein auf Leerstellen im Diskurs hin (vgl. Dürer, 2.4, u. Bosse, 5.3). Vielmehr zeichnet sich daran ab, dass die Zuordnung des Unbenannten auf einer vorsprachlichen Zeichenebene stattfindet.

Olaf Breidbachs generelle Frage nach der Herkunft des Wissens wirft ein interessantes Schlaglicht auf das Phänomen der fehlenden Definition von Punktlinien. Denn Breidbach postuliert, dass neues Wissen erst dadurch entstehen kann, dass grundsätzlich „die Handlung dem Denken vorausläuft und sich nicht einfach nach dem Denken ausrichtet.“[12] Wäre das so, dann würde Breidbach zufolge noch vor jeder gedanklichen Reflektion oder Begriffsbildung neues Wissen durch Vorgänge der Praxis entstehen. Es wäre zudem naheliegend, dass eine Analyse nicht jede Bildstruktur eindeutig zuordnen oder umfassend reflektiert. „Schließlich“, so begründet Breidbach seine Überlegung,

> „ist die Praxis oft einen oder mehrere Schritte weiter als ihre begriffliche Bestimmung. So erschöpfen sich die Praktiken nicht einfach in dem, was über sie berichtet ist. Sie binden eine Fülle nicht explizierter Zusammenhänge, Erfahrungen, Übungen und impliziter Übernahmen mit ein. Sie binden sich an Strukturen, an denen sie ansetzen und mit denen sie arbeiten können.“[13]

Breidbach zufolge binden sich also „die Praktiken [...] an Strukturen“[14], die natürlich auch grafische Elemente sein können. Folgt man diesem Gedanken, sprächen bereits einige der Merkmale von Punktlinien dafür, sie als eine solche *Struktur der Praxis* zu verstehen. Denn bereits vor jeder begrifflichen Bestimmung sind Punktli-

---

der Kunst. Entwurf einer Symboltheorie. Übersetzt v. Bernd Philippi. Originalausgabe 1968. Frankfurt am Main 1995, S. 64).

11 Bromand, Joachim / Kreis, Guido: Einleitung: Begriffe vom Nichtbegrifflichen. Ein Problemaufriss. In: Diess. (Hgg.): Was sich nicht sagen lässt. Das Nicht-Begriffliche in Wissenschaft, Kunst und Religion. Berlin 2010, S. 11 – 17, hier: S. 15. Explizit gehören für Goodman zu diesen nichtbegrifflichen Repräsentationssystemen auch Bilder (ebd.; siehe auch: Goodman: Sprachen der Kunst, S. 17).

12 Breidbach, Olaf: Wissen händeln. Bemerkungen zur Konstitution wissenschaftlichen Wissens. In: Bromand, Joachim / Kreis, Guido (Hgg.): Was sich nicht sagen lässt. Das Nicht-Begriffliche in Wissenschaft, Kunst und Religion. Berlin 2010, S. 141 – 156, hier: S. 145.

13 Ebd., S. 148.

14 Breidbach: Wissen händeln, S. 148.

nien strukturell in der diagrammatischen Welt vorhanden. Inwieweit sie auch an der Entstehung von Wissen beteiligt sein können, wäre demnach immer im strukturellen Setting von Diagrammen zu suchen. Folgt man Breidbachs These, wird also erst durch das Erkennen und Sichtbarmachen von Strukturen, die vor oder jenseits jeder begrifflichen Fassung existieren, ein erweitertes Verständnis, eine neue Imagination oder ein Denkgebilde zugelassen.

Wenn sich Wissen, und insbesondere Bildwissen, immer aus strukturellen gebundenen Zusammenhängen speist, könnte also grundsätzlich auch die vorbegiffliche Wissenserzeugung mit grafischen Zeichen wie der Punktlinie im Zusammenhang stehen.

Die operationalen Zusammenhänge in wissenschaftlichen Bildern (vgl. bes. Kap. 4 u. Kap. 6) zeugen davon, dass durch die Undefiniertheit von Punktlinien eine ideale Form zur Beschreibung unbekannter, uneindeutiger oder unsichtbarer Prozesse zur Wissensgenerierung gefunden wurde. In der Form der Punktlinie eröffnet sich in der geometrischen Ordnung und begriffsscharfen Mathematik ein ungewöhnlicher Spielraum der Bedeutungsoffenheit, die diese Form gegenüber den meisten anderen auszeichnet. Diese Überlegung lenkt den Fokus auf die strukturellen Eigenschaften von Punktlinien, da sich nun nach der Analyse der Genese, Funktion und Operationalität immer deutlicher abzeichnet, dass die Potentiale von Punktlinien darin liegen, an der Bildung von Bildprozessen und zugleich an der Wissenserzeugung beteiligt sein können.[15]

Die Engführung von Bildprozess und Wissenserzeugung führt deutlich vor Augen, dass die Eigenschaften dieser Linie an die imaginierten dynamischen Vorgänge im Abgebildeten zu liegen scheinen.

Einige Grundannahmen, um Prozesse im Bild mit Punktlinien zu erkennen, wurden bereits formuliert. Nicht betrachtet wurden dabei bisher Zeitkonzepte im Bild, die konstituierend für jede Form der Prozessvermittlung sind. Die Rahmenbedingungen dazu sollen in den Abschnitten 7.1, 7.2 und 7.3 erläutert werden. Sie bieten zugleich Antworten darauf an, was unter diagrammatischer Potenz der Punktlinie verstanden werden kann. Im Zentrum dieses Kapitels steht das Anliegen, die Punktlinie mit diesem Wissen als diagrammatisches Analyseinstrument zu verstehen und ihre Funktion aus einer bildtheoretischen und semiotischen Perspektive genauer zu bestimmen.

15 Zur allgemeinen Wissensgenerierung kann die Punktlinie dabei grundsätzlich, mit Breidbach gesagt, als eine Struktur der Praxis verstanden werden. Daneben tritt gleichzeitig als prägnante Eigenschaft von Punktlinien in den Vordergrund, dass durch sie zeitliche Bilddimensionen abgebildet werden können.

7.1 ZEIT UND RAUM IN LINIEN I – ZUR RÄUMLICHEN POTENZ

Daniel Rosenberg und Anthony Grafton stellen gleich zu Beginn ihrer Publikation *Die Zeit in Karten* (2015) die Frage: „Kann man Zeit malen oder zeichnen?"[16] Bei der Beantwortung geben sie einen umfangreichen Einblick in die Wissenschaftsgeschichte der Chronologie und Kartografie (vgl. 6.2). Die Zeit im Bild ist den Autoren zufolge grundsätzlich an Orte gebunden. Das bedeutet, die Grundbedingung für eine Topografie von Zeitlichkeit ist eine bildlich konstruierte Räumlichkeit. Im Folgenden sollen deshalb zunächst die Zusammenhänge danach vorgestellt werden die zur Erzeugung einer räumlichen Ebene führen, bevor der Frage nach den Wirkungsweisen von Zeitlichkeit im Bild (7.2) nachgegangen werden kann.

Folgt man Karin Leonhard, die intensiv zu den Raumkonzepten der Frühen Neuzeit gearbeitet hat, dann hatten gerade im 17. Jahrhundert Raumfragen „Hochkonjunktur"[17]. So thematisieren beispielsweise Bilder in der *Perspectiva* (1604) von Vredeman de Vries (vgl. 4.5.3 u. 5.5) neben Fragen der Perspektivenkonstruktion auch Grundüberlegungen zur Vorstellung von Räumlichkeit.[18] Sowohl der Körper im Raum (Abb. 5|14) als auch der Raum und seine realen und geometrischen Gesetze, etwa in einem leergeräumten Zimmer (Abb. 7|1), werden dabei in Szene gesetzt. Der Raum ohne Inhalt, die Leere und das Vakuum werfen dabei grundsätzliche Fragen der Metaphysik auf, denen Descartes mit der Theorie der Kleinstteilchen begegnet, wonach der gesamte Raum von unsichtbaren Feinstpartikeln ausge-

16 Rosenberg / Grafton: Die Zeit in Karten, S. 11. Beide Autoren betonen, dass bisher „die formellen und historischen Probleme der Darstellung von Zeit weitgehend ignoriert" wurden. Gerade Linien als „grundlegende[ ] Elemente eines Historien-Diagramms" stehen deshalb im Zentrum ihrer Beobachtung. Die Linie sei zudem „eine sehr viel komplexere und mannigfaltigere Form, als man es für gewöhnlich annimmt" (ebd.).

17 Leonhard: Was ist Raum im 17. Jahrhundert? S. 11.

18 Der Diskurs zur perspektivischen Bildraumkonstruktion ist unmittelbar an frühneuzeitliche Wahrnehmungstheoreme geknüpft, die ein differenziertes Theoriefeld hinterlassen haben. Denn wie Uwe Clasen deutlich macht, ist „[d]as Sehen von Entfernung, Größe und Lage, die Wahrnehmung von Entfernung und Größe sowie die Raumwahrnehmung [...] bis in die Gegenwart noch Gegenstände spekulativer Deutungsversuche. Da es sich bei diesen Wahrnehmungszielen um Ziele nicht materieller Natur handelt, fällt die klare wahrnehmungstheoretische Behandlung nicht nur Naturphilosophen wie René Descartes schwer, sondern auch den zeitgenössischen Sehforschern." (Clasen: Die Sehtheorien von René Descartes, S. 97).

füllt sei (vgl. 5.7).[19] Allerdings hat in dieser Zeit „[k]aum ein Künstler [...] seine raumtheoretische Position“[20], das heißt eine explizite Theoriebildung hinterlassen. Stattdessen avancierte die Frage nach der Zusammensetzung und Bedeutung des Raumes zu einem philosophischen Problem,[21] das im Wesentlichen die Raumkonzepte vom *absoluten* und *relativen Raum* zum Ende der barocken Periode hervorbrachte.[22] Für Leonhard wäre es deshalb ein Trugschluss zu meinen,

> „dass es sich, wenn man nach Räumen, Orten, Standpunkten und Körpern fahndet, um reine Lokalisationsfragen handelt. Spätestens im 17. Jahrhundert hat jeder Wechsel der Position eines Körpers im Raum definitiv einen dynamischen Tiefgang, weil man jetzt nicht mehr den Orten, sondern alleine den Körpern Kraft und Anziehung zu[schreibt].“[23]

Besonders interessant an dieser Beobachtung ist nun, dass die Vorstellung von beweglichen Körpern und die daraus abgeleiteten Eigenschaften unmittelbar mit der Erfindung des *kartesischen Koordinatensystems* und den galiläischen Fallgesetzen zusammenhängen. Denn immer dann, wenn Körper im Raum ihren Ort wechselten oder Form und Zustand verändern, stoßen die euklidischen Erklärungsmuster an ihre Grenzen. Die euklidische Geometrie wurde gewissermaßen

---

19 Vgl. Leonhard: Was ist Raum im 17. Jahrhundert? S. 11. Zur Veranschaulichung dieser Vorstellung ist der Punkt allein durch seine geometrische Definition prädestiniert (vgl. 2 u. 5.8).

20 Ebd., S. 20.

21 Vgl. Ebd.

22 Ebd., S. 24. Karin Leonhard schreibt dazu: „Für den *absoluten Raum* gilt: Jede räumliche Position oder raumgreifende Aktion legt sich fest als der Bezug eines Körpers zu den Daten eines fixierten Systems. Er positioniert oder bewegt sich innerhalb einer vorgegebenen Raumlogik. Demnach wirkt der ‚absolute Raum‘ zwar auf alle körperlichen Objekte ein, die sich in ihm aufhalten, ohne dass diese jedoch auf ihn eine Rückwirkung ausüben würden. Sein Verhaltensmuster zielt auf keine Selbstergänzung; es gebiert sich intransitiv, das heißt, es lasse keine persönliche Passivbildung zu. Deswegen ist ein leerer Raum durchaus denkbar.“ Der *relative Raum* lässt sich „als Bezugssystem mehrerer Körper zueinander verstehen (seine Formvielfalt ergibt sich aus den verschiedenen Möglichkeiten des Beisammenseins dieser Körper). Der ‚relative Raum‘ ist ein System, das immer neu hergestellt wird; die Körper bewegen sich nicht im Raum, sondern schaffen und bewegen den Raum. [...] Der ‚relative Raum' ist ein dynamisch-kontextueller und auch: ein psychologisch eingefärbter Raum. Nach dieser Theorie kann es keinen leeren Raum geben.“ (Ebd.).

23 Ebd. S. 30.

„in dem Augenblick hilflos, in dem ein Körper einen festen Standort verließ oder seine Grenze fließend wurde. Sie benötigte fixe, geschlossene Figuren, um in ihrem Element sein zu können. Körperliche Veränderungen wurden deshalb in eben diesem Sinne als figuraler Wechsel von einer Gestalt in die nächste interpretiert, gerade so, als würde sich eine Substanz in verschiedene Formen einwohnen, die Häute abgestriffen oder angelegt werden können. Oberfläche und Inhalt eines Gegenstands waren hochgradig interaktiv aufeinander bezogen, ganz nach dem Muster plastischer Gestaltgebung, und das bedeutete [...] die unbedingte Abhängigkeit jeder funktionalen Veränderung von ihrem materiellen Träger und umgekehrt."[24]

Erst mit den grundlegenden Erkenntnissen Descartes' und Galileis (vgl. 4.1 u. 4.3) konnte der neuartige Zugriff auf eine isoliert betrachtete Zustandsveränderung denkbar und darstellbar gemacht werden. Bredekamp schreibt dazu: „Descartes hatte Raum mit Ausdehnung und stofflicher Materialität verbunden. Körperlose Extension war ihm zufolge nicht in der Lage, einen Raum zu erzeugen oder gar zu halten, und die Leere war ihm als raumloser Ort ein Nichts"[25]. Damit treten erneut die Verbindungen zwischen dem Nichts, der Null und dem Punkt in den Fokus (vgl. 5.4 u. 5.5), die seit Simon Stevin und damit seit dem Ende des 16. Jahrhunderts in den Wissenschaften neu bewertet und diskutiert werden. Vor dem Hintergrund eines grundsätzlich veränderten Raumverständnisses gewinnt die Bedeutung des Punktes als kleinste und unteilbare Form zunehmend an Bedeutung. Denn mit einer neuen Ordnung der Verhältnisse und Wirkungen zwischen Raum und Körpern (Abb. 7|2) wird gewissermaßen der Startschuss gegeben, die „Kräfte und Bewegungen von ihren materiellen Trägern zu abstrahieren"[26]. Die erste Blütezeit des Diagramms ist deshalb auch als Gegenprogramm zu der davor dominierenden Naturphilosophie zu sehen, welche die Form eines Körpers stets an ihre substantielle Basis geknüpft hatte.[27] Descartes' Denkfigur der Auflösung physischer Körper im geometralen Raum ist deshalb als Speerspitze einer ganzen Reihe neuartiger Bildmodelle der aufkommenden Naturwissenschaften zu verstehen.[28]

Daneben bleiben trotzdem traditionelle Erklärungsmuster und mit ihnen Bildprogramme erhalten, die sowohl den naturphilosophischen Ansätzen entsprachen als auch an die neuzeitlichen Anforderungen angepasst werden konnten. Das vielleicht bekannteste diagrammatische Raum-Zeit-Modell, das diesen Wandel ‚überstand', weiterentwickelt werden konnte und bis heute Verwendung findet, ist

24 Ebd. S. 32f.

25 Bredekamp, Horst: Die Fenster der Monade. Gottfried Wilhelm Leibniz' Theater der Natur und Kunst. Berlin [2]2004, S. 49.

26 Leonhard: Was ist Raum im 17. Jahrhundert? S. 33.

27 Ebd.

28 Vgl. ebd., S. 33.

der Stammbaum. Dieses allgemein bekannte Modell ist besonders gut dazu geeignet, Verbindungen durch ein räumliches Konzept darzustellen. So dient der Stammbaum beispielsweise in der christlichen Kunst dazu, die Genealogie von Jesus Christus symbolisch abzubilden (bspw. Abb. 7|3). Die frühesten Ikonografien dazu wie etwa der *Jessebaum* zeigen in Gestalt eines Baumes die Abstammungslinien des Messias, die ausgehend von Jesse, dem Vater König Davids, die Herkunft von Jesus Christus herleiten sollen.[29] Die Darstellung eines Baumes mit daran aufgeführten Familienmitgliedern hat sich seit dem Mittelalter zum Zweck von Abbildung von Blutsbanden fest etabliert im europäischen Bildrepertoire (bspw. Abb. 7|4) und ist bis heute in sogenannten *Familienstammbäumen* präsent. Darüber hinaus konnte sich das Modell in den Naturwissenschaften, insbesondere in der modernen Evolutionstheorie, behaupten.

Stammbaumdiagramme unterliegen in der Regel immer den gleichen Prinzipien und sind dabei leicht verständlich und höchst effizient in der Vermittlung. So werden in einem solchen Modell mit der Abbildung eines abstrahierten Baumes an einem physischen Objekt weitverzweigte Beziehungen zwischen Personen deutlich. Dabei sind die allgemein bekannten Bestandteile des Baumes wie Stamm, Äste, Zweige und Blätter hilfreich, um Bezeichnungen oder Abbilder von menschlichen Individuen miteinander korrelieren zu lassen (Abb. 7|4). Der relationale Charakter dieser Abbildungsform definiert dabei zugleich grundlegende Eigenschaften des Diagramms.

Eine räumliche Dimension entsteht im Bildmodell des Stammbaums im Wesentlichen durch die abstrahierte Darstellung eines realen Objekts. Unabhängig von der grafischen Übersetzung und bis zu einem gewissen Grad der Abstraktion wird ein solcher Stammbaum immer über die zentralen Bestandteile seines physischen Pendants verfügen. Zeichentheoretisch betrachtet bedeutet dies, dass die abstrahierte Form des Baumes, im Sinne von Peirce also das Ikon (vgl. 7.3), stets erhalten bleibt. Dies gilt auch dann noch, wenn es sich um eine auf Kreise, Punkte und Linien reduzierte Darstellung eines Stammbaumes handelt (vgl. 4.3). Das Spektrum zwischen realistischer Abbildung und einer auf wenige geometrische Zeichen verkürzten Form bestimmt nicht nur den Abstraktionsgrad, sondern auch den räumlichen Anteil jedes objektbezogenen Motivs im Diagramm. Sobald eine arbiträre Form gefunden wurde, – also die Form, die mit dem Baum keinerlei Ähnlichkeit aufweist, – und in eine symbolische Ebene übergeht, endet der räumliche Bezug. Räumlichkeit in einer diagrammatischen Abbildung ist deshalb in der Regel als ein objektbezogenes Verhältnis zu verstehen.

Zusammengefasst bleibt im diagrammatischen Konzept eines Stammbaums für den Rezipienten selbst in extrem vereinfachten Darstellungen immer noch das Ikon eines Baumes erkennbar. Diese objektbezogene Eigenart lässt sich allgemein auf

29 Vgl. ebd., S. 43f.

die Konstituierung von Diagrammen ausweiten und führt zu der These, dass man das Konzept von Diagrammen, eine extrem ikonische Verkürzung zuzulassen und gleichzeitig einen räumlichen Bezug anzuzeigen, auch als *räumliche Potenz* bezeichnen kann.

Tim Ingold meint sogar, am Beispiel des Stammbaums die Logik von Punktlinien erklären zu können. Er schreibt: „The logic that transforms the string or thread-line of the pedigree into the genealogical point-to-point connector – that is, the logic of the dotted line.“[30] Verdeutlichen lässt sich dieser Ansatz anhand von Darwins Evolutionstheorie und dem Modell vom ‚Lebens- oder Naturbaum‘. Während die anderen konkurrierenden Naturmodelle, deren diagrammatische Formen von Kreisdiagrammen bis hin zu abstrahierten Korallen reichen,[31] sich nicht durchsetzen konnten, vermittelt das Bild des wachsenden Baumes wie kein anderes Modell den Eindruck, „die Natur als einen Prozess dar[]stellen“[32] zu können. Vordergründig naturmimetische Anteile lehnt Darwin dabei allerdings ab. Stattdessen experimentiert er mit Punkten, Linien und Punktlinien.[33] Die Erwähnung von Blättern, Zweigen oder Ästen sucht man deswegen im Text der *Origin of Species* (1859)[34] vergeblich. Bredekamp formuliert diesen Befund so:

> „Darwin beschreibt das Diagramm *more geometrico*, also allein durch die Nutzung von Punkten und gepunkteten, durchbrochenen und durchgezogenen Linien sowie Buchstaben und Zahlen.“[35]

Ein kurzer Blick auf das inzwischen weltbekannte Diagramm *Natural Selection* zur Evolution der Arten (Abb. 7|5a+b) verdeutlicht diese Überlegung: Während in mittelalterlichen und auch frühneuzeitlichen Stammbäumen noch die mimetischen Anteile (vgl. Abb. 7|4) eines Baumes dominierten, fehlen diese in Darwins Diagramm vollständig. Stattdessen werden „die ausgestorbenen Arten durch Punkte und die noch lebenden Varianten durch Linien ausgewiesen“, während „die übrigen als Punktlinien“[36] verbleiben.[37] Eine Differenzierung der Formen findet also aus-

30 Ingold: Lines, S. 113.

31 Bredekamp, Horst: Darwins Korallen. Frühe Evolutionsmodelle und die Tradition der Naturgeschichte. Berlin 2005, S. 41.

32 Ebd., S. 40.

33 Ebd., S. 37 u. S. 41.

34 Darwin, Charles: The Origin of Species by Means of Natural Selection, or the Preservation of Favored Races in the Struggle of Life. London 1859.

35 Bredekamp: Darwins Korallen, S. 54.

36 Ebd., S. 37. Darwin notiert neben seinen Skizzen: „Lass Punkte die Gattungen repräsentieren.“ (ebd.).

schließlich auf einer geometrischen Ebene statt. Punktlinien kommt dabei die besondere Aufgabe zu, die jeweiligen Arten und ihre Zusammengehörigkeit topografisch abzubilden. Gleichzeitig werden für die in Gruppen unterteilten Arten auch bestimmte Zeitabschnitte als Zeitachsen (Abb. 7|5b) durch Punktlinien dargestellt. Darwins Diagramm basiert also einerseits auf dem topografischen und allgemein bekannten Räumlichkeitskonzept des Baumes[38] und benötigt andererseits zur Darstellung von Zeitlichkeit Punktlinien.

Die exemplarische Konturierung topografischer Bildvorstellungen führt mithin zurück zu geometrischen Formen, denen eine Schlüsselrolle für das Verständnis von Raum-Zeit-Gefügen im diagrammatischen Bildkontext zukommt. Die Verbindung von Raum und Zeit im Diagramm ist unmittelbar an das in der Frühen Neuzeit zunehmende Abstraktionsvermögen geknüpft. Denn Punkte, Linien und Punktlinien können erst durch das Diagramm in den Wissenschaften ihren Wirkungsgrad entfalten. Damit schließt sich nach der Frage zur Räumlichkeit, diejenige nach allgemeinen Vorstellungen von dargestellter Zeit im Bild an, die im Folgenden erläutert werden soll.

7.2 ZEIT UND RAUM IN LINIEN II – ZUR ZEITLICHEN POTENZ

Analog zum Raum dient die Zeit in der Physik zur Definierung eines Geschehens. Für die empirische Wissenschaft sind deshalb zeitliche Abläufe immer an denkbare oder sichtbare dreidimensionale Raumstrukturen gebunden, da Zeit als physikalische Größe verstanden physikalischen Gesetzen unterliegt die beobachtbar sein müssen.

Wie schon anlässlich der Ausführungen zum Raum beobachtet werden konnte (7.1), existiert auch zur Zeit ein breiter philosophischer Diskurs, der bis zu Platon zurückreicht. Platon unterteilt die Welt, verkürzt gesagt, in zwei Bereiche: den des sinnlich Wahrnehmbaren und den der geistigen Ideen, die nicht den Objekten der Sinneserfahrung entsprechen. Platons *Ideenlehre* zufolge sind Raum und Zeit nur bewegte Abbilder des eigentlich Seienden. Das zu Beginn dieser Arbeit vorgestellte

---

37 Eine umfassende Bildbeschreibung mit wichtigen Detailbeobachtungen findet sich ebd., S. 50 – 54. Vgl. dazu auch Ingold: Lines, S. 111f. Ingold schreibt zu den auffälligen Punktlinien: „The original growth-lines of the tree appear shattered into many thousands of generational segments, each compacted into a dot. To draw a diagram of evolutionary phylogeny is, then, a matter of joining the dots." (Ebd., S. 112).

38 Bredekamp sieht vor allem eine auffällige Ähnlichkeit zur Gestalt von Korallen (vgl. Bredekamp: Darwins Korallen, bes. S. 18 – 28).

Liniengleichnis (vgl. 2) beschreibt diese Zweitteilung. Dabei führt die Linie zur „Teilung des Denkbaren“[39], das aus der Realwelt und der Welt der Ideen besteht. Im Gegensatz zu späteren Philosophen geht Platon zudem davon aus, dass Ideen keinem Wandel unterliegen, also jenseits von den Vorstellungen des Entstehens und Vergehens zu betrachten sind. Zeit sei demnach ein Konzept, das sich ausschließlich auf die Realwelt beziehe. Der Linienzug als Gleichnis wird einerseits zum Trennungs-, andererseits auch zum Verbindungsphänomen in der Welt der Wahrnehmung, die den Regeln von Raum und Zeit unterliegt. Zugleich übernimmt er dieselbe Funktion für die Welt der Ideen, die jenseits dieser bewegten Abbilder operiert.

7.2.1 Linien und Zeitkonzepte

Die bis heute an Platon anschließenden und sich von ihm abgrenzenden Zeitphilosophien[40] sind beinahe ebenso unüberschaubar wie die verschiedenen dazu entstandenen Forschungsansätze der Naturwissenschaften. Ganz allgemein lässt sich aber die Vorstellung von Zeit als ein menschliches Denkkonzept definieren, das einer sichtbaren Veränderung entspricht, die auf Gegenwart, Vergangenheit und Zukunft bezogen ist. Folgt man diesem Ansatz, dann wäre ein gemeinsame Nenner unter den grundsätzlichen Überlegungen zur Zeit, dass diese immer an die menschliche Wahrnehmung gebunden und wesentlich durch Raumvorstellungen geprägt ist (vgl. 7.1).[41] Denn wie Alexander Demant treffend bemerkt, liegt im Allgemeinen die „Zusammengehörigkeit von Zeit und Raum [...] auf der Hand. Jedes Ereignis, jeder Vorgang hat sein Datum und seinen Ort“[42].

Während die heutigen Vorstellungen von Zeit sich als die Zeit der Physik oder auch subjektive *Zeit* sowie die *Zeit der neueren Zeittheorie* oder auch der *objektiven*

---

39 Platon: Politeia, VI, 510b, S. 417.

40 Siehe dazu ausführlich Böhme, Gernot: Zeit und Zahl. Studien zur Zeittheorie bei Platon, Aristoteles, Leibniz und Kant. Frankfurt am Main 1974.

41 Zeit und die Wahrnehmung von Zeit sind dabei keineswegs als „ein homogenes Konstrukt“ zu verstehen. Vielmehr werden unter dem Begriff Zeitwahrnehmung „verschiedene zeitliche Wahrnehmungseindrücke subsumiert, deren Beziehungen zueinander strittig sind“ (Scharlau, Ingrid / Weiss, Katharina: Was also ist gleichzeitig? Allgemeinpsychologische Anmerkungen zur Wahrnehmung von Gleichzeitigkeit. In: Hubmann, Philipp / Huss, Till Julian (Hgg.): Simultaneität. Modelle der Gleichzeitigkeit in den Wissenschaften und Künsten. Bielefeld 2013, S. 293 – 314, hier: S. 299). Siehe ausführlich dazu Böhme: Zeit und Zahl, bes. S. 6 – 9.

42 Demant, Alexander: Zeit. Eine Kulturgeschichte. Berlin 2015, S. 17.

Zeit zusammenfassen lassen,[43] sind die Zeitkonzepte der Frühen Neuzeit weniger einfach zu unterteilen. Die Grundannahmen sowohl der platonischen als auch der aristotelischen Zeittheoreme werden dabei zwar grundsätzlich berücksichtigt. Allerdings werden sie gleichzeitig durch neue Raum- und Zeitkonzepte, etwa von Descartes und später auch von Leibniz, erweitert und verändert. Den gemeinsamen Nenner, die Zeitvorstellung an menschlicher Wahrnehmung festzumachen, ist aber vor allem deshalb für die Frühe Neuzeit problematisch, weil sich im 16. oder 17. Jahrhundert Annahmen zur Wahrnehmung grundlegend wandeln (vgl. 2.6). Während in der Antike und auch noch im späten Mittelalter der Diskurs durch ein Misstrauen gegenüber sichtbaren Evidenzen geprägt ist,[44] werden in der Frühen Neuzeit empirischen Beobachtungen höchste Priorität bei der Wissenserzeugung zugestanden, und es erfolgt eine allgemeine Aufwertung visueller Ergebnisse. Ausschlaggebend für diesen Richtungswechsel sind die Wiederentdeckung antiker wissenschaftlicher Schriften beziehungsweise ihrer Übersetzungen sowie die neuen Erkenntnisse der Optik.[45] Sichtbarkeiten werden nun zunehmend als empirische Wissensquellen und physikalische Phänomene verstanden. Fiorentini schreibt dazu:

> „Erst zu Beginn des 15. Jahrhunderts setzte sich eine Auffassung von Wahrnehmung als Instrument der Erkenntnis durch, welche die Körperlichkeit des Beobachters als Bedingung für die Welterkenntnis berücksichtigte. [...] [Und d]urch die Diskussion der visuell erfassten Information als mögliches Instrument des Wissens begann sich die Repräsentations- und Erklärungspraxis aus ihrer Wortzentriertheit zugunsten der Verbildlichung zu verschieben."[46]

Dass diese Überlegungen an Zuspruch gewinnen, verändert nicht nur das Selbstverständnis in Bezug auf die Wahrnehmung von Welt. Dieser Umstand prägt auch die Wahl der Darstellungsmittel.[47] Insbesondere wird nun das Diagramm, wie Müller ausführt, zum bevorzugten Medium der visuellen Erkenntnisfragen. Denn

---

43 Vgl. Böhme: Zeit und Zahl, S. 2.

44 Fiorentini: Modus Videndi, S. 127.

45 Vgl. Hick: Geschichte der optischen Medien, S. 23 oder Edgerton: Die Entdeckung der Perspektive, S. 65.

46 Fiorentini: Modus Videndi, S. 128.

47 Wissenschaftsgeschichtlich gehen die theoretischen Ansätze zur Linie als Zeitstrahl zurück auf den französischen Kleriker Nicole Oresme (um 1322 – 1382). Unter Berufung auf aristotelische Theorien zu Zeit und Raum setzt Oresme erstmals im 14. Jahrhundert gezielt Linien als Zeitstrahlen in Funktionsdiagrammen ein (vgl. Schneider: Ohne Linien ist der Geist blind, S. 70). Ziel der neuen Regeln für den Zeichengebrauch sei es, „die veränderlichen, kontinuierlichen Intensitäten von Phänomenen als formae darstellen zu können, wie beispielsweise Geschwindigkeit, Leuchtkraft oder Erwärmung" (ebd.). Die

„[d]as abstrakt-geometrische Diagramm kann der Überführung von visueller Wahrnehmung in Erkenntnis dienen, da es das zeigt, wodurch sich eine mathematische Ordnung auszeichnet, nämlich genau bestimmbare Relationen zwischen einzelnen Größen. Ersichtlich werden die mathematische Bedingtheit des Körpers, Strukturen, die eigentlich nicht gesehen werden können, sowie Ordnungen, die sonst immer anders gesehen worden sind. [...]
Das Diagramm kann das Sehen um intelligible Elemente ergänzen und so einen visuellen Befund richtigstellen. Es vermag auf die Tücke der Erscheinungen hinzuweisen, sodass die visuelle Erkenntnis das naive Sehen entlarvt.“[48]

Die veränderten Vorstellungen von Sichtbarkeiten und ihrer geometrischen Darstellungsmittel öffnen damit zugleich einen neuartigen Zugang zu den abstrakten Konzepten von Raum und Zeit. Denn deren konstituierende Funktion in der diagrammatischen Repräsentation kann sich erst mit einem veränderten Wahrnehmungsverständnis entfalten. Sabine Mainberger schreibt dazu:

„In dem Maße, wie das Sehen als ein temporaler Vorgang interessiert, werden tendenziell die Zeitkünste nicht mehr wie in der *ut pictura poesis*-Tradition verräumlicht, sondern die Raumkünste verzeitlicht. Der Blick ist aktiv und aktiviert seinerseits das zu Sehende [...].“[49]

Intensitäten sollen dabei vor allem durch verschiedene Linienlängen abgebildet und gleichzeitig „eingebildet“ (ebd.) werden. Schneider schreibt unter Verweis auf Oresme: „Eine Intensität lasse sich als Linie einbilden [...], weil die Linie analog zur Intensität unendlich ansteigen oder abfallen könne“ (vgl. ebd. S. 70, siehe auch Oresme, Nicole: Tractatus de configurationibus qualiraturn et motuum. In: Ders. and the Medieval Geometry of Qualities and Motions: A Treatise on the Uniformity and Difformity of Intensities Known as Tractatus de configurationibus qualitatum et motuum. Hrsg. und übersetzt v. Marshall Clagett (Publications in Medieval Science, 12). Madison 1968, Kapitel 1.i – 1.vii, S. 167). Das Konzept des ‚aktiven Sehens‘, das sich aber erst ab dem späten 16. Jahrhundert durchsetzt, schimmert hier bereits ansatzweise durch. Allerdings, so betont Schneider, gehörte diese „transponierte Verwendung von Linien“ auch „nicht zu den Vorstellungsgewohnheiten“ (Schneider: Ohne Linien ist der Geist blind, S. 70) des 14. Jahrhunderts. Zugleich weist auch diese Autorin darauf hin, dass Relationen von Raum- und Zeit mit der später einsetzenden Etablierung des Koordinatensystems stehen, denn erst mit der Übertragung von Linien und Punkten in einen geordneten geometralen Raum können zeitliche Abläufe an abstrakte Vorgänge gebunden und visualisiert werden (ebd.).

48 Müller: Visuelle Weltaneignung, S. 90f.

49 Mainberger: Experiment Linie, S. 35.

Die abgebildete Wirklichkeit entspricht deswegen in der Frühen Neuzeit nicht mehr dem, was man sieht. Vielmehr wirkt sich die Konstruktion der Bilder und die Erkenntnis darüber so aus, dass Bilder nicht abbilden, „was man sieht, sondern dessen konstituierende[] Elemente“[50]. Jede perspektivische Bildkonstruktion verwandelt dabei gewissermaßen das Bild der Wirklichkeit. Bilder sind deshalb „in der perspektivischen Sehweise keine Schnappschüsse, sondern Diagramme“[51], die immer auch die Grundannahmen von Raum und Zeit mitansprechen. Der Faktor Zeit in der Darstellung gewinnt deshalb in der Kunst und als kalkulierbare Einheit auch im wissenschaftlichen Bild erst im frühen 17. Jahrhundert zunehmend an Bedeutung. Beflügelt wird diese Aufwertung durch die Entwicklung der arithmetischen Geometrie (vgl. Kap. 4).[52]

Aus heutiger Sicht wirkt es deshalb auf den ersten Blick erstaunlich, dass selbst Kepler um 1600 die beiden Größen Zeit und Bewegung noch nicht zusammenbringen kann und sich stattdessen auf aristotelische Ansichten beruft, die bei der Bestimmung von Bewegung die Zeit nicht berücksichtigen.[53] Allerdings, so bemerkt Marie Boas, konnte letztlich niemand „im sechzehnten Jahrhundert über die Physik oder Mathematik beweglicher Körper schreiben, ohne die Gedanken des Aristoteles zu behandeln.“[54] Es ist deshalb nur folgerichtig, dass auch Geschwindigkeit und

50 Fiorentini: Modus Videndi, S. 129.

51 Ebd.

52 Denn erst in dem Moment, in dem Zahlenlehre und Geometrie miteinander verschmelzen, wird Zeit zur berechenbaren physikalischen Größe.

53 Riekher, Rolf: 1600 – 1609. Keplers Wirken auf dem Gebiet der Optik. Eine Einführung. In: Kepler, Johannes: Schriften zur Optik. 1604 – 1611. Frankfurt am Main 2008, S. 11 – 72, hier: S. 61. Kepler schreibt: „Die Bewegung des Lichts erfordert keine Zeit, sondern erfolgt in einem Moment“ (ebd.). Aristotelisch begründet er: Weil Licht kein Stoff sei und deshalb auch kein Gewicht habe, leistet es der bewegenden Kraft keinen Widerstand (vgl. Riekher: 1600 – 1609. Keplers Wirken auf dem Gebiet der Optik, S. 61). Damit positioniert er sich gegensätzlich zu Christian Huygens, der 1678 dem Licht und seiner Bewegung den Faktor Zeit zuspricht (Huygens, Christian: Abhandlung über das Licht. Nachdruck 1678. Frankfurt am Main 1996, bes. S. 16 u. S. 109).

54 „Aristoteles hatte alle Bewegung in ein Verhältnis zu dem Medium gesetzt, in dem sich ein Körper bewegte, außerdem zu seinem Platz im Universum; jeder, der gegen Aristoteles schrieb [...], musste sich vor Augen halten, dass Aristoteles zufriedenstellend erklärt hatte, wie und warum Körper fallen und Geschosse sich fortbewegen, und dass seine eigene Theorie Erklärungen von gleicher Qualität bieten musste. [...] Noch ein anderer Faktor ist bei der natürlichen Bewegung im Spiel: das Medium. Aus der Erkenntnis heraus, dass, je dichter das Medium, durch das sich der Körper bewegt, um so langsamer die Bewegung, folgerte Aristoteles, dass die Geschwindigkeit umgekehrt proportional der

Entfernung zu diesem Zeitpunkt noch nicht als proportional divergente Einheiten betrachtet werden können. Boas führt dazu aus:

„Es war das fast unvermeidliche Ergebnis des Versuchs fallende Körper mathematisch zu behandeln; denn solange Mathematik in erster Linie Geometrie war, blieb der Raum nicht die Zeit, die Dimension, die der Beachtung am nächsten lag. Erst viel später kam Galilei zu der Einsicht, dass, obwohl eine konstante Ursache eine konstante Wirkung haben muss, diese konstante Wirkung ein veränderlicher Wert sein kann, nicht ein fester Wert; das heißt, es kann sich um eine gleichförmige Beschleunigung handeln, nicht um eine konstante Geschwindigkeit.“[55]

Erst mit den neuen Erkenntnissen der Optik wie etwa von Schreiner (vgl. 2.6 u. 4.2), den veränderten Annahmen zur menschlichen Wahrnehmung und der Einführung des Koordinatensystems durch Descartes (vgl. 4.3 u. 5.7) und nicht zuletzt mit den astronomischen Entdeckungen Galileis (vgl. 4.1 u. 4.2) vollzieht sich also im ersten Drittel des 17. Jahrhunderts auch ein konzeptioneller Wandel der Zeitvorstellung. Dies spiegelt sich insbesondere in wissenschaftlichen Bildern und in den theoretischen Annahmen dazu wider. Die gezeigten Beispiele (bspw. Abb. 6|12 u. Abb. 6|20), die mit Zeitachsen explizit eine zeitliche Bildebene formulieren, geben bereits einen Eindruck davon, dass sich seitdem eine Darstellungskonvention etabliert hat, die als konstituierende Gemeinsamkeit unterschiedlichster Annahmen zur Zeit gesehen werden kann. Denn parallel zur „eingeführten Punktualisierung raumzeitlicher Ordnungen von Sichtbarkeit“[56] durch den Rasterpunkt (vgl. Kap. 5) müssen vor allem Linien zur Zeitdarstellung beachtet werden. Die folgenden Thesen wissenschaftlicher Publikationen zur Bedeutung der Linie und dem Punkt für

---

Dichte des Mediums ist. Demnach müsste die Geschwindigkeit eines fallenden Körpers in einem Vakuum, in dem es kein Medium gibt, unendlich sein. Das war für Aristoteles eine offenkundige Absurdität und ein schlüssiges Argument gegen die Möglichkeit der Existenz eines Vakuums. [...] Für Aristoteles, – wie später für Descartes –, musste sich jede derartige Bewegung durch Anstoß vollziehen; dabei stellte er sich vor, dass auch hierbei das Medium die entscheidende Rolle spielte, indem es den ursprünglich durch Hand und Schleuder mitgeteilten Schub aufrechterhielt. Doch nimmt der Schub des Mediums mit der Zeit allmählich ab, bis er sich schließlich ganz erschöpft hat; an diesem Punkt beginnt die vorher wirkungslose Schwerkraft anzugreifen und der Körper fällt kraft natürlicher Bewegung herunter. Da erzwungene und natürliche Bewegung sich nie vermischen, wird die Flugbahn aller Geschosse als geradlinig und nicht als gekrümmt angesehen.“ (Boas: Die Renaissance der Naturwissenschaften, S. 237f.).

55 Ebd., S. 246.

56 Leonhard / Felfe: Lochmuster und Linienspiel, S. 10.

Raum-Zeitkonzepte sollen schlaglichtartig einen Überblick über die Funktion dieser Formen für den frühneuzeitlichen Kontext, für die Gegenwart und für die aktuelle Forschungslage geben.

Birgit Schneider erklärt als anerkannte Expertin zu diagrammatischen Bildformen in der Wissenschaftsgeschichte das Phänomen wie folgt:

„Die durchgängig homogene Struktur von Raum und Zeit und die Konstanz ihrer Verhältnisse lässt die Verwendung der Linie als Zeitstrahl zu; die Zeit ist nach beiden Seiten offen, ohne Ende und ohne Anfang. [...] [Daraus] folgt, dass sich Zeit und Bewegung im grafischen Raum mittels Punkt und Linie effizient darstellen lassen."[57]

Damit teilt Schneider ganz die Ansicht von Volker Adolphs, der außerdem weitere Eigenschaften der Linie ausmacht, die er wie folgt beschreibt:

„Die Linie wird nicht nur per se mit einer Zeitstrecke assoziiert, sondern realisiert selbst ein zeitliches Ereignis. Setzt der Zeichner zu einer neuen Linie an, so ist die zeitlich vorausgehende Linie für das Auge weiterhin präsent, Anwesenheit und Erinnerung. Eine Linie kann zwar wiederholt werden, sie ist aber nie mit der Wiederholung identisch, sondern immer eine andere Linie in einer anderen Zeit."[58]

Gabriele Gramelsberger misst wiederum die größere Bedeutung dem Punkt bei, der sich außerdem in der Frühen Neuzeit von der Linie befreit habe.[59]

„Der Punkt erlaubt es, die materielle Welt als Wechselwirkung von Raum, Zeit und Materiepunkten zu betrachten und letztere, zu Körpern zusammengefasst, [...] auf determinierten Bahnen bewegt vorzustellen. So lässt sich die Bewegung von Sandkörnern und Billardkugeln bis hin zu Planeten erfassen, deren Bahnen sich durch den metrisierten Koordinatenraum erstrecken. Dabei hinterlassen sie eine Spur an Wertefolgen, die mit Zahlen notierbar ist."[60]

Leonhard und Felfe unterstützen diese These indirekt. Denn sie meinen, dass die Linie als formkonstituierendes Bildelement gegenüber dem Punkt „spätestens im 17. Jahrhundert ihre Dominanz einbüßen"[61] musste. Allerdings gehen sie noch einen Schritt weiter als Gramelsberger und postulieren, dass eine Auflösung der

57 Schneider: Ohne Linien ist der Geist blind, S. 69.

58 Adolphs, Volker: Mit der Linie. In: Moore, Elke / Bingel, Nina (Hgg.): Linie, Line, Linea. Zeichnung der Gegenwart. Ausstellungskatalog. Köln 2010, S. 10 – 21, hier: S. 12.

59 Gramelsberger: Schrift auf den Punkt, S. 389.

60 Ebd.

61 Leonhard / Felfe: Lochmuster und Linienspiel, S. 55.

sichtbaren Welt in Rasterpunkte zu einer regelrechten „Unterdrückung der Linie“[62] führte (vgl. 5.1).

Schäffner wiederum sieht in dieser Veränderung die Ursache für eine neue geometrische Formensprache. Er postuliert, dass erst mit der Verschiebung der Funktion und Bedeutung des Punktes bis dahin unkonventionelle Verbindungen zwischen Punkt und Linie ausgebildet werden können, und führt dazu aus:

> „Die symbolische Ordnung logischer Gegensätze, die dem Satz des Widerspruchs unterliegen und die diskontinuierliche Bewegung, die noch die frühneuzeitliche Physik bestimmen, können damit in einem neuen Punkt zusammenfallen. Der Nullpunkt ist in neuer Weise besetzbar und kann so einen kontinuierlichen Zusammenhang stiften. In diesem Sinne kann man sagen, dass die Bewegungsgesetze, die Galilei untersucht, sich genau am und im Punkt entscheiden. Es ist ein Punkt, der in neuer Weise mit dem Kontinuierlichen der Linie in Beziehung treten kann und als Ort wie auch als Zeitpunkt, nicht mehr die Kontinuität unterbricht, sondern diese erst ermöglicht.“[63]

Matthias Haldemann versucht hingegen, die Bedeutung der Linie als geometrisches Konzept auf einer basaleren Ebene zu verorten. Demzufolge seien

> „unsere Erfahrungsweisen der Realität, die Auffassung von Raum und Zeit, unser Orientierungssinn, unser kausales Denken und Sprechen ohne die Annahme von Linien und Linearität unvorstellbar.“[64]

Außerdem beschreibt auch er, dass durch Linien ein „Zeitlichkeitsmoment“[65] erzeugt werden könne, das sich aus einer „Eigenbewegung der Liniendarstellung“[66] herleiten lasse. Allerdings bleibt auch hier eine genauere Erklärung dazu aus.

Arno Schubbach nähert sich der Thematik aus phänomenologischer Sicht und folgt Kants Postulat, dass Menschen keine Linie denken können, ohne sie in Gedanken zu ziehen.[67] Er kommt schließlich zu folgender Überlegung:

---

62 Ebd., S. 12.

63 Schäffner: Punkt. Minimalster Schauplatz des Wissens im 17. Jahrhundert, S. 66.

64 Haldemann, Matthias: Im Reich der Linie. In: Linea. Vom Umriss zur Aktion. Die Kunst der Linie zwischen Antike und Gegenwart. Hrsg. Kunsthaus Zug, Texte von Julia Gelshorn, Ders., Stephan E. Hauser, Michael Lüthy, Marco Obrist, Raphael Rosenberg, Michel Roth. Ostfildern 2010, S. 8 – 10, hier: S. 8.

65 Ebd., S. 21.

66 Ebd., S. 22.

„Die sichtbaren Spuren des Stiftes, mit dem eine Linie gezogen wurde, werden in die Zeit und den Raum der Wahrnehmung aufgenommen – und verweisen zugleich auf eine uneinholbare Sichtbarmachung zurück, auf einen anderen Ort und eine andere Zeit des Ziehens der Linie, die dem Sehen nicht einfach verfügbar sind. [...]
Die eigene Zeit der Sichtbarkeit ist dadurch gekennzeichnet, dass die Wahrnehmung des Bildes nicht wie die Sichtbarmachung durch das einzelne Bildelement zu fassen ist. Die visuelle Komplexität des Bildes besteht nicht in dem Zeigen und Strichen, die aufgetragen [...] werden, sie entsteht zwischen diesen elementaren Momenten ihrer Hervorbringung.“[68]

In der Modernen Kunst finden sich ebenso theoretische Ansätze zur Bedeutung und Funktion von Zeit und deren grafischer Darstellung. So beschreibt etwa Kandinsky, dass ihm selbst beim „Übergang zu abstrakter Kunst [...] das Zeitelement in der Malerei unbestreitbar klar geworden“[69] sei. Auch er betont dabei eine enge Verbindung zwischen der Zeit, dem Punkt und der Linie.[70] Denn „[d]er Punkt“, so meint Kandinsky, „ist die zeitlich knappste Form“[71]. Allerdings ist „[d]as Element der Zeit [...] im Allgemeinen in der Linie in einem viel größeren Maßstabe erkennbar, als das im Punkt der Fall war – die Länge ist ein Zeitbegriff“[72].

Eine Symbiose aus Punkt und Linie in der Zeitdarstellung sieht schließlich Jutta Voorhoeve. Am Beispiel der Zeichnung *Circle Time Circle* (2010) von der Künstlerin Katja Davar (Abb. 7|6) erklärt sie,

„*Circle Time Circle* ist wie ein Muster über das gesamte Blatt verteilt, wobei die Linien in Punktlinien aufgelöst wurden, was in die Dynamik der auseinander hervorgehenden und übereinandergelegten Kreisformen ein weiteres Moment der Bewegung einbringt.“[73]

---

67 Schubbach, Arno: Gezogene Linien Sehen. Sichtbarmachung und Sichtbarkeit von Bildern. In: Zeitschrift für Ästhetik und allgemeinen Kunstwissenschaft 53:2 (2008), S. 219 – 232, hier: S. 230. Vgl. Kant: Kritik der reinen Vernunft, B 154.

68 Ebd., S. 231.

69 Kandinsky: Punkt, Linie zu Fläche, FN1, S. 34.

70 Zugleich kritisiert Kandinsky: „Das im allgemeinen heute noch gepflogene Übersehen des Zeitelementes in der Malerei zeigt deutlich die Oberflächlichkeit der herrschenden Theorie“ (Ebd., S. 34).

71 Ebd.

72 Ebd., S. 106.

73 Voorhoeve, Jutta: Technische Zeichenmanöver. Verfahren der Konstruktion. In: Dies. (Hg.): Welten Schaffen. Zeichnen und Schreiben als Verfahren der Konstruktion. Zürich 2011, S. 7 – 16, hier: S. 11. Ausf. zum Bildinhalt (Abb. 7|6) siehe ebd., S. 9 – 11. Auch in anderen Bildern der Künstlerin findet sich der temporale Aspekt, dargestellt durch Punktlinien, wieder; etwa in *Tomorrows Giants Today* von 2008 (Galerie Kadel Willborn.

Linien können demnach aufgelöst und in Punktlinien transformiert werden. Diese Linien verfügen dann über dynamisierende Fähigkeiten.[74] Voorhoeve erkennt außerdem noch eine weitere zentrale Eigenschaft von Punktlinien und resümiert: „Die Konstruktionslinien des Diagramms zeigen Zeit an; sie sind aus Zeit aufgebaut."[75] Punktlinien sind demnach also nicht allein als Bewegungs- und Zeitanzeiger zu verstehen. Ihre Bestandteile, das heißt ihre Form und Struktur, verkörpern die Zeit. In welcher Relation die beiden Faktoren Zeit und Bewegung zueinander stehen, bleibt allerdings auch bei Voorhoeve offen.

Dieser Überblick aus verschiedenen Perspektiven der Wissenschaft und Kunst macht auf die unterschiedlichen Interpretationsansätze aufmerksam. Er spiegelt außerdem wider, dass Zeit seit Jahrhunderten durch Punkte und vor allem durch Linien dargestellt wird. Die beiden Chronografieforscher Rosenberg und Grafton resümieren deshalb auch in ihrer historischen Analyse, die sich mit Zeitkarten ab dem Mittelalter befasst: „Dort, wo es um Zeit geht, finden wir Linien praktisch überall"[76].

Wie die Zeit im Bildraum an eine Bewegung geknüpft werden kann und welche Rolle Punktlinien dabei spielen, soll im folgenden Kapitel exemplarisch am Beispiel der Sonnenuhr erläutert werden.

7.2.2 Zeit, Raum und Bewegung am Beispiel der Sonnenuhr

Um der Relation von Zeit und Bewegung und damit dem Kern der engen Verbindung aus Zeit, Linie und Punkt auf die Spur zu kommen, ist ein weiterer Blick in die Vergangenheit vielversprechend. Denn zu den ältesten Konzepten von Zeit innerhalb einer geometralen Raumordnung gehören Sonnenuhren, die es zuerst ermöglicht haben, Zeit durch Linien sichtbar zu machen. Ihre Funktion ist dabei an zwei Faktoren gebunden: erstens die Bewegung der Sonne und zweitens ihrer Messung. Zeit wird also zuallererst durch eine gemessene Bewegung sichtbar.[77]

---

katjadavar.com, Karlsruhe (2016). Online: http://www.katjadavar.com/giant-detail2-121.html Stand: 01.11.2016).

74 Ähnliche Beobachtungen lassen sich auch bei Ingold finden (Ingold: Lines, bspw. S. 72 – 74 u. S. 101).

75 Voorhoeve: Technische Zeichenmanöver, S. 9.

76 Rosenberg / Grafton: Die Zeit in Karten, S. 14f.

77 Dabei wird Zeit noch nicht als physische Größe begriffen. Dies setzt erst ein, als Galileo 1583 die Gesetzmäßigkeiten eines frei schwingenden Pendels erkennt und 1657 das *Pendelgesetz* und damit der *Isochronismus* von Christiaan Huygens entwickelt wird (Strauss, Emil: Einleitung. In: Dialog über die beiden hauptsächlichsten Weltsysteme. Das Ptolemäische und das Kopernikanische von Galileo Galilei. Aus dem Italienischen

Als „Prototyp eines wissenschaftlichen Messgeräts“[78] für die Zeitmessung kann das *Gnomon* als Teil einer Sonnenuhr verstanden werden. Wie schon für die pythagoreische Arithmetik erläutert (vgl. 2.2), kommt dem *Gnomon* bei der Sonnenuhr ebenso die Funktion eines Zeigers zu,[79] allerdings in anderer Gestalt als dem *Gnomon* der Zahlsteine bei den Pythagoreern. Denn das *Gnomon* der antiken Sonnenuhr ist in der Regel ein kleiner, gerader Metallstab, der als Schattenzeiger die Bewegung der Sonne sichtbar macht (Abb. 7|7). Dies gelingt dadurch, dass er in einer Vertiefung der Sonnenuhr platziert wird. Umgeben ist das *Gnomon* von einem halbkreisförmigen Liniennetz. Dieses sogenannte *Analemma*[80] besteht aus eingeritzten Linien, deren Abstände zueinander jeweils eine volle Stunde des Tages repräsentieren. Im Gegensatz etwa zu Wasseruhren wird bei einer Sonnenuhr also der Verlauf der Sonne als Wegstrecke ihres Schattens projiziert.[81] Bewegung wird zu einer Schattenlinie transformiert, die in einem geometral gegliederten Raum operiert.[82] Der Faktor Zeit wird somit als eine abgebildete Bewegung sichtbar gemacht, was sich auch im antiken Diskurs zur Zeit widerspiegelt.

Vor allem Aristoteles prägte die Ansicht, dass Zahl, Bewegung und Zeit zusammengedacht werden müssen (vgl. 7.2.1). Er geht allerdings davon aus, dass „durch bloße Abgrenzung von Bewegungsabschnitten [...] noch keine Zeit [entsteht]. Dazu ist außerdem noch nötig, dass die Grenzen gezählt werden“[83] können.

übersetzt und erläutert von Dems. Leipzig 1891, S. VII – LXXIX, hier: S. VIII). Dabei geht es um die Lehre des Gleichbleibenden und das sich damit das „Wesen der beschleunigten Bewegung“ (ebd., S. XIX), als Grundannahme in der Physik durchsetzen kann.

78 Bogen: Schattenriss und Sonnenuhr, S. 155.

79 „Das Gnomen ist ein techn. Instrument nicht allein im Sinne eines Artefaktes, welches Resultat zielgerichteter Handlungen ist, sondern auch als Werkzeug, mit dessen Hilfe etwas erzeugt wird: Zeitangaben z.B. oder rechte Winkel.“ (Krämer: Berechenbare Vernunft, S. 17).

80 Vgl. Bogen: Schattenriss und Sonnenuhr, S. 157.

81 Vgl. Winter, Eva: Zeitzeichen. Zur Entwicklung und Verwendung antiker Zeitmesser. 2 Bde. Bd. 1. Berlin, Boston 2013, S. 39.

82 Schäffner führt dazu aus: „[I]m topographischen Modell des 16. und 17. Jahrhunderts [hat] jeder Ort seine eigene Zeit, die Uhren, die meist Sonnenuhren sind, gehen an jedem Ort, der nicht auf demselben Meridian liegt, anders. Und insoweit die Ortsbestimmung von dieser völlig punktuellen Zeit abhängt, ist die topographische Fläche ein Meer insulärer Punkte, deren Verbindung in einer übergreifenden Zeit liegt, die es noch nicht gibt“ (Schäffner: Operationale Topographie, S. 77).

83 Aristoteles: Physik. In: Wieland, Wolfgang: Die aristotelische Physik. Untersuchungen über die Grundlegung der Naturwissenschaft und die sprachlichen Bedingungen der

Damit meint Aristoteles, dass Bewegung grundsätzlich als teilbar verstanden werden muss und dass Zeit immer erst dann sichtbar wird, wenn man die Bewegung abgrenzt.[84] Wie aus dem Zählen von Bewegungsabschnitten durch Teilung Zeit entsteht, erklärt Gernot Böhme mit Aristoteles wie folgt:

> „Teilt man [...] eine Bewegung, so wird ein Teil der Bewegung durch ein Früheres und ein Späteres bestimmt. Damit ergibt sich aber zugleich eine Zeit, da mit der Bewegung [...] eine Zeit abgegrenzt wird. Diese Zeit wird der Zeit als der ganzen Bewegung als ihr Teil zugeordnet. Durch Teilung der Bewegung wird so mitfolgend stets die Zeit geteilt."[85]

Verkürzt mit Aristoteles gesagt, erkennen wir Zeit, weil wir die Bewegung durch „das Vor und Nach bestimmen"[86]. Adolphs fasst dies mit den Worten zusammen: „Zeit ist [...] nicht identisch mit der Bewegung, sondern sie ist die Bewegung, insofern sie eine Zahl hat"[87].

Für eine zählbare Einteilung in Vorher und Nachher sind klare Abgrenzungen nötig, für die Linien geradezu ideal geeignet sind. Damit also Bewegung und Zeit durch ihre Zählbarkeit sichtbar gemacht werden können, bedarf es geometrischer Strukturen. Im Fall der Sonnenuhr wird die Zählbarkeit der Bewegung des Schattenzeigers durch Linien erzeugt, die einen geordneten Raum, bestehend aus geteilten Flächen, konstituieren. In den antiken Sonnenuhrmodellen ist eine Zählbarkeit durch die Anzahl der Linien gegeben.[88] Spätere Modelle des Mittelalters und der Frühen Neuzeit verwenden außerdem einzelne kurze Linien, Punkte oder Zahlen, um die angezeigte Bewegung noch deutlicher als zählbare Einheit herauszustellen.[89] Der Blick auf heutige Ziffernblätter analoger Uhren verdeutlicht das Argument: Einzelne Zeitabschnitte werden heute in der Regel durch Zahlen sowie durch kurze

---

Prinzipienforschung bei Aristoteles. Göttingen [3]1992, S. 324. Siehe auch: Boas: Die Renaissance der Naturwissenschaften, S. 237.

84 Böhme: Zeit und Zahl, S. 189.

85 Ebd., S. 191.

86 Aristoteles: Physik, Buch IV, Kap. 11.

87 Adolphs: Mit der Linie, S. 12.

88 Die umfangreiche Recherche Eva Winters zu antiken Sonnenuhren belegt dies besonders eindrucksvoll (vgl. Winter: Zeitzeichen, Bd. 2, S. 251 – 617).

89 Die zusammengetragenen Reste antiker Sonnenuhren sprechen dafür, dass Linien als Zahlzeichen zur Zeitmessung eingesetzt wurden. Punkte hingegen findet man als antike Anzeiger der Zeit in diesem Kontext nicht (Vgl. ebd.). In der Frühen Neuzeit lassen sich allerdings andere Raumkonzepte der Zeitmessung nachweisen, etwa in der *Ringsonnenuhr* oder in dem sogenannten *Bauernring*, die nun auch mit Punkten, verkürzten Strichen oder Zahlen operieren.

Linien oder Punkte angezeigt. Der Vorgang des Zählens bleibt dabei letztlich immer gleich und beinhaltet das Konzept von Zeit als Bewegung. Es ist also der gedankliche Sprung etwa von einer Eins zur Zwei, den wir sprachlich in „Begriffe wie ‚vorher‘ und ‚nachher‘“[90] fassen. Entscheidend ist, dass damit eine Bewegung und zugleich ein bestimmter Moment aus einer Folge von Momenten beschrieben wird.

Wenn die Bewegung in antiken und auch heutigen Verfahren zur Darstellung von Zeit also grundsätzlich an das Konzept von Zeit geknüpft ist, die Zeit dabei allerdings nur durch die Zählbarkeit wahrnehmbar wird, stehen die Zeichen in der besonderen Funktion, den Zählvorgang abzubilden. Punkte und Linien sind deshalb nicht allein Zeichen der Raumordnung. Sie sind auch als antike Zeichen der Zählbarkeit von Zeit zu verstehen, deren Grundkonzept bis heute in analogen Zeitanzeigen enthalten ist. Sie gliedern deshalb nicht nur primär die Ordnung von Zeit, sondern können selbst als „Zeitzeichen“[91] verstanden werden. Allerdings wäre es auch möglich, Punktlinien als *Zahlzeichen* zu verstehen, da dies noch deutlicher den Prozess des Zählens und damit die Funktionsweise von Zeit und Bewegung vor Augen führt.

Das Konzept von Zeit, das sich grafisch aus Punkten, Linien und der Zählbarkeit von beiden speist, weist neben den gleichen Bezeichnungen der Messgeräte auf eine weitere Parallele zu den pythagoreischen *Zahlzeichen* zurück (vgl. 2.3). Denn in beiden Fällen lässt sich eine enge Verbindung zwischen Zahl und geometrischen Zeichen aufzeigen. Die in Stein geritzten Linien einer antiken Sonnenuhr verkörpern ebenso wie die angeordneten Steine der Pythagoreer *Zahlzeichen*. Das *Gnomon* als Schattenzeiger und als geometrischer Zahlenwinkel operiert in beiden Fällen indexikalisch. Es zeigt den Vorgang des Zählens und damit eine Bewegung an. Die Messung der Zeit und Operationen figurativer Zahlen wie Dreiecks-, Rechtecks- oder Quadratzahlen sind immer an räumliche und damit an zeitliche Veränderungen gebunden. Linien und Punkte entsprechen dabei den grafischen Übersetzungen. Sie können insofern als *Zahlzeichen* und Indikatoren für Zeit und Bewegung verstanden werden.

Vor diesem Hintergrund erscheint die oft zitierte ‚Dynamik von Bildern‘[92] weniger abstrakt, da sie unmittelbar an Punkte und Linien gekoppelt und durch sie

90 Schneider: Ohne Linien ist der Geist blind, S. 69.

91 Winter hat in der gleichnamigen Publikation zur antiken Sonnenuhr den Begriff des *Zeitzeichens* in jüngerer Vergangenheit verwendet. Allerdings bezieht sich Winter damit nicht auf Punkte und Linien, sondern vielmehr auf die Sonnenuhr als solche (Winter: Zeitzeichen, Bd. 1 u. 2).

92 So wird in jüngerer Forschungsliteratur zur Linie beispielsweise von der „Dynamik der Freihandlinie“ (Vogelgsang, Tobias: Johann Heinrich Lambert und sein Graph der magnetischen Abweichung. In: Bildwelten des Wissens. Kunsthistorisches Jahrbuch für Bild-

erklärbar ist. Man könnte auch sagen, dass die Aufzeichnung von Bewegung durch Punkte und Linien einen Teil der *pragmatischen Potenz* des Diagramms (vgl. 1.1 u. 2.3, 2.4) ausmacht. Denn die Praxis, Zeit und Bewegung durch *Zahlzeichen* aus Punkten und Linien zu erklären, weist grundsätzlich auf einen semiotischen Erklärungsansatz hin, der im folgenden Exkurs genauer beleuchtet werden soll.

7.3 EXKURS: DIE PUNKTLINIE AUS SEMIOTISCHER SICHT[93]

Mit dem entwickelten Begriff des *Zahlzeichens* (7.2) für Linien und Punkte im Kontext der Zeitmessung und -anzeige wird ein dynamisierendes Merkmal von Punktlinien fixiert. Auch wenn Punktlinien in antiken Sonnenuhren keine bemerkenswerte Rolle spielen, lässt sich in ihrer Form ein analoges Prinzip ablesen: eine Aufzeichnung von Bewegung, die an grafische Inskriptionen gebunden ist. Das bedeutet, dass durch Linien oder Punkte die grafische Notation von Zeit erfolgt. Denn jede Linie und jeder Punkt ist Krämer zufolge die „Spur einer Geste“[94]. Dieser Vorgang ist deshalb ein dynamischer Prozess, bei dem die durch Bewegung entstandene Form mitgedacht werden muss. Punktlinien hingegen sind nicht allein Spur einer Bewegung. Sie verdeutlichen das Konzept von Bewegung, indem sie den Prozess durch die Reihung immer gleicher Formen anzeigen. Sie sind gewissermaßen als ein Zeichen zu verstehen, das die Zählbarkeit durch seine Form expliziert.

Brain Rotman definiert Zeichen als „semiotische Kapazitäten – öffentliche, kulturell gebildete und historisch identifizierbare Formen der Äußerung und Rezeption, die von den Codes für Personen verfügbar gemacht werden“[95]. Dabei betont er, dass diese „Zeichen, Metazeichen und die Codes, in denen sie operieren“, nicht ein für

---

kritik 7:2 (2000), S. 19 – 42, hier: S. 34), vom bildlich „eingeschriebenen Bewegungspotential“ (Siegel: Vom Bild zum Diagramm, S. 125), von der „imaginierten“ und „determinierten Bewegung“ (Bogen: Fließende und unterbrochene Bewegung, S. 249) oder auch von der „Dynamik des stillen Bildes“ (Böhme, Gernot: Theorie des Bildes. München 1999, S. 106) und einer bildlich „plastischen Eigendynamik“ (Fehrenbach: Pathos der Funktion, S. 106f.) berichtet, die durch Linien und Punkte im Bild erzeugt werden kann. Für Klee wird der Punkt sogar „zu einem Bewegungsnukleus, der im Bild selbst nicht sichtbar ist, aber unsichtbar als Dynamik zwischen den Bildelementen wirkt.“ (Klee: Pädagogisches Skizzenbuch, S. 6).

93 Grundüberlegungen dazu finden sich auch in meiner Masterarbeit (Gremske: Die Punktlinie in René Descartes' Dioptrique (1637), Abschnitt 4.3).

94 Krämer: Figuration, Anschauung, Erkenntnis, S. 110.

95 Rotman: Die Null und das Nichts, S. 26.

allemal bestehen und auch nicht aus sich selbst heraus existieren, sondern „immer wieder neu gemacht“[96] werden. Um die Punktlinie als Code für Zeit und Bewegung zu begreifen, ist also zunächst die aktive Komponente des Diskurses und Bildbetrachters zu berücksichtigen. Zudem bedarf es eines kurzen Exkurses zu den zentralen Überlegungen der Semiotik. Dazu sollen zwei der bekanntesten Modelle von den beiden prominentesten Vertretern[97] diagrammatischer Zeichentheorie, von Nelson Goodman und Charles Sanders Peirce, kurz vorgestellt werden.

Der als Vater der modernen Semiotik geltende Peirce unterscheidet drei Sorten von Zeichen: Ikon, Index und Symbol.[98] Das Besondere an der Punktlinie ist nun, dass sie in unterschiedlicher Ausprägung gewisse Eigenschaften von jeder dieser drei Zeichenarten aufweist, das heißt, sie kann je nach Kontext als jedes dieser Zeichentypen fungieren.

Diese Multivalenz lässt sich beispielsweise an den Mariendarstellungen aus Kapitel 3 (Abb. 3|1 – 3|5) nachvollziehen. Als Ikon stellt die Punktlinie grundsätzlich alles dar, was ihr ähnelt. In den Verkündigungsbildern sind es Lichtstrahlen. Ebenso wäre eine ikonische Ähnlichkeit in den Bildern des Heiligen Bernhard in aneinandergereihten Milchtropfen aus der Brust von Maria gegeben (Abb. 3|9 – 3|13).

Der Index setzt die Existenz des Bezeichneten voraus. Er kann auch als sichtbare Spur verstanden werden, die resultativ auf das Bezeichnete verweist. Im konkreten Bild führen solche Spuren in der Regel auf die Materialität und Herstellungsweisen zurück (vgl. Kap. 5). Die Lichtstrahlen in den Mariendarstellungen können deshalb kein Index für das Sonnenlicht sein, wie es beim Ikon der Fall wäre. Vielfach, etwa bei den Nimben der Heiligen, geben sie aber auf einer materiellen Ebene einen Hinweis zur technischen Herstellung dieser Linienform. Dies wird besonders deutlich, wenn es sich zum Beispiel um punzierte Punktlinien (vgl. 5.2) im Bild handelt. Die Vertiefungen im Bild sind demnach als Index für den Vorgang der Punzierung zu verstehen.[99]

Das dritte Zeichen der peirceschen Einteilung ist das Symbol, das eine arbiträre Signifikation herstellt. Sowohl in der Kunst als auch der Wissenschaft der Frühen Neuzeit wird Licht vorrangig durch Strahlen symbolisiert.[100] Die Verkündigungs-

---

96 Ebd.

97 Bucher: Das Diagramm in den Bildwissenschaften, Berlin 2007, S. 128.

98 Nöth: Handbuch der Semiotik, S. 70.

99 Siehe dazu die christlichen Ikonografien des Spätmittelalters (bes. Abb. 5|2b, Abb. 5|3e), und auch Rothschilds *It was a Dark and Stormy Night* (Abb. 1|10b).

100 Gérard Simon hat die Funktion und Bedeutung von Licht- und Sehstrahlen ausführlich untersucht. Er macht auf die enge Verbindung und zugleich auf die Differenzierung zwischen beiden Strahlenformen aufmerksam indem er schreibt: „Bereits das von uns

darstellungen (bes. Abb. 3|3) zeugen davon ebenso wie Descartes' Augenexperiment (vgl. 4.3 u. Abb. 1|19). Zugleich wird an weiteren Bildbeispielen eine Doppelfunktion deutlich, denn neben dem Licht wird vor allem in der Wissenschaft (vgl. bspw. Abb. 4|18) auf gleiche Weise auch der Blick durch sogenannte Sehstrahlen dargestellt. Damit ein Blick oder das Licht durch eine Punktlinie bezeichnet werden kann, ist ein Gesetz oder eine Vereinbarung nötig. Eine solche Vereinbarung entspricht einer Codierung, die besagt, dass sie als Zeichen für das zu Bestimmende zu verstehen ist.

Im Unterschied zu anderen Zeichen verfügt die Punktlinie nun, wie oben dargelegt, über die Eigenschaft, zeichentheoretisch sowohl ikonisch als auch eingeschränkt indexikalisch und symbolisch lesbar zu sein. Dieses Merkmal der Multivalenz kann als Grundlage dafür angesehen werden, dass Punktlinien eine übergeordnete Zeichenfunktion zuzuweisen ist. Punktlinien sind deshalb nicht nur als *Zeit-* oder *Zahlzeichen* (vgl. 7.2.2) zu deuten, sondern generell als *Metazeichen* zu verstehen. Dies führt zu einem vielfach differenzierten Anwendungsspektrum. So können Punktlinien grundsätzlich nicht nur als Sehstrahlen und Blicklinien, sondern auch als Licht- und Sonnenstrahlen, Schnitt- und Trennlinien, zur Darstellung von Flugverläufen und Schifffahrtsrouten, zur Differenzierung räumlicher Ebenen, für Geschwindigkeitsanzeigen, Prognosen und in weiteren unterschiedlichsten Kontexten (vgl. 1.4 u. Kap. 6) eingesetzt werden. Gemeinsames Merkmal dieser Metazeichenfunktion[101] von Punktlinien ist es, Bewegungen oder Prozesse abbilden zu können.

---

benutzte Wort Sehstrahl ist, durch die damit gezogene Parallele zu unserem Lichtstrahl, eine leichte Entstellung des ursprünglichen Begriffs. Es fasst in einem Ausdruck zwei Worte zusammen, die von den Griechen *getrennt* und, wie es scheint, nach Belieben benutzt wurden. Sie sprechen nämlich bald von opsis (ὄψις), bald von aktis (ἀκτίς). Aktines (im Plural) sind die Strahlen, die eine Lichtquelle glänzen lassen; und es sind auch die sehend-sichtbaren *Feuer*pfeile des Blicks, die den Akt des Sehens selbst wahrnehmbar machen" (Simon, Gérard: Der Blick, das Sein und die Erscheinung in der antiken Optik. Mit einem Anhang: Die Wissenschaft vom Sehen und die Darstellung des Sichtbaren. Aus dem Französischen von Heinz Jatho. München 1992, S. 35f.).

101 Dass Punktlinien als Metazeichen gedeutet werden können, lässt sich durch Darstellungstraditionen, durch wiederkehrende Abbildungspraktiken und den dazugehörigen Diskurs erklären. In den vorangegangenen Kapiteln ist bereits deutlich geworden, dass die geometrischen Formen Punkt und Linie seit Jahrtausenden mit der Eigenschaft der Zählbarkeit, vor allem mit Kontexten des Messens verknüpft worden sind. Diese Vereinbarung würde deshalb im Ansatz erklären, warum Punktlinien als Zusammensetzung von Punkt und Linie beinahe intuitiv als Zahl- oder Prozesszeichen gelesen werden können.

Ein Erklärungsansatz für diese besondere Zeichenfunktion lässt sich aus der Zeichenstruktur ableiten: Punktlinien bestehen aus linear angeordneten Punkten und gleichgroßen Leerzeichen. Sie entsprechen ihrer linearen Anordnung nach einer Linie, sind aber zugleich durch ihre spezifische Form davon zu differenzieren. Dieses Zeichen ist Linie und doch „nicht Linie“[102] im Sinne Ingolds, also eine Form, die zwischen den geometrischen Grundformen von Punkt und Linie operiert. Es ist deshalb einerseits vom Punkt und der Linie zu unterscheiden und dementsprechend anders zu bezeichnen. Die besondere Funktion dieser Linienform ist es, den Vorgang der Übersetzung des Sichtbaren in einer grafischen Umschrift abbilden zu können. Dies gelingt durch ihre Form, die stets eine Ambivalenz zwischen Punkt und Linie ausmacht, und die beschriebene Vieldeutigkeit zulässt (vgl. bes. 4.4).

George Spencer Brown hat in den späten 1960er Jahren in *Laws of Form* eine wichtige Beobachtung zur Funktionsweise geometrischer Zeichen ausgeführt und damit einen neuen Zugang zu der Frage ermöglicht, wie der Prozess des Unterscheidens zwischen Inhalt und Form angezeigt werden kann. Sein Konzept *Draw a distinction* beruht auf dem Akt, eine Unterscheidung zu treffen und dadurch zwei Zustände zu erzeugen. Diesen Vorgang nennt Brown, „mit der Form zu beginnen“[103]. Dadurch wird „die Form gleichzeitig der ‚Ort‘ maximaler Entleerung und maximaler Verdichtung“[104].

Überträgt man diesen Ansatz auf die Form der Punktlinie, wird deutlich, dass sie sowohl maximale Entleerung als auch maximale Verdichtung beinhalten kann. Dies ist genau dann der Fall, wenn sie zwischen zwei Abbildungsräumen als Brücke und Trennung fungiert. Im Gegensatz zu einer durchgezogenen Linie, die immer eine unmittelbare Unterscheidung vornimmt, operiert eine Punktlinie durch ihre Form als Unterscheidung, die sowohl verbindend als auch trennend wirken kann.

Die spezifische Operativität der Punktlinie im Sinne Browns könnte man darüber hinaus auch systemtheoretisch mit dem Begriff des *‚re-entry‘* oder Wiedereintritts beschreiben, da sie als Unterscheidung in das durch sie selbst Unterschiedene operiert.[105] Das bedeutet, dass Punktlinien in diesem Sinne immer beide Zustände anzeigen: den sichtbaren und nicht-sichtbaren Punkt, die Linie und die eben doch nicht sichtbare Linie. Diese Beobachtung lässt sich ebenso auf das Auslassungszei-

---

102 Ingold: Lines, S. 3. Vgl. 1.

103 Aus dem Transkript zur AUM-Konferenz, 1.6. Zit. nach Wille, Katrin / Hölscher, Thomas: Kontexte und Architektur der Laws of Form. In: Schönwälder-Kuntze, Tatjana / Dies. / Ders. (Hgg.): George Spencer Brown. Eine Einführung in die „Laws of Form“. Wiesbaden 22009, S. 23 – 43, hier: S. 27.

104 Wille / Hölscher: Kontexte und Architektur der Laws of Form, S. 27.

105 Brown: Laws of Form, S. 13. Siehe auch Wille / Hölscher: Kontexte der Laws of Form, S. 31.

chen übertragen (vgl. 5.4). Denn auch hier wird durch ein sichtbares Zeichen gleichzeitig die An- und Abwesenheit aller anderen Schriftzeichen angezeigt.

Unter einem Auslassungszeichen versteht man ein Zeichen, mit Peirce gesprochen ein Symbol, das aus drei aufeinanderfolgenden Punkten besteht und die Auslassung aller möglichen anderen Schriftzeichen bezeichnet. Die liniengleiche Reihung eines bereits definierten Zeichens innerhalb eines Zeichensystems, in diesem Fall des Punkts, ergibt ein neues, eigenständiges Symbol. Es ist gewissermaßen eine sichtbare Leerstelle, welche die nicht-sichtbaren Zeichen verkörpert.[106] Diese Eigenschaft gilt genauso für Punktlinien. Da Auslassungspunkte selbst Schriftzeichen sind, wird eine Unterscheidung durch das selbst Unterschiedene getroffen. Auslassungszeichen sind also Zeichen, die alle anderen ‚ausgelassenen' Schriftzeichen mitanzeigen. Punktlinien zeigen durch ihre Form Punkte in Linienform an. Sie bezeichnen eine Linie, die doch etwas anderes als eine Linie ist. Die nicht vorhandene durchgezogene Linie wird ebenso mitangezeigt. Punktlinien und Auslassungszeichen können als Zeichen bestimmt werden, die in der Lage sind, auch die nichtgesetzten Zeichen abbilden zu können.

Das dualistische Zeichenkonzept der Punktlinie ist grundsätzlich als ein formbedingtes festzuhalten. Es trennt und verbindet durch seine Form und thematisiert das Sichtbare und Unsichtbares gleichzeitig. Browns Ausführungen bieten ein Deutungsangebot für die fehlende terminologische Benennung bestimmter Zeichen, die nichtgesetzte Zeichen abbilden können.[107] Denn Brown zufolge ist es nicht möglich, „dass wir keine Bezeichnung vornehmen [...], ohne eine Unterscheidung zu tref-

---

106 Eine gerade, einzelne Linie in einem Kurvendiagramm unterscheidet sich deshalb semantisch nicht von einer anderen Linie in beispielsweise einem Gemälde von Paul Klee. Erst die Kontextualisierung erklärt ihre Syntax und macht eine Unterscheidung zwischen der Darstellung einer mathematischen Operation und einer Linie innerhalb eines Kunstwerks möglich.

107 Sternes inzwischen vieldiskutierte Punktreihen in der Geschichte des Tristram Shandy (vgl. 6.2) bilden insgesamt betrachtet nur eine Ausnahme. Mareike Giertler bemerkt deshalb in ihrem Aufsatz *In zusammenhanglosen Pünktchen lesen* (2012) beinahe resigniert dazu: „Auslassungszeichen haben es schwer ernst genommen zu werden." (Giertler, Mareike: In zusammenhanglosen Pünktchen lesen. Zu den Auslassungszeichen in Musils ‚Die Vollendung der Liebe'. In: Dies. / Köppel, Rea (Hgg.): Von Lettern und Lücken. Zur Ordnung der Schrift im Bleisatz. München 2012, S. 161 – 183, hier: S. 163). Und auch wenn die Vielzahl der Abbildungen mit Punktlinien im Analyseteil dieser Arbeit einen anderen Eindruck erwecken könnten, spiegelt sich doch letztlich in den wenigen Forschungsbeiträgen zu dieser Linienform wider, dass sie bislang weitgehend unbeachtet und vermutlich auch unverstanden geblieben ist.

fen“[108]. Jede Bezeichnung beinhalte immer eine Unterscheidung. Er schließt deshalb daraus: „Wir nehmen daher die Form der Unterscheidung für die Form“[109].

Wenn also eine zweideutige, unklare oder nicht zwingend notwendige Unterscheidung oder auch Gleichsetzung vorgenommen wird und gleichzeitig nicht benannt werden soll, kann dies nur durch die Form erfolgen. Eine Form, die genau diesen Ansprüchen genügt, ohne zwingend bezeichnet werden zu müssen, ist die Punktlinie. Sie kann gleich in doppelter Hinsicht als Form der Unterscheidung betrachtet werden, da sie die Präsenz und gleichzeitige Apräsenz des Punktes durch immer gleiche Wiederholungen anzeigt.[110]

Die Schwierigkeit, die Punktlinie im vorhandenen Zeichenrepertoire einzuordnen, ist auch aus semiotischer Perspektive erklärbar. Goodman schreibt zu diesem Phänomen:

„Exemplifikation einer unbenannten Eigenschaft läuft gewöhnlich auf Exemplifikation eines nonverbalen Symbols hinaus, für das wir weder ein entsprechendes Wort noch eine Beschreibung haben.“[111]

„Um die Verwendung eines Ausdrucks und seiner Zusammensetzung zu erlernen, wird das Verstehen des Ausdrucks nicht vorausgesetzt, und häufig geht dies erst aus jener hervor.“[112]

Damit formuliert Goodman einen theoretischen Ansatz zur vorsprachlichen Wissenserzeugung, der an Breidbachs Konzept der Punktlinie als *Struktur der Praxis* erinnert (vgl. 7). Zugleich führt Goodman einen strukturellen Ansatz für die Einordnung der Punktlinie vor Augen, der über das Konzept eines Codes hinausgeht.

Goodman geht in *Languages of Art* (1968) davon aus, dass der materiellen Realisierung von Zeichen und ihren Signifikationsregeln grundsätzlich ein Symbolsystem zugrunde liegt. Im Gegensatz zu sprachwissenschaftlichen Herangehensweisen,

108 Brown: Laws of Form, S. 1.

109 Ebd. Als Beispiel nennt er dazu einen Kreis, der in einem ebenen Raum eine Unterscheidung vornimmt. Erst wenn diese geometrische Unterscheidung vorgenommen ist, so Brown, „können Räume, Zustände oder Inhalte auf jeder Seite der Grenze, indem sie unterschieden sind, bezeichnet werden“ (ebd., S. 13, siehe auch: Wille / Hölscher: Kontexte der Laws of Form, S. 31.).

110 Das heißt, die Zwischenräume zwischen den Punkten, werden durch die darauffolgenden Punkte als Auslassungen sichtbar gemacht.

111 Goodman: Sprachen der Kunst, S. 64.

112 Ebd., S. 35. Zudem wird mit jeder Punktlinie eine Linie mitanzeigt, obwohl eine Linie im klassischen Sinne nicht aus einer Reihe von Leerzeichen und Punkten besteht.

die zwischen Graphem und Phonem unterscheiden,[113] entwickelt Goodman einen weitergefassten Entwurf eines Symbolsystems. Die traditionelle Einteilung von mündlichen, also auditiven und schriftlichen Zeichen wie geschriebenen Buchstabenabfolgen, ist demnach zur Erklärung formaler Notationen unzureichend wie sie etwa in technischen Medien erfolgen.[114]

Unter einem Symbolsystem versteht Goodman ein Symbolschema, das eine syntaktische Struktur aufweist. Das heißt, er differenziert das Symbol als Entität, die eine zusammengesetzte Ordnung aufweist. Statt weiterhin traditionellen Notationsmustern zu folgen, macht er deutlich, dass sich Symbolsysteme besser erklären lassen, wenn man über ihre *Disjunktivität* (disjointness) und endliche *Differenziertheit* (finite differentiation) bestimmt.[115] Nur so, postuliert Goodman, lassen sich die Symbolschemata, differenziert behandeln, die nicht zwangsläufig eine Schrift sein müssen. Übertragen auf beispielsweise das lateinische Alphabet besagt dieses Konzept, dass für jedes Zeichen – oder jeden Buchstaben – ein disjunktives Schema gilt, denn jeder Buchstabe ist durch seine Buchstabenform von allen anderen Buchstaben innerhalb dieses Systems unterschieden. Die endliche Differenziertheit wiederum ist dadurch gegeben, dass das lateinische Alphabet auf 24 verschiedene Buchstaben begrenzt ist. Alphabetschriften sind deshalb sowohl disjunktiv als auch endlich differenziert. Zugleich bilden diese Eigenschaften die Voraussetzung zur Lesbarkeit einer Schrift.[116]

Die Punktlinie, erstrangig im Diagramm anzutreffen, ist nun in diesem System als Symbol zu verstehen, das im goodmanschen Sinn einer streng syntaktischen

---

113 Koch: Graphé, S. 44f.

114 Sybille Krämer hat ausführlich auf das „Sekundaritätstheorem der Schrift" (Krämer, Sybille: Schrift und Episteme am Beispiel Descartes'. In: Koch, Peter / Dies. (Hgg.): Schrift, Medien, Kognition. Über die Exteriorität des Geistes. Tübingen 1997, S. 105 – 126, hier: S. 105 u. S. 108) hingewiesen und zugleich das Konzept der *Schriftbildlichkeit* etablieren können (bspw. Krämer, Sybille: ‚Schriftbildlichkeit' oder: Über eine (fast) vergessene Dimension der Schrift. In: Dies. / Bredekamp, Horst (Hgg.): Bild. Schrift. Zahl. München 2003, S. 157 – 176 oder Krämer / Cancik-Kirschbaum / Totzke (Hgg.): Schriftbildlichkeit, Berlin 2012). Kittlers umfassende Medienanalyse macht die medialen Entwicklungen der vergangenen zweihundert Jahre für die veränderten Grundannahmen über Zeichenelemente mitverantwortlich (Kittler: Aufschreibesysteme, bes. S. 277f).

115 Goodman: Sprachen der Kunst, S. 148. Martin Fischer hat diesen zentralen Aspekt besonders deutlich herausgearbeitet (Fischer, Martin: Schrift als Notation. In: Koch, Peter / Krämer, Sybille (Hgg.): Schrift, Medien, Kognition. Über die Exteriorität des Geistes. Tübingen 1997, S. 83 – 101, S. 88f.).

116 Vgl. Ebd., bes. S. 89.

Regel unterliegt. Diese besagt, dass erst eine bestimmte Anzahl von Punkten sowie gleichgroßen Leerzeichen in einer linearen Anordnung dieses Symbol konstituieren. Würde man diese Anordnung verändern, und nicht mehr alternierend verfahren, so entspräche dies nicht mehr demselben Symbol. Punktlinien können deshalb als *disjunktive Struktur* verstanden werden, die endlich differenziert ist.

Durch den Zugriff auf Punktlinien als Symbole im goodmanschen Verständnis wird nun deutlich, dass diese Linienform allein auf der sprachlichen Ebene als weitgehend undefiniertes Zeichen zu verstehen ist. Die Dysbalance zwischen bekanntem strukturellem Schema und fehlender terminologischen Fixierung wird vor allem in den Traktaten des Analyseteils sichtbar (vgl. 4.4). Denn semiotisch betrachtet, entsprechen die meisten Punktlinien der Frühen Neuzeit einer disjunktiven, endlich differenzierten symbolischen Struktur. Die fehlende sprachliche Kodifizierung sorgt dabei dafür, dass diese Form als „Exemplifikation eines non-verbalen Symbols"[117] für die Exemplifikation einer unbenannten oder weitgehend unbekannten Eigenschaft eingesetzt werden kann. Das geringe Maß an definitorischer Aufmerksamkeit für diese Linienform lässt sich deshalb auch aus der semiotischen Multivalenz dieser Linienform herleiten.

Bemerkenswert ist zudem, dass sich Punktlinien als neue Linienform erst im diagrammatischen Bildkontext etablieren können. Während in der bildenden Kunst bereits diese Linienform in ähnlichen Funktionen zur Darstellung von göttlichen Wundern und Bildprozessen verwendet wurde (vgl. Kap. 3), wird nun im wissenschaftlichen Bild ihre Zeichenstruktur als fest definierte lineare Anordnung von Punkten und Leerzeichen verfeinert und durch die dazugehörigen Drucktechniken weiterverbreitet (vgl. Kap. 5). Die Konvention, sie als Zeichen für einen zeitlichen Ablauf, einen Prozess oder ein Wunder im Bild zu deuten, darf dabei als ein den Künstlern und auch deren Bildrezipienten bekannter Code angenommen werden. Strukturell betrachtet, ist es dabei nur naheliegend, dass ihr symbolisches Schema ausschlaggebend für ihre vielgestaltige Verwendung ist. Dieses beinhaltet, dass jede Leerstelle zwischen den linear geordneten Punkten als eine Abwesenheit des Nicht-Wahrnehmbaren durch sich selbst bezeichnet wird. Punktlinien müssen deshalb als Zeichen verstanden werden, die Prozesse abbilden können, also zeitliche und bewegliche Abläufe. Darüber hinaus können sie aus ihrer Form begründet auch als Zeichen verstanden werden, die grundsätzlich unterscheiden und gleichzeitig mindestens zwei unterschiedene Entitäten verbinden können.

Auf dem langen Weg vom Raum über die Zeit bis zur Zeichentheorie (vgl. 7.1 – 7.3) haben sich allgemeine Rückschlüsse zur Funktion, aber auch zu den Einsatzmöglichkeiten von Punktlinien in der Bildanalyse ergeben. Die bisher angestellten Beobachtungen und theoretischen Ausführungen sollen deshalb im folgenden Ab-

117 Goodman: Sprachen der Kunst, S. 35.

schnitt in einen praktischen Zusammenhang übertragen werden, um die Punktlinie als Analyseinstrument für die Bildwissenschaft zu erproben.

7.4 PUNKTLINIEN ALS DIAGRAMMATISCHES ANALYSEINSTRUMENT

Punktlinien verdanken ihren Siegeszug in der wissenschaftlichen Bildpraxis nicht allein veränderten Drucktechniken, Weltbildern, Wissensparadigmen, der Erfindung des Koordinatensystems oder der arithmetischen Geometrie. Grundvoraussetzung für ihre Verbreitung ist zuerst das Diagramm, das sich seit dem 16. Jahrhundert als Mittel der Wahl für die Darstellung von Bildwissen etabliert. Folgt man Kathrin Müller, dann ist das Diagramm auch als „Verstandesleistung" einzuschätzen, da es „die Überführung eines unsichtbaren Gegenstandes in Form und oft auch in Farbe"[118] ermöglicht. Deshalb sind Diagramme wie keine andere Abbildungsform der Frühen Neuzeit in der Lage, eine „affirmative Zusammenfassung des Gesagten"[119] zu veranschaulichen. Das „Vermögen des Diagramms," präzisiert Bredekamp, besteht aber vor allem darin, „Zahlenkolonnen, Informationsbündel und Ideen mithilfe von Punkt und Linie auf einen Schlag überschaubar werden zu lassen"[120]. Der Punkt und die Linie sind deshalb als genuine Werkzeuge von diagrammatischen Darstellungsweisen einzuschätzen.

Ein Hauptmerkmal des Diagramms, nämlich die zeitlich orientierte Erfassung und Präsentation des Dargestellten (vgl. 7.2), schimmert dabei bereits sprachlich durch. Denn Formulierungen, die besagen, Informationen „auf einen Schlag"[121] oder auch „auf einen Blick"[122] ablesen zu können, liegt das Konzept einer schnellen Bewegung und damit implizit von Zeit zu Grunde (vgl. 7.2). Allerdings ist Zeit als inhärenter Faktor der relationalen Wirkung eines Diagramms nicht nur auf die Rezeptionsgeschwindigkeit beschränkt oder als Effizienzmarker von Diagrammen zu verstehen.[123] Sie wird vielmehr inhaltlich in diagrammatischen Abbildungen grund-

118 Müller: Visuelle Weltaneignung, S. 179.

119 Ebd.

120 Bredekamp: Vorwort von Horst Bredekamp. Das Diagramm als Prozess, S. VI. Bredekamp sieht in dieser Fähigkeit „die Grundbedingungen der Ausbildung des menschlichen Geistes" (ebd.).

121 Ebd.

122 Bspw. Laube, Stefan: Tückische Transparenz. Überlegungen vor und hinter dem Netz. In: Zeitschrift für Ideengeschichte VII:4 (2013), S. 19 – 40, hier: S. 31.

123 Schneider führt dazu aus: „Es erfasst die kritischen Punkte der Umkehr von positiver und negativer Bilanz direkt. Zeitökonomie, Evidenz, Einprägsamkeit und Prägnanz so-

sätzlich thematisiert (vgl. 7.2). Das bedeutet umgekehrt nicht, dass in anderen Abbildungsformen wie etwa dem Gemälde die Zeit keine Rolle spielen würde. Der Funktionszusammenhang ist jedoch dort in der Regel ein anderer und nicht über die Attribute Schnelligkeit, Bewegung oder Prozessualität zu finden. Stattdessen erklärt sich die Funktionsweise von Zeit beispielsweise in Simultanbildern des Mittelalters (vgl. 6.1.4) daraus, dass sie als notwendiges Bestandteil und Gestaltungsmittel zur Darstellung komplexerer Handlungen betrachtet wird. So wird mit der parallelisierten zeitlichen und räumlichen Ordnung, beispielsweise durch die Wiederholung gleicher Formen, Zeitlichkeit im Bild erzeugt.[124] Eine ähnliche Bildtechnik, welche die Zeit als Faktor einkalkuliert, ist die zeitlich verschobene Sichtbarmachung von Bildszenen in Polyptychen. In beiden Beispielen dient Zeit vor allem dazu, ein Bildnarrativ entstehen zu lassen.

Von diesen Bildformen unterscheidet sich das Diagramm wesentlich dadurch, dass Zeit nicht bloß als Anteil einer ausgestalteten Narration zu verstehen ist. Vielmehr wird die Zeit im Diagramm selbst zum Gegenstand, und zwar unter anderem dadurch, dass ganz allgemein Prozesse auf die beiden geometrischen Grundformen Punkt und Linie verkürzt werden können. Diese Abbreviaturen können sich nur in einer spatialen Ordnung entfalten, die sich durch vorhandene und nicht vorhandene Zeichen beschreiben lässt. Der diagrammatische Bildraum ist deshalb als ein strukturierter und geometrisch gedachter zu verstehen. Anders als im Gemälde ist dieser Raum an die geometrischen Formen und ihre Regeln gebunden. Der bereits behandelte Zwischenraum als Leerraum oder als Auslassung (vgl. 5.4) darf innerhalb dieser Überlegung nicht vernachlässigt werden, denn er ist ebenso ein konstituierender Bestandteil diagrammatischer Raumordnung. Für Dieter Mersch ist deshalb

> „Spatialität überhaupt als leitendes Prinzip des Diagrammatischen auszuweisen: Sie ermöglicht nicht nur, [...] zu unterscheiden, sondern durch Zuweisung verschiedener Stellen oder Plätze im Raum ebenso logische wie deiktische Funktionen abzubilden, die als topologische Strukturen sichtbar gemacht werden können."[125]

---

wie die Kommunizierbarkeit von Diagrammen sind mithin die Vorteile" (Schneider: Ohne Linien ist der Geist blind, S. 72).

124 Blümle: Augenblick oder Gleichzeitigkeit, S. 40.

125 Mersch, Dieter: Visuelle Argumente. Zur Rolle der Bilder in den Naturwissenschaften. In: Maasen, Sabine / Mayerhauser, Torsten / Renggli, Cornelia (Hgg.): Bilder als Diskurse. Bilddiskurse. Velbrück 2006, S. 95 – 116, hier: S. 105. Mersch führt weiter dazu aus: „Aus ihnen lassen sich einige Grundlinien des Diagrammatischen ableiten. Zunächst bedarf es der Formatierung des Raumes, um Orte festzulegen sowie Metriken und Skalierungen vorzunehmen, die die Inskriptionen in ein festes Bezugssystem einbinden, so dass als Grundbedingung jeder Diagrammatik der formatierte Raum fungiert.

Schon die Beispiele mittelalterlicher Stammbäume zeigten (vgl. 7.1), dass trotz der bereits verkürzten Darstellung zeitlicher und räumlicher Ordnung weiterhin eine Rückbindung zwischen physischen Gegebenheiten und symbolischen Zuordnungen vorhanden war.[126] Obwohl die neuen Reproduktionsmöglichkeiten der Frühen Neuzeit für eine Verbesserung der realistischen Bildanteile sorgten, löst sich zunehmend diese Verbindung.[127] Die physischen Vorbilder treten im geometral geordneten Raum in den Hintergrund, und die allgemeine Abstraktionsleistung des Diagramms erreicht neue Dimensionen. Was allerdings weiterhin bestehen bleibt, sind die Grundbestandteile des Diagramms. Sie sind irreduzibel, solange es sich um ein Diagramm handeln soll.[128]

Wenn also wie Krämer vermutet, „das Abc der Diagrammatik" aus „der Linie – zusammen mit [dem] Punkt"[129] und der geordneten Spatialität besteht[130] und eine zentrale Eigenschaft des Diagramms die Abbildung einer zeitlichen Dimension ist, wird deutlich, dass sich mit dem Punkt und der Linie in einer spatialen Ordnung grundsätzlich Raum und Zeit abbilden lassen (vgl. 7.1 u. 7.2). Für Punktlinien, die aus diesen Grundbestandteilen bestehen, konnte bereits festgestellt werden, dass sie grundsätzlich als *Zeitzeichen* und, etwas spezifischer, als *Prozesszeichen des Unterscheidens* im Diagramm operieren. Diese Eigenschaften konnten auch unter den Begriffen räumliche (vgl. 7.1) und zeitliche Potenz (vgl. 7.2) des Diagramms subsumiert werden.

Er beruht sowohl auf der Einteilung relevanter Felder, Zonen oder Teilräume, worin die graphischen Elemente ihren Platz finden, als auch auf der Diskretierung des Raumes, der allererst eine Zuordnung der Daten und ihre Figurierung erlaubt" (ebd.).

126 „Das pflanzliche Symbol für die Zeit ist der Baum." (Genauer dazu: Demant: Zeit, S. 73). Ferner ist der Porphyrianische Baum als mittelalterliche Metapher und schematische Darstellung eines Baummodells zu nennen (dazu ausführlich Verboon, Annemieke: Einen alten Baum verpflanzt man nicht. Die Metapher des Porphyrianischen Baums im Mittelalter. In: Reichle, Ingeborg / Siegel, Steffen / Spelten, Achim (Hgg.): Visuelle Modelle. München 2008, S. 251 – 268, hier: bes. 253f.).

127 Verboon weist zudem auf „die scholastischen Denkmethoden" (ebd., S. 264) des späten Mittelalters hin, die insgesamt die Baummetapher umso mehr begünstigen.

128 Es ist deshalb naheliegend, ebenso die Grundeigenschaften als konsistent zu vermuten. Zeit als inhaltlicher Anteil einer geometralen Ordnung des Raumes oder der Bildfläche (Krämer: Operative Bildlichkeit, S. 98 und Krämer: Figuration, Anschauung, Erkenntnis, bes. Kap. 5) bleiben auch im immer weiter gesteigerten Maß der Abstraktion erhalten.

129 Ebd., S. 97.

130 Für Krämer ist außerdem die Fläche als Grundbestandteil des Diagramms zu nennen, da „im Gegensatz zur Wahrnehmung von Dingen" das Sehen von Bildern sich darin unterscheidet, dass „sie uns stets in Gestalt von Flächen begegnen" (Krämer: Operative Bildlichkeit, S. 98).

Vor diesem Hintergrund lassen sich Punktlinien als Informationsträger lesen, die bei der Bildanalyse wichtige Hinweise zur Funktion, Inhalt und Bildtypus geben können. Basierend auf den Beobachtungen der vorherigen Abschnitte dieses Kapitels deshalb, versprechen sie auch als Analyseinstrument produktiv zu sein. Die folgenden drei Thesen sollen diesen Ansatz verdeutlichen:

1) Punktlinien sind im diagrammatischen Bild die Indikatoren einer Sichtbarmachung von zeitlichen Abläufen, Messungen, der räumlichen oder zeitlichen Trennung, Verbindung oder Unterscheidung. Sie können deshalb als *Prozesszeichen des Unterscheidens* verstanden werden.
2) Aus ihrer Form begründbar, sind Punktlinien eine Verbindung der Grundbestandteile des Diagramms und können deshalb als Elemente verstanden werden, die in jedem beliebigen Bildkontext den diagrammatischen Zusammenhang[131] sofort erkennbar werden lassen. Ihre Funktionszusammenhänge, sowohl die räumlichen als auch die zeitlichen, fungieren als Hinweise auf das räumliche und zeitliche Potential des jeweiligen Diagramms.
3) Punktlinien sind diagrammatische *Metazeichen*, denen aufgrund ihrer Zeichenstruktur und geometrischen Form (vgl. 7.3) eine übergeordnete semiotische Funktion zukommen kann. Vor allem die Zeit als vierte Bilddimension kann durch die aufgebrochene Linie symbolisiert werden. Auch die Punktlinie ist und bleibt dabei im Sinne Leonardos eine rein gedankliche Zeichenstruktur, die in der Natur nicht zu finden ist.[132]

Aus diesen drei Gründen sind Punktlinien als Analyseinstrument für die Bildwissenschaft nutzbar. Die wesentlichen Vorteile in diesem Ansatz liegen darin, dass man mit Punktlinien ‚auf einen Blick' einen diagrammatischen Bildzusammenhang erfassen kann. Ohne Kontextwissen wird durch sie in der Regel ein zeitlich gebundener Ablauf ersichtlich. Ihr Vorkommen im Diagramm deutet zudem auf relationale Beziehungen zwischen sichtbaren und denkbaren Bild- oder Textanteilen hin. Punktlinien sind deshalb auch als Anzeichen für Trennung, Verbindung oder die grundsätzliche Unterscheidung von Bildräumen zu verstehen (vgl. 7.3).

Der letzte Aspekt ruft noch einmal Platons Einteilung von Welt in eine sichtbare und eine denkbare[133] auf (vgl. 2). Demnach können die materiellen Dinge, das heißt

131 Dieser besagt, dass es sich um einen dargestellten raumzeitlichen Prozess handelt.

132 An der Beobachtung Leonardos, „dass die Natur selbst [...] überhaupt keine Umrisslinien" kennt, wird in der Linientheorie weiterhin festgehalten (vgl. Mainberger: Experiment – Linie, S. 61).

133 Platon: Politeia, VI, 517b, S. 417. Vgl. Kap. 2 dieser Arbeit.

die physisch existierenden Objekte der „Realwelt der Dinge“[134] zugeordnet werden. Dagegen sind in der „Idealwelt der Geometrie“[135] alle Konstruktionen verortet, die idealiter erzeugt werden und zumeist in grafischen Inskriptionen ihren materiellen Ausdruck finden.[136] Diese dualistische Einteilung der Welt wird von Krämer für die Findung einer Diagrammatologie des Diagramms übernommen. Bezogen auf den Bildraum ist daher auch von einem *realen* und *idealen Raum*[137] auszugehen. Folgt man dieser Unterteilung, dann operieren Punktlinien grundsätzlich in einem Bildraum, der die beiden trenn- und verbindbaren Konzepte von realem und idealem Raum gleichzeitig darstellen kann. Verbindungs- oder Gelenkstellen beider Welten sind in diagrammatischen Bildern der Frühen Neuzeit vielfach anzutreffen, da hier die Trennung zwischen verschiedenen Abbildungsmodi noch nicht vollzogen ist. Die Funktion der Darstellung zweier unterschiedlicher Bildebenen besteht allerdings nicht allein in der Verbindung von Text- und Bildanteilen, sondern ebenso in der Abbildung von Relationen zwischen beiden Bildräumen. Zugleich sind Punktlinien selbst als konnektivierende und separierende Elemente der grafischen und geometrischen Zeichenpalette zu verstehen. Denn sie treten vermehrt dann in Erscheinung, wenn das Aufeinandertreffen, Trennen oder Verbinden von *realem* und *idealem* Bildraum thematisiert wird.

Signifikante Beispiele für diese Zusammenhänge konnten im Analyseteil gezeigt werden: etwa in Konstruktionsdiagrammen der Zentralperspektive bei Jacopo Barozzi da Vignola (Abb. 4|11; vgl. 4.5.2) oder Vredeman de Vries (Abb. 5|12; vgl. 4.5.2 u. 5.3), in der Unterteilung von anatomischen und geometrischen Körperstrukturen (Abb. 6|8; vgl. 6.1.3) bei Heinrich Lautensack oder explizit im Bauplan wunderlicher Apparate wie der Metamorphosenmaschine (Abb. 4|29; vgl. 4.5.2) Athanasius Kirchers.[138] Stets wird in diesen Bildern eine Unterscheidung zwischen physischer Realität und geometrischer Idealität vorgenommen und gleichzeitig eine diagrammatische Symbiose vollzogen. Diese symbiotische Verbindung, verstanden als Inskription auf einer Fläche, vollzieht sich im Sinne Krämers materialiter und idealiter. Materialiter, weil die Bezüge der sichtbaren, realen Welt als Vorlage dienen; idealiter, weil die Übertragung dieser Bildanteile auf eine Bildfläche bereits eine Umwandlung in eine konstruierte, verkürzte und eigenen Regeln folgende grafische Inskriptionen bedeutet.[139]

134 Krämer: Figuration, Anschauung, Erkenntnis, S. 68.

135 Ebd.

136 Vgl. ebd.

137 Diese Bezeichnung ist ein Vorschlag des Autors und wird von Krämer nicht verwendet.

138 Kircher, Athanasius: Ars magna lucis et umbrae, Rom 1646.

139 So handelt es sich etwa bei der Übertragung im Sinne einer Abbildung eines existierenden Gebäudes in einen Bildraum natürlich nicht um eine Verdopplung der realen Welt

Für die Transformation oder Übersetzung der materiellen und immateriellen Bezüge werden im Diagramm Punkte und Linien benötigt, die einen konstruierten Bildraum auf einer Fläche erzeugen. Als Analyseinstrument verstanden, sind Punktlinien deshalb einerseits Indikatoren für einen diagrammatischen Bildzusammenhang. Sie zeigen aber auch einen Konstruktionsvorgang des Bildraums an, indem sie durch ihre Form die Reihung von Punkten zur Linie abbilden können. Das heißt, zusätzlich zu den drei genannten analytischen Zugriffsmöglichkeiten bezeichnen Punktlinien die Konstruktion des Diagramms selbst und sind deshalb auch als *Prozesszeichen* zu verstehen.

Diese Beobachtung ist nicht auf die Frühe Neuzeit beschränkt, sondern gilt auch für Visualisierungen des 21. Jahrhunderts (vgl. 1.2). Auch in der heutigen Welt können Punktlinien als *Prozesszeichen* verstanden werden, die Grenzen und Verbindungen zwischen realem und idealem Bildraum herstellen. Diese Konnektierungen bringen laut Mersch insbesondere bei den modernen Bildern der Naturwissenschaften neue Herausforderungen mit sich. Denn immer dort, wo es keine direkte Anschauung gibt, wird die Erzeugung von Sichtbarkeiten zu einem Grenzgang zwischen sichtbaren und imaginierten Bildanteilen, für den er die Metapher der gebrochenen Linie verwendet:

> „Erstaunt freilich heute vor allem das Ausmaß an Visualisierungen gerade in solchen Disziplinen, deren Gegenstände sich nicht nur direkter Anschauung entziehen, sondern sich überhaupt außerhalb jeglichen Bereichs von Wahrnehmbarkeit befinden, zielen solche Bilder jedoch nicht ohne Widerspruch auf ein Sichtbares. Stattdessen bewegen sie sich durchweg auf der Bruchlinie zwischen einem Abstraktum, das dem Graphen einer mathematischen Funktion gleicht, und einem dennoch im Bild Erkennbaren, das alle Attribute von Sichtbarkeit zeigt ohne ein solches zu sein."[140]

Auf einer ‚Bruchlinie', wie Mersch es nennt, die als Kante, Grenze, Trennungs- und Verbindungselement verstanden werden kann, wird demnach bis heute zwischen

---

auf einer grafischen Oberfläche (Krämer: Figuration, Anschauung, Erkenntnis, S. 110). Vielmehr wird durch einen Wandlungsprozess – mit Krämer gesagt, eine ‚Metamorphose' (ebd.) – die neue Form des Gebäudes erzeugt. Für Krämer ist deshalb auch „[j]ede Abbildung [...] ein Übersetzungsvorgang der mit einem Wechsel in den Dimensionen und Materialitäten einhergeht (ebd., S. 111). Mit anderen Worten steht vor jeder Übertragung des Sichtbaren auf einer Inskriptionsfläche zunächst eine Abstraktionsleistung, die in einem fließenden Übergang zu Papier gebracht werden kann.

140 Mersch, Dieter: Bilder ohne Sichtbarkeit. Zur Ethik des visuellen Gebrauchs. In: Bilder bei der Arbeit. 31. Zeitschrift des Instituts für Theorie der Gestaltung und Kunst (ith) der Hochschule für Gestaltung und Kunst 6/7 (2005). Zürich, S. 49 – 56, hier: S. 50.

grafischer Abstraktion und der auf physischen Vorlagen basierenden Anschauung vermittelt. Dieses Sprachbild ist mit Bedacht gewählt und symptomatisch für das thematisierte Phänomen.

Wie schon Krämer ganz richtig beobachtet, ist „jede Abbildung [...] ein Übersetzungsvorgang, der mit einem Wechsel in den Dimensionen und den Materialien einhergeht“[141]. Linien kommt dabei die Schlüsselfunktion zu, die „Abbildung des Realen im Graphischen“[142] zu ermöglichen. Anders gesagt: „Mit Linien erfinden und entwerfen wir Formen, und dazu gehören auch Formen, die sich auf das Nicht-Wahrnehmbare, Nichtwirkliche, sogar Unmögliche beziehen“[143].

An dem bisher nicht näher ausgeführten Bildbeispiel der *Metamorphosenmaschine* Kirchers (vgl. 4.5.2) sollen diese Beobachtungen noch einmal zum Ende dieser Arbeit im Detail exemplifiziert werden, um daran insbesondere die Funktionen der Punktlinie als Analyseinstrument praktisch nachzuvollziehen (Abb. 4|29). Dargestellt ist der Aufriss eines quaderförmigen Raumes, der mit einem deckennahen Fenster, einer kassettierten doppelflügeligen Tür sowie an der linken Außenseite und der Decke mit Blicköffnungen versehen wurde. Der Fußboden im Inneren des Raumes ist durch ein perspektivisch verlaufendes Schachbrettmuster gekennzeichnet. Im Mittelpunkt des Experimentierraumes steht eine Figur, die durch Blickrichtung und Fingerzeig auf einen rechts unterhalb der Decke hängenden Spiegel weist. Dieser ist leicht nach unten geneigt und an einer Seilkonstruktion befestigt. Im Spiegel ist eine Sonne zu sehen. Es handelt sich um die Projektion eines Sonnenbildes, dass neben anderen Bildern auf einer oktogonalen und drehbaren Vorrichtung[144] unter dem Spiegel zu erkennen ist. Dieses Sonnenbild ist Teil eines Apparates, der an einem seitlichen Hebel gedreht werden kann, so dass wahl-

141 Krämer, Figuration, Anschauung, Erkenntnis, S. 112. Krämer führt diesen Gedanken weiter aus, indem sie schreibt, dass sich „[z]wischen dem Vorgegebenen und dem Aufgezeichneten“ ein „Übersetzungsvorgang“ vollzieht, den man auch als „eine Metamorphose beschreiben“ kann (ebd., S. 111).

142 Ebd.

143 Krämer: Figuration, Anschauung, Erkenntnis, S. 117f.

144 Hick beschreibt die Maschine so: „In ihm werden nicht mehr durch eine Öffnung einfallende Bilder äußerer Objekte aufgefangen, sondern mittels einer einfachen optisch-technischen Vorrichtung apriori fiktive im Wechsel generiert. Auf einer mechanisch um ihre Achse zu drehenden Trommel sind gemalte Figuren so aufgebracht, dass sie von einem geneigten und durch Tageslicht erhellten Spiegel über jener erfasst werden. Tritt ein Betrachter diesem gegenüber, wird er statt mit dem erwarteten eigenen Spiegelbild mit verschiedenen Tierköpfen oder auch der Sonne konfrontiert.“ (Hick: Geschichte der optischen Medien, S. 85).

weise verschiedene Bilder der Vorrichtung in dem darüber hängenden Spiegel sichtbar werden.

Der Effekt dieser Konstruktion wirkt sich vor allem auf die Bildfigur und damit auf den Betrachter des Spiegels aus. Sein Spiegelbild transformiert sich in ein zusammengesetztes Abbild, da nur die Spiegelung des Kopfes, nicht aber des Körpers verändert wird. Im Sinne „barocker Schaulust"[145] bietet die Maschine mehrere Verwandlungsmöglichkeiten an. So ist es damit möglich, einen menschlichen Körper beispielsweise mit einem Löwen- oder Hundekopf[146] in einem Spiegel zu projizieren und diese Verwandlung des Abbildes selbst an der oktogonalen Bildertrommel zu steuern. Kirchers *Metamorphosenmaschine* erlaubt also einen Wandlungsprozess, bei dem das menschliche Abbild in eine hybride Erscheinung transformiert werden kann. Neben der thematisierten Imaginationsleistung entsprechend der durchscheinenden ovidischen Dimension des Metamorphosenbegriffs[147] sticht vor allem der experimentelle Charakter dieser Konstruktion ins Auge. Dieser bezieht sich einerseits auf die materielle Ebene und damit auf die Möglichkeit, Text und Bild als Anleitung für einen Bauplan zu verstehen. Textlich stellt Kircher die seltsame Apparatur dem Leser wie folgt vor:

„Wenn man also auf der Seite D der Walze die Sonne aufgemalt hat und den Spiegel in die Position gebracht hat, dass die Figur der Sonne, wenn sie hinter der Maschine steht, in das Auge gespiegelt werden kann, dann ist [...] klar, dass das Auge Z außer der Sonne nichts im Spiegel sehen wird. Wenn man aber die Maschine dreht, nachdem der Spiegel abgedeckt worden ist [...], ist es sicher, dass nun ein Rinderkopf, bald ein Ziegenkopf, bald darauf ein Bärenkopf usw. erscheinen wird. [...] Das alles[148] wird nahe an Gaukelei heranreichen [...]. Ich habe eine solche Maschine, die alle zu ungeheurer Bewunderung hinreißt, wenn die Be-

145 Ebd., S. 105.

146 Kircher schreibt außerdem vom Rinder-, Ziegen-, Bären,- Wolfs- und Hundekopf (vgl. Zitat weiter oben; Kircher: Ars magna lucis, S. 901).

147 Ovids (43 v. Chr. – ca. 17 n. Chr.) *Metamorphosen* thematisieren Verwandlungen von Pflanzen, Menschen, Tieren und Göttern. Das Buch diente in der Frühen Neuzeit als wichtige Quelle, um derartige Prozesse zu imaginieren (Voß, Johann Heinrich: Metamorphosen (Verwandlungen) nach Publius Ovidius Naso. 2 Bde. Berlin 1798. 2. vermehrte Auflage. Braunschweig 1829. Siehe auch: Art. Allegorie. In: Lexikon der christlichen Ikonographie, Bd. 1: A – E, Sp. 97 – 100, hier: Sp. 100).

148 Kircher beschreibt diesen Vorgang allgemein als „transformatione catoptrica" als eine katoptrische Umwandlung (vgl. Kircher: Ars magna lucis, S. 901, Metamorphosis I). Schott spricht dabei von „deß Spiegelkünstlichen Geheimnisses" (Schott: Magia optica, S. 265).

trachter anstelle ihres natürlichen Gesichts bald einen Wolfskopf, bald einen Hundekopf [...] wahrnehmen."[149]

Fasst man Kirchers Ausführungen zusammen, erzeugt diese Maschine eine doppelte Augentäuschung. Diese wird erstens durch eine Projektion eines scheinbaren Abbilds des Betrachters bewirkt und zweitens durch die Illusion einer bildlichen Transformation, bei der sich ein gemaltes tierisches Abbild mit dem menschlichen Spiegelbild verbindet.[150]

Wie schon in Platons Höhlengleichnis angelegt,[151] hinterfragt Kirchers Experiment die Entstehung und den Gehalt von Bildern, indem es Grenzen der Wahrnehmung aufzeigt. Diese Grenzen werden durch den einfachen Dualismus von Innen und Außen erzeugt und sind gleichzeitig Voraussetzung, um einen metamorphotischen Effekt zu erzeugen. Dieser zielt auf drei dargestellte Betrachterperspektiven gleichzeitig: Während der *Betrachter im Bild,* also die Bildfigur, die Umgebungssituation in weiten Teilen zu überblicken scheint, sind für den *Betrachter im Außen*, dargestellt durch ein schwebendes Auge am linken Bildrand, tatsächlich nur die veränderten Bilder in einer dunklen Kammer sichtbar, deren Erzeugung vollständig unerklärt bleibt. Allein der *Bildbetrachter*, also der Rezipient der diagrammatischen Darstellung, behält den Überblick über das Geschehen und wird bildlich in die geheimnisvolle Kunst eines barocken Schauspiels der Augentäuschung eingeweiht, das der Funktionsweise einer *Camera obscura* und *Laterna Magica* gleich-

149 Hier in der Übersetzung von Wolfgang Polleichtner (Loreck, Hanne: Spiegelgedanken. In: Bätzner, Nike (Hg.): Blickmaschinen oder wie Bilder entstehen. Die zeitgenössische Kunst schaut auf die Sammlung Werner Neckes. Ausstellungskatalog. Köln 2008, S. 161 – 178, hier: S. 176. Vgl. Kircher: Ars magna lucis, S. 900ff). In der Übersetzung der *Magia optica* von Schott wird das Experiment zusammengefasst wie folgt beschrieben: „Man mache ein achteckig Rad [...] das nemlich im Umfang acht Flächen sothaner grösse hab / daß darin verschiedener Thiere Köpff und Gesichter wol und deutlich gemahlet werde können. In allen diesen 8 Flächen mahle man verschiedene Thiere Köpff mit einem Menschen Hals oder auch Brustbild. Dieses Rad mache man in einen Kasten [...] so überall beschlossen sey / daß das auff jeder Seite deß Rads entworffene Gemäld in den über dem Gerüst hangenden Spiegel stralen könne." (Schott: Magia optica, S. 265). Schott bezieht sich namentlich auf das Experiment bei Kircher (vgl. Kircher: Ars magna lucis, S. 901, Metamorphosis I).

150 Die diagrammatische Darstellung dieses Apparates ist allerdings grundsätzlich als ein Bildexperiment zu verstehen, das sich nicht nur als eine Augentäuschung oder ein Spiel mit einem Wandlungsprozess erklären lässt. Vielmehr wird in diesem Bild die generelle Frage nach den Wirkweisen und Transformationen von Sichtbarkeiten diskutiert.

151 Platon: Politeia, VII, 514a – 517c, S. 420 – 423.

kommt.[152] Der Rezipient wird deshalb nicht automatisch getäuscht, sondern ihm werden vielmehr die Bedingungen für die Verwandlung im Bild entschlüsselt.[153]

Wahrnehmung, Umwandlung und die Durchdringung von Bildgrenzen werden in der Darstellung der *Metamorphosenmaschine* durch Punktlinien angezeigt. Punktlinien erweisen sich einmal mehr als *Prozesszeichen*, die zeitliche gebundene Vorgänge abbilden können. Liest man das Bild zur *Metamorphosenmaschine* von links nach rechts, werden die zeitlichen Dimensionen bereits mit dem Vorgang des ‚Hineinsehens' deutlich. Ausgehend von einem am linken Bildrand platzierten Auge verlaufen zur Verdeutlichung dieses Vorgangs Punktlinien aus dem konstruierten Außenraum, der einer sichtbaren Realwelt ähnelt und durch Pflanzen, Steine und einen Horizont als solcher gekennzeichnet ist. Durch ein verziertes Guckloch öffnet sich die Einsicht in einen abstrakten geometralen Bildraum. Verbunden werden die beiden Ansichten aus Innen und Außen[154] allein durch Punktlinien, die deshalb in diesem Fall als Verbindungszeichen gedeutet werden können.[155] Mit dieser Gliederung in einen Innen- und einen Außenraum wird die Ebene des realen Bildraums von der des experimentellen oder auch des ideellen Raumes getrennt.

Der Abstraktionsgrad des ideellen Innenraums wird zusätzlich durch die Beschriftung mit einzelnen Buchstaben verstärkt. Die Bezüge zur realen Welt werden dagegen auf die nötigen Bestandteile des Bildexperiments wie Spiegel, Fenster, *Betrachter im Bild* und Bildertrommel reduziert. Die Anordnung dieser Bestandteile im kubischen Innenraum wird vor allem durch geometrische Linien strukturiert. Punktlinien bezeichnen in diesem Innen das Sehen des *Betrachters im Bild* (Abb. 4|29). Innerhalb dieses geometralen Experimentierraums wird durch Beschriftungen auf die relationa-

152 Vgl. Hick: Geschichte der optischen Medien, S. 85. Grundlegend dazu siehe auch Rossell, Deac: Die Laterna Magica. In: von Dewitz, Bodo / Nekes, Werner (Hgg.): Ich sehe was, was du nicht siehst! Sehmaschinen und Bilderwelten. Die Sammlung Werner Nekes. Katalog zur Ausstellung im Museum Ludwig in Köln. Göttingen 2002, S. 134 – 145, hier: bes. S. 135f.

153 „Staunen und Verwunderung ist [...] gebunden an das kunstvolle Verdecken des technischen Apparates." (Lazardzig: Die Maschine als Spektakel, S. 176). Zur Abbildung von Simultaneität siehe ausführlich: Langbein, Uwe: Lichtvermittelte Zeit. Zeitbezüge in den Licht-Bildern der Physik. In: Böhme, Gernot / Olschanski, Reinhard (Hgg.): Licht und Zeit. München 2004, S. 38 – 49, bes.: S. 44.

154 Übertragen auf das menschliche Sehen, könnte dies als ein Blick nach innen gedeutet werden, oder anders formuliert, als die Einsicht in einen Denkraum.

155 Neben dem Eingangsguckloch zur Kammer ist der gesamte Raum, aber auch die Apparatur mit den drehbaren Bildern außerdem durch eine geöffnete Seite gekennzeichnet, die den Blick ins Innere gewährt. Ebenso verhält es sich mit dem Lichteingang, der durch ein Deckenfenster erzeugt wird.

len Bildanteile hingewiesen. Die grafisch unterscheidbaren Lichtlinien lassen sich von den punktierten Sehstrahlen des *Betrachters im Bild* unterscheiden. Sie treffen sich auf der Projektionsfläche des Spiegels und ergeben dabei geometrisch messbare Winkel.[156]

Punktlinien sind in diesem Beispiel in der Lage, den Raum einer erdachten Maschine zu strukturieren und in ihn einzudringen. Sie verbinden dabei die reale mit der ideellen Welt.[157] Wie Krämer sagt, „erfinden und entwerfen wir Formen" mit Linien. Allerdings ist der Entwurf nicht zwingend an eine „physisch-physikalische" Materialisierung geknüpft. Vielmehr wird gerade an Kirchers Metamorphosenmaschine sichtbar, dass „die Entwurfszeichnung der Maschine [...] noch keine Maschine" ist. Sie bleibt in der Dimension des abstrakten, geometralen, oder mit Krämer gesagt, im „Probierraum für Ideen"[158]. Der Clou an dieser Beobachtung ist, dass die Funktion des Diagramms, „als Vermittlungsinstanz zwischen Idee und Realisierung" zu agieren, durch Punktlinien sichtbar gemacht wird. Auf dem schmalen Grat einer Form, die zwischen Linie und Punkt agiert, macht die Punktlinie dabei

156 Unterschieden werden Blick- und Lichtstrahlen durch den Einsatz von durchgezogenen und gepunkteten Linien. Damit wird sichtbar, dass im Gegensatz zur Bildfigur für den Bildbetrachter die Bilder aus dem Licht des Fensters und dem Bild des Bilderrads hervorgehen. Die Grenze zwischen Licht und Lichtstrahlen wird durch das Fenster markiert. Es ist der Umschlagpunkt des Sichtbar- und Unsichtbarwerdens der Strahlen, da hier die Lichtstrahlenverläufe im Inneren der Kammer beginnen. Zweifellos lässt Kirchers barockes Bildexperiment beim Bildbetrachter Uneindeutigkeiten, Fragen und Interpretationsspielräume zu. Damit ist dieses Bild noch weit von der diagrammatischen Bildform extremer Verkürzung entfernt, die so eindeutig wie möglich sein soll (Siehe dazu genauer Mößner, Nicola: Die Realität wissenschaftlicher Bilder. In: Liebsch, Dimitri / Dies. (Hgg.): Visualisierung und Erkenntnis. Bildverstehen und Bildverwenden in Natur- und Geisteswissenschaften. Köln 2012, S. 96 – 112, hier bes.: S. 100f.) und inzwischen den Sehgewohnheiten im 21. Jahrhundert entspricht. Vor diesem Hintergrund sind aber um so prägnanter die konstitutiven Bildelemente diagrammatischer Bilderzeugung und Bildanalyse sichtbar. Punkt und Linie müssen auch hier als die Operatoren für den beschriebenen Transformationsprozess erkannt und gedeutet werden. Die Realwelt der Dinge und die Idealwelt der Geometrie wird dabei auch in diesem Beispiel mit Punktlinien verbunden, um gleichzeitig davon unterschieden werden zu können.

157 Der Vorgang zwischen Gestaltfindung „als Spuren des Machens, des Prozessualen" wurde von Elke Bippus eingehend untersucht (Bippus, Elke: Skizzen und Gekritzel. Relationen zwischen Denken und Handeln in Kunst und Wissenschaft. In: Martina Heßler, Dieter Mersch (Hgg.): Logik des Bildlichen. Zur Kritik der ikonischen Vernunft. Bielefeld 2009, S. 76 – 93, hier: S. 76).

158 Krämer: Figuration, Anschauung, Erkenntnis, S. 118.

auf die Differenz zwischen Imagination und Konstruktionsanleitung aufmerksam. Kirchers Idee einer Metamorphosenmaschine, die einerseits für das Unmögliche, Nicht-Sichtbare und Nicht-Wirkliche steht, wird also einerseits durch Linien konstruiert, man könnte auch sagen, sie wird im Diagramm erzeugt. Die Möglichkeit, sich gedanklich der Dimension des Entwurfes im Bild zu nähern, dem Prozess der Transferleistung des Betrachters also im Bild zu folgen, wird durch Punktlinien hergestellt. Der Unterschied zwischen einer funktionierenden und einer grafisch entworfenen Maschine bleibt dabei allein durch diagrammatische Mittel gegeben. Die Brechung, das Diagramm nicht als Konstruktionsanleitung zu verstehen, sondern „als Nachweis für die Problematik und Irrtumsanfälligkeit einer Konstruktionsanleitung“[159], ist also gerade das zentrale Potential, wie Krämer feststellt. Gleichzeitig wird der Zwischenstatus zwischen realem und ideellen Denkraum, zwischen Idee und Realisierung, zwischen Entwurf und Konstruktion durch Punktlinien im Diagramm thematisiert. Deshalb können diese Linien hier als ein Zeichen der Brechung zwischen Vorstellung und Umsetzung verstanden werden.

Mit dieser Gedankenkette wird die *pragmatische Potenz* des Diagramms nun leichter erklärbar. Linien, so lässt sich festhalten, sind die Aktanten im Diagramm, die aus einer Idee einen Entwurf entstehen lassen und zugleich eine praktische Realisierbarkeit verdrängen. Die physikalischen Bedingtheiten oder materiellen Eigenschaften können deshalb in keiner anderen Darstellungsweise besser exkludiert werden als im Diagramm. Ausdruck der radikalen Reduzierung, der Vereinfachung oder Verknappung einer Idee ist im Diagramm immer die Linie, die neben dem Punkt für eine Sichtbarkeit der Imagination sorgt. Die Übertragungsleistung einer strukturierten Verkürzung des Sichtbaren oder der Idee in die diagrammatische Formensprache ist also ein Teil der *pragmatischen Potenz* des Diagramms.

Der zweite und ebenso wichtige Anteil liegt im Interpretationsvermögen des Bildrezipienten. Der Prozess, eine Idee in einen Entwurf zu übertragen sowie die Idee als solche auch im Diagramm lesen zu können, wird durch Punktlinien angezeigt. Die pragmatische Potenz oder auch das eingangs der Arbeit beschriebene Vermögen des Diagramms, „Nachfolgehandlungen nach sich zu ziehen“[160] (vgl. 1), bleibt dabei jedoch in jedem einzelnen Diagramm eigenen Regeln Darstellungsregeln unterworfen. Für eine Vielzahl von diagrammatischen Abbildungen lässt sich dabei ableiten, dass Punktlinien genau diese Anweisungen zu Nachfolgehandlungen thematisieren und deshalb als Zeichen mit prozessualem Charakter fungieren.

Es bleibt festzuhalten, dass die Profilierung der Punktlinie als Analyseinstrument der Entdeckung eines seit Jahrhunderten vorhandenen Schlüssels gleichkommt. Dieser findet sich in zahllosen Bildern seit dem frühen 17. Jahrhundert und gewährt einen

---

159 Ebd., S. 119.

160 Bogen / Thürlemann: Jenseits der Opposition von Text und Bild, S. 22.

Zugang zu diagrammatischen Grundprinzipien. Er verdeutlicht außerdem prinzipielle Grundregeln in Bildern, wie etwa die Trennungen und Verbindungen verschiedener Blickwinkel, und macht insbesondere zeitliche Bildphänomene sichtbar. Die vielzitierte „Erkenntniskraft der Linie als Potenz“[161] kann deshalb auch für Punktlinien in Anspruch genommen werden. Das Potential dieser Linie liegt dabei zum einen in der Sichtbarmachung von Unsichtbarem und in ihrem Potential als analytisches Instrument. Letzteres ermöglicht zum anderen einen unmittelbaren Zugriff auf die Ordnungen, Herstellungsweise und Relationierungen im diagrammatischen Bild. Punktlinien sind deshalb als Bildmarker zu verstehen, die dem Kunsthistoriker speziell in gedruckten Bildern der Frühen Neuzeit sofort sichtbares Bildwissen vermitteln können.

7.5 ZUSAMMENFASSUNG: SIEBENTES KAPITEL

Linien ermöglichen zu unterscheiden, zu teilen oder abzugrenzen. Sie verfügen außerdem über die Eigenschaft, zu verbinden, zu überbrücken oder zu verknüpfen. Für Matthias Haldemann erzeugen Linien vor allem einen Zusammenhang: „[S]ie verbinden Punkte, vermessen, teilen und gliedern, schaffen Kontinuität und Ordnung, vereinheitlichen und objektivieren“[162].

Punktlinien enthalten im Gegensatz zu ungeordneten Punkten und durchgezogenen Linien immer ein diagrammatisches Grundprinzip. Dieses äußert sich darin, einen zeitlichen Ablauf in extrem verkürzter Weise durch Punkte und Linien darzustellen. Das pragmatische Potential dieser Linien lässt sich dabei aus ihrer Form begründen: Punktlinien bestehen aus linear angeordneten Punkten und Leerzeichen, die innerhalb einer konstruierten räumlichen Ordnung operieren. Ihre Form entspricht einer fortlaufenden Teilung der Linie in Punkte und Leerzeichen. Die intermittierende Abfolge gleicher Zeichen in linearer Anordnung entspricht grundsätzlich dem Prinzip von Rhythmus und Bewegung. Gleichzeitig sind Rhythmus und Bewegung zentrale Merkmale von Zeit, die sich durch Punktlinien darstellen lässt. Die Bestandteile von Punktlinien, das heißt ihre Form und Struktur, verkörpern also ein zeitliches Moment. Ihre Form spiegelt deshalb stets einen dynamischen Vorgang wider. Dynamiken können deshalb auch im Bild leichter wahrgenommen werden, wenn sie mithilfe von Formen dargestellt werden, die zählbar sind und einer geometrischen Ordnung gehorchen. Diese besondere Eigenschaft, Dynamiken im Bildraum abbilden zu können, macht Punktlinien zu *Zeit-* oder *Prozesszeichen*.[163]

---

161 Schneider: Ohne Linien ist der Geist blind, S. 75.

162 Haldemann: Im Reich der Linie, S. 21.

163 Die Zeit, konstruiert im geometralen Raum des Diagramms, bildet zugleich ein zentrales Unterscheidungskriterium gegenüber anderen Bildformen (vgl. 7.2.1).

Zu den Gesetzmäßigkeiten dieser Linienform finden sich in Browns Beobachtungen zu den Gesetzen der Form wichtige Hinweise (vgl. 7.3). Die Form der Punktlinie dient demnach wie alle Formen zur Unterscheidung. Im Gegensatz zu anderen Formen sind Punktlinien allerdings dadurch gekennzeichnet, dass ihre Form aus zu differenzierten geometrischen Formen, nämlich Punkten und Linien besteht. So wird eine wichtige Regelhaftigkeit dieser Form sichtbar: Sie unterscheidet nach dem Prinzip des *re-entrys*, also der Unterscheidung durch das sie selbst Unterschiedene. Da sie weder Punkt noch Linie ist und trotzdem diese beiden Formanteile in sich trägt, zeigt sie durch sich selbst eine Differenz an. Als eigene Form schafft sie deshalb die Verbindung zweier voneinander getrennter Formen. Diese Eigenschaft spiegelt sich auch in ihren operationalen Zusammenhängen, die zumeist dynamische Vorgänge sowie die Unterscheidung von Bildanteilen beinhalten (vgl. 7.4; siehe auch Kap. 6). Sie kann deshalb auch als *Prozesszeichen des Unterscheidens* verstanden werden.

Eine Analyse der semiotischen Eigenschaften der Punktlinie zeigte, dass sie sowohl indexikalisch, symbolisch als auch bedingt ikonisch operieren kann (vgl. 7.3). Ihre übergeordneten Zeichenfunktionen traten schon in Kapitel 4 aber auch im Kapitel 6 hervor. Das Paradoxon, dass Punktlinien als Zeichen in der Frühen Neuzeit keine fest definierte Bezeichnung haben, aber gleichzeitig bei der Wissenserzeugung in Wissenschaftstraktaten eine wichtige Rolle spielen (vgl. bes. Kap. 4), führte in Kapitel 7 zu der These, dass grundsätzlich bestimmte Bildanteile „nichtbegriffliches Wissen“[164] erzeugen können. Diese Bildanteile sind maßgeblich an der Wissensproduktion beteiligt. Das bedeutet, dass noch vor jeder gedanklichen Reflektion oder Begriffsbildung durch den Vorgang der Praxis neues Wissen entsteht. Gerade die weitgehend undefinierte und lange unbezeichnete Form der Punktlinie erweist sich deshalb konstitutiv für die Erzeugung von Wissen. Denn die Begriffs- und Deutungsoffenheit schafft und ermöglicht besonderen Interpretationsspielraum, Imaginationen oder Denkgebilde im ansonsten fest definierten und mathematisch organisierten Bildraum des Diagramms. Punktlinien können deshalb auch als *Struktur der Praxis* verstanden werden. Aus semiotischer Perspektive sind sie darüber hinaus als *Metazeichen* mit erweiterten Zeichenfunktionen zu deuten.

Damit Punktlinien grundsätzlich als hilfreiche Instrumente für die Bildanalyse profiliert werden können (vgl. Abs. 7.4), sind schließlich weitere grundsätzliche Eigenschaften diagrammatischer Bildkontexte zu berücksichtigen. So wird aus dem Erkennen und Sichtbarmachen dieser Strukturen für den Kunsthistoriker und Bildwissenschaftler die Punktlinie ein produktives Hilfsmittel der Bildinterpretation. Denn in den Punktlinien spiegeln sich die Grundbestandteile, gleichsam das ABC des Diagramms wider. Das heißt, die Form der Punktlinie zeigt für den Bildinter-

164 Bromand / Kreis: Einleitung: Begriffe vom Nichtbegrifflichen, S. 15.

preten immer einen diagrammatischen Zusammenhang an. Dieser Zusammenhang ergibt sich unter anderem daraus, dass mit dem Zeichen der Punktlinie ein zeitlicher Ablauf dargestellt werden kann (vgl. 7.2). Diagramme zeichnen sich gerade dadurch aus, allein mit Punkten und Linien in extremer Verkürzung komplexe Prozesse abbilden zu können. Die übergeordnete Zeichenfunktion der Punktlinie erklärt sich wiederum aus der zeitlichen Dimension, die in der Wiederholung gleicher Formbestandteile deutlich wird.

Wie keine andere geometrische Form stellen Punktlinien *durch* ihre Form eine sichtbare Verbindung aus Trennung und Verbindung her. Sie bezeichnen als Form die Übertragung des physisch Präsenten in einen imaginären Bildraum. Dieses Phänomen wird von Krämer auch als „Metamorphose" oder „Wandlungsprozess"[165] (vgl. 7.4) beschrieben. Es beinhaltet die Transformation eines physischen Objekts in den Bildraum und wird zunächst durch Linien vollzogen. Ebenso erfolgt eine Unterteilung des Bildraumes in Real- und Idealwelt in der Regel durch Linien. Treffen im Linienzug beiden Welten aus reellen Bezügen und geometralem Denken aufeinander, werden sie gleich unterschieden und verknüpft. Die zahlreichen Bildbeispiele dieser Arbeit zeigen, dass Punktlinien dazu prädestiniert scheinen, dieses Wechselspiel abzubilden. Sie erzeugen bildlich eine Grenze, die gleichzeitig einen Übergang zulässt. Auch das ist durch ihre permeable Form zu erklären. Die Punktlinie ist deshalb ein Zeichen, das den Übergang vom Abstraktem zum Realen, von der Idealwelt zur Realwelt markieren kann. Am praktischen Bildbeispiel der *Metamorphosenmaschine* Kirchers (vgl. 7.4) konnten diese Funktionen eindrücklich vor Augen geführt werden.

Zusammengefasst lässt sich sagen, dass Punkte und Linien über einen doppelten Zeichenstatus verfügen. Zum einen sind sie materialiter präsent, zum anderen verlieren sie auf einer epistemischen Ebene ihre Eigenschaften der Gegenständlichkeit.[166] Punkte und Linien in der besonderen Verbindung der Punktlinie bleiben immer als geometrische Grundformen sichtbar. Dadurch werden Punktlinien zu *Meta-*, *Zeit-* und *Prozesszeichen*.

Als Analyseinstrument verstanden, geben Punktlinien wichtige Hinweise über den Bildinhalt, über den Aufbau und auch den zeitlichen Entstehungskontext von diagrammatischen Abbildungen. Sie machen auf einen Blick sichtbar, dass im Bild ein zeitlicher Vorgang dargestellt ist und weisen auf einen imaginierbaren Interpretationsspielraum hin, der als vorsprachliche Struktur der Praxis an der Wissensproduktion des Bildes beteiligt ist.

165 Krämer: Figuration, Anschauung, Erkenntnis, S. 110.

166 Vgl. ebd., S. 96.

8 Fazit: Punktlinien und ihr pragmatisches Potential

Yet it takes only a moment's reflection to recognize that lines are everywhere.[1]
Tim Ingold

In dem jüngst erschienenen *Diagrammatik Reader* (2016) postulieren Christoph Ernst, Birgit Schneider und Jan Wöpking, dass für den inzwischen interdisziplinär agierenden Forschungsbereich der Diagrammatik für die beteiligten Wissenschaften[2] eine „Faszination für das epistemische und praktische Potential [...] diagrammatischer Bild- und Denkformen“[3] im Mittelpunkt steht. Daraus folgt, dass die Diagrammatik, verstanden als weitgefasster Begriff für das allgemeine „Nachdenken[ ] über Diagramme“[4] sowie als eigenständiger Forschungszweig, insgesamt danach strebt, die spezifischen Funktionsweisen des Diagramms zu ergründen. Dieser Ansatz spiegelt sich vor allem in Untersuchungen der vergangenen Jahrzehnte wider, bei denen an praktischer Sichtbarmachung von Ereignissen, Vorgängen oder Strukturen die pragmatischen Potentiale des Diagramms für die Wissenschaften ausgelotet werden (vgl. 1.4).

1 Ingold: Lines, S. 1.

2 Damit sind erstrangig die Medien-, Kunst- und Kulturwissenschaft sowie die Wissenschaftsgeschichte und Philosophie gemeint. Jüngere Workshops zu diesem Thema, etwa *Grundlagen der Diagrammatik – Grundlinien der* Diagrammatologie (09.03.2017) ausgerichtet von Birgit Schneider an der Humboldt-Universität zu Berlin zeigen jedoch, dass auch in den Wirtschaftswissenschaften sowie der Informatik ein reges Interesse für die Diagrammatik besteht.

3 Schneider, Birgit / Ernst, Christoph / Wöpking, Jan: Lektüren und Sichtweisen der Diagrammatik. In: Diess. (Hgg.): Diagrammatik-Reader. Grundlegende Texte aus Theorie und Geschichte. Berlin, Boston 2016, S. 7 – 15, hier: S. 7.

4 Ebd., S. 8.

Im Kielwasser der Diagrammatik und der grundständigen Fragen nach der Funktionsweise des Diagramms hat sich in den vergangenen 30 Jahren die Linienforschung hervorgetan und auf den besonderen Stellenwert der geometrischen Grundformen innerhalb des Diagramms hingewiesen. Arbeiten zu der „Erkenntniskraft der Linie“[5] oder der Linie als Antrieb für einen „dynamischen Erkenntnisprozess“[6], haben dabei das Ziel verfolgt, das Diagramm aus seinen Grundbestandteilen heraus genauer zu erfassen.[7] Der Punkt und die Linie werden deshalb auch in neueren Publikationen als „das Abc der Diagrammatik“[8] definiert, das es gelte, weiter auszuleuchten. Diesem Interesse an einer Erklärung für die „pragmatische Potenz“[9] des Diagramms folgend, beschreibt und erschließt die vorliegende Arbeit die Punktlinie als eine Linienform, die bislang nicht in den Fokus der Diagrammatik und Linienforschung gerückt ist. Dies ist insofern ein umso überraschenderes Phänomen, als gleich zu Beginn der Arbeit gezeigt wurde, dass im 21. Jahrhundert für die Darstellung von Prognosen (Abb. 1|16), Bedienungsanleitungen (Abb. 1|17), Markenlogos (Abb. 1|18), Fahrbahnmarkierungen (Abb. 1|19), Tachometern von Autos (Abb. 1|20) oder geografischen Karten (Abb. 1|22) allenthalben Punktlinien verwendet werden.

Vor dem Hintergrund einer rein operationalen Präsenz der Punktlinie musste zunächst ein Ansatzpunkt für ihre Erschließung gefunden werden. Diese Arbeit hat dazu einen historischen Zugriff auf die Genese dieser Linienform in der Frühen Neuzeit gewählt. Nicht nur scheint das Diagramm im modernen Zeitalter der digitalen Kommunikation offensichtlich besser als alle anderen Bildformen, der massiven Wissenszunahme des 20. und 21. Jahrhunderts und den sich damit verändernden Ansprüchen an Darstellungsweisen gewachsen zu sein. Die Geschichte des Diagramms zeigt auch, dass diese Tendenz bereits in der Frühen Neuzeit festzustellen ist. Denn mit den Entdeckungen neuer Technologien, optischer Erfindungen und auch der Einführung der Zentralperspektive in Mitteleuropa verändert sich in der Frühen Neuzeit der Blick auf die Welt und mit ihm die Paradigmen und Visualisierungsstrategien der Wissenschaften. Traditionelle Ansichten werden nun durch Messungen und Berechnungen ersetzt, und praktische und gedankliche Konstrukti-

---

5 Bredekamp: Die Erkenntniskraft der Linie bei Galilei, Hobbes und Hooke.

6 Schneider: Ohne Linien ist der Geist blind, S. 77.

7 Thürlemann und Bogen haben in den 1990er Jahren den diagrammatic turn ausgerufen (Bogen / Thürlemann: Jenseits der Opposition von Text und Bild, S. 3) und die Potentiale des Diagramms unter dem Stichwort ‚pragmatische Potenz‘ zusammengefasst (Ebd., S. 22). Sie weisen zugleich auf die bislang fehlende Erschließung der Funktionsweise des Diagramms und seiner Formen hin (ebd.).

8 Krämer: Figuration, Anschauung, Erkenntnis, S. 97.

9 Bogen / Thürlemann: Jenseits der Opposition von Text und Bild, S. 22.

onen technischer Geräte oder Architekturen rücken in den Mittelpunkt zeitgenössischer Studien. Maßgeblich tragen die aufkommenden Naturwissenschaften dazu bei, wissenschaftliche Evidenzen an diagrammatische Abbildungen zu binden. Dies geschieht vor dem Hintergrund eines medialen Wandels, denn erst angefacht durch neue Reproduktionstechniken wie den Kupferstich und das Mezzotinto erfährt das Diagramm zu dieser Zeit eine Nobilitierung.[10] Das Diagramm wird dabei zunehmend als Gelenkstelle zwischen Sichtbarem und Denkbaren[11], als die Verbindung aus der „Realwelt der Dinge"[12] und der „Idealwelt der Geometrie"[13], als Relais von textuellen und bildlichen Anteilen sowie als Grenzgänger zwischen Kunst und Wissenschaft verstanden. In Folge werden in einem bis dahin nicht gekanntem Ausmaß und Grad von Genauigkeit Sichtbares und Denkbares diagrammatisch dargestellt und verbreitet.

Neben der Linie gewinnt in dieser Abbildungspraxis insbesondere der Punkt an Einfluss, denn beinahe alle Sichtbarkeiten lassen sich nun medial auf Punkte und damit auf die kleinste geometrische Einheit zurückführen.[14] Gabriele Gramelsberger

---

10 Während einerseits die Versuche, ‚das Wissen der Welt' in Universallehrbüchern und Bibliotheken zu bändigen aus heutiger Sicht scheitern, verbreiten sich gleichzeitig in großem Umfang diagrammatische Darstellungen, die den entgegengesetzten Weg einschlagen. Nicht alles Wissen soll hier akribisch und seitenlang festgehalten werden, sondern nur das Wesentliche (vgl. Kap. 2 u. 7).

11 Platon: Politeia, VI, 511d, S. 418. Vgl. Kap. 2 dieser Arbeit.

12 Krämer: Figuration, Anschauung, Erkenntnis, S. 68. Vgl. Kap. 7 dieser Arbeit.

13 Ebd.

14 „Zu Beginn der Neuzeit gewinnt die Idee, die Welt aus dem Punkt heraus zu generieren mit den mathematischen und naturwissenschaftlichen Entwicklungen an Bedeutung. Während die antike und mittelalterliche Naturvorstellung maßgeblich auf der Geometrie und deren Konstruktion der Line rekurrierte, schrumpft diese Linie am Übergang zur Neuzeit zunehmend aufs Infinitesimale des mathematischen Punkts zusammen. Diese Entwicklung setzt ein, als sich Naturforscher und Mathematiker für die konzeptuelle Handhabung von Bewegung interessieren. Statt in den statischen, auf Endlichkeit und Anschaulichkeit konzentrierten Formen der klassischen Geometrie verhaftet zu bleiben, werden die Konstruktionsmechanismen selbst – Herstellung geometrischer Figuren mit Zirkel und Lineal auf Papier – mit Hilfe der Algebra operationalisiert." (Gramelsberger: Schrift auf den Punkt gebracht – Extrapolation, Rekursion, Simulation, S. 389). Die von Leonhard und Felfe prognostizierte „Unterdrückung der Linie" (Leonhard / Felfe: Lochmuster und Linienspiel, S. 12; vgl. 5.1 u. 7.2.1) lässt sich deswegen nicht zweifelsfrei bestätigen. Denn auch neu entwickelte Notationsformen in der Frühen Neuzeit setzen weiterhin auf die Linienform. Dies zeigt sich beispielsweise im medizinischen Bild bei

beschreibt diese Umstellung in den *Prämissen der Visualisierung* und erkennt darin außerdem die Grundlagen für Abbildungspraktiken des 21. Jahrhunderts. So postuliert Gramelsberger, dass die moderne „Wissenschaft und Technik" ihren „Erfolg einer Revolution der Frühen Neuzeit" verdankt, die man auch als die „Befreiung des Punktes von der Linie bezeichnen kann"[15]. Sie erklärt dazu:

„Die Welt, aufgelöst in unendlich viele Punkte, deren Bahnen mögliche zukünftige Entwicklungen beschreiben, kennzeichnet die vorherrschende Perspektive der mathematisierten Wissenschaft auf die Welt.[16]
Der Punkt erlaubt es, die materielle Welt als Wechselwirkung von Raum, Zeit und Materiepunkten betrachten und letztere, zu Körpern zusammengefasst, [...] auf determinierten Bahnen bewegt vorzustellen. So lässt sich die Bewegung von Sandkörnern und Billardkugeln bis hin zu Planeten erfassen, deren Bahnen sich durch den metrisierten Koordinatenraum erstrecken. Dabei hinterlassen sie eine Spur an Wertefolgen, die mit Zahlen notierbar ist. [...]
In Folge dieser Emanzipation des Punktes gewinnen die mathematischen Praktiken im Umgang mit dem Punkt, wie die Extrapolation, die Rekursion und die Simulation, nicht nur eine epidemische, sondern eine weltgenerierende Funktion für die neuzeitliche und moderne Wissenschaft."[17]

Indem sich also die Sichtbarkeiten der Welt in geometrischen Räumen aus Zahlen und Punkten formieren, setzt eine Fragmentarisierung[18] ein (vgl. 1 u. 5.6), die nicht nur die physischen Bezüge zu Dingen einschließt, so kann etwa auch die Bewegung, von beispielsweise Planeten oder Billardkugeln als Konstrukt von Zeit und Raum in ein geometrales System übertragen werden.

Zu den geometrischen Grundformen der Frühen Neuzeit lassen sich die ersten ausführlichen Reflektionen bei Albrecht Dürer entdecken (2.4). Im neuen Medium des Buchdrucks zeigt seine *Underweysung der Messung* von 1525, dass die Grundlagen der zentralperspektivischen Bilderzeugung an praktischen Bildbeispielen erarbeitet werden. Zugleich wird dabei mit umfangreichen Definitionen der bekannten Linienformen die Basis aller folgenden Linientheorien gelegt. Insbesondere die inzwischen weltbekannten Abbildungen des Traktats (bspw. Abb. 2|6 u. Abb. 2|7) enthalten wichtige Hinweise zu ihren Herstellungstechniken und operationalen Funktionen. Damit bietet Dürers Traktat für die Erschließung der Genese der Punkt-

---

Stedman (vgl. 5.1). Der Puls wird dort zu Beginn des 18. Jahrhunderts grafisch mit Linien dargestellt. Diese Darstellungsweise für den Puls hat sich bis heute durchgesetzt.

15 Ebd.

16 Gramelsberger: Schrift auf den Punkt gebracht, S. 399.

17 Ebd., S. 389.

18 Vgl. 5.6. Siehe auch Kittler: Optische Medien, S. 64.

linie einen beinahe idealen Ausgangspunkt. Gleichwohl hat sich bei näherer Betrachtung in Kapitel 2 *Genese und Funktion I: Punktlinien als geometrische Form* gezeigt, dass die *Underweysung der Messung* zunächst mehr Fragen als Antworten zur Punktlinie bereithält. Denn obwohl Dürer in diesem Traktat bereits vereinzelt Punktlinien verwendet, ist dort keine Definition oder Nennung der Punktlinie zu finden, während alle anderen Linienformen genau definiert werden.[19]

Diese Leerstelle bei Dürer führt deshalb gleich zu Beginn der Arbeit ein wichtiges Phänomen vor Augen: Sichtbarkeit und Sichtbarmachung sind grundsätzlich nicht zwingend an eine Begriffsbildung gebunden. Besonders deutlich wird diese Beobachtung in Kapitel 3 *Punktlinien in der Kunst ab 1400*, in dem Punktlinien in Gemälden nachgewiesen werden können, ohne dass diese einen theoretischen Widerhall in der Kunst- oder Wissenschaftsgeschichte gefunden hätten. Außerdem zeichnet sich an diesen frühen Bildbeispielen der christlichen Ikonografie ab, dass Punktlinien zur Darstellung von unsichtbaren und wundersamen Prozessen prädestiniert sind. Sie sind in den untersuchten Gemälden als Vorformen der späteren geometrischen Punktlinien zu verstehen und damit bereits ab dem 15. Jahrhundert vor dem Zeitalter des Buchdrucks als ein bekanntes, wenn auch wenig verwendetes Linienkonzept in der bildenden Kunst zu verzeichnen.

Die ersten Bildbeispiele in Kapitel 3 legen nahe, dass das Unsagbare und Nicht-Sichtbare Geschehen im Bild durch Punktlinien an einen zeitlichen Ablauf geknüpft sind. Damit tritt das Konzept von Prozessualität als zentrale Eigenschaft dieser Linienform in den Fokus der Arbeit, deren Spur in den folgenden Kapiteln weiterverfolgt wird.

Schon die Bildbeispiele der modernen Kunst im ersten Kapitel (vgl. 1.1) hatten eine Fährte in dieser Richtung hinterlassen. So wurde etwa in Miguel Rothschilds Fotomontage *It was a Dark and Stormy Night* (1|10a u. 1|10b) deutlich, dass Regen als elementarer Prozess mit gestanzten Punkten dargestellt werden kann. Auch das Beispiel William Kentridges *Parcours d'Atelier* (Abb. 1|14) operiert mit einem basalen Bewegungsablauf. Durch den Vorgang des Gehens, also einer Bewegung des Künstlers im Atelier, deren Spur durch Linien und Punktlinien dargestellt ist (vgl. 1.2), knüpft Kentridge zudem an Theorien der Väter der modernen Linientheorie an. Denn Klee und Kandinsky reflektierten bereits seit den 1930er Jahren den „Be-

19 Das einflussreiche Traktat von 1525 Dürers lässt zudem den Schluss zu, dass zum Zeitpunkt der Veröffentlichung im deutschsprachigen Raum Punktlinien bereits verwendet werden, jedoch noch keine Definition für sie angenommen werden kann (vgl. 2.4 u. 2.5). Dieser ‚blinde Fleck' in Dürers Linientheorie bleibt für das darauf folgende Jahrhundert in den europäischen Wissenschaften symptomatisch (vgl. 5.3) und setzt sich in gewisser Weise bis in die Gegenwart fort (vgl. bes. 7).

wegungscharakter“[20] von Linien. Klee setzt dabei explizit den menschlichen Gang mit Linien gleich, indem er schreibt, dass „jede Linie als Weg eines Menschen zu denken“[21] sei. Während Klee zwischen den Formen der „freien“ oder richtungslosen Linie und der „befristeten“[22] oder zielorientierten Linie unterscheidet,[23] sieht Kandinsky Linien grundsätzlich als Bewegungsanzeiger. Allerdings entspricht Kandinsky zufolge der Punkt dem genauen Gegenteil. Er sei demnach ohne die „geringste Neigung zur Bewegung“ zu verstehen. Jedoch erfolge mit der Erzeugung einer Linie für den Punkt „der Sprung aus dem Statischen ins Dynamische“[24].

Im Anschluss an Klees und Kandinskys theoretische Überlegungen formiert sich deshalb zunehmend die zentrale These der Arbeit, dass Punkte in einer linearen Anordnung dazu prädestiniert sind, Prozesse abzubilden. Dies wird in Kapitel 4 *Genese und Funktion II: Punktlinien in der Frühen Neuzeit* erneut an wissenschaftlichen Bildern der Frühen Neuzeit vertieft, in denen mehr denn je mithilfe von Punkten und Linien versucht wird, experimentell unerschlossene und unsichtbare Wissensbereiche zu erschließen. Einen Zugang dazu haben die theoretischen Überlegungen und bildpraktischen Beispiele der bedeutenden frühneuzeitlichen Forscher Johannes Kepler und René Descartes eröffnet. Dabei sind neben ihren Einzelansichten auch die insgesamt umfangreichen Perspektiventraktate dieser Zeit in den Blick geraten. Denn es hat sich gezeigt, dass besonders Traktate zu den Regeln der Perspektive in der Darstellung auf Punkte und Linien angewiesen sind. In einer quantitativen Studie sind deshalb die relevanten wissenschaftlichen Traktate zur Perspektive für den Zeitraum von 1500 bis 1650 (vgl. 4.5 u. 4.6) im europäischen Raum untersucht und zur Verwendung der Punktlinie befragt worden.[25] Das sich daraus ergebene Konvolut von mehr als 8700 Abbildungen auf mehr als 16600 Traktatseiten konnte größtenteils an Originalen eingesehen und analysiert werden, insbesondere an der Harvard Universität[26] und der Universität Leiden. Diese ergiebige Quellenla-

---

20 Krämer: Figuration, Anschauung, Erkenntnis, S. 103.

21 Klee, Paul: Kunst-Lehre. Aufsätze, Vorträge, Rezensionen und Beiträge zur bildnerischen Formlehre. Hg. v. Günther Regel. Leipzig 1987, S. 101.

22 Ebd.

23 Klee setzt die „freie Linie“ auch mit einem Spaziergang gleich. Der gerichtete Geschäftsgang hingegen beschreibt die „befristete Linie“ (Ebd., S. 101). Vgl. Krämer: Figuration, Anschauung, Erkenntnis, S. 106.

24 Kandinsky: Punkt, Linie zu Fläche, S. 57.

25 Der Umfang der untersuchten Traktate basiert auf der Bibliografie zu Perspektiventraktaten von Kristi Andersen: The Geometry of an Art. New York 2005.

26 Folgende Bibliotheken erwiesen sich dabei als besonders hilfreich: Cabot Science Library, Widener Library, Fine Arts Library sowie Houghton Library.

ge führte dazu, dass erstmalig ein genauer Zeitraum für die Etablierung von Punktlinien im europäischen Kontext ermittelt werden konnte.

Die Auswertungsdiagramme dieser Arbeit (vgl. 4.4.5) veranschaulichen dabei einerseits die zeitlichen und örtlichen Differenzen innerhalb der europäischen Verbreitung. Andererseits zeigen sie deutlich, dass Punktlinien ab dem ersten Drittel des 17. Jahrhunderts in den wissenschaftlichen Traktaten zur Perspektive in Europa etabliert sind. Als Rückschluss daraus darf angenommen werden, dass Punktlinien ab diesem Zeitraum zur allgemeinen Abbildungspraxis wissenschaftlicher Traktate gehören.[27]

Gleichzeitig konnte für denselben Untersuchungszeitraum gezeigt werden, dass die Etablierung von Punktlinien im wissenschaftlichen Bild nicht mit ihrer expliziten Nennung oder Definierung einhergeht, da eine Begriffsbildung für „blinde oder punctierte Linien“[28] frühestens ab der Mitte des 17. Jahrhunderts einsetzt (vgl. 4.4, 5.4 u. 7). Das bedeutet also, dass tatsächlich erst nach der bildlichen Etablierung die Begriffsbildung für Punktlinien beginnt und somit die operationale Praktik nicht an den denotativen Akt gebunden ist.

Die quantitative Studie lässt zugleich Rückschlüsse zum medialen Wandel und zur Verbreitung von Punktlinien innerhalb der Wissenschaften zu. So wurde deutlich, dass eine Zunahme von Bildern insgesamt mit einer gesteigerten Verwendung von Punktlinien zusammenfällt. In Kapitel 5 *Medialität – Herstellungstechniken und medialer Wandel* konnte diese Koinzidenz genauer ausgelotet werden. So wurde in einem Werkstattexkurs gezeigt (vgl. 5.3), dass die verbesserten Drucktechniken für die Etablierung von Punktlinien entscheidend sind. Insbesondere die Bedeutung des Leer- oder Zwischenraums in der Form der Punktlinie ist dabei in den

27 Für diesen Zeitraum müssen unterschiedliche Erfindungen, diskurstheoretische Entwicklungen und praktisches Bildwissen berücksichtigt werden. Im Fokus der Untersuchung steht dabei vor allem die Zentralperspektive, die im Sinne Panofskys als *symbolische Form* verstanden werden kann. Sie beschreibt dabei gewissermaßen den ‚Brechungsindex‘ zwischen ‚wirklicher Welt‘ und menschlichem Wahrnehmen (vgl. 6.5) und hat deshalb massiven Einfluss auf die Bildgestaltung der Frühen Neuzeit.
Diese Dichotomie umfasst zwei unterschiedliche Diskurse. Auf der einen Seite sind es platonische Überlegungen zur sichtbaren und zur wahrnehmbaren Welt, die auch weiterhin in den Traktaten der Frühen Neuzeit ventiliert werden (vgl. 2, 2.2 u. 7.2.1). Auf der anderen Seite knüpft an das Wissen zur Zentralperspektive ein ausgeprägtes Erkenntnisinteresse der Wissenschaften an, dass sich gleich in einer Vielzahl unterschiedlicher Wissensbereichen wie etwa der Medizin, Physik, Kunst und Architektur widerspiegelt. Allen gemein ist dabei, die bisher unerklärten Phänomene ihres Fachs mit den neuen medialen Mitteln und geometrischen Formen abzubilden (Kap. 6).

28 Du Breuil / Rembold: Perspectiva Practica, Augsburg 1710, S. 1 u. S. 17.

Fokus der Untersuchung geraten (vgl. 5.2 u. 5.3). Denn die Gleichmäßigkeit der Abstände zwischen den gesetzten Punkten kann nur mit Spezialwerkzeugen wie etwa der Roulette hergestellt werden (vgl. 5.3). Gleichzeitig wurde aus den Herstellungsverfahren ersichtlich, dass die gesetzten Leerräume als Formanteil der Punktlinie zu verstehen sind.[29] Dieser unbeschriebene, nicht besetzte Raum oder auch nicht gesetzte Punkt, der dafür sorgt, dass man auch von gebrochenen Linien spricht, ist zwar offensichtlich sichtbar. Seine Sichtbarkeit muss aber für das Verständnis der Linie betont werden, da erst durch diesen Leerraum die Funktionsweise von Punktlinien ersichtlich wird.

Die sichtbare Unsichtbarkeit des gesetzten Leerraums ist gewissermaßen der Schlüssel, um die Nähe der Punktlinie zu den Rändern des Sichtbaren zu verstehen. Denn dort wo der Punkt oder die Linie verschwindet oder beinahe schon wieder erscheint, konstituiert die Punktlinie in ihrem Doppelstatus aus Punkt und Leerzeichen einen Übergang.[30]

Außer mit diesen Veränderungen der medialen Bedingungen koinzidiert die Etablierung der Punktlinie auch mit mathematischen Neuerungen. So zeigt ein Blick auf den Wissenschaftsdiskurs der Frühen Neuzeit, dass sowohl die bahnbrechende Gleichsetzung des Punktes mit der Null durch Simon Stevin als auch das nur wenig später von Descartes entwickelte Koordinatensystem (vgl. 5.4 u. 5.5) zeitlich mit der Verbreitung von Punktlinien zusammenfallen.[31]

Die Etablierung der Punktlinie als neue Linienform im wissenschaftlichen Bild kann vor diesem Hintergrund deshalb auch als ein Zeichen des medialen Wandels und der mathematischen Veränderungen der Frühen Neuzeit betrachtet werden. Im Schatten dieser Umstellungen, wird in der diagrammatischen Blütezeit eine eigene geometrische Form für das „nicht-begriffliche Wissen“[32] kreiert. Jenseits der

29 In der Herstellung unterscheiden sich Punktlinien grundsätzlich nicht vom Punkt oder der Linie, denn im Druck wird allein zwischen Farbauftrag und keinem Farbauftrag unterschieden, und die kleinstmögliche Einheit dafür ist der Punkt. Anders jedoch als für die Erzeugung eines Punktes oder einer Linie ist für die Punktlinie der gleichmäßige Leerraum bei der Abbildung entscheidend. Durch diesen Leerraum ist die Punktlinie in der Lage, beide Zustände von ‚Farbauftrag‘ und ‚kein Farbauftrag‘ gleichzeitig abzubilden (vgl. 4.3 u. 5.1).

30 Der einfache binäre Code aus Punkt und keinem Punkt oder in Zahlen der 0 und der 1 ist also in der Form der Punktlinie immer zeitgleich präsent, da sie, als Code verstanden, stets die beiden Möglichkeiten des anwesenden und des abwesenden Punktes gleichzeitig markiert (vgl. 5.5).

31 Beide Neuerungen sind als Grundlagen der analytischen Geometrie zu betrachten, die sich erst auf dieser Basis entfalten kann (vgl. Kap. 4).

32 Bromand / Kreis: Einleitung: Begriffe vom Nichtbegrifflichen, S. 15.

sprachlichen Erklärung, zumeist im bildlichen Experiment, etabliert sich dabei die Punktlinie als Code für die unerklärlichen und unsichtbaren Phänomene. Angepasst an den geometralen Bildraum, operiert diese Linienform dabei als universalsprachliche Metapher prozessualer Phänomene in den Wissenschaften. Wie in der christlichen Kunst beobachtet (vgl. Kap. 3), übernimmt sie ebenso in den Wissenschaften die Funktion des Prozessanzeigers im geometralen Raum. Unter einem in diesem Raum konfigurierten Prozess können ganz praktische Vorgänge wie etwa das fließende Wasser oder die Bewegung einer Maschine verstanden werden. Gleichzeitig wird als Prozess auch der Vorgang mentaler Operationen verstanden.[33] Wie Krämer pointiert formuliert, sind

„[n]icht nur Zahlen [...] unsichtbar; mentale Operationen – zumindest soweit wir uns dies naiv als einen ‚Vorgang im Kopf' vorstellen – sind es auch. Doch die Entstehung eines flachen, einfach zu überschauenden und zu handhabenden *Zahlenraumes,* in dem mit Punkten und Linien arithmetische Operationen ausführbar werden, zieht als Folge von Verräumlichung und Anordnung nach sich, dass unsichtbare Wissensdinge wie Zahlen und mentale Operationen dem Register der Sichtbarkeit und Handhabbarkeit zugeführt werden."[34]

Für die Abbildungen des 17. Jahrhunderts hat dies konkrete Auswirkungen, die in Kapitel 6 *Operationalität – Punktlinien in Wissenschaft und Kunst* exemplarisch dargelegt werden. Mit der Einführung der Punktlinie als Schnittlinie lassen sich damit beispielsweise in der Medizin zukünftige operative Eingriffe parallel zu ana-

33 Nachdem Descartes über das Lochmusterprinzip in Analogie zur Kupferstichtechnik das Prinzip des Gedächtnisses erklärt hat, folgt kurz darauf eine Erläuterung zur genauen Funktionsweise von Erinnerungen. Descartes versucht damit, Prinzipien der Imagination und gleichzeitig Ursachen für irrationale Bilder zu erklären: „Aber wenn sich mehrere verschiedenartige Figuren an dieser gleichen Stelle des Gehirns eingezeichnet finden, die eine fast ebenso vollkommen wie die andere, so wie es am häufigsten geschieht, dann werden die Spiritus einen gewissen Eindruck von jeder (dieser Figuren), und das mehr oder weniger, empfangen, je nach dem verschiedenen Zusammentreffen ihrer Teile. Und so entstehen die Trugbilder und Fabeltiere in der Vorstellung derjenigen, die im Wachen träumen, d. h. derer, die ihre Phantasie ungezwungen hierhin und dorthin schweifen lassen, ohne daß die Dinge der Außenwelt sie (die Phantasie) abschweifen lassen und ohne daß sie durch die Vernunft geführt würde." (Descartes: Über den Menschen, S. 119). Nach Descartes seien dagegen die einzigen Bilder, denen man trauen könne, die Bilder der mathematischen Wissenschaften (Vgl. Remmert: Widmung, Welterklärung und Wissenschaftslegitimierung, S. 9f. Genauer dazu in 5.6 u. 5.7 dieser Arbeit).

34 Krämer: Punkt, Strich, Fläche, S. 90.

tomischen Strukturen abbilden (vgl. 6.1.3; Abb. 6|6 u. Abb. 6|7). Für den Arzt ist die Punktlinie dabei bis heute ein konkreter Code, der den Ablauf seiner späteren Arbeit bestimmt und einen gedanklichen Vorgriff auf das Vorgehen am Körper zulässt. Ort und Zeitpunkt eines Eingriffs lassen sich also gewissermaßen durch Punktlinien ankündigen und in die Zukunft verschieben.

Dieser Einfluss bleibt nicht auf Traktate zur Perspektivendarstellung oder die Medizin beschränkt. Punktlinien füllen seitenweise Traktate und bleiben dabei doch im Sinne ihrer Funktionsweise am Rande der Sichtbarkeit. In der Kartografie begegnet man Punktlinien an beweglichen Grenzverläufen und in der strategischen Planung. Für die Kriegskunst werden Punktlinien beispielsweise zur Darstellung der Flugbahnen von Kanonenkugeln, von militärischen Formationen oder von Bewegungsanleitungen eingesetzt. Und auch in der modernen Kunst spielen Punktlinien eine wichtige Rolle. Der gemeinsame Nenner von Punktlinien in historischen Beispielen und in der modernen Kunst ist dabei die Darstellung von zeitlichen Abläufen, das heißt von Prozessen und Bewegungen im Bild. Schon Kandinsky wusste, das Linien durch die „Vernichtung der höchsten in sich geschlossenen Ruhe des Punktes"[35] entstehen und deshalb immer ein dynamisches Konzept verkörpern, das an die Bedingtheiten von Raum und Zeit gebunden ist.

Das erklärte Ziel dieser Arbeit, den Ursprüngen und Regeln für eine allgemein vertraute und allerorten angewendete Form nachzugehen, ihre im Sinne Browns ‚versteckten Vereinbarungen' zu ergründen (vgl. 1.2), wird an dieser Stelle greifbar. Denn folgt man Kandinsky weiter, ist der Punkt zugleich „das Resultat des ersten Zusammenstoßes des Werkzeuges mit der materiellen Fläche, mit der Grundfläche"[36]. Wann immer wir einen Gedanken notieren, eine Bild aufzeichnen oder eine Linie ziehen, kommen wir deshalb nicht an der Erzeugung eines Punktes vorbei. Mit Linien wird geplant, gemessen, begrenzt oder geöffnet, geteilt oder verbunden – und immer unterschieden. Die Unterscheidung durch die Linie ist ein eindeutiger Vorgang. Während der Punkt einen Ort markiert, unterscheidet die Linie. Die Punktlinie wird in Browns Überlegungen zwar nicht explizit berücksichtigt. Dennoch besteht in der Verknüpfung aus Punkt und Linie eine besondere Vereinbarung, die im Vergleich zu einer durchgezogenen Linie deutlich wird. Jehle beschreibt dies sogar als ein konkurrierendes Verhältnis:

> Ist die gerade Linie ein Sieg, so könnte man die gebrochene Linie für eine Niederlage halten. Die gebrochene Linie aber obsiegt in letzter Konsequenz über die gerade Linie, da sie von sich behaupten kann, aus mehreren Geraden zusammengesetzt zu sein – aus Geraden, in de-

35 Kandinsky: Punkt, Linie zu Fläche, S. 57.

36 Ebd., S. 25.

ren Macht es liegt, in alle Richtungen ihren Verlauf zu nehmen, und die es damit verstehen, sich vom rigiden Fortgang einer einzigen Linie zu lösen.[37]

Betrachtet man die gebrochene Linie jedoch als Punktlinie, wird deutlich, dass sie aus Punkten und nicht aus Geraden besteht. Jeder Punkt markiert dabei einen Ort, und in der Form einer Linie kann er als Summe der Teile auch unterscheiden.

Semantisch betrachtet, bewegen sich Punktlinien jenseits dieser Eindeutigkeit, da sie die Formeigenschaften von Punkt und Linie in sich vereinen. Sie können deshalb gleichzeitig geteilte und verbundene, begrenzte und geöffnete Zustände markieren und unterscheiden. Darüber hinaus fungieren sie als Prozessanzeiger, als Vervollständiger einer Imagination ohne physischen Bezug und können dementsprechend als reine „Denkzeuge"[38] verstanden werden.[39] Dies zeigt sich etwa in Prognosediagrammen (Abb. 1|16) oder in der schematisierten Übertragung von Satellitendaten (Abb. 1|7 u. Abb. 1|8). Diese operationalen Kontexte belegen vor allem, dass Punktlinien in der Regel Prozesse abbilden. Auf dieser Grundlage wird deshalb in Kapitel 7 *Zur Pragmatischen Potenz von Punktlinien* der Frage nachgegangen, wie sich Raum und Zeit mit Linien darstellen lassen und wie sich damit die *pragmatische Potenz* von Diagrammen erklären lässt.

Als *pragmatische Potenz* definieren Thürlemann und Bogen die „besondere Stärke", die sich daraus ergeben soll, dass „Diagramme darauf hin angelegt [sind], Nachfolgehandlungen nach sich zu ziehen"[40]. Solche Nachfolgehandlungen können durch das Wissen um den Code der Punktlinie im Diagramm besser in ihrer Wirkungsweise verstanden werden. Eine Antwort darauf, was genau die Faszination der Wissenschaften „für das epistemische und praktische Potential diagrammatischer Bild- und Denkformen"[41] ausmacht, könnte also sein, dass sich in Diagrammen wie in keiner anderen statischen Bildform zeitliche Abläufe darstellen lassen.

37 Jehle: Abschweifungen, S. 73.

38 Vgl. 1. Krämer: Figuration, Anschauung, Erkenntnis, S. 83.

39 Im 17. Jahrhundert gibt es nur selten eine trennscharfe Unterscheidungsmöglichkeit zwischen realem Bezug und abstrakter Schematisierung. Die Übergänge werden in dieser Zeit nicht selten mit Punktlinien angezeigt.

40 Bogen / Thürlemann: Jenseits der Opposition von Text und Bild, S. 22. „Diese Nachfolgehandlungen umfassen den ganzen Bereich des sozialen Tuns, nicht nur die Diskurse, die ihrer verbalen Explikation dienen. Das Diagramm erscheint wie ein Umschlagplatz des Sinns, wie ein semiotischer Haltepunkt zwischen Produzent und Rezipient. Der Produzent des Diagramms erstrebt eine Synthese von Komponenten, die – bezogen auf einen spezifischen Gegenstandsbereich – die für relevant erklärten Weltverhältnisse überhaupt ausmachen" (Ebd.).

41 Ebd.

Darüber hinaus sind Punktlinien grundsätzlich als Bindeglied zu verstehen, das einen Übergang zwischen zwei zu verbindenden Elementen herstellt. Diese Beobachtung wird vor allem durch die Aspekte von Zeit und Raum erklärbar (vgl. 7.1 u. 7.2). Allerdings schimmert in der Form der Punktlinie auch immer die Brüchigkeit, das Ende und die Auflösung durch. Als vielleicht wichtigste Erkenntnis des letzten Kapitels bleibt zu nennen, dass die Form der Punktlinie das Konzept der Wiederholung und auch das des Zählens abbilden. Mit jedem gesehenen Punkt, Leerraum und ihrer Wiederholung setzt diese Form die Schritte von einer Eins zu einer Zwei, von einem Vorher zu einem Nachher[42] ins Bild und bleibt dabei doch eine unteilbare Einheit. Dieser Vorgang erzeugt sowohl formbedingt als auch imaginativ einen zeitlichen Ablauf.

Aus den angestellten Beobachtungen ergeben sich neue Perspektiven auf das Diagramm. Paul Klees hat formuliert: „Kunst gibt nicht das Sichtbare wieder, sondern macht sichtbar";[43] dieses Diktum ließe sich anstandslos auf die Funktionsweise des Diagramms ausweiten. Mit dem Wissen um die Funktion seiner geometrischen Grundbestandteile könnte man zusätzlich ergänzen, dass das Diagramm im Unterschied zur Kunst sichtbar macht und dabei immer einen prozessualen Bildcharakter aufweist, denn Prozessualität im Diagramm ist durch den grundsätzlich relationalen Charakter dieser Abbildungsform bedingt. Dieser wird durch die geometrischen Grundformen Punkt und Linie erzeugt. Erst durch die Verwendung dieser Grundformen können Texte und Bilder zueinander in Beziehung gesetzt werden. Die Punktlinie als besondere Linie erzeugt Relationen und operiert dabei sowohl wie der Punkt als auch die Linie. Anders als ein Punkt oder eine Linie expliziert die Punktlinie durch die Wiederholung von Punkten den prozessualen Charakter des Diagramms und kann deshalb als Analyseinstrument diagrammatischer Bild- und Denkweisen verstanden werden (vgl. ausf. 7.4).

Im Zeitalter einer digitalisierten Welt, in dem die Übertragung und Repräsentation von Informationen einen zunehmend größeren Stellenwert einnimmt, die sozialen Praktiken prägt und sich auf beinahe alle Lebensbereiche auszuweiten scheint, zeichnet sich immer deutlicher ab, dass die Präsentationsform für die Übermittlung entscheidend ist. Innerhalb einer sekündlich wachsenden Informationsflut kann das Diagramm als zentrales Instrument verstanden werden, um komplexe und hochspezialisierte Informationen und Prozesse abzubilden. Die Antwort auf die Fortsetzung und weitere Ausdifferenzierung der diagrammatischen Darstellungen sollte in den Wissenschaften und insbesondere den Bildwissenschaften sein, die Grundformen weiter zu erforschen und zu verstehen. Insbesondere die Kunst- und Bildgeschichte

42 Schneider: Ohne Linien ist der Geist blind, S. 69.

43 Klee, Paul: [ohne Titel]. In: Schöpferische Konfession. Berlin 1920, S. 28 – 40, hier: S. 28.

hat in der jüngeren Vergangenheit dazu beigetragen, die Funktionsweisen von Diagrammen zu erschließen und eine interdisziplinäre Diskussionsgrundlage der Wissenschaften zu prägen (vgl. 1.3). Gleichzeitig sind noch längst nicht alle blinden Flecke genauer ausgeleuchtet worden.[44] Auf den Spuren der *diagrammatischen Potenz* folgt diese Studie dem eingeschlagenen Weg und regt damit hoffentlich weitere Arbeiten zur Erschließung der geometrischen Grundformen des Diagramms an.

44 Eine bemerkenswerte Verknüpfung zwischen dem Prozess des Denkens und der prozessualen Gestaltung des Diagramms stellt etwa die philosophische Arbeit von André Reichert dar (Reichert, André: Diagrammatik des Denkens. Descartes und Deleuze. Bielefeld 2013). Sie könnte ein Anknüpfungspunkt für weiterführende Überlegungen zum Diagramm, zur Funktion von Punkt und Linie sowie zum Vorgang des Denkens sein.

9 Anhang: Abbildungen

9.1 ABBILDUNGEN: KAPITEL 1

Abb. 1|1a: Apple Inc., Präsentation der Funktion des iSight-Kamerasensors (durch Phil Schiller), *Screenshot, San Francisco 2015*

Abb. 1|1b Apple Inc., Präsentation der Funktion des iSight-Kamerasensors, *Ausschnitt*

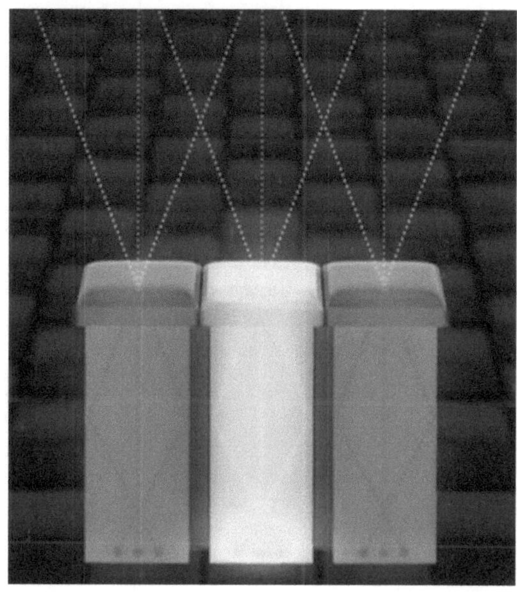

Abb. 1|2: F.A.Z, Flüchtlingsrouten über den Balkan, *Farbgrafik, Frankfurt 2015*

Überarbeitung F.A.Z.-Grafik heu.

Abb. 1|3: The Independent, Migration Routes and Borders, *zweifarbige Grafik, London 2015*

Abb. 1|4: Die Welt, Flüchtlingsroute und geplante Grenzverlängerung Ungarns, *Farbgrafik, Berlin 2016*

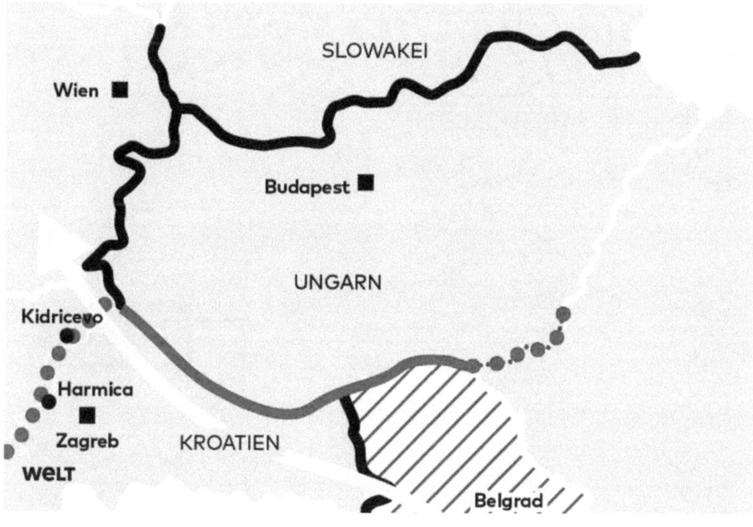

Abb. 1|5: Washington Post, Fighting in Aleppo, *Farbgrafik, Washington D.C. 2015*

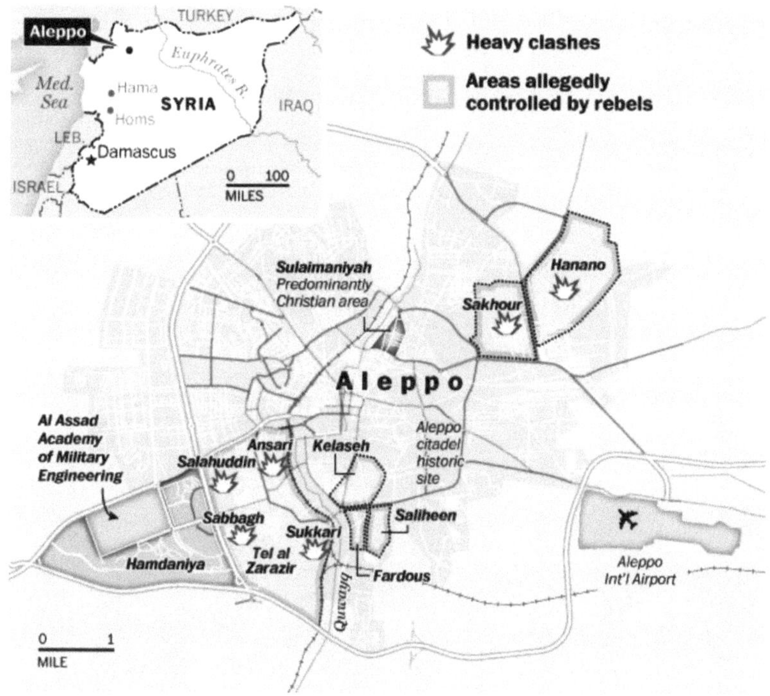

Abb. 1|6: National Post, Russia Launches Missiles into Syria from Caspian Sea, *Farbgrafik, Toronto 2015*

Abb. 1|7: Deutsche Welle, US Missile Defense System Plans, *farbige Infografik/Bildmontage, Bonn 2009*

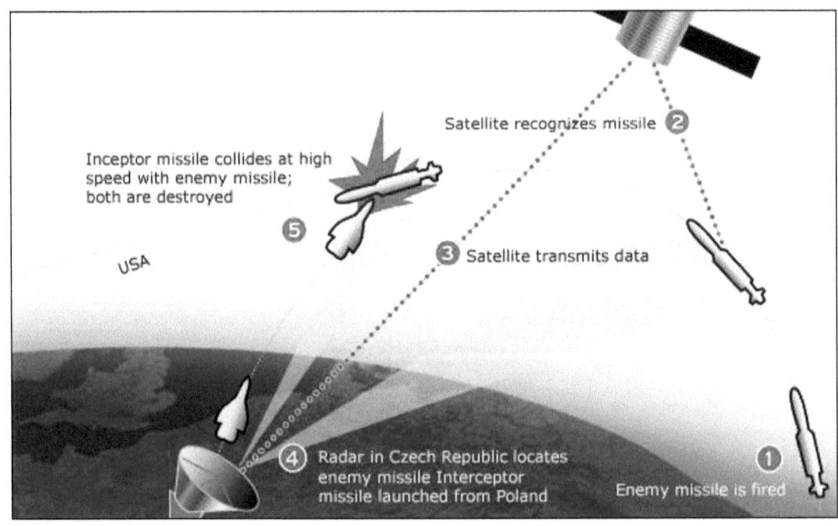

Abb. 1|8: Netzpolitik.org, USAF AUS Vision: Power of the Network, *farbige Infografik/Bildmontage, Berlin 2015*

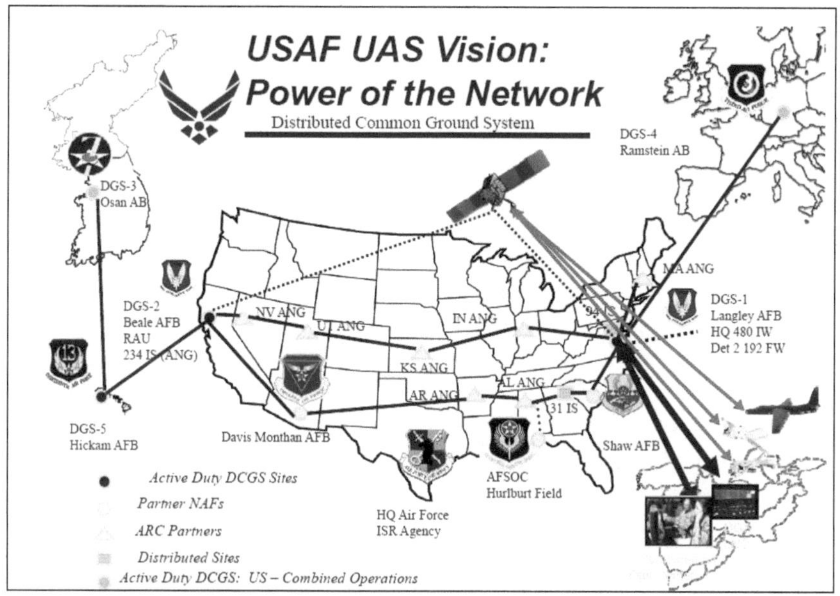

Abb. 1|9: Trevor Paglen, PAN (Unknown; USA-207), The Other Night Sky, *Cape Canaveral 2010*

Abb. 1|10a: Miguel Rothschild, It was a Dark and Stormy Night, *gestanzte Fotomontage, Buenos Aires 2014*

Abb. 1|10b: Miguel Rothschild, It was a Dark and Stormy Night, *Ausschnitt*

Abb. 1|11: Ceal Floyer, Reihe von 40, *farbiger Filzstift auf Löschpapier, München 2010*

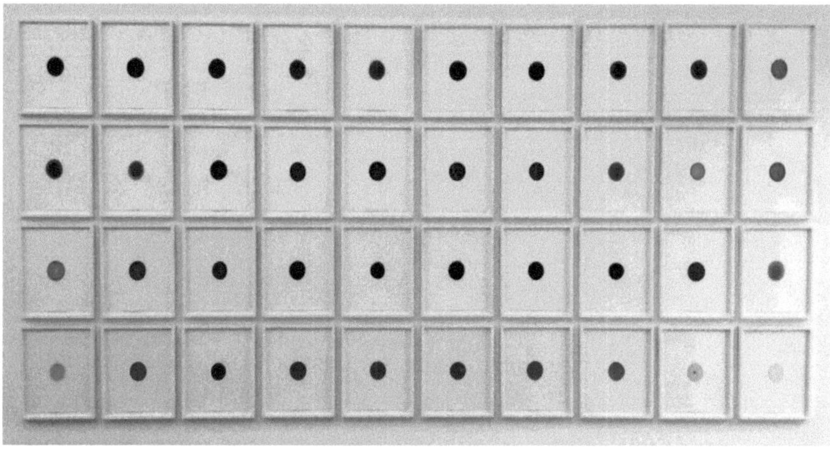

Abb. 1|12: Rebecca Horn, Rotationen im Kreuzwind, *Farbstift auf Papier, Boston 2010*

Abb. 1|13: Rebecca Horn, Moon in the Vertebrae Oracle, *Ausschnitt, Füller auf Papier, Boston 2010*

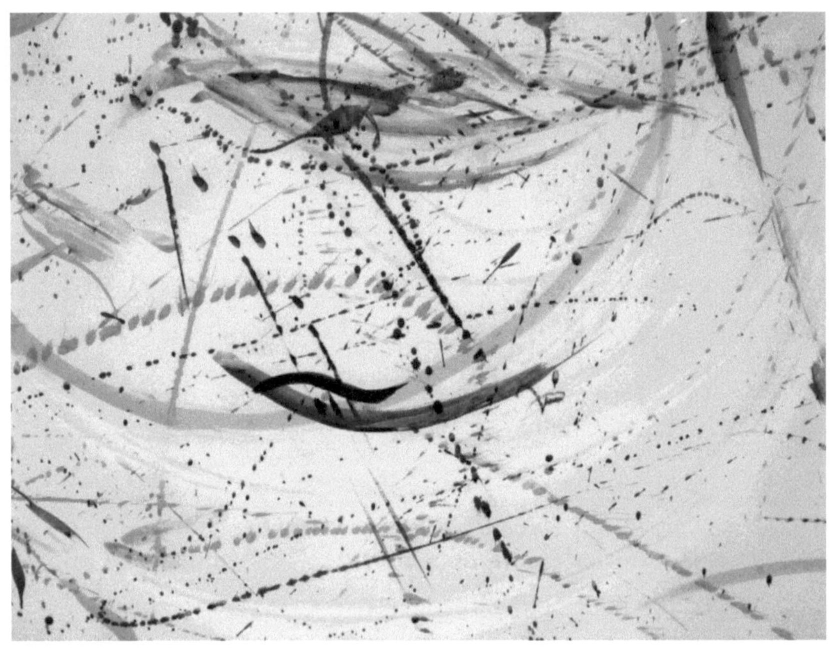

Abb. 1|14: William Kentridge, Parcours d' Atelier, Farbcollage, Johannesburg 2007

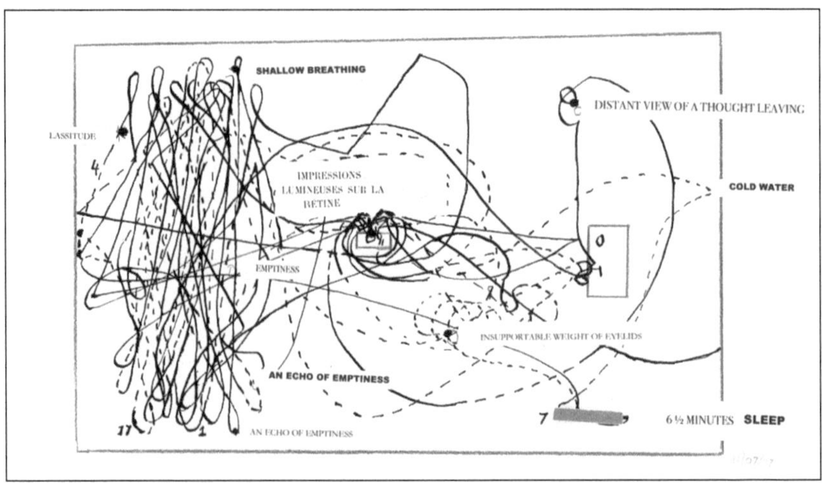

Abb. 1|15: Shila Khatami, Pink Dots on Line, *Pigmentliner und Lack auf Hartfaserplatte, Berlin 2011*

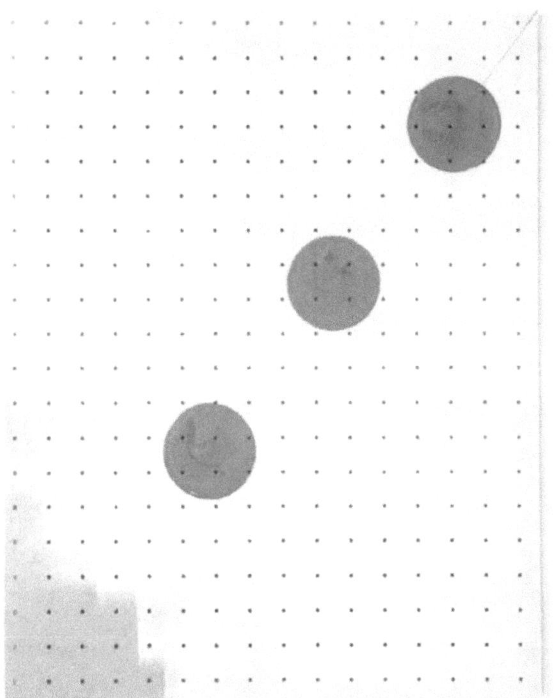

Abb. 1|16: Markus Eichler, EEG-Umlage 2010 bis 2014 und Prognosen 2014 bis 2018, *Farbgrafik, Augsburg 2013*

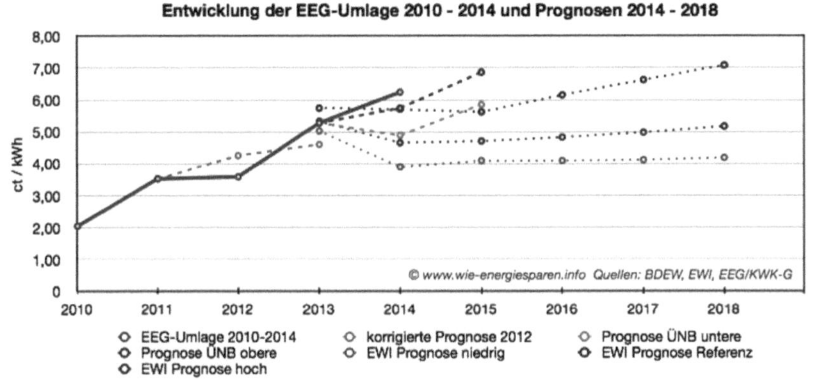

Abb. 1|17: IKEA, Aufbauanleitung zu einem IKEA-Regal, *Schwarz-Weiß-Grafik, Älmhult, Ausschnitt, 2015*

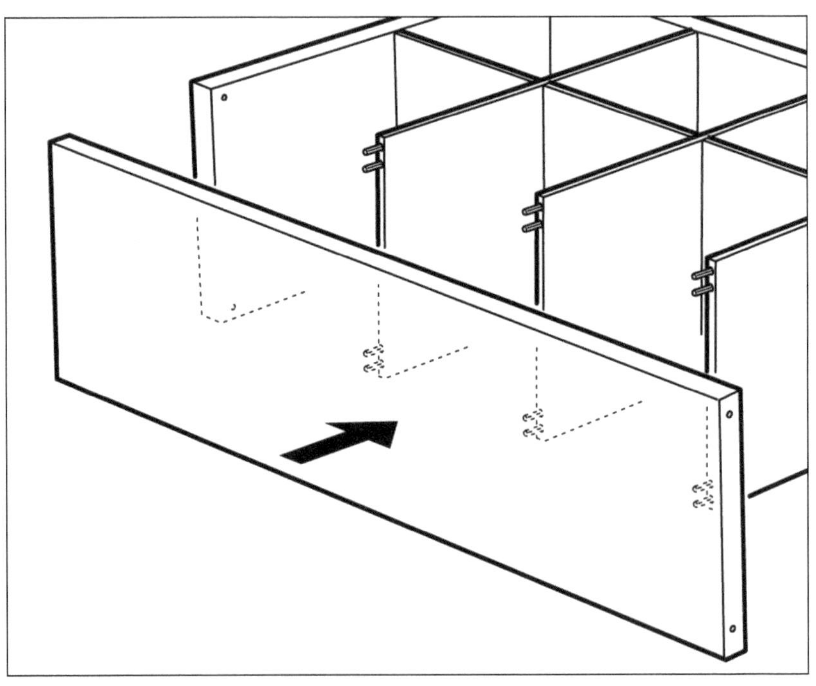

Abb. 1|18: Universität Potsdam, Logo der Universität Potsdam, *Farbgrafik, Potsdam 2000*

Abb. 1|19: Fahrbahnmarkierung mit Leuchtpunkten, Fotografie, Nordhausen 2015

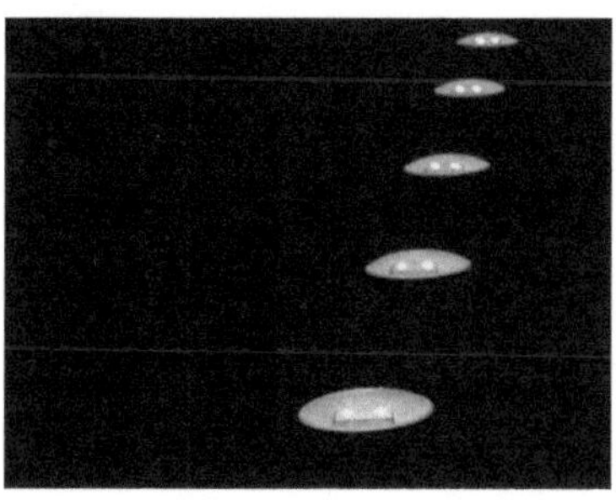

Abb. 1|20: Tachometer eines Smart for Two, Baujahr 2003, Fotografie, Köln 2009

Abb. 1|21: Yuveo Klinik für plastische Chirurgie, Facelifting / Gesichtsstraffung, *Farbgrafik, Düsseldorf 2015*

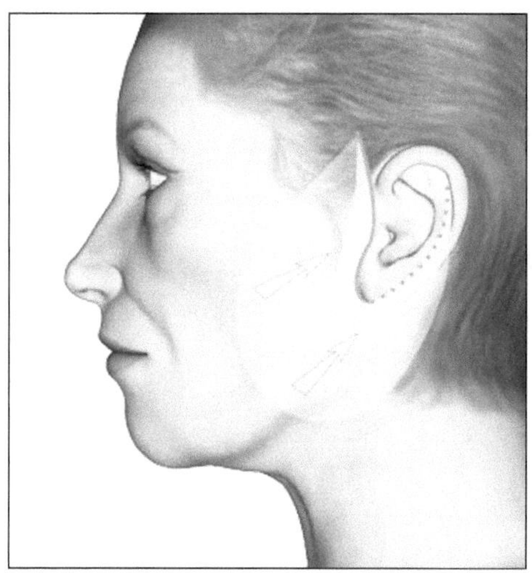

Abb. 1|22: Google Maps, Ostgrenze Israels zu Jordanien, *Farbgrafik, online 2016*

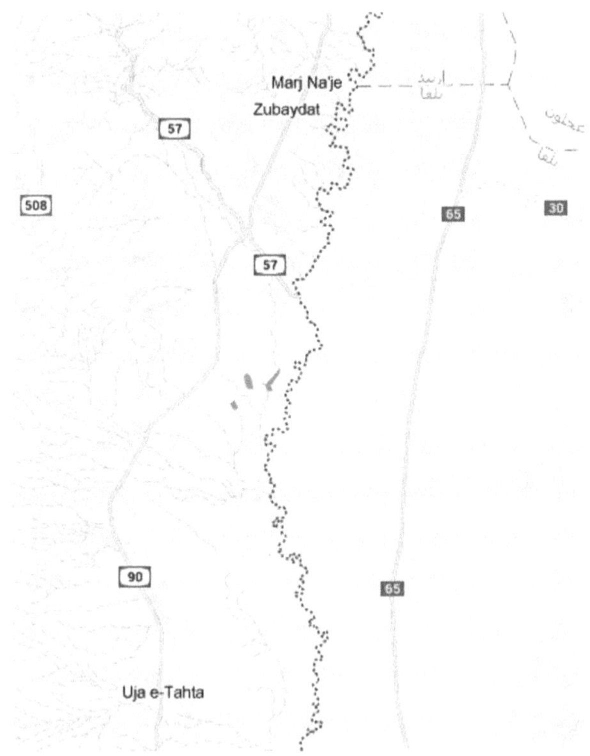

Abb. 1|23: Burda, Radelbogen, *Schwarz-Weiß-Grafik, Potsdam 2000*

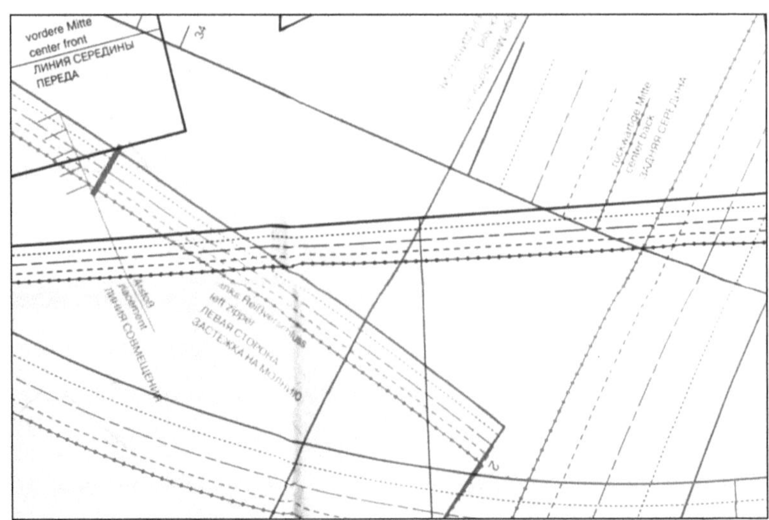

Abb. 1|24: Albrecht Dürer, Männliche Darstellung der Proportionen, *Holzschnitt, Ausschnitt, Nürnberg 1528*

Abb. 1|25: Albrecht Dürer, Weibliche Darstellung der Proportionen, *Holzschnitt, Ausschnitt, Nürnberg 1528*

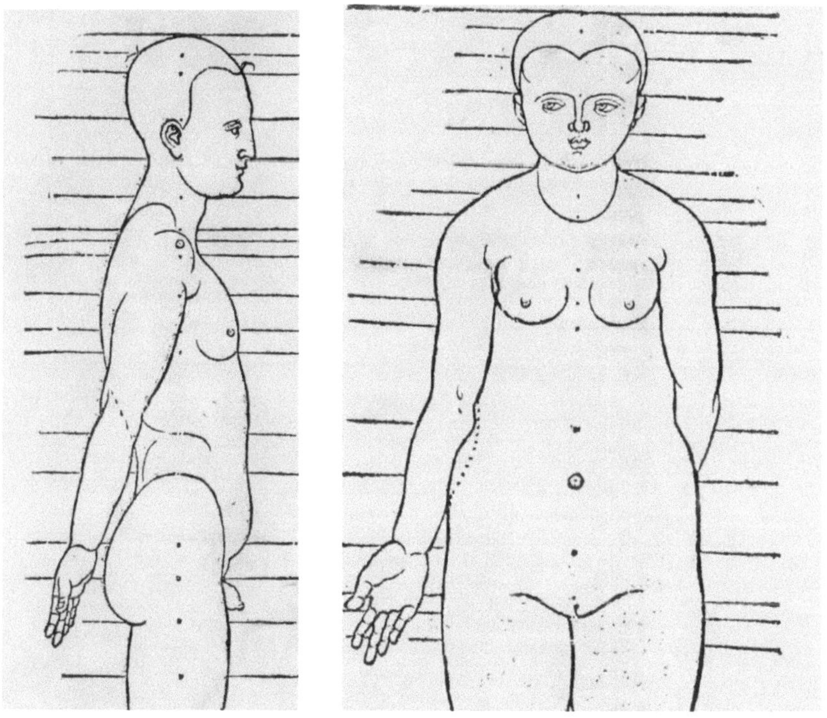

Abb. 1|26: Paul Klee, Berührung in der Linie – Pseudolinien, Ausschnitt, Blei und Farbstift auf Papier, Weimar/Dessau, 1920er Jahre

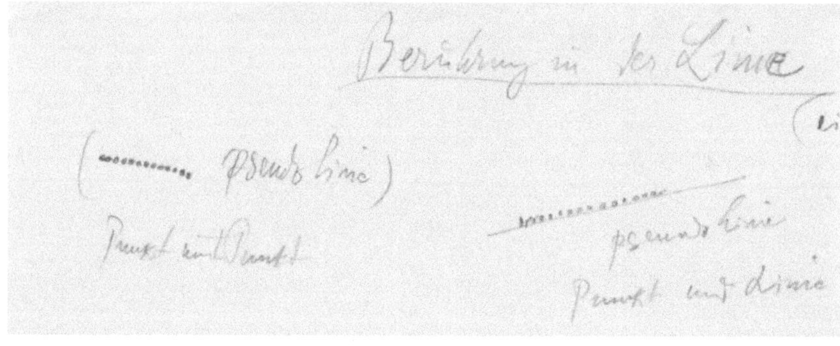

Abb. 1|27: Wassily Kandinsky, Beispiele für Punktformen (individuell), *s/w-Grafik, München 1926*

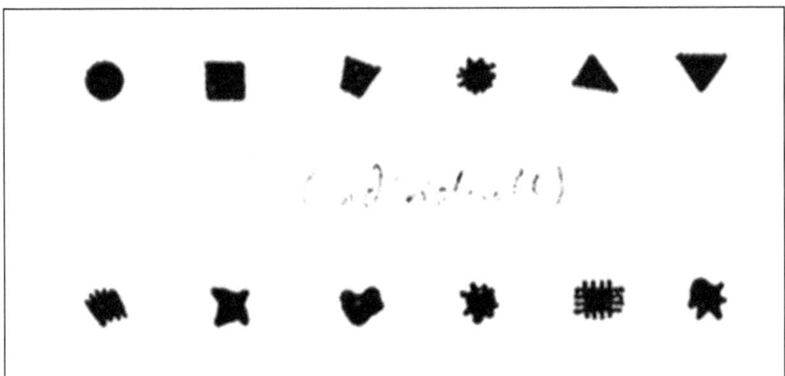

9.1.1 Abbildungsnachweis: Kapitel 1

Abb. 1|1 a + b: Apple Special Event. Apple Inc. Apple.com, Cupertino (09.09.2015). Film still: 104.36 – 105.23. Online: http://www.apple.com/apple-events/september2015/ Stand: 15.11.2015.

Abb. 1|2: Art. Keine Registrierung, keine Rechte. Frankfurter Allgemeine Zeitung. faz.net, Frankfurt am Main (26.10.2015). Online: http://www.faz.net/aktuell/politik/fluechtlingskrise/eu-balkan-gipfeltreffen-keine-registrierung-keine-rechte-1387638 8.html Stand: 17.11.2015. Siehe auch: Quelle und Kartendatei. dpa-Grafik Nr. 23115.

Abb. 1|3: Art. Refugee crisis: Slovenia struggling to cope in chaotic scenes at border as violence in Syria forces more to flee. The Independent. Independent.co.uk, London (30.10.2015). Online: http://www.independent.co.uk/news/world/europe/refugee-cri sis-slovenia-struggling-to-cope-in-chaotic-scenes-at-border-as-violence-in-syria-forcesa 67151 76.html Stand: 17.11.2015.

Abb. 1|4: Art. Willkommen in der osteuropäischen Union! Die Welt. welt.de, Berlin (25.01.2016). Online: http://www.welt.de/politik/ausland/article151407495/Willkommen-in-der-osteuro paeischen-Union.html Stand: 25.01.2016.

Abb. 1|5: Art. Fighting in Aleppo. Washington Post. Washington post.com, Washington D.C. (19.08.2012). Online: https://www.washingtonpost.com/world/fighting-in-aleppo/2012/08/19/279add48-ea63-11e1-9ddc-340d5efb1e9c_graphic.html Stand: 17.11.2015.

Abb. 1|6: Art. Putin boasts that Russian warship fired missile 1,500 km into Syria amid massive Assad regime offensive. National Post. nationalpost.com, Toronto (07.10.2015). Online: http://news.nationalpost.com/news/world/israel-middle-east/russian-warships-fire-missiles-into-syra-amid-fears-that-assad-regime-is-mounting-massive-ground-assault Stand: 17.11.2015.

Abb. 1|7: Art. Putin torpediert Abrüstung. Deutsche Welle. dw.com, Bonn, Berlin (29.12.2009). Online: http://www. dw.com/de/putin-torpediert-abrüstung/a-5069297 Stand: 18.11.2015.

Abb. 1|8: Art. US-Armee steuert ihre Drohnen in der Oberpfalz außerhalb der Sichtweite – Auch via Relaisstation in Ramstein? Matthias Monroy. netzpolitik.org, Berlin (22.05.2015). Online: https://netzpolitik.org/2015/us-armee-steuert-ihre-drohnen-in-der-oberpfalz-ausserhalb-der-sicht-weite-auch-via-relaisstation-in-ramstein/ Stand: 18.11.2015.

Abb. 1|9: Paglen, Trevor. secession. Ausstellungskatalog anlässlich der Ausstellung *Trevor Paglen at the Secession*, 26.11.10 – 13.02.11, Berlin 2010, Vortitel, unpag. Siehe auch: Art. The Other Night Sky. Trevor Paglen. 11/2010. http://www.paglen.com/?l=work&s=othernightsky. Stand: 24.11.2015.

Abb. 1|10 a + b: Rothschild, Miguel. It was a Dark and Stormy Night. Foto: Georg Gremske. Galerie Kuckei-Kuckei Berlin (http://www.kuckei-kuckei.de). http://www.miguelrothschild.de/projects.html. Stand: 25.11.2015.

Abb. 1|11: Floyer, Ceal. Reihe von 40, aus der Sammlung Kico. Foto: Georg Gremske, 11/2015. Lenbachhaus München. http://www.lenbachhaus.de/fileadmin/images/7-vermittlung/an_der_Isar.pdf (S. 40). Stand: 25.11.2015.

Abb. 1|12: Horn, Rebecca. Rotationen im Kreuzwind. Harvard Art Museums, Boston. http://www.harvardartmuseums.org/collections/ object/352498?position=30. Stand: 25.11.2015.

Abb. 1|13: Horn, Rebecca. Moon in the Vertebrae Oracle. Harvard Art Museums. Foto: Georg Gremske, 05/2015.

Abb. 1|14: Kentridge, William. Parcours d' Atelier. Südafrika 2007. Double Vision – Albrecht Dürer – William Kentridge. Berliner Gemäldegalerie. Ausstellung. doublevision-berlin.de, Berlin (2015). Online: http://doublevision-berlin.de Stand: 15.01.2016.

Abb. 1|15: Spieler, Bernhard / Scheuermann, Barbara (Hgg.): Punkt.Systeme. Vom Pointilismus zum Pixel. Ausstellungskatalog zur Ausstellung vom 16.06. – 30.09.2012 im Wilhelm-Hack-Museum, Ludwigshafen am Rhein. Ludwigshafen 2012, S. 118.

Abb. 1|16: Art. Die EEG-Umlage, Bestandteile und Prognosen ab 2014. Markus Eichler. Augsburg. http://www.wie-energiesparen.info/fakten-wissen/eeg-umlage-bestandteile-prognosen-ab-2014/ Stand: 01.02.2016.

Abb. 1|17: IKEA Deutschland GmbH & Co. KG. Bedienungsanleitung Kallax Regal, S. 14, Abb. 13. http://www.ikea.com/de/de/assembly_instructions/billy-bucherregal__AA-982683-5_pub.pdf Stand: 26.11.2015.

Abb. 1|18: Universität Potsdam. Zentrale Abteilung, Audiovisuelles Zentrum, Am Neuen Palais 10, 14469 Potsdam. http://www.uni-potsdam.de/fileadmin01/projects/zavz/images/logos/01_UP jpg.jpg Stand: 26.11.2015.

Abb. 1|19: Art. Fahrbahnmarkierungen aller Art. Verkehrstechnik Klein. Motorenstraße8,9973Nordhausen. http://www.verkehrstechnikklein.de/de/fahrbahnmarkierungen.23.html Stand: 30.11.2015.

Abb. 1|20: Art. So, bei mir ist es nun auch soweit. Apicsmart. Smart-forum.de. 16.07.2009. http://www.smart-forum.de/modules.php?op=modload&name=Forum&file=iframe&topic=74433&start=90&end=105 Stand: 26.11.2015.

Abb. 1|21: Art. Facelifting / Gesichtsstraffung. Yuveo Klinik für plastische Chirurgie. Düsseldorf. 15.01.2015. http://www.iatrum.de/mini-facelift.html Stand: 15.01.2015.

Abb. 1|22: Google Maps. https://maps.google.com Stand: 11.01.16.

Abb. 1|23: Art. Diese Schnittmuster gibt es bei burda style. Schnittmuster von Daniela Rühl. Verlag Aenne Burda GmbH & Co. KG. burdastyle.de. http://www.burdastyle.de/aktuelles/news/schnittmuster-diese-schnittmuster-gibt-es-bei-burda-style_aid_3070.html. Abb. 2. Stand: 26.11.2015.

Abb. 1|24 + 25: Dürer, Albrecht: Vier Bücher von menschlicher Proportion. Neudruck der Ausgabe Nürnberg 1528, Nördlingen [3]1996, unpag. Siehe auch Internet Archive. https://archive.org/details/hierinnsindbegri00dure Stand: 20.01.16, im PDF S. 182 u. S. 185.

Abb. 1|26: Klee, Paul: Bildnerische Form- und Gestaltungslehre. Die Manuskripte von 1921 – 1931 am Bauhaus in Weimar und Dessau. Kap. 1.4. Berührung der Linie. Inv.-Nr. BG 1.4/12. Siehe auch online: Zentrum Paul Klee in Bern: http://www.zpk.org/de/sammlung-forschung/sammlung-archiv/paul-klee-bildnerische-form-und-gestaltungslehre-389.html Stand: 15.11.2015.

Abb. 1|27: Kandinsky, Wassily: Punkt und Linie zu Fläche. Beitrag zur Analyse der malerischen Elemente. Bern-Bümpliz [7]1973, S. 28, Abb. 3.

9.2 ABBILDUNGEN: KAPITEL 2

Abb. 2|1: Titelvignette, Rechenseil, *Holzschnitt, Leiden 1605*

Abb. 2|2: Titelholzschnitt, Rechnen auf Linien, *Ausschnitt, Holzschnitt, Erfurt 1525*

Abb. 2|3: Albrecht Dürer, Linienformen 2, *Holzschnitt, Nürnberg 1525*

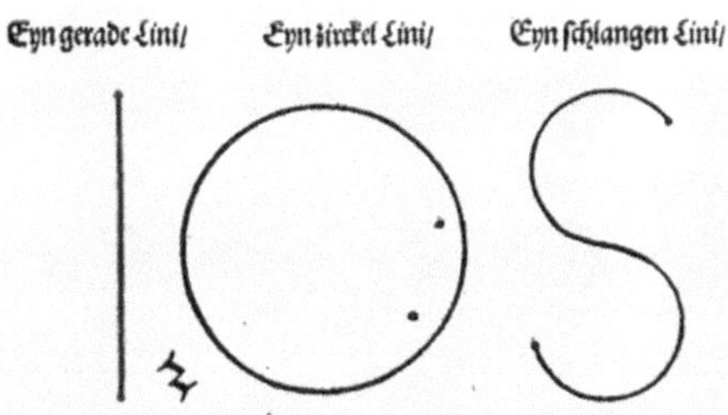

Abb. 2|4: Albrecht Dürer, Linienformen 3, *Holzschnitt, Nürnberg 1525*

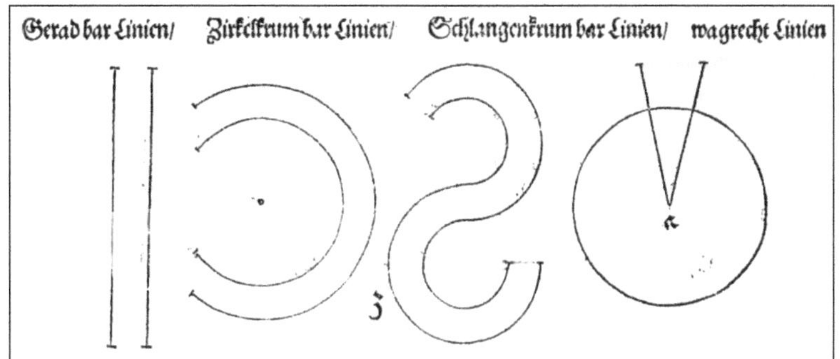

Abb. 2|5: Albrecht Dürer, Schnecken lini und Schnecken lini ledig, *Holzschnitt, Nürnberg 1525*

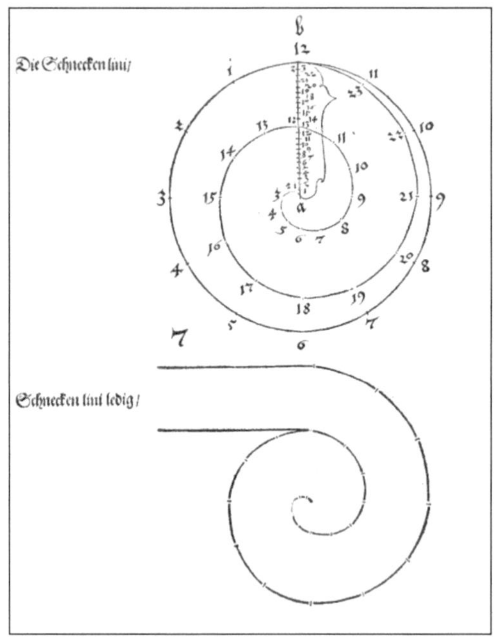

Abb. 2|6: Albrecht Dürer, Zeichner mit der Laute, *Holzschnitt, Nürnberg 1525*

Abb. 2|7: Albrecht Dürer, Der Zeichner des liegenden Weibes, *Holzschnitt, Nürnberg 1538*

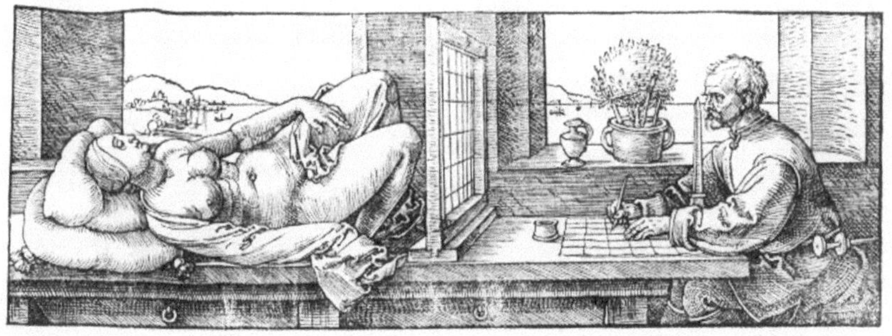

Abb. 2|8: Albrecht Dürer, Wahrnehmung eines Würfels 1, *Holzschnitt,*

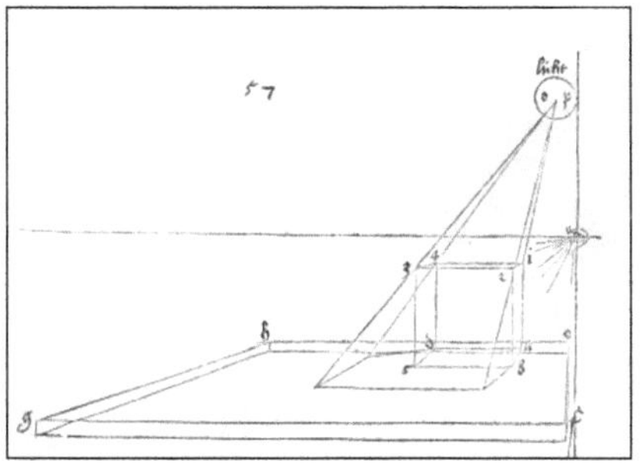

Nürnberg 1525

Abb. 2|9: Albrecht Dürer, Wahrnehmung eines Würfels 2,

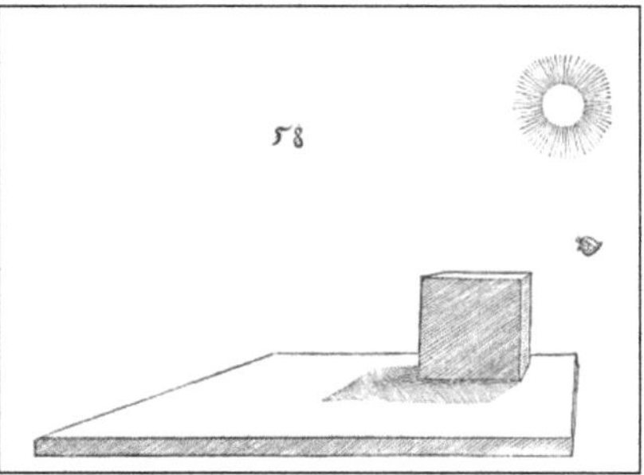

Holzschnitt, Nürnberg 1525

Abb. 2|10: Albrecht Dürer, Wahrnehmung eines Würfels 3, *Holzschnitt, Nürnberg 1525*

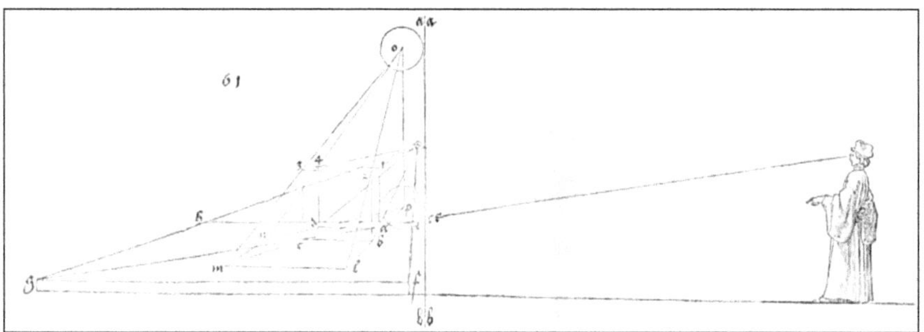

Abb. 2|11: Leon Battista Alberti, Wahrnehmung eines Würfels, *Holzschnitt, Nürnberg 1525*

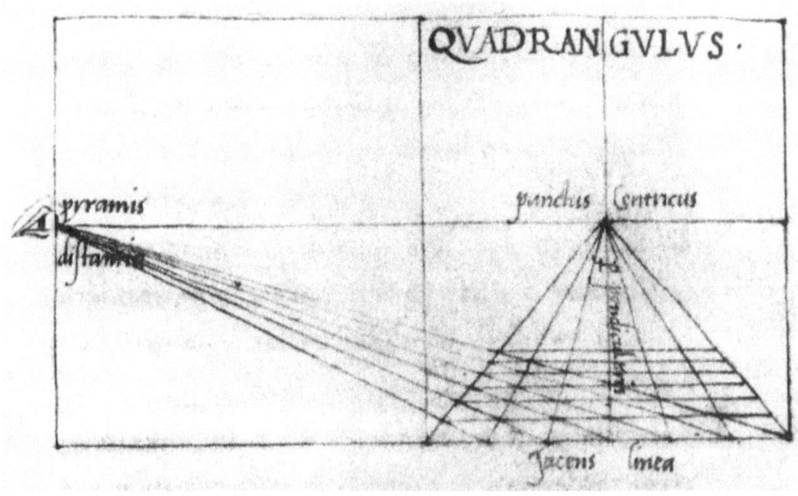

Abb. 2|12: Das Auge, nach einer frühen lat. Handschrift von Alhazens De Aspectibus, *Zeichnung, 1269*

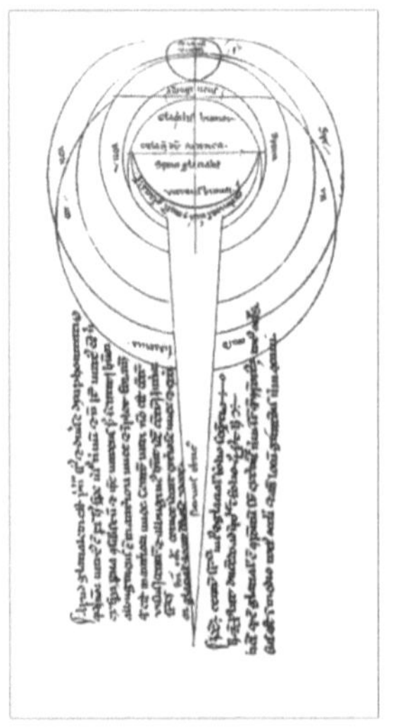

Abb. 2|13: Leonardo da Vinci, Anatomische Studien zum Auge, *Ausschnitt, Federzeichnung, Italien 1508*

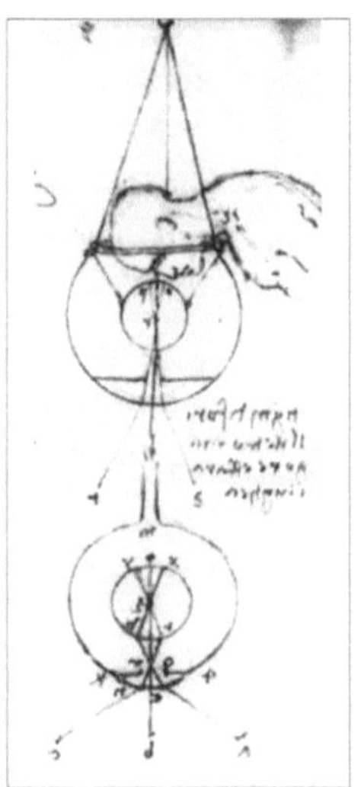

Abb. 2|14:
Christoph Schreiner,
Lichtbrechung im Auge,
Holzschnitt,
Innsbruck 1620

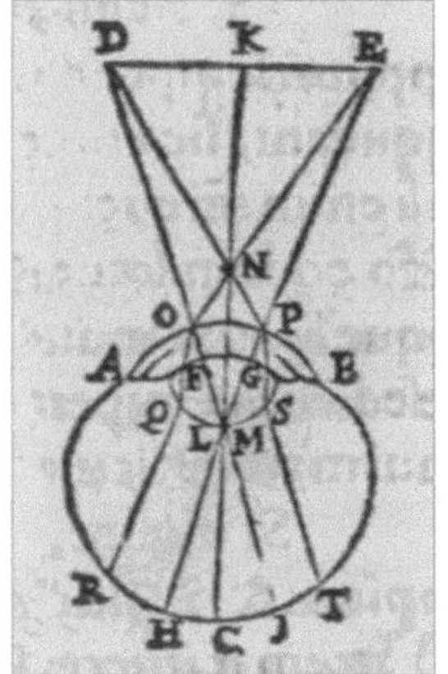

Abb. 2|15:
René Descartes,
Ochsenaugenexperiment, *Kupferstich,*
Amsterdam 1637

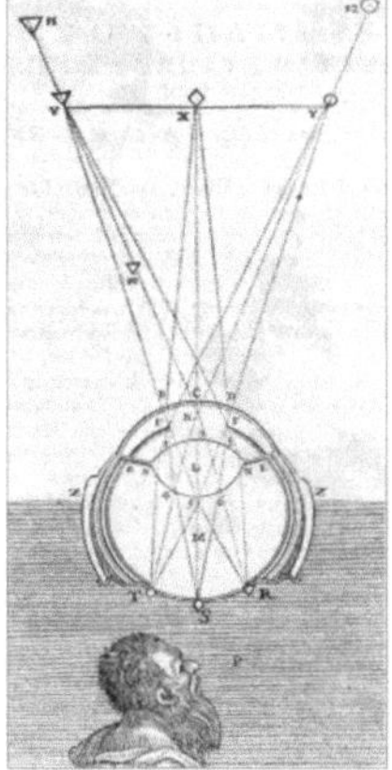

Abb. 2|16:
Athanasius Kircher,
Ochsenaugen-experiment,
Kupferstich, Rom 1647

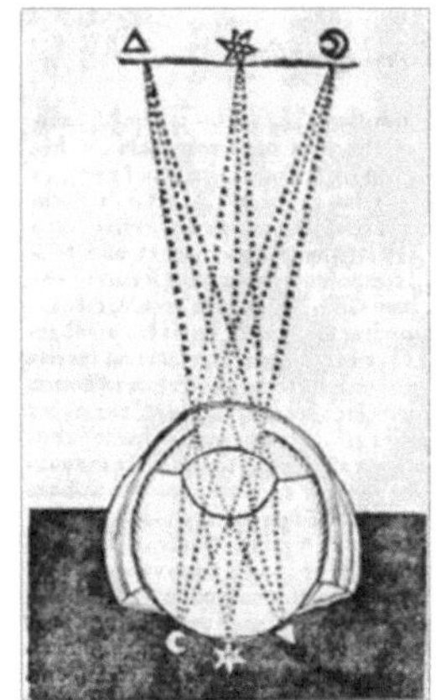

9.2.1 Abbildungsnachweis: Kapitel 2

Abb. 2|1: Stevin, Simon: Derde Stuck der Wisconstighe ghedachtnissen. Van de Deursichtighe. Leiden 1605, Titelvignette, unpag.

Abb. 2|2: Adam, Ries: Rechnung auff der Linihen und Federn, Auff allerley handthirung gemacht. Zum andern mal ubersehen und gemehret. Erfurt 1525, Titelholzschnitt, unpag.

Abb. 2|2 – 6: Dürer, Albrecht: Underweysung der Messung, mit dem zirckel un[d] richtscheyt, in Linien ebnen unnd gantzen corporen durch Albrecht Dürer zusamen gezoge und zu nutz alle kunstliebhabenden mit zu gehörigen figuren. Nürnberg 1525, unpag. i.d.R. Abb. 2, 3 u. 7. Abb. 2|10 ohne Abb.-Nummer. Siehe auch online: Sächsische Landesbibliothek – Staats- und Universitätsbibliothek Dresden (SLUB): http://digital.slub-dresden.de/id27778509X. Stand: 15.01.2016.

Abb. 2|7: Dürer, Albrecht: Underweysung der Messung, mit dem Zirckel und richtscheyt, in Linien, Ebnen und gantzen Corporen, durch Albrecht Dürer zusamen gezogen un[d] durch jn selbs (als er noch auff erden war) an vil orten gebessert, in sonderheyt mit xxii figuren gemert. Das Viert Büchlein. Nürnberg 21538, unpag. Siehe auch online: Elektronische Bibliothek Schweiz: http://dx.doi.org/10.3931/e-rara-8271. Stand: 15.01.2016.

Abb. 2|8 – 10: Dürer, Albrecht: Underweysung der Messung, mit dem zirckel un[d] richtscheyt, in Linien ebnen unnd gantzen corporen durch Albrecht Dürer zusamen gezoge und zu nutz alle kunstliebhabenden mit zu gehörigen figuren. Nürnberg 1525, i.d.R. Abb. 57, 58 u. 61. Siehe auch online: Sächsische Landesbibliothek – Staats- und Universitätsbibliothek Dresden (SLUB): http://digital.slub-dresden.de/id27778509X. Stand: 15.01.2017.

Abb. 2|11: Alberti, Leon Battista: Della Pittura. Über die Malkunst. Hrsg. u. übersetzt v. Oskar Bätschmann u. Sandra Gianfreda. Darmstadt 2002, S. 15, Abb. 61.

Abb. 2|12: Lindberg, David: Auge und Licht im Mittelalter. Frankfurt am Main 1987, S. 138, Abb. 9. Nach einer frühen lat. Handschrift v. Alhazen De Aspectibus, 1269.

Abb. 2|13: Da Vinci, Leonardo: Tagebücher und Aufzeichnungen. Nach den italienischen Handschriften übersetzt und hrsg. v. Theodor Lücke. Leipzig [2]1952, Tafel IX.

Abb. 2|14: Schreiner, Christoph: Oculus, hoc est: fundamentum opticum, in quo ex accurata oculi ana-tome, abstrusarum experientiarum sedula pervestigatione. Innsbruck 1620, S. 112.

Abb. 2|15: Descartes, René: Discours de la Méthode pour bien conduire sa Raison et chercher la Vérité dans les Sciences. Plus La Dioptrique, Les Météores, et La Géométrie. Qui sont des Essais de cette Méthode. Leiden 1637, La Dioptrique, S. 36. Siehe auch online: Herzog August Bibliothek Wolfenbüttel: http://diglib.hab.de/drucke/64-25-quod-1/start.htm. Stand: 15.01.2017.

Abb. 2|16: Kircher, Athanasius: Ars magna lucis et umbræ. In decem Libros digesta; Quibus Admirandae Lucis & Umbræ in mundo, atque adeò universa natura, vires effectusque uti noua, ita varia nouorum reconditiorumque. Rom 1646, S. 162. Siehe auch online: Herzog August Bibliothek Wolfenbüttel: http://diglib.hab.de/wdb.php?dir=drucke/94-2-quod-2f. Stand: 15.01.2017.

9.2.2 Figurennachweis: Kapitel 2

Fig. 1: Gremske, Georg, Berlin 2015.

Fig. 2: Uttal, William: An autocorrelation theory of visual form detection: A computer experiment and a computer model. Behavior Research Methods & Instrumentation. Ann Arbor, Michigan 1975, Vol. 7 (2), S. 87 – 91, hier S. 91. Grafische Rekonstruktion des Experiments durch Georg Gremske, Berlin 2015.

Fig. 3 – 6: Gremske, Georg, Berlin 2015.

Fig. 7 + 8: Gremske, Georg, Berlin 2015. Vgl. Krämer, Sybille: Berechenbare Vernunft. Kalkül und Rationalismus im 17. Jahrhundert. Berlin, New York 1991, S. 18.

Fig. 9 + 10: Gremske, Georg, Berlin 2015.

9.3 ABBILDUNGEN: KAPITEL 3

Abb. 3|1: Georg Harsdörffer, Camera obscura-Prinzip, *Holzschnitt, Nürnberg 1653*

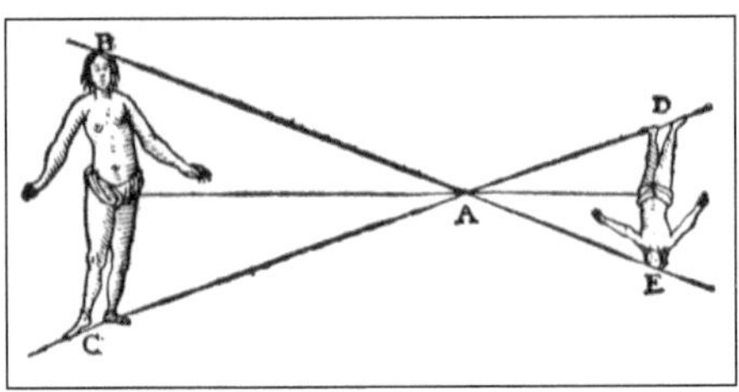

Abb. 3|2a: Fra Angelico, Haupttafel der Altarretabel zum Leben Marias, *Ausschnitt, Tempera und Gold auf Holz, Cortona, Italien um 1432*

Abb. 3|2b: Fra Angelico, Haupttafel der Altarretabel zum Leben Marias, *Ausschnitt*

Abb. 3|3a: Fra Angelico, Verkündigung an Maria, *Ausschnitt, Tempera und Gold auf Holz, Madrid um 1425 – 1427*

Abb. 3|3b: Fra Angelico, Verkündigung an Maria, *Ausschnitt*

Abb. 3|4a: Gentile da Fabriano, Verkündigung, *Tafelmalerei, Italien nach 1425*

Abb. 3|4b: Gentile da Fabriano, Verkündigung, *Ausschnitt*

Abb. 3|4c: Gentile da Fabriano, Verkündigung, *Ausschnitt*

Abb. 3|5a: Filippo Lippi, Verkündigung, *Fresko, Italien ca. 1455*

Abb. 3|5b: Filippo Lippi, Verkündigung, *Ausschnitt*

Abb. 3|6a: Filippo Lippi, Verkündigung Mariae, *Öl auf Holz, um 1450*

Abb. 3|6b: Filippo Lippi, Verkündigung Mariae, *Ausschnitt*

Abb. 3|7: Filippo Lippi, Die Verkündigung, *Tempera auf Holz, Italien um 1440*

Abb. 3|8: Giotto di Bondone, Stigmatation des Hl. Franziskus, *Fresko, Assisi spätes 13. Jh.*

Abb. 3|9: Gentile da Fabriano, Stigmatation des Hl. Franziskus, *Tafelmalerei, Italien 1400 – 1410*

Abb. 3|10: Meister von Palma, Lactatio des Heiligen Bernhard, *Öl auf Holz, um 1290, Ausschnitt aus Retabel, Palma de Mallorca, Spanien*

Abb. 3|11a: Flämische Schule, Lactatio des heiligen Bernard, *Öl auf Holz, etwa 1480, Niederlande*

Abb. 3|11b: Flämische Schule, Lactatio des heiligen Bernard, *Ausschnitt*

Abb. 3|12: Milchspende des heiligen Bernard, *Öl auf Holz, Ausschnitt, etwa 1520, Niederlande*

Abb. 3|13: Antonio Tempesta, Lactatio, *Kupferstich, 1587 Italien*

Abb. 3|14: Maria nährt Bernhard mit ihrer Muttermilch, *Kupferstich, 1653 Baudeloo, Ostflandern*

9.3.1 Abbildungsnachweis: Kapitel 3

Abb. 3|1: Harsdörffer, Georg Philipp: Der Philosophischen und mathematischen Erquickstunden Dritter Teil, Neudruck der Ausgabe Nürnberg 1653, hrsg. v. Jörg Jochen Berns, Frankfurt am Main 1990, S. 199.

Abb. 3|2 a + b: Cole-Ahl, Diane: Fra Angelico. Aus dem Englischen übersetzt von Uli Nickel und Dr. Iris Nölle-Hornkamp. Berlin 2008, S. 101, Ausschnitte.

Abb. 3|3 a + b: Cole-Ahl, Diane: Fra Angelico. Aus dem Englischen übersetzt von Uli Nickel und Dr. Iris Nölle-Hornkamp. Berlin 2008, S. 39, Ausschnitte.

Abb. 3|4 a, b + c: Laureati, Laura / Mochi Onori, Lorenza: Gentile da Fabriano and the other Renaissance. Mailand 2006, S. 267, Ausschnitte. Siehe auch online: Prometheus Bildarchiv Köln: http://prometheus.uni-koeln.de/pandora/image/show/imago-87b66a5ae7b5eb6c1c69acfcd-dcd0916eda96aa7 Stand: 15.01.2016.

Abb. 3|5 a + b: Ruda, Jeffrey: Fra Filippo Lippi. Life and work with a complete catalogue. London 1993, S. 201.

Abb. 3|6 a + b: Braunfels, Wolfgang: *Die Geschichte der Kunst Italiens*. Köln 2005, S. 210, Ausschnitte.

Abb. 3|7: Stoichita, Victor: Eine kurze Geschichte des Schattens. Aus dem Französischen von Heinz Jatho. München 1999, S. 76, Abb. 19.

Abb. 3|8: Ruf, P. Gerhard: Die Fresken der Oberkirche San Francesco in Assisi. Ikonographie und Theologie. Mit Aufnahmen v. Stefan Diller und Ghigo Roli. Regensburg 2004, S. 245. Datiert zwischen 1280 u. 1300, San Francesco in Assisi, Langhaus, 1. Joch, unteres Register.

Abb. 3|9:	Laureati, Laura / Mochi Onori, Lorenza: Gentile da Fabriano and the other Renaissance. Mailand 2006, S. 183. Siehe auch online: Prometheus Bildarchiv Köln: http://prometheus.uni-koeln.de/pandora/image/show/imago62625a32020c2ec7103f9517077ecf8ab47f7c37. Stand: 15.01.2016.
Abb. 3|10:	The España es Cultura portal. http://www.spainisculture.com/en/obras_de_Excelencia/museo_de_mallorca/retablo_de_san_bernardo.html. Stand: 24.06.2016. Ausschnitt.
Abb. 3|11 a + b:	Freies Medienarchiv Wikimedia Commons. https://commons.wikimedia.org/wiki/Category:Lactatio_Bernardi?uselang=de#/media/File:Ecole_flamande_-_Lactation_de_saint_Bernard.JPG. Stand: 24.06.2016. Bild ohne Rahmen und Ausschnitt.
Abb. 3|12:	St. Annen-Museum in Lübeck. Siehe auch online: Prometheus Bildarchiv. http://prometheus.uni-koeln.de/pandora/image/show/kiel_digicult-3111a2afb172a52acf7c836c39c5cccd83a61b9d Stand: 25.06.2016, Ausschnitt.
Abb. 3|13 + 14:	Paffrath, Arno: Bernhard von Clairvaux. Leben und Wirken – dargestellt in den Bilderzyklen von Altenberg bis Zwettl. Köln 1984, S. 251 u. S. 216.

9.4 ABBILDUNGEN: KAPITEL 4

Abb. 4|1: Nicolaus Koppernikus, Planetenordnung, *Holzschnitt, Nürnberg 1543*

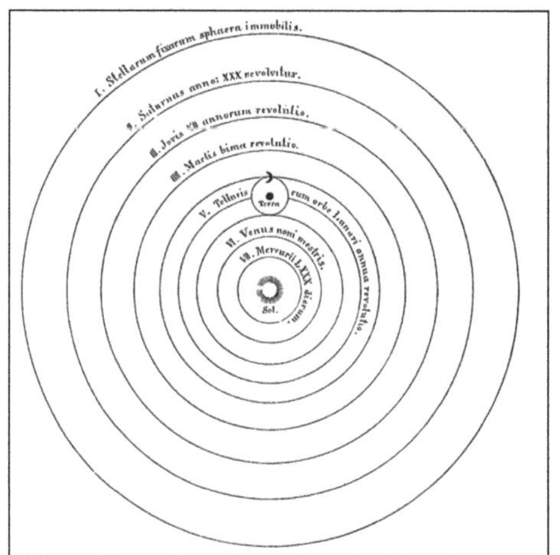

Abb. 4|2: Johannes Kepler, Skizze zur Sonnenfinsternis, *Frankfurt 1600*

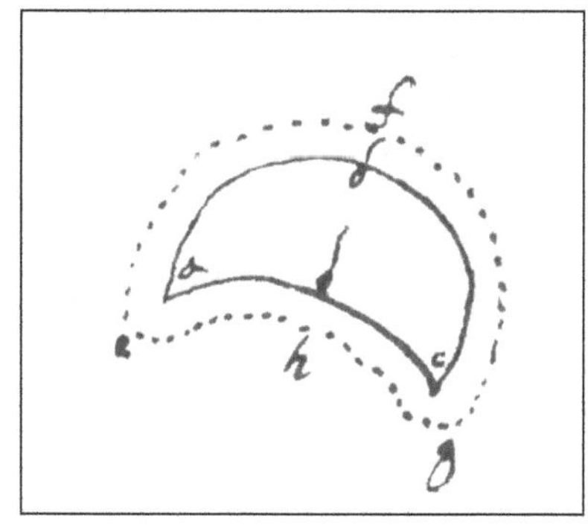

Abb. 4|3: Christoph Schreiner, Sonnenfinsternis, *Holzschnitt, Innsbruck 1620*

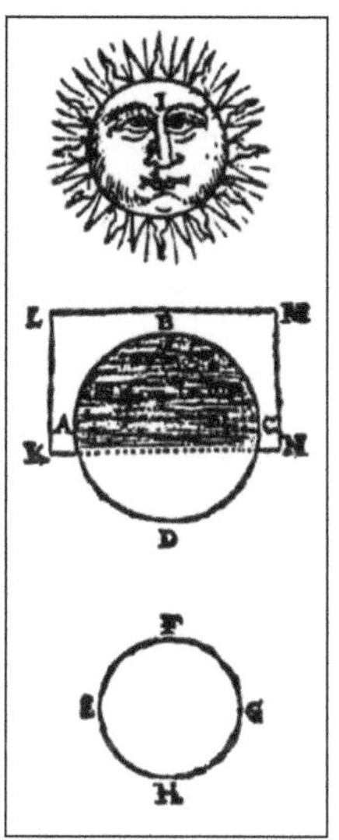

Abb. 4|4: Christoph Schreiner, Pantheograph, *Kupferstich, Rom 1630*

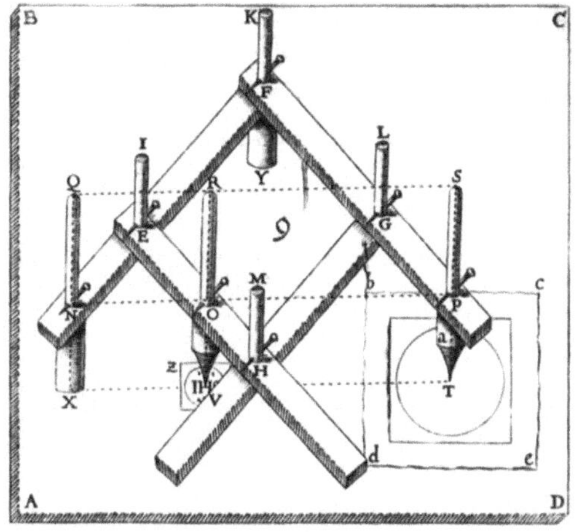

Abb. 4|5a: Christoph Schreiner, Sichtung von Sonnenflecken, *Kupferstich, Branciano / Italien 1625*

Abb. 4|5b:Christoph Schreiner, Sichtung von Sonnenflecken, *Ausschnitt*

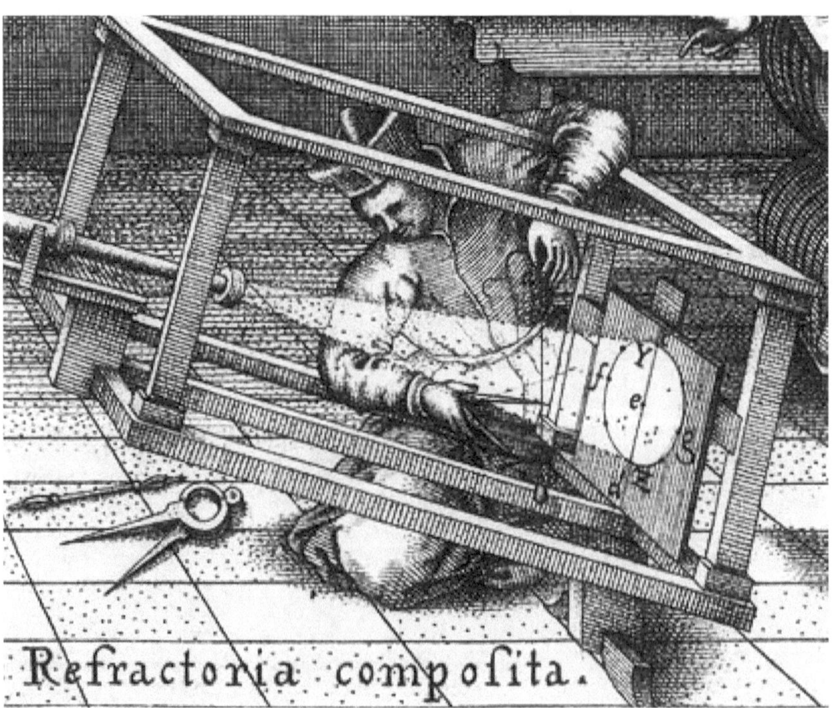

Abb. 4|6: René Descartes, Ochsenaugenexperiment, *Kupferstich, Amsterdam 1637*

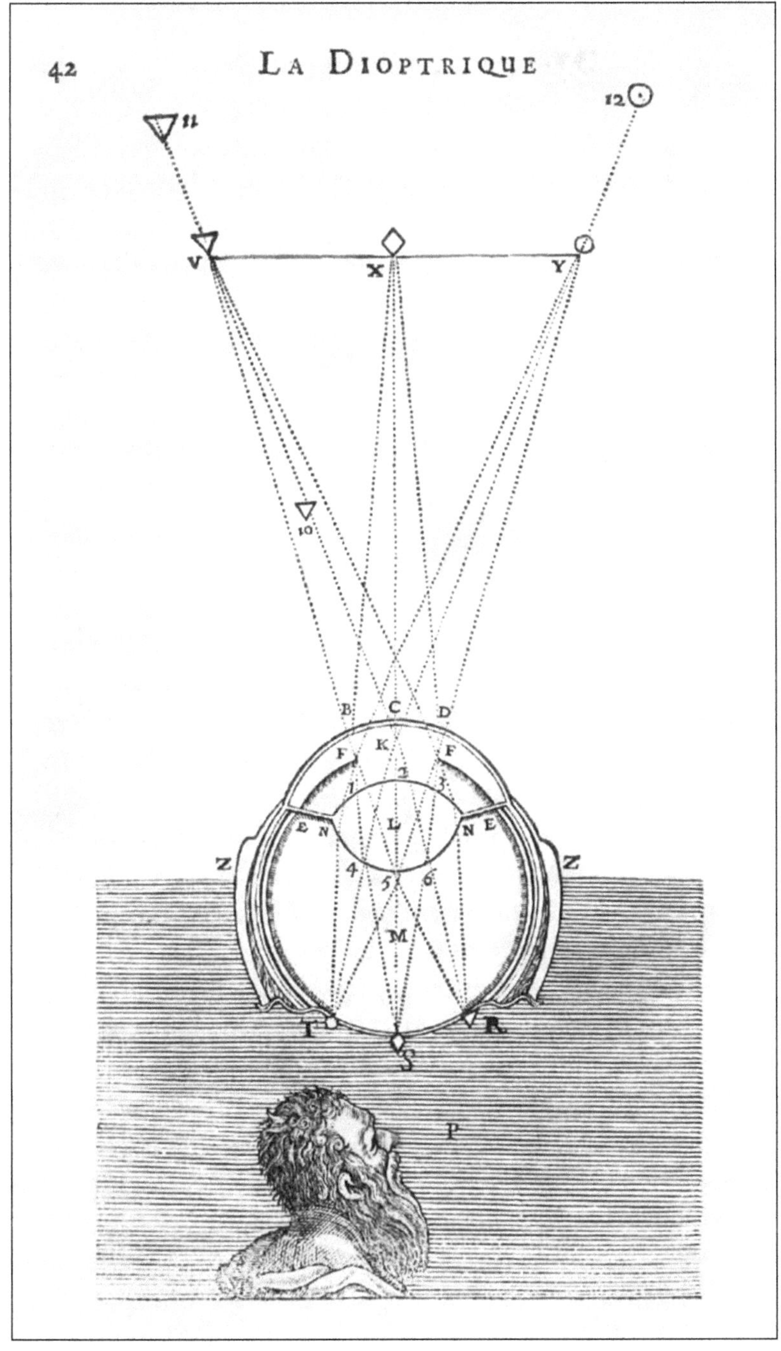

Abb. 4|7: Du Breuil, Linie, Punktlinie und Punkt, *Holzschnitt, Paris 1642*

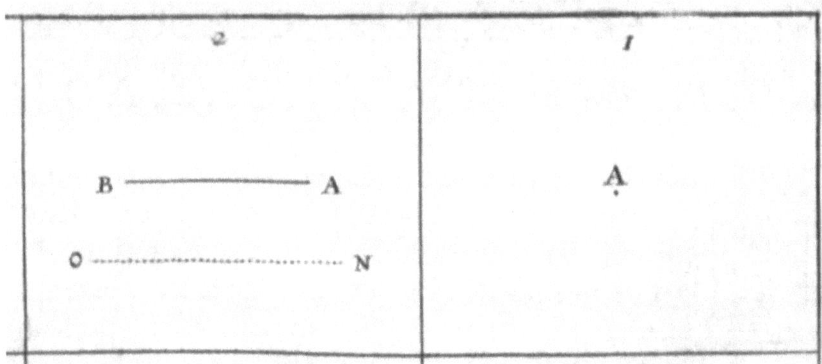

9.4.1 Deutschsprachiger Raum

Abb. 4|8: Heinrich Lautensack, Erklärung der Teilung, *Holzschnitt, Frankfurt am Main 1564*

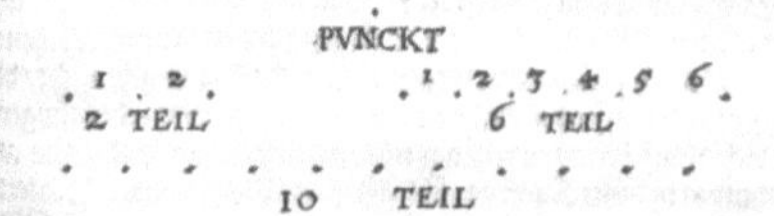

Abb. 4|9: Heinrich Lautensack Erklärung der Teilung, *Holzschnitt, Frankfurt am Main 1618*

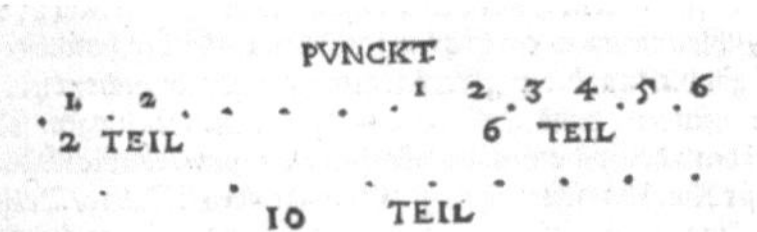

Abb. 4|10: Lautensack, Verjüngung der Perspektivlinien, *Holzschnitt, Frankfurt am Main 1564*

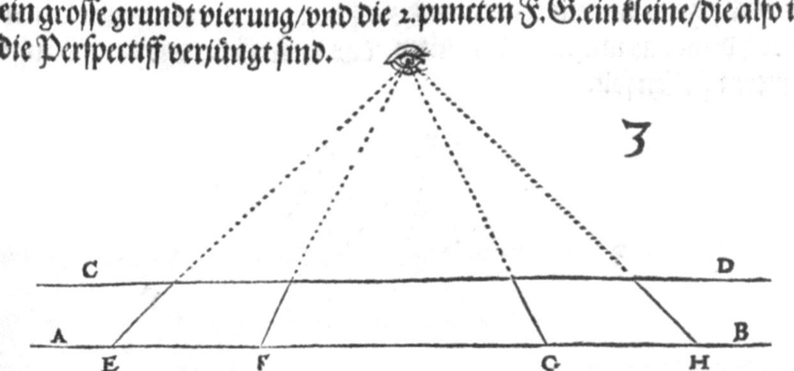

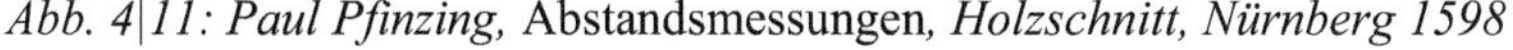

Abb. 4|11: Paul Pfinzing, Abstandsmessungen, *Holzschnitt, Nürnberg 1598*

Abb. 4|12: Paul Pfinzing, Perspectiv Grunt, *Holzschnitt, Augsburg 1616*

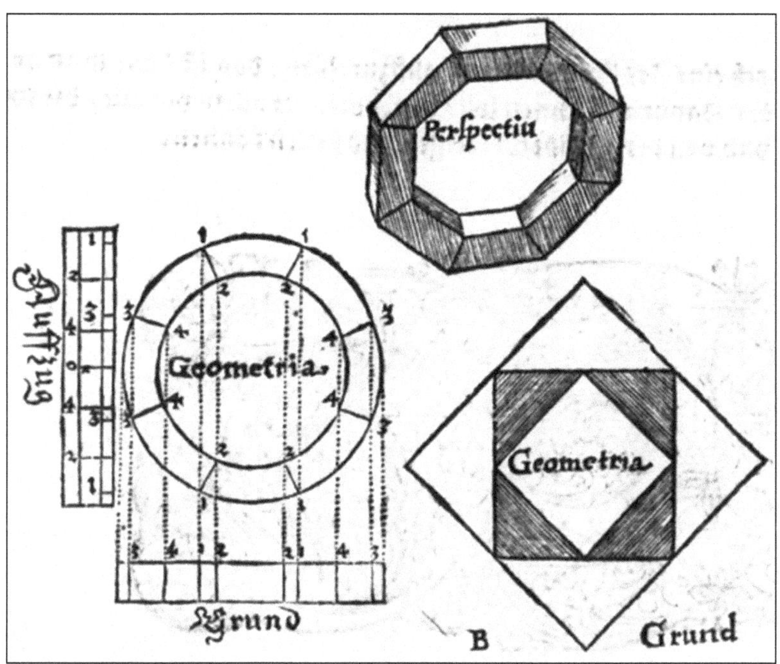

Abb. 4|13: Benjamin Bramer, Höhenberechnung, *Holzschnitt, Marburg 1616*

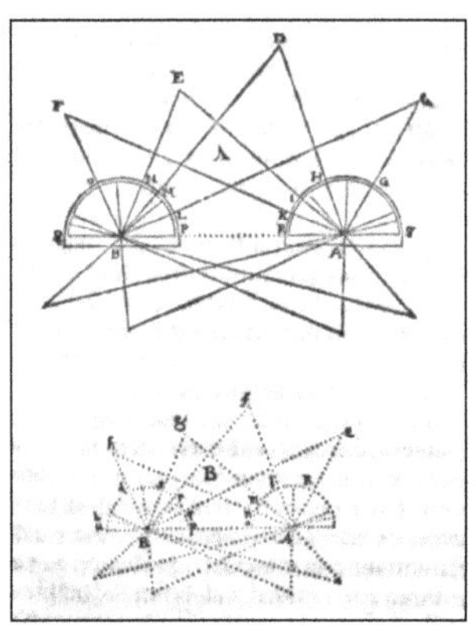

Abb. 4|14: Lucas Brunn, Praxis perspectivae, *Kupferstich, Nürnberg 1618*

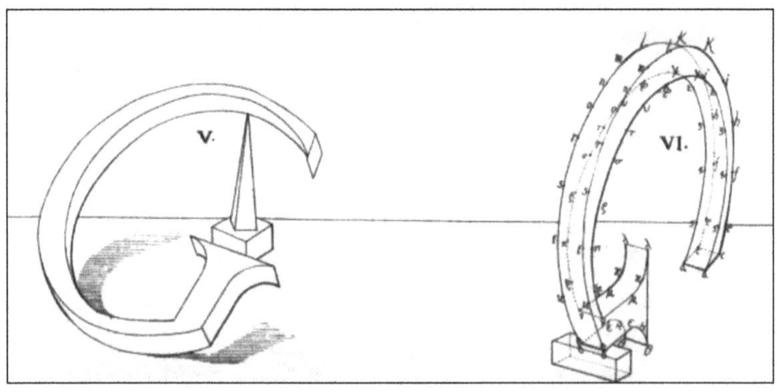

Abb. 4|15: Peter Halten, Konstruktion eines geometrischen Körpers, *Holzschnitt, Augsburg 1625*

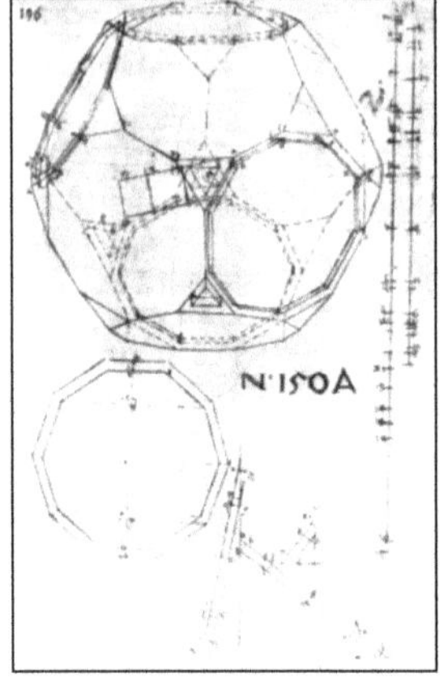

Abb. 4|16: Peter Halten, Dreidimensionaler Körper, *Holzschnitt, Augsburg 1625*

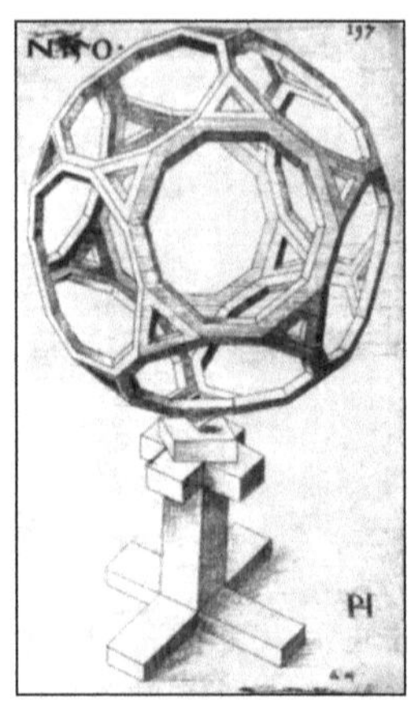

Abb. 4|17: Pietro Cataneo, Geometrischer Körper, *Holzschnitt, Auschnitt, Venedig 1567*

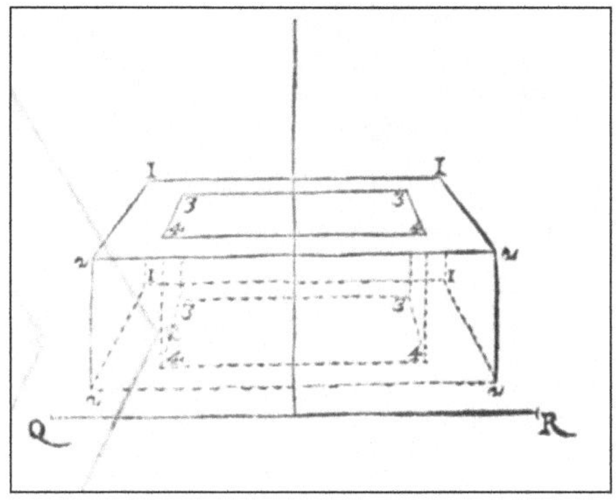

Abb. 4|18: Jacopo Barozzi da Vignola, Perspektivenkonstruktion, *Kupferstich, Rom 1583*

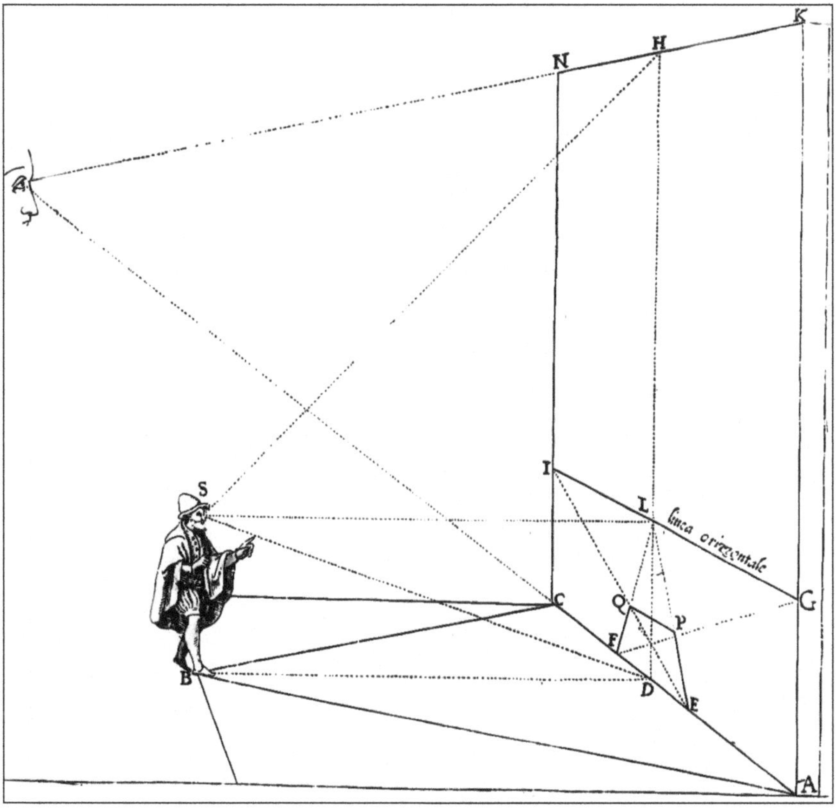

Abb. 4|19: Sebastiano Serlio Bolognese, Säulenkonstruktion, *Holzschnitt, Ausschnitt, Venedig 1584*

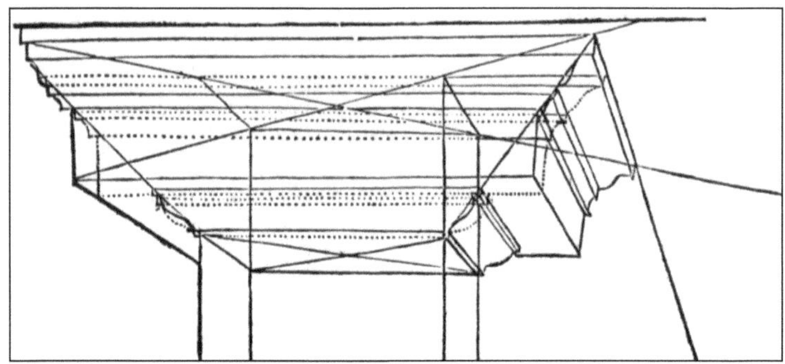

Abb. 4|20: Sebastiano Serlio Bolognese, Körperkonstruktion, *Holzschnitt, Ausschnitt, Venedig 1584*

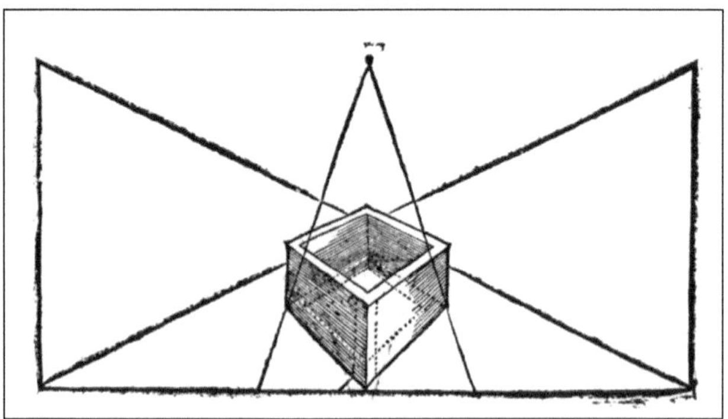

Abb. 4|21: Giovanni Battista Benedicti, Geometrische Figur, *Holzschnitt, Ausschnitt, Taurinum 1585*

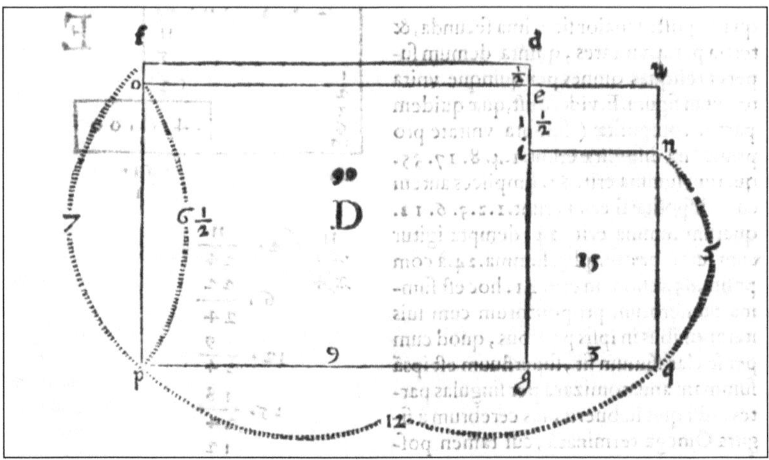

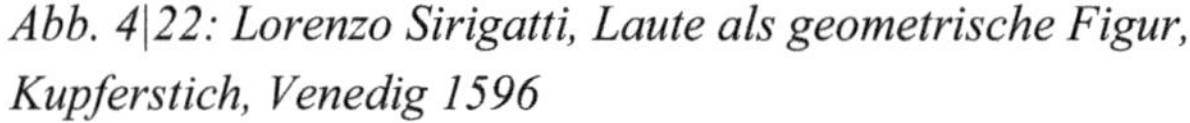

Abb. 4|22: Lorenzo Sirigatti, Laute als geometrische Figur, Kupferstich, Venedig 1596

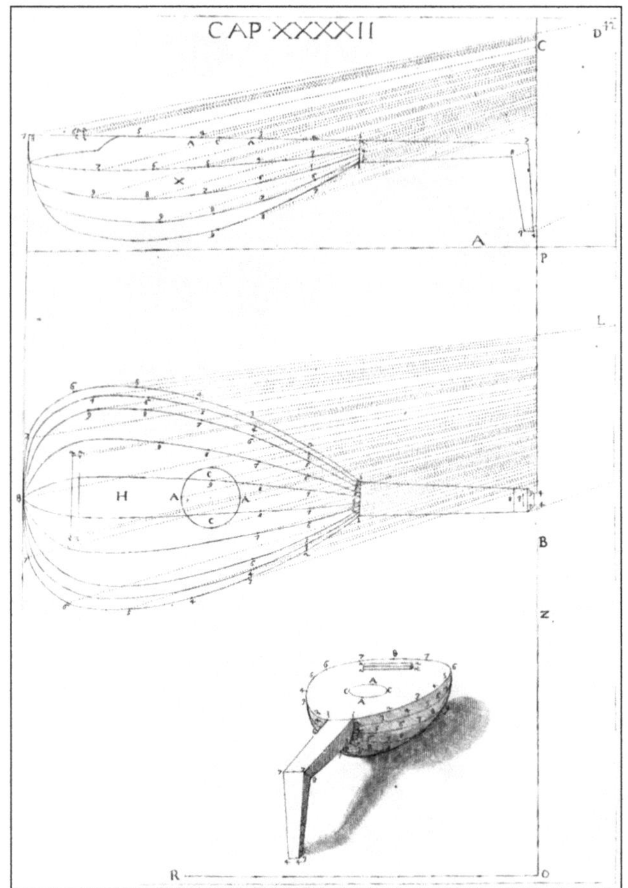

Abb. 4|23: Guidobaldo del Monte, Titelmotiv, *Kupferstich, Ausschnitt, Pesaro 1600*

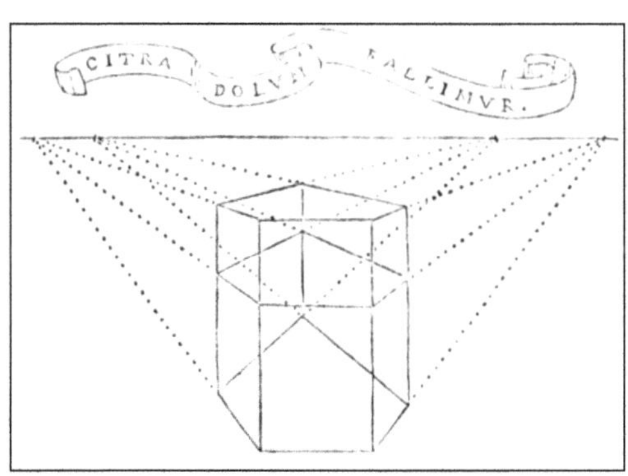

Abb. 4|24: Pietro Antonio Barca, Proportionen, *Kupferstich, Ausschnitt, Milano 1620*

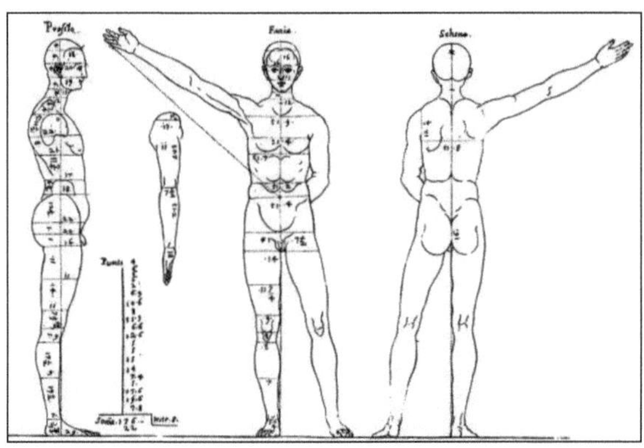

Abb. 4|25: Pietro Antonio Barca, Perspektivenkonstruktion, *Kupferstich, Ausschnitt, Milano 1620*

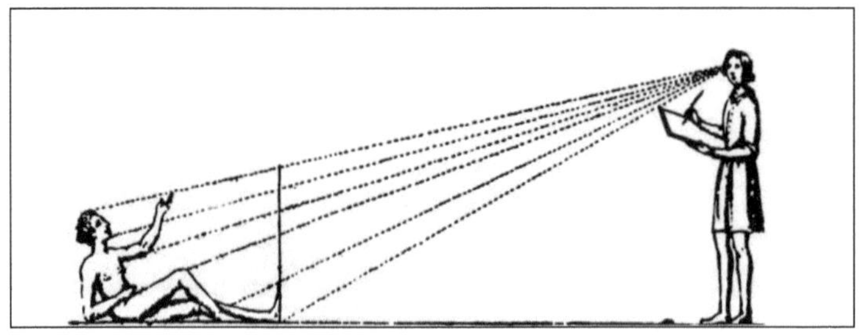

Abb. 4|26: Pietro Accolti, Konstruktion geometrischer Figuren mit Hilfslinien, *Holzschnitt, Florenz 1625*

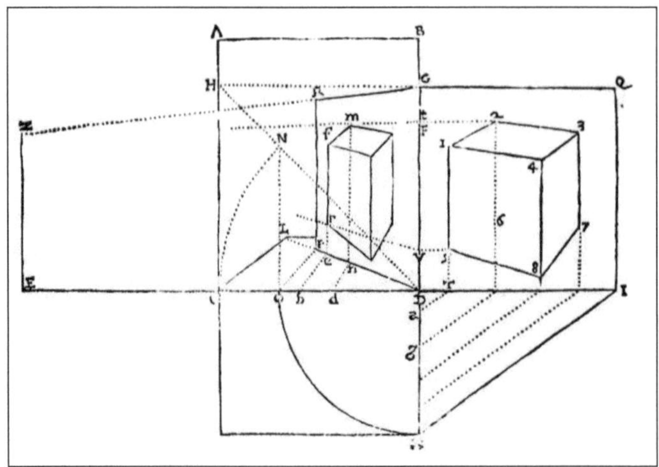

Abb. 4|27: Pietro Accolti, Konstruktion eines dreidimensionalen Modells, *Holzschnitt, Florenz 1625*

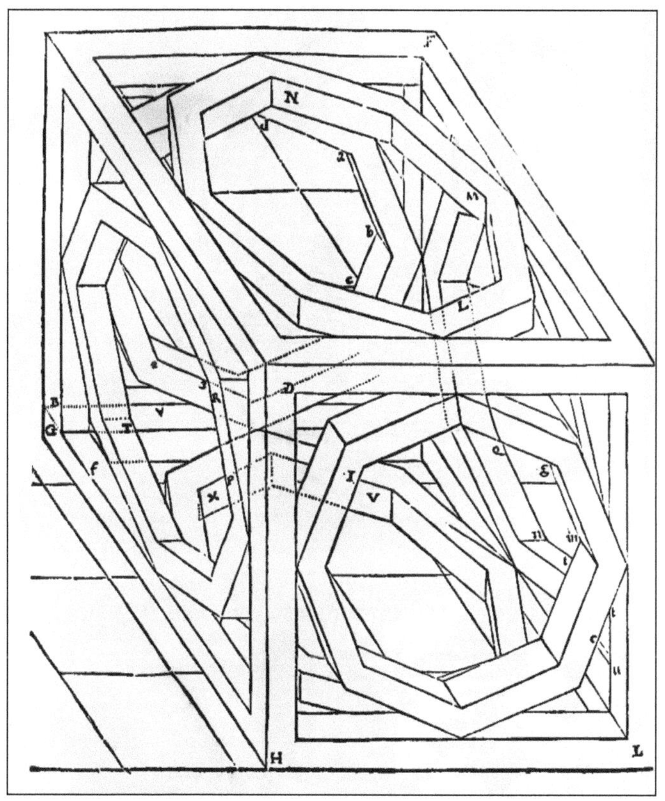

Abb. 4|28: Ferdinando di Diano, Konstruktion der Linearperspektive, *Venedig 1628*

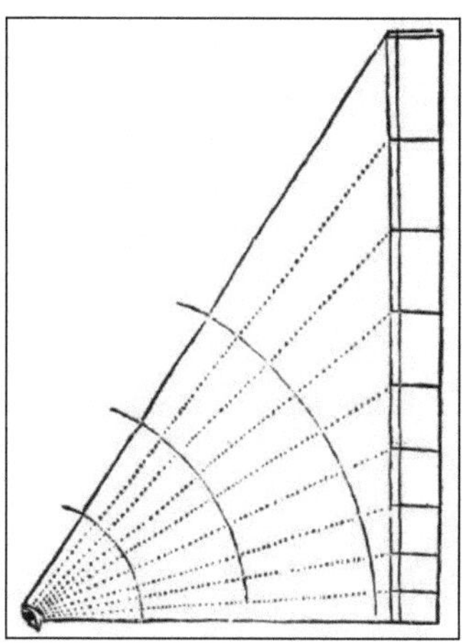

Abb. 4|29: Ferdinando di Diano, Ruderbewegungen, *Venedig 1628*

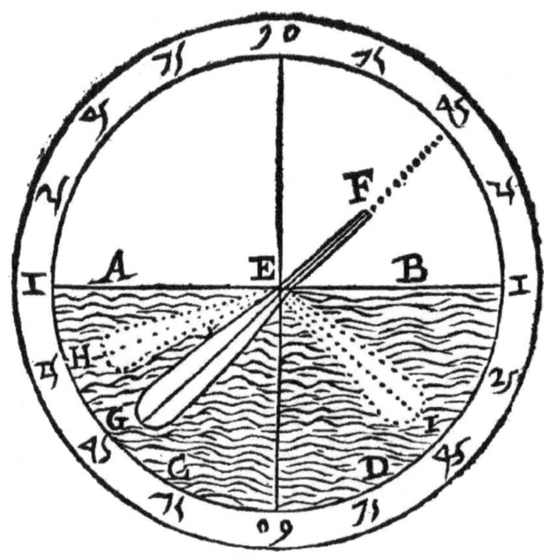

Abb. 4|30: Giuseppe Viola-Zanini, Proportionenlehre, *Padua 1629*

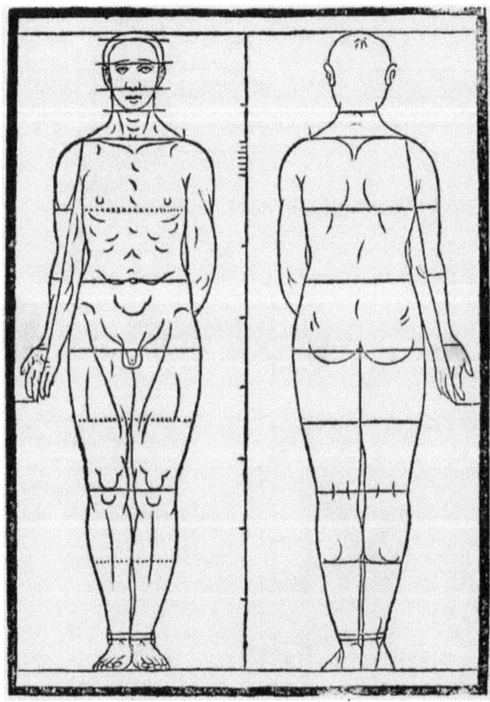

Abb. 4|31: Christoph Schreiner, geometrisch konstruierter Storchenschnabel, *Rom 1631*

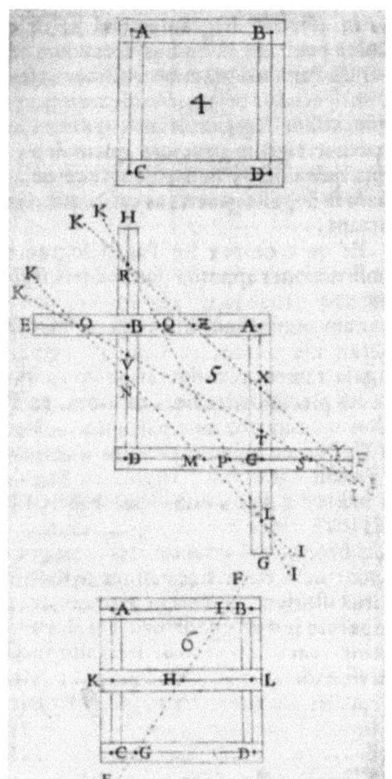

Abb. 4|32: Christoph Schreiner, Pantheograph, *Kupferstich, Rom 1631*

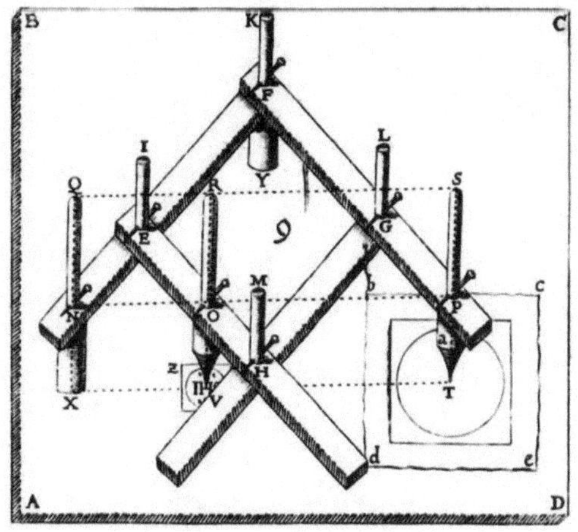

Abb. 4|33: Mario Bettini, Camera obscura, *Kupferstich, Bologna 1642*

Abb. 4|34: Mario Bettini, Konzept der Anamorphose, *Kupferstich, Bologna 1642*

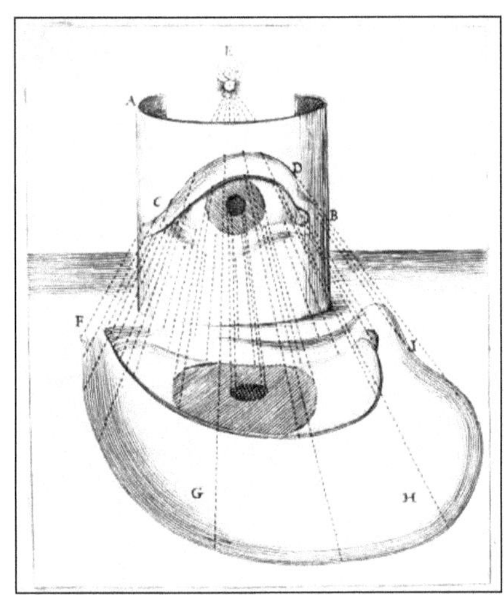

Abb. 4|35: Mario Bettini, Camera obscura, *Kupferstich, Bologna 1642*

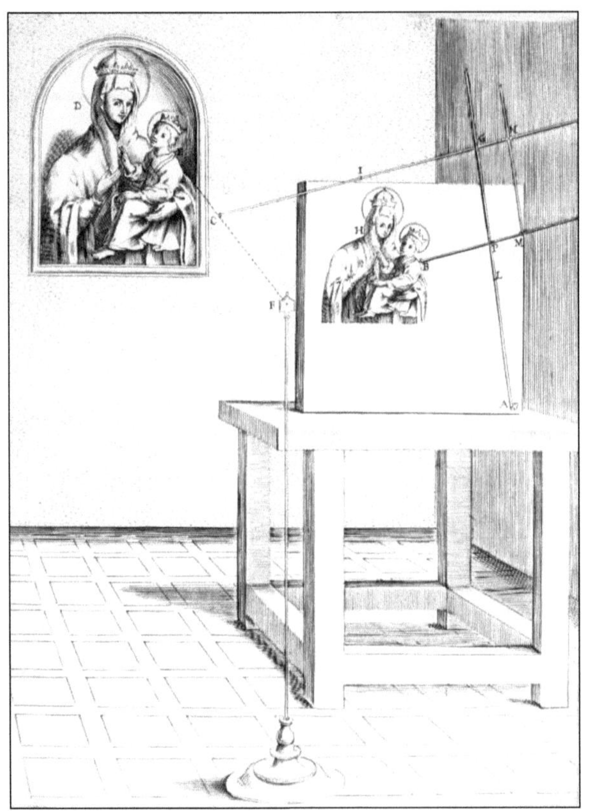

Abb. 4|36a: Athanasius Kircher, Metamorphosenmaschine, *Kupferstich, Rom 1646*

Abb. 4|36b: Athanasius Kircher, Metamorphosenmaschine, *Ausschnitt*

Abb. 4|37: Emmanuel Maignan, Perspektivenkonstruktion, *Kupferstich, Rom 1648*

Abb. 4|38: Emmanuel Maignan, Spiegelexperiment, *Kupferstich, Rom 1648*

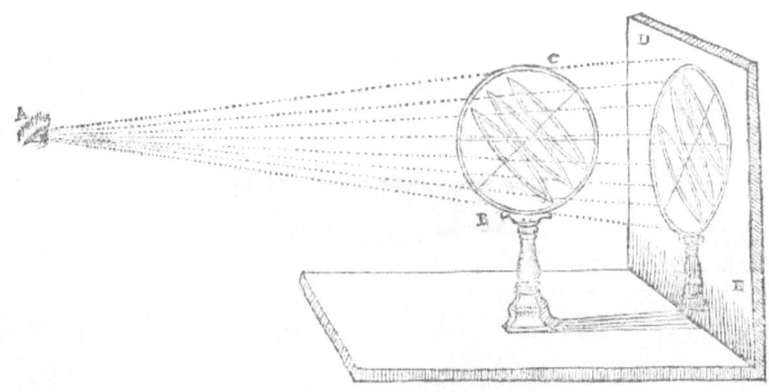

Abb. 4|39: Emmanuel Maignan, Astrolabium, *Kupferstich, Rom 1648*

9.4.2 Nördliche Niederlande

Abb. 4|40: Johan Vredeman de Vries, Springbrunnen bey S. Laurenzen, *Kupferstich, Antwerpen 1568*

9.4.3 Frankreich und südliche Niederlande

Abb. 4|41: Joachim Fortius Ringelberg,
Rechnen auf Linien, *Holzschnitt, Lyon 1538*

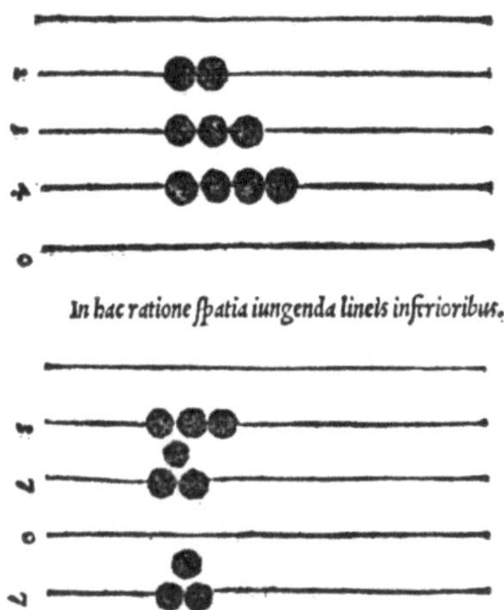

Abb. 4|42: Jean Cousin, Perspektivische Konstruktion eines Sterns, Holzschnitt, Paris 1560

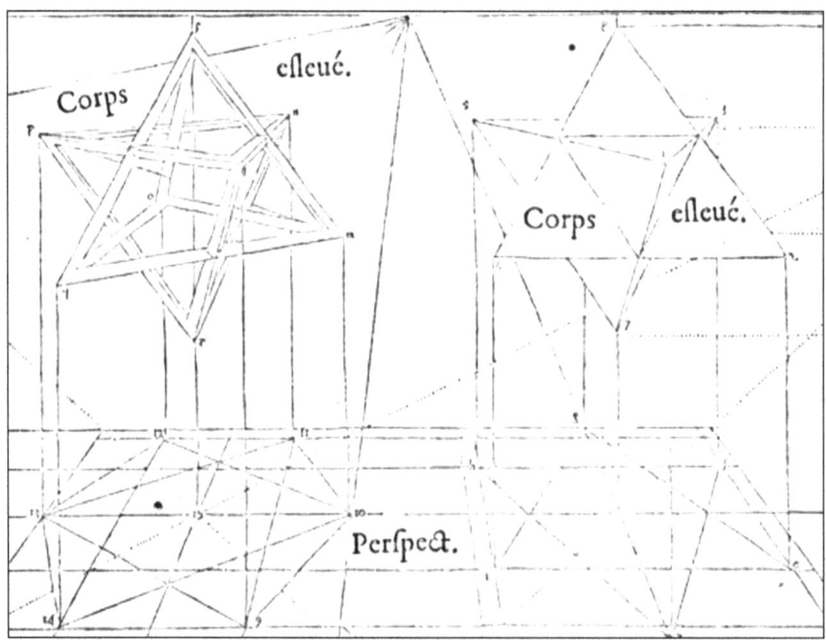

Abb. 4|43: Jean Cousin, Perspektivenkonstruktion mit velum, *Kupferstich, Paris 1560*

Abb. 4|44: Jean François Niceron, Schnittbogen mit dem Motiv René Descartes, *Kupferstich, Paris 1638*

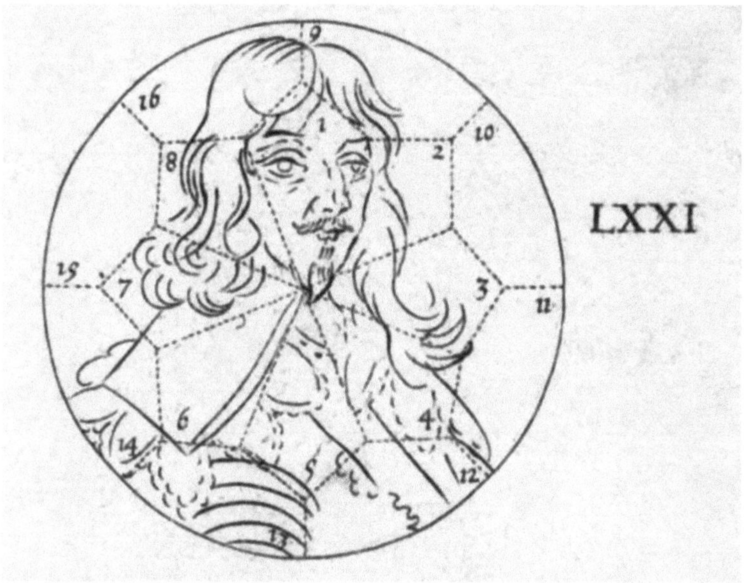

Abb. 4|45: Jean Du Breuil, Konstruktion eines Postaments, *Kupferstich, Paris 1642*

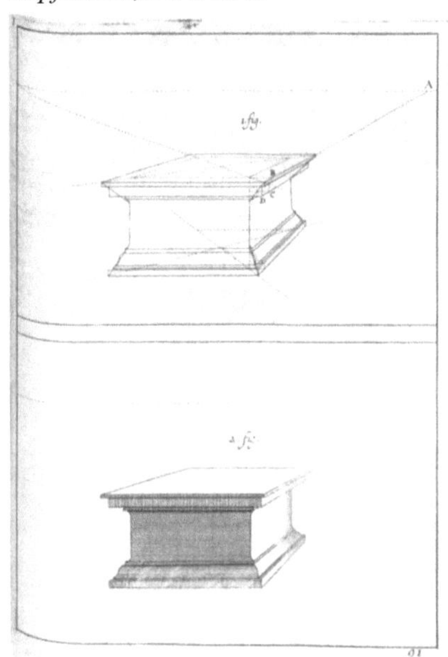

Abb. 4|46: Jean Du Breuil, Konstruktion einer Kammer, *Kupferstich, Paris 1642*

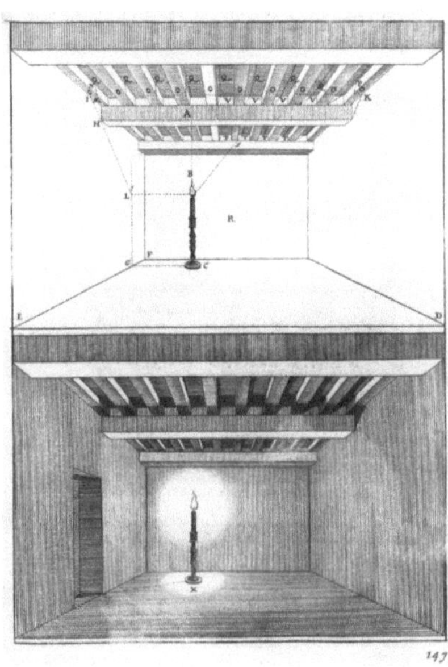

Abb. 4|47: Marin Mersenne, Augenexperiment, *Paris 1644*

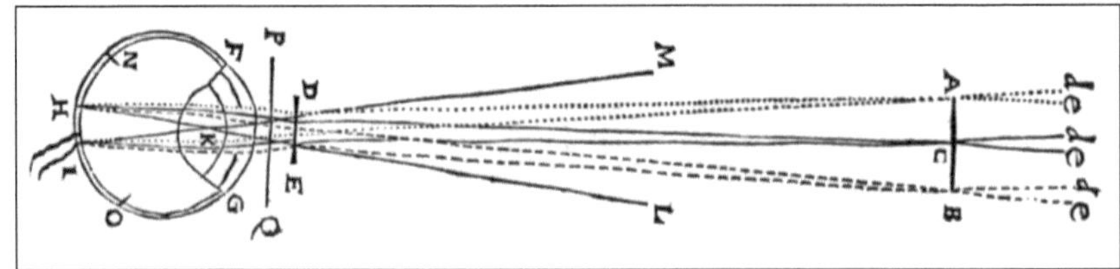

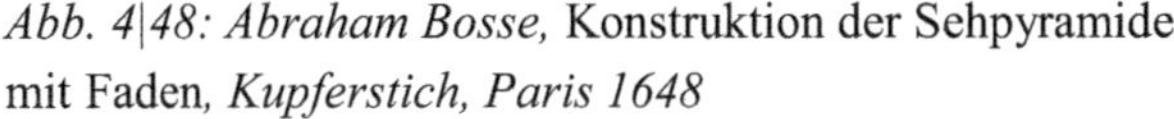

Abb. 4|48: Abraham Bosse, Konstruktion der Sehpyramide mit Faden, *Kupferstich, Paris 1648*

Abb. 4|49: Abraham Bosse, Konstruktion der Sehpyramide mit Faden, *Kupferstich, Paris 1648*

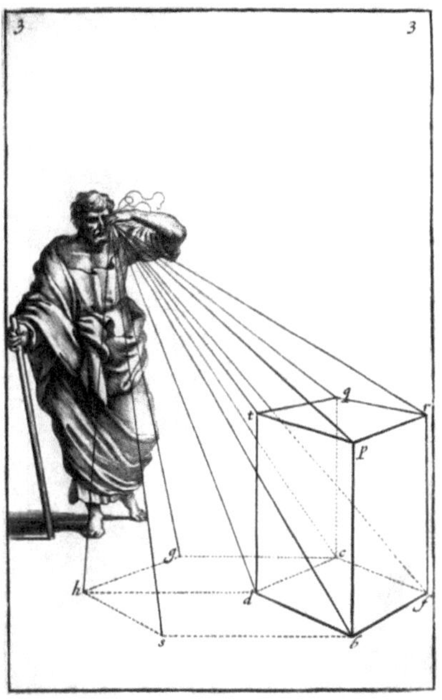

Abb. 4|50: Sébastian Le Clerc, Linienformen der Geometrie, *Kupferstich, La Flèche 1648*

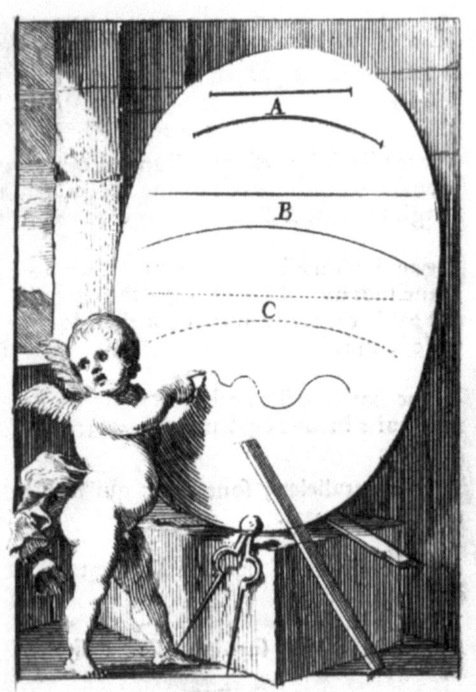

Abb. 4|51: René Gaultier de Maignannes, Perspektivenkonstruktion, *Kupferstich, La Flèche 1648*

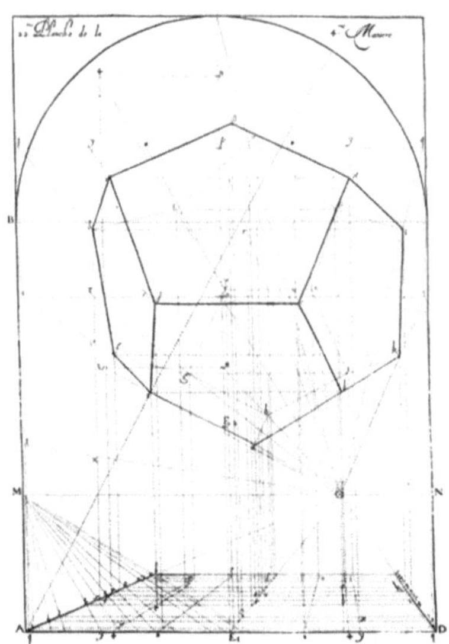

9.4.4 Abbildungsnachweis: Kapitel 4

Abb. 4|1: Copernicus, Nicolaus: De Revolutionibus Orbium Coelestium. Buch VI. Nürnberg 1543, S. 9 verso.

Abb. 4|2: Kepler, Johannes: Gesammelte Werke. Hrsg. v. Max Caspar. Bd. XIV. Briefe 1599 – 1603. München 1949, Kepler an Michael Mästlin in Tübingen, 9. Sept. 1600, Brief 175, S. 151. Siehe auch: Stuttgart, Landesbibliothek, Cod. Math. fol. 14a, Bl. 102.

Abb. 4|3: Schreiner, Christoph: Oculus, hoc est: fundamentum opticum, in quo ex accurata oculi anatome, abstrusarum experientiarum sedula pervestigatione. Innsbruck 1620, S. 45.

Abb. 4|4: Schreiner, Christoph: Pantographice seu ars delineandi [...]. Rom 1630, S. 29.

Abb. 4|5 a + b: Schreiner, Christoph: Rosa Ursina, sive, Sol ex admirando facularum & macularum suarum phoenomeno varius, necnon circa centrum suum & axem fixum ab occasu in ortum annua, circaq[ue]. alium axem mobilem ab ortu in occasum conuversione quasi menstrua, super polos proprios, libris quatuor mobilis ostensus. Braciano, Italien 1630, S. 150.

Abb. 4|6: Descartes, René: Discours de la Méthode, Leiden 1637, S. 36. Siehe auch online: Herzog August Bibliothek Wolfenbüttel: http://diglib.hab.de/drucke/64-25-quod-1/start.htm Stand: 15.01.2015.

Abb. 4|7: Du Breuil, Jean: La perspective pratique nécessaire à tous peintres, graveurs, sculpteurs, architectes, orfèures, brodeurs, tapissiers, & autres se servans du dessein / par un Parisien 1642, Vorrede, unpag.

Abb. 4|8: Lautensack, Heinrich: Deß Circkels unnd Richtscheyts, auch der Perspectiva, und Proportion der Menschen und Rosse, kurtze, doch gründtliche underweisung, deß rechten gebrauchs, Mit vil schönen Figuren, aller anfahenden Jugent, unnd andern liebhabern dieser Kunst, als Goldschmiden, Malern, Bildhauwern, Steinmetzen, Schreinern, u. eigentlich fürgebildet, vormals im Truck nie gesehen, sonder jetzunder erstmals von neuwem an tag gegeben. Franckfurt am Mayn 1564, S. 1.

Abb. 4|9: Lautensack: Deß Circkelß vnd Richtscheyts [...], Franckfurt am Mayn 1618, Kap. 1, Von der Underweysung deß Circkels und Richtscheyts, unpag.

Abb. 4|10: Lautensack: Deß Circkelß vnd Richtscheyts [...], Franckfurt am Mayn 1564, Kap. 2, Von der Perspectiff, S. 12, Abb. 3.

Abb. 4|11: Pfinzing, Paul: Methodus geometrica. das ist: kurtzer wolgegründter unnd aussfuehrlicher Tractat von der Feldtrechnung und Messung Wie solche zu Fuß, Roß und Wagen, an allen Orten und Enden ... allain durch sonderbare behende und leichte Instrumenta ... zu usurpiren und zugebrauchen. Ein schöner kurtzer Extract der Geometriae unnd Perspectivae. Nürnberg 1598, unpag.

Abb. 4|12: Pfinzing, Paul: Optica, das ist Gründtliche doch Kurtze Anzeigung Wie nothwendig die Löbliche Kunst der Geometriae seye inn der Perspectiv: Sambt einem Nutzlichen Extract dreyerley Sorten und Wege darauff die Perspectiva zuverstehen und zugebrauchen; Neben rühmlicher erzehlung der Fürnembsten Alten und unserer Zeit Authorn, als Vitruvii, Alberti Düreri, Laurentii Sirigatti, &c. So darvon geschriben inn deren Tractaten wie weit es mit bayden vorgenanten fürtrefflichen Künsten von Alters her biß auff unsere Zeiten kom[m]en weitläufftiger zusehen Von dem Ehrnvösten P:P: Burgern zu Nürmberg diser und andern Künsten sonders erfarnen und Liebhabern zusam[m]en gebracht. Allen Bawmeistern Malern Bildthawern Stainmetzen Schreinern Zimmerleuthen und anderer dergleichen Künst begirigen und erfahrnen zu sonderm dienst und gefallen verfertiget. Hrsg. v. Stephan Michelspacher. Augsburg 1616, S. 75.

Abb. 4|13: Bramer, Benjamin: Beschreibunge und Underricht, Eines neuwen leicht und sehr bequemen Instruments zum Grundtlegen, und Theylung der Circkel Linien. Marburg 1616, S. 15.

Abb. 4|14: Brunn, Lucas: Praxis perspectivae, das ist von Verzeichnungen ein aussführlicher Bericht darinnen das jenige was die Scenographi erfordert, begrieffen, und in welchen allerley dinge uff allerley Stände in ein Perspectivischen auffzug zu bringen gelehret, auch das was wundersam hierbey sich begeben kan, erkläret wird. Nürnberg 1618, unpag.

Abb. 4|15 + 16: Halten, Peter: Perspektivische Reißkunst, Augsburg 1625, Abb. 150A, S. 196 u. Abb. 150, S. 197.

Abb. 4|17: Cataneo, Pietro: L'architettura. Alla quale oltre all'essere stati dall'istesso autore riuisti, meglio ordinati e di diuersi disegni, e discorsi arricchiti i primi quattro libri per l'adietro stampati, sono aggiunti di piu il quinto, sesto, settimo e ottauo libro. Venedig 1567, S. 187.

Abb. 4|18: Da Vignola, Jacopo Barozzi: Le due regole della prospettiva pratica con i commentarii del Egnatio Danti. Le due regole della prospettiva pratica di M. Iacomo Barozzi da Vignola con i comentarii del R.P.M. Egnatio Danti. Rom 1583, S. 105.

Abb. 4|19 + 20: Serlio Bolognese, Sebastiano: Tutte l' Opere d' Architettura. Venedig, 1584, S. 32, S. 44 verso.

Abb. 4|21: Benedicti, Giovanni Battista: Diversarum speculationum mathematicarum et physicarum liber. Taurinum 1585, Abb. 90, S. 109.

Abb. 4|22: Sirigatti, Lorenzo: La pratica di prospettiva. Venedig 1596, Abb. 42, unpag.

Abb. 4|23: Del Monte, Guidobaldo: Perspectivae libri sex. Pesaro 1600, Titelkupfer.

Abb. 4|24: Barca, Pietro Antoni: Avvertimenti e regole circa l'architettura civile, scultura, pittura, prospettiva et architettura militare per offesa e difesa. Milano 1620, S. 16.

Abb. 4|25: Barca, Pietro Antoni: Avvertimenti e regole circa l'architettura [...]. Milano 1620, S. 29.

Abb. 4|26: Accolti, Pietro: Lo inganno degl'occhi, prospettiva pratica. Florenz 1625, S. 46.

Abb. 4|27: Accolti, Pietro: Lo inganno degl'occhi, prospettiva pratica. Florenz 1625, S. 140.

Abb. 4|28: Di Diano, Ferdinando: L'occhio errante dalla ragione emendate, prospettiva. Venedig, 1628, S. 221.

Abb. 4|29: Di Diano, Ferdinando: L'occhio errante dalla ragione emendate, prospettiva. Venedig, 1628, S. 19.

Abb. 4|30: Viola-Zanini, Giuseppe: Della architettura di Gioseffe Viola Zanini padovano pittore, et architetto. Padua 1629, S. 495.

Abb. 4|31 + 32: Schreiner, Christoph: Pantographice. Christophori Schreiner E Societate Jesu Germano-Suevi, Pantographice, Seu Ars Delineandi Res Quaslibet Per Parallelogrammum Lineare Seu Cavvm, Mechanicvm, Mobile Libellis duobus explicata, & Demonstrationibus Geometricis illustrata: quorum Prior Epipedographicen, siue Planorum, Posterior Stereographicen, seu Solidorum aspectabilium viuam imitationem atque proiectionem edocet. Rom 1631, S. 19 u. S. 29.

Abb. 4|33: Bettini, Mario: Apiaria universae philosophiae mathematicae. Bd. 1. Bolognia, 1642, Apiario sexto, S. 38. Siehe auch Linda Hall Library Digital Collections. Online: http://lhldigital.lindahall.org/cdm/ref/collection/math/id/6324. Stand: 18.01.16.

Abb. 4|34 + 35: Bettini, Mario: Apiaria universae philosophiae mathematicae. Bd. 1. Bolognia, 1642, Apiario quinto, S. 7 u. S. 53.

Abb. 4|36: Kircher, Athanasius: Ars magna lucis et umbræ. In decem Libros digesta; Quibus Admirandæ Lucis & Umbræ in mundo, atque adeò universa natura, vires effectusque uti noua, ita varia novorum reconditiorumque, speciminum exhibitione, ad varios mortalium usus, panduntur. Rom 1646, S. 53.

Abb. 4|37: Maignan, Emmanuel: Perspectiva horaria sive de horographia gnomonica tum practica libri quavos. Rom 1648, Abb. 150, unpag.

Abb. 4|38: Maignan, Emmanuel: Perspectiva horaria sive de horographia gnomonica tum practica libri quavos. Rom 1648, S. 46.

Abb. 4|39: Maignan, Emmanuel: Perspectiva horaria sive de horographia gnomonica tum practica libri quavos. Rom 1648, Abb. 227, unpag.

Abb. 4|40: Vredeman de Vries, Johan: Artis perspectivae plurium generum elegantissimae formulae: multigenis fontibus, nonnullisq[ue] hortulis affabre factis exornatae, in com[m]odum artificum, eorumq[ue] qui architectura, aedificiorumq[ue] com[m]ensurata varietate delectantur, antea numquam impressae / inventor Ioan. Fridmannus Frisius = Vilerleij kunstliche Stuck der edlen Perspectiue, sampt mehrerleij Wasserbrunnen und etlichen Lustgärten gantz wercklich gezieret allen Kunstliebenden Werckleuten und Liebhabern der Architectur vnd Bawmeijstereij fast nutzlich / vor nie in truck auszgangen newlich erdacht und ordonnirt durch Hans Fridman Friesz. Antwerpen 1568, Abb. 10, unpag.

Abb. 4|41: Ringelberg, Joachim Fortius: Opera. Lyon 1538, S. 631.

Abb. 4|42 + 43: Cousin, Jean: Livre de perspective. Paris 1560, unpag.

Abb. 4|44: Niceron, Jean François: La perspective curieuse, ou magie artificielle des effets merveilleux. Paris.1638, Abb. 71, im unpag. Bildanhang.

Abb. 4|45 + 46: Du Breuil, Jean: Diverses methodes universelles et nouvelles ... Tirées pour la plus part du contenu du livre de la Perspective pratique. Ce qui servira de plus de response aux deux affiches du Sieur Desargues contre ladite Perspective pratique. Paris 1642, S. 91, S. 147 u. Ausschnitt S. 1.

Abb. 4|47: Mersenne, Marin: Universae geometriae mixtae. Paris 1644, S. 473.

Abb. 4|48 + 49: Bosse, Abraham: Manière universelle de Mr. Girard Desargues, pour pratiquer la perspective par petit-pied, comme le geometral : ensemble les places et proportions des fortes & foibles touches, teintes ou couleurs. Paris 1648, Abb. 2 u. Abb. 3, unpag.

Abb. 4|50: Le Clerc, Sébastian: Pratique de la géométrie : sur le papier et sur le terrain, avec un nouvel order & une méthode particulière, Paris 1669, S. 11.

Abb. 4|51: Gaultier de Maignannes, René: Invention nouvelle et brieve pour reduire en per spective par le moïen du quarré ... sans se servir d'autres points soit tiers, ou accidentaux, que de ceux qui peuvent tomber dans le tableau. La Flèche 1648, Abb 52, unpag.

9.4.5 Figurennachweis: Kapitel 4

Fig. 11 a – d: Gremske, Georg. Berlin 2016.

Fig. 12 a – d: Gremske, Georg. Berlin 2016.

9.5 ABBILDUNGEN: KAPITEL 5

Abb. 5|1: Robert Hooke, Mikroskopierter Punkt, *Ausschnitt, Kupferstich, London 1665*

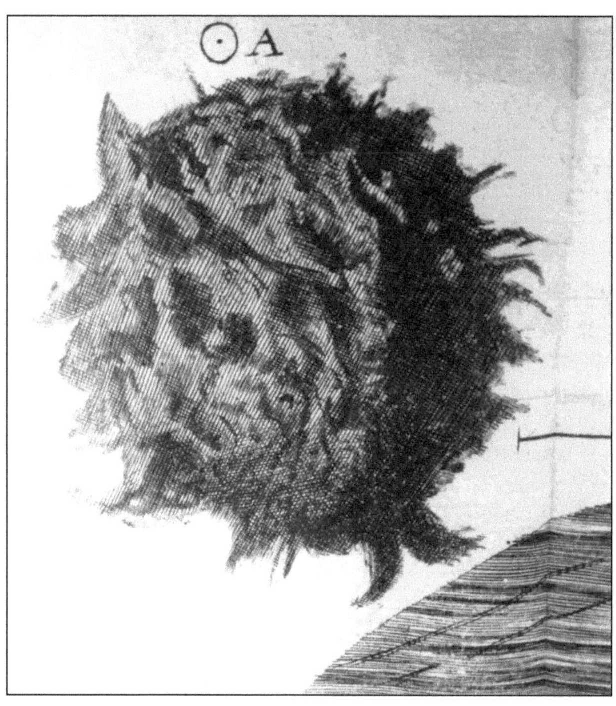

Abb. 5|2a: Giotto di Bondone, Madonna and a Child, *Öl auf Holz, Italien 1320/30*

Abb. 5|2b: Giotto di Bondone Madonna and a Child, *Ausschnitt*

Abb. 5|3a: Pacino di Bonaguida, Chiarito Tabernacle, *Triptychon, Öl/Gold auf Holz, Italien ca. 1340*

Abb. 5|3b: Pacino di Bonaguida, Chiarito Tabernacle, *Auschnitt Mitteltafel*

Abb. 5|3c: Pacino di Bonaguida, Chiarito Tabernacle, *Mitteltafel, Ausschnitt 1*

Abb. 5|3d: Pacino di Bonaguida, Chiarito Tabernacle, *Mitteltafel, Ausschnitt 2*

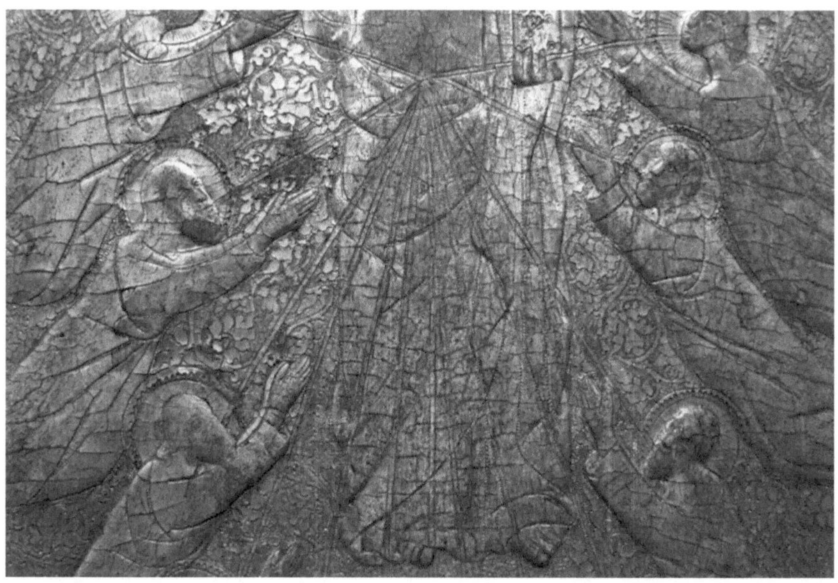

Abb. 5|3e: Pacino di Bonaguida, Chiarito Tabernacle, *Mitteltafel, Ausschnitt 3*

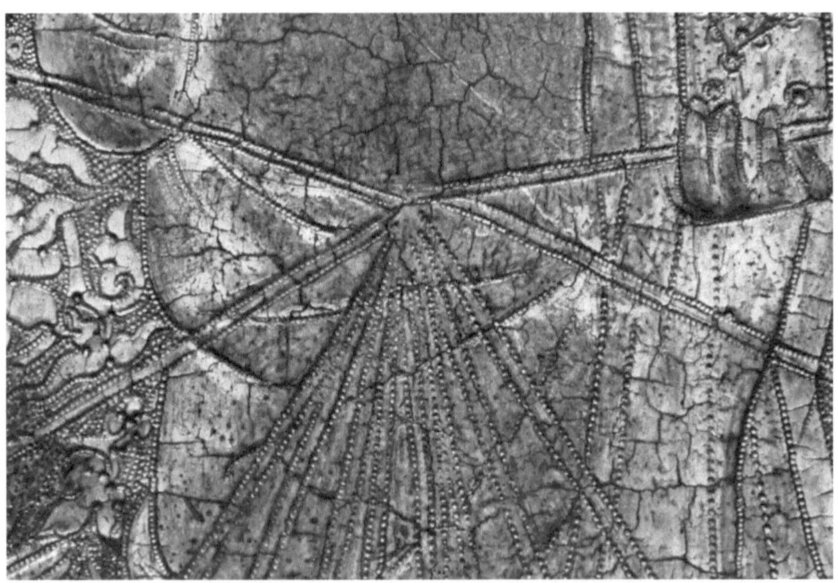

Abb. 5|3f: Pacino di Bonaguida, Chiarito Tabernacle, *Mitteltafel, Ausschnitt 4*

Abb. 5|4: Der heilige Bernhard, *Schrotschnitt , Paris 1454*

Abb. 5|5: The Virgin and Child, *Schrotschnitt, Paris, Mitte des 15. Jh.*

Abb. 5|6: Saint Bernhard with the Madonna and Child, *Holzschnitt, handkoloriert, 1480/1500*

Abb. 5|7: Augustin Hirschvogel, The Annunciation, *Kupferstich, 1547*

Abb. 5|8: Abraham Bosse, Handhabung des Kupferstechens, Kupferstich, Nürnberg 1689

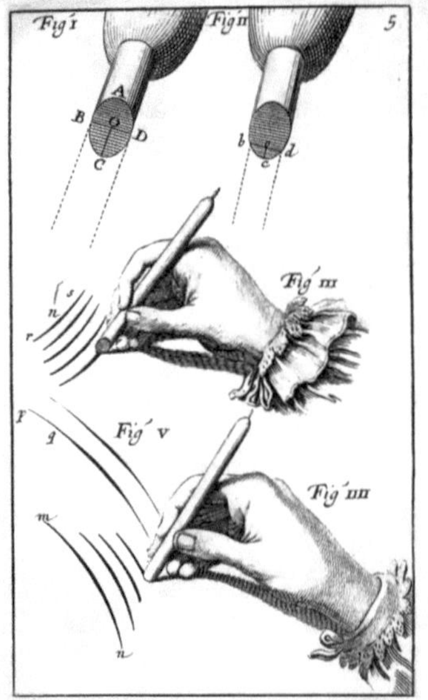

Abb. 5|9: Abraham Bosse, Schraffurtechniken, Kupferstich, Nürnberg1689

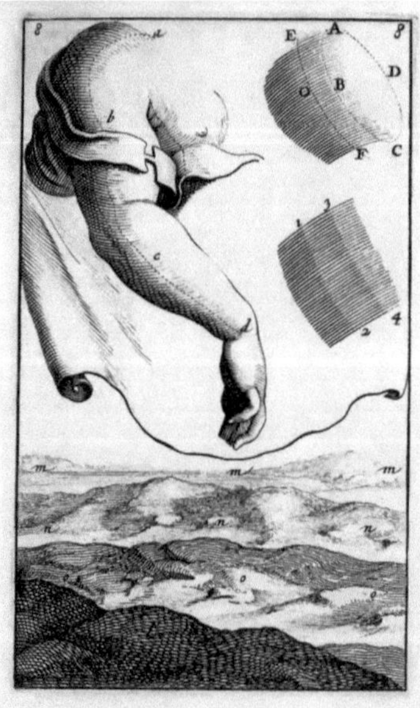

Abb. 5|10: Laurence Sterne, In die Luft gemalte Linie, *Kupferstich, London 1762*

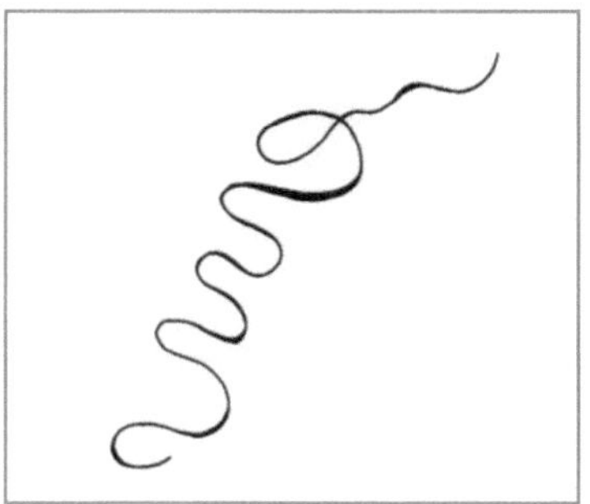

Abb. 5|11: Tim Ingold, Fragmentierte Linie, *Druck, New York 2007*

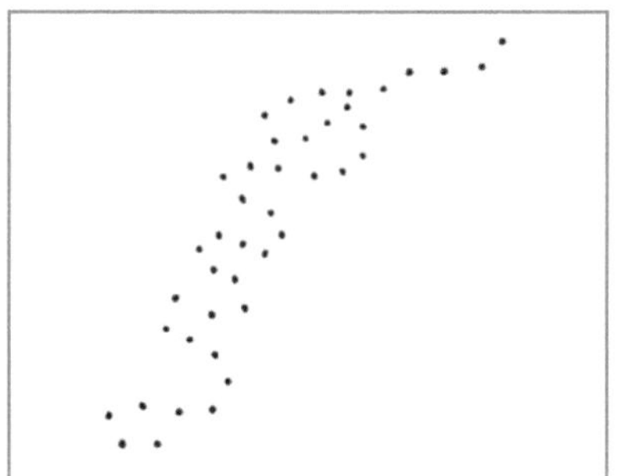

Abb. 5|12: Vredeman de Vries, Perspektivischer Raum, *Kupferstich, Amsterdam 1604*

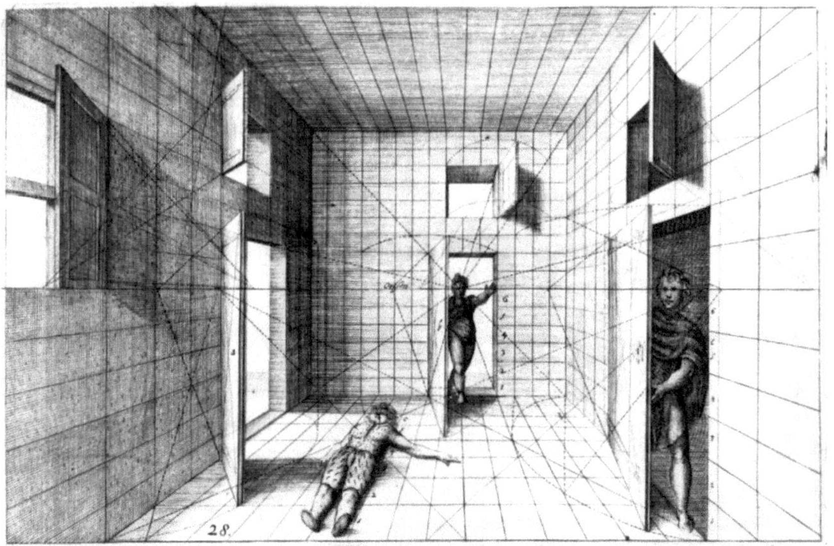

Abb. 5|13: René Descartes, Nadelbürste, *Kupferstich, Amsterdam 1677*

Abb. 5|14: René Descartes, Bildübertragung, *Kupferstich, Amsterdam 1637*

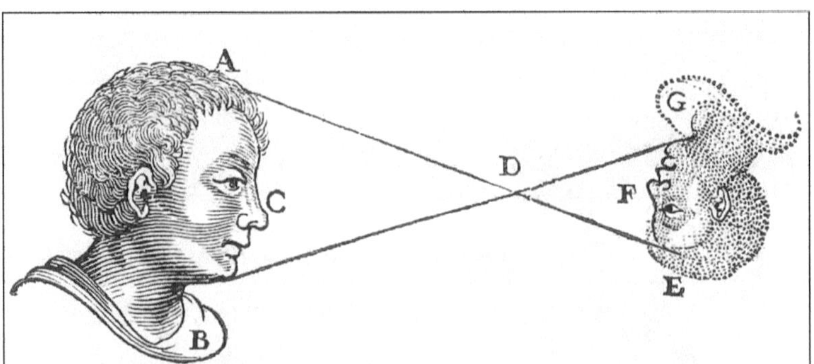

Abb. 5|15: René Descartes, Zur Wahrnehmung, Kupferstich, Amsterdam 1677

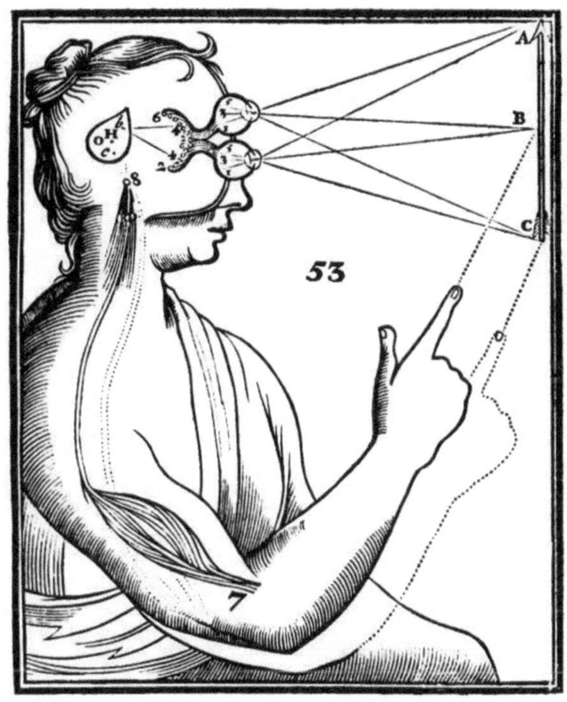

Abb. 5|16: René Descartes, Abbildung zur Reizweiterleitung, *Kupferstich, Amsterdam 1637*

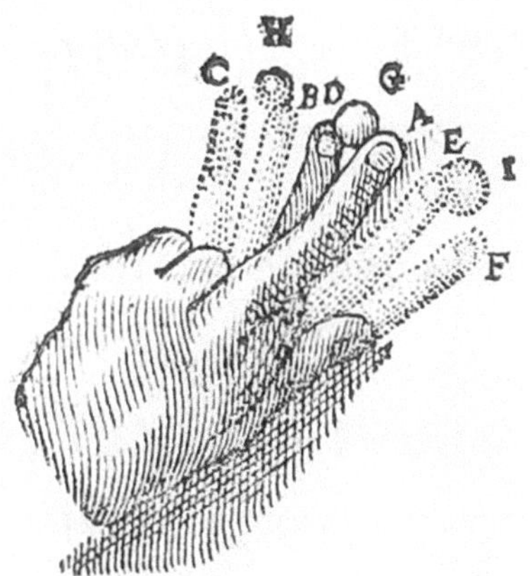

Abb. 5|17: René Descartes Abbildung zur Reizweiterleitung, *Kupferstich, Amsterdam 1637*

9.5.1 Abbildungsnachweis: Kapitel 5

Abb. 5|1: Hooke, Robert: Micrographia, or, Some physiological descriptions of minute bodies made by magnifying glasses with observations and inquiries thereupon. London 1665, S. 4 recto, Abb. 2a.

Abb. 5|2 a + b: National Gallery Washington D.C., Samuel H. Kress Collection 1939.1.256. Fotografien: Georg Gremske, 2015.

Abb. 5|3 a – f: Jean Paul Getty Museum, 1200 Getty Center Drive, Los Angeles. Fotografien: Georg Gremske, 2015.

Abb. 5|4 + 5: Blum, André: The Origins of Printing and Engraving. Translated from the French by Harry Miller Lydenberg. New York 1940, S. 125 u. S. 123.

Abb. 5|6: Saint Bernhard with the Madonna and Child. National Gallery Washington D.C. Rosenwald Collection 1943.3.592. Fotografie: Georg Gremske, 2015.

Abb. 5|7: Hirschvogel, Augustin: The Annunciation. National Gallery Washington D.C. Rosenwald Collection 1950.17.167. 1547. Fotografie: Georg Gremske, 2015.

Abb. 5|8 + 9: Bosse, Abraham: Radier-Büchlein / handelt von der Kunst / nemlich: wie man Scheidwasser in Kupffer etzen / das Wasser / wie auch den harten und weichen Etzgrund machen solle. Nürnberg ^{3}1689, Abb. 5 u. Abb. 8, unpag.

Abb. 5|10: Sterne, Laurence: The Life and Opinion of Tristram Shandy Gentleman. Buch 6, Florida 1978, Reprint von 1762, S. 743.

Abb. 5|11: Ingold, Tim: Lines. A Brief History. New York 2007, S. 73.

Abb. 5|12: Vredeman de Vries, Johan: Perspective. Leiden 1604, Abb. 28, unpag.

Abb. 5|13: Descartes, René: Tractatus De Homine, et de formatione foetus / quorum prior notis perpetuis Ludovici de la Forge. Amsterdam 1677, S. 135. Siehe auch online: HathiTrust Digital Library: http://hdl.handle.net/2027/ucm.5326953869. Stand: 15.01.2016.

Abb. 5|14: Descartes, René: Discours de la Méthode, Leiden 1637, S. 47.

Abb. 5|15: Descartes, René: Tractatus De Homine, figuris et latinitate donatus a Florentio Schuyl. Leffen 1662, S. 33. Siehe auch online: HathiTrust Digital Library: http://gallica.bnf.fr/ark:/12148/btv 1b86015151/f79.image.r=De+Homine.langFR. Stand: 05.01.2016.

Abb. 5|16 + 17: Descartes, René: Discours de la Méthode pour bien conduire sa Raison et chercher la Vérité dans les Sciences. Plus La Dioptrique, Les Météores, et La Géométrie. Qui sont des Essais de cette Méthode. Leiden 1637, La Dioptrique, S. 64 u. S. 58.

9.5.2 Figurennachweis: Kapitel 5

Fig. 13 + 14: Rebel, Ernst: Druckgrafik. Geschichte. Fachbegriffe. Stuttgart 2003, S. 223, Abb. 51.

Fig. 15: Koschatzky, Walter: Die Kunst der Graphik. Technik, Geschichte, Meisterwerke. Wien 1990, S. 127.

9.6 ABBILDUNGEN: KAPITEL 6

Abb. 6|1a: René Descartes, Abbildung zur Reizweiterleitung, *Kupferstich, Amsterdam 1637*

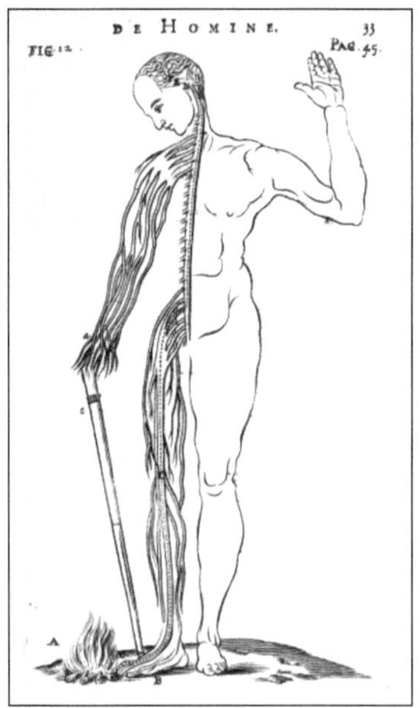

Abb. 6|1b: René Descartes, Abbildung zur Reizweiterleitung, *Ausschnitt*

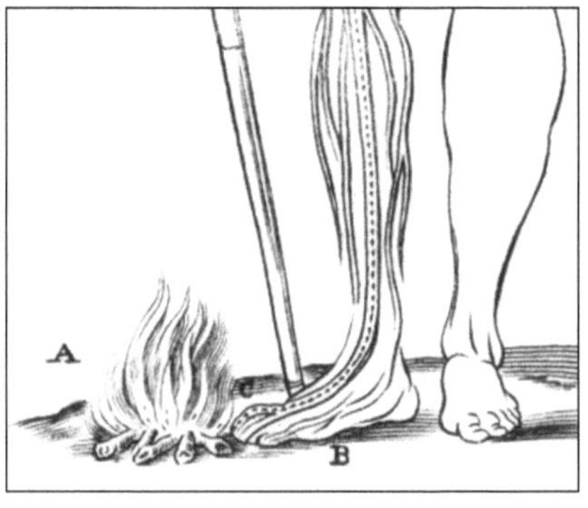

Abb. 6|2: René Descartes, Bewegung einer Kugel mit den Fingern, *Kupferstich, Leffen 1662*

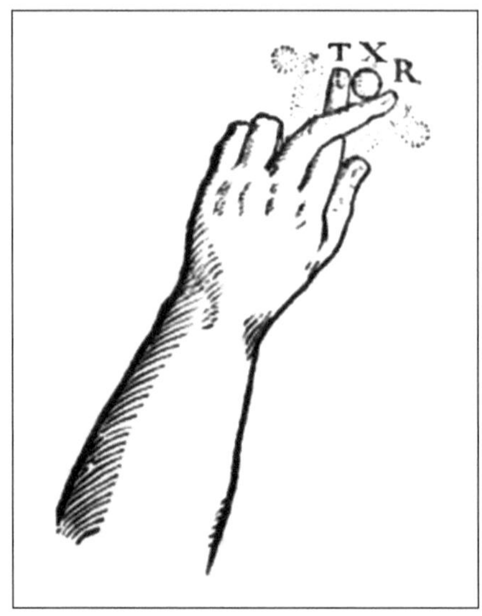

Abb. 6|3: René Descartes, Funktionsweise der Zirbeldrüse, *Kupferstich, Amsterdam 1637*

Abb. 6|4a: René Descartes, Anatomie des Herzens, *Kupferstich, Leffen 1662*

Abb. 6|4b: René Descartes, Anatomie des Herzens, *Ausschnitt*

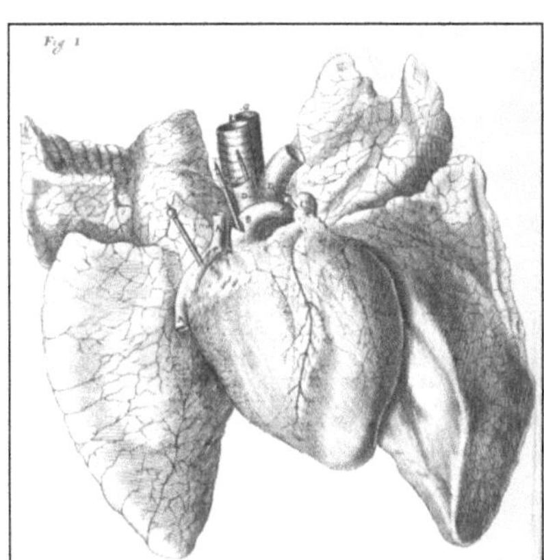

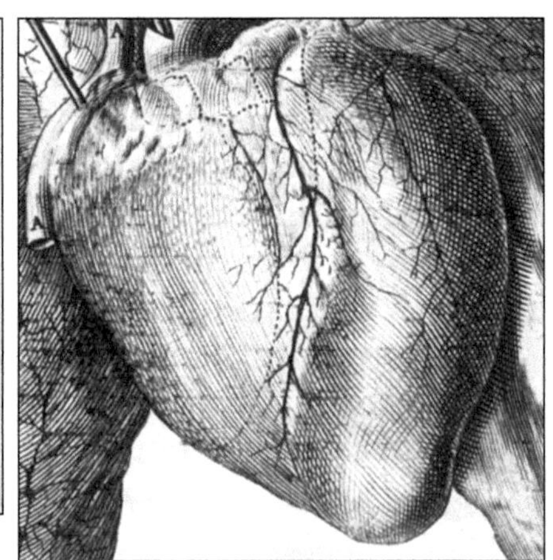

Abb. 6|5: René Descartes, Anatomie des Herzens, *Kupferstich, Leiden 1664*

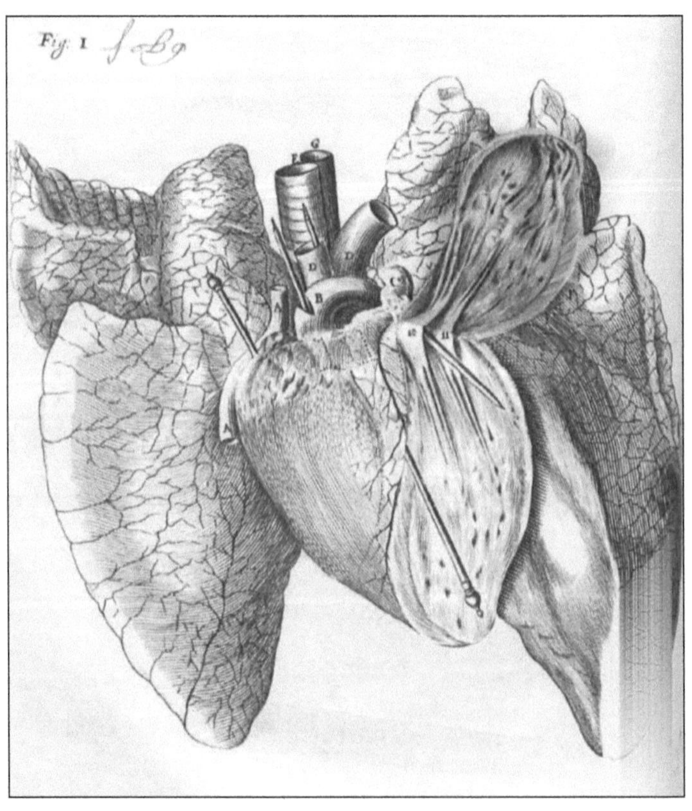

Abb. 6|6: OP-Vorbereitung am Ober- und Unterschenkel, *Fotografie, Pößneck 2015*

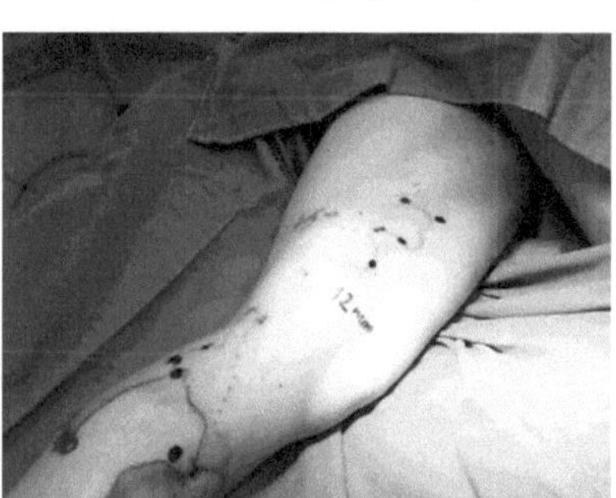

Abb. 6|7: OP-Vorbereitung am Ober- und Unterschenkel, *Fotografie, 2010*

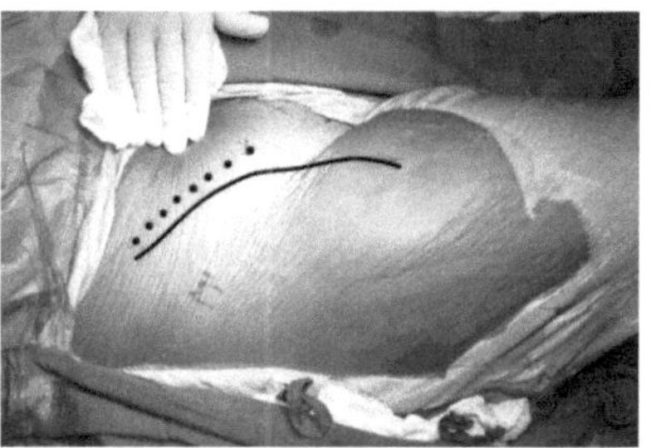

Abb. 6|8: Heinrich Lautensack, Von der Proportion der Menschen, *Holzschnitt, Frankfurt am Main 1564*

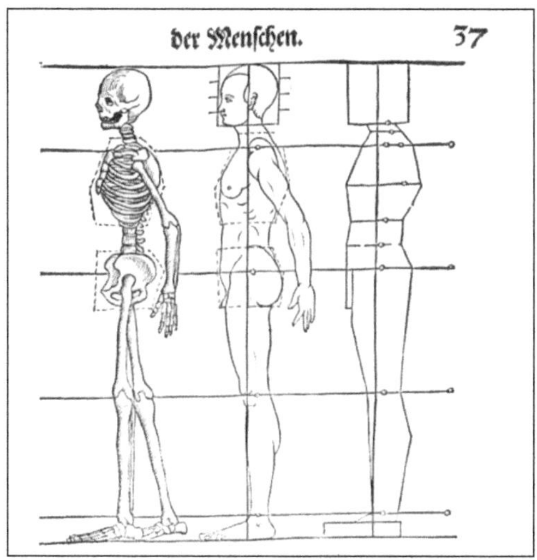

Abb. 6|9: Andreas Cleyer, Darstellung der Pulsarten, *Holzschnitt, Frankfurt am Main 1682*

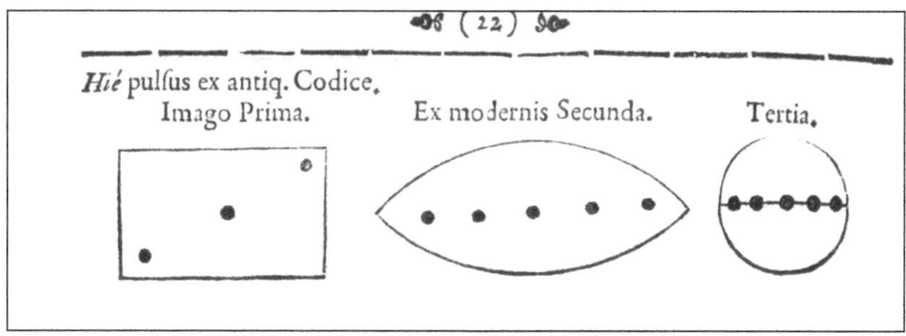

Abb. 6|10: Andreas Cleyer, Darstellung der Pulsarten, *Holzschnitt, Frankfurt am Main 1682*

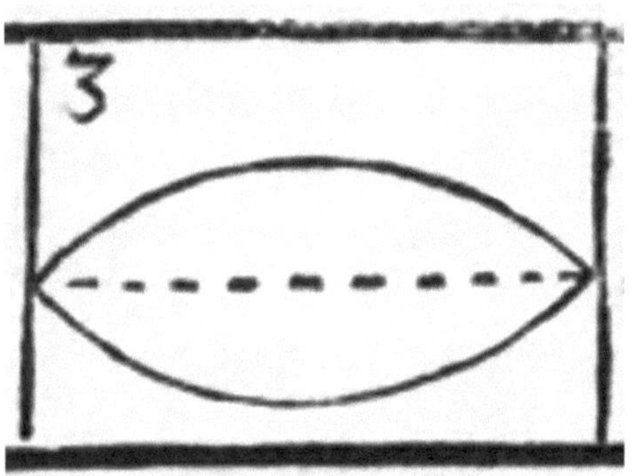

Abb. 6|11: Andreas Cleyer, Cavitatum loca is utring, *Holzschnitt, Frankfurt am Main 1682*

Abb. 6|12: John Stedman, Darstellung verschiedener Pulsarten, *Kupferstich, Edinburgh 1769*

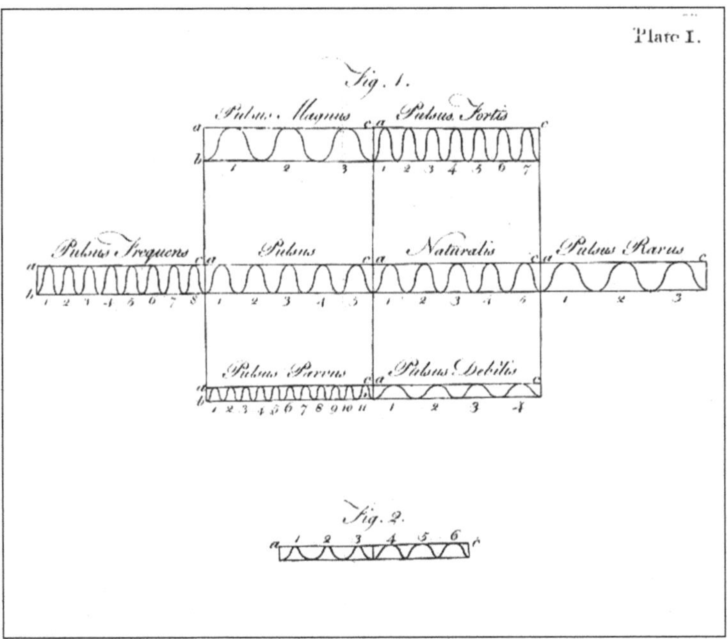

Abb. 6|13: Andreas Cleyer, Axial resultion and pulse length, *Grafik, Hoboken / New Jersey 2013*

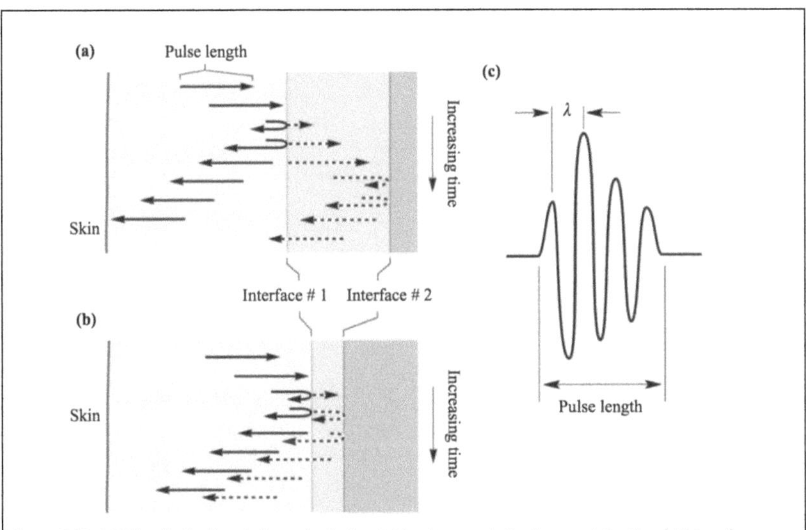

Figure 10.20 Axial (longitudinal) resolution and pulse length. Time increases in the downward direction. **(a)** Echoes from two surfaces do not overlap, and can be resolved, if the depths of the surfaces differ by more than half a pulse length, **(b)** but not if the surfaces are closer together than that. **(c)** Spatial pulse length is determined by the number of cycles, $f\,\Delta t$, and the wavelength, λ.

Abb. 6|14: Google Maps, Ostgrenze Israels zu Jordanien, *Grafik, online 2016*

Abb. 6|15: Google Maps, Ostgrenze Israels zu Jordanien, *Grafik, online 2016*

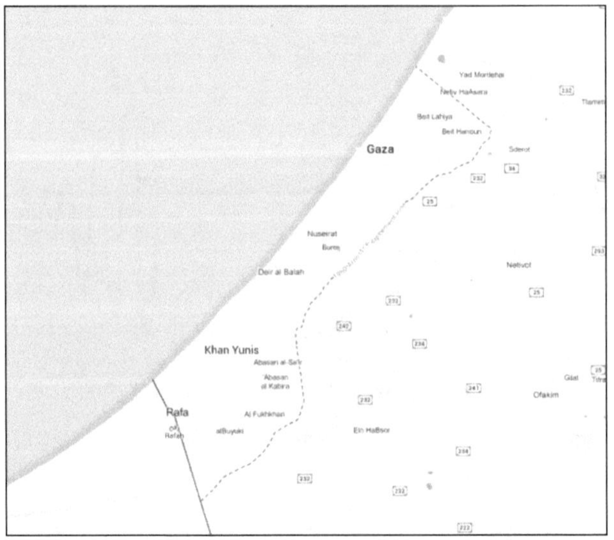

Abb. 6|16: Google Maps, Halbinsel Krim, *Grafik, online 2016*

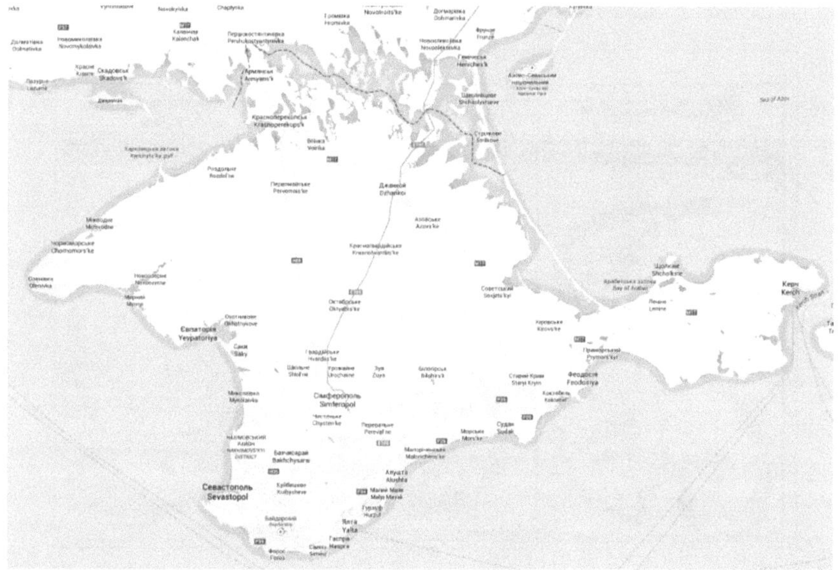

Abb. 6|17: Nach Theodor Fontane, Gefecht der Brigade Roeder im Juni 1864 bei Ulkebüll, Grafik, 1866

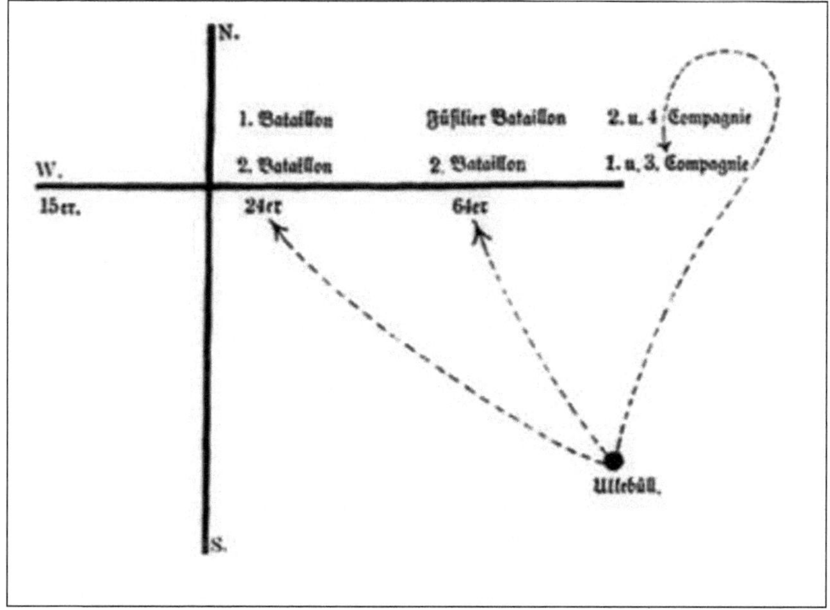

Abb. 6|18: Kellom Tomlinson, Tanzschritte 1 bis 3te Division, Kupferstich, Ausschnitt, London 1724

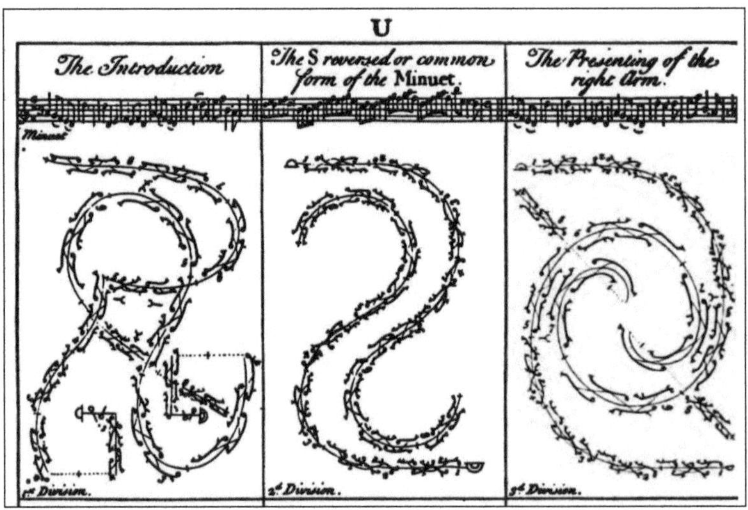

Abb. 6|19: Nach Erich Ludendorff, Kampflinien in der Schlacht bei Armenitières und um den Kemmel 1918, Grafik, 1919

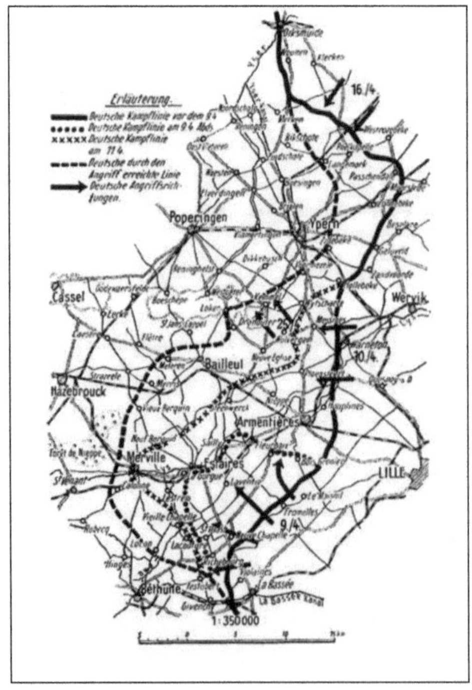

Abb. 6|20: Joseph Priestley, Chart of Biography, *Kupferstich, London 1765*

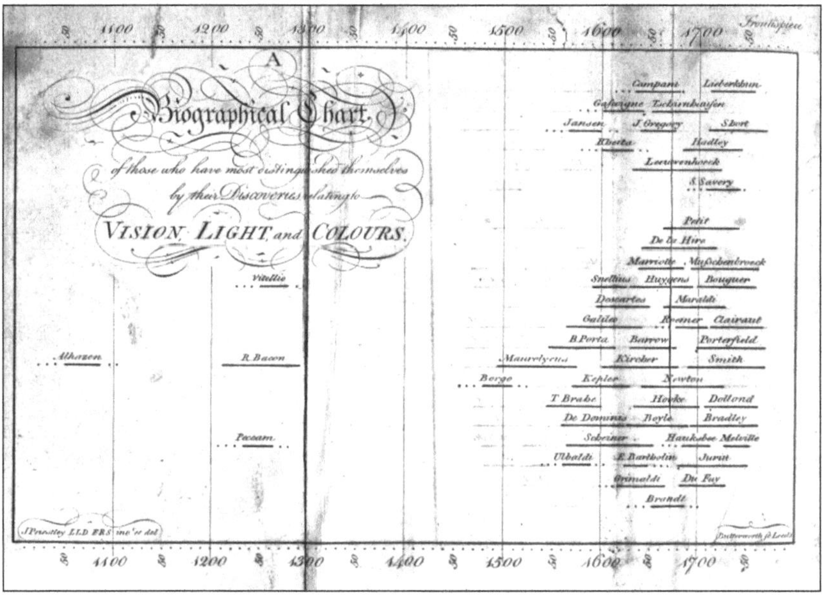

Abb. 6|21: Claude Mydorge, Seh- und Schusslinien, *Holzschnitt, Paris 1638*

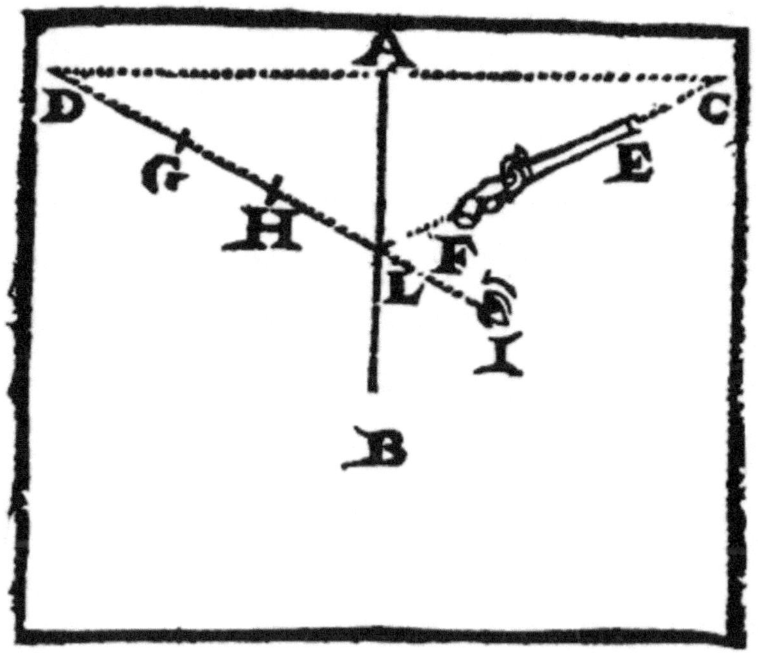

Abb. 6|22: Mario Bettini, Berechnung der Flugbahnen von Kanonenkugeln, *Ausschnitt, Kupferstich, Bologna 1642*

Abb. 6|23: Art Militare, Exercice, *Tafel III, Kupferstich, Paris 1751*

Abb. 6|24a: Art Militare, Evolutions, *Tafel VII, Kupferstich, Paris 1751*

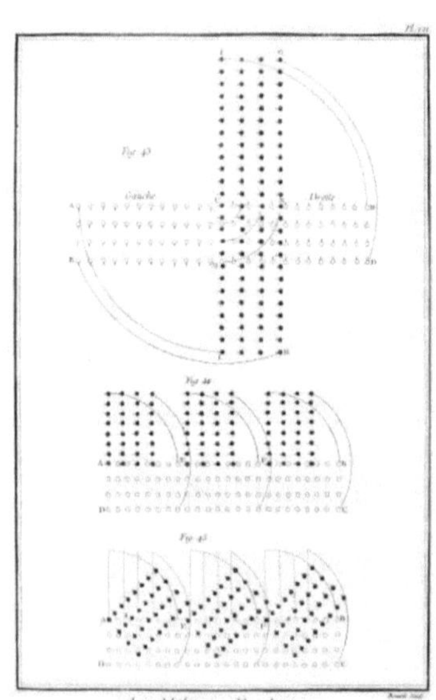

Abb. 6|24b: Art Militare, Evolutions, *Tafel VII, Ausschnitt*

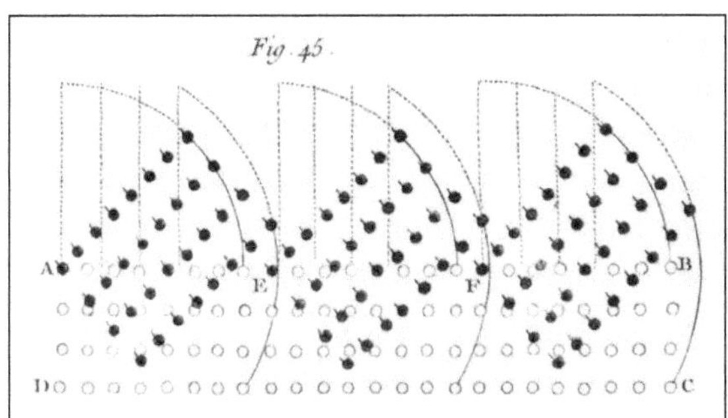

Abb. 6|25: Art Militare, Evolutions, *Tafel XIV, Kupferstich, Paris 1751*

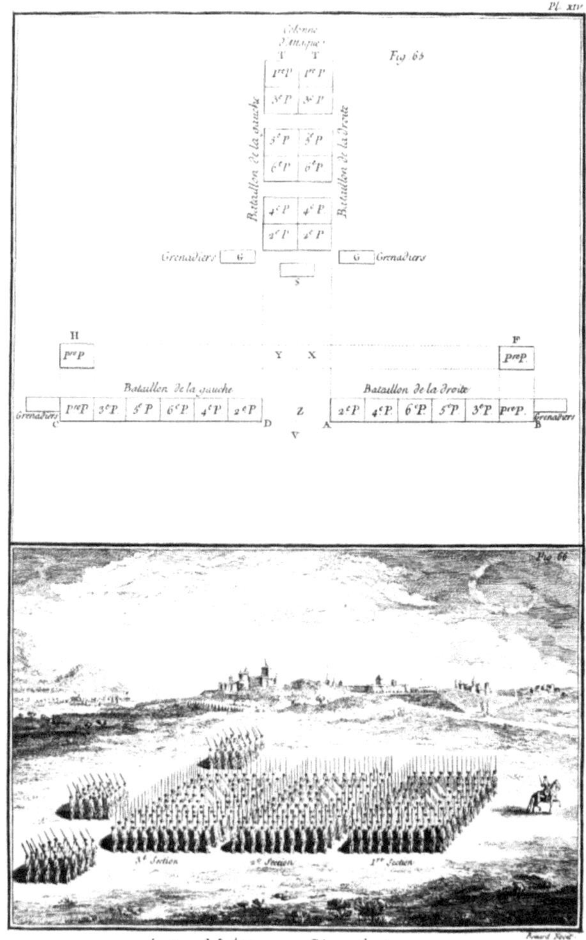

Abb. 6|26a: Wassily Kandinsky, V. Symphonie Beethovens in Punkte übersetzt 1, *Druck, Bern-Bümpliz 1973*

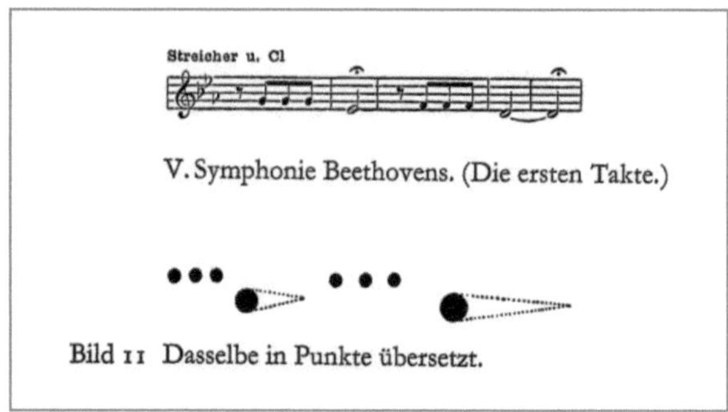

Abb. 6|26b: Wassily Kandinsky, V. Symphonie Beethovens in Punkte übersetzt 2, *Druck, Bern-Bümpliz 1973*

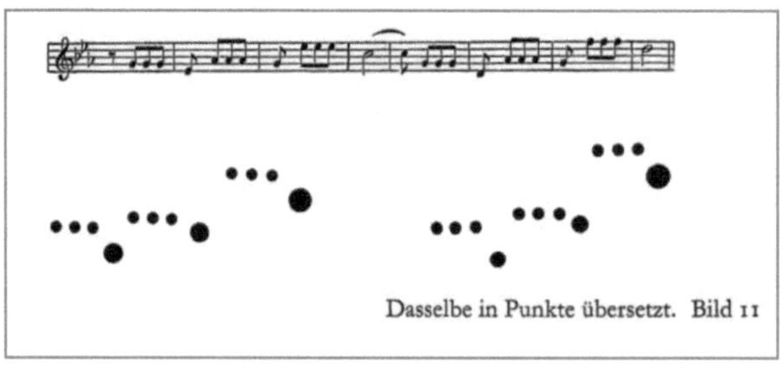

Abb. 6|27a: Stefan Themerson, Zeittafel, Grafik, London 1967,

Abb. 6|27b: Stefan Themerson, Zeittafel, Ausschnitt

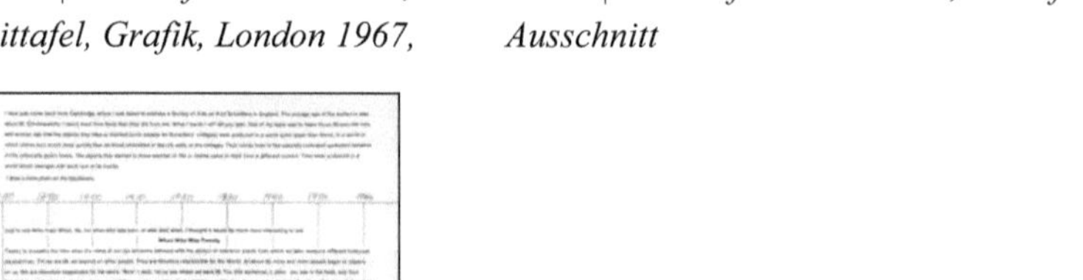

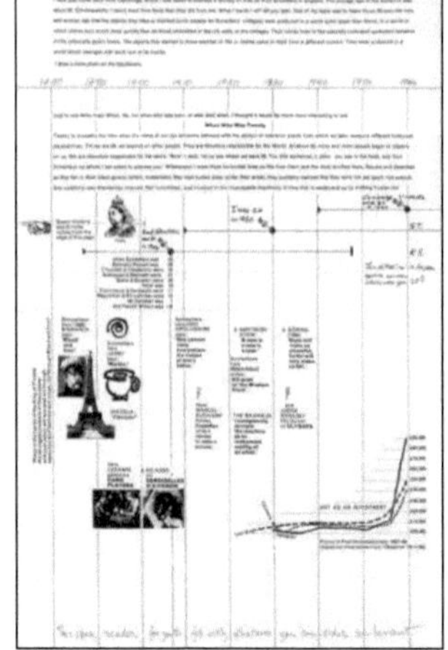

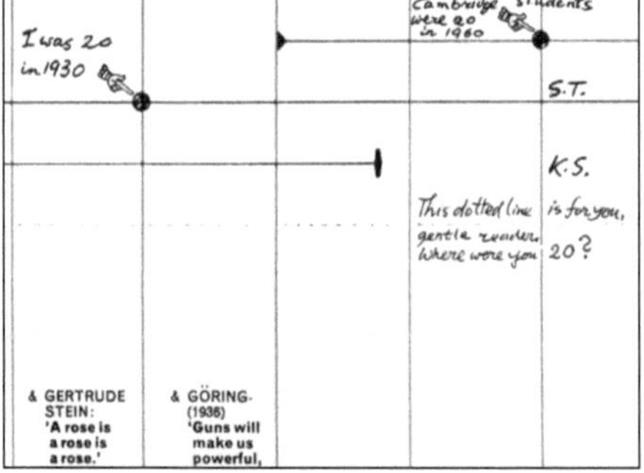

Abb. 6|28a: On Kawara, 100 Years Calendar (24,689 Days), Frankfurt am Main 2000

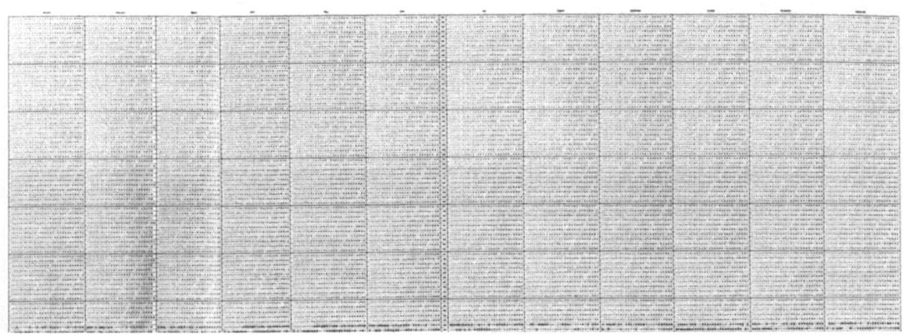

Abb. 6|28b: On Kawara, 100 Years Calendar (24,689 Days)*, Ausschnitt*

Abb. 6|29a: Katie Lewis, 201 Days*, Nadeln auf Leinwand, New York 2007*

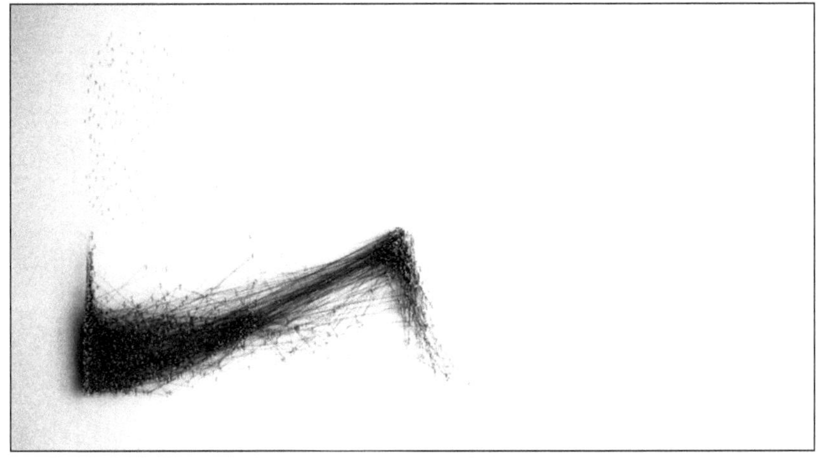

Abb. 6|29b: Katie Lewis, 201 Days, *Ausschnitt*

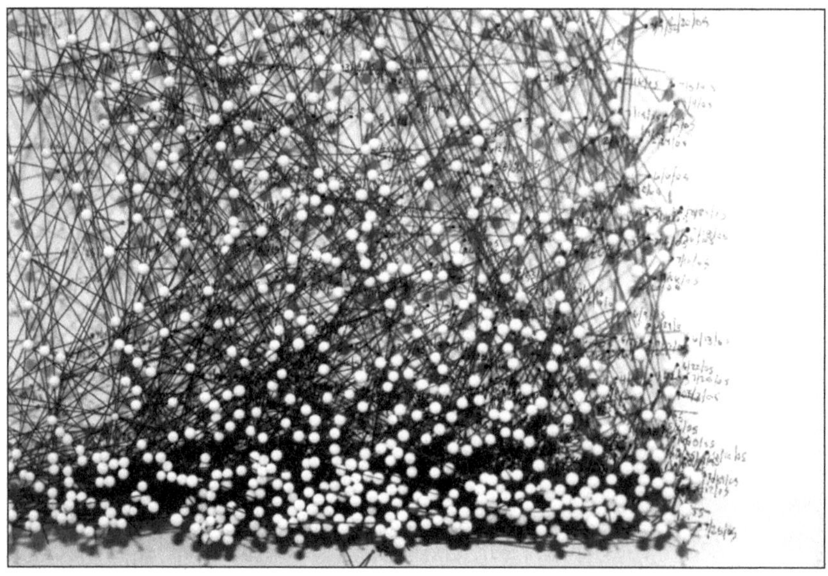

Abb. 6|30: Katie Lewis, Accumulated Numbness, *New York 2006*

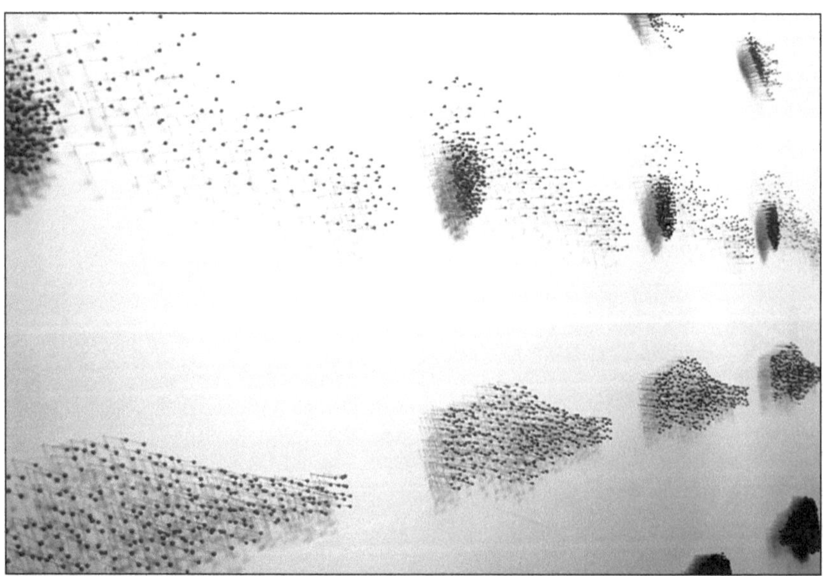

9.6.1 Abbildungsnachweis: Kapitel 6

Abb. 6|1 a + b: Descartes, René: Tractatus De Homine, figuris et latinitate donatus a Florentio Schuyl. Leffen 1662, S. 33. Siehe auch online: Hathi Trust Digital Library: http://gallica.bnf.fr/ark:/12148/btv1b86015151/f79.image.r=De+Homine.langFR Stand: 05.01.2016.

Abb. 6|2 + 3: Descartes, René: Tractatus De Homine, figuris et latinitate donatus a Florentio Schuyl. Leffen 1662, S. 62 u. S. 33. Siehe auch online: Hathi Trust Digital Library: http://gallica.bnf.fr/ark:/12148/btv1b86015151/f79.image.r=De+Homine.langFR Stand: 05.01.2016.

Abb. 6|4 a + b: Descartes, René: Tractatus De Homine, figuris et latinitate donatus a Florentio Schuyl. Leffen 1662, S. 6. Siehe auch online: Hathi Trust Digital Library: http://gallica.bnf.fr/ark:/12148/btv1b86015151/f79.image.r=De+Homine.langFR Stand: 05.01.2016.

Abb. 6|5: Descartes, René: Tractatus De Homine, figuris et latinitate donatus a Florentio Schuyl. Leiden 1664, Fig. 1, S. 8.

Abb. 6|6: Chirurgische Arztpraxis, Dipl. med. Erika Ilgenstein, 07381 Pößneck. Art.: Laserbehandlung bei Krampfadern. http://www.chirurgie-ilgenstein.de/images/content/varizen/pc_11.jpg Stand: 12.01.16

Abb. 6|7: The Journal of Bone & Joint Surgery, Siehe auch online: http://d3rzbccgedqypw.cloudfront.net/content/jbjsam/92/Supplement _1_Part_2/115/F1.large.jpg Stand: 12.01.16.

Abb. 6|8: Lautensack, Heinrich: Deß Circkelß und Richtscheyts, auch der Perspectiva, und Proportion der Menschen und Rosse, kurtze, doch gründtliche underweisung, deß rechten gebrauchs, Mit viel schönen Figuren, aller anfahenden Jugendt, unnd andern liebhabern dieser Kunst, als Goldschmiden, Malern, Bildhauern, Steinmetzen, Schreinern, [et]c. eigentlich fürgebildet, vormals im Truck nie gesehen, sonder jetzunder erstmals von neuwem an tag gegeben. Frankfurt am Main 1564, Dritter Teil, S. 37.

Abb. 6|9: Cleyer, Andreas: Specimen medicinae sinicae, sive Opuscula medica ad mentem Sinensium. Frankfurt am Main 1682, S. 22. Online: Gallica – Bibliothèque nationale de France: http://gallica.bnf.fr/ark:/12148/btv1b8623308c. Stand: 11.01.16.

Abb. 6|10 + 11: Cleyer, Andreas: Specimen medicinae sinicae, sive Opuscula medica ad mentem Sinensium. Frankfurt am Main 1682, Abbildungsanhang.

Abb. 6|12: Stedman, John: Physiological Essays and Observations. Edinburgh 1769, Fig 1 u. 2, Plate I.

Abb. 6|13: Wolbarst, Anthony / Capasso Patrizio / Wyant, Andrew (Hgg.): Medical Imaging: Essentials for Physicans, Hoboken, New Jersey, Fig. 10.20, S. 294.

Abb. 6|14: Google Maps. https://maps.google.com. Stand: 11.01.16.

Abb. 6|15: Google Maps. https://maps.google.com. Stand: 11.01.16.

Abb. 6|16: Google Maps. https://maps.google.com. Stand: 11.01.16.

Abb. 6|17: Warnke, Martin: Raumgreifende Grafik. In: Bredekamp, Horst / Werner, Gabriele (Hgg.): Bildwelten des Wissens. Kunsthistorisches Jahrbuch für Bildkritik. Bilder in Prozessen. Bd. 1.1. Berlin 2003, S. 79 – 88, hier: S. 84, Abb. 8.

Abb. 6|18: Tomlinson, Kellom: The Art of Dancing Explained by Reading and Figures. London 1724, Ausschnitt von Platte U.

Abb. 6|19: Warnke, Martin: Raumgreifende Grafik. In: Bredekamp, Horst / Werner, Gabriele (Hgg.): Bildwelten des Wissens. Kunsthistorisches Jahrbuch für Bildkritik. Bilder in Prozessen. Bd. 1.1. Berlin 2003, S. 79 – 88, S. 85, Abb. 11.

Abb. 6|20: Prisley, Joseph: The History and Present State of Discoveries Relating to Vision, Light, and Colours. London 1772. Gestaltet wurde das Diagramm 1765. Siehe auch: Rosenberg, Daniel / Grafton, Anthony: Die Zeit in Karten. Eine Bilderreise durch die Geschichte. Aus dem Englischen von Cornelius Hartz. Darmstadt 2015, Abb. 8, S. 22.

Abb. 6|21: Mydorge, Claude: Examen du livre des recreations mathématiques. Paris 1638, S. 25, Abb. 48.

Abb. 6|22: Bettini, Mario: Apiaria universae philosophiae mathematicae. Bd. 1. Bolognia, 1642, S. 60. Vgl. auch: Linda Hall Library Digital Collections. Siehe auch online: http://lhldigital.lindahall.org/cdm/ref/collection/math/id/6324 Stand: 18.01.16.

Abb. 6|23: Diderot, Denis / d' Alembert, Jean Le Rond: Encyclopédie, ou dictionaire raisonné des sciences, des artes et des métiers. 17 Bde. Paris 1751 – 1765. Bd. 1. Paris, 1751, Tafel III.

Abb. 6|24 a + b: Diderot, Denis / d' Alembert, Jean Le Rond: Encyclopédie, ou dictionaire raisonné des sciences, des artes et des métiers. 17 Bde. Paris 1751 – 1765. Bd. 1. Paris 1751, Tafel VII.

Abb. 6|25: Diderot, Denis / d' Alembert, Jean Le Rond: Encyclopédie, ou dictionaire raisonné des sciences, des artes et des métiers. 17 Bde. Paris 1751 – 1765. Bd. 1. Paris 1751, Tafel XIV.

Abb. 6|26 a + b: Kandinsky, Wassily: Punkt und Linie zu Fläche. Beitrag zur Analyse der malerischen Elemente. Bern-Bümpliz ^{7}1973, S. 44 Abb. 11, S. 45, Abb. 11.

Abb. 6|27 a + b: Rosenberg, Daniel / Grafton, Anthony: Die Zeit in Karten. Eine Bilderreise durch die Geschichte. Aus dem Englischen von Cornelius Hartz. Darmstadt 2015, S. 262, Abb. 34.

Abb. 6|28 a: Kulturstiftung der Länder. Siehe auch online: http://www.kulturstiftung.de/das-mmk-museum-fuer-moderne-kunst-frankfurt-am-main/. Stand: 21.09.2016.

Abb. 6|28 b: Rosenberg, Daniel / Grafton, Anthony: Die Zeit in Karten. Eine Bilderreise durch die Geschichte. Aus dem Englischen von Cornelius Hartz. Darmstadt 2015, S. 265, Abb. 37.

Abb. 6|29 a + b: Rosenberg, Daniel / Grafton, Anthony: Die Zeit in Karten. Eine Bilderreise durch die Geschichte. Aus dem Englischen von Cornelius Hartz. Darmstadt 2015, S. 241, Abb. 8 u. S. 240, Abb. 7.

<u>Abb. 6|30:</u> Lewis, Katie. Accumulated Numbness. Online: http://katiehollandlewis.com/portfolio/accumulated-numbness/#1 Stand: 20.09.2016.

9.7 ABBILDUNGEN: KAPITEL 7

Abb. 7|1: Vredeman de Vries, Leergeräumtes Zimmer*, Den Haag / Leiden 1604*

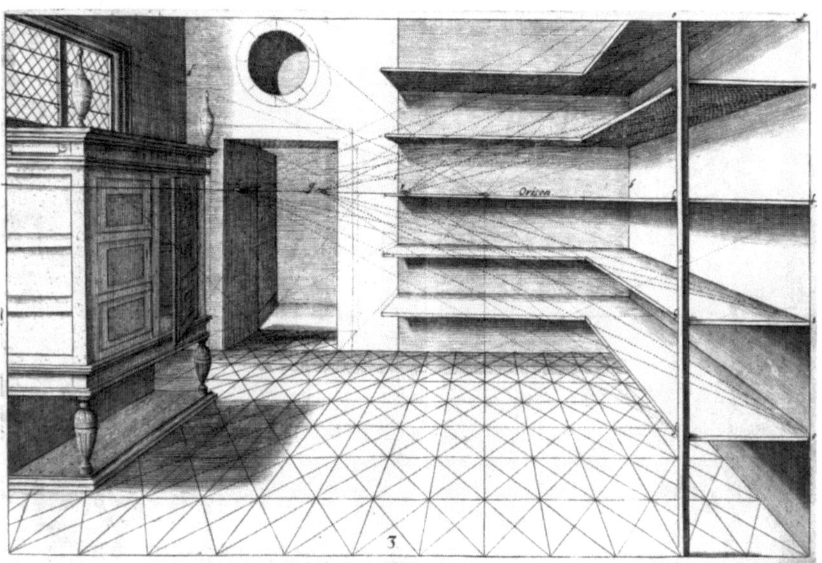

Abb. 7|2: René Descartes, Partikelstrukturen des Weltalls*, Kupferstich, Amsterdam 1650*

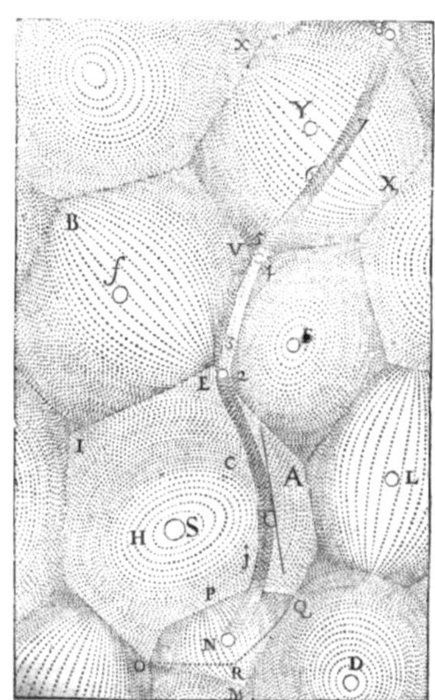

Abb. 7|3: Stammbaum, Farbe auf Tierhaut, unbekannter Herkunft, Mitte des 13. Jahrhunderts

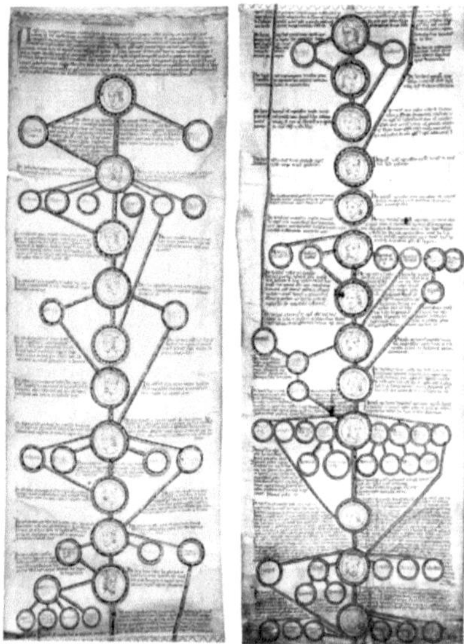

Abb. 7|4: Lorenz Faust, Fürstlicher Stammbaum der Herzogen zu Sachsen, *Leipzig 1585*

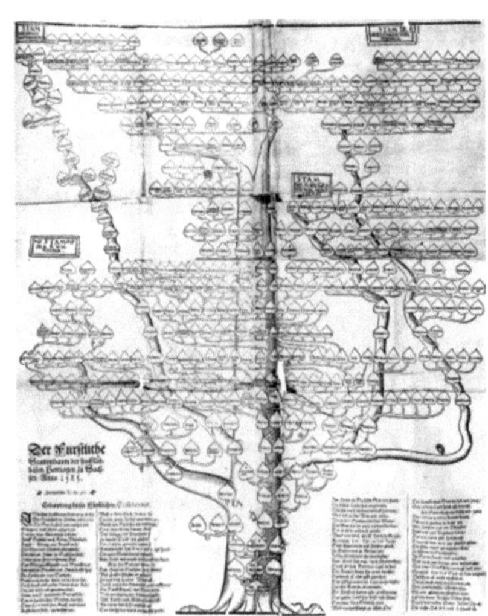

Abb. 7|5a: Charles Darwin, Selection, Druckgrafik, London 1859

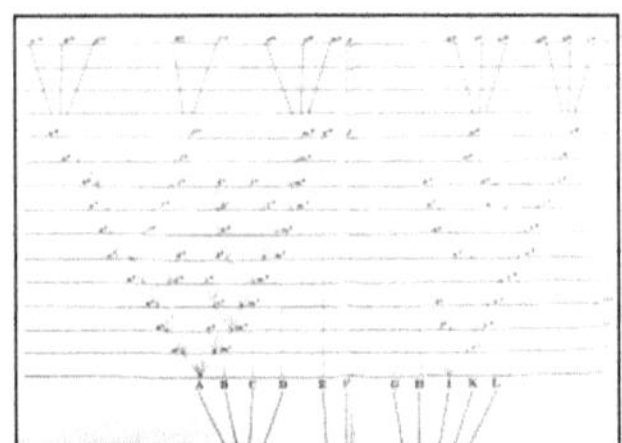

Abb. 7|5b: Charles Darwin, Natural Natural Selection, Ausschnitt

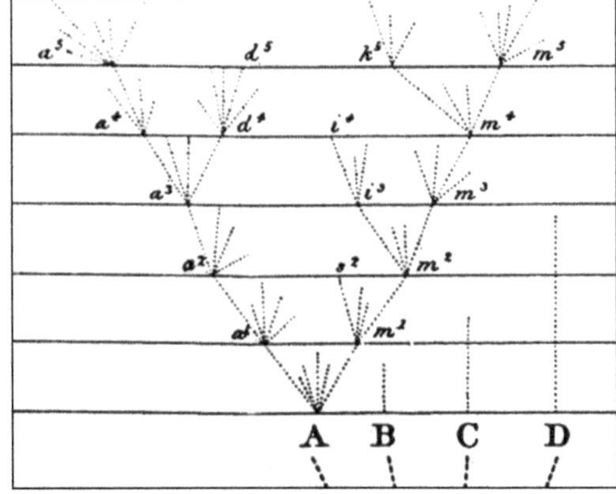

Abb. 7|6: Katja Davar, Circle Time Circle, *Druckgrafik, Berlin 2010*

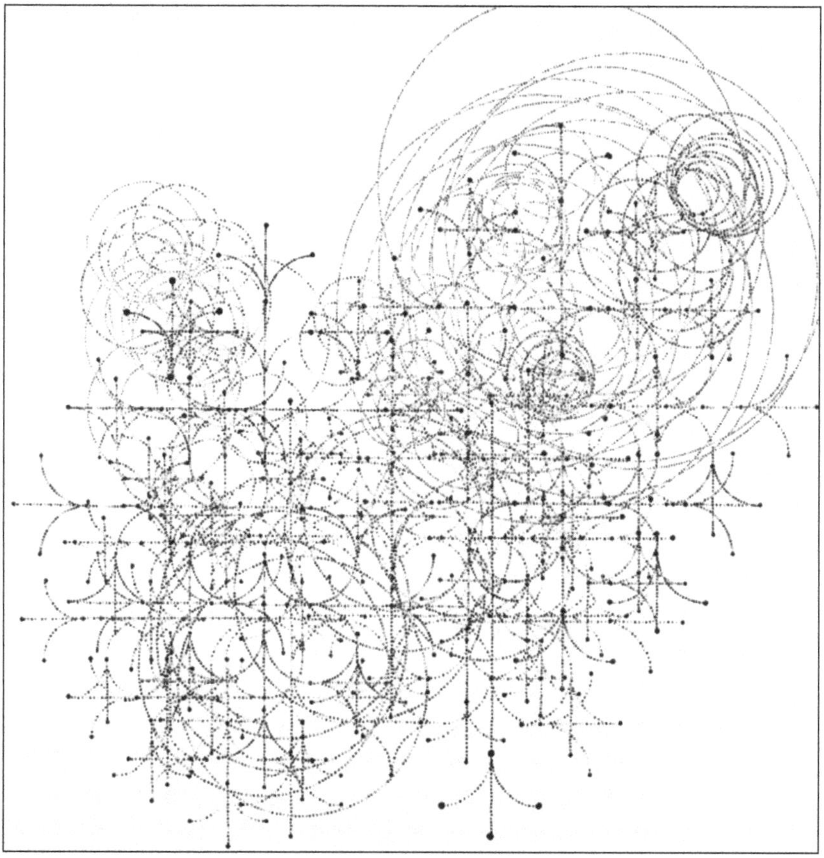

Abb. 7|7: Sonnenuhr mit Gnomon, *nach 169 n. Chr., Fotografie, Athen 2013*

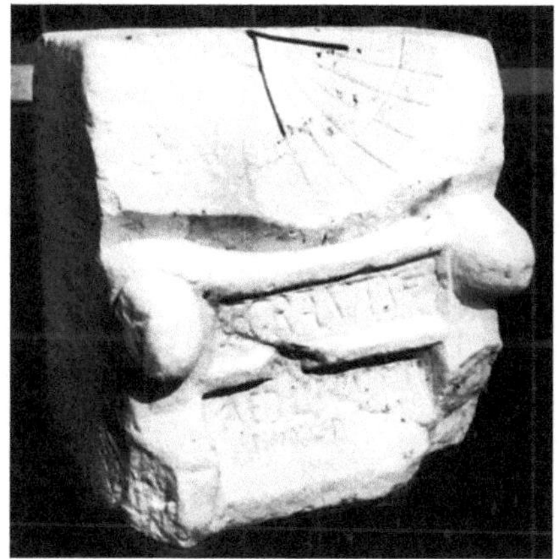

9.7.1 Abbildungsnachweis: Kapitel 7

Abb. 7|1: Vredeman de Vries, Johan: Perspective. Leiden 1604, Abb. 3, unpag. Siehe auch: Leonhard, Karin: Was ist Raum im 17. Jahrhundert? Die Raumfrage des Barocks: Von Descartes zu Newton und Leibniz. In: Bredekamp, Horst / Schneider, Pablo (Hgg.): Visuelle Argumentationen. Die Mysterien der Repräsentation und die Berechenbarkeit der Welt. München 2006, S. 11 – 34, Abb. 6, S. 18.

Abb. 7|2: Descartes, René: Principia Philosophiae. Amsterdam 1650, S. 90. Siehe auch: Bredekamp, Horst: Die Fenster der Monade. Gottfried Wilhelm Leibniz' Theater der Natur und Kunst. Berlin 22004, Abb. 16, S. 51.

Abb. 7|3 + 4: Rosenberg, Daniel / Grafton, Anthony: Die Zeit in Karten. Eine Bilderreise durch die Geschichte. Aus dem Englischen von Cornelius Hartz. Darmstadt 2015, Abb. 20/21, S. 42 u. Abb. 47, S. 59. Vgl. Manuskript, Princeton, MS 57, u. vgl. Faust, Lorenz: Anatomia statuae Danielis. Leipzig 1585, S. 40.

Abb. 7|5 a + b: Darwin, Charles: The Origin of Species by Means of Natural Selection, or the Preservation of Favoured Races in the Struggle of Life. London 1859, zwischen Fol. 26r u. 26s. Vgl. Bredekamp, Horst: Darwins Korallen. Frühe Evolutionsmodelle und die Tradition der Naturgeschichte. Berlin 2005, Abb. 34, S. 52f.

Abb. 7|6: Voorhoeve, Jutta: Technische Zeichenmanöver. Verfahren der Konstruktion. In: Dies. (Hg.): Welten Schaffen. Zeichnen und Schreiben als Verfahren der Konstruktion. Zürich 2011, S. 7 – 16, Abb. 1, S. 10. Siehe auch online: http://www.katjadavar.com. Stand: 30.11.2016.

Abb. 7|7: Winter, Eva: Zeitzeichen. Zur Entwicklung und Verwendung antiker Zeitmesser. Bd. 2. Berlin, Boston 2013, S. 352.

10 Quellenverzeichnis

10.1 LITERATUR

Abbé, Jean-Baptiste Du Bos: Réflexions sur la peinture. Nachdruck. Paris 1993.

Abbt, Christine: Die Auslassungspunkte. Spuren subversiven Denkens. In: Dies. / Kammasch (Hgg.): Punkt, Punkt, Komma, Strich? Geste, Gestalt und Bedeutung philosophischer Zeichensetzung. Bielefeld 2009, S. 101 – 116.

Abbt, Christine / Kammasch, Tim (Hgg.): Punkt, Punkt, Komma, Strich? Geste, Gestalt und Bedeutung philosophischer Zeichensetzung. Bielefeld 2009.

Adelung, Johann Christoph: Vollständige Anweisung zur Deutschen Orthographie. 2 Bde. Leipzig 1790.

Adolphs, Volker: Mit der Linie. In: Moore, Elke / Bingel, Nina (Hgg.): Linie, Line, Linea. Zeichnung der Gegenwart. Ausstellungskatalog. Köln 2010, S. 10 – 21.

Alberti, Leon Battista: Della Pittura. Über die Malkunst. Hrsg. u. übersetzt v. Oskar Bätschmann u. Sandra Gianfreda. Darmstadt 2002.

Alhazen: De aspectibus. (Crawford Library, Royal Observatory, Edinburgh) 1269.

Andersen, Julie / Barnes, Emm / Shackleton, Emma: The Art of Medicine. Over 2000 Years of Images and Imagination. Chicago, London 2011.

Andersen, Kirsti: The Geometry of an Art. The History of the Mathematical Theory of Perspective from Alberti to Monge. New York 2005.

Aristoteles: Philosophische Schriften in 6. Bdn. Nach der Übersetzung v. Hermann Bonitz; bearbeitet von Horst Seidl. Hamburg 1995.

Baier, Christof / Reinisch, Ulrich: Schusslinie, Sehstrahl und Augenlust. Zur Herrschaftskultur des Blickens in den Festungen und Gärten des 16. bis 18. Jahrhunderts. In: Bredekamp, Horst / Schneider, Pablo (Hgg.): Visuelle Argumentationen. Die Mysterien der Repräsentation und die Berechenbarkeit der Welt. München 2006, S. 35 – 59.

Baufeldt, Uwe / Rösner, Hans / Scheuermann, Jürgen / Walk, Hans (Hgg.): Informationen übertragen und drucken. Itzehoe 2000.

Baxandall, Michael: Die Wirklichkeit der Bilder. Malerei und Erfahrung im Italien des 15. Jahrhunderts. Frankfurt am Main 1977.

Bayrle, Thomas: Rasterfahndung. Hrsg. v. Klaus Gallwitz. Frankfurt am Main 1981.

Bätschmann, Oskar / Gianfreda, Sandra: Vorwort. In: Leon Battista Alberti: Della Pittura. Über die Malkunst. Hrsg. u. übersetzt v. Oskar Bätschmann u. Sandra Gianfreda. Darmstadt 2002, S. 1 – 60.

Becker, Oskar: Grundlagen der Mathematik in geschichtlicher Entwicklung. Frankfurt am Main 1975.

Beil, Ralf (Hg.): Walk the Line. Neue Wege der Zeichnung. Ausstellungskatalog Kunstmuseum Wolfsburg. Ausstellung vom 26.04. – 16.08.15. Wolfsburg 2015.

Belting, Hans: Florenz und Bagdad. Eine westöstliche Geschichte des Blicks. München 2008.

Belting, Hans: Franziskus. Der Körper als Bild. In: Marek, Kristin / Preisinger, Raphaèle / Rimmele, Marius / Kärcher, Katrin (Hgg): Bild und Körper im Mittelalter. München 2006, S. 21 – 36.

Bender, John / Marrinan, Michael: Kultur des Diagramms. Übersetzt v. Veit Friemert. Berlin 2014.

Benne, Christian: Der Punkt. Vom Sinn des reinen Fürsichseins. In: Abbt, Christine / Kammasch, Tim (Hgg.): Punkt, Punkt, Komma, Strich? Geste, Gestalt und Bedeutung philosophischer Zeichensetzung. Bielefeld 2009, S. 41 – 60.

Bergengruen, Maximilian: Das Unsichtbare in der Schrift. Zur magischen Texttheorie des Paracelsismus. In: Endres, Johannes / Wittmann, Barbara / Wolf, Gerhard (Hgg.): Die Ikonologie des Zwischenraums, S. 149 – 164.

Bergmann, Werner: Innovationen im Quadrivium des 10. und 11. Jahrhunderts. Studien zur Einführung von Astrolab und Abakus im lateinischen Mittelalter. Wiesbaden 1985.

Bering, Kunibert / Rooch, Alarich: Raum. Gestaltung, Wahrnehmung, Wirklichkeitskonstruktion. Bd. 1. Dortmund 2008.

Bertin, Jacques: Graphische Darstellungen. Graphische Verarbeitung von Informationen. Übersetzt u. bearbeitet v. Wolfgang Scharfe. Berlin, New York 1982.

Bertin, Jacques: Graphische Semiologie. Diagramme. Netze. Karten. Übersetzt und bearbeitet nach der 2. franz. Auflage von Georg Jensch, Dieter Schade und Wolfgang Scharfe. Berlin, New York 1974.

Bexte, Peter: Licht und Fleisch im 17. Jahrhundert: die Entdeckung des blinden Flecks. In: Bohlmann, Carolin / Fink, Thomas / Weiss, Philipp (Hgg.): Lichtgefüge des 17. Jahrhunderts. Rembrandt und Vermeer – Spinoza und Leibniz. München 2008, S. 79 – 89.

Bexte, Peter: Vom Furor des Optischen. In: Bätzner, Nike (Hg.): Blickmaschinen oder wie Bilder entstehen. Die zeitgenössische Kunst schaut auf die Sammlung Werner Neckes. Ausstellungskatalog. Köln 2008, S. 57 – 74.

Bexte, Peter: Blinde Seher. Wahrnehmung von Wahrnehmung in der Kunst des 17. Jahrhunderts. Mit einem Anhang zur Entdeckung des blinden Flecks im Jahre 1668. Dresden 1999.

Bippus, Elke: Skizzen und Gekritzel. Relationen zwischen Denken und Handeln in Kunst und Wissenschaft. In: Martina Heßler, Dieter Mersch (Hgg.): Logik des Bildlichen. Zur Kritik der ikonischen Vernunft. Bielefeld 2009, S. 76 – 93.

Blum, André: The Origins of Printing and Engraving. Translated from the French by Harry Miller Lydenberg. New York 1940.

Blumenberg, Hans: Die Genesis der Kopernikanischen Welt. Frankfurt 1975.

Blümle, Claudia / Wismar, Beat (Hgg.): Hinter dem Vorhang. Verhüllung und Enthüllung seit der Renaissance. Berlin 2016.

Blümle, Claudia: Farbe – Form – Rhythmus. In: Günzel, Stephan / Mersch, Dieter (Hgg.): Bild. Ein interdisziplinäres Handbuch. Stuttgart 2014, S. 340 – 346.

Blümle, Claudia: Augenblick oder Gleichzeitigkeit. Zur Simultaneität im Bild. In: Hubmann, Philipp / Huss, Till Julian (Hgg.): Simultaneität. Modelle der Gleichzeitigkeit in den Wissenschaften und Künsten. Bielefeld 2013, S. 37 – 56.

Boas, Marie: Die Renaissance der Naturwissenschaften. 1450 – 1630. Das Zeitalter des Kopernikus. Gütersloh 1965.

Bodmer, Johann Jakob: Die Grundsätze der deutschen Sprache. Oder: Von den Bestandtheilen derselben und von dem Redesatze. Zürich 1768.

Boehm, Gottfried: Zwischen Auge und Hand. Bilder als Instrumente der Erkenntnis. In: Heintz, Bettina / Huber, Jörg (Hgg.): Mit dem Auge denken. Strategien der Sichtbarmachung in wissenschaftlichen und virtuellen Welten. Wien, New York 2001, S. 43 – 53.

Böhme, Gernot: Theorie des Bildes. München 1999.

Böhme, Gernot: Zeit und Zahl. Studien zur Zeittheorie bei Platon, Aristoteles, Leibniz und Kant. Frankfurt am Main 1974.

Böhme, Hartmut: Das Handeln und Denken der Bilder. Oder wie Fliegen den Betrachter verrücken. In: Beyer, Andreas / Gamboni, Dario (Hgg.): Poiesis. Über das Tun in der Kunst. München 2014, S. 59 – 94.

Böhme, Hartmut: Das reflexive Bild: Licht, Evidenz und Reflexion in der Bildkunst. In: Wimböck, Gabriele / Leonhard, Karin / Friedrich, Markus (Hgg.) unter Mitarbeit v. Frank Büttner: Evidentia. Reichweiten visueller Wahrnehmung in der frühen Neuzeit. Münster 2007, S. 331 – 365.

Bogen, Steffen: Fließende und unterbrochene Bewegungen: Linien bei Taccola. In: Bach, Friedrich Teja / Pichler, Wolfram (Hgg.): Öffnungen. Zur Theorie und Geschichte der Zeichnung. München 2009, S. 241 – 260.

Bogen, Steffen: Schattenriss und Sonnenuhr. Überlegungen zu einer kunsthistorischen Diagrammatik. In: Zeitschrift für Kunstgeschichte 68:2 (2005), S. 153 – 176.

Bogen, Steffen / Thürlemann, Felix: Jenseits der Opposition von Text und Bild. Überlegungen zu einer Theorie des Diagramms und des Diagrammatischen. In: Patschovsky, Alexander (Hg.): Die Bildwelt der Diagramme Joachims von Fiore. Zur Medialität religiös-politischer Programme im Mittelalter. Ostfildern 2003, S. 1 – 22.

Bonaventura: Bonaventurae legenda maior Kapitel XIII.3, Analecta Franciscana X, Ad Claras Aquas Florentiae. Quaracchi-Florenz 1926/41.

Bonnefoit, Régine: Die Linientheorien von Paul Klee. Bonn 2009.

Bosse, Abraham: Radier-Büchlein / handelt von der Kunst / nemlich: wie man Scheidwasser in Kupffer etzen / das Wasser / wie auch den harten und weichen Etzgrund machen solle. Nürnberg ^{3}1689.

Bosse, Abraham; Traicté des Manieres de graver en taille douce sur l'airin. Par le Moyen des Eauxs Fortes, & des Vernix Durs & Mols. Ensemble de la façon d'en Imprimer les Planches, & d'en Construire la Presse, & autres choses concernans lesdits Arts. Par A. Bosse, Graveur en Taille Douce. Paris 1648.

Bredekamp, Horst: Vorwort von Horst Bredekamp. Das Diagramm als Prozess. In: Bender, John / Marrinan, Michael: Kultur des Diagramms. Übersetzt v. Veit Friemert. Berlin 2014, S. VI – XI.

Bredekamp, Horst / Bruhn, Matthias / Werner, Gabriele: Editorial. In: Bildwelten des Wissens. Kunsthistorisches Jahrbuch der Bildkritik 7:2 (2010), S. 7 – 8.

Bredekamp, Horst: Theorie des Bildakts. Frankfurter Adorno-Vorlesungen 2007. Berlin 2010.

Bredekamp, Horst / Schneider, Birgit / Dünkel, Vera (Hgg.): Das Technische Bild. Kompendium zu einer Stilgeschichte wissenschaftlicher Bilder. Berlin 2008.

Bredekamp, Horst / Schneider, Birgit / Dünkel, Vera: Editorial. Das Technische Bild. In: Diess. (Hgg.): Das Technische Bild. Kompendium zu einer Stilgeschichte wissenschaftlicher Bilder. Berlin 2008, S. 8 – 11.

Bredekamp, Horst: Darwins Korallen. Frühe Evolutionsmodelle und die Tradition der Naturgeschichte. Berlin 2005.

Bredekamp, Horst: Die zeichnende Denkkraft. Überlegungen zur Bildkunst der Naturwissenschaften. In: Huber, Jörg (Hg.): Einbildungen (Interventionen 14). Zürich, Wien, 2005, S. 155 – 171.

Bredekamp, Horst: Die Fenster der Monade. Gottfried Wilhelm Leibniz' Theater der Natur und Kunst. Berlin ^{2}2004.

Bredekamp, Horst / Bruhn, Matthias / Werner, Gabriele (Hgg.): Bildwelten des Wissens. Kunsthistorisches Jahrbuch der Bildkritik. Berlin 2003ff.

Bredekamp, Horst: Die Erkenntniskraft der Linie bei Galilei, Hobbes und Hooke. In: Hüttel, Barbara / Hüttel, Richard / Kohl, Jeanette (Hgg.): Re-Visionen. Zur Aktualität von Kunstgeschichte. Berlin 2002, S. 145 – 160.

Bredekamp, Horst: Die Vorgeschichte von Thomas Hobbes' Bild des Staates. In: Rheinberger, Hans-Jörg / Hagner, Michael / Wahrig-Schmidt, Bettina (Hgg.): Räume des Wissens. Repräsentation, Codie-rung, Spur. Berlin 1997, S. 23 – 37.

Breidbach, Olaf: Wissen händeln. Bemerkungen zur Konstitution wissenschaftlichen Wissens. In: Bromand, Joachim / Kreis, Guido (Hgg.): Was sich nicht sagen lässt. Das Nicht-Begriffliche in Wissenschaft, Kunst und Religion. Berlin 2010, S. 141 – 156.

Bromand, Joachim / Kreis, Guido: Einleitung: Begriffe vom Nichtbegrifflichen. Ein Problemaufriss. In: Diess. (Hgg.): Was sich nicht sagen lässt. Das Nicht-Begriffliche in Wissenschaft, Kunst und Religion. Berlin 2010, S. 11 – 17.

Brown, George Spencer: Laws of Form. Gesetze der Form. Übersetzt v. Thomas Wolf. Leipzig ^{2}1999.

Bruhn, Matthias: Erschließung von Sichtbarkeit: Bilder als Erwartungsflächen. In: Höger, Iris / Oldörp, Christine / Wimmer, Hanna (Hgg.): Mediale Wechselwirkungen. Adaptionen. Transformationen. Reinterpretationen. Hamburg 2013, S. 151 – 167.

Bruhn, Matthias: Das Bild. Theorie – Geschichte – Praxis. Berlin 2009.

Brusatin, Manlio: Geschichte der Linien. Aus dem Italienischen übersetzt v. Sabine Schulz. Torino 1993.

Bucher, Sebastian: Das Diagramm in den Bildwissenschaften. Strömungen der bildwissenschaftlichen Diagrammforschung. Saarbrücken 2012.

Bucher, Sebastian: Das Diagramm in den Bildwissenschaften. Begriffsanalytische, gattungstheoretische und anwendungsorientierte Ansätze in der diagrammtheoretischen Forschung. In: Reichle, Ingeborg / Siegel, Steffen / Spelten, Achim (Hgg.): Verwandte Bilder. Die Fragen der Bildwissenschaft. Berlin 2007, S. 113 – 129.

Burke, Belle: The Opus Majus of Roger Bacon. Bd 1. Philadelphia ^{2}1962.

Busch, Werner / Jehle, Oliver / Meister, Carolin (Hgg.): Randgänge der Zeichnung. München 2007.

Büttner, Frank: Rationalisierung der Mimesis. Anfänge der konstruierten Perspektive bei Brunelleschi und Alberti. In: Kablitz, Andreas / Neumann, Gerhard (Hgg.): Mimesis und Simulation. Freiburg im Breisgau 1998, S. 55 – 87.

Cantor, Moritz: Vorlesungen über die Geschichte der Mathematik. Bd 1. Von den ältesten Zeiten bis zum Jahre 1200 n. Chr. Leipzig ^{2}1894.

Cassirer, Ernst: Sprache und Mythos. Leipzig 1925.

Celano, Thomas v.: Das Leben des heiligen Franziscus von Assisi. Aus dem Lateinischen übersetzt v. P. Schmidt. Basel ^{2}1921.

Cennini, Cennino: Das Buch von der Kunst oder Traktat der Malerei des Cennino Cennini da Colle di Valdelsa. Florenz, um 1400. Übersetzt, mit Einleitung, Noten u. Register versehen von Albert Ilg. Wien 1871.

Cicero, Marcus Tullius: Vom Wesen der Götter. 3 Bücher. Lateinisch-deutsch. Hrsg., übersetzt u. erläutert v. Wolfgang Gerlach und Karl Bayer. München, Zürich [3]1990.

Clasen, Uwe: Die Sehtheorien von René Descartes und George Berkeley im Spiegel der Geschichte der physiologischen Optik. Aachen 1997.

Clausberg, Karl: Video, ergo sum? Licht und Sicht in Descartes Selbstverständnis sowie Fludds Erinnerungsscheinwerfer. – Ein Ausblick auf die Kunstgeschichte der virtuellen Bilder zwischen Mnemonik und Projektionstechnik. In: Breidbach, Olaf / Ders. (Hgg.): Video ergo sum. Repräsentationen nach innen und außen zwischen Kunst- und Neurowissenschaften. Hamburg 1999, S. 8 – 33.

Cleyer, Andreas: Specimen medicinae sinicae, sive Opuscula medica ad mentem Sinensium. Frankfurt am Main 1682.

Cliff, Andrew / Ord, J. Keith: The Problem of Spatial Autocorrelation. In: London Papers in Regional Science. London 1969 – 1990, (1969), S. 25 – 55.

Coppernikus, Nicolaus: Über die Kreisbewegungen der Weltkörper. Übersetzt u. mit Anm. versehen von Dr. C. L. Menzzer. Hrsg. v. Verein für Wissenschaft und Kunst zu Thorn. Thorn 1879.

Cortjaens, Wolfgang / Heck, Karsten: Kunstgeschichtsschreibung als Bild. Zur Einführung in die Stil-Linien diagrammatischer Kunstgeschichte. In: Diess. (Hgg.): Stil-Linien diagrammatischer Kunstgeschichte. Berlin 2014, S. 10 – 19.

Crary, Jonathan: Techniken des Betrachters. Sehen und Moderne im 19. Jahrhundert. Aus dem Amerikanischen von Anne Vonderstein. Dresden [u. a.] 1996.

Cusanus, Nicolaus: Trialogus de possest. Bd. I. Verfasst 1460. Erschienen in Paris 1514.

Da Vinci, Leonardo: Tagebücher und Aufzeichnungen. Nach den italienischen Handschriften übersetzt u. hrsg. v. Theodor Lücke. Mit einem Vorwort von Heinz Lüdecke. Leipzig [2]1952.

Da Vinci, Leonardo: Traktat von der Malerei. Nach der Übersetzung v. Heinrich Ludwig. Neu hrsg. u. eingeleitet v. Marie Herzfeld. Jena 1909.

Darwin, Charles: The Origin of Species by Means of Natural Selection, or the Preservation of Favoured Races in the Struggle of Life. London 1859.

Davis, Charles: Introduction. „To see with our own eyes“: Hogarth between native empiricism and a theory of ‚Beauty in Form‘. In: Hogarth, William: The Analysis of Beauty. London 1753. Edited with an Introduction by Charles Davis. Heidelberg 2010, S. 4 – 17.

Demant, Alexander: Zeit. Eine Kulturgeschichte. Berlin 2015.

Derrida, Jacques: This is not an oral footnote. In: Barney, Stephen (Hg.): Annotation and its Texts. Oxford 1991, S. 192 – 205.

Descartes, René: Regulae ad directionem ingenii Cogitationes privatae. Lateinisch – Deutsch. Übersetzt u. hrsg. v. Christian Wohlers. Hamburg 2011.

Descartes, René: Meditationen. Hrsg. v. Andreas Schmidt. Dreisprachige Parallelausgabe. Lateinisch, Französisch, Deutsch. Göttingen 2004.

Descartes, René: Die Leidenschaften der Seele. Französisch – deutsch. Hrsg. u. übersetzt v. Klaus Hambacher. Hamburg 1996.

Descartes, René: Über den Menschen (1632) sowie Beschreibung des menschlichen Körpers (1648). Nach der ersten französischen Ausgabe von 1664 übersetzt und mit einer historischen Einleitung und Anmerkungen versehen v. Karl E. Rothschuh. Heidelberg 1969.

Descartes, René: Oeuvres de Descartes. Hrsg. v. Adam, Charles u. Tannery, Paul. 12 Bde. Paris 1897 – 1913.

Descartes, René: De Homine / Figuris Et Latinitate Donatus A Florentio Schuyl, Inclytæ Urbis Sylvæ Ducis Senatore, & ibidem Philosophiæ Professore. Leffen 1664.

Descartes, René: Discours de la Méthode pour bien conduire sa Raison et chercher la Vérité dans les Sciences. Plus La Dioptrique, Les Météores, et La Géométrie. Qui sont des Essais de cette Méthode. Leiden 1637.

De Voragine, Jacobus: Legenda aurea. Aus dem Lateinischen übersetzt von Richard Benz. Köln 1969.

Die Bibel. Nach der Übersetzung Martin Luthers mit Apokryphen. Evangelische Kirche Deutschland (Hg.). Stuttgart 1985.

Documenta 13: Katalog. Red.-Leitung: Katrin Sauerländer. Hauptautorin: Eva Scharrer. Das Begleitbuch = The Guidebook. Bd. 3. Ostfildern 2012.

Drenckhahn, Friedrich: Die Idee von Maria Montessoris Materialien im Lichte der Didaktik der Mathematik. In: Internationale Zeitschrift für Erziehungswissenschaft 7:2 (1961), S. 174 – 186.

Du Breuil, Jean / Rembold, Johann Christoph: Perspectiva Practica. Oder vollständige Anleitung zu der Perspectiv-Reiß-Kunst. Nutzlich und nothwendig allen Mahlern, Kupfferstechern, Baumeistern, Goldschmieden, Bildhauern, Stickern, Tapezierern und andern so sich der Zeichen-Kunst bedienen. Sehr deutlich und ordentlich beschrieben, und durchaus mit netten Kupffer-Figuren versehen. Augsburg 1710.

Du Breuil, Jean: La perspective pratique nécessaire à tous peintres, graveurs, sculpteurs, architectes, orfèures, brodeurs, tapissiers, & autres se servans du dessein / par un Parisien 1642.

Dürbeck, Gabriele: Einbildungskraft und Aufklärung. Perspektiven der Philosophie, Anthropologie und Ästhetik um 1750. Tübingen 1998.

Dürer, Albrecht: Vier Bücher von menschlicher Proportion. Neudruck der Ausgabe Nürnberg 1528, Nördlingen [3]1996.

Dürer, Albrecht: Befestigungslehre. Faksimile-Neudruck der Originalausgabe. Nürnberg 1527, Nördlingen 1980.

Dürer, Albrecht: Underweysung der Messung, mit dem Zirckel und richtscheyt, in Linien, Ebnen und gantzen Corporen, durch Albrecht Dürer zusamen gezogen un[d] durch jn selbs (als er noch auff erden war) an vil orten gebessert, in sonderheyt mit xxii figuren gemert. Nürnberg 1538.

Dürer, Albrecht: Underweysung der Messung mit dem Zirckel und Richtscheyt in Linien, Ebnen unnd gantzen Corporen / durch Albrecht Dürer zuosamen getzogen und zuo Nutz allen Kunstliebhabenden mit zuo gehörigen Figuren in Truck gebracht im Jar M. D. X X V. Nürnberg 1525.

Duwe, Gert: Die Verkündigung an Maria in der niederländischen Malerei des 15. und 16. Jahrhunderts. Frankfurt am Main 1994.

Duwe, Gert: Der Wandel in der Darstellung in der Verkündigung an Maria vom Trecento zum Quattrocento. Frankfurt am Main 1988.

Edgerton, Samuel: Giotto und die Erfindung der dritten Dimension. Malerei und Geometrie am Vorabend der wissenschaftlichen Revolution. München 2004.

Edgerton, Samuel: Die Entdeckung der Perspektive. Aus dem Englischen von Heinz Jatho. München 2002.

Eisenstein, Elisabeth: Die Druckerpresse: Kulturrevolutionen im frühen modernen Europa. Wien, New York 1997.

Ellis, Harold: The Cambridge Illustrated History of Surgery. Cambridge u.a. 2009.

Endres, Johannes / Wittmann, Barbara / Wolf, Gerhard (Hgg): Die Ikonologie des Zwischenraums. Der Schleier als Medium und Metapher. München 2005.

Epple, Moritz: Die Entstehung der Knotentheorie. Kontexte und Konstruktionen einer modernen mathematischen Theorie. Braunschweig 1999.

Euklid: Die Elemente. Bücher I – XIII von Euklid. Aus dem Griechischen übersetzt u. hrsg. v. Clemens Thaer. Nachdruck. Frankfurt am Main [3]1997.

Evans, Robert: Durch Papier Sehen. In Voorhoeve, Jutta (Hg.): Welten schaffen. Zeichnen und Schreiben als Verfahren der Konstruktion. Zürich 2011, S. 157 – 193.

Fehrenbach, Frank: Pathos der Funktion. Leonardos technische Zeichnungen. In: Schramm, Helmar / Schwarte, Ludger / Lazardzig, Jan (Hgg.): Instrumente in Kunst und Wissenschaft. Zur Architektonik kultureller Grenzen im 17. Jahrhundert. Bd. 2. Berlin, New York 2006, S. 85 – 113.

Fehrenbach, Frank: Veli sopra veli. Leonardo und die Schleier. In: Endres, Johannes / Wittmann, Barbara / Wolf, Gerhard (Hgg): Die Ikonologie des Zwischenraums. Der Schleier als Medium und Metapher. München 2005, S. 121 – 147.

Felfe, Robert: Sehen am Faden der Linie. Spiele des Bildermachens bei Abraham Bosse. In: Schramm, Helmar / Schwarte, Ludger / Lazardzig, Jan (Hgg.): Spektakuläre Experimente. Praktiken der Evidenzproduktion im 17. Jahrhundert. Berlin, New York 2006, S. 88 – 113.

Fernel, Jean: Universa Medicina. Ab Ipso Quidem Authore ante obitum diligenter recognita, & iustis acceßionibus locupletata. Poste aute[m] studio & diligentia Gul. Plantij Cenomani postremu[m] elimata, & in libru[m] Therapeutices septimum doctiss. scholiis illustrata. Frankfurt 1581.

Fiorentini, Erna (Hg.): Visualization – A Multicentric Critique. [Typoskript]. Im Erscheinen. Berlin 2017.

Fiorentini, Erna: Modus Videndi. Ein historischer Versuch zwischen Sehen und Verbildlichen, in drei Akten. In: Bruhn, Matthias / Hemken, Kai-Uwe (Hgg.): Modernisierung des Sehens. Sehweisen zwischen Künsten und Medien. Bielefeld 2008, S. 124 – 139.

Fiorentini, Erna: Camera Obscura vs. Camera Lucida. Distinguishing Early Nineteenth Century Modes of Seeing. Berlin 2006.

Fischel, Angela: Bildbefragungen. Technische Bilder und kunsthistorische Begriffe. In: Bredekamp / Schneider / Dünkel (Hgg.): Das Technische Bild, S. 14 – 23.

Fischer, Martin: Schrift als Notation. In: Koch, Peter / Krämer, Sybille (Hgg.): Schrift, Medien, Kognition. Über die Exteriorität des Geistes. Tübingen 1997, S. 83 – 101.

Frugoni, Chiara: Franz von Assisi. Die Lebensgeschichte eines Menschen. Aus dem Italienischen übertragen v. Bettina Dürr. Zürich, Düsseldorf 1997.

Galilei, Galileo: Sidereus Nuncius. (Nachricht von neuen Sternen). Hrsg. u. eingeleitet v. Hans Blumenberg. Frankfurt am Main [2]2002.

Ganzhorn, Karl / Walter, Wolfgang: Die geschichtliche Entwicklung der Datenverarbeitung. Stuttgart 1975.

Gauricus, Pomponius: De Sculptura. Mit Einleitung und Übersetzung neu hrsg. v. Heinrich Brockhaus. Leipzig 1886.

Gerlach, Peter: Zur zeichnerischen Simulation von Natur und natürlicher Lebendigkeit. In: Zeitschrift für Ästhetik und Allgemeine Kunstwissenschaft 34:2 (1989), S. 243 – 279.

Giertler, Mareike: In zusammenhanglosen Pünktchen lesen. Zu den Auslassungszeichen in Musils „Die Vollendung der Liebe“. In: Dies. / Köppel, Rea (Hgg.): Von Lettern und Lücken. Zur Ordnung der Schrift im Bleisatz. München 2012, S. 161 – 183.

Giesecke, Michael: Der Buchdruck in der frühen Neuzeit. Eine historische Fallstudie über die Durchsetzung neuer Informations- und Kommunikationstechnologien. Frankfurt am Main 1994.

Ginzburg, Carlo: Spurensicherung. Die Wissenschaft auf der Suche nach sich selbst. Aus dem Italienischen von Gisela Bonz und Karl F. Hauber. Berlin 2011.

Ginzburg, Carlo: A Search for Origins: Rereading Tristram Shandy. In: Ders. (Hg.): No Island is an Island. Four Clances at English Literature in a World Perspective. Einleitung übersetzt v. John Tedeschi. New York 2000, S. 43 – 69.

Godwin, Joscelyn: Athanasius Kircher. Ein Mann der Renaissance und die Suche nach verlorenem Wissen. Aus dem Englischen v. Friedrich Engelhorn. 1979 London.

Gombrich, Ernst: Art and Illusion: A Study in the Psychology o f Pictorial Representation. Princeton, Oxford 1960.

Goodman, Nelson: Sprachen der Kunst. Entwurf einer Symboltheorie. Übersetzt v. Bernd Philippi. Originalausgabe 1968. Frankfurt am Main 1995.

Gramelsberger, Gabriele: Schrift auf den Punkt gebracht – Extrapolation, Rekursion, Simulation. In: Krämer, Sybille / Cancik-Kirschbaum, Eva / Totzke, Rainer (Hgg.): Schriftbildlichkeit. Wahrnehmbarkeit, Materialität und Operativität von Notationen. Berlin 2012, S. 389 – 400.

Gremske, Georg: Die Punktlinie in René Descartes Dioptrique (1637). Zur diskursiven und medialen Genese einer operativen Form des 17. Jahrhunderts. Masterarbeit. Berlin 2014.

Gryphius, Andreas: Horribilicribrifax. Erstveröffentlicht 1663. In: Ders.: Dramen. Hg. v. Eberhard Mannack. Frankfurt am Main 1991.

Grzymala, Monika / Maltzahn v., Katrin: Beyond the Line. Ein künstlerisches Forschungsprojekt zur Zeichnung. Diesseits und jenseits der Linie. Ausstellungskatalog zur Ausstellung vom 05.07. – 22.07.07 in der Montagehalle der Hochschule für Bildende Künste Baunschweig. Braunschweig 2007.

Haarmann, Harald: Universalgeschichte der Schrift. Frankfurt, New York 1990.

Haldemann, Matthias: Im Reich der Linie. In: Linea. Vom Umriss zur Aktion. Die Kunst der Linie zwischen Antike und Gegenwart. Hrsg. v. Kunsthaus Zug, Texte von Julia Gelshorn, Ders., Stephan E. Hauser, Michael Lüthy, Marco Obrist, Raphael Rosenberg u. Michel Roth. Ostfildern 2010, S. 8 – 10.

Haldemann Matthias (Hg.): Linea. Vom Umriss zur Aktion. Die Kunst der Linie zwischen Antike und Gegenwart. Ausstellungskatalog zur Ausstellung vom 21.11.10 – 27.03.2011 im Kunsthaus Zug. Ostfildern 2010.

Harsdörffer, Georg Philipp: Der Philosophischen und Mathematischen Erquickstunden Dritter Teil, Neudruck der Ausgabe Nürnberg 1653. Hrsg. v. Jörg Jochen Berns. Frankfurt am Main 1990.

Heßler, Martina / Mersch, Dieter: Bildlogik oder Was heißt visuelles Denken. In: Diess. (Hgg.): Logik des Bildlichen. Zur Kritik der ikonischen Vernunft. Bielefeld 2009, S. 8 – 62.

Heßler, Martina: Visuelles Denken und ästhetisches Handeln. Überlegungen zur Logik der Bilder. In: Liebsch, Dimitri / Mößner, Nicola (Hgg.): Visualisierung und Erkenntnis. Bildverstehen und Bildverwenden in Natur- und Geisteswissenschaften. Köln 2012, S. 81 – 95.

Herzfeld, Marie: Einleitung. In: Da Vinci, Leonardo: Traktat von der Malerei. Nach der Übersetzung v. Heinrich Ludwig. Neuhrsg. u. eingeleitet v. Ders. Jena 1909, S. I – XXXIX.

Heywood, Ian / Sandywells, Barry (Hgg.): The Handbook of Visual Culture. London 2012.

Hick, Ulrike: Geschichte der optischen Medien. München 1999.

Höchli, Stefan: Zur Geschichte der Interpunktion im Deutschen. Eine kritische Darstellung der Lehrschriften von der zweiten Hälfte des 15. Jahrhunderts bis zum Ende des 18. Jahrhunderts. Berlin, New York 1981.

Hodne, Lasse: The Virginity of the Virgin. A Study in Marian Iconography. Rom 2012.

Hofenbitzer, Guido: Bekleidung. Schnittkonstruktion für Damenmode. Bd. 1. Bekleidung, Grundlagen. Haan-Gruiten 2009.

Hofmann, Werner: Die Schönheit der Linie. 13 Variationen über ein Thema. München 2014.

Höger, Iris / Oldörp, Christine / Wimmer, Hanna (Hgg.): Mediale Wechselwirkungen. Adaptionen. Transformationen. Reinterpretationen. Hamburg 2013.

Hogarth, William: Analysis of Beauty. London 1753.

Hooke, Robert: Micrographia or Some Physiological Descriptions of Minute Bodies Made by Magnifying Glasses. Nachdruck London 1665. New York 1961.

Huygens, Christian: Abhandlung über das Licht. Nachdruck 1678. Frankfurt am Main 1996.

Ihde, Don: Die Kunst kommt der Wissenschaft zuvor. Oder: Provozierte die Camera obscura die Entwicklung der modernen Wissenschaften? In: Schramm, Helmar / Schwarte, Ludger / Lazardzig, Jan (Hgg.): Instrumente in Kunst und Wissenschaft. Zur Architektonik kultureller Grenzen im 17. Jahrhundert. Bd. 2. Berlin, New York 2006, S. 417 – 430.

Ilg, Albert: Einleitung. In: Cennini, Cennino: Das Buch von der Kunst oder Traktat der Malerei des Cennino Cennini da Colle di Valdelsa. Florenz um 1400. Übersetzt, mit Einleitung, Noten u. Register versehen von Dems. Wien 1871, S. III – XXIII.

Ingold, Tim: Lines. A Brief History. New York 2007.

Ivins, William: Prints and Visual Communication. London 1953.

Jay, Martin: Den Blick erwidern. Die amerikanische Antwort auf die französische Kritik am Okularzentrismus. In: Kravagna, Christian (Hg.): Privileg Blick. Kritik der visuellen Kultur. Berlin 1997, S. 154 – 174.

Jehle, Oliver: Forma moralis. Laurence Sterne und die Freiheit der Linie. Regensburg 2008.

Jehle, Oliver: Abschweifungen. Zum Lob und Eigensinn der Linie in Tristram Shandy. In: Busch, Werner / Ders. / Meister, Carolin (Hgg.): Randgänge der Zeichnung. München 2007, S. 73 – 93.

Jessen, Johannes: Anatomia Pragensis. Wittenberg 1601.

Jütte, Robert: Augenlob – oder die (Neu-) Bewertung des Sehsinnes in der Frühen Neuzeit. In: Wimböck, Gabriele / Leonhard, Karin / Friedrich, Markus (Hgg.) unter Mitarbeit v. Frank Büttner: Evidentia. Reichweiten visueller Wahrnehmung in der frühen Neuzeit. Münster 2007, S. 39 – 56.

Kammer, Stephan: Symptome der Individualität. In: Wittmann, Barbara (Hg.): Spuren erzeugen. Zeichnen und Schreiben als Verfahren der Selbstaufzeichnung. Zürich, Berlin 2009, S. 39 – 68.

Kamp, Martin: Visualizations. The Nature Book of Art and Science. Oxford 2000.

Kandel, Eric Richard: The Age of Insight. The Quest to Understand the Unconscious in Art, Mind, and Brain, from Vienna 1900 to the Present. New York 2012.

Kandinsky, Wassily: Punkt und Linie zu Fläche. Beitrag zur Analyse der malerischen Elemente. Bern-Bümpliz [7]1973.

Kant, Immanuel: Kritik der reinen Vernunft. Hrsg. v. Wilhelm Weischedel. Frankfurt am Main 1974.

Kaplan, Robert: Die Geschichte der Null. Aus dem Englischen von Andreas Simon. Frankfurt am Main, New York 2000.

Kaunzner, Wolfgang: Zur Mathematik Peter Apians. In: Röttel, Karl (Hg.): Peter Apian. Astronomie, Kosmographie und Mathematik am Beginn der Neuzeit. Mit Ausstellungskatalog. Eichstätt 1995, S. 183 – 213.

Kepler, Johannes: Gesammelte Werke. Hrsg. v. Max Caspar. Bd. XIV. Briefe 1599 – 1603. München 1949.

Kepler, Johannes: Gesammelte Werke. Hrsg. v. Max Caspar, Walther von Dyck u. Franz Hammer. Bd. 2. Astronomiae pars optica. Ad Vitellionem Paralipomena. München 1939.

Kepler, Johannes: Dioptrice, seu Demonstratio eorum quae visui et visibilibus propter conspicilla non ita pridem inventa accidunt. Augsburg 1611.

Kepler, Johannes: Ad vitellionem paralipomena, quibus astronomiae pars optica traditur; potissimùm de artificiosa observatione et aestimatione diametrorum delinquiorumq; solis & lunae. Cum exemplis insignium eclipsium. Frankfurt 1604.

Kittler, Friedrich: Aufschreibesysteme. 1800 · 1900. München [4]2003.

Kittler, Friedrich: Optische Medien. Berliner Vorlesung 1999. Berlin 2002.

Klee, Paul: Kunst-Lehre. Aufsätze, Vorträge, Rezensionen und Beiträge zur bildnerischen Formlehre. Hg. v. Günther Regel. Leipzig 1987.

Klee, Paul: Unendliche Naturgeschichte. Prinzipielle Ordnung der bildnerischen Mittel, verbunden mit Naturstudium, und konstruktive Kompositionswege. Form- und Gestaltungslehre. Bd. II. Hrsg. u. bearbeitet v. Jürg Spiller. Basel, Stuttgart 1970.

Klee, Paul: [ohne Titel]. In: Schöpferische Konfession. Berlin 1920, S. 28 – 40.

Klein, Wolf-Peter / Grund, Marthe: Die Geschichte der Auslassungspunkte. Zu Entstehung, Form und Funktion der deutschen Interpunktion. In: Zeitschrift für germanistische Linguistik 25 (1997), S. 24 – 44.

Koch, Peter: Graphé. Ihre Entwicklung zur Schrift, zum Kalkül und zur Liste. In: Ders. / Krämer, Sybille (Hgg.): Schrift, Medien, Kognition. Über die Exteriorität des Geistes. Tübingen 1997, S. 43 – 81.

Köhnen, Ralph: Das optische Wissen. Mediologische Studien zu einer Geschichte des Sehens. München 2009.

Koschatzky, Walter: Die Kunst der Graphik. Technik, Geschichte, Meisterwerke. Wien 1990.

Krauthausen, Karin / Nasim, Omar W. (Hgg.): Notieren, Skizzieren. Schreiben und Zeichnen als Verfahren des Entwurfs. Zürich 2010.

Krämer, Sybille: Figuration, Anschauung, Erkenntnis. Grundlinien einer Diagrammatologie. Berlin 2016.

Krämer, Sybille: Punkt, Strich, Fläche. Von der Schriftbildlichkeit zur Diagrammatik. In: Dies. / Cancik-Kirschbaum, Eva / Totzke, Rainer (Hgg.): Schriftbildlichkeit. Wahrnehmbarkeit, Materialität und Operativität von Notationen. Berlin 2012, S. 79 – 100.

Krämer, Sybille: Operative Bildlichkeit. Von der ‚Grammatologie' zu einer ‚Diagrammatologie'? Reflexionen über erkennendes ‚Sehen'. In: Heßler, Martina / Mersch, Dieter: Logik des Bildlichen. Zur Kritik der ikonischen Vernunft. Bielefeld 2009, S. 94 – 122.

Krämer, Sybille: Was also ist eine Spur? Und worin besteht ihre epistemologische Rolle? Eine Bestandsaufnahme. In: Dies. / Kogge, Werner / Gruber, Gernot (Hgg.): Spur. Spurenlesen als Orientierungstechnik und Wissenskunst. Frankfurt am Main 2007, S. 11 – 33.

Krämer, Sybille: ‚Leerstellen-Produktivität'. Über die mathematische Null und den zentralperspektivischen Fluchtpunkt. Ein Beitrag zu Konvergenzen zwischen Wissenschaft und Kunst in der Frühen Neuzeit. In: Schramm, Helmar / Schwarte, Ludger / Lazardzig, Jan (Hgg.): Instrumente in Kunst und Wissenschaft. Zur Architektonik kultureller Grenzen im 17. Jahrhundert. Berlin, New York 2006, S. 502 – 526.

Krämer, Sybille: ‚Schriftbildlichkeit' oder: Über eine (fast) vergessene Dimension der Schrift. In: Dies. / Bredekamp, Horst (Hgg.): Bild. Schrift. Zahl. München 2003, S. 157 – 176.

Krämer, Sybille: Schrift und Episteme am Beispiel Descartes'. In: Koch, Peter / Dies. (Hgg.): Schrift, Medien, Kognition. Über die Exteriorität des Geistes. Tübingen 1997, S. 105 – 126.

Krämer, Sybille: Berechenbare Vernunft. Kalkül und Rationalismus im 17. Jahrhundert. Berlin, New York 1991.

Künzel, Werner / Bexte, Peter: Allwissen und Absturz. Der Ursprung des Computers. Frankfurt am Main, Leipzig 1993.

Larink, Wibke: Bilder vom Gehirn. Bildwissenschaftliche Zugänge zum Gehirn als Seelenorgan. Berlin 2011.

Langbein, Uwe: Lichtvermittelte Zeit. Zeitbezüge in den Licht-Bildern der Physik. In: Böhme, Gernot / Olschanski, Reinhard (Hgg.): Licht und Zeit. München 2004, S. 38 – 49.

Laube, Stefan: Tückische Transparenz. Überlegungen vor und hinter dem Netz. In: Zeitschrift für Ideengeschichte VII:4 (2013), S. 19 – 40.

Laureati, Laura / Mochi Onori, Lorenza: Gentile da Fabriano and the other Renaissance. Mailand 2006.

Leberecht Löseke, Johann Ludwig: Semiotik und Lehre von den Zeichen der Krankheiten. Dresden, Warschau [2]1768.

Leinkauf, Thomas: Mundus combinatus. Studien zur Struktur der barocken Universalwissenschaft am Beispiel Athanasius Kirchers SJ (1602 – 1680). Berlin 1993.

Leisegang, Gertrud: Descartes' Dioptrik. Meisenheim am Glan 1954.

Lemke, Martin / Breidenmoser, Tobias / Drack, Manfred / Engler, Finn Ole: Klassifikation von wissenschaftlichen Darstellungen. In: Liebsch, Dimitri / Mößner, Nicola (Hgg.): Visualisierung und Erkenntnis. Bildverstehen und Bildverwenden in Natur- und Geisteswissenschaften. Köln 2012, S. 178 – 206.

Leonhard, Karin / Felfe, Robert: Lochmuster und Linienspiel. Überlegungen zur Druckgrafik des 17. Jahrhunderts. Freiburg im Breisgau, Berlin 2006.

Leonhard, Karin: Was ist Raum im 17. Jahrhundert? Die Raumfrage des Barocks: Von Descartes zu Newton und Leibniz. In: Bredekamp, Horst / Schneider, Pablo (Hgg.): Visuelle Argumentationen. Die Mysterien der Repräsentation und die Berechenbarkeit der Welt. München 2006, S. 11 – 34.

Leopold, Cornelie: Geometrische Grundlagen der Architekturdarstellung. Stuttgart 2005.

Liebsch, Dimitri / Mößner, Nicola (Hgg.): Visualisierung und Erkenntnis. Bildverstehen und Bildverwenden in Natur- und Geisteswissenschaften. Köln 2012.

Lindberg, David: Auge und Licht im Mittelalter. Frankfurt am Main 1987.

Lomazzo, Giovanni Paolo: Trattato dell'arte della pittura, scoltura, et architettura. Milano 1584.

Loreck, Hanne: Spiegelgedanken. In: Bätzner, Nike (Hg.): Blickmaschinen oder wie Bilder entstehen. Die zeitgenössische Kunst schaut auf die Sammlung Werner Neckes. Ausstellungskatalog. Köln 2008, S. 161 – 178.

Lutz, Helga: Dunkle Kammern. Spuren des Optisch-Unbewussten. In: Bätzner, Nike (Hg.): Blickmaschinen oder wie Bilder entstehen. Die zeitgenössische

Kunst schaut auf die Sammlung Werner Neckes. Ausstellungskatalog. Köln 2008, S. 181 – 187.

Mahr, Bernd / Wendler, Reinhard: Bilder zeigen Modelle – Modelle zeigen Bilder. In: Boehm, Gottfried / Egenhofer, Sebastian / Spies, Christian (Hgg.): Zeigen. Die Rhetorik des Sichtbaren. München, 2010, S. 182 – 205.

Mainberger, Sabine: Im Bann einer Linie. Zu Balzacs La Peau de chagrin. In: Werner Busch / Oliver Jehle / Carolin Meister (Hgg.): Randgänge der Zeichnung. München 2007, S. 95 – 117.

Mariotte, Edme: Nouvelle Decouverte Touchant la Vue, centenue en plusieurs lettres ecrites par Messrs. Mariotte, Pecquet & Perrault; de l'Academie Royale des Sciences. Nouvelle Edition, revue & corrigee. In: Ders.: Oeuvres. 2 Bde, Bd. 2. Leiden 1717, S. 495 – 534.

Martensen, Robert L.: The Brain Takes Shape. An Early History. New York 2004.

Mendelssohn, Moses: Über die Empfindung. In: Ders., Gesammelte Schriften. Jubiläumsausgabe I. Schriften zur Philosophie und Ästhetik I. Bearbeitet von Fritz Bamberger. Bd. I. Berlin 1929, Repr. Stuttgart-Bad Cannstatt 1971.

Menke, Bettine: Auslassungszeichen, Operatoren der Spatialisierung – was ‚Gedankenstriche' tun. In: Giertler, Mareike / Köppel, Rea (Hgg.): Von Lettern und Lücken. Zur Ordnung der Schrift im Bleisatz. München 2012, S. 73 – 95.

Merrifield, Mary Philadelphia: a treatise of painting on Quattrocento Painting. Translated from the Italian, with Notes on Mediaeval Art Methods by Christiana J. Herringham written by Cennino Cennini in the year 1437. London 1844.

Mersch, Dieter: Schrift/Bild – Zeichnung/Graph – Linie/Markierung. Bildepisteme und Strukturen des ikonischen ‚Als'. In: Krämer, Sybille / Cancik-Kirschbaum, Eva / Totzke, Rainer (Hgg.): Schriftbildlichkeit. Wahrnehmbarkeit, Materialität und Operativität von Notationen. Berlin 2012, S. 305 – 327.

Mersch, Dieter: Blick und Entzug. Zur Logik ikonischer Strukturen. In: Boehm, Gottfried / Gabriele Brandstetter / Achatz, von Müller (Hgg.): Bild – Figur – Zahl. München 2006, S. 55 – 69.

Mersch, Dieter: Visuelle Argumente. Zur Rolle der Bilder in den Naturwissenschaften. In: Maasen, Sabine / Mayerhauser, Torsten / Renggli, Cornelia (Hgg.): Bilder als Diskurse. Bilddiskurse. Velbrück 2006, S. 95 – 116.

Mersch, Dieter: Bilder ohne Sichtbarkeit. Zur Ethik des visuellen Gebrauchs. In: Bilder bei der Arbeit. 31. Zeitschrift des Instituts für Theorie der Gestaltung und Kunst (ith) der Hochschule für Gestaltung und Kunst Zürich. 6/7 (2005), S. 49 – 56.

Meynen, Gloria: Falsche Bilder. In: Bildwelten des Wissens. Kunsthistorisches Jahrbuch der Bildkritik 7:2 (2010), S. 43 – 61.

Michalitschke, Anton: Die archimedische, die hyperbolische und die logarithmische Spirale. Nachdruck 1888. Paderborn 2012.

Mirzoeff, Nicolas: Introduction to Visual Culture. London, New York 1999.

Mößner, Nicola: Die Realität wissenschaftlicher Bilder. In: Liebsch, Dimitri / Dies. (Hgg.): Visualisierung und Erkenntnis. Bildverstehen und Bildverwenden in Natur- und Geisteswissenschaften. Köln 2012, S. 96 – 112.

Mößner, Nicola: Zur Einführung – Visualisierung und Erkenntnis. In: Liebsch, Dimitri / Dies. (Hgg.): Visualisierung und Erkenntnis. Bildverstehen und Bildverwenden in Natur- und Geisteswissenschaften. Köln 2012, S. 9 – 30.

Müller, Kathrin: Visuelle Weltaneignung. Astrologische und kosmologische Diagramme und Handschriften des Mittelalters. Göttingen 2008.

Müller, Matthias: Nachbauten und Objektbeschreibungen. In: Breidbach, Olaf / Klinger, Kerrin / Karliczek, André (Hgg.): Natur im Kasten. Lichtbild. Schattenriss, Umzeichnung und Naturselbstdruck um 1800. Jena 2010, S. 121 – 131.

Nohr, Rolff: Nützliche Bilder. Bilddidaktik und das Mäandern der Diskurse. In: Liebsch, Dimitri / Mößner, Nicola (Hgg.): Visualisierung und Erkenntnis. Bildverstehen und Bildverwenden in Natur- und Geisteswissenschaften. Köln 2012, S. 148 – 177.

Nöth, Winfried: Handbuch der Semiotik. Stuttgart 2000.

Olschki, Leonardo: Der geometrische Geist in Literatur und Kunst. In: Deutsche Vierteljahrsschrift für Literaturwissenschaft und Geistesgeschichte 8 (1930), S. 516 – 538.

Oresme, Nicole: Tractatus de configurationibus qualiraturn et motuum. In: Ders. and the Medieval Geometry of Qualities and Motions: A Treatise on the Uniformity and Difformity of Intensities Known as Tractatus de configurationibus qualitatum et motuum. Hrsg. und übersetzt v. Marshall Clagett (Publications in Medieval Science, 12). Madison 1968.

Ott, Michaela: Raumzeitlichkeit. In: Günzel, Stephan / Mersch, Dieter (Hgg.): Bild. Ein interdisziplinäres Handbuch. Stuttgart, Weimar 2014, S. 360 – 366.

Paglen, Trevor: Invisible. covert operations and classified landscapes. With an essay by Rebecca Solnit. New York 2010.

Paglen, Trevor: secession. Ausstellungskatalog anlässl. der Ausstellung Trevor Paglen at the Secession, 26.11.10 – 13.02.11. Berlin 2010.

Panofsky, Erwin: Die Perspektive als symbolische Form. Vorträge der Bibliothek Warburg, 1924 – 1925 (Leipzig 1927), S. 158 – 331. Neudruck in Aufsätze zu Grundfragen der Kunstwissenschaft. Hg. v. Hariolf Oberer und Egon Verheyen. Berlin 1964.

Panofsky, Erwin: Die Perspektive *als* ‚symbolische Form'. In: Vorträge der Bibliothek Eilenburg (1924/25). Leipzig, Berlin 1927, S. 258 – 330.

Pape, Hans-Christian / Kurtz, Armin / Silbernagl, Stefan (Hgg.): Physiologie. Siebente, vollständig überarbeitete und erweiterte Auflage. Stuttgart [7]2014.

Paul, Jean: Über die Schriftstellerei. In: Ders.: Werke. Hg. v. Norbert Miller. 10 Bde, Bd. II/1, München 1974.

Pecquet, Jean: Experimenta nova Anatomica. Paris 1651.

Peirce, Charles Sanders: Collected Papers. Hrsg. v. Charles Hartshorne und Paul Weiss. 6 Bde. Cambridge / Massachusetts 1931 – 1935.

Pfeiffer, Heinrich: The Sistine Chapel. A New Vision. New York, London 2007.

Platon: Politeia. Deutsch nach Platon. Sämtliche Werke. Hrsg. v. Ursula Wolf. 2 Bde, Bd. 2. Übersetzt v. Friedrich Schleiermacher. Hamburg 2006.

Platter, Felix: De corporis humani structura et usu. 3 Bde, Bd. 3. Basel 1583.

Poser, Hans: René Descartes. Eine Einführung. Stuttgart 2003.

Proklus Diadochus: Kommentar zum ersten Buch von Euklids ‚Elementen'. Aus dem Griech. übersetzt v. P. Leander Schönberger. Eingeleitet, mit Kommentaren und bibliographischen Nachweisen versehen v. Max Steck. Halle 1945.

Protoevangelium des Jakobus. Die Geburt Jesus. In: Plisch, Uwe-Karsten: Was nicht in der Bibel steht. Apokryphe Schriften des frühen Christentums. Stuttgart 2006, S. 43 – 62.

Putscher, Marielene: Geschichte der medizinischen Abbildung. Von 1600 bis zur Gegenwart. München 1972.

Rebel, Ernst: Druckgrafik. Geschichte. Fachbegriffe. Stuttgart 2003.

Reichert, André: Diagrammatik des Denkens. Descartes und Deleuze. Bielefeld 2013.

Remmert, Volker: Widmung, Welterklärung und Wissenschaftslegitimierung. Titelbilder und ihre Funktion in der wissenschaftlichen Revolution. Wiesbaden 2005.

Rheinberger, Hans-Jörg: Experimentalsysteme und epistemische Dinge. Eine Geschichte der Proteinsynthese im Reagenzglas. Göttingen 2001.

Richtmeyer, Ulrich: Vom visuellen Instrument zum ikonischen Argument. Entwurf einer Typologie der Hilfslinie. In: Voorhoeve, Jutta (Hg.): Welten schaffen. Zeichnen und Schreiben als Verfahren der Konstruktion. Zürich 2011, S. 111 – 135.

Riekher, Rolf: 1600 – 1609. Keplers Wirken auf dem Gebiet der Optik. Eine Einführung. In: Kepler, Johannes: Schriften zur Optik. 1604 – 1611. Frankfurt am Main 2008, S. 11 – 72.

Ries, Adam: Rechnung auff der Linihen vnd Federn, Auff allerley handthirung gemacht. Zum andern mal ubersehen. und gemehret. Erfurt 1525.

Rifkin, Benjamin A. / Ackerman, Michael J.: Human Anatomy. From the Renaissance to the Digital Age. New York 2006.

Rosen, Valeska v.: Disegno und Colore. In: Pfisterer, Ulrich (Hg.): Metzler Lexikon Kunstwissenschaft. Ideen, Methoden, Begriffe. Stuttgart, Weimar 2003, S. 71 – 73.

Rosenberg, Daniel / Grafton, Anthony: Die Zeit in Karten. Eine Bilderreise durch die Geschichte. Aus dem Englischen von Cornelius Hartz. Darmstadt 2015.

Rosenberg, Raphael / Hollein Max (Hgg.): Entdeckung der Abstraktion. Turner, Hugo, Moreau. München 2007.

Rossell, Deac: Die Laterna Magica. In: von Dewitz, Bodo / Nekes, Werner (Hgg.): Ich sehe was, was du nicht siehst! Sehmaschinen und Bilderwelten. Die Sammlung Werner Nekes. Katalog zur Ausstellung im Museum Ludwig in Köln. Göttingen 2002, S. 134 – 145.

Rothes, Walter: Die Darstellungen des Fra Giovanni Angelico aus dem Leben Christi und Mariae. Ein Beitrag zur Ikonographie des Meisters. Strassburg 1902.

Rothschuh, Karl: Einführung. Die Rolle der Physiologie im Denken von Descartes. In: Ders. (Hgg.): René Descartes Über den Menschen (1632) sowie Beschreibung des menschlichen Körpers (1648). Nach der ersten französischen Ausgabe von 1664 übersetzt und mit einer historischen Einleitung und Anmerkung versehen. Heidelberg 1969, S. 11 – 27.

Rotman, Brain: Die Null und das Nichts. Eine Semiotik des Nullpunkts. Übersetzt aus dem Englischen v. Petra Sonnenfeld. Berlin 2000.

Rottmann, Michael: Das digitale Bild als Visualisierungsstrategie der Mathematik. In: Reichle, Ingeborg / Siegel, Steffen / Spelten, Achim (Hgg.): Verwandte Bilder. Die Fragen der Bildwissenschaft. Berlin 2007, S. 281 – 296.

Ruf, Gerhard: Die Fresken der Oberkirche San Francesco in Assisi. Ikonographie und Theologie. Mit Aufnahmen von Stefan Diller und Ghigo Roli. Regensburg 2004.

Sabras, Abdelhamid: The Optics of Ibn al-Haytham. Bd. I – III. London 1989.

Sachs-Hombach, Klaus (Hg.): Bild und Medium. Kunstgeschichtliche und Philosophische Grundlagen der interdisziplinären Bildwissenschaft. Köln 2006.

Sarton, George: The Appreciation of Ancient and Medieval Science during the Renaissance (1450 – 1600). Philadelphia 1955.

Schäffner, Wolfgang: Punkt 1.0. Zur Genese des analogen Codes in der Frühen Neuzeit. [Typoskript]. Stand: September 2013.

Schäffner, Wolfgang: Euklids Zeichen. In: Bildwelten des Wissens. Kunsthistorisches Jahrbuch der Bildkritik 7:2 (2010), S. 62 – 89.

Schäffner, Wolfgang: Die Wunder des San Francesco d' Assisi und der Therese Neumann. Elemente einer Mediengeschichte des Stigmas. In: Menke, Bettine / Vinken, Barbara (Hgg.): Stigmata. Poetiken der Körperinschrift. München 2004, S. 181 – 195.

Schäffner, Wolfgang: Der Punkt und die Zahlen. In: Ders. / Weigel, Sigrid / Macho, Thomas (Hgg.): „Der liebe Gott steckt im Detail." Mikrostrukturen des Wissens. München 2003, S. 203 – 217.

Schäffner, Wolfgang: Instrumente und Bilder. Anamorphotische Geometrie im 16. und 17. Jahrhundert. In: Schramm, Helmar / v. Herrmann, Hans Christian / Nelle, Florian / Ders. (Hgg.): Bühnen des Wissens. Interferenzen zwischen Wissenschaft und Kunst. Berlin 2003, S. 92 – 109.

Schäffner, Wolfgang: Punkt. Minimalster Schauplatz des Wissens im 17. Jahrhundert (1585 – 1665). In: Schramm, Helmar / Schwarte, Ludger / Lazardzig, Jan (Hgg.): Kunstkammer, Laboratorium, Bühne. Schauplätze des Wissens im 17. Jahrhundert. Berlin, New York 2003, S. 56 – 74.

Schäffner, Wolfgang: Topologie der Medien. Descartes. Peirce. Shannon. In: Andriopoulos, Stefan / Schabacher, Gabriele / Schumacher, Eckhard (Hgg.): Die Adresse des Mediums. Köln 2001, S. 82 – 93.

Schäffner, Wolfgang: Die Zeichen des Unsichtbaren. Der ärztliche Blick und die Semiotik im 18. und frühen 19. Jahrhundert. In: Baxmann, Inge / Franz, Michael / Schäffner, Wolfgang: Das Laokoon-Paradigma. Berlin 2000, S. 480 – 510.

Schäffner, Wolfgang: Topographie der Zeichen (Hgg.). In: Baxmann, Inge / Franz, Michael / Ders.: Das Laokoon-Paradigma. Berlin 2000, S. 359 – 382.

Schäffner, Wolfgang: Operationale Topographie. Repräsentationsräume in den Niederlanden um 1600. In: Rheinberger, Hans-Jörg / Hagner, Michael und Wahrig-Schmidt, Bettina (Hgg.): Räume des Wissens. Repräsentation, Codierung, Spur. Berlin 1997, S. 63 – 90.

Scharlau, Ingrid / Weiss, Katharina: Was also ist gleichzeitig? Allgemeinpsychologische Anmerkungen zur Wahrnehmung von Gleichzeitigkeit. In: Hubmann, Philipp / Huss, Till Julian (Hgg.): Simultaneität. Modelle der Gleichzeitigkeit in den Wissenschaften und Künsten. Bielefeld 2013, S. 293 – 314.

Schinzel, Britta: Medizin / Radiologie. In: Günzel, Stephan / Mersch, Dieter (Hgg.): Bild. Ein interdisziplinäres Handbuch. Stuttgart, Weimar 2014, S. 414 – 421.

Schmeiser, Leonhard: Die Erfindung der Zentralperspektive und die Entstehung der neuzeitlichen Wissenschaft. München 2002.

Schmidt-Burkhardt, Astrit: Die Kunst der Diagrammatik. Perspektiven eines neuen bildwissenschaftlichen Paradigmas. Bielefeld 2012.

Schneider, Birgit: Ohne Linien ist der Geist blind. Elemente einer Praxis- und Wissensgeschichte der explorativen Grafik. In: Cortjaens / Heck (Hgg.): Stil-Linien diagrammatischer Kunstgeschichte, S. 66 – 79.

Schnitzler, Arthur: Reigen. Frankfurt am Main 1960.

Schöne, Wolfgang: Über das Licht in der Malerei. Berlin 1979.

Schott, Gaspar: Magia optica. Das ist: Geheime doch Naturmässige Gesicht- und Augen-Lehr. Anjetzo aber ins Hochdeutsche übersetzt und vermehret von M. F. H. M. Bamberg 1677.

Schramm, Helmar / Schwarte, Ludger / Lazardzig, Jan (Hgg.): Spektakuläre Experimente. Praktiken der Evidenzproduktion im 17. Jahrhundert. Berlin, New York 2006.

Schramm, Helmar / Schwarte, Ludger / Lazardzig, Jan (Hgg.): Instrumente in Kunst und Wissenschaft. Zur Architektonik kultureller Grenzen im 17. Jahrhundert. Bd. 2. Berlin, New York 2006.

Schreiner, Christoph: Oculus, hoc est: fundamentum opticum, in quo ex accurata oculi anatome, abstrusarum experientiarum sedula pervestigatione. Innsbruck 1620.

Schreiner, Christoph: Pantographice. Christophori Schreiner E Societate Jesu Germano-Suevi, Pantographice, Seu Ars Delineandi Res Quaslibet Per Parallelogrammum Lineare Seu Cavum, Mechanicum, Mobile Libellis duobus explicata, & Demonstrationibus Geometricis illustrata: quorum Prior Epipedographicen, sive Planorum, Posterior Stereographicen, seu Solidorum aspectabilium vivam imitationem atque proiectionem edocet. Rom.

Schreiner, Karl: Velgine, Madre, Regina. Rom 1995.

Schröter, Jens: Analog / Digital – Opposition oder Kontinuum? In: Ders. / Alexander Böhnke (Hgg.): Analog / Digital – Opposition oder Kontinuum? Zur Theorie und Geschichte einer Unterscheidung. Bielefeld 2004, S. 7 – 30.

Schubbach, Arno: Gezogene Linien Sehen. Sichtbarmachung und Sichtbarkeit von Bildern. In: Zeitschrift für Ästhetik u. allg. Kunstwissenschaft 53:2 (2008), S. 219 – 232.

Schuhmann, Friedrich: Beiträge zur Analyse von Gesichtswahrnehmungen. Erste Abhandlung: Einige Beobachtungen über die Zusammenfassung von Gesichtseindrücken zu Einheiten. In: Zeitschrift für Psychologie und Physiologie der Sinnesorgane. 23 (1900), S. 1 – 31.

Schupp, Hans: Elementargeometrie. Paderborn 1977.

Seidenfuß, Birgit: Daß wirdt also die Geometrische Perspektive genandt. Deutschsprachige Perspektivtraktate des 16. Jahrhunderts. Weimar 2006.

Siegel, Steffen: Ausblick auf die große Gemäldefabrik. Entwürfe automatisierter Bildproduktion um 1800. In: Breidbach, Olaf / Klinger, Kerrin / Karliczek, André (Hgg.): Natur im Kasten. Lichtbild. Schattenriss, Umzeichnung und Naturselbstdruck um 1800. Jena 2010, S. 8 – 30.

Siegel, Steffen: Einblicke. Das Innere des menschlichen Körpers als Bildproblem in der Frühen Neuzeit. In: Ders. / Reichle, Ingeborg / Spelten, Achim (Hgg.): Verwandte Bilder. Die Fragen der Bildwissenschaft. Berlin [2]2008, S. 33 – 55.

Siegel, Steffen: Vom Bild zum Diagramm. Bildmediale Differenzen in Heinrich Lautensacks „Gründlicher Unterweisung". In: Sachs-Hombach, Klaus (Hg.): Bild und Medium. Kunstgeschichtliche und philosophische Grundlagen der interdisziplinären Bildwissenschaft. Köln 2006, S. 115 – 131.

Siegert, Bernhard: (Nicht) Am Ort. Zum Raster als Kulturtechnik. In: Thesis 3 (2003), S. 92 – 104.

Simon, Gérard: Der Blick, das Sein und die Erscheinung in der antiken Optik. Mit einem Anhang: Die Wissenschaft vom Sehen und die Darstellung des Sichtbaren. Aus dem Französischen von Heinz Jatho. München 1992.

Sommer, Manfred: Von der Bildfläche. Eine Archäologie der Lineatur. Berlin 2016.

Specklin, Daniel: Architektura von Vestungen wie die zu unseren Zeiten an Stätten, Schlössern und Claussen zu Wasser zu Land, Berg und Thal mit ihren Bollwercken Cauliren, Streichen, Gräben und Läuffen mögen erbauet. Strassburg 1599.

Spieler, Bernhard / Scheuermann, Barbara (Hgg.): Punkt.Systeme. Vom Pointilismus zum Pixel. Ausstellungskatalog zur Ausstellung vom 16.06. – 30.09.2012 im Wilhelm-Hack-Museum, Ludwigshafen am Rhein. Ludwigshafen 2012.

Spretnak, Charlene: Missing Mary: The Queen of Heaven and her Re-Emergence in the Modern Church. New York 2004.

Steck, Max: Einleitung. In: Proklus Diadochus: Kommentar zum ersten Buch von Euklids ‚Elementen'. Aus dem griech. übersetzt v. P. Leander Schönberger. Eingeleitet, mit Kommentaren und bibliographischen Nachweisen versehen v. dems. Halle 1945. S. 3 – 155.

Steel, David: The Elements of Punctuation. With Critical Observations on Some Passages of Milton. London 1786.

Stedman, John: Physiological Essays and Observations. Edinburgh 1769.

Steinmetz-Oppelland, Angelika: Camera obscura, Guckkasten und Laterna magica – Schauplätze optischer Repräsentation. In: Breidbach, Olaf (Hg.): Natur der Ästhetik – Ästhetik der Natur. Wien, New York 1997, S. 55 – 81.

Sterne, Laurence: Leben und Meinungen des Herrn Tristram Shandy. Übersetzt v. Adolf Seubert. Leipzig 1880.

Sterne, Laurence: The Life and Opinion of Tristram Shandy Gentleman. Buch 6 u. 9. London 1759 – 1769.

Stevin, Simon: Arithmetique. Leiden 1585. In: Ders.: The Principal Works. Bd. IIB. Mathematics. Hg. v. Dirk J. Struik. Amsterdam 1958.

Stoichita, Victor: Eine kurze Geschichte des Schattens. Aus dem Französischen von Heinz Jatho. München 1999.

Straker, Stephen M.: Kepler's Optics. A Study in the Development of Seventeenth-Century Natural Philosophy. Dissertation. Indiana 1970.

Strauss, Emil: Einleitung. In: Dialog über die beiden hauptsächlichsten Weltsysteme. Das Ptolemäische und das Kopernikanische von Galileo Galilei. Aus dem Italienischen übersetzt und erläutert von dems. Leipzig 1891, S. VII – LXXIX.

Struik, Dirk: Abriss der Geschichte der Mathematik. Leipzig 1963.

Tacca, Michaela C.: Seeing Objects. The Structure of Visual Representation. Paderborn 2010.

Tagliacozzi, Gaspare: On the Surgery of Mutilations by Grafting. Venedig 1597.

Telesko, Werner: Einführung in die Ikonographie der barocken Kunst. Wien, Köln, Weimar 2005.

Toepel, Alexander: Das Protoevangelium des Jakobus. Ein Beitrag zur neueren Diskussion um Herkunft, Auslegung und theologische Einordnung. Münster Aschendorff 2014.

Tomlinson, Kellom: The Art of Dancing Explained by Reading and Figures. London 1724.

Urton, Gary: Signs of the Inka Khipu. Binary Coding in the Andean Knotted-String Records. Austin 2003.

Uttal, William R.: Visual Form Detection in Three-dimensional Space. Hillsdale, New Jersey 1983.

Uttal, William R.: An Autocorrelation Theory of Form Detection. Hillsdale, New Jersey 1975.

Uttal, William R.: An autocorrelation theory of visual form detection: A computer experiment and a computer model. In: Behavior Research Methods & Instrumentation 7:87 (1975), S. 87 – 91.

Velminski, Wladimir: Sezierte Augen und achromatische Fernrohre. Experimentelle Episteme der Erscheinungen. In: Schramm, Helmar / Schwarte, Ludger / Lazardzig, Jan (Hgg.): Spektakuläre Experimente. Praktiken der Evidenzproduktion im 17. Jahrhundert. Berlin, New York 2006, S. 318 – 344.

Verboon, Annemieke: Einen alten Baum verpflanzt man nicht. Die Metapher des Porphyrianischen Baums im Mittelalter. In: Reichle, Ingeborg / Siegel, Steffen / Spelten, Achim (Hgg.): Visuelle Modelle. München 2008, S. 251 – 268.

Vesalius, Andreas: De Humani Corporis Fabrica. Basel 1543.

Vierhaus, Rudolf: Lloyd und Guibert. In: Halweg, Werner (Hg.): Klassiker der Kriegskunst. Unter Mitarbeit von 13 Historikern des In- und Auslandes und in Verbindung mit dem Arbeitskreis für Wehrforschung. Darmstadt 1960, S. 187 – 210.

Vogelgsang, Tobias: Johann Heinrich Lambert und sein Graph der magnetischen Abweichung. In: Bildwelten des Wissens. Kunsthistorisches Jahrbuch für Bildkritik 7:2 (2000), S. 19 – 42.

Voorhoeve, Jutta: Technische Zeichenmanöver. Verfahren der Konstruktion. In: Dies. (Hg.): Welten Schaffen. Zeichnen und Schreiben als Verfahren der Konstruktion. Zürich 2011, S. 7 – 16.

Voorhoeve, Jutta (Hg.): Welten schaffen. Zeichnen und Schreiben als Verfahren der Konstruktion. Zürich 2011.

Voß, Johann Heinrich: Metamorphosen (Verwandlungen) nach Publius Ovidius Naso. 2 Bde. Berlin 1798. 2. vermehrte Auflage. Braunschweig 1829.

Wagner, Anselm: Zu einer Kunstgeschichte des Schattens. In: Kunsthallen Brandts Klaedefabrik (Hg.): Schattenspiel. Schatten und Licht in der zeitgenössischen Kunst. Eine Hommage an Hans Christian Andersen. Odense 2005, S. 89 – 106.

Warnke, Martin: Raumgreifende Grafik. In: Bredekamp, Horst / Werner, Gabriele (Hgg.): Bildwelten des Wissens. Kunsthistorisches Jahrbuch für Bildkritik. Bd. 1.1. Bilder in Prozessen. Berlin 2003, S. 79 – 88.

Wehde, Susanne: Typographische Kultur. Eine zeichentheoretische und kulturgeschichtliche Studie zur Typographie und ihrer Entwicklung. Tübingen 2000.

Wertheimer, Max: Experimentelle Studien über das Sehen von Bewegungen. In: Zeitschrift für Psychologie und Physiologie der Sinnesorgane 61 (1911), S. 161 – 265.

Wieland, Wolfgang: Die aristotelische Physik. Untersuchungen über die Grundlegung der Naturwissenschaft und die sprachlichen Bedingungen der Prinzipienforschung bei Aristoteles. Göttingen ^{3}1992.

Wille, Katrin / Hölscher, Thomas: Kontexte und Architektur der Laws of Form. In: Schönwälder-Kuntze, Tatjana / Dies. / Ders. (Hgg.): George Spencer Brown. Eine Einführung in die „Laws of Form“. Wiesbaden ^{2}2009, S. 23 – 43.

Winter, Eva: Zeitzeichen. Zur Entwicklung und Verwendung antiker Zeitmesser. 2 Bde. Berlin, Boston 2013.

Wise, Matthew Norton: What's in a Line? In: Epple, Moritz / Zittel, Claus (Hgg.): Science as Cultural Practice. Berlin 2010, S. 61 – 102.

Wittmann, Barbara (Hg.): Spuren erzeugen. Zeichnen und Schreiben als Verfahren der Selbstaufzeichnung. Zürich, Berlin 2009.

Wolf, Ruth: Der heilige Franziskus in Schriften und Bildern des 13. Jahrhunderts. Berlin 1996.

Wulf, Andrea: Alexander von Humboldt und die Erfindung der Natur. Aus dem Englischen übertragen von Hainer Kober. München ^{4}2016.

10.2 LEXIKA UND NACHSCHLAGEWERKE

Brockhaus' Kleines Konversations-Lexikon. Leipzig ^{5}1911

Der Neue Pauly. Enzyklopädie der Antike. Hg. v. Hubert Cancik. 16 Bde., 4 Supplementbde. München 1996 – 2007.

Diderot, Denis / D' Alembert, Jean Le Rond: Encyclopédie, ou dictionaire raisonné des sciences, des artes et des métiers. 17 Bde. Paris 1751 – 1765.

Duden. Die deutsche Rechtschreibung. 24., völlig neu bearbeitete und erweiterte Auflage. Hrsg. v. der Dudenredatkion. Auf der Grundlage der neuen amtlichen Rechtschreibregeln. Duden Bd. 1. Mannheim, Leipzig, Wien, Zürich 2006.

Etymologisches Wörterbuch des Deutschen. Erarbeitet unter der Leitung v. Wolfgang Pfeifer. München 2005.

Gemoll. Griechisch-deutsches Schul- und Handwörterbuch von Wilhelm Gemoll und Karl Vretska. München, Düsseldorf, Stuttgart [10]2006.

Georges, Karl Ernst: Ausführliches lateinisch-deutsches Handwörterbuch. 2 Bde. Nachdruck Darmstadt 1998. Hannover [8]1918 .

Lexikon der christlichen Ikonographie. Hrsg. v. Engelbert Kirschbaum. 8 Bde. Rom, Freiburg, Basel, Wien 1968 – 1976.

Weschke, Helga: Lexikon der grafischen Technik. Leipzig [6]1984.

Zedler, Johann Heinrich: Grosses vollständiges Universallexicon Aller Wissenschaften und Künste. 64 Bde. Halle, Leipzig 1732 – 54.

10.3 ONLINEQUELLEN

Apple Special Event. Apple Inc. Apple.com, Cupertino (09.09.2015). Online: http://www.apple.com/ apple-events/september 2015/ Stand: 15.11.2015.

Art. Fighting in Aleppo. Washington Post. washingtonpost.com, Washington D.C. (19.08.2012). Online: https://www.washingtonpost.com/world/fighting-in-aleppo/ 2012/08/19/279add48-ea63-11e1-9ddc-340d5efb1e9c_graphic.html Stand: 17.11. 2015.

Art. Kawaras Kalender. Johannes Fellmann. Kulturstiftung der Länder. kulturstiftung.de, Berlin (04.09.2014). Online: http://www.kulturstiftung.de/das-mmk-museum-fuer-moderne-kunst-frankfurt-am-main/ Stand: 21.09.2016.

Art. Keine Registrierung, keine Rechte. Frankfurter Allgemeine Zeitung. faz.net, Frankfurt am Main (26.10.2015). Online: http://www.faz.net/aktuell/politik/ fluechtlingskrise/eu-balkan-gipfeltreffen-keine-registrierung-keine-rechte-13876388.html Stand: 17.11.2015.

Art. On the Perception of Dotted Lines. Institute for Communications Technology, Image Science Laboratory. Nahum Kiryati, Olof Henricsson u. Lucas Rosenthaler. vision.ee.ethz.ch, Zürich (1992). Online: http://www.vision. ee.ethz.ch/en/publications/get_abstract.cgi?techreps=11&mode=&lang=de Stand: 11.11.2016.

Art. Putin boasts that Russian warship fired missile 1,500 km into Syria amid massive Assad regime offensive. National Post. nationalpost.com, Toronto (07.10.2015). Online: http://news.nationalpost.com/news/world/israel-middle-east/russian-warships-fire-missiles-into-syra-amid-fears-that-assad-regime-is-mounting-massive-ground-assault Stand: 17.11.2015.

Art. Putin torpediert Abrüstung. Deutsche Welle. dw.com, Bonn, Berlin (29.12.2009). Online: http://www.dw.com/de/putin-torpediert-abrüstung/a-5069 297 Stand: 18.11.2015.

Art. Refugee crisis: Slovenia struggling to cope in chaotic scenes at border as violence in Syria forces more to flee. The Independent. independent.co.uk, London (30.10.2015). Online: http://www.independent.co.uk/news/world/europe/ refugee-crisis-slovenia-struggling-to-cope-in-chaotic-scenes-at-border-as-violence-in-syria-forcesa6715176.html Stand: 17.11.2015.

Art. US-Armee steuert ihre Drohnen in der Oberpfalz außerhalb der Sichtweite – Auch via Relaisstation in Ramstein? Matthias Monroy. netzpolitik.org, Berlin (22.05.2015). Online: https://netzpolitik.org/2015/us-armee-steuert-ihre-drohnen-in-der-oberpfalz-ausserhalb-der-sichtweite-auch-via-relaisstation-in-ramstein/ Stand: 18.11.2015.

Art. Was Paris terror revenge for Jihadi John? ISIS executioner's drone death may have accelerated attacks on France, experts say. MailOnline. dailymail.com, London (15.11.2015). Online: http://www.dailymail.co.uk/news/ article-3318419/Were-Paris-terror-attack-revenge-Jihadi-John-Security-experts-say-France-target-killers-brought-murderous-spree-forward.html#ixzz3rlOx47tb Stand: 17.11.2015.

Art. Willkommen in der osteuropäischen Union! Die Welt. welt.de, Berlin (25.01.2016). Online: http://www.welt.de/politik/ausland/article151407495/Will kommen-in-der-osteuropaeischen-Union.html Stand: 25.01.2016.

BibleServer. ERF-Medien in Kooperation mit der Deutschen Bibelgesellschaft. bibleserver.com, Wetzlar (2016). Online: http://www.bibleserver.com/text/ VUL/Lukas1 Stand: 01.06.2016.

Bill Graham Civic Auditorium. billgrahamcivicauditorium.com, San Francisco (2015). Online: http://www.billgrahamcivicauditorium.com Stand: 15.11.2015.

Brockhaus-Enzyklopädie. Online- Wissens- und Rechercheportal. brockhaus.de, Gütersloh, München (2013). Online: http://erf.sbb.spk-berlin.de/han/751860603/ https/preussischer-kulturbesitz.brockhaus-wissens-service.com Stand: 15.01.2015.

Burda-Online-Magazin. burdastyle.de, Offenburg (2015). Online: http://www. burdastyle.de/aktuelles/news/schnittmuster-diese-schnittmuster-gibt-es-bei-burda-style_aid_3070.html Stand: 26.11.2015.

Da Vinci, Leonardo: Notebook (The Codex Arundel). The British Library. London 2016. Online: http://www.bl.uk/manuscripts/FullDisplay.aspx?ref=Arundel_MS _263 Stand: 18.01.16.

Die Bildnerische Gestaltungslehre Paul Klees. Zentrum Paul Klee in Bern. Paul Klee. Unveröffentl. Manuskript. Inv.-Nr. BG 1.4/12. zpk.org, Bern (2015). http://www.zpk.org/de/sammlung-forschung/sammlung-archiv/paul-klee-bildne rische-form-und-gestaltungslehre-389.html Stand: 15.11.2015.

Double Vision – Albrecht Dürer – William Kentridge. Berliner Gemäldegalerie. Ausstellung. double vision-berlin.de, Berlin (2015). Online: http://doublevision-berlin.de Stand: 15.01.2016.

Duke University Medical Center Library. library.duke.edu, Durham (2016). Online: http://library.duke.edu/rubenstein/sites/default/files/rubenstein/flash/four seasons/4SEASONS.swf Stand: 12.01.16.

ETH-Bibliothek Zürich. e-rara-Katalog. dx.doi.org, Zürich (2016). Online: http://dx.doi.org/10.3931/e-rara-8781 (Daniel Specklin, Architectura von Vestungen), Stand: 15.01.2016.

ETH-Bibliothek Zürich. e-rara-Katalog. dx.doi.org, Zürich (2015). Online: http://dx.doi.org/10.3931/e-rara-3516 (Jean Du Breuill, La Perspective practique), Stand: 10.07.2015.

Fastcodesign. fastcodesign.com, Mansueto (2016). Online: https://www.fastcodesign.com/1664884/a-data-viz-project-that-visualizes-a-family-history-of-disease/3 Stand: 20.09.2016.

Galerie Miguel Rothschild. miguelrothschild.de, Berlin (2015). Online: http://www.miguelrothschild.de/projects.html Stand: 02.12.2015.

Galerie Kadel Willborn. katjadavar.com, Karlsruhe (2016). Online: http://www.katjadavar.com/giant-detail2-121.html Stand: 01.11.2016.

Google Inc. google.com, Mountain View (2016). Online: https://support.google.com/maps/answer/3145721?hl=de&ref_topic=3257381 Stand: 15.01.2016.

Guggenheim Museum. guggenheim.org, New York (2016). Online: https://www.guggenheim.org/video/on-kawara-date-paintings Stand: 01.11.2016.

Heßler, Martina. Von der doppelten Unsichtbarkeit digitaler Bilder. In: Online-Journal Zeitenblicke. 5:3 (2006). Online: http://www.zeitenblicke.de/2006/3/Hessler/index_html Stand: 11.01.2017.

Katie Holland Lewis. katiehollandlewis.com, New York (2016). Online: http://katiehollandlewis.com (keine Direktlinks vorhanden), Stand: 20.09.2016.

MacWelt. macwelt.de, München (2015). Online: http://www.macwelt.de/news/Apples-Live-Stream-legt-fast-das-Internet-lahm-9799767.html Stand: 15.11.2015.

Online-Medienmagazin Meedia. meedia.de, Hamburg (2015). Online: http://meedia.de/2015/09/21/kontrollfreaks-aus-cupertino-wie-apples-pr-maschine-zum-iphone-6s-launch-die-medien-einseift/ Stand: 15.11.2015.

Protoevangelium des Johannes. jakobus-weg.de, Rosenheim (2016). Online: http://www.jakobus-weg.de/aJakw/3Spiritua/Jkevangel.htm. Stand: 15.06.2016.

The London dotted line theater. dottedlinetheatre.co.uk, London (2015). Online: http://www.dotted linetheatre.co.uk Stand: 26.11.2015.

Wirtschaftslexikon24.com. wirtschaftslexikon24.com, Managua (2014). Online: http://www.wirtschaftslexikon24.com/d/dotted-line-prinzip/dotted-line-prinzip.htm Stand: 19.08.2014.

YUVEO Klinik. iatrum.de, Düsseldorf (2015). Online: http://www.iatrum.de/mini-facelift.html Stand: 15.01.2015.

10.4 LITERATUR ZUR PERSPEKTIVE VON 1500 BIS 1650[1]

10.4.1 Deutschland, Österreich und Schweiz

1504 **Reisch, Gregor**: Margarita Philosophica Nova. Freiburg im Breisgau.

1509 **Glockendon, Jörg**: Von der Kunnst Perspectiva. Nürnberg.

1525 **Dürer, Albrecht**: Underweysung der Messung. Nürnberg.

1531 **Simmern, Johann II von**: Eyn schön nützlich Büchlin und Underweisung der Kunst des Messens mit dem Zirckel, Richtscheidt oder Lineal. Leipzig.

1540 **Schön, Erhard**: Underweissung der proportzion unnd stellung der possen, liegent und stehent. Nürnberg.

1543 **Hirschvogel, Augustin**: Geometria. Das Buch Geometria ist mein Namen, All Freye Kunst Aus Zum Ersten Kamen, Ich Bring Architectura und Perspectiva zusamen. Nürnberg.

1564 **Lautensack, Heinrich**: Deß Circkelß und Richtscheyts, auch der Perspectiva, und Proportion der Menschen und Rosse, kurtze, doch gründtliche underweisung, deß rechten gebrauchs, Mit viel schönen Figuren, aller anfahenden Jugendt, unnd andern liebhabern dieser Kunst, als Goldschmiden, Malern, Bildhauwern, Steinmetzen, Schreinern, [et]c. eigentlich fürgebildet, vormals im Truck nie gesehen, sonder jetzunder erstmals von neuwem an tag gegeben. Frankfurt am Main.

1567 **Stör, Lorenz**: Geometria et Perspectiva. HierInn Etliche Zerbrochne Geweb den Schreiner[n] In eingelegter Arbait dienstlich, auch vil andern Liebhabern Zu sonder[m] gefallen geordnet unnd gestelt. Augsburg.

1568 **Wenzel Jamnitzer**: Perspectiva corporum regularium. Das ist, ein fleyssige Fürweysung wie die Fünff Regulirten Cörper darvon Plan inn Timaeo Unnd Euclides inn sein Elementis schreibt [...]. Nürnberg.

1571 **Lencker, Hans**: Perspectiva, hierinnen auffs kürtzte beschrieben, mit Exempeln eröffnet vnd an Tag gegeben wird, ein newer besonder kurtzer, doch gerechter vnnd sehr leichter Weg, wie allerley Ding, es seyen Corpora, Gebew, oder was möglich zuerdencken vnd in Grund zulegen ist, verruckt oder vnuerruckt, frener in die Perspectyf gebracht werden mag, on einige

---

1 Hier handelt es sich um eine erweiterte Bibliographie auf der Basis von Kirsti Andersens: The Geometry of an Art. The History of the Mathematical Theory of Perspective from Alberti to Monge, New York 2005.

vergebliche Linie, riss vñ Puncten, [et]c. dergleichen Weg bisshero noch nit bekant gewesen. Nürnberg.

1581 **Has, Georg**: Künstlicher und zierlicher Newer vor nie gesehener Funfftzig Perspectifischer stück oder Boden aus rechtem Grundt und arth des Circkels Winckelmaß unnd Richtscheit mit rechter Schattierung lag und nachts allen Malern Tischlern und denen so sich des Bawens gebrauchen sehr nützlich und dienstlich mit sonderm fleis gestelt unnd in Kupffer Geetzt durch Georgen Hasen Hoff Tischler unnd Burger inn Wienn perspectifischer Stück. Wien.

1598 **Pfinzing, Paul**: Methodus geometrica. das ist: kurtzer wolgegründter unnd aussfuehrlicher Tractat von der Feldtrechnung und Messung Wie solche zu Fuß, Roß und Wagen, an allen Orten und Enden [...] allain durch sonderbare behende und leichte Instrumenta [...] zu usurpiren und zugebrauchen. Ein schöner kurtzer Extract der Geometriae unnd Perspectivae. Nürnberg.

1610 **Faulhaber, Johann**: Newe Geometrische und Perspectivische Inuentiones Etlicher sonderbahrer Instrument die zum Perspectivischen Grundreissen der Pasteyen unnd Vestungen wie auch zum Planimetrischen Grundlegen der Stätt Feldläger und Landtschafften deßgleichen zur Büchsenmeisterey sehr nützlich unnd gebrauchsam seynd Auß demonstriertem unnd bewehrtem Fundament zusammen geordnet und mit verständlichen Kupfferstücken in Truck gegeben. Frankfurt am Main.

1616 **Pfinzing, Paul**: Optica, das ist Gründtliche doch Kurtze Anzeigung Wie nothwendig die Löbliche Kunst der Geometriae seye inn der Perspectiv: Sambt einem Nutzlichen Extract dreyerley Sorten und Wege darauff die Perspectiva zuverstehen und zugebrauchen; Neben rühmlicher erzehlung der Fürnembsten Alten und unserer Zeit Authorn, als Vitruvii, Alberti Düreri, Laurentii Sirigatti, &c. So darvon geschriben inn deren Tractaten wie weit es mit bayden vorgenanten fürtrefflichen Künsten von Alters her biß auff unsere Zeiten kom[m]en weitläufftiger zusehen Von dem Ehrnvösten P:P: Burgern zu Nürmberg diser und andern Künsten sonders erfarnen und Liebhabern zusam[m]en gebracht. Allen Bawmeistern Malern Bildthawern Stainmetzen Schreinern Zimmerleuthen und anderer dergleichen Künst begirigen und erfahrnen zu sonderm dienst und gefallen verfertiget. Hrsg. v. Stephan Michelspacher. Augsburg.

1616 **Bramer, Benjamin**: Beschreibunge und Underricht, Eines neuwen leicht und sehr bequemen Instruments zum Grundtlegen, und Theylung der Circkel Linien. Marburg.

1618 **Brunn, Lucas**: Praxis perspectivae, das ist von Verzeichnungen ein ausführlicher Bericht darinnen das jenige was die Scenographi erfordert, begrieffen, und in welchen allerley dinge uff allerley Stände in ein

Perspectivischen auffzug zu bringen gelehret, auch das was wundersam hierbey sich begeben kan, erkläret wird. Nürnberg.

1623 **Albrecht, Andreas**: Zwey Bücher. Das erste von der ohne und durch die Arithmetica gefundenen Perspectiva. Das andere von dem darzu gehörigen Schatten. Nürnberg.

1625 **Halten, Peter**: Perspektivische Reißkunst. Augsburg.

10.4.2 Italien

1504 **Gaurico, Pomponio**: De sculptura Liber. De veterum Sculptura Caelatura, Gemmarum Sculptura, & Pictura Libri duo. Neapel.

1551 **Serlio Bolgonese, Sebastiano**: Tratttato di perspettiua. Venedig

1551 **Serlio Bolgonese, Sebastiano**: Regole generali di architettura. sopra le cinque maniere de gliedifici, cioe, thoscano, dorico, ionico, corinthio, e composito; con gli essempi de l'antiquita, che per la maggior parte concordano con la dottrina di Vitruvio. Venedig.

1553 **Commandino, Federico**: Archimedis Opera non nulla. Commentarii in Opera Non Nulla Archimedis. Venedig.

1558 **Commandino, Federico**: In planisphaerium Ptolemaei commentarius, Iordani planisphaerium. Venedig.

1568 **Bartoli, Cosimo**: Opuscoli morali di Leon Batista Alberti gentil'huomo firentino ne' quali si contengono molti ammaestramenti, necessarij al viver de' l'huomo, così posto in dignità, come privato. Tradotti, & parte corretti da m. Cosimo Bartoli. Venedig.

1567 **Cataneo, Pietro**: L'architettura. Alla quale oltre all'essere stati dall'istesso autore rivisti, meglio ordinati e di diversi disegni, e discorsi arricchiti i primi quattro libri per l'adietro stampati, sono aggiunti di piu il quinto, sesto, settimo e ottavo libro. Venedig.

1583 **Da Vignola, Jacopo Barozzi**: Le due regole della prospettiva pratica con i commentarii del Egnatio Danti. Le due regole della prospettiva pratica di M. Iacomo Barozzi da Vignola con i comentarii del R.P.M. Egnatio Danti. Rom.

1584 **Serlio Bolognese, Sebastiano**: Tutte l' Opere d' Architettura. Venedig.

1585 **Benedicti, Giovanni Battista**: Diversarum speculationum mathematicarum et physicarum liber. Taurinum.

1596 **Sirigatti, Lorenzo**: La pratica di prospettiva. Venedig.

1600 **Del Monte, Guidobaldo**: Perspectivae libri sex. Pesaro.

1620 **Barca, Pietro Antoni**: Avvertimenti e regole circa l'architettura civile, scultura, pittura, prospettiva et architettura militare per offesa e difesa. Milano.

1625 **Accolti, Pietro**: Lo inganno degl'occhi, prospettiva pratica. Florenz.

1628 **Di Diano, Ferdinando**: L'occhio errante dalla ragione emendate, prospettiva. Venedig.

1629 **Viola-Zanini, Giuseppe**: Della architettura di Gioseffe Viola Zanini padovano pittore, et architetto. Padua.

1631 **Schreiner, Christoph**: Pantographice. Christophori Schreiner E Societate Jesu Germano-Suevi, Pantographice, Seu Ars Delineandi Res Quaslibet Per Parallelogrammum Lineare Seu Cavum, Mechanicum, Mobile Libellis duobus explicata, & Demonstrationibus Geometricis illustrata: quorum Prior Epipedographicen, sive Planorum, Posterior Stereographicen, seu Solidorum aspectabilium vivam imitationem atque proiectionem edocet. Rom.

1642 **Bettini, Mario**: Apiaria universae philosophiae mathematicae. Bologna.

1645 **Contino, Bernardino**: La prospettiva pratica. Venedig.

1646 **Kircher, Athanasius**: Ars magna lucis et umbræ. In decem Libros digesta; Quibus Admirandæ Lucis & Umbræ in mundo, atque adeò universa natura, vires effectusque uti nova, ita varia novorum reconditiorumque, speciminum exhibitione, ad varios mortalium usus, panduntur. Rom.

1648 **Maignan, Emmanuel**: Perspectiva horaria sive de horographia gnomonica tum practica libri quavos. Rom.

10.4.3 Nördliche Niederlande

1568 **Vredeman de Vries, Johan**: Artis perspectivae plurium generum elegantissimae formulae: multigenis fontibus, nonnullisq[ue] hortulis affabre factis exornatae, in com[m]odum artificum, eorumq[ue] qui architectura, aedificiorumq[ue] com[m]ensurata varietate delectantur, antea numquam impressae / inventor Ioan. Fridmannus Frisius = Vilerleij kunstliche Stuck der edlen Perspective, sampt mehrerleij Wasserbrunnen und etlichen Lustgärten gantz wercklich gezieret allen Kunstliebenden Werckleuten und Liebhabern der Architectur und Bawmeijstereij fast nutzlich / vor nie in truck auszgangen newlich erdacht und ordonnirt durch Hans Fridman Friesz. Antwerpen.

1604 **Vredeman de Vries, Johan**: Perspective: c'est à dire les très-renommé art du poinct oculaire d'une veue dedans ou travers regardante. Leiden.

1605 **Stevin, Simon**: Derde Stuck der Wisconstighe ghedachtnissen. Van de Deursichtighe. Leiden.

1614 **Marolois, Samuel**: La perspective contenant la theorie et la pratique. In: Opera mathematica ou oeuvres mathématicques: traictans de géometrie, perspective, architecture et fortification ausquels sont aioints les fondements de la perspective & architecture de I: Vredm. Vries, augmentée & corrigée en divers endroicts par le mesme auteur. Amsterdam.

1623 **Hondius, Hendrik**: Onderwijssinge in de perspective conste. In: Opera mathematica ou oeuvres mathématicques: traictans de géometrie, perspective, architecture et fortification ausquels sont aioints les fondements de la perspective & architecture de I: Vredm. Vries, augmentée & corrigée en divers endroicts par le mesme auteur. Amsterdam.

10.4.4 Frankreich und südliche Niederlande

1521 **Viator [Pélerin, Jean]**: De artificiali perspectiva, tertio. Toul.[2]

1538 **Ringelberg, Joachim Fortius**: Opera.Lyon.[3]

1560 **Cousin, Jean**: Livre de perspective. Paris.

1576 **Androuet du Cerceau, Jaques**: Lecons de perspective positive. Paris.

1612 **De Caus, Salomon**: La perspective avec la raison des ombres et miroirs. London.

1613 **Aguilon, François**: Opticorum libri sex. Philosophis iuxtà ac mathematicis utilis. Antwerpen.

1630 **Vaulezard, Jean Louis**: Perspective cilindrique et conique ou traicté des apparences veuës par le moyen des miroirs. Paris.

1636 **Desargues, Girard**: Exemple de l'une des manieres universelles de S.G.D.L. touchant la pratique de la perspective sans emploier aucun tiers point, de distance ny d'autre nature qui soit hors du champ de l'ouvrage. Paris.

1637 **Descartes, René**: Discours de la Méthode. Leiden.

1637 **Hérigone, Pierre**: Cursus mathematicus / Cours mathématique. Paris.

1638 **Mydorge, Claude**: Examen du livre des recreations mathématiques. Paris.

1638 **Niceron, Jean François**: La perspective curieuse, ou magie artificielle des effets merveilleux.Paris.

1640 **Guenon, Henry**: Pratique de la perspective sur les seules parties egales du compas de proportion sans y adiouster aucune ligne d'optique. Paris.

1642 **Du Breuil, Jean**: Diverses methodes universelles et nouvelles [...] Tirées pour la plus- part du contenu du livre de la Perspective pratique. Ce qui servira de plus de response aux deux affiches du Sieur Desargues contre ladite Perspective pratique. Paris.

1642 **Hérigone, Pierre**: Supplementum cursus mathematici.Paris.

2 Bei Andersen Ausgabe von 1505. Erschienen auf Französisch und Latein (Andersen: The Geometry of an Art, S. 162).

3 Bei Andersen Ausgabe von 1531 (ebd., S. 166).

1642 **Du Breuil, Jean**: La Perspective practique, necessaire à tous peintres, graveurs, sculpteurs, architectes, orfevres, brodeurs, tapissiers, & autres se servans du dessein. Paris.

1643 **Aleaume, Jacques**: La perspective speculative et pratique. Ensemble la maniere universelle de la pratiquer non seulement sans plan géométral & sans tiers poinct, dedans ni dehors de la champ du tableau. Mais encore par le moyen de la ligne communément appelée horisontale. Paris.

1644 **Curabelle, Jacques**: Examen des oeuvres du Sieur Desargues. Paris.

1644 **Mersenne, Marin**: Universae geometriae mixtae. Paris.

1646 **Niceron, Jean François**: Thaumaturgus opticus seu admiranda optices. Paris.

1648 **Bosse, Abraham**: Manière universelle de Mr. Girard Desargues, pour pratiquer la perspective par petit-pied, comme le geometral: ensemble les places et proportions des fortes & foibles touches, teintes ou couleurs. Paris.

1648 **Gaultier de Maignannes, René**: Invention nouvelle et brieve pour reduire en perspective par le moïen du quarré [...] sans se servir d'autres points soit tiers, ou accidentaux, que de ceux qui peuvent tomber dans le tableau. La Flèche.